1001
KEKS
REZEPT

GREGG R. GILLESPIE

1001 KEKS REZEPT

MIT 1001 FARBABBILDUNG

KÖNEMANN

Published by Black Dog & Leventhal Publishers, Inc.
151 West 19th Street, New York, NY 10011

Designed by Martin Lubin
Food Styling by Clare Brean

Redaktion und Satz der deutschen Ausgabe:
GAIA Text, München
Übersetzung aus dem Englischen:
Jutta Hein, Christine Becker
Montage: Reproservice Werner Pees
Herstellungsleitung: Detlev Schaper
Druck und Bindung:
Kossuth Printing House Co., Budapest

Printed in Hungary

ISBN 3-89508-272-4

Danksagung

Wollte ich all denen danken, die in den vergangenen dreißig oder vierzig Jahren durch Anregungen, Tips und Beistand jeglicher Art zum Entstehen dieses Buches beigetragen haben, wäre die Liste beinahe endlos.

Danken möchte ich hier Ros, Mel und Michael Goodman aus Portsmouth, New Hampshire, für ihre unerschrockene und unermüdliche Bereitschaft, meine Plätzchen zu kosten, sowie meinen Eltern. Weshalb? Aus zwei sehr wichtigen Gründen: Von meinem Vater habe ich die Kunst des Backens gelernt und von meiner Mutter die Freude am Genuß.

Inhaltsverzeichnis

Einführung

Es gibt keine historischen Aufzeichnungen darüber, wann der Mensch zu backen begann. Vermutlich war seine erste Erfindung ein Fladenbrot, das über oder nahe dem Feuer auf einem heißen Stein gebacken wurde. Wir wissen aus Bilderschriften früher Völker, daß viele alte Zivilisationen eine Art Honigkuchen kannten. Damals wurden häufig Gerstenmehl, Eier, Datteln und Honig verwendet. Aus diesen vier Zutaten entstand vermutlich der Honigkuchen – das erste Kleingebäck der Welt.

Wenn wir einen Zeitsprung machen, so stellen wir fest, daß in Europa jedes Land typische Backkünste entwickelt hat. Kleingebäck heißt in Deutschland Keks oder Plätzchen, in Holland „koekie", in Italien „focaccina", in Spanien „galleta" und in Großbritannien „biscuit". Dabei fällt auf, daß die Vielfalt des Kleingebäcks bei kälterem Klima zunimmt.

England und Schottland erhoben durch ihre Tradition des „high tea" das Plätzchenbacken zur Kunstform. Die britischen „biscuits" sind in der Regel nicht allzu süße und recht schlichte kleine Plätzchen, die man „pur" vernaschen kann, gewöhnlich werden sie zu Tee oder Kaffee gereicht.

Über der verwirrenden Plätzchenvielfalt vergessen wir leicht, daß die Rezepte lediglich auf Kombinationen von Mehl, Zucker, Fett und Eiern beruhen. Diese vier Zutaten bilden die Grundlage für Kleingebäckteige. Manche Plätzchen kommen mit zwei dieser Grundzutaten aus: Baisers z. B. basieren auf Eiweiß und Zucker. Durch Zugabe von Schokolade, Früchten, Gewürzen und anderen Geschmacksstoffen lassen sich die Grundteige nahezu unbegrenzt variieren.

In diesem Buch präsentiere ich die besten Rezepte aus einer Sammlung, die sich in fast fünfzig Jahren angehäuft hat. Mein Vater, der ebenfalls Bäcker war, und ich haben die Rezepte gesammelt. Einige davon sind eigene Schöpfungen und hier erstmals veröffentlicht. Andere stellen unsere Versionen und Varianten klassischer Rezepte dar, die zu einem großen Teil aus dem 19. Jahrhundert oder noch früherer Zeit datieren. Wieder andere wurden uns von Freunden, Verwandten und Bekannten auf Zetteln notiert. Auf diese Weise sammelte sich der Stoff für dieses Plätzchen-Backbuch an, das – hoffentlich – die Suche nach weiteren Rezeptquellen überflüssig macht.

Selbstverständlich sind hier auch beliebte Hausmanns- bzw. Hausfrauenrezepte versammelt. Viele davon fielen allerdings „unter den Tisch", weil sie sich zu sehr ähnelten oder gar glichen. (Allein bei Schokokeksen stieß ich auf 53 „originale Kreationen", die sich haargenau mit mir bereits bekannten Rezepten deckten – einzig die Namen unterschieden sich.) Waren zwei Rezepte nur beinahe identisch – z. B. wenn das eine ¼ TL Salz und das andere gar kein Salz verlangte, – habe ich beide nachgebacken und mich für den Backvorschlag entschieden, der mir besser schmeckte. Bei Rezepten jedoch, die sich bis auf das Grundaroma entsprachen, entschloß ich mich, all die aufzunehmen, die meinem Gaumen zusagten. Dies ist der Grund, weshalb Sie u. a. mehrere Rezepte für Schokokekse finden werden. Die Rezepte ähneln sich, doch Aromastoffe oder andere Beigaben verändern Geschmack oder Konsistenz so sehr, daß die Backergebnisse sich deutlich unterscheiden.

Dies ist nicht das passende Anleitungsbuch, wenn Sie Ihre Familie und Ihre Gäste vor allem mit phantasievollem Zuckerbäckerdekor beeindrucken wollen. Ich verrate Ihnen nicht, wie man aus Plätzchenteig ein Haus baut. Dieses Buch ist für jene gedacht, die zu Hause gute, einfache Kekse backen möchten. Plätzchen für Sie und Ihre Familie zum Selberessen oder Verschenken. Nicht mehr und nicht weniger! Diese Rezeptsammlung zielt auf den Gebrauchswert, auf den tagtäglichen Nutzen.

Ich habe mich stets an die Grundregeln der konventionellen Backschule gehalten. Allerdings will ich Ihnen einige Anregungen und Tips aus meiner beruflichen Praxis, die das Backen vereinfachen, nicht vorenthalten:

– Je länger Sie einen Ausrollteig bearbeiten, desto fester werden die gebackenen Plätzchen. Arbeiten Sie zügig.

– Je mehr Mehl Sie beim Ausrollen verwenden, desto trockener werden die Plätzchen. Setzen Sie Mehl sparsam ein.

– Weichen Sie Rosinen in einer Flüssigkeit, z. B. in kochendem Wasser oder Weinbrand, ein, ehe Sie sie dem Teig beimischen. So werden sie beim Backen nicht zäh. (Vgl. Praktische Tips fürs Backen, S. xiii.)

Für gehaltvolle Plätzchen verwendet man besser Butter statt Margarine, Schmalz oder Backfett. Butter besitzt ein feines Aroma und trägt zu guter Konsistenz bei. Allerdings haben auch hochwertige Backfette (nicht nur aus Preisgründen) ihre Vorteile. Jahrelang wetteiferten mein Vater und ich, wer von uns beiden die besseren Schokochip-Plätzchen buk. Ich nahm immer Butter dazu. Manchmal stellte ich sogar die Butter selbst her! Obwohl ich mir alle Mühe gab, gelang es mir nie, die Schokochip-Plätzchen meines Vaters zu übertreffen. Kurz vor seinem Tod vertraute er mir sein Geheimnis an: Alle Zutaten, die wir verwendeten, waren gleich – bis auf eine: Ich benutzte Butter, er ein hochwertiges Pflanzenfett.

Bei der Auswahl der Aromastoffe sollten Sie eine eherne Regel beachten: *Verwenden Sie wenn möglich keine naturidentischen Aromen!* Natürliche Extrakte und Öle verfeinern ein Backwerk zur unwiderstehlichen Leckerei. Bedenken Sie auch, daß es außer dem so beliebten Vanillearoma zahllose andere Aromastoffe gibt. Ich versichere Ihnen: Sie werden sich nie wieder auf Vanillearoma beschränken, sobald Sie nur einige andere Aromen ausprobiert haben. Und ich verrate Ihnen ein kleines Geheimnis: Eine Flasche guter Likör oder Schnaps kostet im Verhältnis weniger als Vanillearoma (siehe „Alkoholische Getränke und ihre Aromen", S. xxvii). Sie werden feststellen, daß nur für wenige Plätzchenrezepte bestimmte Aromen zwingend erforderlich sind. Ersetzen Sie einfach in einem Grundrezept Vanille durch Mandelaroma, Anisöl oder Sherry. Einer meiner liebsten Aromen für Schokochip-Plätzchen ist Crème de menthe. Die Welt der Aromen ist beinahe unbegrenzt. Für alle, die gerne backen – und sich freuen, wenn anderen schmeckt, was sie kreiert haben –, lohnt es, diese Welt zu entdecken.

In diesem Buch geht es um das Entdecken, um das Herausfinden, was es mit dem Plätzchenbacken auf sich hat. Sie können jedes der hier beschriebenen Grundrezepte verändern. Ersetzen Sie Zutaten, wo Sie wollen (oder müssen). Erfinden Sie eigene Plätzchen auf der Grundlage meiner Rezepturen! Verwenden Sie getrost auch ungewöhnliche Zutaten! Sollte das Ergebnis Sie nicht begeistern, lassen Sie sich nicht entmutigen, sondern versuchen Sie es auf andere Weise! Falls ein Rezept Backpulver verlangt und Sie keines zur Hand haben, schlagen Sie in der Liste der alternativen Zutaten nach (S. xv). Ein Mitglied Ihrer Familie mag ein bestimmtes Gewürz nicht, das Sie beim Plätzchenbacken verwandt haben? Dann nehmen Sie beim nächsten Mal ganz einfach ein anderes!

Niemand weiß, wie viele Plätzchenrezepte es gibt. Doch vermutlich sind es weit mehr Rezepte als für jeden anderen Bereich der kulinarischen Welt. Es gibt wohl kaum ein anderes vom Menschen hergestelltes Nahrungsmittel, das überall auf der Welt so beliebt ist. An jedem Ort der Erde und zu jeder Zeit des Tages werden Kekse mit Genuß verzehrt. Sie wollen sich oder andere Schleckermäuler verwöhnen? Wählen Sie sich einfach eines aus den Hunderten von Rezepten in diesem Buch aus. Voilà!

Zutaten für ein Grundrezept

Die Grundzutaten für einfache Plätzchen sind: Mehl, Zucker, Fett und oft Eier; häufig auch Backpulver (bzw. Natron) und Salz. Die Anteile der einzelnen Zutaten sind je nach Rezept verschieden. Gelegentlich wird eine Zutat durch die Beigabe einer anderen ersetzt. Für dieses Rezept mag man Butter, für jenes Pflanzenfett benötigen. Mal wird mit Honig, mal mit Zucker gesüßt. Um einen gewünschten Geschmack zu erzielen, steht uns eine breite Auswahl an Gewürzen und anderen Aromen zur Verfügung. Sehen wir uns zunächst ein einfaches Plätzchenrezept an:

Grundrezept

3 Tassen Weizenmehl
1 ½ Tassen Zucker
4 ganze Eier
¾ TL Backpulver
¼ TL Salz
2 ½ TL Kümmel

Mehl, Zucker, Eier, Backpulver und Salz sind enthalten. Aber ich habe auf Backfett verzichtet. Und mit den Kümmelkörnern möchte ich einen bestimmten Geschmack erzielen. Sollten Sie Kümmel nicht mögen, können Sie Anis, Schokoladen-Tröpfchen, Rosinen oder ein flüssiges Aroma wie Vanille oder Mandel oder einen Likör beigeben. Sie können dem Teig auch feingehackte Nüsse beimischen oder diese über die Plätzchen streuen. Vermengen Sie nach Lust und Laune Kakaopulver oder Nescafépulver mit dem Teig oder sieben Sie Kakao oder Puderzucker über die fertigen Plätzchen.

In dieser Sammlung finden Sie Hunderte von ähnlich einfachen Rezepten, die Sie leicht nach Ihrem persönlichen Geschmack verändern können. Aus Dutzenden von den Rezepten dieses Buches können Sie Hunderte von individuellen Kreationen ableiten. Mit den Rezepten, dem Wissen und den Detailinformationen dieses Buches können Sie Ihre Familie, Ihre Nachbarn und Freunde mit jeglicher Art von Plätzchen verwöhnen.

Backutensilien

Ausstechförmchen: Es gibt eine beinahe unbegrenzte Auswahl an Ausstechförmchen. In jedem Haushaltswarengeschäft finden Sie sie in allen Größen und Formen: runde, quadratische, rechteckige, längliche, halbmondförmige, auch Sternchen, Bäume, Blumen, Tiere. Ich habe sogar mal eines in Hundeknochenform entdeckt. Es ist reizvoll, viele verschiedene Formen zu besitzen, doch ich finde einen Satz runder Ausstechförmchen ausreichend. Sie sind in unterschiedlichen Größen mit einem Durchmesser von 1 cm bis etwa 8 cm erhältlich. Kleine Ausstechförmchen werden mitunter in runden Blechdöschen verkauft, die man ihrerseits ebenfalls zum Ausstechen verwenden kann. Aber es macht allemal Spaß, mit weiteren Förmchen, z. B. in Tiergestalt, zu experimentieren.

Backbleche: Sie sollten mindestens zwei Backbleche besitzen, so daß Sie das nächste Blech mit Plätzchen belegen können, während eines bereits im Backofen ist. Wenn Sie einen Heißluftbackofen haben, können Sie auch zwei Bleche gleichzeitig einschieben. Die Bleche sollten absolut sauber sein und so in den Ofen passen, daß die Heißluft noch rundherum zirkulieren kann.
Manche behaupten, daß flache Bleche ohne Rand ein gleichmäßigeres Backergebnis erbringen. Andere jedoch halten Backbleche mit Rändern für genauso gut. Für Gebäckschnitten ist eine Randumfassung unbedingt notwendig. Die Anzahl der fertigen Schnittchen hängt davon ab, ob Sie den gebackenen Teig in einer größeren oder kleineren Form backen und wie groß Sie die Stücke zuschneiden. Daher kann bei den Rezepten dieses Buches die Anzahl der Schnitten nur ungefähr angegeben werden.
Backformen: Backformen, in die man den Teig hineinfüllt, gibt es in verschiedenen Größen und Formen mit phantasievollen Motiven wie Nikoläusen, Blumen oder Vögeln. Eine traditionelle Spezialität der deutschen Backkultur sind die Formhölzer für Springerle. Sehen Sie sich auch in Ihrem Haushalt um: Sie werden staunen, wie viele Dinge sich als Backform zweckentfremden lassen.

Backpinsel: Sie benötigen einen Pinsel mit feinen Borsten um Eigelb, zerlassene Butter oder Glasuren aufzutragen. Dazu sollten Sie 1 bis 3 cm breite Farbpinsel von guter Qualität benutzen. Nehmen Sie keine Pinsel mit Nylonborsten, da diese schmelzen können, wenn man sie in sehr heiße Flüssigkeit taucht.

Gebäckspritze und Spritzbeutel: Mit der Gebäckspritze können Sie weichen Plätzchenteig spritzen. Zu den meisten Gebäckspritzen gehört ein Satz von Aufsätzen mit Öffnungen unterschiedlicher Größe und Form. Manche Bäcker ziehen es vor, Spritzteig mit dem Beutel auf das Blech zu drücken. Die besten Spritzbeutel bestehen aus Leinen und sind innen dünn mit Kunststoff beschichtet. Große Beutel sind weit praktischer zu handhaben als kleine. Zu den Spritzbeuteln gehört in der Regel ein Satz von sechs Garniertüllen mit diversen Öffnungen.

Kochlöffel: Ich ziehe Kochlöffel aus Holz denen aus Kunststoff oder Metall vor und habe in der Küche gerne drei große Kochlöffel zur Hand.

Kuchengitter: Die Drahtgitter lassen die Luft frei um die auskühlenden Plätzchen zirkulieren und verhindern so, daß diese weich werden. Sie brauchen mindestens zwei solcher Kuchengitter.

Mehl- oder Rüttelsieb: So ein Sieb ist nicht nur praktisch, um Mehl zu sieben, sondern kann auch für Puderzucker oder sogar für braunen Zucker verwendet werden.

Meßbecher: Verläßliche Meßbehälter sind ein äußerst wichtiges Küchenutensil. Bei ungenauem Abmessen befriedigt das Backergebnis nur selten. Sie benötigen Meßbecher für trockene Zutaten und mindestens einen durchsichtigen Meßbecher für Flüssigkeiten. Die Angaben für die Umrechnungen der in den Rezepten angegebenen Maße (wie 1¼ Tassen Zucker) finden Sie im Kapitel „Maße und Gewichte".

Meßlöffel: Ein guter Meßlöffel kann beim Backergebnis über Freude oder Enttäuschung entscheiden. Achten Sie beim Kauf auf Qualität.

Pâtissier- oder Schokoladenförmchen: Solche Förmchen waren früher in Haushalten weit verbreitet. Haushaltswarenläden bieten noch eine große Auswahl großer und kleiner Formen, z. B. für Pfefferkuchenmännlein, Vögel, Blumen und Nikoläuse, an.

Rührschüsseln: Es lohnt sich, einen guten Satz Rührschüsseln aus Keramik oder rostfreiem Stahl zu kaufen. Kunststoff nimmt leicht Gerüche an und zerkratzt mit der Zeit. Emaille kann absplittern, Aluminiumgefäße färben den Teig gräulich. Ein Satz von drei bis vier Schüsseln in verschiedenen Größen ist sehr praktisch.

Schneebesen: Damit können Sie trockene Zutaten verrühren, Eiweiß schlagen und Soßen rühren.

Teigschaber: Das längliche Rechteck (ca. 12 x 8 cm groß) aus Plastik, Gummi oder Kunststoff mit Gummilippe ist beim Backen hilfreich und praktisch.

Praktische Tips fürs Backen

1 Lesen Sie ein Rezept mindestens einmal vollständig durch, ehe Sie sich ans Backen machen.

2 Heizen Sie den Backofen rechtzeitig und ausreichend vor.

3 Bei zarten Butterplätzchen empfiehlt es sich, das Backblech mit Butter einzufetten.

4 Wenn Sie Flüssigkeiten abmessen, lesen Sie das Maß auf Augenhöhe ab.

5 Wenn Sie ⅛ TL einer Zutat benötigen, messen Sie zunächst ¼ TL ab und nehmen dann die Hälfte ab.

6 Mit dem Elektromixer gerührter Teig ergibt Plätzchen von gleichmäßigerer Beschaffenheit, als ein von Hand erstellter Teig.

7 Um Zutaten von Hand zu einer gleichmäßigen Creme zu vermengen, bearbeiten Sie die Mixtur am besten mit der Rückseite eines hölzernen Kochlöffels.

8 Butter sollte man vor der Zugabe von Zucker cremig bzw. schaumig rühren.

9 Falls im Rezept nicht anders angegeben, verwenden Sie handelsübliches Backpulver.

10 Falls im Rezept nicht anders vermerkt, sollten alle Zutaten Raumtemperatur besitzen.

11 Wenn Sie Eigelb vom Eiweiß trennen, schlagen Sie die Schalen nicht über der Rührschüssel auf, in der sich bereits andere Zutaten befinden. Trennen Sie die Eier vielmehr nacheinander über einer Tasse oder einer kleinen Schüssel. So lassen sich Schalenstückchen leichter wieder herausfischen. Sollte das Trennen mißlingen oder ein faules Ei darunter sein, werden die übrigen Zutaten nicht verdorben.

12 Eiweiß, das geschlagen werden muß, sollte immer Raumtemperatur haben.

13 Beim Eiweißschlagen sollten Rührbecher und Rührstäbe unbedingt sauber und fettfrei sein.

14 Zum Schlagen von Eiweiß eignen sich Kupferschüsseln am besten. Keramik ist Aluminium oder Kunststoff vorzuziehen.

15 Bevor Sie eine Zitrone auspressen, rollen Sie sie unter leichtem Handdruck auf der Arbeitsfläche hin und her. Danach spendet sie mehr Saft.

16 Um Honig oder Sirup präziser messen zu können, fetten Sie den Meßbecher vorher innen leicht ein. So fließt die zähe Flüssigkeit auch wieder besser aus dem Meßbecher ab.

17 Das Zerkleinern von Trockenfrüchten fällt leichter, wenn Sie das Messer oder die Schneideflächen der Küchenmaschine vorher in heißes Wasser tauchen.

18 Um zu verhindern, daß Früchte und Nüsse im Backgut nach unten absinken, wenden Sie sie in Mehl, bevor Sie sie dem Teig untermischen.

19 Lagern Sie Mehl in einem luftdichten Behälter, nicht in der Verpackungstüte.

20 Um zu verhindern, daß brauner Zucker verklumpt, bewahren Sie ihn in einem luftdichten Behälter auf. Legen Sie zudem ein feuchtes Stück Stoff oder Küchenkrepp in eine kleine Plastiktüte, durchstechen Sie diese auf allen Seiten mit einer Nadel und legen Sie sie in den Behälter.

21 Verwenden Sie zum Säubern von Küchengeräten, die für Teige oder andere mehlhaltige Mischungen gebraucht wurden, besser warmes statt heißes Wasser.

22 Mehlsiebe müssen Sie nicht unbedingt spülen. Bewahren Sie sie einfach in einer gut verschlossenen Plastiktüte auf.

23 Bei Fettgebackenem sollten Sie nicht zu viele Teigportionen in das schwimmende Fett geben. Anderenfalls saugt das Gebäck zu viel Öl auf.

24 Gekühlter Teig läßt sich leichter ausrollen. Verwenden Sie für ausgerollte Plätzchen also immer gut durchgekühlten Teig.

25 Stechen Sie möglichst viele Plätzchen aus jeder Lage Ausrollteig. Denn mit jedem Ausrollen wird der Teig trockener.

26 Die erzielte Keksanzahl hängt selbstverständlich davon ab, wie groß die mit dem Löffel auf das Blech gesetzten Portionen oder die Ausstechförmchen sind bzw. wie dünn der Teig ausgerollt wurde. Die nach dem Backen geschnittenen Gebäckschnitten sollten sich auf mindestens 12 Stück pro Blech belaufen.

27 Jeder Plätzchenteig eignet sich auch für die Gebäckspritze oder den Spritzbeutel.

28 Geben Sie nur ein Backblech in den Ofen, so schieben Sie es in die mittlere Höhe. Wenn Sie zwei Bleche ins Rohr schieben, sollten Sie beachten, daß die der Hitzequelle nächsten Plätzchen am ehesten braun werden oder anbrennen. Gegebenenfalls können Sie die Höhe der Backbleche ein- oder zweimal wechseln. Wenn Sie Backformen oder kleine Backbleche benutzen, verschieben Sie diese abwechselnd so, daß sie der Hitzezufuhr möglichst gleichmäßig ausgesetzt sind.

29 Setzen Sie die Plätzchen nach dem Backen mit einem breiten Spachtel zum Auskühlen auf das Kuchengitter. Die Plätzchen sollten nicht übereinander liegen, da sie sonst aneinanderhaften.

30 Lassen Sie die Backbleche auskühlen, ehe Sie sie wieder verwenden.

31 Die meisten Plätzchenteige und ebenso fertige Kekse lassen sich tiefgefroren 4 bis 6 Wochen aufbewahren. Wickeln Sie sie doppelt ein und kleben Sie auf die Päckchen Etiketten mit Name und Datum.

32 Setzen Sie die Plätzchen stets in ausreichendem Abstand auf das Blech.

33 Schieben Sie mehrere Backbleche oder -formen in den Ofen, sollten diese ringsum mindestens 5 cm »Luft« haben, so daß die Hitze zirkulieren kann und das Backgut gleichmäßig erreicht wird.

34 Ich lasse Plätzchen auf ausgebreitetem Zeitungspapier mit der Oberseite nach unten abkühlen. Das Papier saugt überschüssiges Fett auf. Verwenden Sie aber nie farbige oder relativ frischgedruckte Zeitungen.

35 Prüfen Sie nach der angegebenen Mindestzeit, ob die Plätzchen durchgebacken sind. Gibt zum Beispiel ein Rezept 10 bis 12 Minuten Backzeit an, kontrollieren Sie die Plätzchen nach 10 Minuten. Die Backofentemperaturen, Größe und Dicke der Kekse können unterschiedlich ausfallen. Um ganz sicherzugehen, begutachten Sie das erste Backblech schon vor Ablauf der Mindestbackzeit.

36 Weiche Plätzchen sollten in luftdichten Behältern aufbewahrt werden, knusprige Kekse lagern Sie besser in nicht vollkommen verschlossenen Dosen. Um Plätzchen weich zu halten, legen Sie in den Behälter ein Apfelstückchen, das Sie häufig auswechseln sollten. Weiche Plätzchen und Gebäckschnitten lassen sich am besten zwischen Lagen von Pergamentpapier lagern. Bewahren Sie niemals knusprige und weiche Plätzchen in demselben Behälter auf.

Alternativen für Zutaten von A–Z

ZUTAT	MENGE	ALTERNATIVE
Ahornzucker	½ Tasse	1 Tasse Ahornsirup oder 1 Tasse brauner Zucker
Backpulver	1 TL	⅓ TL Natron plus ½ TL Weinstein ¼ TL Natron plus ½ Tasse Milch (Flüssigkeitsmenge im Rezept um ½ Tasse vermindern)
Butter	1 Tasse	1 Tasse Backfett ¾ Tasse plus 2 EL Schmalz 1 Tasse Margarine
Buttermilch	1 Tasse	1 Tasse Joghurt 1 Tasse minus 1 EL Milch plus 1 EL frischgepreßter Zitronensaft oder Essig
Ei	1 großes	2 große Eigelb plus 1 EL Wasser
Joghurt	1 Tasse	1 Tasse Buttermilch 1 Tasse glattgerührter Hüttenkäse 1 Tasse saure Sahne
Kakao	¼ Tasse	30 g Schokolade (den Fettanteil im Rezept um 1 ½ TL vermindern)
Kristallzucker	1 Tasse	1 Tasse Sirup (Flüssigkeit im Rezept um ¼ Tasse vermindern) 1 Tasse brauner Zucker 1 Tasse Honig (Flüssigkeit im Rezept um ¼ Tasse vermindern) 1 ¾ Tassen Puderzucker
Kuvertüre	200 g	100 g Blockschokolade plus 2 EL Fett plus ½ Tasse Zucker
Mehl	1 Tasse	1 Tasse minus 2 EL Vollkornmehl 1 ½ Tassen Paniermehl 1 Tasse Haferflocken
Pfeilwurz	1 ½ TL	1 EL Mehl plus 1 ½ TL Maisstärke
Pflanzenfett	1 Tasse	1 Tasse zum Kochen geeignetes Öl
Piment	1 TL	½ TL Zimt plus ½ TL Gewürznelken
Sauermilch	1 Tasse	1 Tasse Joghurt 1 Tasse minus 1 EL Milch plus 1 EL frischgepreßter Zitronensaft oder Essig
Saure Sahne	1 Tasse	1 Tasse Joghurt ¾ Tasse plus 2 EL Kefir oder Dickmilch plus ⅓ Tasse Butter
Schokolade	30 g	3 EL ungezuckertes Kakaopulver plus 1 EL Fett
Schokolade	50 g	30 g Blockschokolade plus 4 TL Zucker
Sirup	1 Tasse	1 Tasse Honig 1 Tasse Zucker (die Flüssigkeitsmenge im Rezept um ½ Tasse erhöhen)
Vollmilch	1 Tasse	1 Tasse aufgelöstes Magermilchpulver plus 2 TL zerlassene Butter ½ Tasse Kondensmilch plus ½ Tasse Wasser 1 Tasse Buttermilch plus ½ TL Backpulver bzw. Natron
Zitronenaroma	1 TL	2 TL abgeriebene Zitronenschale

Masse und Gewichte

1 Spritzer = 2 bis 3 Tropfen (weniger als ⅛ TL)
1 Teelöffel (TL) = 5 Milliliter
1 Eßlöffel (EL) = 3 TL = 15 Milliliter
⅛ Tasse = 2 EL = 30 Milliliter
¼ Tasse = 4 EL = 60 Milliliter
½ Tasse = 8 EL = 120 Milliliter
1 Tasse = 16 EL = 240 Milliliter

NÜSSE

450 g Mandeln mit Schale	1 bis 1 ¼ Tassen ungeschälte Mandeln
450 g geschälte Mandeln	3 Tassen
450 g Mandelblättchen	5 ⅔ Tassen Mandeln ohne äußere u. innere Schale
450 g Paranüsse mit Schale	1 ½ Tassen Paranüsse ohne Schale
450 g Paranüsse ohne Schale	3 ¼ Tassen
450 g ungeschälte Kastanien	1 ½ Tassen geschälte Kastanien
450 g Haselnüsse mit Schale	1 ½ Tassen Haselnüsse ohne Schale
450 g Haselnüsse ohne Schale	3 ½ Tassen
450 g Erdnüsse mit Schale	2 bis 2 ½ Tassen Erdnüsse ohne Schale
450 g Erdnüsse ohne Schale	3 Tassen
450 g Pekannüsse mit Schale	2 ¼ Tassen Pekannüsse ohne Schale
450 g Pekannüsse ohne Schale	4 Tassen
450 g Walnüsse mit Schale	2 Tassen Walnüsse ohne Schale
450 g Walnüsse ohne Schale	4 Tassen

ZUCKER

1 Tasse weißer Zucker	1 Tasse Rohzucker
	1 Tasse brauner Zucker
	1 ¾ Tassen Puderzucker
450 g weißer oder brauner Zucker	2 ¼ Tassen Zucker
1 EL Ahornzucker	1 EL weißer Zucker
450 g Puderzucker	4 Tassen Puderzucker

EIER

1 Ei	2 Eigelb
1 Tasse Eigelb	Dotter von 12 bis 14 großen Eiern
1 Tasse Eiweiß	Eiweiß von 8 großen Eiern

MILCH UND MILCHPRODUKTE

1 Tasse Sahne (30 % Fett)	2 Tassen geschlagene Sahne
⅓ Tasse Kondensmilch	⅓ Tasse Trockenmilchpulver plus 6 EL Wasser
1 Dose Kondensmilch, ca. 420 ml	1 ⅔ Tassen Kondensmilch
240 g Sauerrahm	1 Tasse

MILCH UND MILCHPRODUKTE *(Fortsetzung)*

450 g Käse	4 Tassen geriebener Käse
240 g Doppelrahmfrischkäse	6 EL

FETTE

½ Tasse Butter oder Margarine	125 g Tassen Schweineschmalz
1 Tasse Butter oder Margarine	250 g Butter oder Margarine

FRÜCHTE

1 mittelgroßer Apfel	1 Tasse Apfelstücke
450 g Äpfel	3 Tassen Apfelstücke
450 g gedörrte Aprikosen	3 Tassen gedörrte Aprikosen
450 g Bananen (3 mittelgroße)	2 Tassen zerdrückte Bananen
450 g entsteinte Datteln	2–2 ½ Tassen kleingeschnittene Datteln
450 g Feigen	2 ⅔ Tassen kleingeschnittene Feigen
1 mittelgroße Zitrone	1 ½ TL abgeriebene Zitronenschale
	2 EL Saft
1 mittelgroße Orange	3 TL geriebene Orangenschale
450 g Backpflaumen	2 ¼ Tassen entsteinte Backpflaumen
450 g Rosinen	3 Tassen Rosinen

SCHOKOLADE

180 g Schokoladen-Tröpfchen	1 Tasse Schokoladen-Tröpfchen
450 g Kakaopulver	4 Tassen Kakaopulver
100 g Blockschokolade	14 EL geriebene Blockschokolade

GEWÜRZE

2 TL kandierter Ingwer	1 TL feingehackter frischer Ingwer
¼ TL gemahlener Ingwer	1 TL feingehackter frischer Ingwer
	2 TL feingehackter kandierter Ingwer

GETREIDE

1 Tasse Haferflocken	140 g Haferflocken
1 Tasse Reis	210 g Reis
1 Tasse roher Reis	2 Tassen gekochter Reis

VERSCHIEDENES

2 ½ cm Vanilleschote	1 TL Vanillearoma
7 grob zerkrümelte Kräcker	1 Tasse Kräckerbrösel
30 Vanillewaffeln oder andere leichte Kekse	1 Tasse Kekskrümel

Zutaten und Backbegriffe von A bis Z

Abkühlen lassen: Ein Koch- oder Backgut so lange bei Zimmertemperatur stehen lassen, bis es sich nicht mehr warm anfühlt.

Ahornzucker: Durch Abdampfen von Zucker- oder Spitzahornsaft gewonnener Zucker.

Amaretto: Ein Likör mit Mandelgeschmack, der als Backaroma verwendet werden kann.

Anisessenz: Eine Essenz aus Anissamen, die mit den Samen für Brote und Plätzchen verwendet wird.

Anissamen: Ein aromatisches Gewürz, das zum Backen verwendet wird.

Anreichern: Begriff für die Zugabe von Vitaminen oder Mineralien, die beim Verarbeitungsvorgang verlorengingen, zu Nahrungsmitteln.

Aprikosenbutter: Eine Mischung aus pürierten Aprikosen und Butter.

Auflösen: Eine feste Zutat verflüssigen, indem man sie einer Flüssigkeit zugibt oder schmilzt.

Ausrollen: Einen Teig mit einer Teigrolle oder einem ähnlichen Gegenstand auf einer bemehlten Arbeitsfläche in gewünschter Dicke ausrollen.

Ausgerollte Kekse: Plätzchen, die aus einem ausgerollten Teig mit einem Förmchen ausgestochen oder in gewünschte Form geschnitten werden.

Backen: Garen von Teig in einem Backofen bei trockener Hitze.

Backfett: Fette und Fettmischungen (Butter, Butterschmalz, Margarine und andere Pflanzenfette, Kunstspeisefette, auch reinstes Rüböl und teilweise hydriertes Schweinefett).

Backpulver: Ein Treibmittel, das dem Teig zugegeben wird, damit er beim Backen aufgeht. Backpulver entsteht aus Mischungen von Natriumbicarbonat und sauren Salzen (u.a. Weinstein). Es reagiert mit der Flüssigkeit im Teig, wobei Bläschen entstehen.

Baiser: Ein Backwerk aus steifem Eischnee und Zucker.

Bananenchips: Getrocknete dünne Bananenscheiben.

Bepinseln: Eine flüssige Glasur oder einen dünnen Überzug (z.B. Eigelb oder Zuckerguß) mit einem Backpinsel auf die Oberfläche eines festen Backwerks streichen.

Bestäuben: Ein Backwerk mit einer feinen Schicht Mehl, Puderzucker o.ä. bestreuen.

Blätterteig: Ein für luftige, feine Backwaren verwendeter Teig. Da die Herstellung recht mühevoll ist, empfiehlt sich der Kauf von tiefgekühltem, in Scheiben oder am Stück erhältlichem Blätterteig.

Branntwein: Trinkbranntwein mit mindestens 38 % Alkoholanteil: Obst- und Fruchtoder Getreidebranntweine (wie Rum, Whisky, Wodka und Obstler).

Brauner Zucker: Ein Rohrzucker, bei dem die farblosen Sucrose-Kristalle von einem Film dunklen Muttersirups bedeckt sind. Dunkelbrauner Zucker besitzt ein intensiveres Aroma. Vollrohrzucker sieht ähnlich aus, ist aber im Gegensatz zum anderem braunen Zucker nicht rieselfähig.

Büchsenmilch: Siehe Kondensmilch.

Butter: Eine aus Milch, Rahm (gelegentlich aus Molke) gewonnene feste Emulsion aus Wasser in Milchfett. Geschlagene Butter sollte in einem Rezept nie durch feste Butter ersetzt werden. Im Gegensatz zu Pflanzenfett verleiht Butter dem Backgut ihr eigenes Aroma. Man kann ein Backblech vor dem Backen mit Butter einfetten.

Buttermilch: Gesäuerte Magermilch, die beim Buttern übrigbleibt. Ein wertvolles Nahrungsmittel mit nur 0,2 – 0,5 % Fett. Sie wird für viele Backrezepte verwendet.

Chutney: Chutneys (engl.-indisch) sind Gewürz-Früchtemischungen und -soßen. Bei einigen Plätzchenrezepten können sie gut anstelle von Marmelade oder Gelee eingesetzt werden.

Cremig rühren: Eine reine Zutat wie Butter oder eine Mischung (z. B. aus Butter und Zucker) mit einem Kochlöffel oder Mixer weich, glatt und cremig rühren.

Datteln: Die süße Frucht der Dattelpalme.

Eindicken: Das Volumen und Gewicht eines flüssigen Lebensmittels durch Verdampfen verringern.

Einfetten: Die Innenfläche einer Schüssel, Pfanne, Koch- oder Backform mit Fett, z. B. Butter oder Pflanzenfett, einreiben, damit das Koch- oder Backgut nicht an der Form haftet.

Eischnee:
Schaumiger Eischnee: Die Eiweißmasse bildet kleine Bläschen.
Weicher Eischnee: Die Spitzen des geschlagenen Eiweißes fallen wieder zusammen, wenn der Rührstab aus dem Rührbecher gezogen wird.
Steifer Eischnee: Die Schaumspitzen und die einheitliche feste Konsistenz bleiben auch nach dem Herausziehen des Rührstabs erhalten.

Einschneiden/-ritzen: Ein Backgut zur Dekoration (oder zum leichteren Zerteilen nach dem Backen) mit einem Messer leicht einkerben oder einritzen.

Essig: Saures Würz- und Konservierungsmittel, das einem Plätzchenteig eine besondere Geschmacksnote verleihen kann.

Flocken/Flakes: Kleine, dünne, flache Schabe- oder Bruchteilchen.

Fritieren/Ausbacken: Den Teig bei hoher Temperatur entweder in schwimmendem Fett oder Öl oder im flachen Fettbad bei mehrfachem Wenden ausbacken.

Garnieren: Ein fertiges Backwerk mit Früchten oder anderen Zutaten dekorieren.

Gebäckschnitten: Kekse, bei denen der Teig auf ein Blech gestrichen oder in eine Form gefüllt und nach dem Backen in Streifen oder Schnitten gewünschter Größe geschnitten wird.

Gebäckspritze: Gerät zum Pressen von weichem Plätzchenteig auf ein Backblech.

Geformte Kekse : Bezeichnung für Kekse, die aus dem rohen Teig mit bloßen Händen (z. B. zu Bällchen) oder mit Hilfe von Spritzbeuteln bzw. Gebäckspritzen oder mit speziellen (nicht zum Ausstechen bestimmten) Backformen gebildet werden.

Geschnittene Kekse: Bezeichnung für Kekse, die man durch Schneiden aus gekühltem rohem Teig formt. Man kühlt den vorwiegend zu Rollen oder kleinen Laiben portionierten Teig, von denen man dann Stückchen gewünschter Größe abschneidet.

Glasieren: Ein fertiges Backgut mit einem (meist zuckerhaltigen) Guß überziehen. (Siehe Zuckerguß.)

Haferflocken: Entspelzte, gedämpfte und flachgequetschte Haferkörner. Haferflocken verleihen Backwaren eine feuchte, leicht süße, kernige Konsistenz. Getoastet bzw. geröstet werden sie besonders knusprig.

Häufchen-Kekse: Bezeichnung für Plätzchen, die man formt, indem man den rohen Teig mit einem oder zwei Löffeln auf das Backblech setzt.

Honig: Ein natürliches Süßmittel, von Bienen hergestellt, als Wabe, meist aber in zähflüssiger Form erhältlich. Bei manchen Rezepten kann man den Zucker durch Honig ersetzen.

Johannisbrot: Die auch Karobe (Karube) genannte Schote des Johannisbrotbaumes mit süßem Fruchtmark (»Johannishonig«) dient als Schokolade- oder Karamelersatz. Im Gegensatz zu Schokolade ist Johannisbrot wasserlöslich.

Kakaopulver: Entsteht aus Rohkakao (den vergorenen Bohnen des Kakaobaumes) durch Rösten, Reinigen, Mahlen und Verkneten mit Kalium- oder Ammoniakkarbonat. (Siehe S. xxv.)

Kandierte Früchte: Mit Zuckerguß überzogene (glasierte) Früchte oder Fruchtstückchen. (Siehe Seite xxvi.)

Karamelisieren: Zucker so lange erhitzen, bis er schmilzt und goldbraun wird.

Kneten: Einen Teig mit den Händen so durchwalken, bis er durchgearbeitet ist.

Kochen: Eine Flüssigkeit bis zum Sieden und Sprudeln erhitzen.

Kokosnuß: Die Frucht der tropischen Kokospalme. Das nußartig schmeckende Fruchtfleisch wird in feinen Raspeln, Flocken oder auch Stücken verkauft. Für einige Rezepte brauchen Sie Kokosmilch, die Flüssigkeit aus dem Inneren der Kokosnuß, die Sie auch gesüßt und in Dosen sowie als Instantpulver kaufen können.

Kondensmilch: Durch verdampfen verdickte Milch, die anschließend sterilisiert und in Dosen abgefüllt wird.

Korinthen: Getrocknete kleine Weinbeeren ohne Kerne.

Likör: Süßer Trinkbranntwein, gewöhnlich aus destillierten Früchten hergestellt und/oder mit Gewürzen versetzt.

Madeirawein: Starker, gesüßter Dessertwein von der Insel Madeira, der wie süßer Sherry zum Aromatisieren dient.

Mahlen: Feste Zutaten, z. B. Körner und Nüsse, mit einer Küchenmaschine fein zerkleinern.

Mais-Vollmehl: Grob gemahlene Maiskörner. Macht das Backgut krümelig.

Maisstärke: Ein aus Mais gewonnenes Verdickungsmittel, das manchmal anstelle von Mehl verwendet werden kann.

Mandelaroma: Geschmacksanreicherndes Aroma zum Backen und Verfeinern.

Mandelpaste (Marzipan): Eine cremige Mischung aus gemahlenen Mandeln, Zucker und Rosenwasser, die einigen unserer Rezepte einen intensiven Mandelgeschmack verleiht.

Margarine: Butterähnliche Fette in schmierfester Form, die aus Pflanzenöl hergestellt werden.

Marone: Eßkastanie, Frucht der Edelkastanie. *Marrons glacés* sind kandierte Eßkastanien.

Marzipan: Paste aus Süßmandeln (Bittermandelanteil 2 – 5 %) und Zucker, die oft für Konfekt verwendet wird. Sie dient auch als Backzutat und wird manchmal statt Zuckerguß verwendet.

Mehl: In diesem Buch ist mit Mehl – wenn im Rezept nicht anders angegeben – Weizenmehl gemeint.

Mokka: Aromatischer und starker Kaffee.

Natron: Natriumbicarbonat oder (landläufig, doch wissenschaftlich ungenau) Natron ist ein Treibmittel, das allein oder zusammen mit Backpulver verwendet wird. Teige, denen es zugesetzt wird, sollte man gleich nach dem Verrühren backen. Denn Natron beginnt zu reagieren, sobald es mit einer Flüssigkeit in Berührung kommt. Lösen Sie das Natron mit ein wenig Wasser auf, ehe Sie es den anderen Zutaten beigeben.

Nüsse: Einsamige Schließfrüchte von verschiedenen Nußbäumen. (Siehe Seite xxii.)

Panieren: Brat- oder Backstücke in dünner Mehlschicht und geschlagenem Ei sowie Paniermehl wenden, um Krustenbildung zu erreichen.

Pfeilwurz: Westindisches Gewächs, aus dem das Maranta-Stärkemehl, das in vielen älteren europäischen Rezepten vorkommt, gewonnen wird. Heute wird es nur noch selten verwendet. Es kann durch Maisstärke und in einigen Fällen durch Weizenmehl ersetzt werden.

Pflanzenöl: Speiseöl aus den fetthaltigen Samen von Ölfrüchten (Sonnenblumen, Raps usw.), das durch Pressen gewonnen wird.

Portwein: Süßer, starker Dessertwein aus Porto in Portugal.

Puderzucker: Feinstgemahlener, raffinierter, weißer Zucker, dem ein wenig Maisstärke beigegeben wird, damit er nicht klumpt.

Reiben: Eine Zutat mit einer Reibe zu feinen, mittleren oder groben Stückchen zerkleinern. Oder Abreiben von Zitrusfrucht-Schalen.

Reismehl: Mehl, das aus gemahlenen Reiskörnern hergestellt wird und süßer schmeckt als Weizenmehl. In den meisten Rezepten kann

Reismehl etwa ein Viertel der angegebenen Menge Weizenmehl ersetzen.

Rosenwasser: Rosenöl (aus der Destillation von Rosenblüten), das mit Wasser vermengt ist. In Apotheken erhältlich. Rosenwasser wird z. B. für Marzipan, Frucht- und Kräuterliköre verwendet.

Rühren oder Verrühren: Die Zutaten in einem Teig gründlich vermengen und möglichst glattstreichen.

Schlagen: Um eine Teigmischung gleichmäßig und glatt zu vermengen, kann man zu Schneebesen, Koch-, Rührlöffel oder Elektromixer greifen. Wenn Sie mit einem Schneebesen oder Elektromixer Eiweiß oder Sahne schlagen, vergrößert sich deren Volumen durch das Einquirlen von Luft.

Schmelzen: Verflüssigen fester Stoffe durch Erhitzen.

Schokolade: Süßigkeit aus Kakaomasse und Zucker (häufige Zutaten: Kakaobutter, Gewürze, Milchteile, Nüsse usw.). (Siehe Seite xxv.)

Schweineschmalz: Weißes, ausgelassenes Schweinefett in verfestigter Form. Schmalz wird heute beim Backen häufig durch Butter oder Pflanzenfett ersetzt.

Sesamsamen: Aromatisches Würz- und Ziermittel für Plätzchen, Brote oder Brötchen. (Siehe Gewürze und Kräuteraromen, Seite xxiv.)

Sherry: Ein trockener Wein, der oft beim Kochen verwendet wird.

Sirup: Mit Zucker verkochter natürlicher Fruchtsaft oder bei der Rüben- oder Rohrzuckerproduktion entstehende dickflüssige Substanz.

Speisestärke: Stärkemehl aus Pflanzen (Weizen, Mais, Kartoffel, Reis usw.), das beim Backen zur „Konsistenzbildung" (Binde-, Verdickungs- und Pastenmittel) genutzt wird.

Spritzbeutel: Kegelförmiger Stoffbeutel mit einem Satz von Garniertüllen (aus Metall oder Kunststoff), mit dem sich Teige, Cremes oder sogenannte Spritzgüsse aufs Blech oder Gebäck pressen bzw. spritzen lassen.

Süße Kondensmilch: Durch verdampfen verdickte Vollmilch mit Zugabe von Milchtrockenmasse und Zucker.

Sultaninen: Gelbe, kernlose, große Rosinen.

Teigrand: Meist mit den Fingern geformter Zierrand einer Pastete oder eines anderen Backwerks.

Überziehen: Backgut mit Mehl oder anderen Zutaten bestreuen, bestäuben, übergießen oder eintauchen.

Umrühren: Backzutaten mit einem Koch- oder Rührlöffel mit Lochblatt rotierend vermengen.

Unterheben oder unterziehen: Vermischen von empfindlichen Zutaten wie Schlagsahne oder geschlagenem Eiweiß mit anderen Beigaben. Ziehen Sie das Rührgut vorsichtig mit einem Teigschaber oder Schneebesen vom Rand der Rührschüssel aus so oft unter die geschlagene Masse, bis alle Zutaten gleichmäßig verteilt sind.

Vanillearoma: Durch Destillieren aus ganzen Vanilleschoten gewonnener Extrakt bzw. Aromastoff.

Vanilleschote: Schote der Vanillepflanze, einer tropischen Kletterorchidee.

Vorheizen: Den Ofen vor dem Backen auf die erforderliche Temperatur erwärmen.

Weinstein: Ein saures Salz, das mit Natriumbikarbonat zu Backpulver vermischt wird.

Weizenkeime: Beim Ausmahlen von Mehl anfallende Weizenkeimlinge mit hohem Anteil an Vitaminen (insbesondere Vitamin E).

Weizenmehl: In diesem Buch das „Mehl für alles". Es ist – je nach Ausmahlungsgrad – heller oder dunkler und mit verschiedenen Vitaminen und Mineralstoffen versetzt.

Zitronat-Zitrone: Die Zitronat-Zitrone wird bis zu 2,5 kg schwer. Ihre Schale enthält ätherisches Öl und Bitterstoffe. Sie dient als Würzstoff für Marmelade und Backwerk, wird kandiert und auch zur Garnierung von Backwaren verwendet.

Zucker: Ein in Wasser leicht lösliches Kohlehydrat. Kristallzucker, der weiße Verbrauchszucker, wird beim Backen und Kochen am häufigsten verwendet.

Zuckerguß: Ein Überzug, normalerweise auf Zuckerbasis, mit dem Plätzchen zur Dekoration und Geschmacksanreicherung bestrichen werden.

Zutatenarten von A–Z

NÜSSE UND MANDELN

Die meisten Nußarten sind in verschiedenen Verarbeitungs- und Genußformen erhältlich: geschält oder ungeschält, gemahlen, gehackt, zu Blättchen gehobelt oder geraspelt. Einzig Cashewnüsse werden nicht mit Schale verkauft, weil diese giftig ist. Zum Backen werden traditionell am häufigsten Haselnüsse, Mandeln und Walnüsse verwendet. Dabei eignen sich viele andere Nußarten, z. B. Pekannüsse oder Pinienkerne, ebensogut für köstliche Gebäckergebnisse.

Nüsse in der Schale sind billiger. Als Daumenregel mag gelten: Ein Pfund Nüsse mit Schale entspricht einem halben Pfund geschälter Nüsse. Viele Hobbybäcker und -bäckerinnen, finden es bequemer und praktischer, Nüsse ohne Schale zu kaufen. Obgleich Nüsse mit Schale ohnehin lange frisch bleiben, läßt sich ihre Haltbarkeit verlängern, wenn sie im Gemüsefach des Kühlschranks aufbewahrt werden. Nüsse ohne Schale werden schon nach relativ kurzer Zeit ranzig. Sie lassen sich am besten luftdicht verschlossen in der Gefriertruhe lagern.

Die Rezepte dieses Buches verlangen kleingehackte oder gemahlene Nüsse oder Mandeln, Nuß- oder Mandelblättchen bzw. -splitter sowie ganze Nüsse. Kleingehackt bedeutet, daß die Stückchen etwas kleiner als Maiskörner sein sollten. Gemahlen heißt, daß sie fast so fein wie grobes Mehl sind.

Cashewnüsse: Wachsen aus dem unteren Teil der Frucht des Acajou- oder Nierenbaumes. Sie haben eine giftige Schale (deshalb nur ungeschält im Handel).

Erdnüsse: Diese kleine Nuß mit der rotbraunen Samenschale und dem gelblichen Keimling ist eine der beliebtesten Knabbernüsse. Ein großer Teil der Erdnußernte wird zu Erdnußbutter (richtiger: Erdnußmark) verarbeitet. Erdnüsse werden auch für zahlreiche Backwaren verwendet, darunter Erdnußbutterplätzchen, die vor allem in den USA sehr beliebt sind.

Eßkastanien/Edelkastanien: Im Winter kann man sie frisch kaufen, es gibt sie aber auch in Dosen. Will man sie beim Plätzchenbacken verwenden, ritzt man sie auf der Unterseite ein und röstet sie in der Pfanne oder im Backofen, bis die Schale aufplatzt.

Haselnüsse: Wohlschmeckende, öl- und eiweißreiche Nußsorte.

Macadamia-Nüsse: Die Macadamia-Nuß aus Australien gehört zu den teuersten Nüssen der Welt. Das liegt wohl auch daran, daß Macadamia-Bäume erst nach fünf Jahren Früchte tragen. Die Samen der hartschaligen Macadamia-Nüsse haben ein butterähnliches Aroma und werden meist in Kokosöl geröstet.

Mandeln: Die Samen der Steinfrüchte des Mandelbaumes (einem Rosengewächs) sind mit und ohne harte äußere Schale, geschält und ungeschält, ganz und gemahlen, zu Stiften und Blättchen geschnitten, im Handel erhältlich. Die äußere Schale läßt sich relativ leicht knacken. Die ungeschälten Mandelsamen sind sanftbraun, die geschälten Samen elfenbeinfarben.

Paranüsse: Die dreikantigen, dick- und hartschaligen Früchte des brasilianischen Paranußbaumes werden gehackt oder gemahlen für Plätzchenrezepte verwendet.

Pekannüsse: Die hellbraunen, süßschmeckenden Früchte des Pekannußbaumes sind vor allem in den amerikanischen Südstaaten, wo sie üppig gedeihen, sehr beliebt.

Pinienkerne: Pinienkerne gelten vor allem in Südeuropa als Knabbernüsse. Dank ihres reichen Aromas eignen sie sich auch gut für viele Keksrezepte.

Pistazien: Die „grüne Mandel" – geröstet und gesalzen eine Knabberei – dient auch als schmackhafte Zutat für Eiscreme und Kekse. Sie harmoniert mit vielen Gewürzen.

Walnüsse: Die ölhaltige, hübsch geformte Frucht des Walnußbaumes dient nicht nur als Geschmackszutat, sondern auch zur Dekoration von Keksen.

FRÜCHTE

Hunderte von Keksrezepten enthalten Früchte in frischer, getrockneter oder kandierter Form.

Trockenfrüchte sollten vor der Verwendung eingeweicht werden.

Ananas: Ananas sind ganzjährig frisch erhältlich. Doch zum Backen ist Ananas aus der Dose beliebter, da das mühselige Schälen entfällt. Ananas vor dem Gebrauch gut abtropfen lassen. Kandierte Ananas sind ebenfalls eine schmackhafte Kekszutat.

Äpfel: Die natürliche Apfelsaison ist der Herbst, doch werden Äpfel übers ganze Jahr frisch angeboten. Entkernte, in Scheiben geschnittene und gedörrte Äpfel sollten eingeweicht werden, bevor man sie verwendet. Apfelmus finden Sie in vielen hier vorgestellten Rezepten; es macht die Plätzchen weicher und verleiht ihnen einen frischen Apfelgeschmack. Apfelkompott eignet sich nicht zum Plätzchenbacken.

Aprikosen: Frische Aprikosen sind traditionell im Sommer auf dem Markt. Doch auch gedörrte Aprikosen sind aromatisch. Aprikosen aus der Dose hingegen verlieren beim Backen ihren Geschmack.

Bananen: Bananen sind das ganze Jahr über erhältlich. Es gibt sie auch als gedörrte Chips zu kaufen.

Beeren: Frische Beeren – Erdbeeren, Brombeeren, Heidelbeeren, Himbeeren, schwarze Johannisbeeren, Stachelbeeren und mehr – sollte man vorzugsweise in der Saison kaufen. Dauer- und schmackhaft konserviert können Sie sie ganzjährig als Marmelade, in Dosen oder tiefgekühlt erstehen.

Datteln: Im Orient werden die Beerenfrüchte der Dattelpalme seit Jahrhunderten verwendet, um Speisen zu süßen. Für die Dattelrezepte benötigen Sie entsteinte Früchte.

Feigen: Überraschend wenig Plätzchenrezepte nutzen das süße, fruchtige Fleisch der Feigen.

Kakifrüchte: Süße, saftige, gelborangefarbene Tropenfrucht. Wenn die Schale bräunlich und das Fruchtfleisch fast breiig wird, ist die Kaki eßbar und in der Küche zu verwenden.

Kirschen: Beim Plätzchenbacken werden selten frische, häufiger hingegen kandierte Kirschen benutzt.

Orangen: Zum Backen wird kein Fruchtfleisch verwendet, sondern nur Saft, die abgeriebene Schale ungespritzter Orangen sowie Orangeat (kandierte und glasierte Schalen der bitteren Orange).

Pfirsiche: Nur gedörrte Pfirsiche eignen sich zum Plätzchenbacken. Dosenpfirsiche halten der Backhitze nicht stand und werden breiig. Frische Pfirsiche können in

Spalten geschnitten auf Gebäckschnitten geschichtet, bzw. gelegt werden. Auch mit Pfirsichpüree lassen sich Plätzchen aromatisieren.

Pflaumen: Entkernte Dörrpflaumen werden als Backzutat in Scheiben oder in Stückchen geschnitten.

Zitronen: Die dünn geschälte oder abgeriebene Schale ungespritzter Zitronen sowie die kandierten Zitronatschalen verleihen Plätzchen einen frischen Fruchtgeschmack.

GEWÜRZE UND KRÄUTER

Anissamen: Die grünbraunen Anissamen schmecken intensiv lakritzartig. Sie werden ganz oder gemahlen angeboten und gern für Kekse, Obsttörtchen, Brote und Likör verwendet.

Backgewürz: Eine Gewürzmischung für die Plätzchenbäckerei, die aus bis zu zwölf Einzelgewürzen besteht, darunter Anis, Ingwer, Kardamom, Muskat, Nelken und Zimt.

Fenchelsamen: Der mild lakritzartige Geschmack des Fenchelsamens bereichert verschiedenes Backgut (auch Brot und Brötchen).

Gewürznelken: Gewürznelken sind die getrockneten Blütenknospen des Nelkenstrauchs. Sie schmecken intensiv und frisch und sind auch in Pulverform erhältlich. Gemahlen werden sie u. a. für Kuchen, Plätzchen, Lebkuchen und Früchtedesserts verwendet.

Ingwer: Frische oder getrocknete und pulverisierte Ingwerwurzel schmeckt scharf, frisch und süß zugleich. Ingwer wird zum Backen, für Konfekt und Früchtedesserts verwendet. Er wird auch kandiert angeboten.

Kardamom: Kardamom gehört zur Familie der Ingwergewächse und blickt auf eine lange Geschichte als Arznei- und Würzmittel zurück. Kardamom wird als „Kardamomsaat in der Schale" und „ausgelöste Kardamomsaat" angeboten. Er wird zum Backen und zur Likörherstellung benutzt.

Koriander: Die Samen des frisch riechenden und schmeckenden Korianders werden als Körner sowie pulverisiert für Brote, Plätzchen, Kuchen, Bonbons und andere Süßigkeiten verwendet.

Kreuzkümmel: Aromatische Samen des dem Kümmel sehr ähnlichen Doldengewächses aus Südeuropa und dem Orient.

Kümmel: Die kleinen, grünbraunen, halbmondförmigen Spaltfrüchte sind seit 5000 Jahren als magenstärkendes Gewürz bekannt. Kümmel eignet sich nicht nur für Brot und Salzgebäck, sondern auch für Plätzchen und Kuchen.

Macis: Der auch Muskatblüte genannte purpurrote, zerschlitzte Samenmantel der Muskatnuß. Macis schmeckt süßlich-pikant und ist pulverisiert sowie im ganzen und in zersplitterten Stückchen erhältlich.

Minze: Gattung der Lippenblütler mit rund 20 Arten. Als Küchengewürz werden vor allem die Grüne Minze und die Pfefferminze kultiviert. Beide sind reich an dem ätherischen Öl Menthol und frisch, getrocknet sowie als Öl im Angebot.

Mohn: Die winzigen blauschwarzen, ölhaltigen Samen des blauen oder Schlafmohns dienen sowohl als Gewürz wie auch als Verzierung für Kuchen, Plätzchen und Brötchen.

Muskatnuß: Eiförmiger, brauner Same des Muskatnußbaumes. Er besitzt ein intensives süßlich-scharfes Aroma. Als Küchengewürz werden die Nüsse unter dem landläufigen Begriff Muskat angeboten. Muskat würzt Kuchen, Pasteten und Plätzchen.

Piment: Beeren des Piment- oder Nelkenpfefferbaumes, die vor der Reife gepflückt und an der Sonne getrocknet werden, bis sie sich rotbraun verfärben. Als Gewürz wird Piment in Körnern, gemahlen und als Öl angeboten. Das Aroma erinnert an eine milde Mischung von Gewürznelke, Zimt und Muskatnuß. Piment wird für Kuchen, Pasteten, Plätzchen und Brot verwendet und schmeckt besonders gut in Kombination mit Früchten.

Sesamsamen: Samen des Indischen Sesams. Sie würzen

und zieren Brot, Brötchen und Plätzchen. Geröstet entwickeln die kleinen blaßgelben Körner einen stark nußartigen Geschmack.

Vanillearoma: Das aromatische Vanille-Backöl wird aus der Vanilleschote gewonnen. Der Riech- und Geschmacksstoff Vanillin wird heute synthetisch hergestellt.

Vanilleschoten: Die gelblichgrüne Frucht der Kletterorchidee wird durch Fermentierung zur schwarzen runzligen Vanillestange/-schote. Aus dieser Schote wird eine Essenz gewonnen, das Backöl Vanillearoma. Das Mark der Schote wird mit Zucker zu Vanillezucker gemischt.

Zimt: Die süß, würzig und scharf schmeckende Innenrinde tropischer Lorbeergewächse ist in Stangen oder gemahlen erhältlich. Zimt zählt seit dem Altertum zu den beliebtesten Gewürzen für Backwaren.

SCHOKOLADE

Kakaopulver, Blockschokolade, halbbittere Schokolade, Kuvertüre, Schokoraspel, -flocken, -splitter und Schokoladen-Tröpfchen sind wesentlicher Bestandteil vieler Plätzchenrezepte.

Blockschokolade wird auch vom Bäcker verwandt. Sie ist meist bitter, ohne Milch hergestellt, in dicke Tafeln gegossen und in den Backabteilungen der Lebensmittelläden zu finden.

Halbbittere, manchmal auch zartbittere Schokolade genannt, ist nur gering gesüßt.

Kakao entsteht aus fermentierten, gerösteten und gemahlenen Kakaobohnen. Zum Backen verwenden Sie ungezuckerten Kakao, nicht den gezuckerten, der für Kakaogetränke hergestellt wird.

Milchschokolade ist eine der beliebtesten Süßigkeiten. Doch sie läßt sich in den meisten Rezepten nicht anstelle anderer Schokoladearten verwenden.

Weiße Schokolade wird immer populärer. Sie ist eigentlich keine Schokolade, weil sie keine Kakaomasse enthält. Sie wird vielmehr aus Kakaobutter unter Zusatz von Milch und Zucker hergestellt.

Für viele Rezepte dieses Buches benötigen Sie geschmolzene Schokolade. Schokolade schmilzt bereits ab 35°C und sollte immer bei niedriger Hitze in einem völlig trockenen Pfännchen zerlassen werden. Das kleinste Tröpfchen Flüssigkeit kann beim Schmelzen dazu führen, daß die Schokolade klumpt. Wenn Sie andere Zutaten beigeben, gilt die Faustregel: ein EL Flüssigkeit pro 30 g Schokolade. Da schon winzige Mengen Flüssigkeit zum Klumpen führen, sollten Sie das Gefäß, in dem Sie die Schokolade schmelzen, nie zudecken: Kondenswasser könnte vom Deckel in die Schokolade tropfen. Sollte Schokolade klumpen, kann man oft noch rettend eingreifen, indem man einen TL Pflanzenfett (keine Margarine oder Butter) pro 30 g Schokolade hinzufügt.

Schokolade brennt leicht an. Deshalb empfiehlt es sich, sie im Wasserbad zu erhitzen: Geben Sie die Schokolade in ein Töpfchen oder eine hitzebeständige Tasse und setzen Sie das Gefäß in eine teilweise mit Wasser gefüllte Kasserole. Schmelzen Sie dann die Schokolade bei niedriger Flamme, und zwar Milchschokolade bei noch geringerer Hitzezufuhr als halb- oder bittersüße Schokolade. Rühren Sie die Schokolade gelegentlich um, bis sie glatt ist.

Eine Mikrowelle eignet sich ebenfalls gut zum Schmelzen. Studieren Sie die Gebrauchsanleitung für Ihren Mikrowellenherd.

VERSCHIEDENES

Gebäckschmuck: In Back- und Süßwarenabteilungen finden Sie ein breites Angebot an eßbarem Zierat für Plätzchen: Es gibt Schokosplitter, -streusel, -linsen, ungefärbt oder bunt, Zuckerstreusel und -perlen in allen Farben und Formen und vieles mehr.

Geleebonbons/Weingummi: Wie andere Bonbons benutzt man sie beim Plätzchenbacken vorzugsweise zur – vor allem bei Kindern beliebten – Verzierung. Manchmal gibt man sie auch dem Teig bei.

Hagelzucker: Diesen grobkörnigen Zucker gibt man in der Regel nicht unter den Teig, sondern streut ihn zur Verzierung auf die geformten ungebackenen oder gebackenen Kekse.

Kandierte Kirschen: Sie werden in kleingeschnittener Form für Plätzchenrezepte verwendet oder ganz oder halbiert zur Dekoration benutzt.

Zitronat (Sukkade) und Orangeat: Die kandierten Schalen von Zitronatzitronen und Orangen. Als halbe kandierte Frucht oder gewürfelt abgepackt erhältlich.

AROMATISIEREN MIT ALKOHOLISCHEN GETRÄNKEN

Liköre und Branntweine eröffnen nahezu unbegrenzte Möglichkeiten, Plätzchen zu aromatisieren und Rezepte zu variieren. Und im Verhältnis zur Ergiebigkeit ist ihre Verwendung nicht einmal teuer. Jedes der nachfolgend aufgelisteten alkoholischen Getränke kostet bezogen auf die zum Backen erforderliche Menge nicht mehr als z. B. ein bis zwei Fläschchen Vanillearoma. Gut verschlossen aufbewahrt halten sie sich praktisch unbegrenzt. Darüber hinaus verderben nicht-alkoholhaltige Aromaersatzstoffe schneller als Liköre und Branntweine. Sehen Sie sich auf der Suche nach geeigneten Aromastoffen also nicht nur in der Backabteilung um.

Alkoholische Getränke und ihre Aromen

Liköre/Branntweine	*Geschmack*
Abisante	Anis und Kräuter
Advokat	Eierlikör
Amaretto	Mandel
Ambrosia	Karamel
Amer Picon	Orange
Anisette	Anis
Antioqueno	Anis
Apricot Brandy	Aprikose
Aquavit	Kümmel
Arrak	Rum
Ashanti Gold	Schokolade
Averna	Kräuter
Baileys	Whiskysahne
Baitz Island Creme	Mandel
	Kokosnuß
	Schokolade
Bärenjäger	Honig
Bénédictine	Kräuter
Bols Pfirsich	Pfirsich
Bucca di Amore	Anis
	Kräuter
	Gewürze
Café Brizard	Kaffee
Café Orange	Kaffee
	Orange
Café Lolita	Kaffee
Calvados	Apfel
Campari	bittere Kräuter
Carmella	Vanille
Chambord-Likör	Himbeere
	Frucht
	Kräuter
	Honig
Cassis	Schwarze Johannisbeere
Cherry Brandy	Kirsche
Cherrycream	Kirsche und Sahne
Choclair	Schokolade
	Kokosnuß

Liköre/Branntweine	*Geschmack*
Coffee Liqueur	Kaffee
Cointreau	Orange
Cranberria	Preiselbeere
Conticream	Schokosahne
Crème de Almond	Mandel
Crème de Banana	Banane
Crème de Cacao	Schokolade
Crème de Café	Kaffee
Crème de Cassis	Schwarze Johannisbeere
Crème de Framboise	Himbeere
Crème de Menthe	Pfefferminz
Crème de Prunella	Pflaume
Crème de Fraises	Erdbeere
Cuarenta y Tres	Vanille
Cynar	Artischocken
Droste Bittersweet	Zartbitterschokolade
Fraise de Bois	Walderdbeere
Ginger Brandy	Ingwer
Kirschwasser	Kirsche
Lemonier	Limone
Lemonique	Zitrone
Mandarinette	Mandarine
Mandarino	Säuerliche Orange
	Kirsche
Maronenlikör	Eßkastanie
Midori	Honigmelone
Mozartlikör	Schokolade
	Nuß
Ouzo	Anis
	Süßholz/Lakritz
Praline Liquor	Vanille
	Pekannuß
Raki	Anis
	Süßholz/Lakritz
Pott-Rum	Rum
Straretto	Erdbeere
Williams	Birne
Zwetschgenwasser	Pflaume

Grundrezepte

Auf die im folgenden vorgestellten Standardrezepte für Glasuren, Überzüge, Füllungen und Gebäckschnitten-Teige wird im Hauptrezeptteil immer wieder verwiesen.

GLASUREN UND ÜBERZÜGE

Buttercreme-Grundrezept

Ergibt: *2 – 2 ½ Tassen*

½ Tasse weiche Butter
3 ½ Tassen Puderzucker
⅛ TL Salz
1 großes Eigelb
ca. 1 EL Milch

Butter in einer großen Schüssel schaumig schlagen. Den Puderzucker unterschlagen. Salz und Eigelb beimengen. So viel Milch zugeben, daß sich der Guß gut streichen läßt. Der Buttercreme eines der nachfolgend vorgeschlagenen Aromen verleihen oder ein Aroma Ihrer Wahl beigeben. (Anmerkung: Buttercremeüberzüge werden bei heißem Wetter leicht zu weich. Um dies zu vermeiden, können Sie mit Fingerspitzengefühl etwas Speisestärke zufügen, bis die gewünschte Konsistenz erreicht ist.)

Für die folgenden Buttercremeüberzüge setzen Sie dem Buttercreme-Grundrezept die angegebenen Mengen von Aromastoffen zu:

Vanille-Buttercreme

1 TL Vanillearoma

Mandel-Buttercreme

6 Tropfen Mandelaroma oder
1 TL Amaretto

Orangen-Buttercreme

1 TL Orangenlikör

Zitronen-Buttercreme

1 TL Zitronenaroma

Rum-Buttercreme

1 TL Rum

Weinbrand-Buttercreme

1 TL Weinbrand oder Cognac

Kakao-Buttercreme

1 TL Crème de Cacao

Himbeer-Buttercreme

1 TL Himbeerlikör

Mokka-Buttercreme

1 TL starken Kaffee

Aprikosen-Buttercreme

1 TL Aprikosenlikör oder -schnaps

Buttercreme-Zierglasur

Ergibt: *4 – 4 ½ Tassen*

2 Tassen Pflanzenfett
4 Tassen Puderzucker
1 – 2 Eiweiß
eine Prise Salz
nach Belieben Vanille oder andere Aromastoffe

Pflanzenfett in einer großen Schüssel schaumig schlagen. Den Puderzucker langsam unterschlagen. Nacheinander Eiweiß, Salz und Aroma unterrühren. Bedenken Sie, daß schon eine kleine Aromadosis intensiv wirkt, geben Sie also Aromastoffe nur tropfen- statt löffelweise zu. (Auch dieser Buttercreme können Sie eine Prise Speisestärke zufügen, um das Zerlaufen zu verhindern.)

Schokoladenglasur I

Ergibt: *2 – 2 ½ Tassen*

5 ⅓ EL Butter, Zimmertemperatur
½ Tasse ungezuckerten Kakao
eine Prise Salz
3 EL kochendes Wasser
1 ½ Tasse Puderzucker, wenn nötig, mehr

Butter in einer großen Schüssel schaumig schlagen. Den Kakao unterziehen. Salz und kochendes Wasser zugeben, verrühren, bis eine glatte Mischung entsteht. Den Puderzucker zufügen und so lange schlagen, bis der Guß streichfähig ist. Ist er zu dickflüssig, einige Tropfen Wasser zugeben; ist er zu dünnflüssig, vorsichtig Puderzucker zusetzen.

Schokoladenglasur II

Ergibt: *1 – 1 ½ Tassen*

45 g kleingehackte Blockschokolade
1 EL Butter, Zimmertemperatur
¼ Tasse saure Sahne
½ TL Vanillearoma
1 ½ Tassen Puderzucker, wenn nötig mehr

Schokolade im Wasserbad unter ständigem Rühren bei niedriger Hitze schmelzen. Von der Herdplatte nehmen, Butter und saure Sahne unterschlagen. Vanillearoma untermengen. Puderzucker langsam beimengen und so lange schlagen, bis der Guß sich gut verstreichen läßt. Ist er zu dickflüssig, einige Tropfen Wasser dazugeben, andernfalls etwas Puderzucker zufügen.

Schokoladenglasur III

Ergibt: *1 – 1 ¼ Tassen*

1 Tasse halbbittere Schokosplitter oder Schokoladen-Tröpfchen
2 TL kochendes Wasser
2 EL Sirup
2 TL starker Kaffee

Schokolade in eine kleine Schüssel geben und das kochende Wasser aufgießen. Sirup und Kaffee unterschlagen. Zu dickflüssige Glasur mit einigen Tropfen Wasser strecken, zu dünnflüssigen Guß mit etwas Puderzucker andicken.

Dunkle Schokoladenglasur

Ergibt: *1 – 1 ½ Tassen*

175 g kleingehackte Blockschokolade
2 EL Butter
1 TL Vanillearoma
⅛ TL Salz
2 Tassen Puderzucker
⅓ Tasse Milch

Schokolade im Wasserbad unter ständigem Rühren bei niedriger Hitze schmelzen. Von der Herdplatte nehmen und Butter unterschlagen. Vanille und Salz beigeben und vermengen. Puderzucker langsam einrühren. Soviel Milch zufügen, bis ein gut streichbarer Guß entsteht.

Vanilleglasur I
Ergibt: *ca. ½ Tasse*

½ Tasse Puderzucker

1 EL Wasser

knapp ½ TL Vanillearoma

Puderzucker in eine kleine Schüssel geben. Nach und nach Wasser und das Vanillearoma einrühren, bis die Glasur die gewünschte Konsistenz hat. Ist sie zu dickflüssig, tropfenweise Wasser zugeben, bei zu dünnflüssigem Guß etwas Puderzucker zusetzen.

Vanilleglasur II
Ergibt: *2 – 2 ¼ Tassen*

3 Tassen Puderzucker

⅓ Tasse Kondensmilch

1 ½ TL Vanillearoma

1 Tasse Puderzucker in eine mittelgroße Schüssel geben und Milch und Vanillearoma vorsichtig beimengen. Die übrigen 2 Tassen Puderzucker langsam unterrühren und so lange schlagen, bis der Guß die gewünschte Konsistenz erhält. Gegebenenfalls mit einigen Tropfen Wasser verdünnen oder mit ein wenig Puderzucker verdicken.

Zitronenglasur
Ergibt: *ca. ½ Tasse*

½ Tasse Puderzucker

1 TL frischgepreßter Zitronensaft

1 EL Wasser

Puderzucker in eine kleine Schüssel geben. Zitronensaft und Wasser einrühren und so lange schlagen, bis die Glasur die gewünschte Konsistenz besitzt. Eventuell mit ein wenig Wasser oder Puderzucker verdünnen oder andicken.

Anmerkung: Die Glasur schmeckt intensiver nach Zitrone, wenn man den Zitronensaft durch Zitronenessenz ersetzt.

FÜLLUNGEN

Apfelfüllung
Ergibt: *2 ½ – 3 Tassen*

5 Äpfel schälen, Kerngehäuse entfernen und in dünne Scheiben schneiden. In eine große Pfanne geben und mit Wasser knapp bedecken. Zum Kochen bringen und unter gelegentlichem Rühren die Äpfel weichkochen lassen. Gut abtropfen lassen und in eine mittelgroße Schüssel geben. Die Äpfel mit einem hölzernen Kochlöffel oder Kartoffelstampfer zerquetschen. ½ Tasse Puderzucker, 2 EL Amaretto, 1 EL frischen Zitronensaft, 1 EL abgeriebene Zitronenschale und ⅛ TL gemahlene Muskatnuß zugeben und gut vermengen.

Kokos-Pekannuss-Füllung
Ergibt: *2 ½ bis 3 Tassen*

1 Tasse Kondensmilch, 3 Eigelb, 1 Tasse Zucker, ½ Tasse Pflanzenfett und 1 TL Kokosessenz in einen großen Kochtopf geben und unter Rühren bei mittlerer Hitze so lange (ca. 10 – 12 Min.) erhitzen (nicht kochen!), bis die Mischung eingedickt ist. Vom Feuer nehmen, 1 Tasse Kokosflocken und 1 Tasse feingehackte Pekannüsse beimengen. Abkühlen lassen.

Kürbis-Frischkäse-Füllung
Ergibt: *3 ¼ bis 4 Tassen*

In einer großen Schüssel 300 g Doppelrahmfrischkäse (Zimmertemperatur) und ⅔ Tassen Zucker mischen und so lange schlagen, bis die Masse glatt und cremig ist. 450 g Kürbis aus der Dose (gekocht, püriert und gewürzt), 3 große Eier, 1 ½ TL gemahlenen Zimt und einige Tropfen Vanillearoma (oder einen anderen Aromastoff Ihrer Wahl) unterrühren.

Mandelcremefüllung
Ergibt: *1 ¾ bis 2 Tassen*

1 ½ Tassen Sahne (30 %), 1 Tasse Puderzucker und 1 Tasse feingemahlene Mandeln in einer mittelgroßen Kasserole mischen und unter häufigem Rühren aufkochen. Unter ständigem Rühren so lange kochen, bis die Mischung sich eingedickt und auf ca. 2 Tassen reduziert hat. Von der Herdplatte nehmen und 2 EL Amaretto zugeben.

Schokolade-Frischkäse-Füllung
Ergibt: *3 – 3 ½ Tassen*

In einer großen Schüssel 450 g Doppelrahmfrischkäse (Zimmertemperatur), ¾ Tassen ungezuckertes Kakaopulver und ½ Tasse Zucker vermengen und zu einer glatten, cremigen Mischung verrühren. Nacheinander 4 große Eier unterschlagen. Abschließend 2 EL Schokoladensoße unterrühren.

Zitronenfüllung
Ergibt: *2 – 2 ½ Tassen*

In einer großen Schüssel 4 große Eier und 2 Tassen Zucker mischen und so lange schlagen, bis eine dickflüssige, helle Masse entsteht. ⅓ Tasse Weizenmehl, 6 EL Zitronensaftkonzentrat und 1 TL abgeriebene Zitronenschale beimischen. (Diese Füllung wird über einen halbgebackenen Gebäckschnitten-Teig gegossen und so lange weitergebacken, bis sie bei Berührung fest bleibt.)

SONSTIGES

Vanillezucker
Ergibt: *1 ½ bis 2 Tassen*

Eine Vanilleschote in kaltem Wasser abspülen und mit Küchenkrepp gut abtrocknen. 1 ½ bis 2 Tassen Zucker in ein Marmeladenglas füllen, die Vanilleschote zugeben und gut schütteln. Vor der Verwendung einige Tage lagern, dabei das Glas gelegentlich schütteln. Nach Verbrauch Zucker nachfüllen.

GEBÄCKSCHNITTEN-TEIGE

Sie finden hier 21 Ideen für Gebäckschnitten-Teige.

(Für Gebäckschnitten verteilt man den Teig gleichmäßig auf einem Backblech oder einer flachen Form und schneidet ihn nach dem Backen in Schnitten gewünschter Größe. Oft wird der Teig vorgebacken, ehe man ihn mit einem Belag überzieht, und dann ein zweites Mal in den Ofen geschoben.) Diese 21 Rezeptvorschläge sollen Sie zu vielen weiteren Ideen für Gebäckschnitten anregen. Jedes Rezept läßt sich nach individuellem Geschmack variieren. Ist z. B. Weizenmehl vorgeschrieben, so kann dieses teilweise – normalerweise bis zu einem Viertel der Gesamtmenge – durch Vollkornmehl, Reismehl oder sogar Buchweizenmehl ersetzt werden. Oder Sie nehmen Pflanzenfett anstelle von Butter, braunen statt weißen Zucker, bei einem Nußteig Ihre Lieblingsnüsse, bei einem Krümelteig Ihre Leib- und Magenkekse. Selbstverständlich können Sie auch den Geschmack verändern, indem Sie z. B. Vanille durch ein anderes Aroma ersetzen, einen Likör dazugeben usw.

Setzen Sie Ihre Phantasie ein, doch halten Sie sich an eine Grundregel: Wollen Sie einen anderen Teig verwenden als im Rezept angegeben, stellen Sie sicher, daß dieser zur Füllung oder dem Guß des Originalrezeptes paßt. Eine Füllung, die vor dem Backen sehr flüssig ist, benötigt z. B. einen Teig, der die ungebackene Füllung nicht auslaufen läßt. Ein Teig, der eine lange Backzeit erfordert, sollte nicht mit einem Belag kombiniert werden, der in wenigen Minuten gart. Beachten Sie beim Experimentieren die Backzeiten. Viel Spaß!

Wenn Sie die Rezepte für Gebäckschnitten im Hauptteil studieren, erhalten Sie ein Gespür dafür, welche Zutaten sich für diese Art von Gebäck eignen.

1

1 Tasse Weizenmehl
½ Tasse Puderzucker
6 EL Butter
1 EL süße Sahne (30 %)

2

3 Tassen Weizenmehl
1 Tasse Zucker
1 Tasse Butter
4 große Eier, Eigelb und Eiweiß getrennt
2 Eigelb
½ TL Salz

3

16 zerdrückte Graham-Kräcker
½ Tasse Zucker
¼ Tasse Butter

4

1 Tasse Weizenmehl
¾ Tasse Zucker
½ Tasse Butter
⅓ Tasse Milch
1 großes Ei
¾ TL Amaretto

5

1 Tasse Weizenmehl
½ Tasse Butter
¼ TL Salz

6

24 zerdrückte Ingwerkekse
¼ Tasse Puderzucker
½ Tasse Canola-Öl (oder ein anderes hochwertiges Öl mit mehrfach ungesättigten Fettsäuren)

7

2 Tassen Weizenmehl
¼ Tasse Zucker
½ Tasse Butter
¼ Tasse feingemahlene Walnüsse

8

1 ½ Tassen Vollweizenmehl
¾ Tasse Butter
2 EL Zucker

9

1 ¼ Tassen Weizenmehl
½ Tasse Pflanzenfett
¼ TL Salz
3 EL Eiswasser

10

1 Tasse Weizenmehl
½ Tasse Puderzucker
½ Tasse Butter
½ Tasse Kokosraspel
¼ TL Salz

11

1 ½ Tassen Weizenmehl
⅔ Tasse Zucker
½ Tasse Butter
3 Eigelb
2 EL Milch

12

1 ⅓ Tassen Weizenmehl
½ Tasse brauner Zucker
⅓ Tasse Butter
½ TL Backpulver
½ Tasse feingehackte Mandeln

13

2 Tassen Weizenmehl
3 EL Puderzucker
2 Eigelb
1 TL Instantkaffee
1 EL Wasser

14

1 ⅓ Tassen zerdrückte Ingwerkekse

¼ Tasse brauner Zucker
2 EL Butter
100 g feingemahlene Macadamia-Nüsse (oder andere Nüsse)
1 ½ TL feingehackter kandierter Ingwer

15
1 Tasse Weizenmehl
¼ Tasse brauner Zucker
6 EL Butter
½ Tasse feingehackte Pekannüsse
¼ TL Salz

16
1 ⅓ Tassen Weizenmehl
½ Tasse brauner Zucker
⅓ Tasse Butter
½ TL Backpulver
¼ Tasse feingemahlene Haselnüsse

17
1 Tasse Weizenmehl
½ Tasse brauner Zucker
½ Tasse Butter
¼ TL Nelkenpulver
½ TL Ingwerpulver
¼ TL gemahlene Muskatnuß

18
1 ½ Tassen Weizenmehl
½ Tasse Butter
¼ TL Salz
2 ½ EL warmes Wasser

19
2 Tassen Weizenmehl
¼ Tasse Zucker
½ Tasse Butter
½ Tasse gemahlene Walnüsse

20
2 Tassen Weizenmehl
2 Tassen brauner Zucker
1 Tasse Butter

21
1 Tasse Weizenmehl
¾ Tasse brauner Zucker
⅓ Tasse Butter
2 Eigelb
1 Tasse Kokosraspel

REZEPTE VON A BIS Z

ABERNATHY-KEKSE

Ausgerollte Kekse

ERGIBT: *25–35 Stück*
ZUBEREITUNGSZEIT: *30 Min.*

5 ½ Tassen Mehl
1 ½ Tassen Zucker
1 ½ TL Backpulver
1 ½ Tassen Pflanzenfett
3 große Eier
3 EL Milch, gegebenenfalls mehr
3 EL Kümmelsamen
1 ½ TL geriebene Zitronenschale, unbehandelt

1 Ofen auf 190 °C vorheizen.

2 Mehl, Zucker und Backpulver in einer großen Schüssel mischen. Kleingeschnittenes Fett hineingeben, Mischung krümelig rühren.

3 Eier, Milch, Kümmel und Zitronenschale in einer zweiten Schüssel gut vermengen. Zur vorbereiteten Mischung geben und glattrühren. Ist der Teig zu fest, teelöffelweise Milch zufügen.

4 Teig auf bemehlter Arbeitsfläche gut 0,5 cm dick ausrollen. Runde Plätzchen mit ca. 5 cm Durchmesser ausstechen und in 4 cm Abstand auf ungefettete Backbleche legen.

5 Etwa 7–10 Min. backen, bis die Ränder hellbraun sind. Auf Kuchengitter abkühlen lassen.

Backtip: Kekse mit einer Buttercreme oder Zitronenglasur überziehen oder „pur" mit Marmelade reichen. Als Variante „Sandwich-Kekse" herstellen: Teig halb so dick ausrollen und nach dem Backen je 2 Plätzchen mit zerlassener Schokolade, dicker Zitronenglasur oder -buttercreme zusammensetzen. (Rezepte s. Grundrezepte für Glasuren und Überzüge.)

ADVENTSKRÄNZE

Geformte Kekse

ERGIBT: *35–45 Stück*
ZUBEREITUNGSZEIT: *30 Min.*
KÜHLZEIT: *4 Std.*

4 Tassen Mehl
1 ¼ TL Backpulver
1 ½ Tassen Butter, Zimmertemperatur
½ Tasse Zucker
1 großes Ei
1 Tasse Sahne
4 Tropfen grüne Lebensmittelfarbe
1 großes Eiweiß, verschlagen
kandierte Kirschen, halbiert, zum Verzieren
Hagelzucker zum Bestreuen

1 Mehl und Backpulver mischen.

2 Butter und Zucker in einer großen Schüssel schaumig rühren. Ei und Sahne gut unterrühren. Lebensmittelfarbe, dann nach und nach die Mehlmischung zugeben. Zugedeckt 4 Std. in den Kühlschrank stellen.

3 Ofen auf 200 °C vorheizen. 2 Backbleche leicht einfetten.

4 Teigstücke zu bleistiftschmalen, etwa 20 cm langen Strängen rollen. Je 2 Stränge leicht umeinanderschlingen, zum Kranz schließen und die Nahtstelle festpressen. Kränze in 3 cm Abstand auf die Bleche legen. Mit Eiweiß bepinseln und mit Zucker bestreuen. Auf die Nahtstellen je eine Kirschhälfte drücken.

5 Etwa 18–20 Min. backen, bis die Kekse sich verfärben. Auf Kuchengitter abkühlen lassen.

AFGAHNEN

Geformte Kekse

ERGIBT: *35–45 Stück*
ZUBEREITUNGSZEIT: *30 Min.*

1 Tasse Mehl
¼ Tasse Kakaopulver, ungezuckert
1 TL Backpulver
¾ Tasse Pflanzenfett
¼ Tasse Zucker
⅓ Tasse Datteln, ohne Stein, gehackt
1 TL Vanillearoma
2 Tassen Cornflakes

1 Ofen auf 175 °C vorheizen.

2 Mehl, Kakao und Backpulver mischen.

3 Fett und Zucker in einer großen Schüssel zu einer leichten, lockeren Mischung verrühren. Datteln und Vanillearoma zugeben. Nach und nach das Mehlgemisch beimengen. Cornflakes unterziehen.

4 Walnußgroße Teigstücke zu Bällchen rollen. Im Abstand von 4 cm auf ungefettete Backbleche legen.

5 Kekse 12–15 Min. backen, bis sie sich fest anfühlen. Auf Kuchengitter abkühlen lassen.

Backtip: Man kann die Bällchen vor dem Backen in feingehackten Nüssen oder nach dem Backen in Puderzucker wälzen. Letztere können sehr süß ausfallen; daher erst nach einer Kostprobe Puderzucker zusetzen.

AHORNZUCKER-KEKSE

Ausgerollte Kekse

ERGIBT: *35–45 Stück*
ZUBEREITUNGSZEIT: *35 Min.*
KÜHLZEIT: *1 Std.*

2½ Tassen Mehl
2½ TL Backpulver
1 TL Salz
½ Tasse Butter, Zimmertemperatur
1 Tasse Ahornzucker
2 große Eier
1 EL Milch
½ TL Zitronenaroma
gesiebter brauner Zucker zum Bestreuen

1 Mehl, Backpulver und Salz mischen.

2 Butter und Ahornzucker in einer großen Schüssel cremig rühren. Eier unterschlagen. Milch und Zitronenaroma unterrühren. Nach und nach die Mehlmischung zugeben. Zugedeckt 1 Std. in den Kühlschrank stellen.

3 Ofen auf 175 °C vorheizen. 2 Backbleche leicht einfetten.

4 Teig auf bemehlter Arbeitsfläche gut 0,5 cm dick ausrollen. 5 cm große Herzen ausstechen und auf vorbereitete Bleche legen. Mit braunem Zucker bestreuen.

5 Etwa 12–15 Min. hellbraun backen. Auf Kuchengitter abkühlen lassen.

AMBROSIA-SCHNITTEN

Gebäckschnitten

ERGIBT: *35–45 Stück*
ZUBEREITUNGSZEIT: *35 Min.*

2 Tassen Mehl
½ TL Backpulver
½ TL Natron
¼ TL Salz
¾ Tasse Pflanzenfett
1 Tasse brauner Zucker
1 großes Ei
¼ Tasse frischgepreßter Orangensaft
1 EL geriebene Orangenschale, unbehandelt
1 Tasse Buttertoffee-Stückchen
1 Tasse Kokosflocken

1 Ofen auf 175 °C vorheizen. Flache Kastenform (20 x 30 cm) einfetten.

2 Mehl, Backpulver, Natron und Salz mischen.

3 Fett und Zucker in einer großen Schüssel schaumig rühren. Ei, Orangensaft und -schale unterrühren. Nach und nach die Mehlmischung zugeben. Buttertoffee-Stückchen und Kokosflocken unterziehen.

4 Teig gleichmäßig in der Form verteilen.

5 Etwa 25–30 Min. backen, bis die Oberfläche goldbraun ist. In der Form auf einem Rost abkühlen lassen und in beliebig große Rechtecke schneiden.

AMERIKANISCHE HAFERKNUSPER-KEKSE

Häufchenkekse

ERGIBT: *25–35 Stück*
ZUBEREITUNGSZEIT: *30 Min.*

1 ¼ Tassen Mehl
½ TL Backpulver
½ TL Natron
½ TL Salz
1 Tasse Pflanzenfett
¼ Tasse Zucker
1 Tasse brauner Zucker
2 große Eier
¼ Tasse Milch
6 Tropfen Mandelaroma
3 Tassen Haferflocken
1 Tasse Backchips

1 Ofen auf 175 °C vorheizen.

2 Mehl, Backpulver, Natron und Salz mischen.

3 Fett und beide Zuckersorten in einer großen Schüssel schaumig rühren. Eier zugeben. Milch und Mandelaroma unterrühren. Nach und nach die Mehlmischung zufügen. Haferflocken und Backchips unterziehen.

4 Mit Teelöffeln Häufchen im Abstand von 4 cm auf ungefettete Backbleche setzen.

5 Etwa 10–12 Min. goldbraun backen. Auf Kuchengitter abkühlen lassen.

Backtip: Als Backchips eignen sich Schokoladen-Tröpfchen von Halbbitter-, Vollmilch- oder weißer Schokolade, Buttertoffee-Stückchen (s. S. xxvi). Für Kinder kann man diese Kekse mit 4 oder 5 bunten Schokoladen-Tröpfchen verzieren.

AMERIKANISCHE SCHMALHÄNSCHEN

Häufchenkekse

ERGIBT: *35–45 Stück*
ZUBEREITUNGSZEIT: *30 Min.*
KÜHLZEIT: *2Std.*

1 Tasse Mehl
2 Tassen Kekskrümel
1 TL Backpulver
⅛ TL Natron
½ TL Salz
¼ Tasse Pflanzenfett
½ Tasse brauner Zucker
½ Tasse Erdnußbutter
1 großes Ei
½ Tasse Sauermilch
½ Tasse Rosinen

1 Mehl, Kekskrümel, Backpulver, Natron und Salz mischen.

2 Fett und Zucker in einer großen Schüssel schaumig rühren. Erdnußbutter, dann Ei und Milch gründlich unterrühren. Nach und nach die Mehlmischung zugeben. Rosinen unterziehen. Zugedeckt 2 Std. in den Kühlschrank stellen.

3 Ofen auf 175 °C vorheizen. 2 Backbleche leicht einfetten.

4 Mit Löffeln Teighäufchen in 4 cm Abstand auf die Bleche setzen.

5 Etwa 12–15 Min. backen, bis die Kekse sanft bräunen. Auf Kuchengitter abkühlen lassen.

Backtip: Für die Kekskrümel eignet sich trockenes Gebäck, z.B. Butterkekse oder mürbe Vanilleplätzchen.

Amerikanisches Mürbegebäck

Ausgerollte Kekse

Ergibt: *ca. 90 Stück*
Zubereitungszeit: *30 Min.*

2 Tassen (knapp 500 g) Butter, Zimmertemperatur
1 ¾ Tassen Zucker
6 große Eier
1 EL Kümmelsamen
8 Tassen Mehl

1 Ofen auf 200 °C vorheizen.

2 Butter und Zucker in einer großen Schüssel schaumig rühren.

3 Eier in einer zweiten Schüssel verschlagen, bis sie andicken. Dann unter die Buttermischung rühren. Kümmelsamen zugeben, Mehl nach und nach unterrühren.

4 Teig auf bemehlter Arbeitsfläche gut 0,5 cm dick ausrollen. In 2,5 cm große Quadrate schneiden und im Abstand von 2,5 cm auf ungefettete Backbleche legen.

5 Etwa 12–15 Min. hellbraun backen. Auf Kuchengitter abkühlen lassen.

Backtip: Man kann den Kümmel durch Anissamen ersetzen und zur Abwechslung eine Teighälfte in Quadrate schneiden, die andere zu runden Keksen ausstechen.

Amerikanisches Teegebäck

Ausgerollte Kekse

Ergibt: *50–60 Stück*
Zubereitungszeit: *30 Min.*

4 Tassen Mehl
1 TL Natron
½ TL Salz
¾ Tasse Butter, Zimmertemperatur
2 Tassen dunkelbrauner Zucker
3 große Eier
1 TL Vanillearoma

1 Ofen auf 175 °C vorheizen. 2 Backbleche leicht einfetten.

2 Mehl, Natron und Salz mischen.

3 Butter und Zucker in einer großen Schüssel schaumig rühren. Eier einzeln unterschlagen. Vanillearoma einrühren. Nach und nach die Mehlmischung zugeben.

4 Teig auf einer bemehlten Arbeitsfläche gut 0,5 cm dick ausrollen. Mit Förmchen ausstechen und im Abstand von 4 cm auf die Bleche legen.

5 Etwa 10–12 Min. hellbraun backen. Auf Kuchengitter abkühlen lassen.

Backtip: Dieses amerikanische Gebäck stammt aus Edenton in North Carolina. Das Rezept ist seit Ende des 18. Jahrhunderts belegt.

Ananas-Heidelbeer-Schnitten

Gebäckschnitten

Ergibt: *25–35 Stück*
Zubereitungszeit: *35 Min.*

½ Tasse abgetropfteAnanasstückchen
½ Tasse Ananassaft, ungezuckert
1 TL Backpulver
1 TL Natron
1 TL Orangenlikör
1 EL Pflanzenfett
1 großes Ei
1 ½ Tassen Mehl
½ Tasse Heidelbeeren

1 Ofen auf 175 °C vorheizen. Eine quadratische Backform (20 x 20 cm) leicht einfetten.

2 Ananassaft und -stückchen im Mixer pürieren.

3 Ananasmus in einer großen Schüssel mit Backpulver, Natron, Orangenlikör, Fett und Ei mischen. Nach und nach das Mehl unterrühren. Heidelbeeren unterziehen. Teig gleichmäßig in der Backform verteilen.

4 Etwa 20–25 Min. hellbraun backen, bis sich die Oberfläche fest anfühlt. In der Form abkühlen lassen. In Schnitten schneiden.

Ananas-Kokos-Schnitten

Gebäckschnitten

Ergibt: *25–35 Stück*
Zubereitungszeit: *40 Min.*

¾ Tasse Mehl
¾ TL Backpulver
½ TL Salz
½ Tasse Pflanzenfett
1 Tasse brauner Zucker
2 große Eier
225 g Ananasstückchen aus der Dose, abgetropft
½ TL Rum
¾ Tasse Kokosflocken

1 Ofen auf 175 °C vorheizen. Eine quadratische Backform (ca 20 x 20 cm) leicht einfetten.

2 Mehl, Backpulver und Salz mischen.

3 Fett und Zucker in einer großen Schüssel schaumig rühren. Ei unterschlagen. Ananas und Rum einrühren. Nach und nach die Mehlmischung zugeben. Kokosflocken unterziehen. Teig gleichmäßig in der Form verteilen.

4 Etwa 25–30 Min. goldgelb backen. In der Form abkühlen lassen. In Schnitten gewünschter Größe schneiden.

Ananaskekse

Häufchenkekse

Ergibt: *25–35 Stück*
Zubereitungszeit: *30 Min.*

1 Tasse Mehl
½ TL Backpulver
¼ TL Natron
½ Tasse Zucker
¼ Tasse Pflanzenöl
1 großes Ei
⅓ Tasse Ananassaftkonzentrat
1 EL Orangenlikör
½ Tasse Kokosflocken
½ Tasse Mandeln, feingehackt

1 Ofen auf 175 °C vorheizen. 2 Backbleche leicht einfetten.

2 Mehl, Backpulver und Natron mischen.

3 Zucker und Öl in einer großen Schüssel verrühren. Ei unterschlagen. Ananassaft und Orangenlikör einrühren. Nach und nach die Mehlmischung beigeben. Kokosflocken und Mandeln unterziehen.

4 Teighäufchen mit Löffeln im Abstand von 4 cm auf die Bleche setzen.

5 Etwa 6–8 Min. hellbraun backen. Auf Kuchengitter abkühlen lassen.

ANISHÄUFCHEN

Geformte Kekse

ERGIBT: *25–35 Stück*
ZUBEREITUNGSZEIT: *35 Min.*
KÜHLZEIT: *30 Min.*

2 Eiweiß von großen Eiern
¼ TL Salz
½ TL Natron
1 EL warmes Wasser
1 ½ Tassen brauner Zucker
2 TL Anissamen
2 ¼ Tassen Mehl

1 Eiweiß mit dem Salz in einer großen Schüssel steif schlagen.

2 Natron im Wasser auflösen und zum Eiweiß geben. Zucker und Anissamen unterheben. Nach und nach das Mehl einrühren. Zugedeckt mindestens 30 Min. in den Kühlschrank stellen.

3 Ofen auf 175 °C vorheizen. 2 Backbleche einfetten.

4 Kleine Teigstückchen zwischen den Händen zu Bällchen rollen. Im Abstand von 2,5 cm auf die Bleche setzen.

5 Etwa 10–12 Min. backen, bis sie sich fest anfühlen. Auf Kuchengitter abkühlen lassen.

Backtip: Man kann die Anissamen durch ¼ TL Anisöl oder ½ TL gemahlene Anissamen ersetzen.

ANISKEKSE I

Häufchenkekse

ERGIBT: *25–35 Stück*
ZUBEREITUNGSZEIT: *30 Min.*
KÜHLZEIT: *8 Std.*

2 ¼ Tassen Mehl
½ TL Backpulver
¼ TL Salz
2 große Eier
1 ½ Tassen Zucker
2 TL Anis, gemahlen

1 Mehl, Backpulver und Salz mischen.

2 Eier in einer großen Schüssel schaumig schlagen. Zucker und gemahlenen Anis unterrühren. Nach und nach die Mehlmischung zugeben. Zugedeckt mindestens 8 Std. oder über Nacht in den Kühlschrank stellen.

3 Ofen auf 160 °C vorheizen. 2 Backbleche einfetten.

4 Teig löffelweise im Abstand von 4 cm auf die Bleche setzen.

5 Etwa 10–12 Min. hellbraun backen. Auf Kuchengitter abkühlen lassen.

Backtip: Für eine mildere Geschmacksnote statt gemahlenen Anis 2 TL Anissamen nehmen.

Aniskekse II

Geschnittene Kekse

Ergibt: *50–60 Stück*
Zubereitungszeit: *30 Min.*
Kühlzeit: *4 Std.*

1 ¾ Tassen Mehl
1 ½ TL Backpulver
1 ½ TL Anissamen
½ TL Salz
½ Tasse Pflanzenfett
1 Tasse Zucker
1 großes Ei
½ TL Vanillearoma

1 Mehl, Backpulver, Anissamen und Salz mischen.

2 Fett und Zucker in einer großen Schüssel schaumig rühren. Ei und Vanillearoma unterschlagen. Nach und nach die Mehlmischung zugeben.

3 Teig zu einer Rolle von 5 cm Durchmesser formen. In Pergamentpapier wickeln und mindestens 4 Std. in den Kühlschrank legen.

4 Ofen auf 200 °C vorheizen. 2 Backbleche einfetten.

5 Rolle in etwa 0,5 cm dicke Scheiben schneiden und diese im Abstand von 2,5 cm auf die Bleche legen.

6 Etwa 8–10 Min. hellbraun backen. Auf Kuchengitter auskühlen lassen.

Aniskekse III

Geformte Kekse

Ergibt: *75–85 Stück*
Zubereitungszeit: *30 Min.*

5 Tassen Mehl
2 TL Backpulver
½ Tasse Pflanzenfett
1 ¼ Tassen Zucker
6 große Eier
1 EL plus 1 TL Anis, gemahlen
2 TL Vanillearoma

1 Ofen auf 175 °C vorheizen.

2 Mehl und Backpulver mischen.

3 Fett und Zucker in einer großen Schüssel schaumig rühren. Eier einzeln unterschlagen. Anis und Vanille einrühren. Nach und nach die Mehlmischung zufügen.

4 Walnußgroße Teigstücke zu Bällchen rollen und im Abstand von 4 cm auf die Bleche legen. Bällchen mit dem in Mehl getauchten Boden eines Glases flach drücken.

5 Etwa 8–10 Min. backen. Auf Kuchengitter abkühlen lassen.

ANISKEKSE IV

Ausgerollte Kekse

ERGIBT: *ca. 70 Stück*
ZUBEREITUNGSZEIT: *45 Min.*
KÜHLZEIT: *1 Std.*
RUHEZEIT: *8 Std.*

4 ½ Tassen Mehl
1 TL Backpulver
4 große Eier
3 ½ Tassen Puderzucker
1 TL Anissamen
¼ TL Anis, gemahlen (falls gewünscht)

1 Mehl und Backpulver mischen.

2 Eier und Zucker in einer großen Schüssel zu einer dicken, hellen Creme verschlagen. Anis unterrrühren. Nach und nach die Mehlmischung zugeben. Zugedeckt mindestens 1 Std. in den Kühlschrank stellen.

3 Teig auf einer leicht bemehlten Fläche gut 1 cm dick ausrollen. Auf die Teigplatte Springerle-Modeln drücken oder von Hand erhabene Formen modellieren. Danach die Kekse auseinanderschneiden, in 2,5 cm Abstand auf ungefettete Backbleche legen und zugedeckt über Nacht ruhen lassen.

4 Ofen auf 175 °C vorheizen.

5 Etwa 25–30 Min. backen, bis das Gebäck sich fest anfühlt. Auf Kuchengitter auskühlen lassen.

6 Vor dem Verzehr Kekse mindestens 1 Woche in luftdichten Behältern lagern.

ANISKEKSE V

Ausgerollte Kekse

ERGIBT: *35–45 Stück*
ZUBEREITUNGSZEIT: *35 Min.*
KÜHLZEIT: *8 Std.*

2 Tassen Mehl
¼ TL Backpulver
⅛ TL Salz
½ Tasse Pflanzenfett
¾ Tasse Zucker
1 großes Ei
¼ TL Natron
1 EL warmes Wasser
¼ Tasse Sirup
2 TL Anissamen

1 Mehl, Backpulver und Salz mischen.

2 Fett und Zucker in einer großen Schüssel schaumig rühren. Ei unterschlagen.

3 Natron im Wasser auflösen, zur Eimischung geben und glatt rühren. Sirup, dann Anissamen einrühren. Nach und nach die Mehlmischung beigeben. Zugedeckt 8 Std. in den Kühlschrank stellen.

4 Ofen auf 175 °C vorheizen. 2 Backbleche einfetten.

5 Teig auf einer bemehlten Arbeitsfläche gut 0,5 cm dick ausrollen. Kekse mit Förmchen ausstechen und im Abstand von 3 cm auf die Bleche legen.

6 Etwa 6–8 Min. backen, bis die Ränder goldbraun sind. Auf Kuchengitter abkühlen lassen.

Backtip: Zur Abwechslung runde Formen ausstechen, auf Backbleche legen, mit dem Daumen in die Mitte jedes Plätzchens eine Vertiefung drücken und diese mit einem Klacks Marmelade füllen. Man kann die noch heißen Kekse auch mit buntem Streuselzucker, Hagel-, Kristall- oder Puderzucker bestreuen.

Aniskekse VI

Häufchenkekse

Ergibt: *25–35 Stück*
Zubereitungszeit: *30 Min.*
Kühlzeit: *8 Std.*

2 ¼ Tassen Mehl
½ TL Backpulver
¼ TL Salz
2 große Eier
1 ½ Tassen Zucker
2 TL Anis, gemahlen

1 Mehl, Backpulver und Salz mischen.

2 Eier in einer großen Schüssel zu einer dicken Creme verschlagen. Zucker und Anis unterrühren. Nach und nach die Mehlmischung zugeben. Zugedeckt mindestens 8 Std. in den Kühlschrank stellen.

3 Ofen auf 160 °C vorheizen. 2 Backbleche einfetten.

4 Teig mit Teelöffeln im Abstand von 2,5 cm auf die Bleche setzen.

5 Etwa 10–12 Min. backen. Auf Kuchengitter abkühlen lassen.

Anissamenkekse I

Geformte Kekse

Ergibt: *25–35 Stück*
Zubereitungszeit: *35 Min.*
Kühlzeit: *2 Std.*

2 Tassen Mehl
1 ½ TL Backpulver
1 ¼ TL Natron
¼ TL Salz
2 große Eier
½ Tasse Zucker
1 TL Anis, gemahlen
1 ¼ TL Anissamen

1 Mehl, Backpulver, Natron und Salz mischen.

2 Eier und Zucker in einer großen Schüssel zu einer dicken Creme verschlagen. Anis unterrühren. Nach und nach die Mehlmischung zufügen. Zugedeckt 2 Std. in den Kühlschrank stellen.

3 Ofen auf 175 °C vorheizen. Backblech einfetten.

4 Teig zu 2 etwa 30 cm langen Rollen formen und nebeneinander auf das Blech setzen. 8–10 Min. backen, bis die Rollen sich fest anfühlen.

5 Rollen auf ein Brett legen und diagonal in etwa 0,5 cm dicke Scheiben schneiden. Scheiben auf einem ungefetteten Blech auslegen und weitere 10 Min. backen, bis sie trocken sind. Auf Kuchengitter abkühlen lassen.

6 Abgekühlte Kekse mit Vanilleglasur (s. Grundrezepte für Glasuren und Überzüge) beträufeln.

Anissamenkekse II

Geschnittene Kekse

Ergibt: *35–45 Stück*
Zubereitungszeit: *40 Min.*
Kühlzeit: *4 Std.*

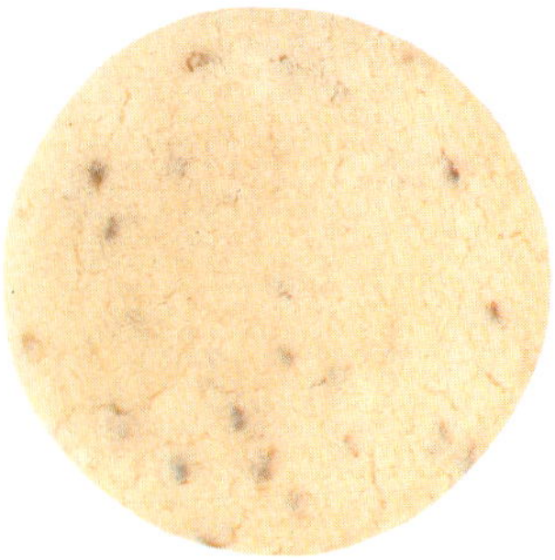

1 ¾ Tassen Mehl
1 ½ TL Backpulver
¼ TL Salz
½ Tasse Pflanzenfett
1 Tasse Zucker
1 großes Ei
½ TL Anis, gemahlen
1 ¾ TL Anissamen

1 Mehl, Backpulver und Salz mischen.

2 Fett und Zucker in einer großen Schüssel schaumig rühren. Ei unterschlagen. Erst Anis, dann nach und nach die Mehlmischung beigeben.

3 Teig zu einer 5 cm dicken Rolle formen. In Pergamentpapier wickeln und mindestens 4 Std. in den Kühlschrank stellen.

4 Ofen auf 200 °C vorheizen.

5 Teigrolle in gut 0,5 cm dicke Scheiben schneiden und diese im Abstand von 2,5 cm auf ungefettete Backbleche legen.

6 Etwa 10–12 Min. hellgold backen. Auf Kuchengitter abkühlen lassen.

Backtip: Diese Kekse schmecken stark nach Anis. Um einen milden Geschmack zu erhalten nur die Samen oder nur das Pulver verwenden. Als Variante den gemahlenen Anis weglassen und die ganzen Anissamen durch Kümmelkörner ersetzen.

Apfel-Gewürz-Schnitten

Gebäckschnitten

Ergibt: *15–25 Stück*
Zubereitungszeit: *55 Min.*

1 ½ Tassen Mehl
½ TL Backpulver
½ TL Muskat, gemahlen
½ TL Ingwer, gemahlen
¼ TL Salz
⅔ Tasse Pflanzenfett
1 ½ Tassen Zucker
4 große Eier
½ TL Natron
1 EL warmes Wasser
1 Tasse Äpfel, geschält, gewürfelt

Belag
¼ Tasse Zucker
1 TL Zimt, gemahlen

1 Ofen auf 175 °C vorheizen. Flache Backform (20 x 30 cm) einfetten.

2 Mehl, Backpulver, Gewürze und Salz mischen.

3 Fett und Zucker in einer großen Schüssel schaumig rühren. Eier unterschlagen.

4 Natron im Wasser auflösen und mit der Eicreme glatt verrühren. Nach und nach die Mehlmischung zugeben. Äpfel unterheben.

5 Teig gleichmäßig in der Form verteilen. Zucker und Zimt für den Belag mischen und gleichmäßig über den Teig streuen.

6 Etwa 25–30 Min. backen, bis die Oberfläche leicht gebräunt ist. In der Form auf Kuchengitter abkühlen lassen. In Schnitten schneiden.

Apfel-Hafer-Kekse I

Gebäckschnitten

Ergibt: *15–25 Stück*
Zubereitungszeit: *50 Min.*

½ Tasse Pflanzenfett
1 Tasse brauner Zucker
½ TL Natron
1 EL warmes Wasser
2 große Eier
1 TL Vanillearoma
1 TL Zimt, gemahlen
¼ TL Salz
½ Tasse Äpfel, geschält, gewürfelt (etwa 1 Apfel)
1 ½ Tassen Mehl
1 Tasse Walnüsse, gemahlen
½ Tasse Haferflocken

1 Ofen auf 175 °C vorheizen. Quadratische Backform (20 x 20 cm) einfetten.

2 Fett und Zucker in einer großen Schüssel schaumig rühren.

3 Natron im Wasser auflösen und mit der Creme glatt verrühren.

4 Eier, Vanillearoma, Zimt und Salz in einer zweiten Schüssel mischen. Äpfel unterheben. Unter die Creme rühren. Nach und nach das Mehl zugeben. Walnüsse und Haferflocken unterziehen.

5 Teig gleichmäßig in der Form verteilen.

6 Etwa 30–35 Min. backen. Der Teig ist gar, wenn beim Einstechen mit einem Hölzchen oder einer Gabel kein Teig daran haftenbleibt. In der Form abkühlen lassen. In Schnitten schneiden.

Backtip: Man kann Rosinen und/oder Kokosflocken unter Teig mengen.

Apfel-Hafer-Kekse II

Häufchenkekse

Ergibt: *35–45 Stück*
Zubereitungszeit: *30 Min.*

1 Tasse Mehl
1 TL Backpulver
1 TL Zimt, gemahlen
½ TL Muskat, gemahlen
½ TL Salz
½ Tasse Pflanzenfett
¾ Tasse Zucker
2 Eier
1 Tasse Haferflocken
1 Tasse Äpfel, geschält, gewürfelt
1 Tasse Walnüsse, gehackt

1 Ofen auf 175 °C vorheizen. 2 Backbleche einfetten.

2 Mehl, Backpulver, Gewürze und Salz mischen.

3 Fett und Zucker in einer großen Schüssel schaumig rühren. Eier unterschlagen. Nach und nach die Mehlmischung beigeben. Haferflocken, Äpfel und Walnüsse unterziehen.

4 Teighäufchen mit Löffeln im Abstand von 4 cm auf die Bleche setzen.

5 Etwa 12–15 Min. backen. Auf Kuchengitter abkühlen lassen.

Apfel-Kleie-Kekse

Häufchenkekse

Ergibt: *50–60 Stück*
Zubereitungszeit: *35 Min.*

3 mittelgroße Äpfel, geschält, entkernt, gewürfelt
½ Tasse Kleie
½ Tasse frischgepreßter Zitronensaft
1 ½ Tassen Mehl
1 TL Backpulver
¾ TL Zimt, gemahlen
½ TL Salz
½ Tasse Pflanzenfett
½ Tasse weißer Zucker
½ Tasse brauner Zucker
1 großes Ei
1 TL Vanillearoma
⅓ Tasse Walnüsse, gehackt

1 Ofen auf 175 °C vorheizen. 2 Backbleche einfetten.

2 Äpfel in einer mittelgroßen Schüssel mit kochendem Wasser bedecken. Beiseite stellen.

3 Kleie und Zitronensaft in einer kleinen Schüssel mischen. Mehl, Backpulver, Zimt und Salz mischen.

4 Fett und beide Zuckersorten in einer großen Schüssel schaumig rühren. Ei und Vanillearoma unterrühren. Nach und nach die Mehlmischung zugeben. Kleieflocken und Walnüsse unterziehen.

5 Äpfel abtropfen lassen und zurück in die Schüssel legen. Mit einer Gabel zerdrücken und unter den Teig mengen.

6 Mit Löffeln Teighäufchen im Abstand von 4 cm auf die Bleche setzen.

7 Etwa 10–12 Min. backen. Auf Kuchengitter abkühlen lassen.

Backtip: Nach Belieben Rosinen zugeben oder die Walnüsse durch Mandeln oder Haselnüsse ersetzen.

Apfel-Kokos-Träume

Häufchenkekse

Ergibt: *50–60 Stück*
Zubereitungszeit: *30 Min.*

1 Tasse Mehl
½ TL Backpulver
1 TL Zimt, gemahlen
½ TL Salz
½ Tasse Pflanzenfett
½ Tasse brauner Zucker
½ Tasse weißer Zucker
1 großes Ei
1 TL Vanillearoma
½ TL Natron
1 TL warmes Wasser
2 Tassen Kokosflocken
½ Tasse Haferflocken
½ Tasse Äpfel, geschält, gewürfelt

1 Ofen auf 175 °C vorwärmen. 2 Backbleche einfetten.

2 Mehl, Backpulver, Zimt und Salz mischen.

3 Fett und beide Zuckersorten in einer großen Schüssel schaumig rühren. Ei und Vanillearoma einrühren.

4 Natron im Wasser auflösen, mit der Fett-Ei-Creme gut verrühren. Nach und nach die Mehlmischung zufügen. Kokos-, Haferflocken und Äpfel unterziehen.

5 Mit Löffeln Teighäufchen im Abstand von 4 cm auf die Bleche setzen.

6 Etwa 10–12 Min. goldbraun backen. Auf Kuchengitter auskühlen lassen.

Apfel-Rosinen-Berge

Häufchenkekse

Ergibt: *35–45 Stück*
Zubereitungszeit: *35 Min.*

2 Tassen Mehl
1 TL Backpulver
1 TL Zimt, gemahlen
½ TL Muskat, gemahlen
¼ TL Nelken, gemahlen
½ TL Salz
½ Tasse Pflanzenfett
1 Tasse brauner Zucker
2 große Eier
¼ Tasse Milch
1 ½ Tassen Äpfel, geschält, gewürfelt
1 Tasse helle Rosinen
½ Tasse Walnüsse, gehackt

1 Ofen auf 175 °C vorheizen. 2 Backbleche einfetten.

2 Mehl, Backpulver, Gewürze und Salz mischen.

3 Fett und braunen Zucker in einer großen Schüssel schaumig rühren. Ei und Milch gründlich unterrühren. Nach und nach die Mehlmischung zufügen. Äpfel, Rosinen und Walnüsse unterziehen.

4 Mit Löffeln Teighäufchen in 4 cm Abstand auf die Bleche setzen.

5 Etwa 12–14 Min. backen, bis das Gebäck lichtbraun ist. Auf Kuchengitter abkühlen lassen.

Apfel-Rosinen-Plätzchen

Gebäckschnitten

Ergibt: *25–35 Stück*
Zubereitungszeit: *30 Min.*

1 ½ Tassen Mehl
½ Tasse Vollkornmehl
2 TL Backpulver
1 TL Natron
1 TL Zimt, gemahlen
1 TL Muskat, gemahlen
3 große Eier
½ Tasse Apfelmus, ungezuckert
½ Tasse Apfelsaft, ungezuckert
¼ Tasse Pflanzenfett
1 Tasse Rosinen
Zimt zum Bestreuen

1 Ofen auf 175 °C vorheizen. Eine quadratische Backform (20 x 20 cm) einfetten.

2 Beide Mehlsorten, Backpulver, Natron und Gewürze mischen.

3 Eier, Apfelmus, Apfelsaft und Fett mischen und gründlich verrühren. Nach und nach die Mehlmischung zugeben. Rosinen unterziehen.

4 Teig gleichmäßig in der Form verteilen. Mit etwas Zimt bestreuen.

5 Etwa 20–25 Min. backen (Garprobe: beim Einstechen bleibt kein Teig haften). In der Form auf Kuchengitter abkühlen lassen. In Stücke beliebiger Form schneiden.

APFELBUTTER-HAFERSCHNITTEN

Gebäckschnitten

ERGIBT: *25–35 Stück*
ZUBEREITUNGSZEIT: *30 Min.*

⅔ Tasse Mehl
½ TL Backpulver
¼ TL Salz
1 Tasse Pflanzenfett
1 Apfel, geschält, gewürfelt
½ Tasse dunkelbrauner Zucker
1 großes Ei
½ TL Natron
1 EL warmes Wasser
1 Tasse Haferflocken
1 Tasse Kokosflocken (falls gewünscht)

1 Ofen auf 175 °C vorheizen. Rechteckige Backform (20 x 30 cm) einfetten.

2 Mehl, Backpulver und Salz mischen.

3 Pflanzenfett, Apfelstückchen und Zucker in einer großen Schüssel cremig rühren. Ei unterschlagen.

4 Natron im Wasser auflösen und mit der Fett-Zucker-Creme glattrühren. Nach und nach die Mehlmischung zugeben. Hafer- und Kokosflocken unterziehen.

5 Teig gleichmäßig in der Form verteilen.

6 Etwa 15–20 Min. backen. In der Form auf einem Gitter abkühlen lassen. In Schnitten schneiden.

Backtip: Zur Abwechslung dem Teig Schokoladen-Tröpfchen beimengen und die erkalteten Kekse mit zerlassener Schokolade beträufeln.

APFELHÄUFCHEN

Häufchenkekse

ERGIBT: *ca. 50 Stück*
ZUBEREITUNGSZEIT: *30 Min.*

2 Tassen Mehl
½ TL Backpulver
¼ TL Natron
½ TL Zimt, gemahlen
¼ TL Nelken, gemahlen
¼ TL Muskat, gemahlen
½ Tasse Pflanzenfett
4 große Eier
¾ Tasse Apfelsaftkonzentrat

1 Ofen auf 190 °C vorheizen. 2 Backbleche einfetten.

2 Mehl, Backpulver, Natron und Gewürze in einer großen Schüssel mischen. Mit dem in Stücke geschnittenen Fett zu einer bröseligen Mischung verarbeiten.

3 Eier in einer mittelgroßen Schüssel zu einer dicken Creme schlagen. Apfelsaftkonzentrat einrühren. Mehl-Fett-Mischung zugeben und zu einem geschmeidigen Teig verarbeiten.

4 Teighäufchen mit Löffeln im Abstand von 4 cm auf die Bleche setzen.

5 Etwa 6–8 Min. goldbbraun backen. Auf Kuchengitter abkühlen lassen.

Apfelkekse

Häufchenkekse

Ergibt: *35–45 Stück*
Zubereitungszeit: *35 Min.*

2 Tassen Mehl
1 TL Backpulver
½ TL Muskat, gemahlen
1 TL Zimt, gemahlen
½ TL Nelken, gemahlen
½ TL Salz
½ Tasse Butter, Zimmertemperatur
1 ½ Tassen brauner Zucker
1 großes Ei
¼ Tasse frischgepreßter Zitronensaft
1 TL Vanillearoma
1 Tasse Äpfel, geschält, gewürfelt
1 Tasse Walnüsse, gehackt
1 Tasse Rosinen

Glasur
1 ½ Tassen Puderzucker
1 EL Butter, Zimmertemperatur
2 ½ EL Kondensmilch
¼ TL Vanillearoma
1 Prise Salz

1 Ofen auf 200 °C vorheizen. 2 Backbleche einfetten.

2 Mehl, Backpulver, Gewürze und Salz mischen.

3 Butter und Zucker in einer großen Schüssel schaumig rühren. Ei, Zitronensaft und Vanillearoma unterrühren. Nach und nach Mehlmischung zufügen. Äpfel, Walnüsse und Rosinen unterziehen.

4 Mit Teelöffeln Teighäufchen im Abstand von 4 cm auf die Bleche setzen. 12–15 Min. goldgelb backen.

5 In der Zwischenzeit die Glasurzutaten in einer kleinen Schüssel zu einem glatten Guß verrühren.

6 Kekse auf Kuchengitter legen und noch warm glasieren. Abkühlen lassen.

Apfelmus-Dattel-Schnitten

Gebäckschnitten

Ergibt: *25–35 Stück*
Zubereitungszeit: *45 Min.*

2 Tassen Mehl
1 TL Zimt, gemahlen
½ TL Kardamom, gemahlen
1 Prise Salz
¾ Tasse Pflanzenfett
1 Tasse Zucker
2 TL Natron
1 EL warmes Wasser
2 große Eier
2 Tassen Apfelmus, ungezuckert
1 Tasse Datteln, entkernt, gehackt
1 Tasse Walnüsse, gehackt

1 Ofen auf 175 °C vorheizen. Rechteckige Backform (20 x 30 cm) einfetten.

2 Mehl, Zimt, Kardamom und Salz mischen.

3 Fett und Zucker in einer großen Schüssel schaumig rühren.

4 Natron im Wasser auflösen und mit der Creme verrühren. Eier, danach Apfelmus unterrühren. Nach und nach die Mehlmischung zugeben. Datteln und Walnüsse unterziehen.

5 Teig gleichmäßig in der Form verteilen.

6 Etwa 25–30 Min. backen, bis die Oberfläche goldbraun ist. In der Form abkühlen lassen. In Schnitten schneiden.

Backtip: Zur Verzierung Kekse mit Vanilleglasur überziehen und mit dunkler Schokoladenglasur beträufeln (s. Grundrezepte für Glasuren und Überzüge).

Apfelmus-Gewürz-Kekse

Häufchenkekse

Ergibt: *25–35 Stück*
Zubereitungszeit: *30 Min.*

2 Tassen Mehl
1 TL Backpulver
½ TL Zimt, gemahlen
¼ TL Nelken, gemahlen
½ Tasse Pflanzenfett
1 Tasse Zucker
1 großes Ei
1 TL Natron
1 EL warmes Wasser
1 Tasse Apfelmus, ungezuckert

1 Ofen auf 175 °C vorheizen. 2 Backbleche einfetten.

2 Mehl, Backpulver, Zimt, Nelken und Salz mischen.

3 Fett und Zucker in einer großen Schüssel schaumig rühren. Ei unterrühren.

4 Natron im Wasser auflösen und mit der Eicreme verrühren. Apfelmus unterrühren. Nach und nach die Mehlmischung zugeben.

5 Mit Löffeln Teighäufchen im Abstand von 4 cm auf die Bleche setzen.

6 Etwa 10–15 Min. hellgold backen. Auf Kuchengitter abkühlen lassen.

Apfelmus-Nuss-Rosinen-Kekse

Häufchenkekse

Ergibt: *25–35 Stück*
Zubereitungszeit: *35 Min.*
Quellzeit: *1 Std.*

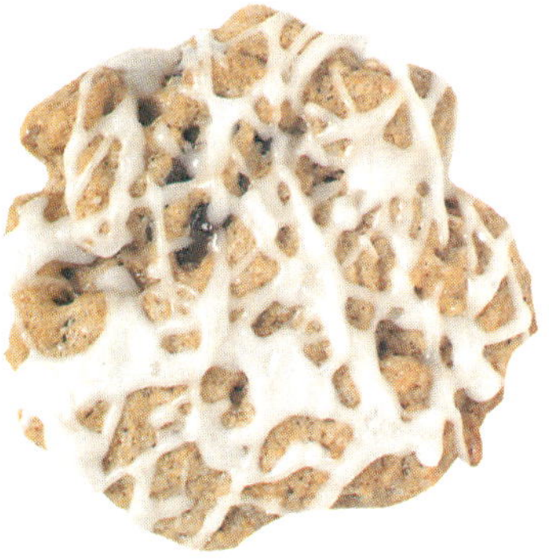

1 Tasse Rosinen
etwa ¾ Tasse Weinbrand
1 Tasse Walnüsse, gehackt
2 Tassen Mehl
1 TL Zimt, gemahlen
¼ TL Nelken, gemahlen
½ TL Muskat, gemahlen
½ TL Salz
½ Tasse Pflanzenfett
1 Tasse Zucker
1 großes Ei
1 TL Natron
1 EL warmes Wasser
1 Tasse Apfelmus, ungezuckert

1 Rosinen in einer kleinen Schüssel mit Weinbrand bedecken. Beiseite stellen und 1 Std. quellen lassen.

2 Ofen auf 175 °C vorheizen. 2 Backbleche einfetten.

3 Rosinen abtropfen lassen und zurück in die Schüssel legen. Walnüsse zugeben. Mehl, Gewürze und Salz mischen.

4 Fett und Zucker in einer großen Schüssel schaumig rühren. Ei unterrühren.

5 Natron in einer kleinen Schüssel im Wasser auflösen. Mit Apfelmus verrühren. Zur Eimischung geben und gut verrühren. Nach und nach die Mehlmischung beifügen. Rosinen und Walnüsse unterziehen.

6 Mit Löffeln Teighäufchen in 4 cm Abstand auf die Bleche setzen.

7 Etwa 12–15 Min. lichtbraun backen. Auf Kuchengitter abkühlen lassen.

Backtip: Kekse dekorativ mit Vanilleglasur (s. Grundrezepte für Glasuren und Überzüge) beträufeln.

Apfelmus-Schokokekse

Gebäckschnitten

Ergibt: *15–25 Stück*
Zubereitungszeit: *40 Min.*

50 g halbbittere Schokolade, kleingehackt
1 Tasse Mehl
1 TL Backpulver
½ TL Zimt, gemahlen
¼ TL Salz
½ Tasse Pflanzenfett
1 ¼ Tassen Zucker
2 große Eier
½ Tasse Apfelmus, ungezuckert, Zimmertemperatur
1 TL Vanillearoma
½ Tasse Walnüsse, gehackt

1 Ofen auf 175 °C vorheizen. Rechteckige Backform (20 x 30 cm) einfetten.

2 Schokolade im Wasserbad bei niedriger Hitze zerlassen. Glatt rühren. Abkühlen lassen.

3 Mehl, Backpulver, Zimt und Salz mischen.

4 Fett und Zucker in einer großen Schüssel schaumig rühren. Eier einzeln unterrühren.

5 Apfelmus, zerlassene Schokolade und Vanille in einer mittelgroßen Schüssel mischen. Zur Fett-Ei-Creme geben und glatt rühren. Nach und nach Mehlmischung zufügen. Nüsse unterziehen.

6 Teig gleichmäßig in der Form verteilen.

7 Etwa 20–25 Min. backen; der Teig ist gar, wenn beim Einstechen kein Teig am Hölzchen klebt. In der Form abkühlen lassen. In Schnitten schneiden.

Backtip: Zur Abwechslung Mandelaroma statt Vanillearoma und gehackte Mandeln statt Walnüsse nehmen.

Apfelmuskekse I

Häufchenkekse

Ergibt: *60–70 Stück*
Zubereitungszeit: *35 Min.*
Quellzeit: *10 Min.*

1 Tasse helle Rosinen
etwa ¾ Tasse Weinbrand
1 Packung Gewürzkuchen-Fertigmischung
½ Tasse Rapsöl
½ Tasse Apfelmus, ungezuckert
1 großes Ei

1 Ofen auf 175 °C vorheizen.

2 Rosinen in einer kleinen Schüssel mit dem Weinbrand knapp bedecken. Beiseite stellen und 10 Min. quellen lassen.

3 Kuchenmischung nach Packungsanleitung zubereiten. Öl, Apfelmus und Ei beigeben. Rosinen abtropfen lassen und unter den Teig heben.

4 Mit Löffeln Teighäufchen im Abstand von 5 cm auf ungefettete Bleche setzen.

5 Etwa 12–15 Min. goldgelb backen. Auf Kuchengitter abkühlen lassen.

APFELMUSKEKSE II

Häufchenkekse

ERGIBT: *25–35 Stück*
ZUBEREITUNGSZEIT: *35 Min.*

2 EL Pflanzenfett
½ Tasse Zucker
1 großes Ei
½ Tasse Apfelmus, ungezuckert
1 Tasse Biskuitteig-Fertigmischung
1 ½ TL Kümmelsamen
1 TL geriebene Zitronenschale, unbehandelt

1 Ofen auf 190 °C vorheizen. 2 Backbleche großzügig einfetten.

2 Fett und Zucker in einer großen Schüssel schaumig rühren. Ei, dann Apfelmus unterrühren. Nach und nach Teigmischung zugeben. Kümmel und Zitronenschale unterziehen.

3 Mit Löffeln Teighäufchen in 4 cm Abstand auf die Bleche setzen.

4 Etwa 8–10 Min. goldbraun backen. Auf Kuchengitter abkühlen lassen.

APFELMUSKEKSE III

Häufchenkekse

ERGIBT: *15–25 Stück*
ZUBEREITUNGSZEIT: *35 Min.*

1 Tasse Mehl
1 TL Natron
1 TL Piment, gemahlen
½ TL Salz
1 Tasse Pflanzenfett
1 ½ Tassen brauner Zucker
2 große Eier
1 TL Vanillearoma
½ Tasse Apfelmus, ungezuckert
1 Tasse Cornflakes

1 Ofen auf 175 °C vorheizen.

2 Mehl, Natron, Piment und Salz mischen.

3 Fett und Zucker in einer großen Schüssel schaumig rühren. Eier und Vanillearoma unterrühren. Apfelmus unterziehen. Nach und nach die Mehlmischung zugeben. Cornflakes unterheben.

4 Mit Löffeln Teighäufchen im Abstand von 4 cm auf ungefettete Bleche setzen.

5 Etwa 12–14 Min. goldbraun backen. Auf Kuchengitter abkühlen lassen.

Backtip: Man kann fast alle Cornflakes oder Fertigmüslis verwenden, sofern sie nicht zu süß sind. Nach Belieben ½ Tasse Weizenkeime, Nüsse oder Rosinen zugeben.

APFELMUSKEKSE IV

Häufchenkekse

ERGIBT: *35–45 Stück*
ZUBEREITUNGSZEIT: *35 Min.*

2 ½ Tassen Mehl
½ TL Zimt, gemahlen
½ TL Nelken, gemahlen
½ TL Muskat, gemahlen
½ TL Salz
½ Tasse Pflanzenfett
1 Tasse Zucker
1 großes Ei
1 TL Natron
1 EL warmes Wasser
1 Tasse Apfelmus, ungezuckert
1 Tasse Walnüsse, gehackt
½ Tasse Rosinen

1 Ofen auf 175 °C vorheizen. 2 Backbleche einfetten.

2 Mehl, Gewürze und Salz mischen.

3 Fett und Zucker in einer großen Schüssel schaumig rühren. Ei unterrühren.

4 Natron im Wasser auflösen und mit der Fett-Ei-Creme verrühren. Apfelmus einrühren. Nach und nach die trockenen Zutaten zugeben. Walnüsse und Rosinen unterziehen.

5 Mit Löffeln Teighäufchen im Abstand von 4 cm auf die Bleche setzen.

6 Etwa 15–20 Min. hellbraun backen. Auf Kuchengitter abkühlen lassen.

APFELRECHTECKE MIT ZITRONEN-GLASUR

Gebäckschnitten

ERGIBT: *25–35 Stück*
ZUBEREITUNGSZEIT: *70 Min.*

TEIG
2 Tassen Mehl
¼ Tasse Zucker
¾ Tasse Pflanzenfett
2 Eigelb von großen Eiern

BELAG
1 ½ Tassen Müslimischung
½ Tasse Mandeln, feingehackt
½ Tasse Zucker
1 TL Zimt, gemahlen
3 EL frischgepreßter Zitronensaft
6 mittelgroße Äpfel, geschält, entkernt, in Scheiben

GLASUR
¾ Tasse Puderzucker
2 EL frischgepreßter Zitronensaft

1 Ofen auf 175 °C vorheizen. Rechteckige Backform (40 x 25 cm) leicht einfetten.

2 Für den Teig Mehl und Zucker in einer großen Schüssel mischen. In Stücke geschnittenes Fett zugeben und zu einer grobkrümeligen Masse verarbeiten. Eigelbe nacheinander beigeben und zu einem geschmeidigen Teig verkneten. Teig gleichmäßig in die Backform drücken.

3 Müslimischung, Mandeln, Zucker und Zimt vermengen. Zitronensaft unterrühren.

4 Apfelscheiben auf den Teig schichten, mit dem Müslibelag überstreuen.

5 Etwa 55–60 Min. backen, bis die Oberfläche leicht gebräunt ist und die Äpfel weich sind.

6 In der Zwischenzeit die Glasur herstellen: Puderzucker und Zitronensaft in einer kleinen Schüssel glatt verrühren.

7 Das warme Gebäck mit der Glasur besprenkeln. In der Form auf Kuchengitter abkühlen lassen. Erkaltet in Rechtecke schneiden.

Apfelschnitten I

Gebäckschnitten

Ergibt: *15–25 Stück*
Zubereitungszeit: *50 Min.*

¾ Tasse Mehl
½ TL Backpulver
¼ TL Natron
½ TL Ingwer, gemahlen
¼ TL Muskat, gemahlen
⅓ Tasse Pflanzenfett
¾ Tasse Zucker
2 große Eier
1 Tasse Äpfel, geschält, gewürfelt

Belag
1 ½ TL Zucker
½ TL Zimt, gemahlen

1 Ofen auf 175 °C vorheizen.

2 Mehl, Backpulver, Natron, Ingwer und Muskat mischen.

3 Fett und Zucker in einer großen Schüssel schaumig rühren. Eier unterrühren. Nach und nach die Mehlmischung zugeben. Äpfel unterziehen.

4 Teig gleichmäßig in einer quadratischen Backform (20 x 20 cm) verteilen.

5 Zimt und Zucker für den Belag mischen. Gleichmäßig über den Teig streuen.

6 Etwa 25–30 Min. backen, bis der Teig sich fest anfühlt. In der Form abkühlen lassen. In Schnitten schneiden.

Backtip: Nach Belieben ½ Tasse Rosinen und/oder ½ Tasse gehackte Nüsse zum Teig geben. Gleich nach dem Backen mit einer weißen Glasur beträufeln (s. Grundrezepte für Glasuren und Überzüge).

Apfelschnitten II

Gebäckschnitten

Ergibt: *25–35 Stück*
Zubereitungszeit: *60 Min.*

Teig
1 Tasse Mehl
¼ Tasse Zucker
½ Tasse Pflanzenfett

Belag
2 große Eier
⅓ Tasse Wasser
½ TL Vanillearoma
⅓ Tasse Mehl
1 ½ TL brauner Zucker
¼ Tasse Mandeln, feingehackt
1 Tasse Äpfel, geschält, gewürfelt
Puderzucker zum Bestreuen

1 Ofen auf 175 °C vorheizen. Eine quadratische Backform (20 x 20 cm) leicht einfetten.

2 Für den Teig Mehl und Zucker in einer Schüssel mischen. In Stücke geschnittenes Fett zugeben und zu einer grobkrümeligen Masse verarbeiten.

3 Teig gleichmäßig auf den Boden der Form drücken. 25 Min. backen.

4 In der Zwischenzeit den Belag zubereiten: Eier, Wasser und Vanille in einer großen Schüssel verschlagen. Nach und nach Mehl und braunen Zucker zufügen. Mandeln und Äpfel unterziehen.

5 Belag auf dem heißen Teig verteilen. Weitere 25 Min. backen, bis der Belag fest ist. In der Form auf Kuchengitter abkühlen lassen.

6 Erkaltetes Gebäck mit Puderzucker übersieben. In Schnitten schneiden.

Backtip: Als Variante Birnen statt Äpfel nehmen.

Apfelschnitten III

Gebäckschnitten

Ergibt: *30–40 Stück*
Zubereitungszeit: *35 Min.*

2 Tassen Mehl
2 TL Backpulver
½ TL Muskat, gemahlen
½ TL Salz
2 TL geriebene Zitronenschale
4 große Eier
2 Tassen Zucker
1 ½ Tassen Äpfel, geschält, gewürfelt
1 Tasse Walnüsse, gehackt
Puderzucker zum Bestreuen

1 Ofen auf 175 °C vorheizen. Eine rechteckige Backform (30 x 20 cm) einfetten.

2 Mehl, Backpulver, Muskat und Salz in einer Schüssel mischen. Zitronenschale zugeben.

3 Eier und Zucker in einer großen Schüssel zu einer dicken Creme schlagen. Nach und nach die Mehlmischung zufügen. Äpfel und Nüsse unterziehen.

4 Teig gleichmäßig in der Form verteilen.

5 Etwa 15–20 Min. backen, bis der Teig fest ist. In der Form auf Kuchengitter abkühlen lassen.

6 Erkaltetes Gebäck mit Puderzucker übersieben. In Rechtecke schneiden.

Apfelschnitten IV

Gebäckschnitten

Ergibt: *35–45 Stück*
Zubereitungszeit: *55 Min.*

Teig
½ Tasse Pflanzenfett
1 Tasse Mehl
¼ Tasse Zucker

Belag
⅓ Tasse Mehl
½ TL Backpulver
¼ TL Salz
2 große Eier
1 Tasse brauner Zucker
⅓ Tasse Weinbrand
3 große Äpfel, geschält, entkernt, gewürfelt
½ Tasse Walnüsse, gehackt

1 Ofen auf 175 °C vorheizen.

2 Für den Teig Fett, Mehl und Zucker in einer Schüssel vermengen. Teig gleichmäßig in einer quadratischen Backform (20 x 20 cm) verteilen.

3 Etwa 15 Min. backen.

4 In der Zwischenzeit den Belag zubereiten: Mehl, Backpulver und Salz mischen.

5 Eier und braunen Zucker in einer großen Schüssel zu einer dicken Creme schlagen. Weinbrand unterrühren. Nach und nach die Mehlmischung zugeben. Äpfel und Walnüsse unterziehen.

6 Belag auf dem heißen Teig verteilen. Weitere 30 Min. backen, bis der Belag fest ist. In der Form auf Gitter abkühlen lassen. In Schnitten schneiden.

Apfelschnitten V

Gebäckschnitten

Ergibt: *10–15 Stück*
Zubereitungszeit: *60 Min.*

1 Tasse Mehl
½ TL Backpulver
1 TL Zimt, gemahlen
¼ TL Salz
½ Tasse Pflanzenfett
1 Tasse Zucker
1 großes Ei, verschlagen
½ TL Natron
1 EL warmes Wasser
2 große Äpfel, geschält, entkernt, gewürfelt
½ Tasse Walnüsse, gehackt

Belag
1 TL Zimt, gemahlen
½ TL Zucker

1 Ofen auf 175 °C vorheizen.

2 Mehl, Backpulver, Zimt und Salz mischen.

3 Fett und Zucker in einer großen Schüssel schaumig rühren. Ei unterrühren.

4 Natron im Wasser auflösen und mit der Fett-Ei-Creme gründlich verrühren. Nach und nach Mehlmischung zufügen. Äpfel und Nüsse unterziehen.

5 Teig gleichmäßig in einer ungefetteten Backform (20 x 30 cm) verteilen. Zimt und Zucker mischen und gleichmäßig über den Teig streuen.

6 Etwa 40–45 Min. backen (Garprobe: beim Einstechen darf der Teig nicht kleben). In der Form auf Gitter abkühlen lassen. In Schnitten schneiden.

Backtip: Nach Wunsch Rosinen in den Teig mengen. Diese Kekse schmecken besonders gut mit einem Klacks Eiscreme oder Schlagsahne.

Apfelstreifen

Gebäckschnitten

Ergibt: *35–45 Stück*
Zubereitungszeit: *45 Min.*
Kühlzeit: *2 Std.*

Teig
2 Tassen Mehl
¼ Tasse Zucker
¾ Tasse Pflanzenfett
3 EL saure Sahne
½ TL geriebene Zitronenschale

Belag
5 mittelgroße Äpfel, geschält, entkernt, in dünnen Scheiben
½ Tasse Zucker
1 EL Rosinen
1 großes Eigelb, verquirlt
Puderzucker zum Bestreuen

1 Für den Teig Mehl und Zucker in einer Schüssel mischen. In Stücke geschnittenes Fett zugeben und zu einer grobkrümeligen Masse verarbeiten. Mit saurer Sahne und Zitronenschale vermengen.

2 Teig in zwei Hälften teilen. In Pergamentpapier wickeln und 2 Std. in den Kühlschrank stellen.

3 Ofen auf 160 °C vorheizen.

4 Auf einer leicht bemehlten Arbeitsfläche eine Teighälfte zu einem etwa 20 x 20 cm großen Quadrat ausrollen und in eine entsprechend große, ungefettete Backform legen.

5 Für den Belag die Äpfel gleichmäßig auf den Teig schichten. Mit Zucker und Rosinen bestreuen.

6 Zweite Teighälfte zu einem etwa 20 x 20 cm großen Quadrat ausrollen. In 2,5 cm breite Streifen schneiden und im Gittermuster auf dem Belag anordnen. Streifen mit Eigelb bestreichen.

7 Etwa 18–20 Min. goldbraun backen. Warmes Gebäck mit Puderzucker überstreuen und in 5 x 2,5 cm große Streifen schneiden.

Backtip: Durch Zugabe von Kokosflocken erhält der Teig eine andere Geschmacksnote und Beschaffenheit.

Aprikosen-Gewürz-Plätzchen

Häufchenkekse

Ergibt: *25–35 Stück*
Zubereitungszeit: *35 Min.*
Kühlzeit: *1 Std.*

1 Tasse getrocknete Aprikosen
2 Tassen Mehl
1 TL Backpulver
1 TL Piment, gemahlen
½ TL Zimt, gemahlen
½ TL Salz
½ Tasse Pflanzenfett
1 Tasse Zucker
1 TL Natron
1 EL warmes Wasser
1 großes Ei
1 Tasse helle Rosinen
1 Tasse Pekannüsse, gehackt

1 Aprikosen mit einer Handmühle, Elektromixer oder Küchenmaschine zerkleinern.

2 Mehl, Backpulver, Gewürze und Salz mischen.

3 Fett und Zucker in einer großen Schüssel schaumig rühren.

4 Natron im Wasser auflösen und mit der Creme gut verschlagen. Ei unterrühren. Nach und nach die Mehlmischung zugeben. Aprikosen, Rosinen und Nüsse unterziehen. Zugedeckt mindestens 1 Std. in den Kühlschrank stellen.

5 Ofen auf 190 °C vorheizen. 2 Backbleche einfetten.

6 Mit LöffelnTeighäufchen in 4 cm Abstand auf die Bleche setzen.

7 Etwa 18–20 Min. backen, bis die Oberfläche anbräunt. Auf Kuchengitter abkühlen lassen.

Aprikosen-Kirsch-Streifen

Gebäckschnitten

Ergibt: *25–35 Stück*
Zubereitungszeit: *40 Min.*

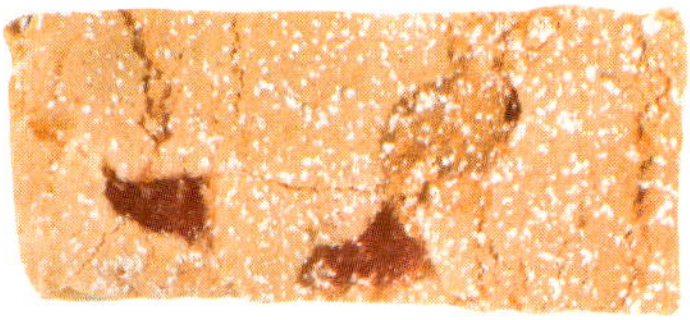

¼ Tasse Pflanzenfett
¼ Tasse brauner Zucker
2 große Eier
¼ Tasse warmes Wasser
1 Packung Backmischung für hellen Kuchenteig
1 Tasse getrocknete Aprikosen, gewürfelt
½ Tasse Maraschino-Kirschen, abgetropft, zerkleinert
Puderzucker zum Bestreuen

1 Ofen auf 175 °C vorheizen. Eine rechteckige Backform (40 x 25 cm) einfetten.

2 Fett und Zucker in einer großen Schüssel schaumig rühren. Eier und warmes Wasser gründlich unterrühren. Die Hälfte der Backmischung zugeben. Aprikosen und Kirschen unterziehen.

3 Teig gleichmäßig in der Form verteilen. Mit restlicher Backmischung überstreuen.

4 Etwa 20–25 Min. backen, bis sich der Teig fest anfühlt.

5 In der Form auf Kuchengitter abkühlen lassen. Mit Puderzucker übersieben. In Streifen schneiden.

Aprikosen-Kleie-Kekse

Häufchenkekse

Ergibt: *50–60 Stück*
Zubereitungszeit: *30 Min.*

1 Tasse getrocknete Aprikosen, gewürfelt
½ Tasse Kleieflocken
½ Tasse frischgepreßter Orangensaft
1 ½ Tassen Mehl
1 TL Backpulver
¾ TL Zimt, gemahlen
½ TL Salz
½ Tasse Pflanzenfett
½ Tasse weißer Zucker
½ Tasse brauner Zucker
1 großes Ei
1 TL Vanillearoma
⅓ Tasse Walnüsse, gehackt

1 Ofen auf 190 °C vorheizen. 2 Backbleche einfetten.

2 Aprikosen in einer kleinen Schüssel mit kochendem Wasser bedecken. Beiseite stellen.

3 Kleieflocken und Orangensaft in einer kleinen Schüssel vermengen. Mehl, Backpulver, Zimt und Salz mischen.

4 Fett und beide Zuckersorten in einer großen Schüssel schaumig rühren. Ei und Vanille unterrühren. Nach und nach die Mehlmischung beigeben. Kleieflocken-Saft-Mischung unterziehen. Walnüsse unterziehen.

5 Aprikosen abtropfen lassen und unter den Teig mengen.

6 Mit LöffelnTeighäufchen in 4 cm Abstand auf die Bleche setzen.

7 Etwa 8–10 Min. goldbraun backen. Auf Kuchengitter abkühlen lassen.

Backtip: Nach Belieben Rosinen hinzufügen, die man mit den Aprikosen quellen läßt.

Aprikosen-Pekannuss-Küchlein

Gebäckschnitten

Ergibt: *15–35 Stück*
Zubereitungszeit: *40 Min.*

1 Tasse getrocknete Aprikosen, gewürfelt
1 ½ Tassen Mehl
1 TL Backpulver
¼ TL Salz
½ Tasse Pflanzenfett
1 Tasse weißer Zucker
½ Tasse brauner Zucker
2 große Eier
½ Tasse Buttermilch
¼ TL geriebene Orangenschale, unbehandelt
1 TL Natron
1 EL warmes Wasser
1 Tasse Pekannüsse, gehackt
Puderzucker zum Bestreuen

1 Ofen auf 175 °C vorheizen. Eine quadratische Backform (25 x 25 cm) einfetten.

2 Aprikosen in einer kleinen Schüssel mit kochendem Wasser bedecken. Beiseite stellen und 10 Min. einweichen.

3 Mehl, Backpulver und Salz mischen.

4 Fett und beide Zuckersorten in einer großen Schüssel schaumig rühren. Eier und Buttermilch gründlich unterrühren. Orangenschale zufügen.

5 Natron im Wasser auflösen und gründlich mit der Fett-Buttermilch-Creme verrühren. Nach und nach die Mehlmischung beigeben.

6 Abgetropfte Aprikosen, dann Nüsse unter den Teig ziehen.

7 Teig gleichmäßig in der Form verteilen. 20–25 Min. goldgelb backen.

8 In der Form auf Kuchengitter abkühlen lassen. Mit Puderzucker übersieben. In große oder kleine Schnitten schneiden.

Aprikosen-Schoko-Spritzgebäck

Geformte Kekse

Ergibt: *35–45 Stück*
Zubereitungszeit: *35 Min.*

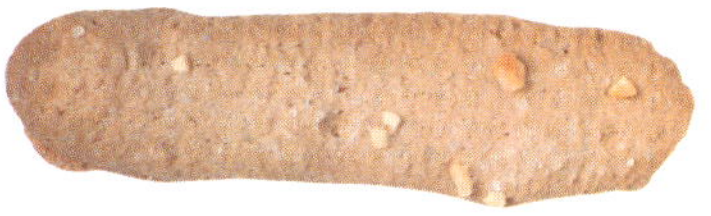

50 g halbbittere Schokolade
2 ¼ Tassen Mehl
¼ TL Salz
¾ Tasse Pflanzenfett
½ Tasse Zucker
1 großes Ei
6 Tropfen Mandelaroma
½ Tasse Aprikosenmarmelade

Belag
½ Tasse Mandeln, gehackt
2 EL Zucker

1 Ofen auf 200 °C vorheizen.

2 Schokolade im Wasserbad zerlassen und glattrühren. Abkühlen lassen.

3 Mehl und Salz mischen.

4 Fett und Zucker in einer großen Schüssel schaumig rühren. Ei, zerlassene Schokolade und Mandelaroma unterrühren. Nach und nach Mehl zugeben.

5 Teig in einen Spritzbeutel oder eine Gebäckspritze mit Schlitztülle füllen. Auf ein ungefettetes Backblech 4 Streifen von je etwa 30 cm Länge spritzen. Jeden Streifen dünn mit Aprikosenmarmelade bestreichen und darauf einen zweiten Teigstreifen spritzen.

6 Mandeln und Zucker in einer kleinen Schüssel mischen und gleichmäßig über die Streifen streuen. Jeden Streifen in 5 Teile schneiden.

7 Etwa 10–12 Min. goldgelb backen. Auf Kuchengitter abkühlen lassen.

Backtip: Für dieses Gebäck eignet sich fast jede Fruchtmarmelade.

Aprikosen-Walnuss-Schnitten

Gebäckschnitten

Ergibt: *25–35 Stück*
Zubereitungszeit: *70 Min.*

Belag
¾ Tasse getrocknete Aprikosen, gewürfelt
⅓ Tasse Mehl
½ TL Backpulver
¼ TL Salz
2 große Eier
1 Tasse brauner Zucker
½ TL Vanillearoma
½ Tasse Walnüsse, gehackt

Teig
1 Tasse Mehl
¼ Tasse weißer Zucker
½ Tasse Pflanzenfett

1 Ofen auf 160 °C vorheizen.

2 Aprikosen in einem kleinen Topf mit Wasser übergießen. Zum Kochen bringen, Hitze reduzieren und 10 Min. köcheln lassen. Die weichen Früchte abtropfen und abkühlen lassen.

3 Für den Teig Mehl und weißen Zucker in einer mittelgroßen Schüssel mischen. Mit in Stücke geschnittenem Fett zu einer bröseligen Masse verarbeiten.

4 Teig gleichmäßig in eine ungefettete, quadratische Backform (25 x 25 cm) drücken. 25 Min. backen.

5 In der Zwischenzeit für den Belag Mehl, Backpulver und Salz mischen.

6 Eier und braunen Zucker in einer großen Schüssel zu einer dicken Creme schlagen. Nach und nach die Mehlmischung einrühren. Walnüsse und Aprikosen unterziehen.

7 Belag gleichmäßig auf dem warmen Teig verteilen. Weitere 35 Min. backen, bis der Belag fest ist.

8 In der Form abkühlen lassen. In Schnitten schneiden.

Aprikosen-gefüllte Kekse

Gebäckschnitten

Ergibt: *25–35 Stück*

Zubereitungszeit: *55 Min.*

Füllung

½ Tasse getrocknete Aprikosen
½ Tasse weißer Zucker
½ Tasse Pekannüsse, gemahlen

Teig

1 Tasse Mehl
1 Tasse Haferflocken
⅔ Tasse brauner Zucker
¼ TL Salz
½ TL Pflanzenfett

1 Ofen auf 175 °C vorheizen. Eine quadratische Backform (20 x 20 cm) einfetten.

2 Für die Füllung Aprikosen in einer Schüssel mit kochendem Wasser bedecken. 15 Min. einweichen.

3 Aprikosen abgießen und sehr klein würfeln. Weißen Zucker und Pekannüsse beigeben und gut vermengen.

4 Für den Teig Mehl, Haferflocken, braunen Zucker und Salz in einer Schüssel mischen. In Stücke geschnittenes Fett zugeben und zu einer grobkrümeligen Masse verarbeiten.

5 Zwei Drittel des Teigs gleichmäßig auf dem Boden der Backform verteilen. Mit Füllung bedecken. Restlichen Teig über die Füllung bröseln und leicht andrücken.

6 Etwa 20–35 Min. backen, bis sich der Teig fest anfühlt. In der Form auf Kuchengitter abkühlen lassen. In Streifen schneiden.

Aprikosen-Hörnchen

Ausgerollte Kekse

Ergibt: *ca. 35 Stück*

Zubereitungszeit: *40 Min.*

Kühlzeit: *4 Std.*

2 Tassen Mehl
1 TL Zucker
1 Prise Salz
1 Tasse Pflanzenfett
1 Tasse saure Sahne
1 großes Ei
½ Tasse Aprikosenmarmelade
½ Tasse Walnüsse, gehackt
Puderzucker zum Bestreuen

1 Mehl, Zucker und Salz in einer Schüssel mischen. In Stücke geschnittenes Fett zugeben und zu einer grobkrümeligen Masse verarbeiten. Saure Sahne und Ei mit einer Gabel unterrühren, bis ein fester Teig entsteht. Zugedeckt mindestens 4 Std. oder über Nacht in den Kühlschrank stellen.

2 Ofen auf 175 °C vorheizen. 2 Backbleche einfetten.

3 Teig in 3 Portionen teilen. Auf einer bemehlten Arbeitsfläche zu 3 runden Platten mit etwa 28 cm Durchmesser ausrollen. Jeden Kreis gleichmäßig mit einem Drittel der Aprikosenmarmelade bestreichen und mit einem Drittel der Walnüsse bestreuen.

4 Jeden Kreis in 12 „Tortenstücke" schneiden. Diese vom breiten Ende aus aufrollen. Mit der Verschlußspitze nach unten in 2,5 cm Abstand auf die Bleche legen und zu Hörnchen formen.

5 Etwa 25–30 Min. backen. Noch warm mit Puderzucker übersieben und auf Kuchengitter abkühlen lassen.

APRIKOSEN-RECHTECKE

Gebäckschnitten

ERGIBT: *25–35 Stück*
ZUBEREITUNGSZEIT: *45 Min.*

2 Tassen Mehl
¼ TL Salz
¾ Tasse Pflanzenfett
1 Tasse Zucker
1 großes Ei
¼ TL Salz
1 TL Vanillearoma
1 ½ Tassen Kokosflocken
½ Tasse Walnüsse, gehackt
300 g Aprikosenmarmelade

1 Ofen auf 175 °C vorheizen.

2 Mehl und Salz mischen.

3 Fett und Zucker in einer großen Schüssel schaumig rühren. Ei und Vanille gründlich unterrühren. Nach und nach die Mehlmischung zugeben. Kokosflocken und Walnüsse unterziehen.

4 Dreiviertel des Teigs gleichmäßig auf den Boden einer Backform (20 x 30 cm) drücken. Mit Aprikosenmarmelade bestreichen. Darüber restlichen Teig krümeln.

5 Etwa 25–30 Min. hellbraun backen, bis sich der Teig fest anfühlt. In der Form auf Kuchengitter abkühlen lassen. In Rechtecke schneiden.

APRIKOSEN-SCHNITTEN I

Gebäckschnitten

ERGIBT: *25–35 Stück*
ZUBEREITUNGSZEIT: *45 Min.*

1 ¾ Tassen Mehl
½ Tasse Mandeln, gemahlen
½ TL Salz
¾ Tasse Pflanzenfett
¾ Tasse Puderzucker
3 Tropfen Mandelaroma

BELAG
350 g Aprikosenmarmelade
½ Tasse kandierte Kirschen, gewürfelt
1 ½ TL Weinbrand

1 Ofen auf 175 °C vorheizen.

2 Mehl, Mandeln und Salz mischen.

3 Fett und Puderzucker in einer großen Schüssel schaumig rühren. Mandelaroma und nach und nach die Mehlmischung zugeben.

4 1 Tasse des Teigs beiseite stellen. Restlichen Teig gleichmäßig in einer ungefetteten, rechteckigen Backform (20 x 30 cm) verteilen.

5 Für den Belag Aprikosenmarmelade, Kirschen und Weinbrand in einer Schüssel gut vermengen. Gleichmäßig auf dem Teig in der Form verteilen. Darüber den zurückbehaltenen Teig krümeln.

6 Etwa 30–35 Min. backen, bis die Ränder dunkel goldbraun sind. Noch warm in Schnitten schneiden und in der Form auf Kuchengitter abkühlen lassen.

APRIKOSEN-SCHNITTEN II

Gebäckschnitten

ERGIBT: *25–45 Stück*
ZUBEREITUNGSZEIT: *40 Min.*

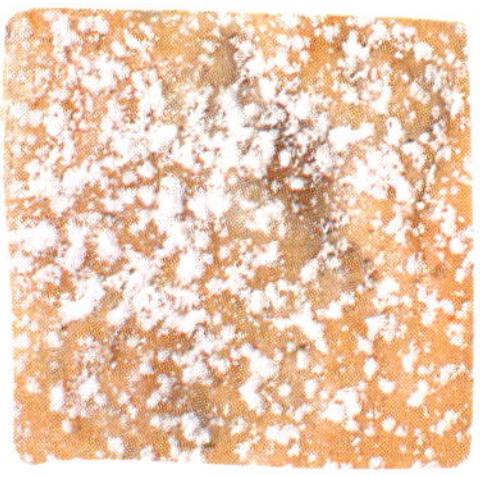

2 Tassen Mehl
2 TL Backpulver
½ TL Muskat, gemahlen
½ TL Salz
2 TL geriebene Orangenschale
2 große Eier
2 Tassen Zucker
1 ½ Tassen getrocknete Aprikosen, gewürfelt
1 Tasse Walnüsse, gehackt
Puderzucker zum Bestreuen

1 Ofen auf 175 °C vorheizen. Eine rechteckige Backform (20 x 30 cm) einfetten.

2 Mehl, Backpulver, Muskat und Salz in einer Schüssel mischen. Orangenschale zufügen.

3 Eier und Zucker in einer großen Schüssel zur dicken Creme rühren. Nach und nach die Mehlmischung beigeben. Aprikosen und Walnüsse unterziehen.

4 Teig gleichmäßig in der Form verteilen. 15–20 Min. goldgelb backen (Garprobe mit Zahnstocher machen: der Teig darf nicht daran haften).

5 In der Form abkühlen lassen. In Rechtecke schneiden. Mit Puderzucker übersieben.

APRIKOSEN-SCHNITTEN III

Gebäckschnitten

ERGIBT: 35–45 Stück
ZUBEREITUNGSZEIT: 60 Min.

BELAG
1 Tasse getrocknete Aprikosen
⅓ Tasse Mehl
½ TL Backpulver
¼ TL Salz
2 große Eier
1 Tasse brauner Zucker
⅓ Tasse Aprikosenlikör
½ Tasse Mandeln, gehackt

TEIG
1 Tasse Mehl
¼ Tasse weißer Zucker
½ Tasse Pflanzenfett

1 Ofen auf 175 °C vorheizen. Eine quadratische Backform (25 x 25 cm) einfetten.

2 Aprikosen in einem Töpfchen knapp mit Wasser bedecken. Zum Kochen bringen und etwa 10 Min. weich kochen. Abtropfen und abkühlen lassen. Sehr fein hacken. Beiseite stellen.

3 Für den Teig Mehl und weißen Zucker in einer Schüssel mischen. Mit in Stücke geschnittenem Fett zu einer grobkrümeligen Masse verarbeiten.

4 Teig gleichmäßig auf den Boden der Form drücken. 15 Min. backen.

5 In der Zwischenzeit für den Belag Mehl, Backpulver und Salz mischen.

6 Eier und braunen Zucker in einer mittelgroßen Schüssel zu einer dicken Creme schlagen. Likör unterrühren. Nach und nach die Mehlmischung zugeben. Aprikosen und Mandeln unterziehen.

7 Belag auf dem warmen Teig verteilen. Weitere 30 Min. backen, bis der Belag fest ist.

8 In der Form abkühlen lassen. In Rechtecke schneiden.

APRIKOSEN-SCHNITTEN IV

Gebäckschnitten

ERGIBT: *25–35 Stück*
ZUBEREITUNGSZEIT: *75 Min.*

BELAG
⅔ Tasse getrocknete Aprikosen
⅓ Tasse Mehl
½ TL Backpulver
¼ TL Salz
½ Tasse Walnüsse, gehackt
1 Tasse brauner Zucker
2 große Eier
½ TL Vanillearoma

TEIG
1 Tasse Mehl
¼ Tasse weißer Zucker
½ Tasse Pflanzenfett
Puderzucker zum Bestreuen

1 Ofen auf 175 °C vorheizen. Eine quadratische Backform (20 x 20 cm) einfetten.

2 Aprikosen mit ⅓ Tasse Wasser in einem Töpfchen zugedeckt bei mittlerer Hitze zum Kochen bringen. 15 Min. weich kochen. Abtropfen und abkühlen lassen. Fein hacken und beiseite stellen.

3 Für den Teig Mehl und weißen Zucker in einer Schüssel mischen. Mit in Stücke geschnittenem Fett zu einer grobkrümeligen Masse verarbeiten.

4 Teig gleichmäßig auf den Boden der Form drücken. 25 Min. backen.

5 In der Zwischenzeit für den Belag Mehl, Backpulver und Salz mischen. Walnüsse und Aprikosen zugeben.

6 Braunen Zucker, Eier und Vanillearoma in einer mittelgroßen Schüssel zu einer dicken Creme rühren. Nach und nach die Mehl-Aprikosen-Mischung beigeben.

7 Belag gleichmäßig auf dem warmen Teig verteilen. Weitere 25 Min. backen, bis der Belag fest ist.

8 In der Form abkühlen lassen. In Streifen schneiden. Mit Puderzucker übersieben.

APRIKOSEN-STREIFEN

Gebäckschnitten

ERGIBT: *35–45 Stück*
ZUBEREITUNGSZEIT: *40 Min.*
QUELLZEIT: *30 Min.*
KÜHLZEIT: *2 Std.*

TEIG
2 Tassen Mehl
¼ Tasse Zucker
¾ Tasse Pflanzenfett
3 EL saure Sahne
½ TL geriebene Zitronenschale

BELAG
1 ½ Tassen getrocknete Aprikosen, in Scheiben
½ Tasse Zucker
1 EL Rosinen
1 großes Eigelb, verquirlt
Puderzucker zum Bestreuen

1 Für den Teig Mehl und Zucker in einer Schüssel mischen. Mit in Stücke geschnittenem Fett zu einer bröseligen Masse verarbeiten. Saure Sahne und Zitronenschale zugeben und zu einem festen Teig verkneten.

2 Den Teig in zwei Hälften teilen. In Wachspapier wickeln und 2 Std. in den Kühlschrank stellen.

3 Aprikosen in einer kleinen Schüssel mit kochendem Wasser bedecken. 30 Min. quellen lassen.

4 Ofen auf 160 °C vorheizen. Eine quadratische Backform (25 x 25 cm) einfetten.

5 Auf einer bemehlten Arbeitsfläche den Teig zu 2 je 25 x 25 cm großen Quadraten ausrollen. Ein Quadrat in die Form legen.

6 Aprikosen gut abtropfen lassen und auf den Teig schichten. Mit Zucker bestreuen. Rosinen darauf verteilen.

7 Das zweite Quadrat in 2,5 cm breite Streifen schneiden. Streifen im Gittermuster auf dem Belag anordnen. Mit dem Eigelb bestreichen.

8 Etwa 18–20 Min. goldgelb backen, bis der Teig sich fest anfühlt.

9 Noch warm mit Puderzucker übersieben. In Streifen schneiden.

Backtip: Aroma und Konsistenz lassen sich durch Zugabe von Kokosflocken variieren.

ARME-LEUTE-KRAPFEN

Ausgerollte Kekse

ERGIBT: *3–4 Dutzend*
ZUBEREITUNGSZEIT: *30 Min.*

1 EL Puderzucker
2 große Eier
3 EL Kondensmilch
1 ¾ Tassen Mehl
Pflanzenöl zum Ausbacken
Puderzucker zum Bestreuen

1 Puderzucker und Eier in einer großen Schüssel verschlagen. Milch unterrühren. Nach und nach Mehl beimengen.

2 Teig auf einer bemehlten Arbeitsfläche gut 0,5 cm dick ausrollen. Mit einem Messer in große Rauten schneiden. In die Mitte jeder Raute einen Querschlitz schneiden und durch ihn eine Rautenspitze ziehen.

3 Öl in einer Friteuse oder einem hohen, schweren Topf auf 175 °C erhitzen.

4 Rauten portionsweise im Öl goldbraun ausbacken. Dabei ein- oder zweimal wenden.

5 Auf Küchenkrepp abtropfen lassen und mit Puderzucker übersieben. Abgekühlt nochmals mit Puderzucker besieben.

Backstolz

Häufchenkekse

Ergibt: *25–35 Stück*
Zubereitungszeit: *30 Min.*

2 Tassen Mehl
1 TL Backpulver
1 TL Natron
¼ TL Salz
1 Tasse Butter, Zimmertemperatur
1 Tasse weißer Zucker
1 Tasse brauner Zucker
2 große Eier
10 Tropfen Mandelaroma
3 Tassen Haferflocken
1 Tasse Kokosflocken
1 Tasse Mandeln, feingehackt
½ Tasse helle Rosinen

1 Ofen auf 175 °C vorheizen. 2 Backbleche leicht einfetten.

2 Mehl, Backpulver, Natron und Salz mischen.

3 Butter und beide Zuckersorten in einer großen Schüssel schaumig rühren. Eier einzeln kräftig unterschlagen. Mandelaroma zugeben. Nach und nach die Mehlmischung zufügen. Haferflocken, Kokosflocken, Mandeln und Rosinen unterheben.

4 Mit Löffeln Teighäufchen in 4 cm Abstand auf die Bleche setzen.

5 Etwa 8–10 Min. backen, bis das Gebäck hell goldgelb ist. Auf Kuchengitter abkühlen lassen.

Baiserschnitten mit Pekannuss

Gebäckschnitten

Ergibt: *50–60 Stück*
Zubereitungszeit: *50 Min.*

Teig
1 Tasse Pflanzenfett
⅓ Tasse Zucker
5 große Eigelb
1 TL Rum
2 ½ Tassen Mehl

Belag
5 große Eiweiß
1 Tasse Zucker
3 Tassen Pekannüsse, feingehackt
2 EL Amaretto
etwa ½ Tasse Schwarze Johannisbeermarmelade

1 Ofen auf 175 °C vorheizen. Eine rechteckige Backform (25 x 40 cm) leicht einfetten.

2 Für den Teig Fett und Zucker schaumig rühren. Eigelb einzeln unterschlagen, jeweils gründlich verrühren. Rum zugeben. Nach und nach das Mehl unterrühren.

3 Teig gleichmäßig in die Form drücken. Mit Marmelade bestreichen.

4 Für den Belag Eiweiß in einer großen Schüssel zu Schnee schlagen. Zucker zugeben und steif schlagen. Pekannüsse und Amaretto unterheben. Masse vorsichtig auf der Marmelade verteilen.

5 Etwa 35–40 Min. backen, bis sich das Gebäck fest anfühlt. In der Form auf Gitter abkühlen lassen. In Schnitten schneiden.

Baklava

Gebäckschnitten

Ergibt: *15–40 Stück*
Zubereitungszeit: *75 Min.*

450 g Butter
225 g Tiefkühl-Strudelteig, aufgetaut, in papierdünnen Platten
2 Tassen Pekannüsse, gehackt
1–2 EL ganze Nelken
⅓ Tasse Zucker
3 Tassen Wasser
1 Stange Zimt
1 Tasse Honig

1 Ofen auf 230 °C vorheizen.

2 Butter in einem Töpfchen zerlassen.

3 Boden einer rechteckigen Backform (20 x 30 cm) mit 2 EL Butter begießen. 3 Teigplatten in die Form schichten, eventuell zurechtschneiden und mit etwa 2 EL Pekannüssen bestreuen. Darüber 3 weitere Teigplatten schichten und mit Pekannüssen bestreuen. So fortfahren, bis die Form dreiviertel gefüllt ist. (Oberste Platte nicht mit Nüssen bestreuen.)

4 Mit einem scharfen Messer Quadrate oder Rauten in den Teig ritzen und jeweils in die Mitte eine Nelke stecken. Nach und nach die restliche zerlassene Butter über den Teig gießen.

5 Etwa 45–50 Min. goldbraun backen.

6 In der Zwischenzeit Zucker, Wasser und Zimtstange in einem mittelgroßen Topf zum Kochen bringen. Umrühren, bis der Zucker aufgelöst ist. Hitze reduzieren und 10 Min. simmern lassen. Honig dzugeben und weitere 2 Min. köcheln. Vom Herd nehmen. Zimtstange entfernen.

7 Honigmischung über das heiße Gebäck gießen. In der Form abkühlen lassen. Die Quadrate oder Rauten ausschneiden.

Bananen-Aprikosen-Knusperchen

Häufchenkekse

Ergibt: *25–35 Stück*
Zubereitungszeit: *35 Min.*

1 ½ Tassen Haferflocken
½ Tasse Frühstücksflocken aus Hafer
¼ TL Salz
⅓ Tasse Rapsöl
3 Bananen, zerdrückt
1 TL Vanillearoma
1 ½ Tassen gedörrte Aprikosen, gehackt
½ Tasse Mandeln, feingehackt

1 Ofen auf 175 °C vorheizen. 2 Backbleche leicht einfetten.

2 Haferflocken, Frühstücksflocken und Salz mischen.

3 Öl, Bananen und Vanillearoma in einer großen Schüssel zur glatten Creme rühren. Nach und nach die Haferflockenmischung beigeben. Aprikosen und Mandeln unterziehen.

4 Mit Löffeln Teighäufchen in 4 cm Abstand auf die Bleche setzen.

5 Etwa 20–25 Min. backen, bis die Kekse zart bräunen. Auf Kuchengitter abkühlen lassen.

Bananen-Dattel-Kekse

Häufchenkekse

Ergibt: *25–35 Stück*
Zubereitungszeit: *30 Min.*

1 Tasse Datteln, entsteint, feingehackt
1 TL Zitronenaroma
⅓ Tasse Rapsöl
2–3 Bananen, zerdrückt
1 EL Weinbrand
2 Tassen Haferflocken
½ Tasse Pekannüsse, gehackt

1 Ofen auf 175 °C vorheizen.

2 Datteln und Zitronenaroma in einem mittelgroßen Topf knapp mit Wasser bedecken. Bei mittlerer Flamme erhitzen. Köcheln lassen, bis die Flüssigkeit verdampft ist.

3 Vom Herd nehmen und das Öl mit einem Holzlöffel einrühren. Bananen unterrühren. Nach und nach die Haferflocken zugeben. Pekannüsse unterziehen.

4 Mit Löffeln Teighäufchen in 4 cm Abstand auf ungefettete Bleche setzen.

5 Etwa 20–25 Min. lichtbraun backen. Auf Kuchengitter abkühlen lassen.

Bananen-Haferflocken-Kekse I

Häufchenkekse

Ergibt: *40–60 Stück*
Zubereitungszeit: *30 Min.*

1 ½ Tassen Mehl
½ TL Natron
¾ TL Zimt, gemahlen
¼ TL Muskat, gemahlen
¼ TL Salz
¾ Tasse Pflanzenfett
1 Tasse Zucker
1 großes Ei
2–3 große Bananen, zerdrückt
1 ¾ Tassen Haferflocken
½ Tasse Mandeln, feingehackt

1 Ofen auf 200 °C vorheizen.

2 Mehl, Natron, Zimt, Muskat und Salz mischen.

3 Fett und Zucker in einer großen Schüssel schaumig rühren. Ei und Bananen gut unterrühren. Nach und nach die Mehlmischung beigeben. Haferflocken und Mandeln unterziehen.

4 Mit Löffeln Teighäufchen in 4 cm Abstand auf ungefettete Bleche setzen.

5 Etwa 12–15 Min. goldbraun backen. Auf Kuchengitter abkühlen lassen.

Bananen-Haferflocken-Kekse II

Häufchenkekse

Ergibt: *15–25 Stück*
Zubereitungszeit: *35 Min.*

1 ½ Tassen Mehl
¾ TL Zimt, gemahlen
¼ TL Muskat, gemahlen
¾ Tasse Pflanzenfett
1 Tasse Zucker
1 großes Ei
½ Tasse Bananen, zerdrückt
½ TL Natron
1 EL warmes Wasser
1 TL frischgepreßter Zitronensaft
1 ½ Tassen Haferflocken

1 Ofen auf 175 °C vorheizen. 2 Backbleche einfetten.

2 Mehl, Zimt und Muskat mischen.

3 Fett und Zucker in einer großen Schüssel schaumig rühren. Ei und Bananen gut unterrühren.

4 Natron im Wasser auflösen und mit der Bananenmasse glatt verrühren. Zitronensaft einrühren. Nach und nach die Mehlmischung zufügen. Haferflocken unterziehen.

5 Mit Löffeln Teighäufchen in 4 cm Abstand auf ungefettete Bleche setzen.

6 Etwa 10–12 Min. lichtbraun backen. Auf Kuchengitter abkühlen lassen.

Backtip: Auch Rosinen sind eine köstliche Zutat für diesen Teig.

Bananen-Häufchen

Häufchenkekse

Ergibt: *35–45 Stück*
Zubereitungszeit: *35 Min.*

1 ½ Tassen Mehl
1 Tasse Zucker
½ TL Natron
¾ TL Zimt, gemahlen
¼ TL Muskat, gemahlen
1 TL Salz
¾ Tasse Pflanzenfett
1 großes Ei
2–3 große Bananen, zerdrückt
1 ¾ Tassen Haferflocken
2 Tassen halbbittere Schokoladen-Tröpfchen

1 Ofen auf 200 °C vorheizen.

2 Mehl, Zucker, Natron, Zimt, Muskat und Salz in einer großen Schüssel mischen. In Stücke geschnittenes Fett zugeben. Ei und Bananen zufügen und zu einem geschmeidigen Teig rühren. Haferflocken und Schokoladen-Tröpfchen unterziehen.

3 Mit Löffeln Teighäufchen in 4 cm Abstand auf ungefettete Bleche setzen.

4 Etwa 12–15 Min. lichtgold backen. Auf Kuchengitter abkühlen lassen.

Backtip: Man kann auch Rosinen unter den Teig mischen.

Bananen-Kleie-Kleckse

Häufchenkekse

Ergibt: *15–25 Stück*
Zubereitungszeit: *35 Min.*

¾ Tasse Mehl
1 Tasse Kleieflocken
½ TL Backpulver
¼ TL Natron
¼ TL Salz
⅓ Tasse Pflanzenfett
⅓ Tasse Zucker
1 großes Ei
½ Tasse Bananen, zerdrückt
½ TL Zimt, gemahlen
⅛ TL Piment, gemahlen
⅛ TL Nelken, gemahlen
¼ Tasse Walnüsse, feingehackt

1 Ofen auf 190 °C vorheizen.

2 Mehl, Kleieflocken, Backpulver, Natron und Salz mischen.

3 Fett und Zucker in einer großen Schüssel schaumig rühren. Ei und Bananen gut unterrühren. Gewürze einrühren. Nach und nach die Mehlmischung zugeben. Nüsse unterziehen.

4 Mit Löffeln Teighäufchen in 4 cm Abstand auf ungefettete Bleche setzen.

5 Etwa 10–12 Min. goldbraun backen. Auf Kuchengitter abkühlen lassen.

Backtip: Man kann die Kekse noch kräftiger aromatisieren, indem man dem Teig ⅓ Tasse halbbittere Schokoladen-Tröpfchen beigibt.

Bananen-Kokos-Schnitten

Gebäckschnitten

Ergibt: *25–35 Stück*
Zubereitungszeit: *30 Min.*

1 ¾ Tassen Mehl
2 TL Backpulver
1 TL Natron
⅓ Tasse Pflanzenfett
2–3 mittelgroße Bananen, zerdrückt
1 großes Ei
½ Tasse Milch
¼ TL frischgepreßter Zitronensaft
1 ½ Tassen Kokosflocken

1 Ofen auf 175 °C vorheizen. Eine rechteckige Backform (20 x 30 cm) einfetten.

2 Mehl, Backpulver und Natron mischen.

3 Fett und Bananen in einer großen Schüssel glattrühren. Ei, Milch und Zitronensaft gründlich unterrühren. Nach und nach die Mehlmischung zugeben. 1 Tasse Kokosflocken unterziehen.

4 Teig gleichmäßig in der Form verteilen. Mit den restlichen Kokosflocken bestreuen.

5 Etwa 15–20 Min. backen, bis die Oberfläche lichtgelb ist. Der Teig ist gar, wenn er beim Einstechen nicht klebt. In der Form auf einem Gitter abkühlen lassen. In Streifen schneiden.

Bananen-Walnuss-Häufchen

Häufchenkekse

Ergibt: *35–45 Stück*
Zubereitungszeit: *35 Min.*

2 ¼ Tassen Mehl
2 TL Backpulver
½ TL Salz
⅓ Tasse Pflanzenfett
1 Tasse Zucker
2 große Eier
½ TL Vanillearoma
¼ TL Zitronenaroma
2–3 große Bananen, zerdrückt
½ Tasse Walnüsse, gemahlen

1 Ofen auf 175 °C vorheizen. 2 Backbleche einfetten.

2 Mehl, Backpulver und Salz mischen.

3 Fett und Zucker in einer großen Schüssel schaumig rühren. Eier, Vanille- und Zitronenaroma gründlich unterrühren. Bananen und Walnüsse unterziehen. Nach und nach die Mehlmischung zugeben.

4 Mit Löffeln Teighäufchen in 4 cm Abstand auf die Bleche setzen.

5 Etwa 12–15 Min. lichtgold backen. Auf Kuchengitter abkühlen lassen.

Bananen-Plätzchen

Häufchenkekse

Ergibt: *35–45 Stück*
Zubereitungszeit: *35 Min.*

1 Tasse Mehl
1 Tasse Vollkornmehl
1 TL Backpulver
½ TL Piment, gemahlen
1 TL Salz
¾ Tasse Pflanzenfett
1 Tasse Zucker
1 großes Ei
2–3 große Bananen, zerdrückt
1 Tasse Sesamsamen, geröstet

1 Ofen auf 175 °C vorheizen. 2 Backbleche einfetten.

2 Beide Mehlsorten, Backpulver, Piment und Salz mischen.

3 Fett und Zucker in einer großen Schüssel schaumig rühren. Eier, dann Bananen gut unterrühren. Nach und nach die Mehlmischung zugeben. Sesamsamen unterziehen.

4 Mit Löffeln Teighäufchen in 4 cm Abstand auf die Bleche setzen.

5 Etwa 8–10 Min. lichtgold backen. Auf Kuchengitter abkühlen lassen.

Backtip: Dieses Rezept stammt aus Südostasien. Sollen die Kekse weniger intensiv nach Sesam schmecken, nur ½ Tasse Sesamsamen nehmen. Wünscht man weicheres Gebäck, nur 6–8 Min. backen.

BANANENSCHNITTEN

Gebäckschnitten

ERGIBT: *15–25 Stück*
ZUBEREITUNGSZEIT: *40 Min.*

1 ½ Tassen Mehl
1 ½ TL Backpulver
½ TL Salz
¼ Tasse Pflanzenfett
1 Tasse brauner Zucker
2–3 Bananen, zerdrückt
½ TL Ananassaft
½ TL Vanillearoma
½ Tasse Walnüsse, gehackt

BELAG
⅓ Tasse Puderzucker
1 TL Zimt, gemahlen

1 Ofen auf 175 °C vorheizen. Eine rechteckige Backform (20 x 30 cm) einfetten.

2 Mehl, Backpulver und Salz mischen.

3 Fett und Zucker in einer großen Schüssel schaumig rühren. Bananen, Ananassaft und Vanillearoma gründlich unterrühren. Nach und nach die Mehlmischung zufügen. Nüsse unterziehen.

4 Teig gleichmäßig in der Form verteilen. 30–35 Min. backen, bis er sich fest anfühlt.

5 Puderzucker und Zimt für den Belag mischen und über das warme Gebäck sieben. In Schnitten schneiden und in der Form auf Kuchengitter abkühlen lassen.

BANANENSCHNITTEN MIT SCHOKOSTÜCKCHEN I

Gebäckschnitten

ERGIBT: *15–25 Stück*
ZUBEREITUNGSZEIT: *40 Min.*

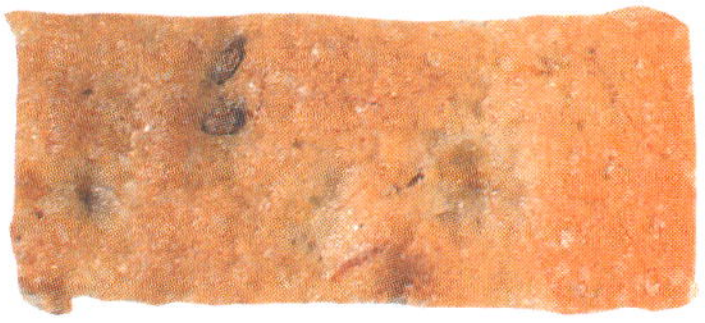

2 Tassen Mehl
2 TL Backpulver
½ TL Salz
¾ Tasse Pflanzenfett
1 Tasse weißer Zucker
¼ Tasse brauner Zucker
1 großes Ei
1 TL Vanillearoma
1 Tasse Bananen, zerdrückt
1 Tasse halbbittere Schokostückchen

1 Ofen auf 175 °C vorheizen. Eine rechteckige Backform (20 x 30 cm) einfetten.

2 Mehl, Backpulver und Salz mischen.

3 Fett und beide Zuckersorten in einer großen Schüssel cremig rühren. Ei und Vanillearoma, dann Bananen gut unterrrühren. Nach und nach die Mehlmischung beigeben. Schokolade unterheben.

4 Teig gleichmäßig in der Form verteilen.

5 Etwa 25–30 Min. goldbraun backen. In der Form auf Gitter abkühlen lassen. In Streifen schneiden.

BANANENSCHNITTEN MIT SCHOKOSTÜCKCHEN II

Gebäckschnitten

ERGIBT: *15–25 Stück*
ZUBEREITUNGSZEIT: *45 Min.*

1 ¾ Tassen Mehl
1 ½ TL Backpulver
¼ TL Salz
6 EL Pflanzenfett
1 Tasse brauner Zucker
1 großes Ei
½ TL Vanillearoma
3–4 große Bananen, zerdrückt
1 Tasse halbbittere Schokoladen-Tröpfchen

1 Ofen auf 175 °C vorheizen.

2 Mehl, Backpulver und Salz mischen.

3 Fett und Zucker in einer großen Schüssel schaumig rühren. Ei und Vanillearoma, dann Bananen gut unterrühren. Nach und nach die Mehlmischung einrühren. Schokolade unterziehen.

4 Teig gleichmäßig in einer ungefetteten quadratischen Form (20 x 20 cm) verteilen.

5 Etwa 30–35 Min. hellgold backen. In der Form auf Gitter abkühlen lassen. In Streifen schneiden.

Backtip: Rosinen eignen sich als Ersatz bzw. zusätzliche Zutat. Diese Kekse schmecken besonders gut warm mit einem Klacks Schlagsahne; sie lassen sich in der Mikrowelle aufwärmen.

Bannocks

Ausgerollte Kekse

Ergibt: *50–70 Stück*
Zubereitungszeit: *35 Min.*

1 ¼ Tassen Haferflocken
¾ Tasse Mehl
1 EL Zucker
1 EL Backpulver
½ TL Salz
5 EL Pflanzenfett
2–3 EL Wasser, eventuell mehr

1 Ofen auf 175 °C vorheizen.

2 Haferflocken, Mehl, Zucker, Backpulver und Salz in einer Schüssel mischen. Mit dem Fett von Hand zu einem bröseligen Teig verarbeiten. Soviel Wasser zugeben, daß der Teig geschmeidig wird.

3 Teig auf einer bemehlten Fläche gut 1 cm dick ausrollen. Mit Hilfe einer Untertasse 6 Scheiben von etwa 15 cm Durchmesser ausschneiden. Im Abstand von 2,5 cm auf ungefettete Backbleche legen.

4 Etwa 18–20 Min. lichtgelb backen, bis der Teig sich fest anfühlt. Auf Kuchengitter abkühlen lassen.

Backtip: Dies ist ein sehr altes schottisches Rezept. Traditionell reicht man Bannocks mit Marmelade oder Gelee.

Baseler Brünsli

Ausgerollte Kekse

Ergibt: *15–35 Stück*
Zubereitungszeit: *30 Min.*
Kühlzeit: *2 Std.*

2 ½ Tassen Zucker
1 ¼ Tassen Mandeln, gemahlen
4 ½ EL Kakaopulver, ungezuckert
1 TL Zimt, gemahlen
1 EL Kirschwasser
4 große Eiweiß
Zucker zum Ausrollen

1 Zucker, Mandeln, Kakao und Zimt in einer großen Schüssel mischen. Mit Kirschwasser beträufeln.

2 Eiweiß in einer zweiten großen Schüssel steif schlagen. Den Schnee vorsichtig unter die trockenen Zutaten heben. Zugedeckt 2 Std. in den Kühlschrank stellen.

3 Ofen auf 150 °C vorheizen. 2 Bleche mit Backpapier auslegen.

4 Teig auf einer mit Zucker bestreuten Arbeitsfläche gut 0,5 cm dick ausrollen. Runde Kekse von 3 cm Durchmesser ausstechen und in 4 cm Abstand auf die Bleche legen.

5 Etwa 12–15 Min. backen, bis sich der Teig fest anfühlt. Auf den Blechen über Kuchengitter abkühlen lassen. Vom Papier nehmen.

Backtip: Hier ist rasches Arbeiten vonnöten: Der kalte Teig muß möglichst zügig ausgestochen werden. Zucker auf den Handflächen erleichtert das Handhaben des Teigs.

BAYOU-EINSIEDLER

Häufchenkekse

ERGIBT: *60–70 Stück*
ZUBEREITUNGSZEIT: *20 Min.*

3 Tassen Mehl
1 TL Natron
1 TL Zimt, gemahlen
1 TL Nelken, gemahlen
½ TL Salz
½ Tasse Pflanzenfett
1 Tasse brauner Zucker
1 großes Ei
½ Tasse lauwarmes Wasser
½ Tasse dunkler Sirup
1 Tasse Rosinen

1 Ofen auf 175 °C vorheizen. 2 Backbleche einfetten.

2 Mehl, Natron, Gewürze und Salz mischen.

3 Fett und Zucker in einer großen Schüssel schaumig rühren. Ei, dann Wasser und Sirup gründlich unterrühren. Nach und nach die Mehlmischung zugeben. Rosinen unterziehen.

4 Mit Löffeln Teighäufchen in 4 cm Abstand auf die Bleche setzen.

5 Etwa 10–12 Min. backen, bis die Kekse bräunen. Auf Kuchengitter abkühlen lassen.

BEAUMONT-INN-BERGE

Häufchenkekse

ERGIBT: *35–45 Stück*
ZUBEREITUNGSZEIT: *30 Min.*

2 Tassen Mehl
2 TL Backpulver
½ TL Salz
½ Tasse Butter, Zimmertemperatur
2 Tassen brauner Zucker
2 große Eier
2 EL Sahne
1 Tasse Pekannüsse, gehackt
1 Tasse helle Rosinen, gehackt
1 Tasse kandierte Kirschen, gehackt

1 Ofen auf 160 °C vorheizen. 2 Backbleche einfetten.

2 Mehl, Backpulver und Salz mischen.

3 Butter und Zucker in einer großen Schüssel schaumig rühren. Eier und Sahne gründlich unterrühren. Nach und nach die Mehlmischung zugeben. Pekannüsse, Rosinen und Kirschen unterziehen.

4 Mit Löffeln Teighäufchen in 4 cm Abstand auf die Bleche setzen.

5 Etwa 15–20 Min. goldgelb backen. Auf Kuchengitter abkühlen lassen.

BEAUMONT-INN-KEKSE

Häufchenkekse

ERGIBT: *25–35 Stück*
ZUBEREITUNGSZEIT: *30 Min.*

2 ½ Tassen Mehl
1 TL Backpulver
2 EL Butter, Zimmertemperatur
1 Tasse Zucker
1 großes Ei
½ Tasse Milch

1 Ofen auf 220 °C vorheizen. 2 Backbleche einfetten.

2 Mehl und Backpulver mischen.

3 Butter und Zucker in einer großen Schüssel schaumig rühren. Ei und Milch gründlich unterrühren. Nach und nach die Mehlmischung zugeben.

4 Mit Löffeln Teighäufchen in 4 cm Abstand auf die Bleche setzen.

5 Etwa 12–15 Min. goldbraun backen. Auf Kuchengitter abkühlen lassen.

Backtip: Die Gaststätte „Beaumont Inn" liegt in Harrodsburg im US-Bundesstaat Kentucky. Man kann die Kekse vor dem Backen mit Rosinen, Nußsplittern oder kandierten Kirschen verzieren.

Beaumont-Inn-Teegebäck

Ausgerollte Kekse

Ergibt: *75–85 Stück*
Zubereitungszeit: *30 Min.*

4 Tassen Mehl
2 TL Backpulver
3 EL Butter, Zimmertemperatur
1 ½ Tassen Zucker
2 große Eier
½ Tasse Milch
1 TL Orangenextrakt oder abgeriebene Orangenschale
1 TL Zitronenaroma
1 TL Vanillearoma

1 Ofen auf 175 °C vorheizen.

2 Mehl und Backpulver mischen.

3 Butter und Zucker in einer großen Schüssel schaumig rühren. Eier und Milch gut unterrühren. Dann die Aromen einrühren. Nach und nach die Mehlmischung zufügen.

4 Teig auf einer bemehlten Fläche gut 0,5 cm dick ausrollen. Mit Förmchen ausstechen und im Abstand von 4 cm auf ungefettete Bleche setzen.

5 Etwa 10–12 Min. lichtgold backen. Auf Kuchengitter abkühlen lassen.

Belgische Weihnachtsplätzchen

Gebäckschnitten

Ergibt: *15–25 Stück*
Zubereitungszeit: *25 Min.*

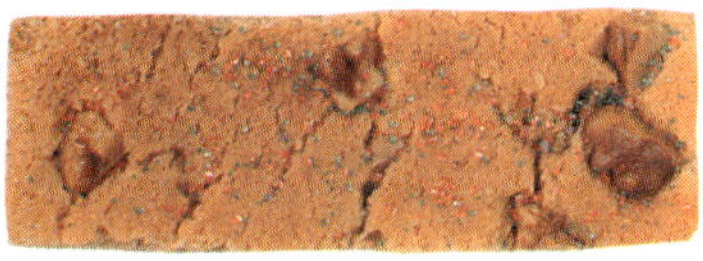

1 ⅔ Tassen Mehl
1 ½ TL Backpulver
½ TL Salz
⅔ Tasse Pflanzenfett
1 Tasse brauner Zucker
2 große Eier
6 Tropfen Mandelaroma

Belag
½ Tasse Walnüsse, gehackt
½ TL Zimt, gemahlen
roter und grüner Streuselzucker, zum Bestreuen

1 Ofen auf 190 °C vorheizen.

2 Mehl, Backpulver und Salz mischen.

3 Butter und Zucker in einer großen Schüssel cremig rühren. Eier und Mandelaroma gut unterrühren. Nach und nach die Mehlmischung beigeben.

4 Teig gleichmäßig in einer ungefetteten rechteckigen Backform (20 x 30 cm) verteilen. Mit Walnüssen und Zimt, dann mit dem bunten Streuselzucker bestreuen.

5 Etwa 10–12 Min. lichtbraun backen. Noch warm in Schnitten schneiden. Auf Kuchengitter abkühlen lassen.

Backtip: Für diese Kekse eignen sich alle Nüsse. Noch festlicher wirken sie, wenn man dem Teig 1 EL gehackte, kandierte Früchte beigibt.

Benne (Sesamplätzchen) I

Häufchenkekse

Ergibt: *35–45 Stück*
Zubereitungszeit: *30 Min.*

1 ¼ Tassen Mehl
¼ TL Backpulver
¼ TL Salz
¾ Tasse Butter, Zimmertemperatur
1 ½ Tassen brauner Zucker
2 große Eier
1 TL Vanillearoma
½ Tasse Sesamsamen, geröstet

1 Ofen auf 175 °C vorheizen. 2 Backbleche einfetten.

2 Mehl, Backpulver und Salz mischen.

3 Butter und Zucker in einer großen Schüssel schaumig rühren. Eier und Vanillearoma gründlich unterrühren. Nach und nach die Mehlmischung zufügen. Sesamsamen unterziehen.

4 Mit Löffeln Teighäufchen in 4 cm Abstand auf die Bleche setzen.

5 Etwa 10–12 Min. lichtgelb backen. Auf Kuchengitter abkühlen lassen.

Backtip: „Benne", so nennt man Sesamsamen in den Südstaaten der USA. Dort sind diese Kekse traditionell beliebt.

Benne (Sesamplätzchen) II

Geschnittene Kekse

Ergibt: *35–45 Stück*
Zubereitungszeit: *30 Min.*
Kühlzeit: *8 Std.*

2 Tassen Mehl
¼ TL Salz
½ Tasse Butter, Zimmertemperatur
1 Tasse Zucker
1 großes Ei
¼ Tasse Milch
7 ½ TL Sesamsamen, geröstet

1 Mehl und Salz mischen.

2 Butter und Zucker in einer großen Schüssel schaumig rühren. Ei und Milch gründlich unterrühren. Nach und nach die Mehlmischung beigeben. Die (ohne Fett!) gerösteten Sesamsamen unterziehen.

3 Teig zu einer Rolle von 2,5 cm Durchmesser formen. In Wachspapier mindestens 8 Std. in den Kühlschrank legen.

4 Ofen auf 190 °C vorheizen. 2 Backbleche einfetten.

5 Rolle in gut 0,5 cm dicke Scheiben schneiden. Scheiben in 4 cm Abstand auf die Bleche legen.

6 Etwa 10–12 Min. lichtgelb backen. Auf Kuchengitter abkühlen lassen.

Berliner Kränze

Ausgerollte Kekse

Ergibt: *50–60 Stück*
Zubereitungszeit: *35 Min.*
Kühlzeit: *8 Std.*

2 große Eigelb
2 große Eier, hartgekocht, grobgehackt
1 ½ Tassen Puderzucker
¼ Tasse Butter, Zimmertemperatur
2 Tassen Mehl
2 große Eiweiß
Puderzucker zum Bestreuen

1 Eigelb und hartgekochte Eier zu einer dicken, hellen Creme schlagen. Puderzucker, dann Butter unterschlagen. Nach und nach das Mehl beigeben. Zugedeckt 8 Std. in den Kühlschrank stellen.

2 Ofen auf 175 °C vorheizen. 2 Backbleche einfetten.

3 Teig auf bemehlter Arbeitsfläche gut 1 cm dick ausrollen. In bleistiftdünne Streifen von 15–20 cm Länge schneiden.

4 Für jeden Keks 3 Streifen zum Zopf flechten, zum Kreis schließen und Enden zusammendrücken. Kränze in 2,5 cm Abstand auf die Bleche legen.

5 Eiweiß in einer großen Schüssel steif schlagen. Kekse mit dem Eischnee bestreichen und mit Puderzucker übersieben.

6 Etwa 12–15 Min. lichtgelb backen. Auf Kuchengitter abkühlen lassen.

Backtip: Es ist wichtig, daß der Teig 8 Std. oder über Nacht ruht. Die Streifen sollten ungefähr bleistiftgroß ausfallen. Eine schmackhafte Variante: Mischung aus Puderzucker und feingehackten Haselnüssen über die rohen Kränze streuen.

Beschwipste Rosinenkekse

Häufchenkekse

Ergibt: *25–35 Stück*
Zubereitungszeit: *30 Min.*
Quellzeit: *30 Min.*

1 Tasse Rosinen
etwa 1 Tasse Weinbrand
1 Tasse Mehl
½ Tasse Pflanzenfett
½ Tasse Zucker
2 große Eier

1 Rosinen in einer kleinen Schüssel mit Weinbrand bedecken. Zugedeckt mindestens 30 Min. oder bis zu 24 Std. einweichen.

2 Ofen auf 220 °C vorheizen.

3 Rosinen abtropfen lassen (Weinbrand für ein anderes Rezept aufbewahren) und in eine mittelgroße Schüssel geben.

4 Mehl zufügen und gut vermengen.

5 Fett und Zucker in einer großen Schüssel schaumig rühren. Eier einzeln unterrühren. Nach und nach Mehl-Rosinen-Mischung beigeben.

6 Mit Löffeln Teighäufchen in 4 cm Abstand auf ungefettete Backbleche setzen.

7 Etwa 4–6 Min. hellgelb backen. Auf Kuchengitter abkühlen lassen.

Backtip: Die Rosinen können auch in Rum quellen.

Bienen-Königinnen

Häufchenkekse

ERGIBT: *35–45 Stück*
ZUBEREITUNGSZEIT: *30 Min.*

1 ¾ Tassen Mehl
1 Tasse Mandeln, gehackt
1 EL Backpulver
½ TL Ingwer, gemahlen
½ TL Salz
½ Tasse Pflanzenfett
½ Tasse Zucker
1 großes Ei
½ Tasse Honig, erwärmt
¼ Tasse Sherry

1 Ofen auf 200 °C vorheizen.

2 Mehl, Mandeln, Backpulver, Ingwer und Salz mischen.

3 Fett und Zucker in einer großen Schüssel schaumig rühren. Ei, dann Honig und Sherry gut unterrühren. Nach und nach die Mehlmischung zufügen.

4 Mit Löffeln Teighäufchen in 4 cm Abstand auf ungefettete Backbleche setzen.

6 Etwa 10–12 Min. zartgelb backen. Auf Kuchengitter abkühlen lassen.

Bienenstiche

Gebäckschnitten

ERGIBT: *60–80 Stück*
ZUBEREITUNGSZEIT: *75 Min*

BELAG
½ Tasse Pflanzenfett
¼ Tasse Zucker
2 EL Honig
2 El Milch
12 Tropfen Mandelaroma
1 Tasse Mandeln, gemahlen

TEIG
1 ¾ Tassen Mehl
2 TL Backpulver
¼ TL Salz
½ Tasse Pflanzenfett
½ Tasse Zucker
1 großes Ei
1 TL Vanillearoma

1 Ofen auf 175 °C vorheizen.

2 Alle Zutaten für den Belag in einem mittelgroßen Topf aufkochen. Rühren, bis sich der Zucker auflöst. Vom Herd nehmen und abkühlen lassen.

3 Für den Teig Mehl, Backpulver und Salz mischen.

4 Fett und Zucker in einer großen Schüssel schaumig rühren. Ei und Mandelaroma gut unterrühren. Nach und nach Mehlmischung und Mandeln zugeben.

5 Teig gleichmäßig auf den Boden einer rechteckigen Backform (20 x 30 cm) drücken. Mit der Belagmischung übergießen.

6 Etwa 55–60 Min. backen, bis die Oberfläche leicht gebräunt ist. In der Form abkühlen lassen. In Stücke schneiden (s. Backtip).

Backtip: Einige ältere Versionen dieses Rezepts geben Butter- oder Sauermilch statt Vollmilch an. Ein Rezept verwendet Haselnüsse statt Mandeln und Schnaps statt Mandelaroma. Traditionell schneidet man das Gebäck in Dreiecke oder Quadrate.

Birnenschnitten

Gebäckschnitten

Ergibt: *25–35 Stück*
Zubereitungszeit: *40 Min.*

Füllung

1 ½ Tassen Datteln, entsteint, feingehackt

Teig

1 ½ Tassen Mehl
2 TL Backpulver
¼ TL Muskat, gemahlen
⅓ Tasse Rapsöl
2 große Eier
1 ½–2 Birnen, geschält, zerkleinert, püriert
1 Tasse Haferflocken

1 Ofen auf 175 °C vorheizen. Eine quadratische Backform (20 x 20 cm) leicht einfetten.

2 Für die Füllung Datteln im Mixer unter Zugabe von etwas Wasser pürieren.

3 Für den Teig Mehl, Backpulver und Muskat mischen.

4 Öl und Eier in einer großen Schüssel zu einer dicken Creme schlagen. Birnenpüree unterrühren. Nach und nach die Mehlmischung, dann Haferflocken zugeben.

5 Hälfte des Teigs gleichmäßig in der Backform verteilen. Mit Dattelfüllung bestreichen. Restlichen Teig darauf verteilen.

6 Etwa 20–25 Min. backen, bis die Oberfläche lichtbraun ist. In der Form abkühlen lassen. In Schnitten schneiden.

Biscotti I

Ausgerollte Kekse

Ergibt: *35–45 Stück*
Zubereitungszeit: *30 Min.*

2 Tassen Mehl
½ Tasse Zucker
½ TL Backpulver
6 EL Pflanzenfett
4 große Eier
½ Tasse Walnüsse, gehackt

1 Ofen auf 175 °C vorheizen. 2 Backbleche einfetten.

2 Mehl, Zucker und Backpulver in einer mittelgroßen Schüssel mischen. In Stücke geschnittenes Fett zugeben und zu einer bröseligen Masse verarbeiten.

3 Eier in einer großen Schüssel zu einer hellen, dicken Creme schlagen. Nach und nach unter die Mehlmischung rühren. Walnüsse unterziehen.

4 Teig auf einer bemehlten Arbeitsfläche gut 0,5 cm dick ausrollen. Mit Förmchen ausstechen und in 4 cm Abstand auf die Bleche legen.

5 Etwa 12–14 Min. lichtgelb backen. Auf Kuchengitter abkühlen lassen.

Biscotti II

Geformte Kekse

Ergibt: *ca. 50 Stück*
Zubereitungszeit: *45 Min.*

1 ½ Tassen Vollkornmehl
1 Tasse Haselnüsse, gemahlen
2 TL Backpulver
½ Tasse Butter, Zimmertemperatur
6 EL Honig
2 große Eier

1 Ofen auf 175 °C vorheizen. Backblech einfetten.

2 Mehl, Nüsse und Backpulver mischen.

3 Butter und Honig in einer großen Schüssel glatt rühren. Eier einzeln zugeben, jeweils gründlich verrühren. Nach und nach die Mehlmischung zugeben.

4 Teig in zwei Hälften teilen. Jede Hälfte zu einer 5 cm dicken, 30 cm langen Rolle formen. Im Abstand von 5 cm auf das Backblech legen.

5 Etwa 14–16 Min. goldbraun backen. Rollen auf ein Brett legen und diagonal in gut 1 cm dicke Scheiben schneiden. Scheiben auf ungefettete Backbleche legen und weitere 10–12 Min. backen, bis sie trocken sind.

6 Auf Kuchengitter abkühlen lassen. Vor dem Verzehr einige Tage in luftdichten Behältern aufbewahren.

Backtip: Traditionell reicht man dieses schlichte Gebäck nach einer Mahlzeit und stippt es in Kaffee oder Wein.

BISKUITKEKSE

Häufchenkekse

ERGIBT: *35–45 Stück*
ZUBEREITUNGSZEIT: *30 Min.*

1 ½ Tassen Mehl
1 ½ TL Backpulver
½ TL Salz
¾ Tasse Zucker
2 große Eier
¼ Tasse Milch
½ TL Zitronenaroma

1 Ofen auf 175 °C vorheizen. 2 Backbleche einfetten.

2 Mehl, Backpulver und Salz mischen.

3 Zucker und Eier in einer großen Schüssel cremig schlagen. Milch und Zitronenaroma unterrühren. Nach und nach die Mehlmischung zugeben.

4 Mit Löffeln Teighäufchen in 4 cm Abstand auf die Bleche setzen.

5 Etwa 12–15 Min. lichtgelb backen. Auf Kuchengitter abkühlen lassen.

BITTERSÜSSE SCHOKOSCHNITTEN

Gebäckschnitten

ERGIBT: *15–35 Stück*
ZUBEREITUNGSZEIT: *35 Min.*

50 g Blockschokolade, geraspelt
½ Tasse Mehl
1 TL Backpulver
¼ TL Salz
½ Tasse Pflanzenfett
¾ Tasse Zucker
2 große Eier
1 TL Vanillearoma
1 ½ Tassen Pekannüsse, gehackt

1 Ofen auf 175 °C vorheizen. Eine quadratische Backform (25 x 25 cm) einfetten.

2 Schokolade bei niedriger Hitze im Wasserbad zerlassen. Glattrühren. Vom Herd nehmen.

3 Mehl, Backpulver und Salz mischen.

4 Fett und Zucker in einer großen Schüssel schaumig rühren. Erst Eier und Vanillearoma, dann zerlassene Schokolade unterrühren. Nach und nach die Mehlmischung zugeben. Pekannüsse unterziehen.

5 Mischung gleichmäßig in der Backform verteilen.

6 Etwa 20–25 Min. backen; der Teig ist gar, wenn er beim Einstechen nicht klebt. In der Form auf Kuchengitter abkühlen lassen.

7 Mit Schokoladenglasur überziehen. In Schnitten schneiden.

BLAUBEERKEKSE

Häufchenkekse

ERGIBT: *50–60 Stück*
ZUBEREITUNGSZEIT: *30 Min.*
KÜHLZEIT: *4 Std.*

2 Tassen Mehl
2 TL Backpulver
½ TL Salz
½ Tasse Pflanzenfett
1 Tasse Zucker
1 großes Ei
¼ Tasse Milch
6 Tropfen Mandelaroma
1 ½ TL geriebene Zitronenschale, unbehandelt
1 Tasse Blaubeeren

1 Mehl, Backpulver und Salz mischen.

2 Fett und Zucker in einer großen Schüssel schaumig rühren. Ei gut unterrühren. Milch, Mandelaroma und Zitronenschale zugeben. Nach und nach Blaubeeren unterziehen.

3 Zugedeckt mindestens 4 Std. in den Kühlschrank stellen.

4 Ofen auf 190 °C vorheizen.

5 Mit Löffeln Teighäufchen in 2,5 cm Abstand auf ungefettete Backbleche setzen.

6 Etwa 12–15 Min. lichtgold backen. Auf Kuchengitter abkühlen lassen.

Backtip: Man kann tiefgefrorene oder eingemachte Blaubeeren verwenden. Am besten aber schmecken die Kekse mit frischen Früchten.

Blaubeerschnitten I

Gebäckschnitten

Ergibt: *35–45 Stück*
Zubereitungszeit: *30 Min.*

Teig
½ Tasse Zucker
¼ Tasse Pflanzenfett
16 Graham-Kräcker, zerbröselt

Füllung
2 große Eier
225 g Doppelrahm-Frischkäse, Zimmertemperatur
½ Tasse Zucker
3 Tropfen Mandelaroma

Belag
350 g Blaubeeren
2 EL Stärkemehl
½ Tasse Wasser
1 TL frischgepreßter Zitronensaft

1 Ofen auf 175 °C vorheizen. Eine rechteckige Backform (20 x 30 cm) leicht einfetten.

2 Für den Teig Zucker und Fett in einer mittelgroßen Schüssel mischen. Graham-Kräcker zugeben und alles mit den Fingerspitzen zu einer krümeligen Masse verarbeiten. Teig gleichmäßig in die Form drücken.

3 Für die Füllung Eier, Frischkäse, Zucker und Mandelaroma in einer Schüssel glattrühren. Gleichmäßig auf dem Teig verteilen.

4 Etwa 15–18 Min. backen, bis sich das Gebäck fest anfühlt. In der Form auf Gitter abkühlen lassen.

5 In der Zwischenzeit den Belag zubereiten: Blaubeeren bei mittlerer Flamme im Wasserbad erhitzen. Stärkemehl, Wasser und Zitronensaft zugeben. Weiter bei mittlerer Hitze kochen, bis die Mischung die Konsistenz von Mayonnaise annimmt. Vom Herd nehmen und abkühlen lassen.

6 Blaubeerbelag auf dem erkalteten Gebäck verstreichen. 15–20 Min. in den Kühlschrank stellen. In Rechtecke schneiden.

Backtip: Man kann die Graham-Kräcker durch mürbe Kekse wie Vanillewaffeln ersetzen. Zum Servieren die Schnitten mit je einem Klecks Schlagsahne aufpeppen, auf den man gemahlene Mandeln stäubt.

Blaubeerschnitten II

Gebäckschnitten

Ergibt: *15–25 Stück*
Zubereitungszeit: *70 Min.*

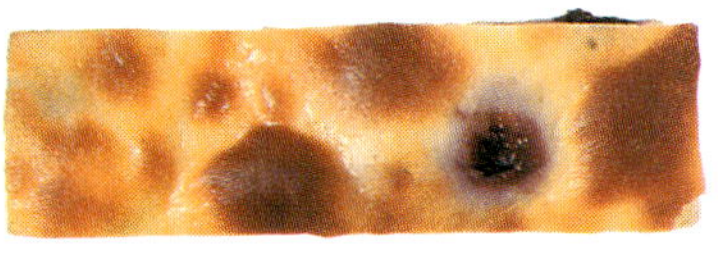

Teig
1 Tasse Mehl
1 ¼ TL Backpulver
½ Tasse Pflanzenfett
¾ Tasse Zucker
1 großes Ei
6 Tropfen Mandelaroma
⅓ Tasse Milch

Füllung
1 ½ Tassen frische Blaubeeren, geputzt

Belag
2 große Eier
225 g Doppelrahm-Frischkäse, Zimmertemperatur
⅓ Tasse Puderzucker
6 Tropfen Mandelaroma

1 Ofen auf 175 °C vorheizen. Eine quadratische Backform (25 x 25 cm) leicht einfetten.

2 Für den Teig Mehl und Backpulver mischen.

3 Zucker und Fett in einer großen Schüssel schaumig rühren. Ei und Mandelaroma, dann Milch unterrühren. Nach und nach die Mehlmischung beigeben.

4 Teig gleichmäßig in der Form verteilen.

5 Blaubeeren über den Teig streuen.

6 Für den Belag Eier und Frischkäse in einer mittelgroßen Schüssel glatt rühren. Puderzucker und Mandelaroma unterrühren. Masse auf den Blaubeeren verstreichen.

7 Etwa 55–60 Min. backen, bis sich das Gebäck fest anfühlt. In der Form auf Kuchengitter abkühlen lassen. In Schnitten schneiden.

Blitzkuchen

Gebäckschnitten

Ergibt: *15–25 Stück*
Zubereitungszeit: *45 Min.*

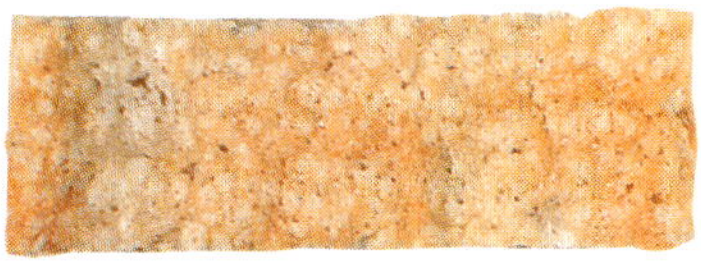

Teig
1 Tasse Pflanzenfett
1 Tasse Zucker
2 große Eier, getrennt
½ TL Salz
3 Tassen Mehl

Belag
2 große Eiweiß
½ Tasse Mandeln, gemahlen
¾ TL Zimt, gemahlen
¼ TL Zucker

1 Ofen auf 175 °C vorheizen.

2 Für den Teig Fett und Zucker in einer großen Schüssel schaumig rühren. Eigelb gut unterrühren.

3 Eiweiß und Salz in einer zweiten Schüssel steif schlagen. Eiweiß unter die Eigelbcreme heben. Nach und nach das Mehl unterheben.

4 Teig gleichmäßig auf den Boden einer ungefetteten, quadratischen Backform (20 x 20 cm) streichen.

5 Für den Belag Eiweiß in einer mittelgroßen Schüssel steif schlagen, aber nicht trocken werden lassen. Mandeln, dann Zimt und Zucker unterziehen.

6 Belag gleichmäßig auf dem Teig verteilen.

7 Etwa 25–30 Min. backen, bis sich das Gebäck fest anfühlt. In der Form auf Kuchengitter abkühlen lassen. In Schnitten schneiden.

Böhmische Butterkekse

Ausgerollte Kekse

Ergibt: *50–60 Stück*
Zubereitungszeit: *40 Min.*
Kühlzeit: *30 Min.*

3 ½ Tassen Mehl
¼ TL Salz
1 Tasse Butter, Zimmertemperatur
¾ Tasse Zucker
2 große Eigelb
2 große Eigelb, hartgekocht, zerkleinert
½ TL frischgepreßter Zitronensaft
½ TL geriebene Zitronenschale, unbehandelt

1 Mehl und Salz mischen.

2 Butter und Zucker in einer großen Schüssel cremig rühren.

3 Rohe und gekochte Eigelb in einer kleinen Schüssel gründlich verrühren. Zitronensaft und -schale zugeben. Masse unter die Butter-Zucker-Creme rühren. Nach und nach die Mehlmischung zufügen.

4 Teig dritteln. In Wachspapier in den Kühlschrank legen, bis er fest genug zum Ausrollen ist.

5 Ofen auf 190 °C vorheizen. 2 Backbleche leicht einfetten.

6 Teig auf bemehlter Arbeitsfläche gut 0,5 cm dick ausrollen. Kekse mit Förmchen ausstechen und in 2,5 cm Abstand auf die Bleche setzen.

7 Etwa 8–10 Min. lichtgelb backen. Auf Kuchengitter abkühlen lassen.

Böhmische Kekse

Geformte Kekse

Ergibt: *50–60 Stück*
Zubereitungszeit: *60 Min.*

1 ¼ Tassen Mehl
1 Tasse Haselnüsse, feingehackt
1 Prise Salz
1 Tasse Pflanzenfett
1 ¼ Tassen Puderzucker
¾ Tasse Milch
1 TL Vanillearoma

1 Ofen auf 150 °C vorheizen.

2 Mehl, Nüsse und Salz mischen.

3 Fett und Puderzucker in einer großen Schüssel cremig rühren. Milch und Vanillearoma gut unterrühren. Nach und nach die Mehlmischung zugeben.

4 Kleine Teigstücke zu Bällchen formen. In 2,5 cm Abstand auf ein ungefettetes Backblech setzen.

5 Etwa 35–40 Min. lichtgelb backen. Auf Kuchengitter abkühlen lassen.

BONBONS

Geformte Kekse

ERGIBT: *ca. 35 Stück*
ZUBEREITUNGSZEIT: *40 Min.*

1 ½ Tassen Mehl
½ TL Salz
½ Tasse Pflanzenfett
½ Tasse Puderzucker
2 EL Sahne
2 TL Vanillearoma
36 kandierte Kirschen

1 Ofen auf 175 °C vorheizen.

2 Mehl und Salz mischen.

3 Fett und Puderzucker in einer großen Schüssel cremig rühren. Sahne und Vanillearoma unterrühren. Nach und nach die Mehlmischung beigeben.

4 Teigstücke abbrechen und auf einer bemehlten Arbeitsfläche zu Kreisen von 7,5–10 cm Durchmesser formen. Jeweils in die Mitte eine Kirsche setzen und mit dem Teig umwickeln. Ränder fest zusammendrücken. Kugeln in 2,5 cm Abstand auf ungefettete Backbleche setzen.

5 Etwa 8–10 Min. backen, bis der Teig fest ist (s. Backtip). Auf Kuchengitter abkühlen lassen.

Backtip: Diese Kekse dürfen auf keinen Fall zu lange im Ofen bleiben: nur so lange backen, bis der Teig durch, aber noch nicht verfärbt ist. Zur Verzierung jede Kugel halb in zerlassene Schokolade oder Zuckerglasur tunken. Oder man taucht sie Stück für Stück mit Hilfe einer hölzernen Schaumkelle ganz in zerlassene Schokolade (Kelle so balancieren, daß die Kugel nicht hinabfällt). Ausgefallen ist folgende Variante: 3 EL ungezuckertes Kakaopulver dem Teig beimengen und die Kugeln nach dem Backen halb in zerlassene weiße Schokolade tunken.

BOURBON-BISSEN

Häufchenkekse

ERGIBT: *35–45 Stück*
ZUBEREITUNGSZEIT: *30 Min.*

1 Tasse Mehl
1 TL Ingwer, gemahlen
½ TL Salz
½ Tasse Sirup
¼ Tasse Pflanzenfett
2 EL Bourbon
½ Tasse brauner Zucker
¼ Tasse Walnüsse, gehackt

1 Ofen auf 160 °C vorheizen. 2 Backbleche leicht einfetten.

2 Mehl, Ingwer und Salz mischen.

3 Sirup und Fett in einem kleinen Topf bei niedriger Hitze erwärmen und glattrühren. Vom Herd nehmen und den Bourbon zugeben. Zucker unterrühren. Nach und nach die Mehlmischung zufügen. Nüsse unterziehen.

4 Mit Löffeln Teighäufchen auf die Bleche setzen.

5 Etwa 10–12 Min. backen, bis die Kruste anbräunt. Auf Kuchengitter abkühlen lassen.

Boysenbeeren-Baiserschnitten

Gebäckschnitten

Ergibt: *20–30 Stück*
Zubereitungszeit: *30 Min.*

Teig
¾ Tasse Pflanzenfett
¼ Tasse Zucker
2 große Eigelb
1 ½ Tassen Mehl

Belag
2 große Eiweiß
¾ Tasse Zucker
1 Tasse Haselnüsse, gehackt
1 Tasse Kokosraspeln
1 Tasse Boysenbeerengelee

1 Ofen auf 175 °C vorheizen.

2 Für den Teig Fett und Zucker in einer großen Schüssel schaumig rühren. Eigelb unterrühren. Nach und nach das Mehl beigeben. Es entsteht ein bröseliger Teig.

3 Teig gleichmäßig in einer rechteckigen Backform (20 x 30 cm) verteilen. 15 Min. backen.

4 In der Zwischenzeit für den Belag Eiweiß in einer großen Schüssel zu lockerem Schnee schlagen. Unter Einrieseln des Zuckers zu steifem Schnee schlagen. Haselnüsse und Kokosraspeln unterheben.

5 Beerengelee auf dem warmen Teig verstreichen. Baiserbelag gleichmäßig darauf verteilen. Weitere 20–25 Min. backen, bis der Belag fest ist.

6 In der Form auf Gitter abkühlen lassen. In Streifen schneiden.

Boysenbeeren-Kekse

Häufchenkekse

Ergibt: *50–60 Stück*
Zubereitungszeit: *30 Min.*
Kühlzeit: *4 Std.*

2 Tassen Mehl
2 TL Backpulver
½ TL Salz
½ Tasse Pflanzenfett
1 Tasse Zucker
1 großes Ei
¼ Tasse Milch
1 ½ TL geriebene Zitronenschale, unbehandelt
1 Tasse Boysenbeeren, zerdrückt und durchgeseiht

1 Mehl, Backpulver und Salz mischen.

2 Fett und Zucker in einer großen Schüssel schaumig rühren. Ei, dann Milch und Zitronenschale unterrühren. Nach und nach die Mehlmischung zugeben. Beeren unterziehen. Zugedeckt mindestens 4 Std. in den Kühlschrank stellen.

3 Ofen auf 190 °C vorheizen.

4 Mit Löffeln Teighäufchen in 3 cm Abstand auf ungefettete Backbleche setzen.

5 Etwa 12–15 Min. backen, bis sich die Oberfläche zart färbt. Auf Kuchengitter abkühlen lassen.

Braun-weisse Schokoschnitten

Gebäckschnitten

Ergibt: *25–35 Stück*
Zubereitungszeit: *30 Min.*

1 EL Pflanzenfett
¼ Tasse Zucker
1 großes Ei
¾ Tasse Milch
½ TL Vanillearoma
2 Tassen fertige Keksmischung
⅓ Tasse Schokoladensoße
1 Tasse weiße Schokoladen-Tröpfchen
½ Tasse halbbittere Schokoladen-Tröpfchen

1 Ofen auf 190 °C vorheizen. Eine quadratische Backform (25 x 25 cm) leicht einfetten.

2 Fett und Zucker in einer großen Schüssel schaumig rühren. Nacheinander Ei, Milch und Vanillearoma gut unterrühren. Nach und nach die Keksmischung zugeben. Eine Teighälfte in eine zweite Schüssel füllen.

3 Für die braune Schicht Schokoladensoße unter eine Teighälfte rühren. Weiße Schokoladen-Tröpfchen unterziehen. Braunen Teig gleichmäßig auf dem Boden der Form verteilen.

4 Für die weiße Schicht die halbbitteren Schokoladen-Tröpfchen unter den restlichen Teig ziehen. Gleichmäßig auf der braunen Lage verteilen.

5 Etwa 12–15 Min. backen (Garprobe mit spitzem Stäbchen machen: beim Einstechen darf der Teig nicht daran kleben). In der Form auf Gitter abkühlen lassen. In Schnitten schneiden.

Braunäugige Susanne

Geformte Kekse

Ergibt: *50-60 Stück*
Zubereitungszeit: *30 Min.*
Kühlzeit: *1 Std.*

1 ¾ Tassen Mehl
¼ TL Salz
¾ Tasse Pflanzenfett
½ Tasse Zucker
1 großes Ei
1 TL Vanillearoma
200 g Vollmilchschokolade, gehackt

1 Mehl und Salz mischen.

2 Fett und Zucker in einer großen Schüssel schaumig rühren. Ei unterschlagen. Vanillearoma beigeben. Nach und nach die Mehlmischung zufügen. Zugedeckt 1 Std. in den Kühlschrank stellen.

3 Ofen auf 200 °C vorheizen.

4 Schokolade bei niedriger Hitze im Wasserbad zerlassen. Glattrühren. Vom Herd nehmen und über Wasserdampf warm halten.

5 Teigstückchen abbrechen und zu Bällchen rollen. In 4 cm Abstand auf ungefettete Backbleche legen. In die Mitte jedes Bällchens mit dem Finger eine kleine Kuhle drücken.

6 Etwa 8–10 Min. lichtgelb backen. Mit einem Löffel etwas zerlassene Schokolade in die heißen Kekse füllen. Auf Kuchengitter abkühlen lassen.

Backtip: Dieser Teig läßt sich, im Laib oder zu Bällchen geformt, bis zu einem Monat einfrieren. Vor dem Backen 2 Std. bei Zimmertemperatur auftauen lassen. Dann nach obiger Anleitung verarbeiten. Man kann die Kekse auch mit Marmelade oder Gelee statt Schokolade füllen. Oder man mischt 2 EL ungezuckertes Kakaopulver unter den Teig und ziert die Kekse mit zerlassener weißer Schokolade.

Braune Lebkuchen

Ausgerollte Kekse

Ergibt: *35–45 Stück*
Zubereitungszeit: *30 Min.*
Kühlzeit: *4 Tage*

4 Tassen Mehl
1 TL Natron
1 TL Zimt, gemahlen
1 TL Nelken, gemahlen
½ TL Salz
⅔ Tasse Honig
1 Tasse Zucker
½ Tasse Butter
1 großes Ei
⅓ Tasse warmes Wasser
⅔ Tasse Haselnüsse, gehackt
½ Tasse Zitronat, gehackt

1 Mehl, Natron, Zimt, Nelken und Salz mischen.

2 Honig, Zucker und Butter in einem Topf aufkochen. 5 Min. kochen lassen. Vom Herd nehmen und leicht abkühlen lassen.

3 Ei und Wasser unter die Honigmasse rühren. Nach und nach die Mehlmischung zufügen. Nüsse und Zitronat unterziehen.

4 Teig zu einer Kugel formen, in Wachspapier 4 Tage in den Kühlschrank legen.

5 Ofen auf 175 °C vorheizen. 2 Backbleche einfetten.

6 Teig auf einer bemehlten Arbeitsfläche gut 0,5 cm dick ausrollen. Mit Förmchen Kekse ausstechen und in 4 cm Abstand auf die Bleche setzen.

7 Etwa 16–18 Min. hellgold backen. Auf Kuchengitter abkühlen lassen.

Backtip: Diese Plätzchen verziert man traditionell mit bunter Zuckerglasur.

Braune Schotten

Ausgerollte Kekse

Ergibt: *25–35 Stück*
Zubereitungszeit: *30 Min.*
Kühlzeit: *2 Std.*

4 Tassen Mehl
¼ TL Natron
1 TL Zimt, gemahlen
1 TL Nelken, gemahlen
¼ TL Ingwer, gemahlen
¼ TL Salz
1 Tasse Pflanzenfett
1 Tasse brauner Zucker
1 ½ Tassen Sirup, erwärmt
½ TL roter Weinessig

1 Mehl, Natron, Gewürze und Salz mischen.

2 Fett und Zucker in einer großen Schüssel schaumig rühren. Sirup und Essig gründlich unterrühren. Nach und nach die Mehlmischung zugeben. Zugedeckt mindestens 2 Std. in den Kühlschrank stellen.

3 Ofen auf 175 °C vorheizen.

4 Teig auf bemehlter Arbeitsfläche gut 0,5 cm dick ausrollen. Mit Förmchen Kekse ausstechen und in 4 cm Abstand auf ungefettete Bleche verteilen.

5 Etwa 10–12 Min. backen, bis sich der Teig fest anfühlt. Auf Kuchengitter abkühlen lassen.

Brezeln

Geformte Kekse

Ergibt: *25–35 Stück*
Zubereitungszeit: *40 Min.*
Kühlzeit: *24 Std.*

3 Tassen Mehl
½ TL Salz
1 Tasse Pflanzenfett
1 Tasse Zucker
1 großes Ei
2 große Eigelb, hartgekocht, gehackt
1 TL Vanillearoma
1 großes Eiweiß, verschlagen
Zucker zum Bestreuen

1 Mehl und Salz mischen.

2 Fett und Zucker in einer großen Schüssel schaumig rühren. Ei und Eigelb gründlich unterrühren. Vanillearoma zufügen. Nach und nach die Mehlmischung zugeben. Teig gut abgedeckt 24 Std. in den Kühlschrank stellen.

3 Ofen auf 175 °C vorheizen.

4 Teigstückchen zu bleistiftdünnen, etwa 15 cm langen Streifen rollen. Rollen zu Brezeln formen. In 2,5 cm Abstand auf ungefettete Backbleche legen. Mit verschlagenem Eiweiß bestreichen und mit Zucker bestreuen.

5 Etwa 12–14 Min. hell goldgelb backen. Auf Kuchengitter abkühlen lassen.

Backtip: Man kann die „Brezeln" nach Belieben mit weißer oder dunkler Schokoladenglasur verzieren (s. Grundrezepte für Glasuren und Überzüge).

Brombeer-Baiserschnitten

Gebäckschnitten

Ergibt: *35–45 Stück*
Zubereitungszeit: *45 Min.*

Teig
¾ Tasse Pflanzenfett
¼ Tasse Zucker
2 große Eigelb
1 ½ Tassen Mehl

Belag
2 große Eiweiß
½ Tasse Zucker
1 Tasse Mandeln, gehackt
1 Tasse Brombeerpüree, nicht durchgeseiht
1 Tasse frische Kokosnuß, geraspelt (s. Backtip)

1 Ofen auf 175 °C vorheizen.

2 Für den Teig Fett und Zucker in einer großen Schüssel schaumig rühren. Eigelb gut unterrühren. Nach und nach das Mehl zugeben.

3 Teig gleichmäßig auf dem Boden einer rechteckigen Backform (20 x 30 cm) verteilen. 15 Min. backen.

4 In der Zwischenzeit den Belag zubereiten: Eiweiß in einer mittelgroßen Schüssel steif schlagen. Zucker unterschlagen. Mandeln unterheben.

5 Brombeerpüree auf dem warmen Teig verteilen. Mit Kokosraspeln bestreuen. Baisermasse gleichmäßig darauf verstreichen.

6 Weitere 20–25 Min. backen, bis der Belag fest ist. In der Form auf einem Gitter abkühlen lassen. In Schnitten schneiden.

Backtip: Es eignen sich frische und tiefgekühlte Brombeeren, aber auch Marmelade. Die Brombeeren lassen sich durch fast alle Beerenarten, die frischen Kokosraspeln durch Kokosflocken ersetzen. Nach Belieben zur Geschmacksverstärkung einige Tropfen Mandelaroma unter den Teig mengen.

BROMBEERKEKSE

Häufchenkekse

ERGIBT: *50–60 Stück*
ZUBEREITUNGSZEIT: *30 Min.*
Kühlzeit 4 Std.

2 Tassen Mehl
2 TL Backpulver
½ TL Salz
½ Tasse Pflanzenfett
1 Tasse Zucker
1 großes Ei
¼ Tasse Milch
1 ½ TL geriebene Zitronenschale, unbehandelt
1 Tasse Brombeerpüree, nicht durchgeseiht

1 Mehl, Backpulver und Salz mischen.

2 Fett und Zucker in einer großen Schüssel schaumig rühren. Ei und Milch gründlich unterrühren. Zitronenschale zufügen. Nach und nach die Mehlmischung beigeben. Brombeerpüree unterziehen. Zugedeckt mindestens 4 Std. in den Kühlschrank stellen.

3 Ofen auf 190 °C vorheizen.

4 Mit Löffeln Teighäufchen in 4 cm Abstand auf ungefettete Backbleche setzen.

5 Etwa 12–15 Min. lichtbraun backen. Auf Kuchengitter abkühlen lassen.

Backtip: Man kann anstelle des Pürees frische Brombeeren verarbeiten. Beeren gründlich spülen und abtrocknen, dann zur Mehlmischung geben und vorsichtig darin wenden.

BULGARISCHE HONIGPLÄTZCHEN

Geformte Kekse

ERGIBT: *25–45 Stück*
ZUBEREITUNGSZEIT: *30 Min.*

1 Tasse Mehl
1 TL Natron
½ Tasse Pflanzenfett
¼ Tasse Honig
¼ Tasse Zucker
1 großes Eigelb
Zucker zum Wälzen

1 Ofen auf 175 °C vorheizen.

2 Mehl und Natron mischen.

3 Fett mit dem Honig in einem mittelgroßen Topf zerlassen. Glattrühren. Vom Herd nehmen, Zucker und Eigelb unterschlagen. Nach und nach die Mehlmischung zugeben.

4 Kleine Teigstückchen abnehmen, zu Bällchen formen und in Zucker wälzen. In 4 cm Abstand auf ungefettete Backbleche setzen.

5 Etwa 10–12 Min. backen, bis die Kekse sich fest anfühlen. Auf Kuchengitter abkühlen lassen.

BULGARISCHE KEKSE

Geformte Kekse

ERGIBT: *50–70 Stück*
ZUBEREITUNGSZEIT: *30 Min.*
KÜHLZEIT: *24 Std.*

2 ⅓ Tassen Mehl
1 Tasse Haselnüsse, gemahlen
¾ TL Natron
½ TL Nelken, gemahlen
¼ TL Salz
⅔ Tasse Pflanzenfett
¾ Tasse Zucker
½ Tasse Joghurt
2 TL Orangenextrakt
Puderzucker zum Wälzen

1 Mehl, Nüsse, Natron, Nelken und Salz mischen.

2 Fett und Zucker in einer großen Schüssel schaumig rühren. Joghurt und Orangenextrakt gründlich unterrühren. Nach und nach die Mehlmischung zugeben. Zugedeckt 24 Std. in den Kühlschrank stellen.

3 Ofen auf 175 °C vorheizen. 2 Backbleche leicht einfetten.

4 Walnußgroße Teigstücke zu Bällchen formen und in 2,5 cm Abstand auf die Bleche setzen.

5 Etwa 15–20 Min. backen, bis Kruste leicht anbräunt. In Puderzucker wälzen. Auf Kuchengitter abkühlen lassen.

6 Erkaltet nochmals in Puderzucker wälzen.

Bunte Leckerli

Häufchenkekse

Ergibt: *50–60 Stück*
Zubereitungszeit: *30 Min.*

2 ½ Tassen Mehl
¾ TL Backpulver
¼ TL Salz
1 Tasse Pflanzenfett
⅔ Tasse Zucker
1 großes Ei
Lebensmittelfarbe

1 Ofen auf 160 °C vorheizen.

2 Mehl, Backpulver und Salz mischen.

3 Fett und Zucker in einer großen Schüssel schaumig rühren. Ei unterrühren. Nach und nach die Mehlmischung zugeben.

4 Teig dritteln. Jedes Teigdrittel in eine mittelgroße Schüssel geben und mit einigen Tropfen Lebensmittelfarbe färben.

5 Mit Löffeln Teighäufchen auf ungefettete Backblechen setzen.

6 Etwa 12–15 Min. backen. Auf Kuchengitter abkühlen lassen.

Backtip: Dieser Teig läßt sich auch zu Rollen formen, die gekühlt in Scheiben geschnitten werden. Ebensogut läßt er sich in Patissierförmchen oder Spritzbeutel bzw. Gebäckspritze füllen und auf die Bleche spritzen.

Buntglas-Fensterchen

Ausgerollte Kekse

Ergibt: *35–45 Stück*
Zubereitungszeit: *60 Min.*
Kühlzeit: *24 Std.*

Teig
3 ¾ Tassen Mehl
½ TL Natron
1 TL Muskat, gemahlen
½ TL Salz
½ Tasse Pflanzenfett
1 ½ Tassen Puderzucker
1 großes Ei
½ Tasse Joghurt
6 Tropfen Mandelaroma

Füllung
2 Tassen Zucker
1 Tasse Sirup
½ Tasse Wasser
2 Tropfen Aroma nach Wahl, z.B. Minze oder Vanille
einige Tropfen Lebensmittelfarbe

1 Mehl, Natron, Muskat und Salz mischen.

2 Fett, Puderzucker und Ei in einer großen Schüssel schaumig rühren. Joghurt und Mandelaroma gut unterrühren. Nach und nach die Mehlmischung zugeben. Teig vierteln, jede Portion in Wachspapier wickeln. 24 Std. in den Kühlschrank stellen.

3 Zwei Backbleche leicht einfetten.

4 Jeweils ein Teigviertel verarbeiten, die anderen Portionen im Kühlschrank lassen. Teig auf bemehlter Arbeitsfläche gut 0,5 cm dick ausrollen. Mit Förmchen beliebige Motive ausstechen. Mit kleineren Förmchen oder einem Messer verschiedene Muster aus der Mitte der Kekse stechen. In 2,5 cm Abstand auf die Bleche legen und 1 Std. kühl stellen.

5 Ofen auf 175 °C vorheizen.

6 Kekse 10–12 Min. lichtgelb backen. Auf den Blechen auf Kuchengitter abkühlen lassen.

7 Für die Füllung alle Zutaten in einem Topf bei mittlerer Flamme unter Rühren erhitzen, bis der Zucker aufgelöst ist. Zum Kochen bringen und kochen lassen, bis der Sirup 120–130 °C (mit Küchenthermometer messen) heiß ist. Vom Herd nehmen.

8 Sirup vorsichtig mit einem Löffel in die ausgestochenen „Fenster" der Kekse füllen. Kaltstellen, bis die Füllung erstarrt, dann Kekse vorsichtig von den Blechen lösen.

Backtip: Diese an Buntglasfenster erinnernden Kekse eignen sich gut als Weihnachtsbaumschmuck oder Dekoration für Geschenke. Für nicht eßbare, mehrere Jahre haltbare Kekse nur ½ Tasse Zucker für den Teig nehmen und 1 Tasse Salz beigeben. Flach lagern, damit das „Buntglas" nicht bricht.

Butter-Knusperhappen

Häufchenkekse

Ergibt: *35–45 Stück*
Zubereitungszeit: *30 Min.*

2 ½ Tassen Haferflocken
2 TL Backpulver
½ TL Salz
2 EL Butter, Zimmertemperatur
1 Tasse Zucker
2 große Eier
6 Tropfen Mandelaroma

1 Ofen auf 190 °C vorheizen. 2 Backbleche leicht einfetten.

2 Haferflocken, Backpulver und Salz mischen.

3 Butter und Zucker in einer großen Schüssel schaumig rühren. Eier, dann Mandelaroma unterrühren. Nach und nach die Haferflockenmischung zufügen.

4 Mit Löffeln Teighäufchen in 4 cm Abstand auf die Bleche setzen.

5 Etwa 10–12 Min. goldbraun backen. Auf Kuchengitter abkühlen lassen.

Butter-Kümmel-Kekse

Ausgerollte Kekse

Ergibt: *35–45 Stück*
Zubereitungszeit: *30 Min.*
Kühlzeit: *2–4 Std.*

3 Tassen Mehl
½ TL Natron
¾ TL Macis, gemahlen
1 ½ Tassen Butter, Zimmertemperatur
3 Tassen Puderzucker
4 große Eier
¼ Tasse Sherry
½ TL Kümmelsamen

1 Mehl, Natron und Macis mischen.

2 Butter und Zucker in einer großen Schüssel cremig rühren. Eier, dann Sherry gründlich unterrühren. Nach und nach die Mehlmischung zugeben. Kümmelsamen unterziehen. Teig zugedeckt 2–4 Std. in den Kühlschrank stellen, bis er fest genug zum Ausrollen ist.

3 Ofen auf 175 °C vorheizen. 2 Backbleche leicht einfetten.

4 Teig auf bemehlter Arbeitsfläche gut 0,5 cm dick ausrollen. Herzen oder andere Formen ausstechen und mit 4 cm Abstand auf die Bleche legen.

5 Etwa 10–12 Min. hell goldgelb backen. Auf Kuchengitter abkühlen lassen.

Backtip: Diese beliebten Weihnachtsplätzchen lassen sich variieren, indem man den Kümmel durch Anissamen ersetzt. Statt Sherry lassen sich beliebige Dessertweine verwenden.

Butter-Mandel-Plättchen

Ausgerollte Kekse

Ergibt: *60–70 Stück*
Zubereitungszeit: *35 Min.*
Kühlzeit: *1 Std.*

2 Tassen Mehl
¼ TL Salz
¾ Tasse Butter, Zimmertemperatur
¼ Tasse Zucker
6 Tropfen Mandelaroma

Belag
2 EL Zucker
¼ TL Zimt, gemahlen
½ Tasse Mandeln, gemahlen
1 großes Eiweiß, leicht verschlagen

1 Mehl und Salz mischen.

2 Butter und Zucker in einer großen Schüssel schaumig rühren. Mandelaroma einrühren. Nach und nach die Mehlmischung beigeben. Zugedeckt 1 Std. in den Kühlschrank stellen.

3 Ofen auf 175 °C vorheizen. 2 Backbleche leicht einfetten.

4 Für den Belag Zucker, Zimt und Mandeln mischen.

5 Teig auf bemehlter Arbeitsfläche knapp 0,5 cm dick ausrollen. In 2,5 x 5 cm kleine Rechtecke schneiden und in 2,5 cm Abstand auf die Bleche setzen. Kekse mit dem Eiweiß bestreichen und dünn mit der Mandelmischung bestreuen.

6 Etwa 8–10 Min. hellgold backen. Auf Kuchengitter abkühlen lassen.

Butterkaramel-Brownies I

Gebäckschnitten

Ergibt: *15–25 Stück*
Zubereitungszeit: *35 Min.*

⅔ Tasse Mehl
½ Tasse Walnüsse, feingemahlen
1 TL Backpulver
¼ TL Salz
¼ Tasse Pflanzenfett
1 Tasse brauner Zucker
1 großes Ei
1 TL Vanillearoma

1 Ofen auf 175 °C vorheizen. Eine quadratische Backform (20 x 20 cm) leicht einfetten.

2 Mehl, Walnüsse, Backpulver und Salz mischen.

3 Fett und Zucker in einer großen Schüssel schaumig rühren. Ei, dann Vanillearoma gut unterrühren. Nach und nach die Mehlmischung beigeben. Teig gleichmäßig in der Form verteilen.

4 Etwa 20–25 Min. backen (der Teig darf beim Einstechen mit einem Hölzchen nicht mehr klebenbleiben). In der Form auf Gitter abkühlen lassen. In Rechtecke schneiden.

Butterkaramel-Brownies II

Gebäckschnitten

Ergibt: *25–35 Stück*
Zubereitungszeit: *45 Min.*

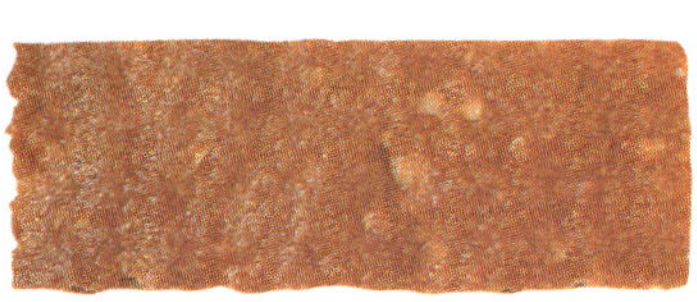

1 ½ Tassen Mehl
2 TL Backpulver
¼ TL Salz
⅔ Tasse Pflanzenfett
2 Tassen brauner Zucker
2 große Eier
4 Tropfen Mandelaroma
1 Tasse Mandeln, gehackt
¼ Tasse Mandelblättchen

1 Ofen auf 175 °C vorheizen. Eine quadratische Backform (20 x 20 cm) leicht einfetten.

2 Mehl, Backpulver und Salz mischen.

3 Fett und Zucker in einer großen Schüssel schaumig rühren. Erst Eier, dann Mandelaroma gut unterrühren. Nach und nach die Mehlmischung zugeben. Gehackte Mandeln unterziehen.

4 Teig gleichmäßig in der Form verteilen. Mandelscheiben auf den Teig streuen und leicht andrücken.

5 Etwa 30–35 Min. backen (der Teig darf beim Einstechen mit einem Hölzchen nicht mehr klebenbleiben). In der Form auf Gitter abkühlen lassen. In Rechtecke schneiden.

Butterkaramel-Brownies III

Gebäckschnitten

Ergibt: *15–25 Stück*
Zubereitungszeit: *30 Min.*

1 ½ Tassen Mehl
1 TL Backpulver
½ TL Salz
⅔ Tasse Butter, Zimmertemperatur
⅔ Tasse brauner Zucker
⅔ Tasse dunkler Sirup
2 große Eier
1 EL Nußlikör
1 Tasse Haselnüsse, gehackt

1 Ofen auf 160 °C vorheizen. Eine quadratische Backform (20 x 20 cm) leicht einfetten.

2 Mehl, Backpulver und Salz mischen.

3 Butter und Zucker in einer großen Schüssel schaumig rühren. Sirup einrühren. Eier unterschlagen. Nußlikör unterrühren. Nach und nach die Mehlmischung zufügen. Haselnüsse unterziehen. Teig gleichmäßig in der Form verteilen.

4 Etwa 20–25 Min. backen, bis sich der Teig fest anfühlt. In der Form auf Kuchengitter abkühlen lassen. In Rechtecke schneiden.

Butterkaramel-Brownies IV

Gebäckschnitten

Ergibt: *25–35 Stück*
Zubereitungszeit: *35 Min.*

½ Tasse Pflanzenfett
1 ½ Tassen brauner Zucker
1 großes Ei
3 Tropfen Mandelaroma
1 Tasse Mehl
½ Tasse Mandelsplitter

1 Ofen auf 160 °C vorheizen. Eine quadratische Backform (20 x 20 cm) leicht einfetten.

2 Fett und Zucker in einer großen Schüssel schaumig rühren. Ei und Mandelaroma unterrühren. Nach und nach die Mehlmischung beigeben.

3 Mischung gleichmäßig in der Form verteilen. Mit Mandelsplittern bestreuen.

4 Etwa 25–30 Min. backen, bis sich der Teig fest anfühlt. In der Form auf Kuchengitter abkühlen lassen. In Rechtecke schneiden.

Butterkaramel-Haferflocken-Berge

Häufchenkekse

Ergibt: *35–45 Stück*
Zubereitungszeit: *30 Min.*

1 ½ Tassen Mehl
1 TL Natron
1 Tasse Pflanzenfett
¾ Tasse brauner Zucker
¾ Tasse weißer Zucker
2 große Eier
1 TL Vanillearoma
2 Tassen Haferflocken
½ Tasse Walnüsse, gehackt
2 Tassen Buttertoffee-Stückchen

1 Ofen auf 190 °C vorheizen. 2 Backbleche leicht einfetten.

2 Mehl und Natron mischen.

3 Fett und beide Zuckersorten in einer großen Schüssel schaumig rühren. Eier, dann Vanillearoma gut unterrühren. Nach und nach die Mehlmischung zufügen. Haferflocken, Nüsse und Buttertoffee-Stückchen unterziehen.

4 Mit Löffeln Teighäufchen in 4 cm Abstand auf die Bleche setzen.

5 Etwa 10–12 Min. zartbraun backen. Auf Kuchengitter abkühlen lassen.

Backtip: Die Buttertoffee-Stückchen lassen sich durchaus durch Splitter von Butterkaramel-Bonbons ersetzen – dies macht die Kekse knackig-knusprig.

BUTTERKARAMEL-KEKSE I

Häufchenkekse

ERGIBT: *35–60 Stück*
ZUBEREITUNGSZEIT: *30 Min.*

2 Tassen Mehl
½ TL Natron
½ TL Salz
¾ Tasse Pflanzenfett
1 Tasse brauner Zucker
2 große Eier
1 Tasse Haferflocken
½ Tasse Mandeln, gehackt
1 Tasse Buttertoffee-Stückchen

1 Ofen auf 175 °C vorheizen. 2 Backbleche leicht einfetten.

2 Mehl, Natron und Salz mischen.

3 Fett und Zucker in einer großen Schüssel schaumig rühren. Eier gut unterrühren. Nach und nach die Mehlmischung zufügen. Haferflocken und Mandeln, dann Buttertoffee-Stückchen unterziehen.

4 Mit Löffeln Teighäufchen in 5 cm Abstand auf die Bleche setzen.

5 Etwa 10–12 Min. zartbraun backen. Auf Kuchengitter abkühlen lassen.

BUTTERKARAMEL-KEKSE II

Geschnittene Kekse

ERGIBT: *25–35 Stück*
ZUBEREITUNGSZEIT: *30 Min.*
KÜHLZEIT: *8 Std.*

3 ½ Tassen Mehl
1 TL Backpulver
¼ TL Salz
½ Tasse Butter, Zimmertemperatur
2 Tassen brauner Zucker
2 große Eier

1 Mehl, Backpulver und Salz mischen.

2 Butter und Zucker in einer großen Schüssel schaumig rühren. Eier gründlich unterrühren. Nach und nach die Mehlmischung zugeben.

3 Teig halbieren. Hälften zu 5 cm dicken Rollen formen. In Wachspapier 8 Std. oder über Nacht in den Kühlschrank legen.

4 Ofen auf 190 °C vorheizen.

5 Rollen in gut 0,5 cm dicke Scheiben schneiden. Scheiben in 4 cm Abstand auf ungefettete Backbleche legen.

6 Etwa 12–15 Min. backen, bis sich die Oberfläche zart verfärbt. Auf Kuchengitter abkühlen lassen.

BUTTERKARAMEL-KEKSE III

Geformte Kekse

ERGIBT: *50–60 Stück*
ZUBEREITUNGSZEIT: *30 Min.*
KÜHLZEIT: *8 Std.*

5 ½ Tassen Mehl
½ TL Natron
¾ Tasse Pflanzenfett
2 ½ Tassen brauner Zucker
2 ½ Tassen Sirup
1 Tasse Kokosraspeln

1 Mehl und Natron mischen.

2 Fett und Zucker in einer großen Schüssel schaumig rühren. Sirup einrühren. Nach und nach die Mehlmischung zugeben. Kokosraspeln unterziehen. Zugedeckt 8 Std. oder über Nacht in den Kühlschrank stellen.

3 Ofen auf 175 °C vorheizen. 2 Backbleche leicht einfetten.

4 Kleine Teigstücke zu Bällchen formen. Bällchen in 4 cm Abstand auf die Bleche setzen und mit dem bemehlten Boden eines Glases flachdrücken.

5 Etwa 12–15 Min. backen, bis die Kruste zart bräunt. Auf Kuchengitter abkühlen lassen.

BUTTERKARAMEL-KEKSE IV

Geschnittene Kekse

ERGIBT: *25–35 Stück*
ZUBEREITUNGSZEIT: *30 Min.*
KÜHLZEIT: *8 Std.*

1 Tasse Mehl
1 Päckchen Puddingpulver mit Butter-karamel-Aroma
½ TL Backpulver
¼ TL Salz
¼ Tasse Butter, Zimmertemperatur
2 EL brauner Zucker
1 großes Ei
¼ TL Vanillearoma

1 Mehl, Puddingpulver, Backpulver und Salz mischen.

2 Butter und Zucker in einer großen Schüssel schaumig rühren. Ei, dann Vanillearoma unterrühren. Nach und nach die Mehlmischung zufügen.

3 Teig zur 5 cm dicken Rolle formen. Rolle in Wachspapier 8 Std. oder über Nacht in den Kühlschrank legen.

4 Ofen auf 190 °C vorheizen. 2 Backbleche leicht einfetten.

5 Rolle in knapp 0,5 cm dicke Scheiben schneiden. Scheiben in 3 cm Abstand auf die Bleche legen.

6 Etwa 8–10 Min. backen, bis der Teig sich fest anfühlt. Auf Kuchengitter abkühlen lassen.

BUTTERKARAMEL-KEKSE V

Gebäckschnitten

ERGIBT: *15–25 Stück*
ZUBEREITUNGSZEIT: *30 Min.*

½ Tasse Butter, Zimmertemperatur
½ Tasse brauner Zucker
1 großes Ei
2 Tassen Mehl

1 Ofen auf 175 °C vorheizen.

2 Butter und Zucker in einer großen Schüssel schaumig rühren. Ei gut untermengen. Nach und nach das Mehl zugeben.

3 Teig gleichmäßig in einer quadratischen Backform (20 x 20 cm) verteilen. Mit dem Rücken eines Messers Rechtecke einritzen.

4 Etwa 15–20 Min. backen, bis sich der Teig fest anfühlt. In die markierten Rechtecke zerschneiden und in der Form auf einem Gitter abkühlen lassen.

BUTTERKARAMEL-KNUSPERKEKSE

Häufchenkekse

ERGIBT: *35–45 Stück*
ZUBEREITUNGSZEIT: *30 Min.*

2 Tassen Mehl
1 TL Natron
1 TL Salz
1 Tasse Pflanzenfett
½ Tasse weißer Zucker
1 Tasse brauner Zucker
2 große Eier
2 EL Milch
1 TL Vanillearoma
1 Tasse harte Karamelbonbons, zerstoßen

1 Ofen auf 190 °C vorheizen.

2 Mehl, Natron und Salz mischen.

3 Fett und beide Zuckersorten in einer großen Schüssel schaumig rühren. Eier, dann Milch und Vanillearoma gründlich unterrühren. Nach und nach die Mehlmischung zufügen. Bonbonsplitter unterziehen.

4 Mit Löffeln Teighäufchen in 4 cm Abstand auf die Bleche setzen.

5 Etwa 10–12 Min. hellgold backen. Auf Kuchengitter abkühlen lassen.

Backtip: Aus diesem Teig lassen sich auch geformte Kekse herstellen: Teig mindestens 4 Std. in den Kühlschrank legen. Walnußgroße Stücke zu Bällchen rollen. Bällchen in 4 cm Abstand auf ungefettete Bleche setzen und wie oben angegeben backen.

Butterkaramel-Nüsschen

Geformte Kekse

Ergibt: *ca. 90 Stück*
Zubereitungszeit: *30 Min.*

1 ¾ Tassen Mehl
1 Tasse Mandeln, feingemahlen
¼ TL Salz
¾ Tasse Pflanzenfett
½ Tasse Puderzucker
1 Tasse harte Karamelbonbons, zerstoßen
Zucker zum Formen

1 Ofen auf 160 °C vorheizen.

2 Mehl, Mandeln und Salz mischen.

3 Fett und Puderzucker in einer großen Schüssel schaumig rühren. Nach und nach die Mehlmischung beigeben. Zerstoßene Bonbons unterziehen.

4 Kleine Teigstücke zu Bällchen formen. Bällchen in 4 cm Abstand auf ungefettete Backbleche setzen und mit dem in Zucker getunkten Boden eines Glases flachdrücken.

5 Etwa 12–15 Min. backen. Auf Kuchengitter abkühlen lassen.

Backtip: Zur Zierde kann man vor dem Backen in die Mitte jedes Keks eine halbe Pekannuß oder Walnuß drücken.

Butterkaramel-Schnitten I

Gebäckschnitten

Ergibt: *25–35 Stück*
Zubereitungszeit: *40 Min.*

2 Tassen Mehl
2 TL Backpulver
½ Tasse Pflanzenfett
2 Tassen brauner Zucker
2 große Eier
1 TL Vanillearoma
1 Tasse Kokosraspeln
1 Tasse Walnüsse, gehackt

1 Ofen auf 175 °C vorheizen. Eine rechteckige Backform (20 x 30 cm) leicht einfetten.

2 Mehl und Backpulver mischen.

3 Fett und Zucker in einer großen Schüssel schaumig rühren. Eier, dann Vanillearoma unterrühren. Nach und nach die Mehlmischung beigeben. Kokosraspeln und Walnüsse unterziehen. Mischung gleichmäßig in der Form verteilen.

4 Etwa 20–25 Min. backen (der Teig darf beim Einstechen mit einem spitzen Hölzchen nicht mehr kleben). In Schnitten schneiden. In der Form auf Gitter abkühlen lassen.

Butterkaramel-Schnitten II

Gebäckschnitten

Ergibt: *25–35 Stück*
Zubereitungszeit: *45 Min.*

Teig
1 ⅓ Tassen Mehl
2 TL Backpulver
1 TL Salz
1 Tasse Mandeln, gemahlen
½ Tasse Pflanzenöl
2 Tassen brauner Zucker
2 große Eier
1 TL Vanillearoma
1 Tasse Kokosflocken

Belag
2 EL Pflanzenfett
¾ Tasse brauner Zucker
¼ Tasse Sirup
3 EL Sahne
1 TL Vanillearoma

1 Ofen auf 175 °C vorheizen. Eine quadratische Backform (20 x 20 cm) leicht einfetten.

2 Mehl, Backpulver, Salz und Mandeln mischen.

3 Öl und Zucker in einer großen Schüssel cremig rühren. Eier, dann Vanillearoma unterschlagen. Nach und nach die Mehlmischung und Kokosflocken zugeben. Teig gleichmäßig in der Form verteilen.

4 Für den Belag Fett und Zucker schaumig rühren. Sirup, Sahne und Vanillearoma unterschlagen. Belag auf dem Teig verteilen.

5 Etwa 25–30 Min. backen (der Teig darf beim Einstechen mit einem spitzen Hölzchen nicht mehr kleben). In der Form auf Kuchengitter abkühlen lassen. In Streifen schneiden.

BUTTERKARAMEL-SCHNITTEN III

Gebäckschnitten

ERGIBT: *15–25 Stück*
ZUBEREITUNGSZEIT: *35 Min.*

2 Tassen Mehl
2 TL Backpulver
¼ TL Salz
½ Tasse Pflanzenfett
2 Tassen brauner Zucker
2 große Eier
½ TL Vanillearoma
1 ⅓ Tassen Mandelblättchen

1 Ofen auf 175 °C vorheizen. Eine quadratische Backform (20 x 20 cm) leicht einfetten.

2 Mehl, Backpulver und Salz mischen.

3 Fett und Zucker in einer großen Schüssel schaumig rühren. Eier, dann Vanillearoma gut unterrühren. Nach und nach die Mehlmischung zugeben.

4 Teig gleichmäßig in der Form verteilen. Mandeln auf den Teig streuen und leicht andrücken.

5 Etwa 20–25 Min. backen, bis sich der Teig fest anfühlt. In der Form auf Kuchengitter abkühlen lassen. In Schnitten schneiden.

BUTTERKARAMEL-SCHNITTEN IV

Gebäckschnitten

ERGIBT: *15–25 Stück*
ZUBEREITUNGSZEIT: *40 Min.*

1 ¼ Tassen Mehl
1 TL Backpulver
¼ TL Salz
½ Tasse Pflanzenfett
½ Tasse Erdnußbutter
1 ½ Tassen brauner Zucker
2 große Eier
1 TL Vanillearoma

1 Ofen auf 175 °C vorheizen. Eine quadratische Backform (20 x 20 cm) leicht einfetten.

2 Mehl, Backpulver und Salz mischen.

3 Pflanzenfett, Erdnußbutter und Zucker bei mittlerer Flamme in einem mittelgroßen Topf erhitzen. Rühren, bis das Fett zerlassen und der Zucker aufgelöst ist. Vom Herd nehmen, leicht abkühlen lassen.

4 Eier, dann Vanillearoma gut unterschlagen. Nach und nach die Mehlmischung zufügen.

5 Teig gleichmäßig in der Form verteilen.

6 Etwa 25–30 Min. backen (der Teig darf beim Einstechen mit einem spitzen Hölzchen nicht mehr kleben). In der Form auf Kuchengitter abkühlen lassen. In Rechtecke schneiden.

BUTTERKARAMEL-SCHNITTEN V

Gebäckschnitten

ERGIBT: *15–25 Stück*
ZUBEREITUNGSZEIT: *45 Min.*

400 g weiche Buttertoffee-Bonbons
⅔ Tasse Kondensmilch
¾ Tasse Pflanzenfett
1 Packung Schokoladenkuchen-Backmischung
1 Tasse Erdnüsse, gehackt
170 g halbbittere Schokoladen-Tröpfchen

1 Ofen auf 175 °C vorheizen. Eine quadratische Backform (20 x 20 cm) leicht einfetten.

2 Bonbons mit ⅓ Tasse Kondensmilch im Wasserbad unter Rühren zerlassen. Glatt rühren und vom Herd nehmen.

3 Fett und Backmischung in einer großen Schüssel gründlich verrühren. Restliche Milch gut unterrühren. Erdnüsse unterziehen. Es entsteht ein krümeliger Teig.

4 Die Hälfte des Teigs in der Form verteilen. 8 Min. backen.

5 Schokoladen-Tröpfchen über den warmen Teig streuen. Darauf die Butterkaramel-Masse füllen und mit der zweiten Teighälfte abdecken.

6 Etwa 18–20 Min. backen, bis sich der Teig fest anfühlt. In der Form auf Gitter abkühlen lassen. In Gebäckschnitten schneiden.

Butterkaramel-Schnitten mit Frischkäse

Gebäckschnitten

Ergibt: *15–25 Stück*
Zubereitungszeit: *30 Min.*

Teig
¾ Tasse Buttertoffee-Stückchen
⅓ Tasse Butter, Zimmertemperatur
2 Tassen Kräcker, zerbröselt
1 Tasse Walnüsse, feingemahlen

Füllung
225 g Doppelrahm-Frischkäse, Zimmertemperatur
300 ml Kondensmilch, gesüßt
1 großes Ei
1 TL Vanillearoma

1 Ofen auf 175 °C vorheizen. Eine rechteckige Backform (20 x 30 cm) leicht einfetten.

2 Für den Teig Buttertoffee-Stückchen und Butter in einem mittelgroßen Topf zerlassen und gut verrühren. Vom Herd nehmen. Kräckerbrösel und Nüsse unterrühren. Die Hälfte der Teigmasse gleichmäßig in der Form verteilen.

3 Für die Füllung Frischkäse und Milch in einer kleinen Schüssel kräftig verrühren. Ei und Vanillearoma unterschlagen. Füllung auf den Teig gießen.

4 Restliche Teigmasse auf der Füllung verteilen.

5 Etwa 25–30 Min. backen (der Teig darf beim Einstechen mit einem Messer nicht mehr kleben). In der Form auf Kuchengitter abkühlen lassen. In Schnitten schneiden.

Butterkaramel-Schoko-Räder

Geschnittene Kekse

Ergibt: *50–70 Stück*
Zubereitungszeit: *30 Min.*
Kühlzeit: *26 Std.*

Butterkaramelteig
1½ Tassen Weizenmehl
½ TL Natron
¼ TL Salz
½ Tasse Butter, Zimmertemperatur
1 Tasse brauner Zucker
1 großes Ei
1 TL Vanillearoma

Schokoladenteig
1 Tasse Weizenmehl
½ Tasse Reismehl
1 EL Kakaopulver, ungezuckert
½ TL Natron
¼ TL Salz
½ Tasse Pflanzenfett
1 Tasse Zucker
1 großes Ei
1 TL Vanillearoma

1 Für den Butterkaramelteig Mehl, Natron und Salz mischen.

2 Butter und Zucker in einer großen Schüssel schaumig rühren. Ei und Vanillearoma gut unterrühren. Nach und nach die Mehlmischung zugeben. Teig halbieren. Hälften in Wachspapier gewickelt 2 Std. in den Kühlschrank legen.

3 In der Zwischenzeit für den Schokoladenteig Mehl, Reismehl, Kakao, Natron und Salz mischen.

4 Fett und Zucker in einer großen Schüssel schaumig rühren. Ei und Vanillearoma unterrühren. Nach und nach die Mehlmischung zufügen. Teig halbieren. Hälften in Wachspapier 2 Std. in den Kühlschrank legen.

5 Eine Hälfte des Butterkaramelteigs auf bemehlter Arbeitsfläche zum 20 x 25 cm großen Rechteck ausrollen. Eine Hälfte des Schokoladenteigs zum selben Format ausrollen. Butterkaramelteig dünn mit Wasser bepinseln, Schokoladenteig auflegen. Von einer Längsseite aus aufrollen und das Ende festdrücken. Rolle in Wachspapier 24 Std. in den Kühlschrank legen. Die beiden anderen Teighälften ebenso verarbeiten.

6 Ofen auf 190 °C vorheizen. 2 Backbleche leicht einfetten.

7 Teigrollen in gut 0,5 cm dicke Scheiben schneiden. Scheiben in 4 cm Abstand auf die Bleche legen.

8 Etwa 8–10 Min. backen, bis die Oberfläche zart bräunt. Auf Kuchengitter abkühlen lassen.

BUTTERKARAMEL-TALER

Geschnittene Kekse

ERGIBT: *90-120 Stück*
ZUBEREITUNGSZEIT: *30 Min.*
KÜHLZEIT: *8 Std.*

3 ¼ Tassen Mehl
¾ TL Natron
½ TL Salz
1 Tasse Pflanzenfett
1 ½ Tassen brauner Zucker
2 große Eier
½ TL Vanillearoma
1 Tasse Rosinen, gehackt
1 Tasse Walnüsse, feingemahlen

1 Mehl, Natron und Salz mischen.

2 Fett und Zucker in einer großen Schüssel schaumig rühren. Eier, dann Vanillearoma gut unterrühren. Nach und nach die Mehlmischung zufügen. Rosinen und Nüsse unterziehen.

3 Teig halbieren. Hälften zu 4 cm dicken Rollen formen und in Wachspapier 8 Std. oder über Nacht in den Kühlschrank legen.

4 Ofen auf 200 °C vorheizen.

5 Rollen in knapp 0,5 cm dicke Scheiben schneiden. Scheiben in 4 cm Abstand auf ungefettete Backbleche legen.

6 Etwa 8–10 Min. lichtgold backen. Auf Kuchengitter abkühlen lassen.

BUTTERKARAMEL-WEIZENKEIM-KEKSE

Häufchenkekse

ERGIBT: *75–85 Stück*
ZUBEREITUNGSZEIT: *30 Min.*

¾ Tasse Weizenmehl
¾ Tasse Vollkornmehl
1 Tasse Weizenkeime
1 TL Natron
1 TL Zimt, gemahlen
½ TL Salz
1 Tasse Pflanzenfett
1 ⅓ Tassen brauner Zucker
1 großes Ei
6 Tropfen Mandelaroma
2 Tassen Haferflocken

1 Ofen auf 190 °C vorheizen. 2 Backbleche leicht einfetten.

2 Beide Mehlsorten, Weizenkeime, Natron, Zimt und Salz mischen.

3 Fett und Zucker in einer großen Schüssel schaumig rühren. Ei und Mandelaroma gut unterrühren. Nach und nach die Mehlmischung zufügen. Ist die Masse zu trocken, teelöffelweise Wasser zugeben. Haferflocken unterziehen.

4 Mit Löffeln Teighäufchen in 4 cm Abstand auf die Bleche setzen.

5 Etwa 7–9 Min. backen, bis die Kruste sanft bräunt. Auf Kuchengitter abkühlen lassen.

Butterkekse I

Ausgerollte Kekse

Ergibt: *25–35 Stück*
Zubereitungszeit: *30 Min.*
Kühlzeit: *12 Std.*

1 Tasse Butter, Zimmertemperatur
½ Tasse Zucker
1 großes Eigelb
6 Tropfen Mandelaroma
2 ⅓ Tassen Mehl
1 großes Eiweiß, leicht verschlagen
½ Tasse Mandeln, gemahlen
Marmelade für die Füllung

1 Butter und Zucker in einer großen Schüssel schaumg rühren. Eigelb und Mandelaroma gut unterrühren. Nach und nach Mehl zugeben. Zugedeckt 12 Stunden in den Kühlschrank stellen.

2 Ofen auf 175 °C vorheizen.

3 Teig auf bemehlter Arbeitsfläche gut 0,5 cm dick ausrollen. Kreise von 5 cm Durchmesser ausstechen. Aus der Hälfte der Kreise durch Ausstechen etwa 1 cm großer Löcher Ringe bilden. In 4 cm Abstand auf ungefettete Bleche setzen. Mit Eiweiß bestreichen und mit Mandeln bestreuen.

4 Etwa 8–10 Min. hellgold backen. Auf Kuchengitter abkühlen lassen.

5 Die Kreise mit Marmelade bestreichen und mit den Ringen belegen.

Backtip: Gelee empfiehlt sich für die Füllung nicht, da es zu flüssig ist. Statt Löcher kann man mit Förmchen auch Minifiguren wie Engel, Tiere oder Blätter ausstechen.

Butterkekse II

Ausgerollte Kekse

Ergibt: *70–90 Stück*
Zubereitungszeit: *30 Min.*

1 Tasse Butter
4 Tassen Mehl
3 große Eier
2 Tassen Zucker

1 Ofen auf 175 °C vorheizen.

2 Butter in einem großen Topf zerlassen. Vom Herd nehmen und 2 Tassen Mehl auf einmal zugeben. Eier nacheinander unterschlagen. Zucker unterrühren. Nach und nach das restliche Mehl einrühren.

3 Teig auf bemehlter Arbeitsfläche gut 0,5 cm dick ausrollen. Beliebige Formen ausstechen. Kekse in 4 cm Abstand auf ungefettete Bleche legen.

4 Etwa 12–15 Min. lichtgelb backen. Auf Kuchengitter abkühlen lassen.

Backtip: Um die Teigstruktur zu verändern, ½ Tasse des Weizenmehls durch ½ Tasse Reismehl ersetzen.

Butterkekse III

Ausgerollte Kekse

Ergibt: *70–120 Stück*
Zubereitungszeit: *30 Min.*

2 Tassen Butter, Zimmertemperatur
1 Tasse Puderzucker
2 große Eier
4 Tassen Mehl

1 Ofen auf 175 °C vorheizen.

2 Butter und Zucker in einer großen Schüssel schaumig rühren. Eier einzeln unterrühren. Nach und nach das Mehl beimengen.

3 Teig auf bemehlter Arbeitsfläche gut 0,5 cm dick ausrollen. 4 cm große Motive ausstechen und in 2,5 cm Abstand auf ungefettete Bleche legen.

4 Etwa 12–15 Min. lichtgelb backen. Auf Kuchengitter abkühlen lassen.

BUTTERKEKSE IV

Geformte Kekse

ERGIBT: *50–60 Stück*
ZUBEREITUNGSZEIT: *30 Min.*

2 Tassen Mehl
½ TL Salz
¾ Tasse Butter, Zimmertemperatur
½ Tasse Zucker
1 großes Ei
2 EL frischgepreßter Orangensaft
6 Tropfen Mandelaroma

1 Ofen auf 175 °C vorheizen. 2 Backbleche leicht einfetten.

2 Mehl und Salz mischen.

3 Butter und Zucker in einer großen Schüssel schaumig rühren. Ei, dann Orangensaft und Mandelaroma gut unterrühren. Nach und nach die Mehlmischung zufügen.

4 Teig in Spritzbeutel oder Gebäckspritze mit großer Sterntülle füllen. In 4 cm Abstand Kekse beliebiger Forrm auf die Bleche spritzen.

5 Etwa 7–10 Min. lichtgelb backen. Auf Kuchengitter abkühlen lassen.

BUTTERKEKSE V

Ausgerollte Kekse

ERGIBT: *50–60 Stück*
ZUBEREITUNGSZEIT: *30 Min.*

4 Tassen Mehl
1 TL Zimt, gemahlen
1 TL Ingwer, gemahlen
¼ TL Salz
1 Tasse Butter, Zimmertemperatur
1 ½ Tassen brauner Zucker
2 große Eier
1 EL geriebene Zitronenschale

1 Ofen auf 175 °C vorheizen.

2 Mehl, Gewürze und Salz mischen.

3 Butter und Zucker in einer großen Schüssel schaumig rühren. Eier nacheinander unterrühren. Erst Zitronenschale, dann nach und nach die Mehlmischung zugeben.

4 Teig auf bemehlter Arbeitsfläche gut 0,5 cm dick ausrollen. Beliebige Formen ausstechen und in 2,5 cm Abstand auf ungefettete Bleche legen.

4 Etwa 12–15 Min. lichtbraun backen. Auf Kuchengitter abkühlen lassen.

BUTTERKEKSE VI

Ausgerollte Kekse

ERGIBT: *50–60 Stück*
ZUBEREITUNGSZEIT: *40 Min.*

1 ½ Tassen Butter, Zimmertemperatur
½ Tasse brauner Zucker
6 große Eigelb, hartgekocht, gehackt
6 Tropfen Mandelaroma
4 Tassen Mehl

1 Ofen auf 175 °C vorheizen.

2 Butter und Zucker in einer großen Schüssel cremig rühren. Eigelb unterschlagen. Mandelaroma unterziehen. Nach und nach das Mehl beigeben.

3 Teig auf bemehlter Arbeitsfläche gut 0,5 cm dick ausrollen. Formen ausstechen und in 2,5 cm Abstand auf ungefettete Bleche legen.

4 Etwa 12–15 Min. lichtgold backen. Auf Kuchengitter abkühlen lassen.

Backtip: Traditionell formt man diese Kekse zu Ringen: Kreise von 5 cm Durchmesser ausstechen, dann mit einer kleineren Form die Mitte ausstechen.

BUTTERKEKSE VII

Geformte Kekse

ERGIBT: *25–35 Stück*
ZUBEREITUNGSZEIT: *30 Min.*

3 Tassen Mehl
1 TL Backpulver
1 Tasse Butter, Zimmertemperatur
½ Tasse Zucker
½ Tasse Puderzucker
2 große Eier

1 Ofen auf 175 °C vorheizen.

2 Mehl und Backpulver mischen.

3 Butter und beide Zuckersorten in einer großen Schüssel schaumig rühren. Eier unterschlagen. Nach und nach die Mehlmischung zugeben.

4 Teig in Spritzbeutel oder Gebäckspritze mit großer Tülle füllen. In 2,5 cm Abstand kleine Kringel auf die Bleche spritzen.

5 Etwa 12–15 Min. hellgelb backen. Auf Kuchengitter abkühlen lassen.

BUTTERKEKSE VIII

Ausgerollte Kekse

ERGIBT: *35–50 Stück*
ZUBEREITUNGSZEIT: *30 Min.*
KÜHLZEIT: *4 Std.*

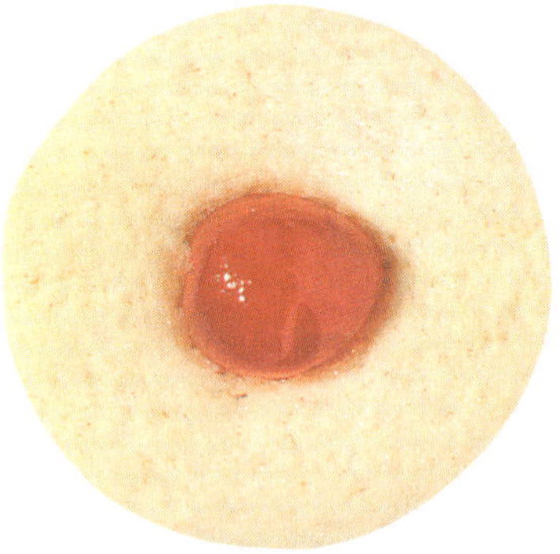

2 ¼ Tassen Mehl
1 TL Weinstein
½ TL Natron
1 Tasse Butter, Raumtemperatur
1 Tasse Zucker
2 große Eier
½ TL Vanillearoma
½ TL frischgepreßter Zitronensaft
kandierte Kirschhälften zum Verzieren (falls erwünscht)

1 Mehl, Weinstein und Natron mischen.

2 Butter und Zucker in einer großen Schüssel schaumig rühren. Eier unterschlagen. Vanillearoma und Zitronensaft, dann nach und nach die Mehlmischung zugeben. Zugedeckt 4 Std. in den Kühlschrank stellen.

3 Ofen auf 190 °C vorheizen. 2 Backbleche leicht einfetten.

4 Teig auf bemehlter Arbeitsfläche gut 0,5 cm dick ausrollen. Kreise ausstechen und in 4 cm Abstand auf die Bleche legen. Wenn gewünscht, in die Keksmitte je eine kandierte Kirschhälfte drücken.

5 Etwa 8–10 Min. lichtgelb backen. Auf Kuchengitter abkühlen lassen.

Backtip: Die Kekse werden knuspriger, wenn man die Mehlmenge um ¼ Tasse reduziert.

BUTTERKEKSE MIT PEKANNUSS

Häufchenkekse

ERGIBT: *35–45 Stück*
ZUBEREITUNGSZEIT: *30 Min.*
KÜHLZEIT: *1 Std.*

2 Tassen Mehl
½ TL Salz
1 Tasse Butter, Zimmertemperatur
⅔ Tasse brauner Zucker
1 großes Ei
etwa 1 ½ Tassen Pekannüsse, halbiert

1 Mehl und Salz mischen.

2 Butter und braunen Zucker in einer großen Schüssel schaumig rühren. Ei unterrühren. Nach und nach die Mehlmischung zugeben. Zugedeckt mindestens 1 Std. in den Kühlschrank stellen.

3 Ofen auf 190 °C vorheizen.

4 Walnußgroße Teigstücke zu Bällchen formen. In 4 cm Abstand auf ungefettete Backbleche setzen. Bällchen mit dem in Mehl getauchten Boden eines Glases flachpressen, nach Belieben mit einer Gabel Rillen eindrücken. Jeweils in die Mitte eine Nußhälfte drücken.

5 Etwa 10–12 Min. lichtgelb backen. Auf Kuchengitter abkühlen lassen.

Butterkugeln

Geformte Kekse

Ergibt: *35–45 Stück*
Zubereitungszeit: *30 Min.*

1 Tasse Butter, Zimmertemperatur
½ Tasse Puderzucker
2 Tassen Mehl
1 ½ Tassen Kokosraspeln
Puderzucker zum Wälzen

1 Ofen auf 175 °C vorheizen.

2 Butter und Puderzucker in einer großen Schüssel schaumig rühren. Nach und nach das Mehl zugeben. Kokosraspeln beimengen.

3 Walnußgroße Teigstücke zu Kugeln formen. In Puderzucker wälzen und in 2,5 cm Abstand auf ungefettete Backbleche setzen.

4 Etwa 18–20 Min. lichtgelb backen. Auf Kuchengitter abkühlen lassen.

Buttermilch-Schoko-Brownies

Gebäckschnitten

Ergibt: *15–25 Stück*
Zubereitungszeit: *30 Min.*

2 Tassen Mehl
1 ¾ Tassen weißer Zucker
¼ Tasse brauner Zucker
½ TL Salz
1 Tasse Pflanzenfett
⅓ Tasse Kakaopulver, ungezuckert
1 Tasse Wasser
1 TL Natron
1 EL warmes Wasser
2 große Eier
½ Tasse Buttermilch
1 TL Vanillearoma

1 Ofen auf 190 °C vorheizen. Eine rechteckige Backform (20 x 30 cm) leicht einfetten.

2 Mehl, beide Zuckersorten und Salz mischen.

3 Fett, Kakao und 1 Tasse Wasser in einem großen Topf glatt rühren und bei großer Flamme aufkochen. Vom Herd nehmen.

4 Natron im warmen Wasser auflösen und zur Kakaocreme geben. Eier unterschlagen. Buttermilch und Vanillearoma einrühren. Nach und nach die Mehlmischung zugeben. Teig in die Form füllen.

5 Etwa 18–20 Min. backen (beim Einstechen mit einem Hölzchen darf der Teig nicht mehr kleben). In der Form auf Kuchengitter abkühlen lassen. In Schnitten schneiden.

Buttermilch-Kekse

Ausgerollte Kekse

Ergibt: *35–45 Stück*
Zubereitungszeit: *30 Min.*
Kühlzeit: *8 Std.*

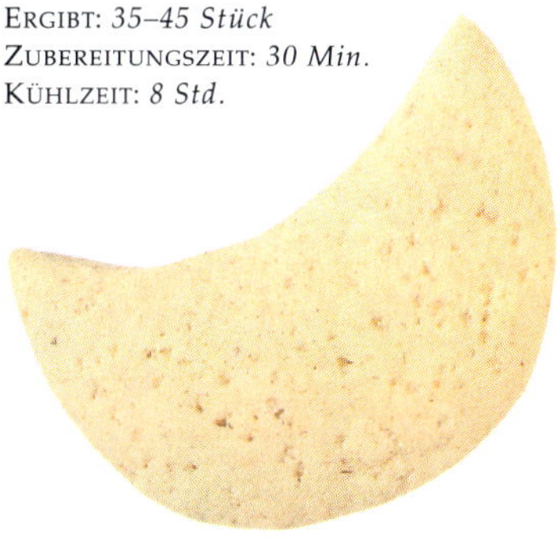

3 ½ Tassen Mehl
1 TL Natron
1 TL Muskat, gemahlen
⅛ TL Salz
1 Tasse Pflanzenfett
1 Tasse Zucker
1 großes Ei
½ Tasse Buttermilch

1 Mehl, Natron, Muskat und Salz mischen.

2 Fett und Zucker in einer großen Schüssel schaumig rühren. Ei, dann Buttermilch gut unterrühren. Nach und nach die Mehlmischung zufügen. Zugedeckt 8 Std. oder über Nacht in den Kühlschrank legen.

3 Ofen auf 175 °C vorheizen.

4 Teig auf bemehlter Arbeitsfläche gut 0,5 cm dick ausrollen. Halbmonde oder andere Figuren ausstechen und in 4 cm Abstand auf ungefettete Backbleche setzen.

5 Etwa 10–12 Min. hellgelb backen. Auf Kuchengitter abkühlen lassen.

Butterstangen I

Geformte Kekse

Ergibt: *25–35 Stück*
Zubereitungszeit: *30 Min.*

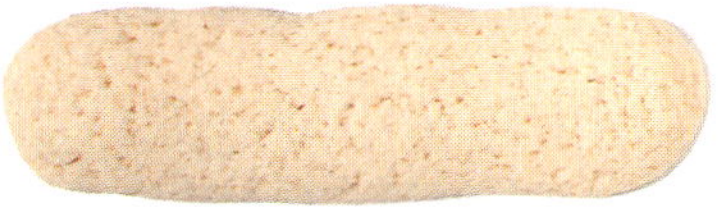

3 Tassen Mehl
½ TL Natron
½ TL Salz
⅔ Tasse Butter, Zimmertemperatur
½ Tasse Zucker
2 große Eier
12 Tropfen Mandelaroma

1 Ofen auf 200 °C vorheizen.

2 Mehl, Natron und Salz mischen.

3 Butter und Zucker in einer großen Schüssel schaumig rühren. Eier, dann Mandelaroma unterrühren. Nach und nach die Mehlmischung beigeben.

4 Teig in Spritzbeutel oder Gebäckspritze mit glatter Lochtülle füllen. Etwa 7,5 cm lange Streifen in 2,5 cm Abstand auf ungefettete Backbleche spritzen.

5 Etwa 10–12 lichtgelb backen. Auf Kuchengitter abkühlen lassen.

Butterstangen II

Ausgerollte Kekse

Ergibt: *unterschiedliche Stückzahl*
Zubereitungszeit: *30 Min.*

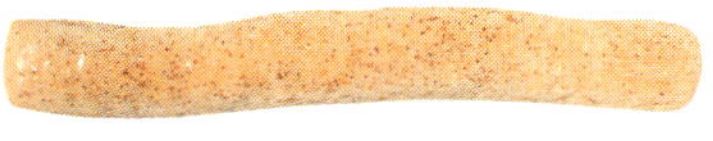

3 große Eigelb
1 Tasse Butter, Zimmertemperatur
¼ Tasse Zucker
6 Tropfen Mandelaroma
2 ½ Tassen Mehl
1 großes Eiweiß, leicht verschlagen
Zimt zum Bestreuen

1 Ofen auf 175 °C vorheizen.

2 Eigelb in einer kleinen Schüssel zu einer dicken Creme schlagen.

3 Butter und Zucker in einer großen Schüssel schaumig rühren. Mandelaroma zugeben. Eigelbcreme gründlich unterrühren. Nach und nach das Mehl beigeben.

4 Teig auf bemehlter Arbeitsfläche zu einem großen, gut 0,5 cm dicken Quadrat ausrollen. Mit Eiweiß bestreichen und mit Zimt bestreuen. In 10 x 1,5 cm große Streifen schneiden und in 2,5 cm Abstand auf ungefettete Backbleche legen.

5 Etwa 8–10 Min. hellgold backen. Auf Kuchengitter abkühlen lassen.

Calla-Blüten

Häufchenkekse

Ergibt: *25–35 Stück*
Zubereitungszeit: *30 Min.*

Teig
1 Tasse Mehl
1 TL Backpulver
⅛ TL Salz
3 große Eiweiß
¾ Tasse Zucker
1 TL Vanillearoma

Füllung
½ Tasse Sahne
2 EL Zucker

1 Ofen auf 200 °C vorheizen. 2 Backbleche leicht einfetten.

2 Mehl, Backpulver und Salz mischen.

3 Eiweiß in einer großen Schüssel zu steifem, aber nicht trockenem Schnee schlagen. Zucker und Vanillearoma unterschlagen. Nach und nach die Mehlmischung zugeben. 2 Min. schlagen.

4 Mit Löffeln Teighäufchen auf die Bleche setzen.

5 Etwa 8–10 Min. goldgelb backen. Gebäck noch heiß zu Tüten rollen. Mit der Verschlußseite nach unten auf Kuchengitter abkühlen lassen.

6 Für die Füllung Sahne und Zucker in einer Schüssel kräftig schlagen. Tüten kurz vor dem Servieren mit der Schlagsahne füllen.

Backtip: Zur Abwechslung unter die geschlagene Sahne frisches, gewürfeltes Obst mischen und dann die Tütchen füllen.

Cashew-Kekse mit Karamel-Glasur

Gebäckschnitten

Ergibt: *10–25 Stück*
Zubereitungszeit: *35 Min.*

Teig
¾ Tasse Mehl
½ TL Backpulver
¼ TL Salz
2 große Eier
½ Tasse weißer Zucker
2 EL brauner Zucker
½ Tasse Cashewnüsse, gehackt

Glasur
2 EL Butter
1 EL Kondensmilch
2 EL brauner Zucker
½ Tasse Cashewnüsse, gehackt

1 Ofen auf 175 °C vorheizen. Eine rechteckige Backform (20 x 30 cm) leicht einfetten.

2 Mehl, Backpulver und Salz mischen.

3 Eier und beide Zuckersorten in einer großen Schüssel zu einer dicken Creme schlagen. Nüsse unterziehen. Nach und nach die Mehlmischung beigeben.

4 Teig gleichmäßig in der Form verteilen. 25 Min. backen.

5 In der Zwischenzeit in einem Topf die Glasur zubereiten: Alle Zutaten aufkochen, dabei glattrühren. Vom Herd nehmen.

6 Grill im Backofen vorheizen.

7 Glasur auf dem warmen Gebäck verteilen. Backform 1 Min. unter den Grill stellen, bis die Glasur anfängt, Blasen zu werfen. Warm in Streifen schneiden. In der Form auf Kuchengitter abkühlen lassen.

Cashew-Kekse mit Rum

Häufchenkekse

Ergibt: *35–60 Stück*
Zubereitungszeit: *30 Min.*

⅓ Tasse Mehl
⅓ Tasse Reismehl
2 Tassen Cashewnüsse, gemahlen
¼ TL Natron
4 große Eier
1 EL Rum
gehackte Cashewnüsse zum Bestreuen

1 Ofen auf 175 °C vorheizen. 2 Backbleche leicht einfetten.

2 Beide Mehlsorten, gemahlene Nüsse und Natron mischen.

3 Eier in einer großen Schüssel zu einer lockeren, schaumigen Creme schlagen. Rum unterschlagen. Nach und nach die Mehlmischung zufügen.

4 Mit Löffeln Teighäufchen in 4 cm Abstand auf die Bleche setzen und mit gehackten Nüssen bestreuen.

5 Etwa 5–8 Min. goldgelb backen. Auf Kuchengitter abkühlen lassen.

Cashew-Mürbegebäck

Geformte Kekse

Ergibt: *50–60 Stück*
Zubereitungszeit: *30 Min.*

4 ½ Tassen Mehl
1 Tasse Cashewnüsse, gemahlen
2 Tassen Pflanzenfett
2 ½ Tassen brauner Zucker

1 Ofen auf 175 °C vorheizen.

2 Mehl und Nüsse mischen.

3 Fett und Zucker in einer großen Schüssel schaumig rühren. Nach und nach die Mehl-Nuß-Mischung zugeben.

4 Kleine Teigstückchen zu Bällchen formen. Im Abstand von 2,5 cm auf ungefettete Backbleche setzen. Bällchen mit dem in Mehl getauchten Boden eines Glases flachpressen. Mit einer Gabel Rillen eindrücken.

5 Etwa 10–15 Min. lichtgelb backen. Auf Kuchengitter abkühlen lassen.

Cashew-Schnitten mit Banane

Gebäckschnitten

Ergibt: *25–45 Stück*
Zubereitungszeit: *30 Min.*

2 Tassen Mehl
1 Tasse Cashewnüsse, gemahlen
2 TL Backpulver
1 TL Natron
1 TL Muskat, gemahlen
½ Tasse Pflanzenfett
3 große Eier
½ Tasse Bananen, zerdrückt
½ Tasse Cashewnüsse, gehackt

1 Ofen auf 175 °C vorheizen. Eine rechteckige Backform (20 x 30 cm) leicht einfetten.

2 Mehl, gemahlene Nüsse, Backpulver, Natron und Muskat mischen.

3 Fett und Eier in einer großen Schüssel verschlagen. Bananen unterziehen. Nach und nach die Mehlmischung beigeben.

4 Teig gleichmäßig in der Form verteilen. Darüber die gehackten Nüsse streuen und leicht andrücken.

5 Etwa 18–20 Min. backen (Garprobe mit Zahnstocher o. ä machen: der Teig darf beim Einstechen nicht daran kleben). In der Form auf Gitter abkühlen lassen. In Schnitten schneiden.

CHANUKKA-KEKSE

Ausgerollte Kekse

ERGIBT: *35–45 Stück*
ZUBEREITUNGSZEIT: *30 Min.*
KÜHLZEIT: *6 Std.*

2 ½ Tassen Mehl
1 ¼ TL Backpulver
⅛ TL Salz
¼ Tasse Rapsöl
¾ Tasse Puderzucker
1 großes Ei
¼ Tasse Milch
1 TL Vanillearoma
1 TL abgeriebene Zitronenschale, unbehandelt
Vanilleglasur (s. Grundrezepte für Glasuren und Überzüge)

1 Mehl, Backpulver und Salz mischen.

2 Öl und Zucker in einer großen Schüssel verschlagen. Ei gut unterschlagen. Milch und Vanillearoma, dann die Zitronenschale zufügen. Nach und nach die Mehlmischung beigeben. Zugedeckt 6 Std. in den Kühlschrank stellen.

3 Ofen auf 175 °C vorheizen.

4 Teig auf bemehlter Arbeitsfläche knapp 0,5 cm dick ausrollen. Formen ausstechen und in 4 cm Abstand auf ungefettete Backbleche legen.

5 Etwa 6–8 Min. hellgelb backen. Auf Kuchengitter abkühlen lassen. Mit Glasur überziehen.

Backtip: Diese Plätzchen verdanken ihren Namen Chanukka, dem jüdischen „Lichterfest“.

CHEDDAR-TRÄUME

Ausgerollte Kekse

ERGIBT: *60–70 Stück*
ZUBEREITUNGSZEIT: *45 Min.*

2 Tassen Mehl
1 TL Paprikapulver
½ TL Salz
¼ TL Cayennepfeffer
¾ Tasse Butter, Zimmertemperatur
1 ½ Tassen Cheddar, gerieben
Zucker zum Bestreuen (falls erwünscht)

1 Ofen auf 200 °C vorheizen.

2 Mehl, Paprika, Salz und Cayennepfeffer mischen.

3 Butter in einer großen Schüssel schaumig rühren. Mehlmischung einrühren. Cheddar unterziehen.

4 Teig auf bemehlter Arbeitsfläche knapp 0,5 cm dick ausrollen. Formen ausstechen und in 2,5 cm Abstand auf ungefettete Backbleche legen.

5 Etwa 4–6 Min. lichtgold backen. Nach Belieben mit Zucker bestreuen. Auf Kuchengitter abkühlen lassen.

Backtip: Cheddar läßt sich durch Schweizer Käse ersetzen. Zwiebelpulver statt Cayennepfeffer sorgt für eine andere Geschmacksnote.

CHINESISCHE GLÜCKSKEKSE

Häufchenkekse

ERGIBT: *35–45 Stück*
ZUBEREITUNGSZEIT: *35 Min.*

1 großes Ei
¼ Tasse Zucker
2 EL Rapsöl
2 EL Wasser
¼ Tasse Stärkemehl

1 Ei und Zucker in einer mittelgroßen Schüssel zu einer dicken, hellen Creme schlagen. Öl unterschlagen.

2 1 TL der Eicreme in einer kleinen Schüssel mit Wasser und Stärkemehl glatt rühren. Masse unter die restliche Eicreme rühren.

3 Flache, gußeiserne Pfanne (z.B. Omelettepfanne) erhitzen.

4 Teig eßlöffelweise in die heiße Pfanne geben. Mit der Rückseite des Löffels zu Kreisen von 8–10 cm Durchmesser verstreichen. 5–8 Min. goldbraun backen. Aus der Pfanne nehmen.

Backtip: Traditionell gibt man nach dem Backen in jedes Plätzchen einen Papierstreifen mit einem Orakel- oder Sinnspruch, klappt den Keks noch heiß zum Halbmond über und biegt diesen mit Hilfe eines Holzstäbchens muschelähnlich zusammen.

Cornflakes-Bällchen

Geformte Kekse

Ergibt: *50–70 Stück*
Zubereitungszeit: *30 Min.*

2 Tassen Mehl
2 TL Backpulver
1 Tasse Butter, Zimmertemperatur
1 Tasse weißer Zucker
1 Tasse brauner Zucker
2 große Eier
1 EL Amaretto
2 Tassen Cornflakes
1 Tasse Kokosflocken
Puderzucker zum Bestreuen

1 Ofen auf 190 °C vorheizen.

2 Mehl und Backpulver mischen.

3 Butter und beide Zuckersorten in einer großen Schüssel schaumig rühren. Eier unterschlagen. Amaretto, dann nach und nach die Mehlmischung zufügen. Cornflakes und Kokosflocken unterziehen.

4 Walnußgroße Teigstücke zu Bällchen rollen und in 4 cm Abstand auf ungefettete Backbleche setzen.

5 Etwa 10–12 Min. lichtgelb backen. Auf Kuchengitter abkühlen lassen. Mit Puderzucker übersieben.

Cornflakes-Kekse I

Häufchenkekse

Ergibt: *60–70 Stück*
Zubereitungszeit: *30 Min.*

2 Tassen Mehl
½ TL Backpulver
½ TL Natron
½ TL Salz
1 Tasse Pflanzenfett
1 Tasse weißer Zucker
1 Tasse brauner Zucker
2 große Eier
½ TL Vanillearoma
1 Tasse Cornflakes
1 Tasse Haferflocken
1 Tasse Kokosraspeln
½ Tasse Walnüsse, gehackt

1 Ofen auf 175 °C vorheizen.

2 Mehl, Backpulver, Natron und Salz mischen.

3 Fett und beide Zuckersorten in einer großen Schüssel schaumig rühren. Eier gut unterrühren. Vanillearoma zugeben. Nach und nach die Mehlmischung beimengen. Cornflakes, Haferflocken, Kokosraspeln und Walnüsse unterziehen. Den zähen Teig gut durchwalken.

4 Mit Löffeln Teighäufchen in 4 cm Abstand auf ungefettete Backbleche setzen.

5 Etwa 10–12 Min. goldgelb backen. Auf Kuchengitter abkühlen lassen.

Cornflakes-Kekse II

Häufchenkekse

Ergibt: *35–45 Stück*
Zubereitungszeit: *30 Min.*

1 Tasse Mehl
½ TL Backpulver
¼ TL Natron
¼ TL Salz
⅓ Tasse Pflanzenfett
½ Tasse brauner Zucker
1 großes Ei
1 ½ EL Sauermilch
1 TL Vanillearoma
½ Tasse Datteln, entsteint, feingehackt
½ Tasse Walnüsse
1 ½ Tassen Cornflakes

1 Ofen auf 190 °C vorheizen. 2 Backbleche leicht einfetten.

2 Mehl, Backpulver, Natron und Salz mischen.

3 Fett und Zucker in einer großen Schüssel schaumig rühren. Ei, dann Milch und Vanillearoma gründlich unterrühren. Nach und nach die Mehlmischung zufügen. Datteln und Nüsse unterziehen.

4 Cornflakes auf einem flachen Teller ausbreiten.

5 Mit Löffeln Teighäufchen auf die Cornflakes setzen. Häufchen jeweils gut in den Cornflakes wälzen und in 7–8 cm Abstand auf die Bleche setzen.

6 Etwa 12–15 Min. braungold backen. Auf Kuchengitter abkühlen lassen.

Crème-de-Menthe-Schokoschnitten

Gebäckschnitten

Ergibt: *15–25 Stück*
Zubereitungszeit: *40 Min.*
Kühlzeit: *1 Std.*

½ Tasse plus 2 EL Pflanzenfett
¼ Tasse Kakaopulver, ungezuckert
1 Tasse Zucker
½ TL Crème de Menthe
⅔ Tasse Mehl
Crème-de-Menthe-Überzug (s. Backtip)
Walnußhälften (falls erwünscht)

1 Ofen auf 175 °C vorheizen. Eine rechteckige Backform (20 x 30 cm) leicht einfetten.

2 Fett in einem großen Topf zerlassen. Kakao unterziehen. Vom Herd nehmen. Zucker, dann Eier und Crème de Menthe gründlich unterrühren. Nach und nach das Mehl beigeben. Teig gleichmäßig in der Form verteilen.

3 Etwa 18–20 Min. backen (beim Einstechen mit einem spitzen Stäbchen darf der Teig nicht mehr kleben). In der Form auf Kuchengitter abkühlen lassen.

4 Glasur auf dem Gebäck verteilen. In Streifen schneiden. Nach Belieben jede Schnitte mit einer Walnußhälfte verzieren. Mindestens 1 Std. in den Kühlschrank stellen. Erst dann aus der Form nehmen.

Backtip: Für den grünlichen Überzug färbt und aromatisiert man das Buttercreme-Grundrezept (s. Grundrezepte für Glasuren und Überzüge) mit 1 TL Crème de Menthe.

CUCCIDATI

Geformte Kekse

ERGIBT: *130–140 Stück*
ZUBEREITUNGSZEIT: *1 Std.*
KÜHLZEIT: *2 Std.*

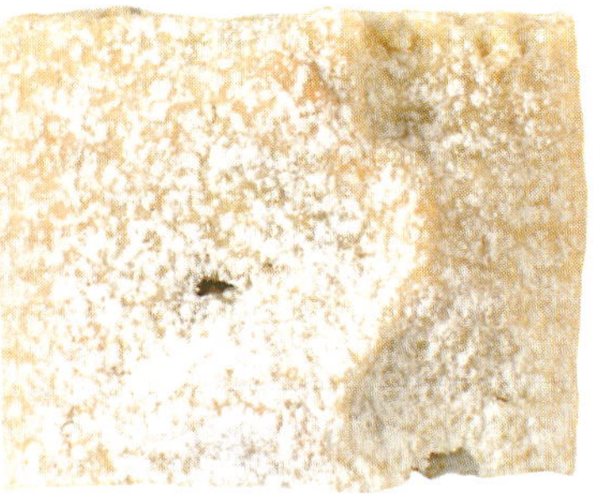

FÜLLUNG
8 Tassen saure Äpfel, geschält, feingehackt
1 ¾ Tassen Feigen, gehackt
1 ¾ Tassen Datteln, entsteint, gehackt
½ Tasse Zitronensaft
⅓ Tasse brauner Zucker
1 Tasse Mandeln, gehackt

TEIG
5 Tassen Mehl
2 TL Backpulver
1 TL Natron
½ TL Salz
1 Tasse Butter, Zimmertemperatur
1 Tasse Zucker
2 große Eier
1 Tasse saure Sahne
20 Tropfen Mandelaroma
Puderzucker zum Bestreuen

1 Für die Füllung Äpfel, Feigen, Datteln, Zitronensaft und Zucker in einem großen Topf unter Rühren kochen, bis die Flüssigkeit fast verdampft ist. Vom Herd nehmen und abkühlen lassen.

2 Mandeln unter die Füllung rühren. 1 Std. in den Kühlschrank stellen.

3 Mehl, Backpulver, Natron und Salz mischen.

4 Butter und Zucker in einer großen Schüssel schaumig rühren. Eier unterschlagen. Saure Sahne und Mandelaroma einrühren. Nach und nach die Mehlmischung zufügen. Teig in 8 gleich großen Portionen in Wachspapier wickeln und 1 Std. in den Kühlschrank legen.

5 Ofen auf 190 °C vorheizen. 2 Backbleche leicht einfetten.

6 Auf bemehlter Arbeitsfläche eine Teigportion zu einem 12,5 x 25 cm großen Rechteck ausrollen. In die Mitte mit einem Löffel ¾ Tasse Füllung geben, Darüber die Teigränder klappen und zusammendrücken. Mit der Verschlußseite nach unten auf Backbleche legen. Mit den restlichen Teigportionen ebenso verfahren.

7 Etwa 25–30 Min. leicht goldbraun backen. Mit Puderzucker übersieben und auf den Blechen auf Gittern abkühlen lassen. In gut 1 cm dicke Scheiben schneiden.

Dänische Apfelschnitten

Gebäckschnitten

Ergibt: *35–45 Stück*
Zubereitungszeit: *60 Min.*

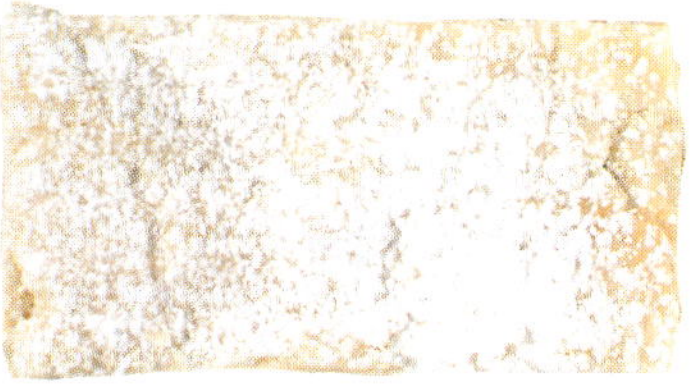

Teig
2 ½ Tassen Mehl
1 TL Salz
1 großes Eigelb
⅓ Tasse plus 2 TL Milch
1 Tasse Pflanzenfett
¾ Tasse Zucker

Füllung
1 Tasse Cornflakes
8 Tassen Äpfel, geschält, in Scheiben
1 Tasse Puderzucker
1 TL Zimt, gemahlen

Glasur
1 großes Eiweiß, verschlagen
Puderzucker zum Bestreuen

1 Ofen auf 190 °C vorheizen. Eine rechteckige Backform (25 x 40 cm) leicht einfetten.

2 Für den Teig Mehl und Salz mischen.

3 Eigelb in eine Tasse geben, mit Milch zu ⅔ Tasse auffüllen.

4 Fett und Zucker in einer großen Schüssel schaumig rühren. Eigelb und Milch gründlich unterrühren. Nach und nach die Mehlmischung zugeben.

5 Teig halbieren. Eine Hälfte auf bemehlter Arbeitsfläche zu einem gut 25 x 40 cm großen Rechteck ausrollen und in die Form einpassen.

6 Cornflakes auf dem Teig verteilen, darauf Apfelscheiben legen. Puderzucker und Zimt mischen und Äpfel damit besieben.

7 Die zweite Teighälfte zu einem Rechteck gleicher Größe ausrollen und auf die Füllung legen. Ränder der unteren und obere Teiglage zusammendrücken. In die Oberfläche 2–3 Schlitze schneiden, damit der Dampf abziehen kann.

8 Mit dem Eiweiß bestreichen.

9 Etwa 45–50 Min. goldbraun backen. Mit Puderzucker übersieben. In der Form abkühlen lassen. In Schnitten schneiden.

Dänische Aprikosenschnitten

Gebäckschnitten

Ergibt: *35–45 Stück*
Zubereitungszeit: *60 Min.*

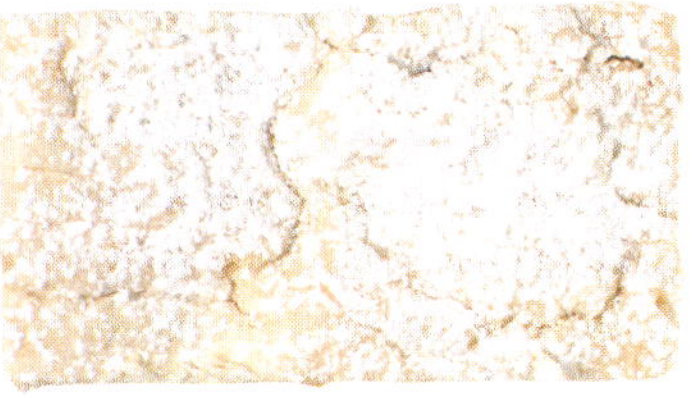

Teig
2 ½ Tassen Mehl
1 TL Salz
1 Tasse Butter, Zimmertemperatur
¾ Tasse brauner Zucker
1 großes Eigelb
1 EL plus ½ TL Sauermilch

Füllung
1 Tasse Haferflocken
1 ½ EL Butter, Zimmertemperatur
8 Tassen Aprikosen, in dünnen Scheiben
1 Tasse Zucker
1 TL Piment, gemahlen

Glasur
1 großes Eiweiß, verschlagen
Zucker zum Bestreuen

1 Ofen auf 190 °C vorheizen. Eine rechteckige Backform (25 x 40 cm) leicht einfetten.

2 Für den Teig Mehl und Salz mischen.

3 Butter und Zucker in einer großen Schüssel schaumig rühren. Eigelb und Milch gut unterrühren. Nach und nach die Mehlmischung zufügen.

4 Teig halbieren. Eine Hälfte auf bemehlter Arbeitsfläche zu einem gut 25 x 40 cm großen Rechteck ausrollen und in die Form legen.

5 Haferflocken über den Teig streuen. Butter in Flöckchen darauf verteilen. Aprikosenscheiben auslegen. Zucker und Piment mischen und über die Aprikosen streuen.

6 Die zweite Teighälfte zu einem Rechteck gleicher Größe ausrollen. Auf die Füllung legen. Ränder der unteren und oberen Teiglage zusammendrücken. In die Oberfläche 2– 3 Schlitze schneiden, damit der Dampf abziehen kann.

7 Oberfläche mit dem Eiweiß bestreichen und mit Zucker bestreuen.

8 Etwa 45–50 Min. goldbraun backen. In der Form abkühlen lassen. In Schnitten schneiden.

Dänische Haferflockenkekse

Ausgerollte Kekse

Ergibt: *25–35 Stück*
Zubereitungszeit: *30 Min.*
Kühlzeit: *2 Std.*

1 ¾ Tassen Mehl
¾ Tasse Haferflocken
1 ½ TL Backpulver
½ Tasse Butter, Zimmertemperatur
½ Tasse Zucker
1 großes Ei
1 ½ EL Wasser

1 Mehl, Haferflocken und Backpulver mischen.

2 Butter und Zucker in einer großen Schüssel schaumig rühren. Ei und Wasser gründlich unterrühren. Nach und nach die Mehl-Haferflocken-Mischung zugeben. Zugedeckt 2 Std. in den Kühlschrank stellen.

3 Ofen auf 190 °C vorheizen. 2 Backbleche leicht einfetten.

4 Teig auf bemehlter Arbeitsfläche knapp 0,5 cm dick ausrollen. Runde Kekse von 7,5 cm Durchmesser ausstechen und in 4 cm Abstand auf die Bleche legen. Jeden Keks mehrfach mit einer Gabel einstechen.

5 Etwa 8–10 Min. goldbraun backen. Auf Kuchengitter abkühlen lassen.

Dänische Pfirsichschnitten

Gebäckschnitten

Ergibt: *15–25 Stück*
Zubereitungszeit: *60 Min.*

Teig
2 ½ Tassen Mehl
1 TL Salz
1 Tasse Butter, Zimmertemperatur
¾ Tasse Puderzucker
1 großes Eigelb
50 g Doppelrahm-Frischkäse, Zimmertemperatur

Füllung
1 Tasse geröstete Weizenflocken, zerstoßen
8 Tassen getrocknete Pfirsiche, gewürfelt
1 Tasse brauner Zucker
1 TL Piment, gemahlen

Glasur
1 großes Eiweiß, verschlagen
Zucker zum Bestreuen

1 Ofen auf 190 °C vorheizen. Eine rechteckige Backform (25 x 40 cm) leicht einfetten.

2 Für den Teig Mehl und Salz mischen.

3 Butter und Zucker in einer großen Schüssel schaumig rühren. Eigelb und Frischkäse gut unterrühren. Nach und nach die Mehlmischung zugeben.

4 Teig in 2 Hälften teilen. Eine Hälfte auf bemehlter Arbeitsfläche zu einem gut 25 x 40 cm großen Rechteck ausrollen und in die Form legen.

5 Weizenflocken auf dem Teig verteilen. Mit Pfirsichen belegen. Zucker und Piment mischen und über die Pfirsiche streuen.

6 Die zweite Teighälfte zu einem Rechteck gleicher Größe ausrollen. Auf die Füllung legen. Ränder der unteren und oberen Teigschicht zusammendrücken. In die Oberfläche 2–3 Schlitze schneiden, damit der Dampf abziehen kann.

7 Mit dem Eiweiß bestreichen und mit Zucker bestreuen.

8 Etwa 45–50 Min. goldbraun backen. In der Form abkühlen lassen. In Schnitten schneiden.

Dänische Zuckerstangen

Ausgerollte Kekse

Ergibt: *35–45 Stück*
Zubereitungszeit: *30 Min.*

2 ½ Tassen Mehl
1 ⅓ Tassen Kekskrümel
1 TL Natron
1 TL Zimt, gemahlen
½ Tasse Pflanzenfett
¾ Tasse Zucker
1 großes Ei
1 TL Vanillearoma
Zucker zum Wälzen

1 Ofen auf 175 °C vorheizen.

2 Mehl, Kekskrümel, Natron und Zimt mischen.

3 Fett und Zucker in einer großen Schüssel schaumig rühren. Ei und Vanillearoma kräftig unterrühren. Nach und nach die Mehlmischung zugeben.

4 Teig auf bemehlter Arbeitsfläche knapp 1,5 cm dick ausrollen. In 4 x 1,5 cm große Streifen schneiden. Streifen zwischen den Handflächen zu Rollen formen. In Zucker wälzen und in 1,5 cm Abstand auf ungefettete Bleche legen.

5 Etwa 10–12 Min. lichtgelb backen. Auf Kuchengitter abkühlen lassen.

Dattel-Doppeldecker

Geformte Kekse

Ergibt: *35–45 Stück*
Zubereitungszeit: *50 Min.*
Kühlzeit: *24 Std.*

1 ¼ Tassen Mehl
1 Tasse Weizen-Vollkornmehl
¼ Tasse Weizenkeime
¼ TL Natron
¼ TL Salz
½ Tasse Pflanzenfett
½ Tasse weißer Zucker
½ Tasse brauner Zucker
2 große Eier
½ TL Vanillearoma

Füllung
⅓ Tasse Zucker
½ Tasse Wasser
2 EL frischgepreßter Zitronensaft
2 TL geriebene Zitronenschale, unbehandelt
2 Tassen Datteln, entsteint, gehackt
½ Tasse Walnüsse, gehackt

1 Beide Mehlsorten, Weizenkeime, Natron und Salz mischen.

2 Fett und beide Zuckersorten in einer großen Schüssel schaumig rühren. Eier unterschlagen. Vanillearoma unterrühren. Nach und nach die Mehlmischung zugeben. Zugedeckt 24 Std. in den Kühlschrank stellen.

3 Für die Füllung alle Zutaten in einem Topf aufkochen. So lange kochen lassen, bis die Masse sehr dick ist. Vom Herd nehmen und abkühlen lassen.

4 Zwei Backbleche leicht einfetten.

5 Teig in zwei Hälften teilen. Eine Portion im Kühlschrank lagern, während die zweite verarbeitet wird. Teig auf bemehlter Arbeitsfläche zu einem etwa 20 x 40 cm großen Rechteck ausrollen. Ränder gerade schneiden. Rechteck der Länge nach in 3 Streifen schneiden. Die Mitte der Streifen der Länge nach mit der Hälfte der Dattelmischung bestreichen. Die Längsseiten der Streifen leicht anfeuchten. Über die Dattelmischung klappen, bis sie sich in der Mitte treffen, und zusammendrücken. Die Rollen vorsichtig umdrehen und in 3 Teile schneiden. In 2,5 cm Abstand auf die Bleche legen. Mit einem Tuch abdecken und 1 Std. in den Kühlschrank stellen. Die zweite Teighälfte auf dieselbe Weise verarbeiten.

6 Ofen auf 175 °C vorheizen.

7 Etwa 15–20 Min. lichtbraun backen. Auf den Blechen auf einem Gitter abkühlen lassen. In Scheiben schneiden.

Backtip: Für ein gutes Gelingen dieses Gebäcks ist es wichtig, daß die Füllung eine sehr dicke Konsistenz besitzt und die Ränder der langen Teigstreifen ebenmäßig und gerade zugeschnitten werden.

Dattel-Haferflocken-Schnitten

Gebäckschnitten

Ergibt: *15–30 Stück*
Zubereitungszeit: *65 Min.*

Füllung
2 Tassen Datteln, entsteint, gehackt
1 Tasse Wasser
2 EL weißer Zucker

Teig
1 Tasse Mehl
½ Tasse brauner Zucker
1 Tasse Haferflocken
⅓ Tasse Pflanzenfett

1 Ofen auf 200 °C vorheizen. Eine quadratische Backform (20 x 20 cm) leicht einfetten.

2 Für die Füllung Datteln, Wasser und Zucker in einem Topf aufkochen. Unter ständigem Rühren 7–10 Min. köchelnd andicken. Etwas abkühlen lassen.

3 Für den Teig Mehl, Zucker und Haferflocken in einer großen Schüssel mischen. Mit in Stücke geschnittenem Fett zu einem krümeligen Teig verarbeiten.

4 Hälfte des Teigs auf den Boden der Form drücken. Mit Füllung übergießen. Zweite Teighälfte auf die Füllung geben und leicht andrücken.

5 Etwa 45–50 Min. backen. In der Form auf Kuchengitter abkühlen lassen. In Streifen schneiden.

Dattel-Honig-Finger

Gebäckschnitten

Ergibt: *50–60 Stück*
Zubereitungszeit: *40 Min.*

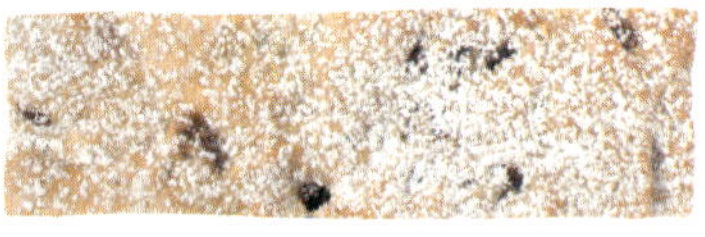

¾ Tasse Mehl
½ TL Backpulver
Prise Salz
¼ Tasse Butter, Zimmertemperatur
5 EL Honig
2 große Eier
⅔ Tasse Datteln, entsteint, gehackt
½ Tasse Walnüsse, feingehackt
Puderzucker zum Besieben

1 Ofen auf 190 °C vorheizen. Eine quadratische Backform (20 x 20 cm) leicht einfetten.

2 Mehl, Backpulver und Salz mischen.

3 Butter und Honig in einer großen Schüssel glatt rühren. Eier unterrühren. Nach und nach die Mehlmischung zugeben. Datteln und Walnüsse unterziehen. Teig gleichmäßig in der Form verteilen.

4 Teig 25–30 Min. backen, bis er sich fest anfühlt. In der Form auf Gitter abkühlen lassen.

5 Mit Puderzucker übersieben und in fingerbreite Stückchen schneiden.

Dattel-Kokos-Knusperchen

Geschnittene Kekse

Ergibt: *25–35 Stück*
Zubereitungszeit: *30 Min.*
Kühlzeit: *1 Woche*

1 Tasse Weizen-Vollkornmehl
½ Tasse Pekannüsse, feingemahlen
½ Tasse Rapsöl
¼ Tasse Honig
1 TL geriebene Zitronenschale, unbehandelt
2 Tassen Datteln, entsteint, feingehackt
¼ Tasse Wasser
½ Tasse Kokosflocken

1 Ofen auf 200 °C vorheizen.

2 Mehl und Nüsse mischen.

3 Öl und Honig in einer großen Schüssel kräftig verrühren. Zitronenschale einrühren. Nach und nach die trockenen Zutaten zugeben. Teig gleichmäßig in einer ungefetteten quadratischen Backform (20 x 20 cm) verteilen und andrücken.

4 Etwa 15 Min. backen.

5 In der Zwischenzeit Datteln und Wasser in einem Topf unter Rühren zu einer geschmeidigen, weichen Masse kochen. In eine große Schüssel füllen.

6 Warmen Teig zu den Datteln geben. Kokosflocken zufügen und gründlich vermengen. Hände mit Mehl bestäuben und den Teig zur 5 cm dicken Rolle formen. Rolle in Wachspapier 1 Woche in den Kühlschrank legen.

7 Rolle dann in 1 cm dicke Scheiben schneiden und – hineinbeißen.

Dattel-Müsli-Quadrate

Gebäckschnitten

Ergibt: *15–30 Stück*
Zubereitungszeit: *35 Min.*

Teig
2 ½ Tassen Mehl
2 TL Backpulver
½ TL Natron
1 TL Zimt, gemahlen
½ TL Muskat, gemahlen
¼ TL Ingwer, gemahlen
¼ TL Salz
½ Tasse Rapsöl
2 große Eier
1 ½ Tassen Birnensaft
1 Tasse Müsli, ungezuckert
1 Tasse Datteln, entsteint, gehackt

Belag
½ Tasse Datteln, entsteint, sehr feingehackt
½ Tasse Müsli, ungezuckert

1 Ofen auf 175 °C vorheizen. Eine rechteckigeBackform (20 x 30 cm) leicht einfetten.

2 Mehl, Backpulver, Natron, Gewürze und Salz mischen.

3 Öl und Eier in einer großen Schüssel cremig schlagen. Birnensaft einrühren. Nach und nach die Mehlmischung zufügen. Müsli und Datteln unterziehen. Teig gleichmäßig in der Form verteilen.

4 Für den Belag Datteln und Müsli in einer kleinen Schüssel mischen. Gleichmäßig auf dem Teig verteilen.

5 Etwa 25–30 Min. backen, bis das Gebäck sich fest anfühlt. In der Form auf einem Gitter abkühlen lassen. In Quadrate schneiden.

Backtip: Zur Herstellung einer eigenen Müslimischung zu gleichen Teilen Haferflocken, gehackte Nüsse, Kokosflocken, Sesamsamen, gehackte Sonnenblumenkerne und gehackte Trockenfrüchte wie Aprikosen und/oder Rosinen vermengen.

Dattel-Paranuss-Schnitten

Gebäckschnitten

Ergibt: *15–25 Stück*
Zubereitungszeit: *45 Min.*

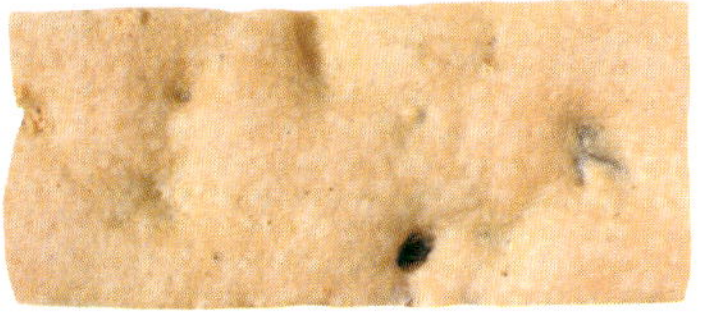

¾ Tasse Mehl
½ TL Backpulver
½ TL Salz
2 große Eier
1 Tasse brauner Zucker
1 Tasse Datteln, entsteint, in Scheiben
½ Tasse Paranüsse

1 Ofen auf 175 °C vorheizen. Eine quadratische Backform (20 x 20 cm) leicht einfetten.

2 Mehl, Backpulver und Salz mischen.

3 Eier in einer großen Schüssel zu einer dicken Creme schlagen. Zucker gründlich unterrühren. Nach und nach die Mehlmischung zugeben. Datteln und Nüsse unterziehen. Teig gleichmäßig in der Form verteilen.

4 Etwa 25–30 Min. backen, bis die Kruste leicht bräunt. In der Form auf Kuchengitter abkühlen lassen. In 5 x 2,5 cm große Streifen schneiden.

Backtip: Die Kekse können vor dem Servieren in Puderzucker gewälzt werden.

DATTEL-PEKANNUSS-FINGER

Geformte Kekse

ERGIBT: *50–60 Stück*
ZUBEREITUNGSZEIT: *50 Min.*

1 ¼ Tassen Rice Krispies
1 Tasse Datteln, entsteint, feingehackt
1 Tasse Pekannüsse, gehackt
½ Tasse Butter
¼ Tasse weißer Zucker
¼ Tasse brauner Zucker
1 großes Ei
1 Tasse Kokosraspel

1 Rice Krispies, Datteln und Pekannüsse in einer großen Schüssel mischen.

2 Butter und beide Zuckersorten im Wasserbad bei niedriger Hitze erwärmen. Rühren, bis die Butter zerlassen und der Zucker aufgelöst ist. Ei unterschlagen. Simmernd (nicht kochend!) unter gelegentlichem Umrühren in 20 Min. sehr dick werden lassen.

3 Heiße Zuckermasse über die Dattelmischung geben. Gut verrühren. Etwas abkühlen lassen.

4 Aus warmen Teigstückchen 5 x 2,5 cm große Streifen formen. In den Kokosraspeln wälzen und abkühlen lassen.

DATTEL-PEKANNUSS-HAPPEN

Gebäckschnitten

ERGIBT: *50–60 Stück*
ZUBEREITUNGSZEIT: *50 Min.*

¾ Tasse Mehl
½ TL Backpulver
¼ TL Salz
3 große Eier
1 Tasse Zucker
2 EL frischgepreßter Orangensaft
¼ Tasse geriebene Orangenschale, unbehandelt
1 Tasse Datteln, entsteint, gehackt
1 Tasse Pekannüsse, gehackt
Zucker zum Wälzen

1 Ofen auf 175 °C vorheizen. Eine quadratische Backform (20 x 20 cm) leicht einfetten.

2 Mehl, Backpulver und Salz mischen.

3 Eier in einer großen Schüssel zu einer dicken Creme schlagen. Zucker, Orangensaft und -schale gut unterrühren. Nach und nach die Mehlmischung beigeben. Datteln und Nüsse unterziehen. Teig gleichmäßig in der Form verteilen.

4 Etwa 20–25 Min. backen, bis die Oberfläche Farbe annimmt. In der Form abkühlen lassen. In kleine Rechtecke schneiden. In Zucker wälzen.

DATTEL-SCHOKOKEKSE I

Gebäckschnitten

ERGIBT: *15–30 Stück*
ZUBEREITUNGSZEIT: *35Min.*

½ Tasse Mehl
¼ TL Backpulver
¼ TL Salz
50 g halbbittere Schokolade, geraspelt
½ Tasse Pflanzenfett
1 Tasse Zucker
2 große Eier
1 TL Vanillearoma
1 Tasse Walnüsse, gehackt
⅔ Tasse Datteln, entsteint, gehackt

1 Ofen auf 160 °C vorheizen. Eine quadratische Backform (20 x 20 cm) leicht einfetten.

2 Mehl, Backpulver und Salz mischen.

3 Schokolade und Fett im Wasserbad zerlassen, glatt rühren. Vom Herd nehmen. Zucker und Eier einzeln unterschlagen. Vanillearoma einrühren. Nach und nach die Mehlmischung zugeben. Walnüsse und Datteln unterziehen. Teig gleichmäßig in der Form verteilen.

4 Etwa 20–25 Min. backen (das Gebäck ist gar, wenn der Teig beim Einstechen mit einem spitzen Hölzchen nicht mehr klebt). In der Form auf Gitter abkühlen lassen. In Schnitten schneiden.

DATTEL-SCHOKOKEKSE II

Gebäckschnitten

ERGIBT: *15–25 Stück*
ZUBEREITUNGSZEIT: *60 Min.*

TEIG
50 g halbbittere Schokolade, geraspelt
1 ¾ Tassen Mehl
1 TL Backpulver
½ TL Salz
¾ Tasse Pflanzenfett
1 Tasse brauner Zucker
2 große Eier
1 TL Vanillearoma
⅓ Tasse Walnüsse, gehackt

FÜLLUNG
¾ Tasse Datteln, entsteint, gehackt
½ Tasse Wasser
¼ Tasse Zucker
¼ TL Vanillearoma

1 Ofen auf 175 °C vorheizen. Eine quadratische Backform (20 x 20 cm) leicht einfetten.

2 Schokolade bei niedriger Hitze im Wasserbad zerlassen. Vom Herd nehmen.

3 Mehl, Backpulver und Salz mischen.

4 Fett und Zucker in einer großen Schüssel schaumig rühren. Eier einzeln unterschlagen. Vanillearoma, dann zerlassene Schokolade unterrühren. Nach und nach die Mehlmischung zufügen. Walnüsse unterziehen.

5 Die Hälfte des Teigs gleichmäßig in der Form verteilen.

6 Für die Füllung Datteln, Wasser und Zucker bei niedriger Hitze unter Rühren 3–5 Min. zu einer dicken Masse kochen. Vom Herd nehmen, Vanillearoma beimengen.

7 Füllung mit einem Löffel auf den Teig in der Form füllen. Restlichen Teig darauf verteilen.

8 Etwa 30–35 Min. backen, bis sich der Teig fest anfühlt. In der Form abkühlen lassen. In Schnitten schneiden.

DATTELBÄLLCHEN

Geformte Kekse

ERGIBT: *50–60 Stück*
ZUBEREITUNGSZEIT: *30 Min.*

1 ¼ Tassen Mehl
1 Prise Salz
½ Tasse Pflanzenfett
⅓ Tasse Puderzucker
1 EL Wasser
1 TL Vanillearoma
⅔ Tasse Datteln, entsteint, gehackt
½ Tasse Walnüsse, gehackt
Puderzucker zum Wälzen

1 Ofen auf 150 °C vorheizen.

2 Mehl und Salz mischen.

3 Fett und Puderzucker in einer großen Schüssel schaumig rühren. Wasser und Vanillearoma gründlich unterrühren. Nach und nach die Mehlmischung zufügen. Datteln und Walnüsse unterziehen.

4 Etwa 2,5 cm große Teigstücke zu Bällchen formen. In 2,5 cm Abstand auf ungefettete Backbleche setzen.

5 Etwa 18–20 Min. backen, bis die Bällchen sich leicht verfärben. Noch warm in Puderzucker wälzen. Auf Kuchengitter abkühlen lassen.

Dattelfinger

Ausgerollte Kekse

ERGIBT: *15–25 Stück*
ZUBEREITUNGSZEIT: *50 Min.*
RUHEZEIT: *24 Std.*

FÜLLUNG
2 EL Pflanzenfett
3 EL Zucker
½ TL Ingwer, gemahlen
½ TL Zimt, gemahlen
⅔ Tasse Korinthen
⅔ Tasse Datteln, ohne Steine, gehackt

TEIG
2 Tassen Mehl
1 TL Salz
¾ Tasse Pflanzenfett
3–4 EL Eiswasser

GLASUR
1 großes Ei, verschlagen
2 EL Puderzucker

1 Für die Füllung Fett in einem großen Topf zerlassen. Zucker, Ingwer, Zimt, Korinthen und Datteln einrühren und aufkochen. In eine Schüssel füllen, beiseite stellen und 24 Std. ruhen lassen.

2 Ofen auf 175 °C vorheizen. Ein Backblech leicht einfetten.

3 Für den Teig Mehl und Salz in einer großen Schüssel mischen. Mit in Stücke geschnittenem Fett zu einer bröseligen Masse verarbeiten. Soviel Wasser zugeben, daß ein geschmeidiger Teig entsteht.

4 Teig zweiteilen. Eine Hälfte auf bemehlter Arbeitsfläche zu einem etwa 40 x 25 cm großen Rechteck ausrollen. Auf das Blech legen. Füllung darauf verteilen, rundum einen gut 1 cm breiten Teigrand frei lassen.

5 Die zweite Teighälfte zu einem Rechteck gleicher Größe ausrollen. Ränder der unteren Teiglage dünn mit Wasser bepinseln. Zweite Teigplatte auf die Füllung legen. Teigränder zusammendrücken. Teig mit einer Gabel einstechen.

6 Mit dem verschlagenen Ei bestreichen und mit Puderzucker übersieben.

7 Etwa 25–30 Min. lichtgold backen. Auf dem Blech auf Kuchengitter abkühlen lassen. In fingerdicke Streifen schneiden.

Backtip: Aus Teig und Füllung lassen sich auch runde Plätzchen von 5–7,5 cm Durchmesser herstellen. Gefüllte Kekse mit einer Vanilleglasur (s. Grundrezepte für Glasuren und Überzüge) beträufeln.

Dattelgefülltes Gebäck

Ausgerollte Kekse

Ergibt: *25–35 Stück*
Zubereitungszeit: *45 Min.*
Kühlzeit: *4 Std.*

Teig
3 Tassen Mehl
½ TL Natron
¼ TL Salz
1 Tasse Pflanzenfett
½ Tasse weißer Zucker
½ Tasse brauner Zucker
1 großes Ei
1 TL Vanillearoma

Füllung
2 Tassen Datteln, entsteint, gehackt
⅓ Tasse Zucker
½ Tasse Wasser
2 EL frischgepreßter Zitronensaft
¼ TL Salz

Glasur
1 großes Ei verschlagen
Zucker zum Bestreuen

1 Mehl, Natron und Salz mischen.

2 Fett und beide Zuckersorten in einer großen Schüssel schaumig rühren. Ei und Vanillearoma gut unterrühren. Nach und nach die Mehlmischung beigeben. Teig halbieren. Jede Hälfte in Wachspapier 4 Std. in den Kühlschrank legen.

3 Für die Füllung Datteln, Zucker, Wasser, Zitronensaft und Salz unter Rühren in einem Topf zu einer sehr dicken Masse kochen. Vom Herd nehmen.

4 Ofen auf 175 °C vorheizen.

5 Teig auf bemehlter Arbeitsfläche knapp 0,5 cm dick ausrollen. Eine gerade Anzahl von Kreisen mit 6 cm Durchmesser ausstechen. Die Hälfte davon in 4 cm Abstand auf ungefettete Backbleche legen. Leicht mit Wasser bepinseln. In die Mitte jeder Scheibe 1 gestrichenen EL Füllung geben. Die restlichen Scheiben auflegen. Teigränder mit einer Gabel versiegeln. Die gefüllten Kekse mit je 2 Einschnitten versehen und mit verschlagenem Ei bestreichen. Mit Zucker bestreuen.

6 Etwa 10–12 Min. lichtgold backen. Auf Kuchengitter abkühlen lassen.

Dattel-häufchen I

Häufchenkekse

Ergibt: *50–60 Stück*
Zubereitungszeit: *30 Min.*

1 ½ Tassen Mehl
1 TL Backpulver
1 TL Zimt, gemahlen
½ TL Nelken, gemahlen
¼ TL Salz
½ Tasse Pflanzenfett
1 Tasse Zucker
2 große Eier
1 ½ Tassen Datteln, entsteint, gehackt
1 Tasse Walnüsse, gehackt

1 Ofen auf 175 °C vorheizen.

2 Mehl, Backpulver, Gewürze und Salz mischen.

3 Fett und Zucker in einer großen Schüssel schaumig rühren. Eier einzeln unterschlagen. Nach und nach die Mehlmischung zugeben. Datteln und Walnüsse unterziehen.

4 Mit Löffeln Teighäufchen in 4 cm Abstand auf ungefettete Backbleche setzen.

5 Etwa 12–15 Min. lichtgelb backen. Auf Kuchengitter abkühlen lassen.

Backtip: Diese Kekse schmecken auch köstlich mit einem Überzug aus Rum-Buttercreme (s. Grundrezepte für Glasuren und Überzüge).

DATTEL-HÄUFCHEN II

Häufchenkekse

ERGIBT: *15–25 Stück*
ZUBEREITUNGSZEIT: *40 Min.*

1 ¼ Tassen Mehl
½ TL Backpulver
½ TL Natron
¼ TL Salz
¼ Tasse Pflanzenfett
¾ Tasse brauner Zucker
1 großes Ei
½ Tasse saurer Rahm
450 g Datteln, entsteint, gehackt
etwa ½ Tasse Walnüsse
Vanilleglasur (s. Grundrezepte für Glasuren und Überzüge))

1 Ofen auf 200 °C vorheizen. 2 Backbleche leicht einfetten.

2 Mehl, Backpulver, Natron und Salz mischen.

3 Fett und Zucker in einer großen Schüssel schaumig rühren. Ei und sauren Rahm unterrühren. Nach und nach die Mehlmischung beigeben. Datteln unterziehen.

4 Mit Löffeln Teighäufchen in 4 cm Abstand auf ungefettete Backbleche setzen. In die Mitte je eine Walnuß drücken.

5 Etwa 8–10 Min. lichtgelb backen. Auf Kuchengitter abkühlen lassen.

6 Vanilleglasur in Spritzbeutel mit kleiner Tülle füllen und um jede Walnuß einen Ring spritzen.

Backtip: Nach einer alten Version dieses Rezepts werden ganze, entsteinte Datteln mit Walnußhälften gefüllt und auf Backbleche gelegt. Dann bedeckt man die Datteln mit Teighäufchen.

DATTELMAKRONEN

Häufchenkekse

ERGIBT: *50–60 Stück*
ZUBEREITUNGSZEIT: *40 Min.*

2 große Eiweiß
⅛ TL Salz
⅔ Tasse Puderzucker
1 TL Vanillearoma
1 Tasse Datteln, entsteint, fein gehackt
½ Tasse Kokosraspel

1 Ofen auf 160 °C vorheizen. 2 Backbleche leicht einfetten.

2 Eiweiß mit dem Salz in einer großen Schüssel zu steifem, schnittfestem Schnee schlagen. Nach und nach Puderzucker, dann Vanillearoma unterschlagen. Datteln und Kokosraspeln unterheben.

3 Mit Löffeln Teighäufchen in 4 cm Abstand auf die Bleche setzen.

4 Etwa 8–10 Min. lichtgelb backen. Auf Kuchengitter abkühlen lassen.

DATTEL-QUADRATE I

Gebäckschnitten

ERGIBT: *25–45 Stück*
ZUBEREITUNGSZEIT: *40 Min.*

FÜLLUNG
450 g Datteln, entsteint, gehackt
½ Tasse brauner Zucker
1 Tasse Wasser

TEIG
2 Tassen Mehl
3 Tassen Haferflocken
1 Tasse brauner Zucker
1 TL Backpulver
½ TL Salz
1 Tasse Pflanzenfett

1 Ofen auf 175 °C vorheizen. Eine quadratische Backform (20 x 20 cm) leicht einfetten.

2 Für die Füllung Datteln, braunen Zucker und Wasser in einem Topf aufkochen. Unter ständigem Rühren 10 Min. kochen lassen. Vom Herd nehmen.

3 Für den Teig Mehl, Haferflocken, Zucker, Backpulver und Salz in einer großen Schüssel mischen. Mit in Stücke geschnittenem Fett zu einem krümeligen Teig verarbeiten.

4 Die Hälfte des Teigs gleichmäßig in die Form drücken. Dattelfüllung darauf verteilen. Restlichen Teig über die Füllung krümeln.

5 Etwa 20–25 Min. backen, bis die Kruste Farbe annimmt. In der Form abkühlen lassen. In beliebig große Quadrate schneiden.

DATTEL-QUADRATE II

Gebäckschnitten

ERGIBT: *15–25 Stück*
ZUBEREITUNGSZEIT: *50 Min.*

FÜLLUNG
2 Tassen Datteln, entsteint, gehackt
½ Tasse frischgepreßter Orangensaft
¼ Tasse Wasser

TEIG
1 ½ Tassen Mehl
¾ TL Natron
¼ TL Salz
¾ Tasse Pflanzenfett
⅔ Tasse brauner Zucker
1–2 Tropfen Mandelaroma
1 ¼ Tassen Haferflocken
½ Tasse Pekannüsse, gehackt

1 Ofen auf 200 °C vorheizen. Eine quadratische Backform (20 x 20 cm) leicht einfetten.

2 Für die Füllung Datteln, Orangensaft und Wasser in einem Topf aufkochen. Unter ständigem Rühren 15 Min. köcheln lassen, bis die Masse stark andickt. Vom Herd nehmen.

3 Für den Teig Mehl, Natron und Salz mischen.

4 Fett und Zucker in einer großen Schüssel schaumig rühren. Mandelaroma, dann nach und nach die Mehlmischung zufügen. Haferflocken und Nüsse unterziehen.

5 Die Hälfte des Teigs gleichmäßig in die Form drücken. Dattelfüllung darauf verteilen. Restlichen Teig über die Füllung geben und leicht andrücken.

6 Etwa 20–25 Min. backen, bis die Oberfläche Farbe annimmt. In der Form auf einem Gitter abkühlen lassen. In beliebig große Quadrate schneiden.

Dattelräder

Ausgerollte Kekse

ERGIBT: *50–60 Stück*
ZUBEREITUNGSZEIT: *45 Min.*
KÜHLZEIT: *Teig: 4 Std.*
Rollen: 24 Std.

TEIG
2 ⅓ Tassen Mehl
½ TL Backpulver
¼ TL Natron
¼ TL Zimt, gemahlen
¼ TL Salz
½ Tasse Pflanzenfett
1 Tasse brauner Zucker
2 große Eier
½ TL Vanillearoma

FÜLLUNG
1 ½ Tassen Datteln, entsteint, feingehackt
½ Tasse Wasser
½ Tasse Zucker
½ Tasse Walnüsse, gemahlen
½ TL Vanillearoma

1 Mehl, Backpulver, Natron, Zimt und Salz mischen.

2 Fett und braunen Zucker in einer großen Schüssel schaumig rühren. Eier, dann Vanillearoma unterrühren. Nach und nach die Mehlmischung zugeben. Teig zugedeckt 4 Std. in den Kühlschrank stellen.

3 Für die Füllung Datteln, Wasser und Zucker in einem Topf aufkochen. Hitze reduzieren. Mischung unter Umrühren köchelnd lassen, bis sie stark andickt. Vom Herd nehmen. Walnüsse und Vanillearoma unterrühren.

4 Teig auf bemehlter Arbeitsfläche zu einem 0,5 cm dicken Rechteck ausrollen. Füllung gleichmäßig darauf verteilen, etwa 0,5 cm breite Teigränder lassen. Teig der Länge nach zu einer Rolle formen, Saumkante festdrücken. Rolle halbieren. In Wachspapier 24 Std. in den Kühlschrank legen.

5 Ofen auf 175 °C vorheizen. 2 Backbleche leicht einfetten.

6 Rollen in 0,5 cm dicke Scheiben schneiden. Scheiben in 2,5 cm Abstand auf die Bleche legen.

7 Etwa 8–10 Min. lichtgelb backen. Auf Kuchengitter abkühlen lassen.

Dattelschnitten I

Gebäckschnitten

ERGIBT: *15–25 Stück*
ZUBEREITUNGSZEIT: *35 Min.*

½ Tasse Mehl
½ TL Backpulver
1 Prise Salz
⅔ Tasse Kondensmilch, ungezuckert
½ TL Vanillearoma
½ Tasse Datteln, entsteint, gehackt
¼ Tasse Walnüsse, gehackt

1 Ofen auf 190 °C vorheizen. Eine quadratische Backform (20 x 20 cm) leicht einfetten.

2 Mehl, Backpulver und Salz mischen.

3 Kondensmilch und Vanille in einer mittelgroßen Schüssel verrühren. Nach und nach die Mehlmischung zugeben. Datteln und Walnüsse unterziehen. Teig gleichmäßig in der Form verteilen.

4 Etwa 18–20 Min. backen. In der Form abkühlen lassen. In Schnitten schneiden.

DATTEL-SCHNITTEN II

Gebäckschnitten

ERGIBT: *15–25 Stück*
ZUBEREITUNGSZEIT: *30 Min.*

1 Tasse Mehl
2 TL Backpulver
¼ TL Salz
4 große Eier, getrennt
1 ½ Tassen Zucker
¼ Tasse Milch
1 TL Vanillearoma
1 Tasse Kleieflocken
1 ½ Tassen Datteln, entsteint, gehackt
1 Tasse Walnüsse, gehackt
Puderzucker zum Besieben

1 Ofen auf 190 °C vorheizen. Eine quadratische Backform (20 x 20 cm) leicht einfetten.

2 Mehl, Backpulver und Salz mischen.

3 Eigelb und Zucker in einer großen Schüssel zu einer dicken Creme schlagen. Milch und Vanillearoma unterrühren. Nach und nach die Mehlmischung beigeben. Kleieflocken, Datteln und Walnüsse unterziehen.

4 Eiweiß in einer großen Schüssel zu steifem, aber nicht völlig trockenem Schnee schlagen. Vorsichtig unter den Teig ziehen. Teig gleichmäßig in der Form verteilen.

5 Etwa 15–20 Min. backen, bis die Oberfläche Farbe annimmt. In der Form auf Gitter abkühlen lassen.

6 In Streifen schneiden und mit Puderzucker übersieben.

DATTEL-SCHNITTEN III

Gebäckschnitten

ERGIBT: *25–35 Stück*
ZUBEREITUNGSZEIT: *45 Min.*

1 Tasse Weizen-Vollkornmehl
½ Tasse Sojamehl
¼ TL Salz
2 große Eier, getrennt
1 Tasse brauner Zucker
¼ Tasse kochendes Wasser
1 TL Vanillearoma
1 Tasse Datteln, entsteint, gehackt
1 Tasse Walnüsse, gehackt

1 Ofen auf 175 °C vorheizen. Eine rechteckige Backform (20 x 30 cm) leicht einfetten.

2 Mehl, Sojamehl und Salz mischen.

3 Eigelb in einer großen Schüssel zu einer hellen, dicken Creme schlagen. Zucker und Wasser unterschlagen. Vanillearoma zufügen. Nach und nach die Mehlmischung beigeben. Datteln und Walnüsse unterziehen.

4 Eiweiß in einer großen Schüssel zu steifem, aber nicht völlig trockenem Schnee schlagen. Vorsichtig unter den Teig ziehen. Teig gleichmäßig in der Form verteilen.

5 Etwa 30–35 Min. hellgelb backen. In der Form abkühlen lassen. In Quadrate oder Recktecke schneiden.

DATTELRÖLLCHEN

Gebäckschnitten

ERGIBT: *35–45 Stück*
ZUBEREITUNGSZEIT: *50 Min.*

1 Tasse Mehl
½ TL Backpulver
3 große Eiweiß
1 Prise Salz
1 Tasse Zucker
⅔ Tasse Datteln, entsteint, gehackt
½ Tasse Walnüsse, feingehackt
Puderzucker zum Wälzen

1 Ofen auf 175 °C vorheizen. Eine quadratische Backform (20 x 20 cm) leicht einfetten.

2 Mehl und Backpulver mischen.

3 Eiweiß mit Salz und Zucker in einer großen Schüssel zu glänzend-steifem, aber nicht völlig trockenem Schnee schlagen. Vorsichtig nach und nach die Mehlmischung, dann Datteln und Walnüsse unterziehen. Teig gleichmäßig in der Form verteilen.

4 Etwa 20–30 Min. backen, bis sich der Teig fest anfühlt. In der Form leicht abkühlen lassen.

5 Gebäck noch warm in fingerlange Streifen schneiden und zwischen den Handflächen zu Röllchen formen. In Puderzucker wälzen und auf Kuchengitter vollständig abkühlen lassen.

Datteltaschen

Ausgerollte Kekse

Ergibt: *15–25 Stück*
Zubereitungszeit: *45 Min.*
Kühlzeit: *8 Std.*

Teig
1 ⅓ Tassen Mehl
¼ TL Salz
⅓ Tasse Pflanzenfett
250 g Doppelrahm-Frischkäse, Zimmertemperatur
2 EL Wasser

Füllung
1 Tasse Datteln, entsteint, gehackt
½ Tasse brauner Zucker
¼ Tasse Wasser

1 Mehl und Salz mischen.

2 Fett und Frischkäse in einer großen Schüssel cremig rühren. Nach und nach die Mehlmischung beimengen. So viel Wasser zugeben, daß ein geschmeidiger Teig entsteht. Zugedeckt 8 Std. in den Kühlschrank stellen.

3 Für die Füllung Datteln, Zucker und Wasser in einem Topf aufkochen. Unter Rühren kochen lassen, bis die Masse andickt. Vom Herd nehmen.

4 Ofen auf 190 °C vorheizen. 2 Backbleche leicht einfetten.

5 Teig auf bemehlter Arbeitsfläche gut 0,5 cm dick ausrollen. Kreise von 7,5 cm Durchmesser ausstechen. Kreise in 2,5 cm Abstand auf die Bleche legen und auf die Mitte je 1 ½ TL der Füllung geben. Kreise zu Halbmonden zusammenklappen. Teigränder festdrücken.

6 Etwa 8–10 Min. backen, bis die Oberfläche leicht anbräunt. Auf Kuchengitter abkühlen lassen.

Deko-Kekse

Ausgerollte Kekse

Ergibt: *50–60 Stück*
Zubereitungszeit: *50 Min.*

3 ¾ Tassen Mehl
1 ½ TL Backpulver
1 TL Salz
1 Tasse Pflanzenfett
2 Tassen Zucker
2 große Eier
2 TL Vanillearoma

1 Ofen auf 190 °C vorheizen. 2 Backbleche leicht einfetten.

2 Mehl, Backpulver und Salz mischen.

3 Fett und Zucker in einer großen Schüssel schaumig rühren. Eier, dann Vanillearoma unterschlagen. Nach und nach die Mehlmischung zugeben.

4 Teig auf bemehlter Arbeitsfläche 0,5 cm dick ausrollen. Mit Förmchen beliebige Figuren ausstechen und in 4 cm Abstand auf die Bleche legen.

5 Etwa 8–10 Min. lichtgelb backen. Auf Kuchengitter abkühlen lassen.

Backtip: Dieses Gebäck ist süßer als die meisten ausgerollten Kekse. Zur Verzierung mit Glasur bestreichen oder Muster aufspritzen (s. Grundrezepte für Glasuren und Überzüge). Auch kleine Bonbons oder Liebesperlen eignen sich zur Dekoration. Will man die Kekse als Weihnachtsbaum- oder Geschenkanhänger verwenden, vor dem Backen in den Rand der Kekse jeweils ein 1,5 cm langes Stück eines Strohhalms stecken und die Halme nach dem Abkühlen entfernen.

Deko-Kekse (nicht essbar)

Ausgerollte Kekse

Ergibt: *unterschiedliche Stückzahl*
Zubereitungszeit: *30 Min.*

2 Tassen Mehl
1 Tasse Salz
1 Tasse Wasser

1 Ofen auf 175 °C vorheizen.

2 Alle Zutaten in einer großen Schüssel zu einem geschmeidigen Teig verarbeiten.

3 Teig auf bemehlter Arbeitsfläche 0,5 cm dick ausrollen. Beliebige Figuren ausstechen und in 2,5 cm Abstand auf ungefettete Bleche legen.

4 Etwa 8–10 Min. hellbraun backen. Auf Kuchengitter abkühlen lassen.

5 Nach dem Abkühlen zum Konservieren mit Spraylack überziehen.

Backtip: Dieser Teig ist ideal für Kinder. Er läßt sich wie Knete formen. Mit Lebensmittelfarbe kann man bunte Teigportionen herstellen. Das Backen macht die Werke der Kinder haltbar. Die gebackenen Figuren lassen sich nach Lust und Laune anmalen. Mit auf die Rückseite geklebten Magneten geben sie fröhliche Pinnwandknöpfe für Metallflächen ab.

Deutsche Bonbons

Geformte Kekse

Ergibt: *50–70 Stück*
Zubereitungszeit: *45 Min.*
Kühlzeit: *1 Std.*

3 große Eiweiß
2 Tassen Puderzucker
450 g Haselnüsse, gemahlen, geröstet
Puderzucker zum Formen
180 g halbbittere Schokolade

1 Ofen auf 175 °C vorheizen. 2 Bleche mit Backpapier auslegen.

2 Eiweiß, Zucker und Haselnüsse im Mixer zu einer geschmeidigen Paste verarbeiten.

3 Hände mit Puderzucker bestäuben. 2,5 cm große Teigstückchen zu Bällchen rollen. In 2,5 cm Abstand auf die Bleche setzen.

4 Etwa 10–12 Min. backen, bis der Teig sich fest anfühlt. Auf Kuchengitter abkühlen lassen.

5 Schokolade im Wasserbad bei niedriger Hitze zerlassen, glatt rühren. Vom Herd nehmen und über Dampf warm halten.

6 Bällchen mit Hilfe eines Holzstäbchens zur Hälfte in die zerlassene Schokolade tauchen. Überschüssige Schokolade auf Gitter abtropfen lassen. Mindestens 1 Std. in den Kühlschrank geben.

Backtip: Ist der Teig zu trocken, vorsichtig Eiweiß zufügen. Ist er zu feucht, mehr Nüsse beigeben. Zur Abwandlung des Rezepts die Haselnüsse durch Mandeln, Paranüsse oder Eßkastanien ersetzen.

Deutsche Gewürzkekse

Ausgerollte Kekse

ERGIBT:*25–45 Stück*
ZUBEREITUNGSZEIT: *35 Min.*
KÜHLZEIT: *8 Std.*

4 Tassen Mehl
2 Tassen Walnüsse, gehackt
2 TL Backpulver
¼ TL Paprikapulver
¼ TL schwarzer Pfeffer, frisch gemahlen
¼ TL Ingwer, gemahlen
¼ TL Nelken, gemahlen
¼ TL Koriander, gemahlen
¼ TL Anissamen
1 ½ Tassen Pflanzenfett
1 Tasse Zucker
1 großes Ei

1 Mehl, Walnüsse, Backpulver und Gewürze mischen.

2 Fett und Zucker in einer großen Schüssel schaumig rühren. Ei unterschlagen. Nach und nach die Mehlmischung zugeben. Zugedeckt 8 Std. in den Kühlschrank stellen.

3 Ofen auf 175 °C vorheizen.

4 Teig auf bemehlter Arbeitsfläche 0,5 cm dick ausrollen. Rosetten von 5 cm Durchmesser oder andere Motive ausstechen. In 4 cm Abstand auf ungefettete Blackbleche legen.

5 Etwa 15–18 Min. backen, bis die Oberfläche etwas Farbe annimmt. Auf Kuchengitter abkühlen lassen.

Backtip: Nach Belieben erkaltete Kekse mit zerlassener Schokolade beträufeln.

Deutsche Honigkekse

Gebäckschnitten

ERGIBT: *60–85 Stück*
ZUBEREITUNGSZEIT: *75 Min.*

TEIG
1 ¾ Tassen Mehl
¼ Tasse Zucker
1 Tasse Mandeln, gemahlen
2 TL Backpulver
¼ TL Salz
½ Tasse Pflanzenfett

BELAG
½ Tasse Pflanzenfett
½ Tasse Zucker
1 großes Ei
2 EL Honig
2 EL Milch
1 TL Vanillearoma
6 Tropfen Mandelaroma

1 Ofen auf 175 °C vorheizen.

2 Für den Teig Mehl, Zucker, Mandeln, Backpulver und Salz in einer großen Schüssel mischen. Mit in Stücke geschnittenem Fett zu einem bröseligen Teig verarbeiten. Teig gleichmäßig in eine ungefettete quadratische Backform (20 x 20 cm) drücken.

3 Für den Belag Fett, Zucker, Ei, Honig und Milch in einem Topf aufkochen. Vom Herd nehmen, Vanillearoma und Mandelaroma unterrühren.

4 Belag über den Teig gießen. 55–60 Min. backen, bis sich der Teig fest anfühlt. In der Form abkühlen lassen. In Dreiecke oder Rechtecke schneiden.

Backtip: Ältere Versionen dieses Rezepts geben Butter- oder Sauermilch statt Vollmilch an. Andere verwenden feingeriebene Haselnüsse anstelle der Mandeln und Schnaps statt Mandelaroma.

Deutsche Mandelkekse

Geformte Kekse

Ergibt: *25–35 Stück*
Zubereitungszeit: *30 Min.*
Kühlzeit: *4 Std.*

Teig
1 ⅔ Tassen Mehl
2 TL Backpulver
½ Tasse Pflanzenfett
1 Tasse Zucker
1 großes Ei
1 TL Vanillearoma

Belag
⅔ Tasse Sahne
2 TL Zucker
1 Tasse Mandelblättchen

1 Mehl und Backpulver mischen.

2 Fett und Zucker in einer großen Schüssel schaumig rühren. Ei unterschlagen. Vanillearoma, dann nach und nach die Mehlmischung zugeben. Zugedeckt 4 Std. in den Kühlschrank stellen.

3 Für den Belag Sahne und Zucker in einem Topf erwärmen. Vom Herd nehmen und Mandeln unterrühren.

4 Ofen auf 175 °C vorheizen. 2 Backbleche leicht einfetten.

5 Walnußgroße Teigstücke zu Bällchen formen und in 4 cm Abstand auf die Bleche setzen. Mit dem in Mehl getauchten Boden eines Glases zu 0,5 cm dicken Kreisen drücken. Belag mit einem Teelöffel auf den Keksen verteilen.

6 Etwa 10–14 Min. backen, bis der Belag leicht anbräunt. Auf Kuchengitter abkühlen lassen.

Deutsche Schokokekse

Gebäckschnitten

Ergibt: *15–25 Stück*
Zubereitungszeit: *45 Min.*

½ Tasse Mehl
½ Tasse Walnüsse, gemahlen
½ TL Backpulver
¼ TL Salz
5 EL Pflanzenfett
4 EL halbbittere Schokolade
90 g Doppelrahm-Frischkäse, Zimmertemperatur
1 Tasse Zucker
3 große Eier
3 Tropfen Mandelaroma

1 Ofen auf 175 °C vorheizen. Eine quadratische Backform (20 x 20 cm) leicht einfetten.

2 Mehl, Walnüsse, Backpulver und Salz mischen.

3 Im Wasserbad 3 EL Fett und die Schokolade zerlassen und glatt rühren. Vom Herd nehmen, restliche 2 EL Fett und Frischkäse unterrühren. Zucker, dann Eier und Mandelaroma unterschlagen. Nach und nach die Mehlmischung zufügen. Teig gleichmäßig in der Form verteilen.

4 Etwa 12–15 Min. backen (beim Einstechen darf kein Teig mehr am Hölzchen kleben). In der Form abkühlen lassen. In Streifen schneiden.

Backtip: Schokoladenglasur macht diese Kekse noch verführerischer.

Deutsche Weihnachtsplätzchen I

Ausgerollte Kekse

ERGIBT: *50–60 Stück*
ZUBEREITUNGSZEIT: *35 Min.*
KÜHLZEIT: *8 Std.*

¾ Tasse Pflanzenfett
1 ½ Tassen Puderzucker
2 große Eigelb
2 große Eier, hartgekocht, zerhackt
2 Tassen Mehl
2 große Eiweiß, verschlagen
Puderzucker zum Besieben

1 Fett und Puderzucker in einer großen Schüssel schaumig rühren. Eigelb und hartgekochte Eier gut unterrühren. Nach und nach das Mehl beigeben. Zugedeckt 8 Std. oder über Nacht in den Kühlschrank stellen.

2 Ofen auf 175 °C vorheizen. 2 Backbleche leicht einfetten.

3 Teig auf bemehlter Arbeitsfläche 0,5 cm dick ausrollen. In bleistiftschmale, 15–20 cm lange Streifen schneiden. Für jeden Keks 3 Streifen zum Zopf flechten und zum Kranz formen. Enden zusammendrücken. In 2,5 cm Abstand auf die Bleche legen. Mit Eiweiß bepinseln und mit Puderzucker übersieben.

4 Etwa 12–15 Min. hell goldgelb backen. Auf Kuchengitter abkühlen lassen.

Backtip: Feingehackte Haselnüsse unter den Puderzucker mischen und die Kekse damit bestreuen.

Deutsche Weihnachtsplätzchen II

Ausgerollte Kekse

ERGIBT: *50–60 Stück*
ZUBEREITUNGSZEIT: *35 Min.*

2 Tassen Mehl
1 Prise Piment, gemahlen
1 Prise Koriander, gemahlen
1 Prise Anis, gemahlen
1 Prise Salz
1 Tasse Pflanzenfett
1 Tasse Zucker
2 große Eier
1 TL frischgepreßter Zitronensaft
1 EL geriebene Zitronenschale, unbehandelt

1 Ofen auf 175 °C vorheizen.

2 Mehl, Gewürze und Salz mischen.

3 Fett und Zucker in einer großen Schüssel schaumig rühren. Eier einzeln unterschlagen. Zitronensaft und -schale einrühren. Nach und nach die Mehlmischung zugeben.

4 Teig auf bemehlter Arbeitsfläche 0,5 cm dick ausrollen. Mit Förmchen Tannenbäume oder andere Motive ausstechen. Kekse in 2,5 cm Abstand auf die Bleche legen.

5 Etwa 12–15 Min. lichtgelb backen. Auf Kuchengitter abkühlen lassen.

Backtip: Man kann die Kekse nach Belieben glasieren und verzieren.

Deutsche Zuckerplätzchen

Geformte Kekse

Ergibt: *35–45 Stück*
Zubereitungszeit: *30 Min.*
Kühlzeit: *4 Std.*

½ Tasse Butter, Zimmertemperatur
⅔ Tasse Zucker
4 große Eigelb
½ TL geriebene Zitronenschale, unbehandelt
2 Tassen Mehl
1 großes Eiweiß, verschlagen

1 Butter und Zucker in einer großen Schüssel schaumig rühren. Eigelb unterschlagen. Zitronenschale unterziehen. Nach und nach das Mehl beigeben. Teig vierteln. In Wachspapier gewickelt 4 Std. in den Kühlschrank legen.

2 Ofen auf 175 °C vorheizen. 2 Backbleche leicht einfetten.

3 Ein Teigviertel verarbeiten, während die restlichen Portionen im Kühlschrank ruhen: Auf bemehlter Arbeitsfläche 0,5 cm dick ausrollen. Mit einem scharfen Messer in 10 x 2 cm große Streifen schneiden. Jeden Streifen zu einem S formen. In 2,5 cm Abstand auf die Bleche legen. Mit Eiweiß bepinseln. Ebenso mit den übrigen Teigvierteln verfahren.

4 Etwa 8–10 Min. lichtgelb backen. Auf Kuchengitter abkühlen lassen.

Backtip: Diese Plätzchen werden vor dem Backen gern mit Hagelzucker bestreut. Man kann den Teig auch in Spritzbeutel oder Gebäckspritze mit Sterntülle füllen und auf die Bleche spritzen.

Deutsche Zuckersirupkekse I

Gebäckschnitten

Ergibt: *25–35 Stück*
Zubereitungszeit: *40 Min.*

3 ¾ Tassen Mehl
1 TL Backpulver
1 TL Zimt, gemahlen
½ TL Nelken, gemahlen
½ TL Kardamom, gemahlen
¼ TL Ingwer, gemahlen
3 EL Butter, Zimmertemperatur
1 Tasse Puderzucker
1 ½ Tassen dunkler Zuckerrübensirup
½ Tasse Walnüsse, feingehackt
½ Tasse Zitronat, gehackt
Rum-Buttercreme (s. Grundrezepte für Glasuren und Überzüge)

1 Ofen auf 175 °C vorheizen. Eine rechteckige Backform (20 x 30 cm) leicht einfetten.

2 Mehl, Backpulver und Gewürze mischen.

3 Butter und Puderzucker in einer großen Schüssel cremig rühren. Sirup unterrühren. Nach und nach die Mehlmischung zufügen. Walnüsse und Zitronat unterziehen. Teig gleichmäßig in der Form verteilen.

4 Etwa 20–25 Min. backen. In der Form abkühlen lassen.

5 Erkaltete Kekse mit Rum-Buttercreme glasieren. In Schnitten schneiden.

Deutsche Zuckersirupkekse II

Ausgerollte Kekse

ERGIBT: *35–45 Stück*
ZUBEREITUNGSZEIT: *35 Min.*
KÜHLZEIT: *2 Tage*

4 Tassen Mehl
1 TL Natron
2 TL Ingwer, gemahlen
1 TL Zimt, gemahlen
½ TL Nelken, gemahlen
1 Tasse Pflanzenfett
¾ Tasse brauner Zucker
1 ¼ Tassen Zuckerrübensirup

1 Mehl, Natron und Gewürze mischen.

2 Fett, Zucker und Sirup in einem Topf zerlassen, umrühren, damit sich der Zucker auflöst. Vom Herd nehmen und nach und nach die Mehlmischung zugeben.

3 Mischung auf bemehlter Arbeitsfläche zu einem geschmeidigen Teig kneten. Teig in Wachspapier mindestens 2 Tage in den Kühlschrank legen.

4 Ofen auf 175 °C vorheizen.

5 Teig auf bemehlter Arbeitsfläche knapp 0,5 cm dick ausrollen. Kreise von 7,5 cm Durchmesser ausstechen. In 2,5 cm Abstand auf ungefettete Bleche legen.

6 Etwa 7–10 Min. backen. Auf Kuchengitter abkühlen lassen.

Deutsches Kartoffelgebäck

Ausgerollte Kekse

ERGIBT: *15–35 Stück*
ZUBEREITUNGSZEIT: *40 Min.*
KÜHLZEIT: *2 Std.*

1 Tasse Kartoffelbrei, gekühlt
1 TL Vanillearoma
2 Tassen Mehl, gekühlt
¼ Tasse Puderzucker, gekühlt
1 Tasse Pflanzenfett

1 Kartoffelmus und Vanillearoma in einer mittelgroßen Schüssel gut verrühren.

2 Mehl und Zucker in einer großen Schüssel mischen. In Stücke geschnittenes Fett zufügen, Kartoffelbrei untermengen. Teig zugedeckt mindestens 2 Std. in den Kühlschrank geben.

3 Ofen auf 200 °C vorheizen. 2 Backbleche leicht einfetten.

4 Teig auf bemehlter Arbeitsfläche 0,5 cm dick ausrollen. Kreise von 4 cm Durchmesser ausstechen. Aus ⅔ der Kreise durch Ausstechen 2 cm großer Löcher Ringe herstellen. Kreise in 4 cm Abstand auf die Bleche legen. Ränder mit Wasser bepinseln. Ringe auflegen, mit Wasser bepinseln und mit den restlichen Ringen belegen.

5 Etwa 15–18 Min. backen. Auf Kuchengitter abkühlen lassen.

Backtip: Das Gebäck mit frischem Obst oder Kompott füllen und mit einem Klacks Schlagsahne garnieren. Andere Möglichkeit: aus Kreisen mit Zitronen-Buttercreme (s. Grundrezepte für Glasuren und Überzüge) gefüllte „Sandwich" Pastetchen herstellen.

DEUTSCH-SCHWEIZERISCHES FESTTAGSGEBÄCK

Ausgerollte Kekse

ERGIBT: *25–45 Stück*
ZUBEREITUNGSZEIT: *40 Min.*
RUHEZEIT: *1–2 Std.*

4 große Eiweiß
1 Tasse Puderzucker
1 TL geriebene Zitronenschale, unbehandelt
2 TL Zimt, gemahlen
2 Tassen Haselnüsse, gemahlen
Puderzucker zum Ausrollen
etwa 3 EL Erdbeerkonfitüre

1 Ofen auf 190 °C vorheizen. 2 Bleche mit Backpapier auslegen.

2 Einweiß in einer großen Schüssel zu flockigem Schnee schlagen. Unter Einrieseln von Puderzucker zu einer steifen, glänzenden Masse schlagen. ⅓ Tasse der Schaummasse abmessen und beiseite stellen. Unter die restlichen zwei Drittel Zitronenschale und Zimt schlagen. Nach und nach Nüsse locker untermengen.

3 Arbeitsfläche mit Pergamentpapier auslegen und großzügig mit Puderzucker bestreuen. Teig 0,5 cm dick ausrollen. 5 cm große Sterne ausstechen. Mit Puderzucker übersieben und in 4 cm Abstand auf die Bleche legen. Mit einem Teelöffel ¼ TL Erdbeerkonfitüre in die Mitte jedes Sterns geben und bis zu den Sternspitzen verstreichen. Jede Sternmitte mit einem winzigen Klecks der aufbewahrten Schaummasse verzieren. Bei Zimmertemperatur 1–2 Std. ruhen lassen.

4 Etwa 8–10 Min. backen, bis die Sterne sich fest anfühlen. Auf den Blechen über Kuchengitter abkühlen lassen.

DICKE SCHOKOSCHNITTEN

Gebäckschnitten

ERGIBT: *15–25 Stück*
ZUBEREITUNGSZEIT: *30 Min.*

½ Tasse plus 2 EL Pflanzenfett
¼ Tasse Kakaopulver, ungezuckert
1 Tasse Zucker
2 große Eier
1 TL Vanillearoma
⅔ Tasse Mehl
70 g Vollmilchschokolade, zerhackt
70 g weiße Schokolade, zerhackt
¾ Tasse Schokoladenglasur (s. S. xxviii)
12–24 Walnußhälften zum Verzieren

1 Ofen auf 175 °C vorheizen. Eine quadratische Backform (20 x 20 cm) leicht einfetten.

2 Fett im Wasserbad zerlassen und mit dem Kakao glattrühren. Vom Herd nehmen und Zucker unterrühren. Eier und Vanillearoma unterschlagen. Nach und nach das Mehl untermengen. Schokoladenstückchen unterziehen. Teig gleichmäßig in der Form verteilen.

3 Etwa 18–20 Min. backen, bis sich der Teig fest anfühlt.

4 Noch warm mit der Schokoladenglasur bestreichen. In Schnitten schneiden, jeweils in die Mitte eine Walnußhälfte setzen. In der Form auf Gitter abkühlen lassen.

DÖRRPFLAUMEN-KEKSE

Gebäckschnitten

ERGIBT: *15–25 Stück*
ZUBEREITUNGSZEIT: *20 Min.*
KÜHLZEIT: *1 Std.*

1 ½ Tassen Pflanzenfett
1 ½ Tassen Zucker
3 EL Sirup
½ TL Vanillearoma
3 Tassen Dörrpflaumen, entsteint, gehackt
3 ½ Tassen Kräcker, zerkrümelt
Puderzucker zum Besieben

1 Eine rechteckige (20 x 30 cm) Backform leicht einfetten.

2 Fett, Zucker, Sirup und Vanillearoma in einem Topf unter Rühren erhitzen, bis das Fett zerlassen ist. Kräftig schlagen. Vom Herd nehmen und Pflaumen unterziehen. Nach und nach die Kräcker zugeben. Mischung gleichmäßig in die Form drücken.

3 Zugedeckt 1 Std. in den Kühlschrank stellen, bis die Mischung fest ist.

4 In Schnitten schneiden und mit Puderzucker übersieben.

Duimpjes

Häufchenkekse

Ergibt: *35–45 Stück*
Zubereitungszeit: *30 Min.*

2 ½ Tassen Mehl
2 TL Backpulver
1 TL Anissamen
¼ TL Salz
½ Tasse Butter, Zimmertemperatur
¾ Tasse Zucker
1 Tasse Milch
½ Tasse Mandeln, gehackt

1 Ofen auf 200 °C vorheizen. 2 Backbleche leicht einfetten.

2 Mehl, Backpulver, Anis und Salz mischen.

3 Butter und Zucker in einer großen Schüssel schaumig rühren. Milch unterrühren. Nach und nach die Mehlmischung zugeben. Mandeln unterziehen.

4 Mit Löffeln Teighäufchen in 4 cm Abstand auf die Bleche setzen.

5 Etwa 10–12 Min. lichtgelb backen. Auf Kuchengitter abkühlen lassen.

Dunkle Geheimnisse

Gebäckschnitten

Ergibt: *75–85 Stück*
Zubereitungszeit: *35 Min.*

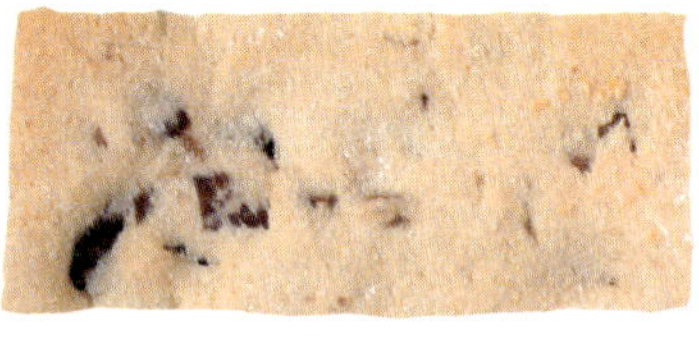

5 Tassen Mehl
1 TL Backpulver
¼ TL Salz
2 EL Pflanzenfett
¾ Tasse weißer Zucker
¼ Tasse brauner Zucker
3 große Eier
1 TL Rum
1 Tasse Datteln, entsteint, gehackt
1 Tasse Pekannüsse, gehackt
Puderzucker zum Wälzen

1 Ofen auf 175 °C vorheizen. Eine rechteckige Backform (25 x 40 cm) leicht einfetten.

2 Mehl, Backpulver und Salz mischen.

3 Fett und beide Zuckersorten in einer großen Schüssel schaumig rühren. Eier einzeln unterschlagen. Rum einrühren. Nach und nach die Mehlmischung zugeben. Datteln und Nüsse unterziehen. Teig gleichmäßig in der Form verteilen.

4 Etwa 15–20 Min. backen, bis die Oberfläche einen Hauch Farbe annimmt. Nicht zu lange backen! Leicht abkühlen lassen.

5 Noch warm in 5 x 2,5 cm große Schnitten schneiden und in Puderzucker wälzen.

Dünne Kekse

Häufchenkekse

Ergibt: *75–90 Stück*
Zubereitungszeit: *30 Min.*

1 Tasse Pflanzenfett
1 Tasse Zucker
2 große Eier
½ TL Vanillearoma
½ TL Zitronenaroma
1 Tasse plus 2 EL Mehl

1 Ofen auf 190 °C vorheizen. 2 Backbleche leicht einfetten.

2 Fett und Zucker in einer großen Schüssel schaumig rühren. Eier einzeln zugeben, jeweils kräftig unterschlagen. Vanille- und Zitronenaroma unterrühren. Nach und nach das Mehl zugeben.

3 Mit Löffeln Teighäufchen in 5 cm Abstand auf die Bleche setzen.

4 Etwa 6–8 Min. backen, bis die Ränder leicht anbräunen. Auf Kuchengitter abkühlen lassen.

Edinburgh-Schnittchen

Gebäckschnitten

Ergibt: *15–25 Stück*
Zubereitungszeit: *40 Min.*

Teig
½ Tasse Pflanzenfett
¼ Tasse Zucker
2 Eigelb von großen Eiern
1 ½ Tassen Mehl

Belag
1 Eiweiß
¼ TL Weinstein
40 g Schokolade, feingeraspelt
¼ Tasse Zucker
1 ½ EL Marmelade oder Konfitüre
¾ Tasse Mandeln, gemahlen

1 Ofen auf 175 °C vorheizen. Eine quadratische Backform (20 x 20 cm) leicht einfetten.

2 Für den Teig Fett und Zucker in einer großen Schüssel schaumig rühren. Eigelb unterschlagen. Nach und nach das Mehl zufügen. Teig gleichmäßig in der Form verteilen.

3 Für den Belag Eiweiß und Weinstein in einer mittelgroßen Schüssel zu steifem, trockenem Schnee schlagen. Schokolade und Zucker unterschlagen.

4 Teig mit Marmelade oder Konfitüre, dann mit dem Belag bestreichen. Den Belag mit Mandeln bestreuen.

5 Etwa 18–20 Min. backen, bis sich die Oberfläche fest anfühlt. In der Form auf Gitter abkühlen lassen. In Quadrate oder Rechtecke schneiden.

Einfache Butter-Karamel-Kekse

Häufchenkekse

Ergibt: *35–50 Stück*
Zubereitungszeit: *30 Min.*

2 Tassen Mehl
2 TL Backpulver
½ TL Salz
⅔ Tasse Rapsöl
1 Tasse brauner Zucker
2 große Eier
2 TL Vanillearoma
1 TL Zucker
½ TL Zimt, gemahlen

1 Ofen auf 175 °C vorheizen.

2 Mehl, Backpulver und Salz mischen.

3 Öl und Zucker in einer großen Schüssel gründlich verrühren. Einzeln die Eier, dann Vanillearoma unterschlagen. Nach und nach die Mehlmischung zufügen.

4 Zucker und Zimt in einer kleinen Schüssel mischen.

5 Mit Löffeln Teighäufchen in 4 cm Abstand auf ungefettete Backbleche setzen. Häufchen mit dem in Rapsöl, dann in die Zimtmischung getauchten Boden eines Glases flachdrücken.

6 Etwa 12–15 Min. backen, bis die Kruste Farbe annimmt. Auf Kuchengitter abkühlen lassen.

Einfache Frischkäseplätzchen

Ausgerollte Kekse

ERGIBT: *35–50 Stück*
ZUBEREITUNGSZEIT: *30 Min.*

250g Doppelrahm-Frischkäse, Zimmertemperatur
¼ Tasse Butter, Zimmertemperatur
3 EL Puderzucker
½ TL Vanillearoma
2 Tassen Mehl
etwa ¼ Tasse Obstkonfitüre (falls erwünscht)
Puderzucker zum Besieben

1 Ofen auf 175 °C vorheizen. 2 Backbleche leicht einfetten.

2 Frischkäse, Butter und Puderzucker in einer großen Schüssel zur glatten Creme rühren. Vanillearoma, dann nach und nach das Mehl zugeben.

3 Teig auf bemehlter Arbeitsfläche gut 0,5 cm dick ausrollen. 5 cm große Sterne oder andere Motive ausstechen und in 2,5 cm Abstand auf die Bleche legen. Nach Belieben in die Mitte jedes Kekses einen Klecks Obstkonfitüre geben.

4 Etwa 12–15 Min. lichtgelb backen. Mit Puderzucker übersieben. Auf Kuchengitter abkühlen lassen.

Einfaches Fudge-Gebäck

Geschnittene Kekse

ERGIBT: *75–85 Stück*
ZUBEREITUNGSZEIT: *35 Min.*
KÜHLZEIT: *8 Std.*

60 g halbbittere Schokolade, zerkleinert
4 ⅓ Tassen Mehl
1 TL Backpulver
½ TL Natron
¼ TL Salz
1 Tasse Pflanzenfett
1 Tasse brauner Zucker
1 Tasse weißer Zucker
2 große Eier
⅓ Tasse Milch
1 TL Vanillearoma
½ Tasse Walnüsse, gehackt (falls erwünscht)

1 Schokolade im Wasserbad zerlassen und glattrühren. Vom Herd nehmen.

2 Mehl, Backpulver, Natron und Salz mischen.

3 Fett und beide Zuckersorten in einer großen Schüssel schaumig rühren. Eier einzeln unterschlagen. Nacheinander Milch, Vanillearoma und zerlassene Schokolade einrühren. Nach und nach die Mehlmischung beigeben. Walnüsse unterziehen.

4 Teig halbieren. Jede Hälfte zur 5 cm dicken Rolle formen. In Wachspapier 8 Std. oder über Nacht in den Kühlschrank legen.

5 Ofen auf 190 °C vorheizen.

6 Rollen in knapp 0,5 cm dicke Scheiben schneiden. Scheiben in 2,5 cm Abstand auf ungefettete Backbleche legen.

7 Etwa 12–15 Min. backen. Auf Kuchengitter abkühlen lassen.

Einsiedler

Häufchenkekse

Ergibt: *60–95 Stück*
Zubereitungszeit: *35 Min.*

5 ⅓ Tassen Mehl
1 EL plus 1 TL Backpulver
1 TL Natron
1 EL Zimt, gemahlen
1 TL Nelken, gemahlen
1 TL Muskat, gemahlen
1 TL Salz
2 Tassen Pflanzenfett
4 Tassen brauner Zucker
4 große Eier
⅔ Tasse Milch
1 ½ Tassen Walnüsse, gehackt
1 ⅓ Tassen Rosinen

1 Ofen auf 175 °C vorheizen. 2 Backbleche leicht einfetten.

2 Mehl, Backpulver, Natron, Gewürze und Salz mischen.

3 Fett und Zucker in einer großen Schüssel schaumig rühren. Einzeln die Eier, dann die Milch unterschlagen. Nach und nach die Mehlmischung zugeben. Walnüsse und Rosinen unterziehen.

4 Mit Löffeln Teighäufchen in 4 cm Abstand auf die Bleche setzen.

5 Etwa 12–15 Min. backen. Auf Kuchengitter abkühlen lassen.

Backtip: Zur Variation ein paar Tropfen Mandelaroma zugeben und statt Walnüssen gehackte Mandeln nehmen.

Energiespender

Häufchenkekse

Ergibt: *35–60 Stück*
Zubereitungszeit: *30 Min.*
Kühlzeit: *1 Std.*

Teig
3 Tassen Haferflocken
½ Tasse Erdnußbutter
5 EL Kakaopulver, ungezuckert
2 TL Vanillearoma

Glasur
2 Tassen Zucker
½ Tasse Pflanzenfett
½ Tasse Milch

1 Zwei Bleche mit Backpapier auslegen.

2 Haferflocken, Erdnußbutter, Kakao und Vanillearoma in einer großen Schüssel gut verrühren.

3 Mit Löffeln Teighäufchen in 2,5 cm Abstand auf die Bleche setzen. Mit Pergamentpapier abdecken und 1 Std. in den Kühlschrank stellen.

4 Für die Glasur Zucker, Pflanzenfett und Milch in einem Topf aufkochen. Umrühren, bis das Fett zerlassen ist. 1 Min. kochen lassen. Vom Herd nehmen. Glasur mit einem Löffel auf die gekühlten Zuckerteighäufchen gießen. Abkühlen lassen.

5 Das Kekskonfekt einzeln in Wachspapier wickeln und luftdicht lagern.

Englische Gewürzkekse

Ausgerollte Kekse

Ergibt: *60–70 Stück*
Zubereitungszeit: *30 Min.*

3 Tassen Mehl
1 ½ TL Natron
1 TL Zimt, gemahlen
¼ TL Piment, gemahlen
¼ TL Nelken, gemahlen
1 Tasse Pflanzenfett
1 Tasse Zucker
1 großes Ei
¾ Tasse Sirup
1 ½ TL Apfelessig

1 Ofen auf 175 °C vorheizen. 2 Backbleche leicht einfetten.

2 Mehl, Natron und Gewürze mischen.

3 Fett und Zucker in einer großen Schüssel schaumig rühren. Ei unterschlagen. Sirup und Essig gründlich unterrühren. Nach und nach die Mehlmischung zufügen.

4 Teig auf bemehlter Arbeitsfläche gut 0,5 cm dick ausrollen. Runde Scheiben von 4 cm Durchmesser ausstechen und in 4 cm Abstand auf die Bleche legen.

5 Etwa 8–12 Min. backen, bis sich der Teig fest anfühlt. Auf Kuchengitter abkühlen lassen.

Backtip: Der Essig verleiht den Keksen ein schwach säuerliches Aroma. Wenn Sie daran Geschmack finden: 1 TL Essig auch anderen Rezepten für Gewürzkekse beigeben.

Englische Pekannuss-Kekse

Häufchenkekse

Ergibt: *35–60 Stück*
Zubereitungszeit: *45 Min.*

1 EL Mehl
Prise Salz
1 großes Eiweiß
1 Tasse brauner Zucker
1 Tasse Pekannüsse, gehackt

1 Ofen auf 160 °C vorheizen. 2 Bleche mit Backpapier auslegen.

2 Mehl und Salz mischen.

3 Eiweiß in einer großen Schüssel zu steifem, aber nicht trockenem Schnee schlagen. Unter Einrieseln des Zuckers zur glänzenden, steifen Masse schlagen. Nach und nach die Mehlmischung unterziehen, dann Nüsse unterheben.

4 Mit Löffeln Teighäufchen in 4 cm Abstand auf die Bleche setzen.

5 Etwa 12–15 Min. backen, bis sich die Ränder zart bräunen. Auf den Blechen über Kuchengitter abkühlen lassen.

Backtip: Dieses britische Rezept stammt aus dem frühen 19. Jahrhundert.

Englische Teekuchen I

Gebäckschnitten

Ergibt: *15–35 Stück*
Zubereitungszeit: *40Min.*

1 Tasse Pflanzenfett
1 Tasse Zucker
4 große Eier
1 Tasse Mehl
1 ½ Tassen Korinthen
Puderzucker zum Besieben

1 Ofen auf 175 °C vorheizen. Eine rechteckige Backform (20 x 30 cm) leicht einfetten.

2 Fett und Zucker in einer großen Schüssel schaumig rühren. Eier einzeln unterschlagen. Nach und nach das Mehl zugeben. Korinthen unterziehen. Teig gleichmäßig in der Form verteilen.

3 Etwa 25–30 Min. backen, bis die Oberfläche Farbe annimmt. In der Form auf Gitter abkühlen lassen.

4 Mit Puderzucker übersieben. In Dreiecke oder Rechtecke schneiden.

Backtip: Die Korinthen lassen sich durch 1 Tasse feingehackte Rosinen ersetzen.

Englische Teekuchen II

Geformte Kekse

Ergibt: *35–50 Stück*
Zubereitungszeit: *50 Min.*
Kühlzeit: *4 Std.*

1 ¾ Tassen Mehl
1 ½ TL Backpulver
¼ TL Salz
½ Tasse Butter, Zimmertemperatur
¾ Tasse Zucker
1 großes Ei
2 EL Milch
½ Tasse Zitronat, feingehackt
½ Tasse Korinthen
1 großes Eiweiß
Zucker zum Dippen

1 Mehl, Backpulver und Salz mischen.

2 Butter und Zucker in einer großen Schüssel schaumig rühren. Ei und Milch gut unterrühren. Nach und nach die Mehlmischung beigeben. Zitronat und Korinthen unterziehen. Zugedeckt 4 Std. in den Kühlschrank stellen.

3 Ofen auf 200 °C vorheizen. 2 Backbleche leicht einfetten.

4 Eiweiß in einer kleinen Schüssel schaumig schlagen.

5 Walnußgroße Teigstücke zu Bällchen formen. Bällchen in den Eiweißschaum, dann in den Zucker dippen. Mit der Zuckerseite nach oben in 4 cm Abstand auf die Bleche setzen.

6 Etwa 12–15 Min. lichtgelb backen. Auf Kuchengitter abkühlen lassen.

Englische Toffee-Quadrate

Gebäckschnitten

Ergibt: *15–25 Stück*
Zubereitungszeit: *75 Min.*

2 Tassen Mehl
1 TL Zimt, gemahlen
1 Tasse Pflanzenfett
1 Tasse brauner Zucker
1 großes Eigelb
1 Tasse Walnüsse, gehackt

1 Ofen auf 135 °C vorheizen. Eine quadratische Backform (20 x 20 cm) leicht einfetten.

2 Mehl und Zimt mischen.

3 Fett und Zucker in einer großen Schüssel schaumig rühren. Eigelb unterschlagen. Nach und nach die Mehlmischung beigeben. Walnüsse unterziehen. Teig gleichmäßig in der Form verteilen.

4 Etwa 55–60 Min. backen, bis sich der Teig fest anfühlt. In der Form auf Kuchengitter abkühlen lassen. In Quadrate oder Rechtecke schneiden.

Englisches Teegebäck I

Ausgerollte Kekse

Ergibt: *35–50 Stück*
Zubereitungszeit: *30 Min.*

4 ¼ Tassen Mehl
¼ TL Natron
¼ TL Muskat, gemahlen
½ Tasse Pflanzenfett
1 ½ Tassen Zucker
2 große Eier
½ Tasse Sahne

1 Ofen auf 175 °C vorheizen. 2 Backbleche leicht einfetten.

2 Mehl, Natron und Muskat mischen.

3 Fett und Zucker in einer großen Schüssel schaumig rühren. Eier einzeln, dann Sahne unterschlagen. Nach und nach die Mehlmischung zugeben.

4 Teig auf bemehlter Arbeitsfläche knapp 0,5 cm dick ausrollen. Kreise von 4–5 cm Durchmesser ausstechen. Kreise mit 2,5 cm Abstand auf die Bleche legen.

5 Etwa 12–15 Min. lichtgelb backen. Auf Kuchengitter abkühlen lassen.

Backtip: Man kann den Muskat durch Gewürze wie Zimt, Nelken (bei gemahlenen Nelken nur die halbe Menge nehmen) oder Piment ersetzen.

Englisches Teegebäck II

Geschnittene Kekse

Ergibt: *25–45 Stück*
Zubereitungszeit: *35 Min.*
Kühlzeit: *4 Std.*

2 ¼ Tassen Mehl
½ TL Salz
½ Tasse Butter, Zimmertemperatur
½ Tasse Zucker
2 große Eigelb
2 EL frischgepreßter Zitronensaft
1 EL geriebene Zitronenschale, unbehandelt
⅔ Tasse Kokosraspel

1 Mehl und Salz mischen.

2 Butter und Zucker in einer großen Schüssel schaumig rühren. Eigelb, dann Zitronensaft und -schale unterschlagen. Nach und nach die Mehlmischung zugeben. Kokosraspeln unterziehen. Teig zu einer 6,5 cm dicken Rolle formen. In Wachspapiergewickelt 4 Std. in den Kühlschrank legen.

3 Ofen auf 175 °C vorheizen. 2 Backbleche leicht einfetten.

4 Rolle in knapp 0,5 cm dicke Scheiben schneiden. Scheiben in 2,5 cm Abstand auf die Bleche legen.

5 Etwa 12–15 Min. lichtgelb backen. Auf Kuchengitter abkühlen lassen.

Backtip: Raffinierter wirken diese Kekse, wenn man sie nach dem Abkühlen zur Hälfte in flüssige Schokolade taucht. Auf Kuchengitter legen, bis die Schokolade erstarrt.

Erdbeer-Baiserschnitten

Gebäckschnitten

Ergibt: *35–50 Stück*
Zubereitungszeit: *45 Min.*

Teig
¾ Tasse Pflanzenfett
¼ Tasse Zucker
2 große Eigelb
1 ½ Tassen Mehl

Belag
2 große Eiweiß
½ Tasse Zucker
1 Tasse Mandeln, gehackt
1 Tasse Erdbeeren, püriert
1 Tasse Kokosraspeln

1 Ofen auf 175 °C vorheizen. Eine rechteckige Backform (20 x 30 cm) leicht einfetten.

2 Für den Teig Fett und Zucker in einer großen Schüssel schaumig rühren. Eigelb unterschlagen. Nach und nach das Mehl zugeben. Teig gleichmäßig in der Form verteilen.

3 Etwa 15 Min. backen.

4 In der Zwischenzeit den Belag zubereiten: Eiweiß in einer großen Schüssel zu schaumigem Schnee schlagen. Unter Einrieseln des Zuckers zur festen, glänzenden Masse schlagen. Mandeln unterheben.

5 Erdbeerpüree auf dem heißen Teig verteilen. Mit Kokosraspeln bestreuen. Eiweiß-Mandel-Schaum vorsichtig darauf verstreichen.

6 Etwa 20–25 Min. backen, bis der Belag sich fest anfühlt. In der Form abkühlen lassen. In Schnitten beliebiger Größe schneiden.

Erdnuss-Blondies

Gebäckschnitten

Ergibt: *25–35 Stück*
Zubereitungszeit: *40 Min.*

½ Tasse Pflanzenfett
2 Tassen brauner Zucker
1 Tasse Erdnußbutter
4 große Eier
2 TL Vanillearoma
1 Tasse Mehl
2 Tassen Erdnüsse, gehackt

1 Ofen auf 175 °C vorheizen. Eine quadratische Backform (20 x 20 cm) leicht einfetten.

2 Fett und Zucker in einer großen Schüssel schaumig rühren. Nacheinander Erdnußbutter, Eier und Vanillearoma unterschlagen. Nach und nach Mehl zufügen. Teig gleichmäßig in der Form verteilen. Mit den Nüssen bestreuen.

3 Etwa 30–35 Min. backen (beim Einstechen mit einem spitzen Hölzchen darf der Teig nicht mehr kleben). In der Form abkühlen lassen. In beliebig große Rechtecke schneiden.

Erdnuss-Schoko-Kekse

Geformte Kekse

Ergibt: *50–60 Stück*
Zubereitungszeit: *30 Min.*

1 Tasse Weizenmehl
2 Tassen Reismehl
¼ Tasse Kakaopulver, ungezuckert
1 TL Backpulver
¾ Tasse Pflanzenfett
1 Tasse Zucker
1 TL Vanillearoma
1 Tasse Rosinen, gehackt
1 Tasse Erdnüsse, gehackt

1 Ofen auf 175 °C vorheizen. 2 Backbleche leicht einfetten.

2 Beide Mehlsorten, Kakao und Backpulver mischen.

3 Fett und Zucker in einer großen Schüssel schaumig rühren. Vanillearoma, dann nach und nach die Mehlmischung zufügen. Rosinen unterziehen. Falls die Teigmasse nicht bindet, teelöffelweise Wasser zugeben, bis die gewünschte Konsistenz erreicht ist.

4 Walnußgroße Teigstücke zu Bällchen formen. Bällchen in den Erdnüssen wälzen und in 7,5 cm Abstand auf die Bleche setzen. Mit dem in Mehl getauchten Boden eines Glases die Bällchen zu gut 0,5 cm dicken Scheiben drücken.

5 Etwa 10–12 Min. goldgelb backen. Auf Kuchengitter abkühlen lassen.

Backtip: Man kann die Kekse mit Schokoladenglasur überziehen oder dekorativ bespritzen. Für die Glasur 1 Tasse Puderzucker, 2 TL ungezuckerten Kakao und 1 TL Wasser streichfähig rühren. Bei Bedarf tropfenweise Wasser zugeben.

Erdnussbutter-Bananen-Quadrate

Gebäckschnitten

Ergibt: *25–35 Stück*
Zubereitungszeit: *30 Min.*

1 Tasse Mehl
1 TL Backpulver
1 TL Natron
¼ Tasse Erdnußbutter
1 Tasse Bananen, zerdrückt
¼ Tasse Bananenjoghurt
1 großes Ei
½ Tasse Erdnüsse, gehackt

1 Ofen auf 175 °C vorheizen. Eine quadratische Backform (20 x 20 cm) leicht einfetten.

2 Mehl, Backpulver und Natron mischen.

3 Erdnußbutter, Bananen und Joghurt in einer großen Schüssel cremig schlagen. Ei unterschlagen. Nach und nach die Mehlmischung zugeben. Erdnüsse unterziehen. Teig gleichmäßig in der Form verteilen.

4 Etwa 18–20 Min. backen, bis der Teig sich fest anfühlt. In der Form auf Kuchengitter abkühlen lassen. In Quadrate schneiden.

Ernussbutter-Gesundheitskekse

Geformte Kekse

Ergibt: *35–50 Stück*
Zubereitungszeit: *30 Min.*

1 Tasse Pflanzenfett, streichfähig
1 Tasse brauner Zucker
½ Tasse Erdnußbutter
3 große Eiweiß
2 Tassen Mehl

1 Ofen auf 190 °C vorheizen. 2 Backbleche leicht einfetten.

2 Fett und Zucker in einer großen Schüssel schaumig rühren. Erdnußbutter, dann Eiweiß unterschlagen. Nach und nach das Mehl zufügen.

3 Etwa 2,5 cm große Teigstücke zu Bällchen rollen. Bällchen in 4 cm Abstand auf die Bleche setzen und mit einer Gabel zu gut 0,5 cm dicken Scheiben pressen.

4 Etwa 8–10 Min. hellgelb backen. Auf Kuchengitter abkühlen lassen.

Erdnussbutter-Jumbos I

Häufchenkekse

Ergibt: *25–35 Stück*
Zubereitungszeit: *30 Min.*

2 ½ Tassen Mehl
1 TL Backpulver
1 ½ TL Natron
2 Tassen brauner Zucker
1 Tasse Pflanzenfett
1 Tasse Erdnußbutter
2 große Eier

1 Ofen auf 175 °C vorheizen. 2 Backbleche leicht einfetten.

2 Mehl, Backpulver und Natron mischen.

3 Zucker, Pflanzenfett, Erdnußbutter und Eier in einer großen Schüssel gut verrühren. Nach und nach die Mehlmischung beigeben. Der Teig hat eine sehr weiche Konsistenz.

4 Mit einem Löffel Teighäufchen in 7,5 cm Abstand auf die Bleche setzen. Mit der in Mehl getauchten Rückseite des Löffels die Häufchen zu großen Kreisen verstreichen.

5 Etwa 10–12 Min. goldbraun backen. Auf den Blechen abkühlen lassen.

Backtip: Damit aus diesem und dem nachstehenden Rezept tatsächlich „Jumbos“ entstehen, die Teighäufchen mit einem großen Vorlegelöffel auf die Bleche setzen. Die „Jumbos“ gehen beim Backen auf: daher Abstand halten, auch wenn vielleicht nur 6–8 Stück auf ein Backblech passen.

Erdnussbutter-Jumbos II

Häufchenkekse

Ergibt: *24 Stück*
Zubereitungszeit: *30 Min.*
Kühlzeit: *4 Std.*

2 ¼ Tassen Mehl
¾ TL Natron
½ TL Salz
3 ½ Tassen brauner Zucker
1 ½ Tassen weißer Zucker
1 ½ Tassen Erdnußbutter
1 ½ Tassen Pflanzenfett
3 große Eier

1 Mehl, Natron und Salz mischen.

2 Beide Zuckersorten, Erdnußbutter und Pflanzenfett zur geschmeidigen Creme rühren. Eier unterschlagen. Nach und nach die Mehlmischung zufügen. Zugedeckt 4 Std. in den Kühlschrank stellen.

3 Ofen auf 175 °C vorheizen.

4 Mit einem Löffel Teighäufchen in 7,5 cm Abstand auf ungefettete Backbleche setzen. Mit der in Mehl getauchten Rückseite des Löffels die Häufchen zu großen Kreisen verstreichen.

5 Etwa 10–12 Min. braungold backen. Auf Kuchengitter abkühlen lassen.

Backtip: Erdnußbutter mit Nußstückchen machen die Jumbos noch knuspriger.

Erdnussbutter-Plätzchen I

Geformte Kekse

Ergibt: *25–35 Stück*
Zubereitungszeit: *30 Min.*

1 ½ Tassen Mehl
1 ½ TL Backpulver
½ TL Salz
1 Tasse brauner Zucker
½ Tasse Erdnußbutter
¼ Tasse Pflanzenfett
1 großes Ei
2 EL frischgepreßter Orangensaft
1 ½ TL Vanillearoma
1 ½ TL geriebene Orangenschale, unbehandelt
¾ Tasse Korinthen

1 Ofen auf 200 °C vorheizen. 2 Backbleche leicht einfetten.

2 Mehl, Backpulver und Salz mischen.

3 Zucker, Erdnußbutter und Pflanzenfett in einer großen Schüssel zur glatten Creme rühren. Nacheinander Ei, Orangensaft, Vanillearoma und Orangenschale gut unterrühren. Nach und nach die Mehlmischung zufügen. Korinthen unterziehen.

4 Walnußgroße Teigstücke zu Bällchen formen. In 5 cm Abstand auf die Bleche setzen. Bällchen mit einer in Mehl getauchten Gabel leicht flachpressen.

5 Etwa 12–15 Min. goldbraun backen. Auf Kuchengitter abkühlen lassen.

Backtip: Diese Kekse entfalten ihr volles Aroma, wenn man sie nach dem Backen einen Tag ruhen läßt.

ERDNUSSBUTTER-PLÄTZCHEN II

Häufchenkekse

ERGIBT: *35–50 Stück*
ZUBEREITUNGSZEIT: *30 Min.*
KÜHLZEIT: *4 Std.*

2 ½ Tassen Mehl
1 TL Backpulver
1 TL Natron
½ TL Ingwer, gemahlen
½ TL Zimt, gemahlen
¼ TL Nelken, gemahlen
1 Tasse brauner Zucker
2 große Eier
½ Tasse Erdnußbutter
2 EL Sauermilch

1 Mehl, Backpulver, Natron und Gewürze mischen.

2 Zucker und Eier in einer großen Schüssel cremig schlagen. Nacheinander Erdnußbutter und Milch unterrühren. Nach und nach die Mehlmischung zugeben. Zugedeckt mindestens 4 Std. in den Kühlschrank stellen.

3 Ofen auf 175 °C vorheizen. 2 Backbleche leicht einfetten.

4 Mit Löffeln Teighäufchen in 4 cm Abstand auf die Bleche setzen. Häufchen mit einer in Mehl getauchten Gabel leicht flachdrücken.

5 Etwa 8–10 Min. hell goldbraun backen. Auf Kuchengitter abkühlen lassen.

ERDNUSSBUTTER-PLÄTZCHEN III

Häufchenkekse

ERGIBT: *50–60 Stück*
ZUBEREITUNGSZEIT: *30 Min.*
KÜHLZEIT: *1 Std.*

½ Tasse Sirup
1 Tasse Erdnußbutter
1 Tasse Zucker
6 Tassen Cornflakes

1 Zwei Bleche mit Backpapier auslegen.

2 Sirup in einem mittelgroßen Topf zum Kochen bringen. Kochen, bis er knapp 115 °C heiß, also noch recht weich, ist. Vom Herd nehmen, Erdnußbutter und Zucker gründlich unterrühren.

3 Cornflakes in einer großen Schüssel mit der warmen Sirupmischung übergießen, gut umrühren.

4 Mit Löffeln Häufchen in 2,5 cm Abstand auf die Bleche setzen. Häufchen im Kühlschrank erkalten lassen.

ERDNUSSBUTTER-PLÄTZCHEN IV

Häufchenkekse

ERGIBT: *25–40 Stück*
ZUBEREITUNGSZEIT: *30 Min.*

1 Tasse Mehl
½ TL Backpulver
¼ TL Kardamom, gemahlen
¼ Tasse Erdnußbutter
2 EL Butter, Zimmertemperatur
2 große Eier
¼ Tasse Bananen, zerdrückt
¾ TL Bananenlikör
1 Tasse Erdnüsse, gehackt

1 Ofen auf 175 °C vorheizen. 2 Backbleche leicht einfetten.

2 Mehl, Backpulver und Kardamom mischen.

3 Erdnußbutter, Butter, Eier und Bananen in einer großen Schüssel zur glatten Creme rühren. Likör einrühren. Nach und nach die Mehlmischung beigeben. Erdnüsse unterziehen.

4 Mit Löffeln Teighäufchen in 4 cm Abstand auf die Bleche setzen. Häufchen mit einer in Mehl getauchten Gabel leicht flachdrücken.

5 Etwa 5–8 Min. backen, bis die Kruste Farbe annimmt. Auf Kuchengitter abkühlen lassen.

ERDNUSSBUTTER-PLÄTZCHEN V

Geschnittene Kekse

ERGIBT: *50–60 Stück*
ZUBEREITUNGSZEIT: *30 Min.*
KÜHLZEIT: *8 Std.*

1 ¾ Tassen Mehl
2 TL Natron
¼ TL Salz
½ Tasse Pflanzenfett
1 Tasse Zucker
½ Tasse Erdnußbutter
1 großes Ei
1 TL Vanillearoma
½ TL geriebene Zitronenschale, unbehandelt

1 Mehl, Natron und Salz mischen.

2 Fett und Zucker in einer großen Schüssel schaumig rühren. Nacheinander Erdnußbutter, Ei, Vanillearoma und Zitronenschale gründlich unterrühren. Nach und nach die Mehlmischung zugeben.

3 Teig in 2 Hälften teilen und zu 5 cm dicken Rollen formen. In Wachspapier gewickelt 8 Std. oder über Nacht in den Kühlschrank legen.

4 Ofen auf 175 °C vorheizen.

5 Rollen in gut 0,5 cm dicke Scheiben schneiden. Scheiben in 2,5 cm Abstand auf ungefettete Backbleche legen. Mit einer in Mehl getauchten Gabel ein Gittermuster auf die Kekse drücken.

6 Etwa 7–10 Min. backen. Auf Kuchengitter abkühlen lassen.

Backtip: Die Rollen können vor dem Kühlen in gehackten Erdnüssen gewälzt werden.

ERDNUSSBUTTER-SCHNITTEN I

Gebäckschnitten

ERGIBT: *25–35 Stück*
ZUBEREITUNGSZEIT: *40 Min.*

1 ½ Tassen Mehl
½ TL Salz
2 Tassen brauner Zucker
1 Tasse Erdnußbutter
⅔ Tasse Pflanzenfett
3 große Eier
1 TL Vanillearoma
Vanilleglasur (s. Grundrezepte für Glasuren und Überzüge)

1 Ofen auf 175 °C vorheizen. Eine quadratische Backform (20 x 20 cm) leicht einfetten.

2 Mehl und Salz mischen.

3 Zucker, Erdnußbutter und Pflanzenfett in einer großen Schüssel zur glatten Creme rühren. Eier, dann Vanillearoma unterschlagen. Nach und nach die Mehlmischung zufügen. Teig gleichmäßig in der Form verteilen.

4 Etwa 30–35 Min. backen, bis sich der Teig fest anfühlt. In der Form abkühlen lassen.

5 Mit Vanilleglasur beträufeln. In Quadrate oder Rechtecke schneiden.

Erdnussbutter-Schnitten II

Gebäckschnitten

Ergibt: *35–50 Stück*
Zubereitungszeit: *45 Min.*

1 Tasse Mehl
½ Tasse Haferflocken
1 TL Backpulver
½ TL Salz
½ Tasse Pflanzenfett
¾ Tasse brauner Zucker
1 Tasse Erdnußbutter
3 große Eier
½ Tasse Milch
1 TL Vanillearoma
170 g halbbittere Schokoladen-Tröpfchen

1 Ofen auf 175 °C vorheizen.

2 Mehl, Haferflocken, Backpulver und Salz mischen.

3 Pflanzenfett und braunen Zucker in einer großen Schüssel schaumig rühren. Nacheinander Eier, Milch und Vanillearoma gut unterrühren. Nach und nach die Mehlmischung zugeben. Teig gleichmäßig in einer ungefetteten quadratischen Form (20 x 20 cm) verteilen.

4 Etwa 25–30 Min. backen, bis die Oberfläche Farbe annimmt. Schokoladen-Tröpfchen auf das heiße Gebäck streuen. Wenn sie nach 1–2 Min. leicht schmelzen, mit einem Teigschaber gleichmäßig leicht verstreichen. In der Form auf Gitter abkühlen lassen. In Streifen schneiden.

Erdnussbutter-Schnitten III

Gebäckschnitten

Ergibt: *35–50 Stück*
Zubereitungszeit: *40 Min.*

1 ⅓ Tassen Mehl
1 Tasse Haferflocken
1 Tasse brauner Zucker
1 Tasse Pflanzenfett
¼ Tasse Erdnußbutter
1 großes Ei, getrennt
1 TL Vanillearoma
1 Tasse Erdnüsse, gemahlen

1 Ofen auf 150 °C vorheizen. Eine rechteckige Backform (25 x 40 cm) leicht einfetten.

2 Mehl und Haferflocken mischen.

3 Braunen Zucker, Pflanzenfett und Erdnußbutter in einer großen Schüssel zu einer glatten Creme rühren. Eigelb und Vanillearoma unterschlagen. Nach und nach die Mehlmischung beigeben. Teig gleichmäßig in der Form verteilen.

4 Eiweiß in einer kleinen Schüssel schaumig schlagen. Auf dem Teig verteilen und mit den Erdnüssen bestreuen.

5 Etwa 25–30 Min. backen, bis sich der Teig fest anfühlt. In beliebig große Schnitten schneiden und in der Form auf Gitter abkühlen lassen.

Erdnusskekse

Häufchenkekse

Ergibt: *15–35 Stück*
Zubereitungszeit: *30 Min.*

½ Tasse Mehl
1 Tasse Erdnüsse, feingemahlen (s. Backtip)
¼ Tasse Haferflocken
½ TL Salz
1 großes Ei
1 Tasse Puderzucker
¼ TL Vanillearoma

1 Ofen auf 175 °C vorheizen.

2 Mehl, Erdnüsse, Haferflocken und Salz mischen.

3 Ei und Puderzucker in einer großen Schüssel zur dicken Creme schlagen. Vanillearoma, dann nach und nach die Mehlmischung zugeben.

4 Mit Löffeln Teighäufchen in 5 cm Abstand auf ungefettete Backbleche setzen.

5 Etwa 10–12 Min. lichtgold backen. Leicht auf den Blechen, dann auf Kuchengitter vollständig auskühlen lassen.

Backtip: Die Erdnüsse sollten so fein wie möglich, nicht aber zu Püree gemahlen werden.

Erdnuss-Schnitten

Gebäckschnitten

Ergibt: *25–40 Stück*
Zubereitungszeit: *35 Min.*

2 Tassen Mehl
½ TL Salz
1 Tasse Pflanzenfett
1 Tasse Zucker
½ TL Vanillearoma
180 g halbbittere Schokoladen-Tröpfchen
1 Tasse Erdnüsse, ungesalzen

1 Ofen auf 175 °C vorheizen. Eine rechteckige Backform (25 x 40 cm) leicht einfetten.

2 Mehl und Salz mischen.

3 Fett und Zucker in einer großen Schüssel schaumig rühren. Vanillearoma einrühren. Nach und nach die Mehlmischung beigeben. Schokoladen-Tröpfchen unterziehen.

4 Teig gleichmäßig in der Form verteilen; die Schicht fällt sehr dünn aus. Erdnüsse auf den Teig streuen und vorsichtig eindrücken.

5 Etwa 20–25 Min. backen. In der Form auf Kuchengitter abkühlen lassen. In Stücke brechen.

Backtip: Der sehr dünne Teig ist der Clou dieser köstlichen Knabberei.

Errötende Kekse

Ausgerollte Kekse

Ergibt: *25–35 Stück*
Zubereitungszeit: *30 Min.*

2 Tassen Mehl
1 Tasse Walnüsse, feingehackt
¼ TL Zimt, gemahlen
½ Tasse Pflanzenfett
¾ Tasse Puderzucker
rote Zuckerstreusel zum Verzieren

1 Ofen auf 200 °C vorheizen.

2 Mehl, Walnüsse und Zimt mischen.

3 Fett und Puderzucker in einer großen Schüssel zu einer leichten, lockeren Masse rühren. Nach und nach die Mehlmischung beigeben.

4 Teig auf bemehlter Arbeitsfläche gut 0,5 cm dick ausrollen. Herzen oder andere Motive ausstechen. Plätzchen auf ungefettete Backbleche legen. Dünn mit Zuckerstreuseln bestreuen.

5 Etwa 8–10 Min. backen. Auf Kuchengitter abkühlen lassen.

Feigengefüllte Kekse

Ausgerollte Kekse

Ergibt: *50–70 Stück*
Zubereitungszeit: *30 Min.*
Kühlzeit: *4 Std.*

Teig
4 ¾ Tassen Mehl
½ TL Natron
¼ TL Salz
¾ Tasse Pflanzenfett
1 ½ Tassen Zucker
2 große Eier
¾ Tasse saure Sahne
2 TL Vanillearoma

Füllung
¾ Tasse Wasser
½ Tasse Zucker
2 EL frischgepreßter Zitronensaft
2 Tassen getrocknete Feigen, feingehackt
¼ TL Ingwer, gemahlen
½ TL Zimt, gemahlen
2 TL geriebene Zitronenschale, unbehandelt

1 Mehl, Natron und Salz mischen.

2 Fett und Zucker in einer großen Schüssel schaumig rühren. Einzeln die Eier, dann saure Sahne und Vanillearoma unterschlagen. Nach und nach die Mehlmischung beigeben. Teig zugedeckt 4 Std. in den Kühlschrank stellen.

3 Für die Füllung alle Zutaten in einem Topf zum Köcheln bringen. Unter ständigem Rühren die Masse sehr dick werden lassen. Vom Herd nehmen.

4 Ofen auf 200 °C vorheizen. 2 Backbleche leicht einfetten.

5 Teig auf bemehlter Arbeitsfläche knapp 0,5 cm dick ausrollen. Kreise von 5 cm Durchmesser ausstechen. Die Hälfte der Kreise in 2,5 cm Abstand auf die Bleche legen. In die Mitte je 1 Löffel Feigenfüllung setzen. Die restlichen Kreise auflegen. Teigränder mit einer Gabel zusammenpressen.

6 Etwa 10–12 Min. lichtgelb backen. Auf Kuchengitter abkühlen lassen.

Feigenhäufchen

Häufchenkekse

Ergibt: *50–60 Stück*
Zubereitungszeit: *30 Min.*

1 Tasse Rapsöl
1 ½ Tassen dunkelbrauner Zucker
3 große Eier
1 EL Wasser
1 TL Vanillearoma
1 ½ Tassen Weizen-Vollkornmehl
1 Tasse Sojamehl
2 Tassen reife Feigen, feingehackt
1 Tasse Walnüsse, feingehackt (falls erwünscht)

1 Ofen auf 175 °C vorheizen. 2 Backbleche leicht einfetten.

2 Öl und braunen Zucker in einer großen Schüssel kräftig verrühren. Einzeln die Eier, dann Wasser und Vanillearoma unterschlagen. Nach und nach die Mehlmischung zugeben. Feigen und Walnüsse unterziehen.

3 Mit Löffeln Teighäufchen in 4 cm Abstand auf die Bleche setzen.

4 Etwa 10–12 Min. hellbraun backen. Auf Kuchengitter abkühlen lassen.

FENCHELKEKSE

Geformte Kekse

ERGIBT: *60–70 Stück*
ZUBEREITUNGSZEIT: *30 Min.*

2 ½ Tassen Mehl
½ TL Backpulver
1 TL Fenchelsamen
1 Tasse Pflanzenfett
½ Tasse Zucker
1 großes Ei
1 TL Vanillearoma

1 Ofen auf 175 °C vorwärmen.

2 Mehl, Backpulver und Fenchelsamen mischen.

3 Fett und Zucker in einer großen Schüssel schaumig rühren. Ei, dann Vanillearoma kräftig unterrühren. Nach und nach die Mehlmischung zufügen.

4 Teig in Spritzbeutel oder Gebäckspritze mit großer Sterntülle füllen. Schnecken oder andere Motive in 2,5 cm Abstand auf ungefettete Backbleche spritzen.

5 Etwa 10–12 Min. lichtgelb backen. Auf Kuchengitter abkühlen lassen.

FETTGEBACKENE KNÖTCHEN

Ausgerollte Kekse

ERGIBT: *75–85 Stück*
ZUBEREITUNGSZEIT: *35 Min.*
KÜHLZEIT: *mind. 2 Std.*

2 große Eier
¼ Tasse Zucker
2 ½ EL Pflanzenfett
2 ½ EL Weinbrand
2 TL Anissamen
¼ TL Salz
2 Tassen Mehl
Pflanzenöl zum Fritieren
Puderzucker zum Bestäuben

1 Eier und Zucker in einer großen Schüssel zu einer dicken, hellen Creme schlagen. Fett gründlich unterrühren. Weinbrand, Anis und Salz einrühren. Nach und nach das Mehl beigeben.

2 Teig auf bemehlter Arbeitsfläche geschmeidig walken. In zwei Hälften in Wachspapier gewickelt mindestens 2 Std. in den Kühlschrank legen.

3 Öl in einer Friteuse oder einem hohen, schweren Topf auf 180 °C erhitzen.

4 Eine Teighälfte aus dem Kühlschrank nehmen und verarbeiten: Auf bemehlter Arbeitsfläche ein etwa 40 x 30 cm großes Rechteck ausrollen. Mit einem Teigrädchen in 15 x 2,5 cm große Streifen schneiden. Streifen vorsichtig zu Knoten formen. Die zweite Hälfte ebenso verarbeiten.

5 Knoten goldbraun fritieren. Auf Haushaltspapier auf Kuchengitter abtropfen lassen. Abgekühlt großzügig mit Puderzucker übersieben.

FETTGEBACKENE ZIPFEL

Ausgerollte Kekse

ERGIBT: *60–70 Stück*
ZUBEREITUNGSZEIT: *35 Min.*

3 ½ Tassen Mehl
½ TL Kardamom, gemahlen
¼ TL Salz
¼ Tasse Pflanzenfett
¾ Tasse Zucker
6 große Eigelb
¾ Tasse Sahne
1 EL Weinbrand
½ TL Zitronenaroma
Pflanzenöl zum Fritieren
Puderzucker zum Besieben

1 Mehl, Kardamom und Salz mischen.

2 Fett und Zucker in einer großen Schüssel schaumig rühren. Eigelb, dann Weinbrand und Zitronenaroma gut unterrühren. Nach und nach die Mehlmischung beimengen.

3 Öl in einer Friteuse oder einem hohen, schweren Topf stark (aber nicht rauchend!) erhitzen.

4 Teig auf bemehlter Arbeitsfläche gut 0,5 cm ausrollen. Mit Förmchen oder scharfem Messer Rauten ausstechen bzw. ausschneiden. Mit dem Messer in der Mitte quer einschneiden. Einen Rautenzipfel durch den Schlitz ziehen.

5 Portionenweise goldbraun fritieren. Auf Küchenkrepp auf Kuchengitter abtropfen lassen. Mit Puderzucker übersieben.

Fingerhüte

Geformte Kekse

Ergibt: *ca. 40 Stück*
Zubereitungszeit: *30 Min.*

1 Tasse Pflanzenfett
½ Tasse brauner Zucker
2 große Eier, getrennt
1 ½ TL Vanillearoma
2 ¼ Tassen Mehl
1 ½ Tassen Mandeln, gemahlen
etwa ¼ Tasse Fruchtkonfitüre zum Füllen

1 Ofen auf 175 °C vorheizen. 2 Backbleche leicht einfetten.

2 Fett und Zucker in einer großen Schüssel schaumig rühren. Nacheinander Eigelb und Vanillearoma unterrühren. Nach und nach Mehl zugeben.

3 Eiweiß in einer kleinen Schüssel zu steifem, aber nicht trockenem Schnee schlagen.

4 Kleine Teigportionen zu Bällchen formen. Im Eischnee, dann in den gemahlenen Mandeln wälzen. Bällchen in 2,5 cm Abstand auf die Bleche setzen. Mit dem Finger eine Kuhle in die Mitte jedes Bällchens drücken.

5 Etwa 12–15 Min. lichtgelb backen. In jeden Keks einen Klacks Fruchtkonfitüre füllen. Auf Kuchengitter abkühlen lassen.

Backtip: Ganz besonders lecker schmecken diese Kekse mit einer Füllung aus Zitronen- oder anderen Frucht-Buttercreme (s. Grundrezepte für Glasuren und Überzüge).

Finnische Kekse

Ausgerollte Kekse

Ergibt: *50–60 Stück*
Zubereitungszeit: *35 Min.*

2 ¼ Tassen Mehl
2 TL Kakaopulver, ungezuckert
¾ Tasse Pflanzenfett
1 Tasse Puderzucker
3 TL Vanillearoma

1 Ofen auf 175 °C vorheizen. 2 Backbleche leicht einfetten.

2 Mehl und Kakao mischen.

3 Fett und Puderzucker in einer großen Schüssel schaumig rühren. Vanillearoma kräftig unterrühren. Nach und nach die Mehlmischung zugeben.

4 Teig auf bemehlter Arbeitsfläche gut 0,5 cm dick ausrollen. Herzen oder andere Motive ausstechen und in 2,5 cm Abstand auf die Bleche legen.

5 Etwa 12–15 Min. backen, bis die Oberfläche Farbe annimmt. Auf Kuchengitter abkühlen lassen.

Finnische Roggenkringel

Ausgerollte Kekse

Ergibt: *ca. 30 Stück*
Zubereitungszeit: *30 Min.*

½ Tasse Pflanzenfett
6 EL Zucker
2 Tassen Weizenmehl
1 Tasse Roggenmehl

1 Ofen auf 200 °C vorheizen. 2 Backbleche leicht einfetten.

2 Fett und Zucker in einer großen Schüssel schaumig rühren. Nach und nach beide Mehlsorten beigeben.

3 Masse auf bemehlter Arbeitsfläche zu einem geschmeidigen Teig kneten und gut 0,5 cm dick ausrollen. Kreise von 7,5 cm Durchmesser ausstechen. In der Mitte Kreise von 2,5 cm Durchmesser ausstechen. Ringe in 2,5 cm Abstand auf die Bleche legen. Mit einer Gabel in die Oberfläche stechen.

4 Etwa 5–7 Min. backen, bis die Kekse sich leicht verfärben. Auf Kuchengitter abkühlen lassen.

Backtip: Eine sehr alte Fassung dieses Rezepts verwendet anstelle von Zucker ¼ Tasse Honig. Der Honigteig läßt sich etwas leichter bearbeiten.

Finnisches Hochzeitsgebäck I

Ausgerollte Kekse

Ergibt: *ca. 40 Stück*
Zubereitungszeit: *30 Min.*

1 Tasse Pflanzenfett
½ Tasse Vanillezucker (s. S. xxix)
¾ Tasse Mehl
1 großes Eiweiß
etwa ¼ Tasse beliebige Konfitüre oder Marmelade als Füllung

1 Ofen auf 190 °C vorheizen. 2 Backbleche leicht einfetten.

2 Fett und Vanillezucker in einer großen Schüssel schaumig rühren. Nach und nach das Mehl zugeben.

3 Eiweiß in einer kleinen Schüssel zu steifem, aber nicht völlig trockenem Schnee schlagen. Vorsichtig unter den Teig heben.

4 Teig auf bemehlter Arbeitsfläche gut 0,5 cm dick ausrollen. Eine gerade Anzahl Kreise von 4 cm Durchmesser ausstechen und in 2,5 cm Abstand auf die Bleche legen.

5 Etwa 8–10 Min. lichtgelb backen. Auf Kuchengitter abkühlen lassen.

6 Hälfte der Kekse mit der Füllung bestreichen, die restlichen Kekse auflegen. Behutsam zusammendrücken.

Finnisches Hochzeitsgebäck II

Geformte Kekse

Ergibt: *50–70 Stück*
Zubereitungszeit: *35 Min.*

2 ½ Tassen Mehl
¼ TL Salz
1 Tasse Pflanzenfett
½ Tasse Zucker
1 großes Eigelb
1 TL Vanillearoma
½ TL geriebene Zitronenschale, unbehandelt
Marmelade oder Konfitüre
½ Tasse Vanilleglasur (s. Grundrezepte für Glasuren und Überzüge)

1 Ofen auf 175 °C vorheizen. 2 Backbleche leicht einfetten.

2 Mehl und Salz mischen.

3 Fett und Zucker in einer großen Schüssel schaumig rühren. Nacheinander Eigelb, Vanillearoma und Zitronenschale gründlich unterrühren. Nach und nach die Mehlmischung zugeben.

4 Teig halbieren und zu 40 cm langen Rollen formen. Rollen auf die Bleche legen. Jede Rolle mit dem Messerrücken der Länge nach 0,5 cm tief einkerben.

5 Rollen 10 Min. backen. Marmelade oder Konfitüre in die Kerben füllen. Weitere 8–10 Min. lichtgelb backen.

6 Die Rollen mit Vanilleglasur beträufeln. Schräg in 2,5 cm breite Streifen schneiden.

Finnisches Kaffeegebäck

Ausgerollte Kekse

Ergibt: *60–70 Stück*
Zubereitungszeit: *35 Min.*
Kühlzeit: *1 Std.*

2 ½ Tassen Mehl
3 EL Mandeln, gemahlen
1 Prise Salz
1 Tasse Butter, Zimmertemperatur
1 EL Zucker
1 großes Ei, verschlagen
½ Tasse Mandeln, feingehackt

1 Mehl, gemahlene Mandeln und Salz mischen.

2 Butter und Zucker in einer großen Schüssel schaumig rühren. Nach und nach die Mehlmischung zufügen. Zugedeckt 1 Std. in den Kühlschrank stellen.

3 Ofen auf 190 °C vorheizen. 2 Backbleche leicht einfetten.

4 Teig auf bemehlter Arbeitsfläche knapp 2 cm dick ausrollen. Mit einem scharfen Messer oder Teigrad in kurze, schmale Streifen schneiden. Streifen mit Ei bepinseln und in gehackten Mandeln wälzen. In 4 cm Abstand auf die Bleche legen.

5 Etwa 8–10 Min. lichtgelb backen. Auf Kuchengitter abkühlen lassen.

Backtip: Die gemahlenen Mandeln lassen sich auch durch gemahlene Haselnüsse ersetzen.

First Lady Cookies

Ausgerollte Kekse

Ergibt: *60–70 Stück*
Zubereitungszeit: *30 Min.*

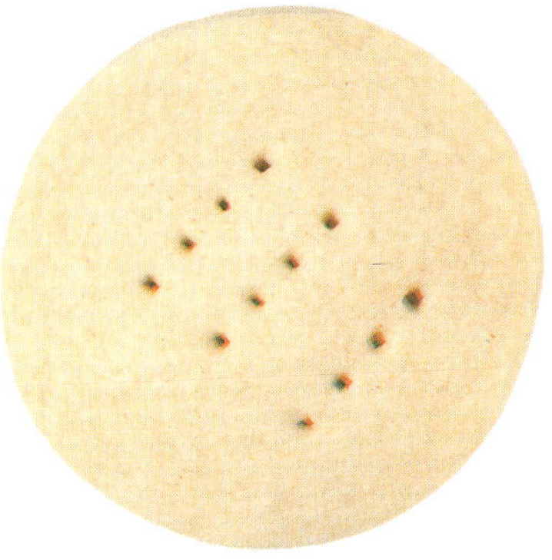

4 Tassen Mehl
1 Tasse Butter
2 Tassen Zucker
3 große Eier

1 Ofen auf 175 °C vorheizen. 2 Backbleche leicht einfetten.

2 Mehl in eine große Schüssel geben.

3 Butter zerlassen und in gleichmäßigem Fluß unter ständigem Rühren zum Mehl geben. Zucker und Eier unterrühren.

4 Teig auf bemehlter Arbeitsfläche gut 0,5 cm dick ausrollen. Kreise von 4 cm Durchmesser ausstechen und in 2,5 cm Abstand auf die Bleche legen. Kreise mit einer Gabel einstechen.

5 Etwa 12–15 Min. lichtgelb backen. Auf Kuchengitter abkühlen lassen.

Backtip: Dieses Rezept wurde im 18. Jahrhundert zur Zeit des Nordamerikanischen Unabhängigkeitskrieges kreiert. Es läßt sich durch Zugabe von Vanille, Zimt oder anderen Aromen variieren.

Florentiner

Häufchenkekse

Ergibt: *25–45 Stück*
Zubereitungszeit: *30 Min.*

Teig
¾ Tasse Mandeln, feingemahlen
¼ Tasse Mehl
¼ Tasse Butter
⅓ Tasse Zucker
5 EL Sahne
½ Tasse geriebene Orangenschale, unbehandelt

Glasur
100 g halbbittere Schokolade, geraspelt
3 EL Butter

1 Ofen auf 190 °C vorheizen. 2 Backbleche leicht einfetten.

2 Mandeln und Mehl mischen.

3 Butter, Zucker und Sahne in einem Topf aufkochen. Vom Herd nehmen, nach und nach die Mandel-Mehl-Mischung beigeben. Orangenschale unterrühren. Die Teigmasse ist recht dünnflüssig.

4 Mit Teelöffeln Teigklackse in 7,5 cm Abstand auf die Bleche setzen. Die Klackse mit dem in Mehl getauchten Löffelrücken zu Kreisen von 5 cm Durchmesser ausbreiten.

5 Etwa 12–15 Min. backen, bis die Ränder bräunen. Auf den Blechen abkühlen lassen.

6 Für die Glasur Schokolade und Butter im Wasserbad zerlassen und glattrühren. Vom Herd nehmen.

7 Abgekühlte Kekse mit der Unterseite nach oben auf Kuchengitter legen. Unterseiten dünn mit der Schokoladenglasur bepinseln. Glasur erstarren lassen.

Französische Baiserküsse

Häufchenkekse

Ergibt: *ca. 40 Stück*
Zubereitungszeit: *70 Min.*

2 Tassen Zucker
1 Tasse Wasser
6 große Eiweiß
¼ TL Weinstein
¼ TL Salz
1 TL Vanillearoma

1 Ofen auf 120 °C vorheizen. 2 Bleche mit Backpapier auslegen.

2 Zucker und Wasser unter Rühren in einem schweren Topf aufkochen lassen. Rühren, bis der Zucker gelöst ist. Masse mit dem Backpinsel vom Topfrand lösen. Weiter auf 115 °C (Küchenthermometer benutzen) erhitzen, dann sofort vom Herd nehmen.

3 Eiweiß in einer großen Schüssel schaumig schlagen. Weinstein und Salz gut unterschlagen.

4 Zuckersirup unter ständigem Schlagen langsam zur Eiweißmasse gießen. Vanillearoma zugeben. Schlagen, bis die Mischung kalt ist.

5 Teig in Spritzbeutel oder Gebäckspritze füllen und in 2,5 cm Abstand Häufchen auf die Bleche spritzen. Oder mit dem Löffel Klackse auf die Bleche setzen.

6 Etwa 40–45 Min. hellgold backen. Auf Kuchengitter abkühlen lassen.

Backtip: Man kann die Baiserküsse auch vor dem Backen mit feingemahlenen Mandeln bestäuben.

Friggies

Geschnittene Kekse

Ergibt: *50–60 Stück*
Zubereitungszeit: *30 Min.*
Kühlzeit: *8 Std.*

1 ¾ Tassen Mehl
2 TL Natron
¼ TL Salz
½ Tasse Pflanzenfett
1 Tasse Zucker
½ Tasse Erdnußbutter
1 großes Ei
1 TL Vanillearoma
½ TL geriebene Zitronenschale, unbehandelt

1 Mehl, Natron und Salz mischen.

2 Fett und Zucker in einer großen Schüssel schaumig rühren. Erdnußbutter, dann Ei, Vanillearoma und Zitronenschale gründlich unterrühren. Nach und nach die Mehlmischung beigeben.

3 Teig zur 5 cm dicken Rolle formen. Rolle in Wachspapier eingewickelt 8 Std. oder über Nacht in den Kühlschrank legen.

4 Ofen auf 175 °C vorheizen.

5 Rolle in gut 0,5 cm dicke Scheiben schneiden. Scheiben in 3 cm Abstand auf ungefettete Backbleche legen. Mit der Gabel Lochmuster in die Kekse stechen.

6 Etwa 7–10 Min. backen, bis die Oberfläche leicht bräunt. Auf Kuchengitter abkühlen lassen.

Backtip: Um das Erdnußaroma zu intensivieren, kann man die Teigrolle vor dem Kühlen in gehackten Erdnüssen wälzen.

Frische Pflaumenschnitten

Gebäckschnitten

Ergibt: *15–35 Stück*
Zubereitungszeit: *55 Min.*

Teig
1 ½ Tassen Mehl
¼ TL Salz
½ Tasse Pflanzenfett
¼ Tasse Zucker
1 großes Eigelb
4 Tassen frische Pflaumen, entsteint, in Scheiben
½ Tasse Puderzucker

Belag
225 g Doppelrahm-Frischkäse, Zimmertemperatur
¾ Tasse saure Sahne
3 große Eier
¾ Tasse Puderzucker
½ TL geriebene Zitronenschale, unbehandelt
6 Tropfen Mandelaroma
1 TL Zimt, gemahlen
¼ TL Nelken, gemahlen

1 Ofen auf 175 °C vorheizen. Eine quadratische Backform (20 x 20 cm) leicht einfetten.

2 Für den Teig Mehl und Salz mischen.

3 Fett und Zucker in einer großen Schüssel schaumig schlagen. Eigelb unterrühren. Nach und nach die Mehlmischung zugeben. Teig gleichmäßig in der Form verteilen.

4 Pflaumenscheiben auf den Teig legen und mit Puderzucker übersieben. 15 Min. backen.

5 In der Zwischenzeit für den Belag Frischkäse, saure Sahne, Eier, Puderzucker, Zitronenschale, Mandelaroma und Gewürze in einer großen Schüssel glatt verrühren.

6 Belag gleichmäßig auf dem heißen Teig verteilen. Weitere 30–35 Min. backen, bis sich der Belag fest anfühlt. In der Form abkühlen lassen. In Rechtecke beliebiger Größe schneiden. Bis zum Verzehr im Kühlschrank lagern.

Backtip: Dieses Gebäck sollte gut gekühlt, am besten mit einem Klacks Schlagsahne, serviert werden.

Frischkäse-Häufchen

Häufchenkekse

Ergibt: *50–60 Stück*
Zubereitungszeit: *35 Min.*

2 ½ Tassen Mehl
¼ TL Salz
1 Tasse Pflanzenfett
90 g Doppelrahm-Frischkäse, Zimmertemperatur
1 Tasse Zucker
1 EL Milch
1 EL geriebene Zitronenschale, unbehandelt

1 Ofen auf 175 °C vorheizen.

2 Mehl und Salz mischen.

3 Fett, Frischkäse und Zucker in einer großen Schüssel glattrühren. Milch, dann Zitronenschale unterrühren. Nach und nach die Mehlmischung zufügen.

4 Mit Löffeln Teighäufchen in 4 cm Abstand auf ungefettete Backbleche setzen.

5 Etwa 12–15 Min. backen, bis die Kruste zart bräunt. Auf Kuchengitter abkühlen lassen.

Backtip: Als optisches und geschmackliches I-Tüpfelchen kann man vor dem Backen ein Schokoladen-Tröpfchen oder eine kleine Nuß in die Mitte der Häufchen setzen.

Frischkäse-Kissen

Ausgerollte Kekse

Ergibt: *ca. 30 Stück*
Zubereitungszeit: *30 Min.*
Kühlzeit: *2 Std.*

2 Tassen Mehl
1 Tasse Haferflocken
½ TL Salz
1 Tasse Pflanzenfett
225 g Doppelrahm-Frischkäse, Zimmertemperatur
6 Tropfen Mandelaroma
etwa ½ Tasse Kirschkonfitüre

1 Mehl, Haferflocken und Salz mischen.

2 Fett und Frischkäse in einer großen Schüssel glattrühren. Mandelaroma unterrühren. Nach und nach die Mehlmischung beigeben. Zugedeckt 2 Std. in den Kühlschrank stellen.

3 Ofen auf 220 °C vorheizen. 2 Backbleche leicht einfetten.

4 Teig auf bemehlter Arbeitsfläche knapp 1,5 cm dick ausrollen. Quadrate oder Kreise ausstechen und in 4 cm Abstand auf die Bleche legen. Jeweils in die Mitte ½ TL Konfitüre geben, Teig zusammenklappen, so daß Dreiecke oder Halbmonde entstehen. Teigränder festpressen.

5 Etwa 10–12 Min. lichtgelb backen. Auf Kuchengitter abkühlen lassen.

Backtip: Die Kissen werden bei sehr hoher Temperatur gebacken – behalten Sie sie daher beim Backen im Auge.

Frischkäse-Konfitüre-Kuverts

Ausgerollte Kekse

Ergibt: *ca. 40 Stück*
Zubereitungszeit: *40 Min.*
Kühlzeit: *8 Std.*

2 Tassen Mehl
¼ TL Salz
1 Tasse Pflanzenfett
225 g Doppelrahm-Frischkäse, Zimmertemperatur
½ Tasse Puderzucker
etwa ½ Tasse Himbeerkonfitüre
Puderzucker zum Bestreuen

1 Mehl und Salz mischen.

2 Fett, Frischkäse und Puderzucker in einer großen Schüssel glattrühren. Nach und nach die Mehlmischung zufügen. Teig halbieren. Hälften in Wachspapier wickeln und 8 Std. in den Kühlschrank legen.

3 Ofen auf 190 °C vorheizen.

4 Auf bemehlter Arbeitsfläche eine Teighälfte zu einem etwa 25 x 30 cm großen Rechteck ausrollen. Ränder mit dem Messer begradigen. Längs in 4 Streifen und jeden Streifen in 5 Quadrate schneiden. In die Mitte jedes Quadrats ¼ TL Konfitüre geben. Die Ecken der Quadrate zur Mitte zusammenklappen und Teigränder festpressen. In 2,5 cm Abstand auf ungefettete Backbleche setzen. Die zweite Hälfte ebenso verarbeiten.

5 Etwa 10–12 Min. lichtgelb backen. Mit Puderzucker übersieben und auf Kuchengitter abkühlen lassen.

Backtip: Man kann auch mit am Rand gewellten Förmchen Kreise oder Quadrate ausstechen und diese nach dem Füllen zu Halbmonden, Drei- oder Rechtecken überklappen.

Frischkäse-Mohn-Taler

Geschnittene Kekse

Ergibt: *ca. 30 Stück*
Zubereitungszeit: *30 Min.*
Kühlzeit: *4 Std.*

1 Tasse Mehl
3 EL Mohn
¼ TL Salz
110 g Doppelrahm-Frischkäse, Zimmertemperatur
½ Tasse Rapsöl
¼ Tasse Honig, angewärmt

1 Mehl, Mohn und Salz mischen.

2 Frischkäse, Öl und Honig in einer großen Schüssel gründlich verrühren. Nach und nach die Mehlmischung zugeben. Teig zu einer 6,5 cm dicken Rolle formen. Rolle in Wachspapier gewickelt 4 Std. in den Kühlschrank legen.

3 Ofen auf 200 °C vorheizen. 2 Backbleche leicht einfetten.

4 Rolle in gut 0,5 cm dicke Scheiben schneiden. Scheiben in 2,5 cm Abstand auf die Bleche legen.

5 Etwa 6–8 Min. backen, bis die Oberfläche leicht bräunt. Auf Kuchengitter abkühlen lassen.

Frischkäse-Schokokekse

Gebäckschnitten

Ergibt: *ca. 30 Stück*
Zubereitungszeit: *50 Min.*

½ Tasse Mehl
½ TL Backpulver
¼ TL Salz
½ Tasse halbbittere Schokoladen-Tröpfchen
5 EL Pflanzenfett
1 Tasse Zucker
90 g Doppelrahm-Frischkäse, Zimmertemperatur
3 große Eier
2 TL Vanillearoma
3 Tropfen Mandelaroma
½ Tasse Mandeln, gehackt

1 Ofen auf 175 °C vorheizen. Eine quadratische Backform (20 x 20 cm) leicht einfetten.

2 Mehl, Backpulver und Salz mischen.

3 Schokoladen-Tröpfchen und Fett im Wasserbad zerlassen und glattrühren. In eine große Schüssel füllen.

4 Zucker zur Schokoladenmasse geben, gründlich unterschlagen. Frischkäse unterrühren. Eier nacheinander zugeben, jeweils kräftig schlagen. Vanille- und Mandelaroma unterrühren. Nach und nach die Mehlmischung beigeben. Mandeln unterziehen. Teig in die Form füllen.

5 Etwa 35–40 Min. backen (beim Einstechen mit einem Hölzchen darf der Teig nicht mehr kleben). In der Form abkühlen lassen. In Schnitten schneiden.

Frischkäse-Spritzgebäck

Geformte Kekse

Ergibt: *ca. 30 Stück*
Zubereitungszeit: *30 Min.*

1 ½ Tassen Mehl
½ TL Salz
½ Tasse Pflanzenfett
90 g Doppelrahm-Frischkäse
⅓ Tasse Zucker
1 großes Eigelb
1 ½ TL Orangenaroma o. 3 TL Orangensaft

1 Ofen auf 190 °C vorheizen. 2 Backbleche leicht einfetten.

2 Mehl und Salz mischen.

3 Fett, Frischkäse und Zucker in einer großen Schüssel glattrühren. Eigelb und Orangenaroma oder Saft unterrühren. Nach und nach die Mehlmischung zufügen.

4 Teig in Spritzbeutel oder Gebäckspritze mit Lochtülle füllen und 7,5 cm lange Streifen in 2,5 cm Abstand auf die Bleche spritzen.

5 Etwa 8–10 Min. lichtgelb backen. Auf Kuchengitter abkühlen lassen.

Frischkäse-Weihnachtsplätzchen

Geschnittene Kekse

Ergibt: *ca. 40 Stück*
Zubereitungszeit: *30 Min.*
Kühlzeit: *8 Std.*

1 ¼ Tassen Mehl
¼ Tasse Pekannüsse, gemahlen
¼ TL Salz
½ Tasse Pflanzenfett
120 g Doppelrahm-Frischkäse, Zimmertemperatur
½ Tasse Zucker
6 Tropfen Mandelaroma
½ Tasse bunter Streuselzucker
etwa 1 Tasse ganze Mandeln, enthäutet

1 Mehl, Pekannüsse und Salz mischen.

2 Fett, Frischkäse und Zucker in einer großen Schüssel glattrühren. Mandelaroma unterrühren. Nach und nach die Mehlmischung beigeben.

3 Teig halbieren und zu 5 cm dicken Rollen formen. Rollen in Wachspapier gewickelt 8 Std. in den Kühlschrank legen.

4 Ofen auf 160 °C vorheizen.

5 Rollen in gut 0,5 cm dicke Scheiben schneiden. Scheiben in 4 cm Abstand auf ungefettete Backbleche legen, mit buntem Zucker bestreuen und in die Mitte jeweils eine Mandel drücken.

6 Etwa 12–15 Min. hell goldgelb backen. Auf Kuchengitter abkühlen lassen.

Backtip: Mann kann die Rollen auch in buntem Streuselzucker wälzen und dann in Scheiben schneiden. Das Rezept läßt sich abwandeln, indem man nur 3 Tropfen Mandelaroma nimmt und 3 Tropfen eines anderen Aromas (z.B. auch Himbeersirup) zugibt.

Frucht-Baiser-Schnitten

Gebäckschnitten

Ergibt: *15–40 Stück*
Zubereitungszeit: *45 Min.*

Teig
¾ Tasse Pflanzenfett
¼ Tasse Zucker
2 große Eigelb
1 ½ Tassen Mehl

Belag
2 große Eiweiß, verschlagen
½ Tasse Zucker
1 Tasse Mandeln, gehackt

Füllung
1 Tasse Himbeerpüree (s. Backtip)
1 Tasse Kokosraspel

1 Ofen auf 175 °C vorheizen. Eine rechteckige Backform (20 x 30 cm) leicht einfetten.

2 Fett und Zucker in einer mittelgroßen Schüssel schaumig rühren. Eigelb unterschlagen. Nach und nach das Mehl zugeben. Teig gleichmäßig in die Form drücken.

3 Teig 15 Min. backen.

4 Für den Belag Eiweiß in einer mittelgroßen Schüssel zu Schnee schlagen. Unter Rieseln Zucker und Mandeln unterschlagen.

5 Himbeerpüree auf den heißen Teig streichen und mit Kokosraspeln bestreuen. Baisermasse darauf verteilen.

6 Weitere 20–25 Min. backen, bis der Belag fest und lichtgelb ist. In der Form auf Gitter abkühlen lassen. In beliebig große Rechtecke schneiden.

Backtip: Für das Himbeerpüree tiefgefrorene Früchte auftauen, abtropfen lassen und im Mixer pürieren.

Frucht-Knabber-Gebäckschnitten

Gebäckschnitten

Ergibt: *15–35 Stück*
Zubereitungszeit: *40 Min.*

Füllung

1 ¾ Tassen gedörrte Aprikosen, gehackt
1 Tasse Datteln, entsteint, gehackt
1 ¾ Tassen Wasser
¼ TL frischgepreßter Zitronensaft

Teig

2 Tassen Mehl
1 TL Natron
¼ TL Salz
¾ Tasse Pflanzenfett
¾ Tasse brauner Zucker
¼ Tasse Sirup
1 TL Vanillearoma
2 Tassen Haferflocken

1 Für die Füllung alle Zutaten mischen und im Mixer pürieren. In einer Schüssel im Kühlschrank kalt stellen.

2 Ofen auf 175 °C vorheizen. Eine rechteckige Backform (20 x 30 cm) leicht einfetten.

3 Mehl, Natron und Salz mischen.

4 Fett und Zucker in einer großen Schüssel schaumig rühren. Sirup und Vanillearoma unterrühren. Nach und nach die Mehlmischung beigeben. Haferflocken unterziehen.

5 Die Hälfte des Teigs gleichmäßig auf den Boden der Form drücken.

6 Die kalte Füllung darauf verteilen, dabei einen Rand von gut 1 cm frei lassen. Restlichen Teig auf der Füllung verteilen.

7 Etwa 20–25 Min. backen, bis sich die Oberfläche zart verfärbt. In der Form abkühlen lassen. In Schnitten schneiden.

Fruchtfinger

Ausgerollte Kekse

Ergibt: *50–70 Stück*
Zubereitungszeit: *50 Min.*
Kühlzeit: *1 Std.*

Teig

2 Tassen Mehl
1 TL Salz
⅔ Tasse Pflanzenfett
¼ Tasse Wasser

Füllung

3 mittelgroße Äpfel, entkernt, gehackt
1 ½ Tassen helle Rosinen
1 Tasse Korinthen
½ Tasse Zucker
1 Prise Muskat, gemahlen
1 EL frischgepreßter Zitronensaft
1 großes Ei, verschlagen
Zucker zum Bestreuen

1 Für den Teig Mehl und Salz in einer großen Schüssel mischen. Fett einschneiden. Soviel Wasser zugeben, daß ein geschmeidiger Teig entsteht. Teig halbieren. Hälften in Wachspapier gewickelt 1 Std. in den Kühlschrank legen.

2 Ofen auf 175 °C vorheizen. Backblech leicht einfetten.

3 Für die Füllung Äpfel, Rosinen, Korinthen, Zucker und Muskat in einer mittelgroßen Schüssel mischen. Mit Zitronensaft verrühren.

4 Eine Teighälfte auf bemehlter Arbeitsfläche zu einem etwa 25 x 40 cm großen Rechteck ausrollen. Teigplatte auf das Backblech legen. Füllung gleichmäßig darauf verteilen, rundum einen gut 1 cm breiten Rand frei lassen.

5 Zweite Teighälfte zu einem Rechteck gleicher Größe ausrollen. Ränder des Teigs auf dem Blech anfeuchten. Zweite Teigplatte auf die Füllung legen. Teigränder festpressen. Oberfläche mit einer Gabel einstechen. Mit Ei bepinseln und Zucker bestreuen.

6 Etwa 30–35 Min. hellgelb backen. Auf dem Blech abkühlen lassen. In fingerbreite Gebäckschnitten schneiden.

FRUCHTHÄUFCHEN I

Häufchenkekse

ERGIBT: *ca. 30 Stück*
ZUBEREITUNGSZEIT: *30 Min.*

1 Tasse Cornflakes, zerstoßen
2 Tassen Kokosraspeln
½ TL Salz
1 Tasse Kondensmilch, gesüßt
1 Tasse Datteln, entsteint, feingehackt
1 Tasse Dörrpflaumen, entsteint, feingehackt
1 Tasse Feigen, feingehackt
1 Tasse helle Rosinen, feingehackt
1 Tasse Korinthen

1 Ofen auf 175 °C vorheizen. 2 Backbleche leicht einfetten.

2 Cornflakes, Kokosraspeln und Salz in einer großen Schüssel mischen. Kondensmilch unterziehen. Früchte zugeben und gut vermengen.

3 Mit Löffeln Teighäufchen in 2,5 cm Abstand auf die Bleche setzen.

4 Etwa 12–15 Min. knusprig goldgelb backen. Auf Kuchengitter abkühlen lassen.

Backtip: Die abgekühlten Kekse lassen sich nach Belieben mit zerlassener Schokolade oder Vanilleglasur beträufeln.

FRUCHTHÄUFCHEN II

Häufchenkekse

ERGIBT: *ca. 30 Stück*
ZUBEREITUNGSZEIT: *30 Min.*

¼ Tasse Weizenmehl
1 ¼ Tassen Sojamehl
¼ TL Salz
¼ Tasse brauner Zucker
2 große Eigelb, hartgekocht, zerhackt
½ Tasse Sahne
¼ Tasse Wasser
4 Tropfen Mandelaroma
2 große Eiweiß
1 Tasse Datteln, entsteint, feingehackt
1 Tasse helle Rosinen, feingehackt

1 Ofen auf 175 °C vorheizen. 2 Backbleche leicht einfetten.

2 Beide Mehlsorten und Salz mischen.

3 Zucker, Eigelb, Sahne, Wasser und Mandelaroma in einer großen Schüssel gut verrühren.

4 Eiweiß in einer mittelgroßen Schüssel zu steifem, aber nicht trockenem Schnee schlagen. Unter die Eigelbmasse heben. Nach und nach die Mehlmischung zugeben. Datteln und Rosinen unterheben.

5 Mit Löffeln Teighäufchen in 4 cm Abstand auf die Bleche setzen.

6 Etwa 10–12 Min. backen, bis die Oberfläche Farbe annimmt. Auf Kuchengitter abkühlen lassen.

FRUCHTKEKSE I

Häufchenkekse

ERGIBT: *60–70 Stück*
ZUBEREITUNGSZEIT: *30 Min.*

2 Tassen Mehl
1 TL Backpulver
½ TL Natron
2 TL Piment, gemahlen
¼ TL Salz
1 Tasse Zucker
⅓ Tasse Pflanzenöl
2 große Eier
2 Tassen Rosinen
⅓ Tasse Mandeln, gehackt

1 Ofen auf 190 °C vorheizen. 2 Backbleche leicht einfetten.

2 Mehl, Backpulver, Natron, Piment und Salz mischen.

3 Zucker und Öl in einer großen Schüssel gründlich verrühren. Eier unterschlagen. Nach und nach die Mehlmischung zugeben. Rosinen und Mandeln unterziehen.

4 Mit Löffeln Teighäufchen in 4 cm Abstand auf die Bleche setzen.

5 Etwa 10–12 Min. hellgelb backen, bis der Teig sich fest anfühlt. Auf Kuchengitter abkühlen lassen.

FRUCHTKEKSE II

Häufchenkekse

ERGIBT: *50–60 Stück*
ZUBEREITUNGSZEIT: *45 Min.*

3 Tassen Mehl
1 TL Backpulver
½ TL Natron
½ TL Muskat, gemahlen
¼ TL Nelken, gemahlen
½ TL Zimt, gemahlen
2 Tassen brauner Zucker
2 große Eier
½ Tasse Zitronat, gehackt
½ Tasse Walnüsse, gehackt

1 Ofen auf 175 °C vorheizen. 2 Backbleche leicht einfetten.

2 Mehl, Backpulver, Natron und Gewürze mischen.

3 Zucker und Eier in einer großen Schüssel zu einer dicken Creme schlagen. Nach und nach die Mehlmischung beigeben. Zitronat und Nüsse unterziehen.

4 Mit Löffeln Teighäufchen in 4 cm Abstand auf die Bleche setzen.

5 Etwa 10–12 Min. lichtbraun backen. Auf Kuchengitter abkühlen lassen.

Backtip: Zur Krönung kann man diese Kekse mit einer Zitronen- oder Orangenglasur überziehen oder beträufeln.

FRUCHTKEKSE III

Ausgerollte Kekse

ERGIBT: *50–70 Stück*
ZUBEREITUNGSZEIT: *30 Min.*

4 ½ Tassen Mehl
1 TL Natron
1 TL Zimt, gemahlen
1 TL Piment, gemahlen
¼ TL Nelken, gemahlen
¼ TL Muskat, gemahlen
1 Tasse Pflanzenfett
1 ½ Tassen brauner Zucker
1 ½ Tassen Sirup
2 ½ TL Milch
1 Tasse Rosinen
1 Tasse Korinthen

1 Ofen auf 175 °C vorheizen.

2 Mehl, Natron und Gewürze mischen.

3 Fett und Zucker in einer großen Schüssel schaumig rühren. Sirup und Milch unterrühren. Nach und nach die Mehlmischung zufügen. Rosinen und Korinthen unterziehen.

4 Teig auf bemehlter Arbeitsfläche gut 0,5 cm dick ausrollen. Beliebige Formen ausstechen und in 4 cm Abstand auf ungefettete Backbleche legen.

5 Etwa 10–12 Min. backen, bis die Oberfläche Farbe annimmt. Auf Kuchengitter abkühlen lassen.

FRUCHTKEKSE IV

Häufchenkekse

ERGIBT: *50–60 Stück*
ZUBEREITUNGSZEIT: *30 Min.*

2 ½ Tassen Mehl
1 TL Backpulver
1 TL Natron
1 TL Macis, gemahlen
½ TL Nelken, gemahlen
2 TL Zimt, gemahlen
1 Tasse Pflanzenfett
2 Tassen brauner Zucker
3 große Eier
2 Tassen Rosinen
1 Tasse Walnüsse, gehackt

1 Ofen auf 175 °C vorheizen.

2 Mehl, Backpulver, Natron und Gewürze mischen.

3 Fett und Zucker in einer großen Schüssel schaumig rühren. Eier einzeln unterschlagen. Nach und nach die Mehlmischung beigeben. Rosinen und Nüsse unterziehen.

4 Mit Löffeln Teighäufchen in 4 cm Abstand auf ungefettete Backbleche setzen.

5 Etwa 10–12 Min. backen, bis die Oberfläche sich zart verfärbt. Auf Kuchengitter abkühlen lassen.

FRUCHTKEKSE V

Häufchenkekse

ERGIBT: *50–60 Stück*
ZUBEREITUNGSZEIT: *30 Min.*

2 ½ Tassen Mehl
½ TL Zimt, gemahlen
¼ TL Salz
½ Tasse Rapsöl
¼ Tasse Honig
1 großes Ei, verschlagen
¼ Tasse Apfelmus, ungezuckert (eventuell mehr)
¼ Tasse Pfirsiche, gedämpft, zerdrückt (s. Backtip)
1 Tasse Haferflocken
1 Tasse Rosinen, gehackt
¼ Tasse Ananas aus der Dose, abgetropft, zerkleinert

1 Ofen auf 200 °C vorheizen. 2 Backbleche leicht einfetten.

2 Mehl, Zimt und Salz mischen.

3 Öl und Honig in einem kleinen Topf leicht erwärmen. In eine große Schüssel füllen und das Ei unterschlagen. Apfelmus und Pfirsiche unterrühren. Nach und nach die Mehlmischung beigeben. Haferflocken, Rosinen und Ananas unterziehen. Ist der Teig zu trocken, teelöffelweise Apfelmus zugeben.

4 Mit Löffeln Teighäufchen in 4 cm Abstand auf die Bleche setzen.

5 Etwa 10–12 Min. lichtgold backen. Auf Kuchengitter abkühlen lassen.

Backtip: Die Pfirsiche bereitet man folgendermaßen vor: 1 großen oder 2 mittelgroße Pfirsiche schälen, entsteinen und in Scheiben schneiden. In einem kleinen Topf mit Wasser bedecken. Mit 2 TL Zucker bestreuen. Umrühren und aufkochen. Hitzezufuhr drosseln. Pfirsiche leise kochend weich werden lassen. Vom Herd nehmen und zerdrücken. Vor Verwendung abkühlen lassen.

FRUCHTKEKSE VI

Ausgerollte Kekse

ERGIBT: *ca. 90 Stück*
ZUBEREITUNGSZEIT: *30 Min.*

5 Tassen Mehl
1 TL Natron
¼ TL Muskat, gemahlen
1 TL Zimt, gemahlen
1 ½ Tassen Pflanzenfett
2 Tassen brauner Zucker
3 große Eier
1 Tasse saure Sahne
2 Tassen Rosinen

1 Ofen auf 175 °C vorheizen.

2 Mehl, Natron, Muskat und Zimt mischen.

3 Fett und Zucker in einer großen Schüssel schaumig rühren. Eier einzeln unterschlagen. Saure Sahne einrühren. Nach und nach die Mehlmischung zugeben. Rosinen unterziehen.

4 Teig auf bemehlter Arbeitsfläche gut 0,5 cm dick ausrollen. Kreise ausstechen. Kreise in 2,5 cm Abstand auf ungefettete Backbleche legen.

5 Etwa 10–12 Min. lichtgold backen. Auf Kuchengitter abkühlen lassen.

FRUCHTKEKSE VII

Ausgerollte Kekse

ERGIBT: *60–70 Stück*
ZUBEREITUNGSZEIT: *40 Min.*

4 Tassen Mehl
1 TL Backpulver
1 TL Natron
1 ½ Tassen Pflanzenfett
1 Tasse brauner Zucker
2 große Eier
1 Tasse Rosinen
1 Tasse Walnüsse, gehackt
1 Tasse Zitronat, gehackt
1 Tasse Dörrpflaumen, entsteint, gehackt
½ Tasse Kokosnußraspel
Zucker zum Bestreuen
Mandeln, feingemahlen

1 Ofen auf 175 °C vorheizen. 2 Backbleche leicht einfetten.

2 Mehl, Backpulver und Natron mischen.

3 Fett und Zucker in einer großen Schüssel schaumig rühren. Eier unterschlagen. Nach und nach die Mehlmischung zugeben. Rosinen, Walnüsse, Zitronat, Pflaumen und Kokosraspeln unterziehen.

4 Teig auf bemehlter Arbeitsfläche knapp 0,5 cm dick ausrollen. Rosetten oder andere Motive ausstechen und in 2,5 cm Abstand auf die Bleche legen.

5 Etwa 12–15 Min. lichtgelb backen. Mit Zucker und gemahlenen Mandeln bestreuen. Auf Kuchengitter abkühlen lassen.

FRUCHTKÜCHLEIN

Gebäckschnitten

ERGIBT: *15–35 Stück*
ZUBEREITUNGSZEIT: *45 Min.*

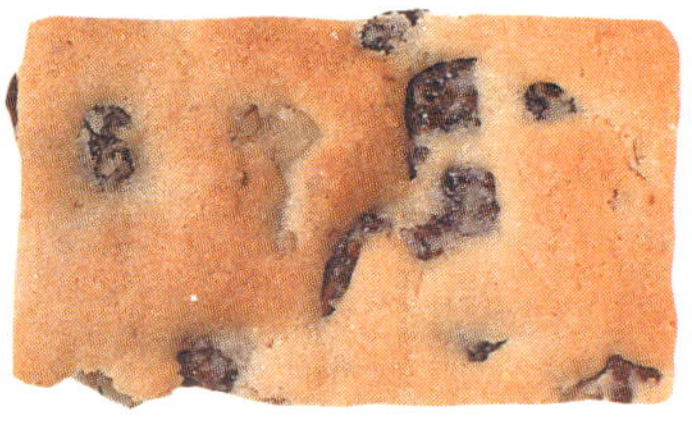

1 Tasse Mehl
½ TL Backpulver
6 EL Pflanzenfett
½ Tasse Zucker
2 große Eier
¼ Tasse frischgepreßter Orangensaft
1 Tasse gemischte kandierte Früchte
1 Tasse Rosinen
½ Tasse Datteln, entsteint, gehackt (falls erwünscht)
½ Tasse Walnüsse, gehackt

1 Ofen auf 175 °C vorheizen. Eine quadratische Backform (20 x 20 cm) leicht einfetten.

2 Mehl und Backpulver mischen.

3 Fett und Zucker in einer großen Schüssel schaumig rühren. Eier, dann Orangensaft unterschlagen. Nach und nach die Mehlmischung zugeben. Kandierte Früchte, Rosinen, Datteln und Walnüsse unterziehen. Teig gleichmäßig in der Form verteilen.

4 Etwa 30–35 Min. hellgold backen. In der Form abkühlen lassen. In Schnitten schneiden.

Backtip: Zugabe von einer Prise Zimt und/oder Muskat untermalt dezent den fruchtigen Charakter dieser Mini-Kuchen.

FRUCHTQUADRATE

Gebäckschnitten

ERGIBT: *15–35 Stück*
ZUBEREITUNGSZEIT: *45 Min.*

1 Tasse Mehl
1 TL Backpulver
½ TL Salz
2 große Eier
1 Tasse brauner Zucker
1 TL Vanillearoma
1 Tasse gemischte kandierte Früchte, kleingehackt
1 Tasse Rosinen, gehackt

1 Ofen auf 175 °C vorheizen.

2 Mehl, Backpulver und Salz mischen.

3 Eier und Zucker in einer großen Schüssel zur dicken, hellen Creme schlagen. Vanillearoma einrühren. Nach und nach die Mehlmischung zugeben. Kandierte Früchte und Rosinen unterziehen. Teig gleichmäßig in einer ungefetteten quadratischen Backform (20 x 20 cm) verteilen.

4 Etwa 30–35 Min. hellgold backen. In der Form abkühlen lassen. In Schnitten schneiden.

Backtip: Mit diesem Gebäck harmoniert vorzüglich eine Zitronenglasur (s. Grundrezepte für Glasuren und Überzüge).

FRUCHT-SCHNITTEN I

Gebäckschnitten

ERGIBT: *15–45 Stück*
ZUBEREITUNGSZEIT: *45 Min.*
KÜHLZEIT: *8 Std.*

3 Tassen Mehl
1 TL Natron
½ TL Zimt, gemahlen
¼ TL Muskat, gemahlen
¼ TL Nelken, gemahlen
¼ TL Ingwer, gemahlen
½ TL Salz
¾ Tasse Pflanzenfett
1 Tasse Zucker
¼ Tasse weißer Portwein
1 Tasse Kondensmilch
½ Tasse Zitronat, feingehackt
¼ Tasse kandierte Ananas, feingehackt
¼ Tasse kandierte Kirschen, feingehackt
¼ Tasse Orangeat, feingehackt
1 EL geriebene Zitronenschale, unbehandelt
½ Tasse Walnüsse, gehackt

1 Mehl, Natron, Gewürze und Salz mischen.

2 Fett und Zucker in einer großen Schüssel schaumig rühren. Portwein, dann Milch gut unterrühren. Nach und nach die Mehlmischung zufügen. Kandierte Früchte und Zitronenschale, zuletzt Walnüsse unterziehen. Zugedeckt 8 Std. in den Kühlschrank stellen.

3 Ofen auf 175 °C vorheizen.

4 Teig gleichmäßig in einer rechteckigen Backform (20 x 30 cm) verteilen. 25–30 Min. hellgold backen.

5 In der Form abkühlen lassen. In Schnitten schneiden.

Backtip: Wer seinen Gaumen noch mehr verwöhnen will, bestreicht das abgekühlte Gebäck mit Rum-Buttercreme (s. Grundrezepte für Glasuren und Überzüge). Diese Fruchtschnitten sollte man in luftdichten Behältern lagern.

FRUCHT-SCHNITTEN II

Gebäckschnitten

ERGIBT: *15–35 Stück*
ZUBEREITUNGSZEIT: *45 Min.*
KÜHLZEIT: *2 Std.*

4 Tassen Mehl
1 TL Zimt, gemahlen
1 TL Ingwer, gemahlen
½ Tasse Sirup
½ Tasse kochendes Wasser
1 TL Natron
1 Tasse Pflanzenfett
1 ½ Tassen Zucker
3 große Eier
1 Tasse Rosinen
1 Tasse Korinthen
1 Tasse Walnüsse, gehackt

1 Mehl, Zimt und Ingwer mischen.

2 Sirup und kochendes Wasser in einer kleinen Tasse mischen. Natron darin auflösen.

3 Fett und Zucker in einer großen Schüssel schaumen rühren. Einzeln die Eier, dann Sirupmasse gut unterschlagen. Nach und nach die Mehlmischung beigeben. Rosinen, Korinthen und Walnüsse unterziehen. Zugedeckt 2 Std. in den Kühlschrank stellen.

4 Ofen auf 175 °C vorheizen. Eine rechteckige Backform (20 x 30 cm) leicht einfetten.

5 Teig gleichmäßig in der Form verteilen.

6 Etwa 15–30 Min. backen, bis die Oberfläche zart bräunt. In der Form abkühlen lassen.

7 Kekse nach Wunsch mit einer Buttercreme überziehen (s. Grundrezepte für Glasuren und Überzüge). In Schnitten schneiden.

Fruchtträume

Ausgerollte Kekse

Ergibt: *ca. 40 Stück*
Zubereitungszeit: *35 Min.*
Kühlzeit: *8 Std.*

1 ¾ Tassen Mehl
½ TL Zimt, gemahlen
½ Tasse Pflanzenfett
½ Tasse Zucker
1 großes Ei
½ TL Vanillearoma
¼ Tasse Sahne
½ Tasse Sahne zum Füllen

1 Mehl und Zimt mischen.

2 Fett und Zucker in einer großen Schüssel schaumig rühren. Ei, dann Vanillearoma und Sahne unterschlagen. Nach und nach die Mehlmischung untermengen. Zugedeckt 8 Std. oder über Nacht in den Kühlschrank stellen.

3 Ofen auf 190 °C vorheizen.

4 Teig auf bemehlter Arbeitsfläche gut 0,5 cm dick ausrollen. Eine gerade Anzahl Kreise von 7,5 cm Durchmesser ausstechen.Kreise in 2,5 cm Abstand auf ungefettete Backbleche legen.

5 Etwa 12–15 Min. hellgelb backen. Auf Kuchengitter abkühlen lassen.

6 In einer kleinen Schüssel Sahne steif schlagen.

7 Die Hälfte der Kekse dünn mit Schlagsahne bestreichen. Restliche Kekse auflegen und leicht andrücken.

Backtip: Die Schlagsahne läßt sich durch eine Buttercreme (s. Grundrezepte für Glasuren und Überzüge) ersetzen.

Frühstückskekse

Häufchenkekse

Ergibt: *50–60 Stück*
Zubereitungszeit: *30 Min.*

1 ¼ Tassen Mehl
1 TL Backpulver
⅔ Tasse Zucker
½ Tasse Pflanzenfett
1 großes Ei
2 EL Orangensaftkonzentrat
1 EL geriebene Orangenschale, unbehandelt
½ Tasse Getreideflocken mit Nüssen und Rosinen (s. Backtip)
1 EL Frühstücksspeck, in gerösteten Würfeln

1 Ofen auf 175 °C vorheizen.

2 Mehl, Backpulver und Zucker mischen.

3 Fett, Ei, Orangensaft und -schale in einer großen Schüssel zu einer dicken Masse verrühren. Nach und nach die Mehlmischung zugeben. Getreideflocken und Speck unterziehen.

4 Mit Löffeln Teighäufchen in 4 cm Abstand auf ungefettete Backbleche setzen.

5 Etwa 10–12 Min. backen, bis die Oberfläche leicht Farbe annimmt. Auf Kuchengitter abkühlen lassen.

Backtip: In den Lebensmittelabteilungen ist ein breites Angebot an mit Nüssen und Rosinen vermischten Getreideflocken bzw. -flakes zu finden.

Frühstückskekse mit Schuss

Häufchenkekse

Ergibt: *50–60 Stück*
Zubereitungszeit: *30 Min.*

1 ½ Tassen Mehl
1 ½ TL Natron
¼ TL Salz
2 Tassen Cornflakes, zerstoßen
½ Tasse Pflanzenfett
1 Tasse brauner Zucker
2 große Eier
¼ Tasse starker aufgebrühter Kaffee
1 TL Weinbrand

1 Ofen auf 200 °C vorheizen. 2 Backbleche leicht einfetten.

2 Mehl, Natron und Salz mischen. Cornflakes auf einem großen, flachen Teller verteilen.

3 Fett und Zucker in einer großen Schüssel schaumig rühren. Eier einzeln gut unterschlagen. Kaffee und Weinbrand einrühren. Nach und nach die Mehlmischung beigeben.

4 Mit Löffeln Teighäufchen auf die Cornflakes setzen. Häufchen gründlich darin wälzen und in 4 cm Abstand auf die Backbleche setzen.

5 Etwa 10–12 Min. golden backen. Auf Kuchengitter abkühlen lassen.

Fudge-Gebäck I

Häufchenkekse

Ergibt: *50–70 Stück*
Zubereitungszeit: *30 Min.*

2 Tassen Mehl
½ Tasse Kakaopulver, ungezuckert
½ TL Natron
¼ TL Salz
¼ Tasse Pflanzenfett
½ Tasse Zucker
1 großes Ei
½ Tasse Buttermilch
½ Tasse Sirup
1 TL Vanillearoma
¾ Tasse Walnüsse, gehackt

1 Ofen auf 175 °C vorheizen. 2 Backbleche leicht einfetten.

2 Mehl, Kakao, Natron und Salz mischen.

3 Fett und Zucker in einer großen Schüssel schaumig rühren. Nacheinander Ei, Buttermilch, Sirup und Vanillearoma unterschlagen. Nach und nach die Mehlmischung beigeben. Nüsse unterziehen.

4 Mit Löffeln Teighäufchen in 4 cm Abstand auf die Bleche setzen.

5 Etwa 12–15 Min. backen, bis sich der Teig fest anfühlt. Auf Kuchengitter abkühlen lassen.

Backtip: Die Buttermilch läßt sich durch Sauermilch ersetzen.

Fudge-Gebäck II

Gebäckschnitten

Ergibt: *15–25 Stück*
Zubereitungszeit: *45 Min.*

1 ⅓ Tassen Mehl
1 TL Backpulver
½ TL Salz
90 g Blockschokolade, gehackt
⅔ Tasse Pflanzenfett
2 Tassen Zucker (nach Wunsch weniger)
4 große Eier
2 TL Vanillearoma
1 Tasse Walnüsse, gehackt

1 Ofen auf 175 °C vorheizen. Eine quadratische Backform (20 x 20 cm) leicht einfetten und mit Mehl bestreuen.

2 Mehl, Backpulver und Salz mischen.

3 Schokolade und Fett im Wasserbad zerlassen, glattrühren. Vom Herd nehmen und Zucker unterrühren. Einzeln die Eier, dann Vanillearoma unterschlagen. Nach und nach die Mehlmischung zufügen. Walnüsse unterziehen.

4 Teig gleichmäßig in der Form verteilen.

5 Etwa 30–35 Min. backen (beim Einstechen mit einem Hölzchen darf der Teig nicht mehr kleben). In der Form abkühlen lassen. In Schnitten schneiden.

Backtip: Man kann das Gebäck in größere Stücke schneiden und mit Schlagsahne als Dessert servieren.

FUDGE-SCHOKO-GEBÄCK I

Gebäckschnitten

ERGIBT: *15–25 Stück*
ZUBEREITUNGSZEIT: *45 Min.*

½ Tasse Pflanzenfett
60 g halbbittere Schokolade, gehackt
2 Tassen Zucker
4 große Eigelb
1 ¼ TL Vanillearoma
1 Tasse Mehl
1 Tasse Walnüsse, gehackt

1 Ofen auf 160 °C vorheizen. Eine quadratische Backform (20 x 20 cm) leicht einfetten.

2 Fett und Schokolade im Wasserbad zerlassen, glattrühren. Vom Herd nehmen. Zucker, dann einzeln die Eigelbe und das Vanillearoma unterschlagen. Nach und nach das Mehl zugeben. Nüsse unterziehen. Teig gleichmäßig in der Form verteilen.

3 Etwa 25–30 Min. backen (beim Einstechen mit einem spitzen Hölzchen darf der Teig nicht mehr kleben). In der Form abkühlen lassen. In Schnitten schneiden.

Backtip: Das Gebäck läßt sich vor dem Zerschneiden auch glasieren (s. Grundrezepte für Glasuren und Überzüge).

FUDGE-SCHOKO-GEBÄCK II

Gebäckschnitten

ERGIBT: *15–25 Stück*
ZUBEREITUNGSZEIT: *45 Min.*

1 ½ Tassen Mehl
¾ Tasse Kakaopulver, ungezuckert
¼ TL Salz
⅔ Tasse Pflanzenöl
2 Tassen Zucker
2 große Eier
6 Tropfen Mandelaroma
½ Tasse Mandeln, gehackt

1 Ofen auf 175 °C vorheizen. Eine rechteckige Backform (20 x 30 cm) leicht einfetten.

2 Mehl, Kakao und Salz mischen.

3 Öl und Zucker in einer großen Schüssel gründlich verrühren. Einzeln die Eier, dann Mandelaroma unterschlagen. Nach und nach die Mehlmischung zugeben. Mandeln unterziehen. Teig gleichmäßig in der Form verteilen.

4 Etwa 25–30 Min. backen (beim Einstechen mit einem Hölzchen darf der Teig nicht mehr kleben). In der Form abkühlen lassen. In Schnitten schneiden.

Backtip: Auch dieses Gebäck läßt sich vor dem Zerschneiden glasieren (s. Grundrezepte für Glasuren und Überzüge). Oder man bestäubt es mit gemahlenen Mandeln.

FUDGE-SCHOKO-GEBÄCK III

Gebäckschnitten

ERGIBT: *15–25 Stück*
ZUBEREITUNGSZEIT: *45 Min.*

¾ Tasse Mehl
½ TL Backpulver
½ TL Salz
180 g halbbittere Schokolade, gehackt
⅓ Tasse Pflanzenfett
1 Tasse Zucker
2 große Eier
½ Tasse Walnüsse, gehackt

1 Ofen auf 175 °C vorheizen. Eine quadratische Backform (20 x 20 cm) leicht einfetten.

2 Mehl, Backpulver und Salz mischen.

3 Schokolade und Fett im Wasserbad zerlassen, glattrühren. Vom Herd nehmen, Zucker gründlich unterrühren. Einzeln die Eier unterschlagen. Nach und nach die Mehlmischung beigeben. Walnüsse unterziehen.

4 Teig gleichmäßig in der Form verteilen.

5 Etwa 30–35 Min. backen (beim Einstechen mit einem Hölzchen darf der Teig nicht mehr kleben). In der Form abkühlen lassen. In Schnitten schneiden.

Backtip: Noch üppiger schmecken diese Schnitten mit einer Schokoladenglasur oder Kakao-Buttercreme (s. Grundrezepte für Glasuren und Überzüge).

Galaktobouriko

Geformte Kekse

Ergibt: *ca. 40 Stück*
Zubereitungszeit: *45 Min.*

Füllung
¾ Tasse Reismehl
½ TL Zimt, gemahlen
½ TL geriebene Orangenschale, unbehandelt
¼ Tasse Milch
1 ½ Tassen Zucker
1 Tasse Pflanzenfett
8 große Eier, getrennt

Teig
225 g Butter, zerlassen
450 g papierdünne Blätterteigscheiben (aufgetaut, falls tiefgekühlt)
1 ½ Tassen Wasser
¾ Tasse Zucker
geriebene Schale von 1 unbehandelten Orange

1 Für die Füllung Reismehl, Zimt und Orangenschale mischen.

2 Milch und 1 Tasse Zucker in einer großen Schüssel verschlagen. Reismehlmischung gut unterschlagen. Fett zugeben. Masse im Wasserbad langsam erwärmen, bis sie andickt. Vom Herd nehmen und abkühlen lassen.

3 Eigelb mit ½ Tasse Zucker verschlagen.

4 Eiweiß in einer mittelgroßen Schüssel zu steifem, aber nicht trockenem Schnee schlagen.

5 Abgekühlte Reismehlmasse, Eigelbcreme und Eischnee vorsichtig vermengen.

6 Ofen auf 175 °C vorheizen. Eine rechteckige Backform (20 x 30 cm) leicht einfetten.

7 Eine Scheibe Blätterteig auf den Boden der Form legen. Mit einem Backpinsel dünn mit zerlassener Butter, dann mit Füllung bestreichen. Schicht für Schicht fortfahren, bis Teig, Butter und Füllung verbraucht sind. Die letzte Teigschicht mit Wasser bepinseln, dann mit Zucker und geriebener Orangenschale bestreuen.

8 Etwa 15–25 Min. lichtgold backen. In der Form abkühlen lassen. In Dreiecke oder Rechtecke schneiden.

Galette Bretonne

Ausgerollte Kekse

Ergibt: *ca. 40 Stück*
Zubereitungszeit: *45 Min.*
Kühlzeit: *4 Std.*

4 Tassen Weizenmehl
½ Tasse Reismehl
1 Tasse Haselnüsse, feingemahlen
1 EL Backpulver
½ Tasse plus 2 EL Butter, Zimmertemperatur
2 ¼ Tassen Puderzucker
3 große Eier
1 ½ TL trockener Sherry
¼ Tasse gemischte kandierte Früchte, sehr feingehackt

1 Beide Mehlsorten, Haselnüsse und Backpulver mischen.

2 Butter und Puderzucker in einer großen Schüssel schaumig rühren. Einzeln die Eier, dann Sherry unterschlagen. Nach und nach die Mehlmischung zufügen. Kandierte Früchte unterziehen.

3 Teig auf bemehlter Arbeitsfläche gründlich kneten. In Wachspapier gewickelt 4 Std. in den Kühlschrank legen.

4 Ofen auf 175 °C vorheizen. 2 Backbleche leicht einfetten.

5 Teig auf bemehlter Arbeitsfläche knapp 2 cm dick ausrollen. Mit Hilfe einer Untertasse Kreise von etwa 15 cm Durchmesser ausschneiden. Kreise in 2,5 cm Abstand auf die Bleche legen und mit einem Messer „Tortenstücke" einritzen.

6 Etwa 18–20 Min. lichtgelb backen. Auf Kuchengitter leicht abkühlen lassen. In die markierten „Tortenstücke" zerschneiden.

Backtip: Nach anderen Versionen dieses Rezepts sticht man mit einer Gabel ein Rautenmuster in die Teigkreise. Eine weitere Variante: in die Mitte jedes „Tortenstücks" Haselnußhälften drücken.

GALLETAS DE LA HARINA DE AVENA

Geformte Kekse

ERGIBT: *ca. 40 Stück*
ZUBEREITUNGSZEIT: *30 Min.*

1 Tasse Weizen-Vollkornmehl
1 ½ Tassen Haferflocken
½ Tasse Weizenkeime
1 TL Natron
1 TL Zimt, gemahlen
½ TL Salz
1 Tasse Pflanzenfett
½ Tasse weißer Zucker
1 Tasse brauner Zucker
2 große Eier
1 TL Vanillearoma
1 Tasse Walnüsse, gehackt
Zucker

1 Ofen auf 175 °C vorheizen. 2 Backbleche leicht einfetten.

2 Mehl, Haferflocken, Weizenkeime, Natron, Zimt und Salz mischen.

3 Fett und beide Zuckersorten in einer großen Schüssel schaumig rühren. Eier, dann Vanillearoma unterschlagen. Nach und nach die Mehlmischung beigeben. Walnüsse unterziehen.

4 Walnußgroße Teigstücke zu Bällchen formen. Bällchen in 2,5 cm Abstand auf die Bleche setzen. Boden eines Glases in Wasser, dann in Zucker tunken. Bällchen damit flachdrücken.

5 Etwa 8–10 Min. backen, bis die Oberfläche sich zart verfärbt. Auf Kuchengitter abkühlen lassen.

GAZELLENHÖRNCHEN

Geformte Kekse

ERGIBT: *ca. 30 Stück*
ZUBEREITUNGSZEIT: *45 Min.*
KÜHLZEIT: *2 Std.*

TEIG
2 ¼ Tassen Mehl
1 TL Salz
1 Tasse Butter, gekühlt
¼ Tasse Eiswasser

FÜLLUNG
225 g Marzipan
2 EL Zucker
1 großes Ei
⅓ Tasse Mandeln, feingemahlen
Puderzucker zum Wälzen

1 Mehl und Salz in einer großen Schüssel mischen. Butter hineinschneiden. Soviel Eiswasser zugeben, daß ein fester Teig entsteht. Teig dritteln, jeweils zu flachen, runden Kreisen formen. Kreise in Wachspapier gewickelt 2 Std. in den Kühlschrank legen.

2 Marzipan in eine mittelgroße Schüssel krümeln. Mit Zucker und Ei glattrühren. Gemahlene Mandeln unterrühren.

3 Füllung dritteln. Jedes Drittel auf bemehlter Arbeitsfläche zu einem 40 cm langen Strang rollen. Stränge in je 16 Scheibchen schneiden.

4 Ofen auf 175 °C vorheizen. 2 Backbleche leicht einfetten.

5 Auf bemehlter Arbeitsfläche eine Teigportion zu einem 30 x 30 cm großen Quadrat ausrollen. Ränder gerade abschneiden. Quadrat in 7,5 x 7,5 cm kleine Quadrate schneiden. 1 Scheibchen Mandelfüllung auf eine Ecke des Quadrats legen. Quadrat von der Ecke aus zusammenrollen und Nahtstelle festdrücken. Alle Quadrate ebenso verarbeiten und in 2,5 cm Abstand auf die Bleche legen. Zu Hörnchen biegen.

6 Etwa 12–15 Min. lichtgelb backen. Auf Kuchengitter abkühlen lassen. In Puderzucker wälzen.

Gebackene Frischkäse-Schnittchen I

Gebäckschnitten

Ergibt: *15–35 Stück*
Zubereitungszeit: *50 Min.*

Teig
⅓ Tasse Pflanzenfett
⅓ Tasse brauner Zucker
1 Tasse Mehl
½ Tasse Walnüsse, gehackt

Füllung
200 g Doppelrahm-Frischkäse
¼ Tasse weißer Zucker
1 großes Ei
2 EL Milch
1 EL frischgepreßter Zitronensaft
½ TL Vanillearoma

1 Ofen auf 175 °C vorheizen.

2 Für den Teig Fett und Zucker in einer großen Schüssel schaumig rühren. Nach und nach das Mehl, dann die Walnüsse untermengen. Der Teig wird krümelig.

3 Vom Teig 1 Tasse beiseite stellen. Den Rest gleichmäßig auf dem Boden einer quadratischen Backform (20 x 20 cm) verteilen. 15 Min. backen.

4 Für die Füllung Frischkäse und Zucker in einer großen Schüssel gründlich verrühren. Nacheinander Ei, Milch, Zitronensaft und Vanillearoma unterrühren.

5 Füllung auf dem warmen Teig verteilen. Mit der restlichen Teigmasse bestreuen. Weitere 25 Min. backen, bis sich die Oberfläche fest anfühlt.

6 In der Form auf Gitter abkühlen lassen. In Schnittchen schneiden.

Gebackene Frischkäse-Schnittchen II

Gebäckschnitten

Ergibt: *15–25 Stück*
Zubereitungszeit: *40 Min.*

Teig
1 Tasse Mehl
⅓ Tasse brauner Zucker
⅓ Tasse Pflanzenfett

Belag
2 große Eier
450 g Doppelrahm-Frischkäse, Zimmertemperatur
½ Tasse weißer Zucker
2 EL frischgepreßter Zitronensaft
1 EL Marsala

1 Ofen auf 175 °C vorheizen.

2 Mehl und Zucker in einer großen Schüssel mischen. Fett hineinschneiden und zu einem krümeligen Teig verarbeiten.

3 Teig gleichmäßig auf dem Boden einer quadratischen Backform (20 x 20 cm) verteilen. 15 Min. backen.

4 Für den Belag Eier in einer großen Schüssel zu einer dicken, hellen Creme schlagen. Mit Frischkäse und Zucker zu einer glatten Masse rühren. Zitronensaft und Marsala unterrühren.

5 Belag auf dem warmen Teig verteilen. Weitere 20 Min. backen, bis sich die Oberfläche fest anfühlt.

6 In der Form abkühlen lassen. In Schnittchen schneiden.

Backtip: Anstelle von Marsala können auch 3 Tropfen Mandelaroma verwendet werden.

Gefüllte Cheddar-Kekse

Ausgerollte Kekse

Ergibt: *35–60 Stück*
Zubereitungszeit: *30 Min.*
Kühlzeit: *2 Std.*

Teig
2 Tassen Mehl
2 Tassen Cheddar-Käse, feingerieben
½ TL Salz
½ Tasse Pflanzenfett
¼ Tasse Milch

Füllung
¾ Tasse Himbeermarmelade
2 EL brauner Zucker
2 TL Zimt, gemahlen
¼ TL Salz
1 ½ Tassen Walnüsse, feingehackt

1 Mehl, Käse und Salz in einer großen Schüssel mischen. Mit in Stücke geschnittenem Fett zu einer bröseligen Masse verarbeiten. Milch zugeben. Zugedeckt mindestens 2 Std. in den Kühlschrank stellen.

2 Ofen auf 200 °C vorheizen. 2 Backbleche leicht einfetten.

3 Für die Füllung Marmelade, Zucker, Zimt und Salz in einer kleinen Schüssel verrühren. Walnüsse unterziehen.

4 Teig auf bemehlter Arbeitsfläche knapp 0,5 cm dick ausrollen. Eine gerade Anzahl 4 cm großer Kekse ausstechen. Auf die Hälfte davon in die Mitte je 1 Löffel Füllung geben. Restliche Kekse auflegen. Teigränder festdrücken. In 2,5 cm Abstand auf die Bleche legen.

5 Etwa 12–15 Min. lichtgelb backen. Auf Kuchengitter abkühlen lassen.

Gefüllte Fingerabdrücke

Ausgerollte Kekse

Ergibt: *60–85 Stück*
Zubereitungszeit: *40 Min.*

Teig
3 ½ Tassen Mehl
3 EL Backpulver
¼ TL Salz
¾ Tasse Pflanzenfett
1 Tasse Zucker
2 große Eier
⅓ Tasse Milch
½ TL Vanillearoma

Füllung **(s. Backtip)**

1 Ofen auf 200 °C vorheizen. 2 Backbleche leicht einfetten.

2 Mehl, Backpulver und Salz mischen.

3 Fett und Zucker in einer großen Schüssel schaumig rühren. Nacheinander Eier, Milch und Vanillearoma gründlich unterrühren. Nach und nach die Mehlmischung zufügen.

4 Teig auf bemehlter Arbeitsfläche gut 1 cm dick ausrollen. 4 cm große Sterne oder andere Motive ausstechen und in 2,5 cm Abstand auf die Bleche legen. Mit dem Finger in die Mitte jedes Kekses eine Mulde drücken. In die Mulden beliebige Füllungen geben.

5 Etwa 12–15 Min. lichtgelb backen. Auf Kuchengitter abkühlen lassen.

Backtip: Als Füllung eignen sich Obstkonfitüre, Marmelade, Gelee, zerlassene Schokolade, Mini-Marshmallows und vieles mehr – hier kennt die Phantasie wieder einmal keine Grenzen.

Gefüllte Korinthen-Plätzchen

Ausgerollte Kekse

Ergibt: *15–25 Stück*
Zubereitungszeit: *35 Min.*
Kühlzeit: *4 Min.*

Teig
1 ½ Tassen Mehl
1 TL Salz
¾ Tasse Pflanzenfett
3 EL Wasser

Füllung
1 EL Butter, Zimmertemperatur
½ Tasse Zucker
½ TL Zimt, gemahlen
¼ TL Muskat, gemahlen
1 EL geriebene Zitronenschale, unbehandelt
⅔ Tasse Korinthen
1 großes Ei, verschlagen

1 Mehl und Salz in einer großen Schüssel mischen. Mit in Stücke geschnittenem Fett zu einer bröseligen Masse verarbeiten. So viel Wasser beimengen, daß ein geschmeidiger Teig entsteht. Zugedeckt 4 Std. in den Kühlschrank stellen.

2 Ofen auf 175 °C vorheizen. 2 Backbleche leicht einfetten.

3 Für die Füllung Butter und Zucker in einer kleinen Schüssel schaumig rühren. Nacheinander Zimt, Muskat und Zitronenschale zugeben. Korinthen unterziehen.

4 Teig auf bemehlter Arbeitsfläche gut 0,5 cm dick ausrollen. Eine gerade Anzahl Kreise von 4 cm Durchmesser ausstechen. Die Hälfte der Kreise in 2,5 cm Abstand auf die Bleche legen. Je 1 TL Füllung in die Mitte geben. Restliche Kreise auflegen. Teigränder mit einer Gabel festdrücken. Oberfläche mit Ei bepinseln.

5 Etwa 18–20 Min. goldgelb backen. Auf Kuchengitter abkühlen lassen.

Backtip: Nach demselben Rezept lassen sich Mini-Taschen zubereiten: In die Mitte jeder Teigscheibe etwas Füllung geben. Teig zu einem Halbmond zusammenklappen und Ränder festdrücken. In den Ofen schieben.

Gefüllte Mürbe-Plätzchen

Ausgerollte Kekse

Ergibt: *ca. 40 Stück*
Zubereitungszeit: *30 Min.*
Kühlzeit: *4 Std.*

Teig
2 Tassen Mehl
1 Tasse Butter
⅓ Tasse Sahne
Zucker zum Bestreuen

Füllung
¼ Tasse Pflanzenfett
¾ Tasse Puderzucker
1 großes Eigelb
6 Tropfen Mandelaroma

1 Mehl in eine große Schüssel geben. Mit der in Stücke geschnittenen Butter zu einer bröseligen Masse verarbeiten. Mit der Sahne zu einem glatten Teig mengen. Teig dritteln. In Wachspapier wickeln und 4 Std. in den Kühlschrank legen.

2 Ofen auf 190 °C vorheizen.

3 Teig auf bemehlter Arbeitsfläche knapp 0,5 cm dick ausrollen. Kreise von 5 cm Durchmesser ausstechen und in 2,5 cm Abstand auf ungefettete Backbleche legen. Mit Zucker bestreuen, Oberflächen mehrfach mit einer Gabel einstechen.

4 Etwa 8–10 Min. lichtgold backen. Auf Kuchengitter abkühlen lassen.

5 In der Zwischenzeit die Füllung zubereiten: Fett und Puderzucker in einer mittelgroßen Schüssel schaumig rühren. Eigelb und Mandelaroma gut unterrühren. Bis zum Gebrauch zugedeckt in den Kühlschrank stellen.

6 Die Hälfte der Kekse mit der Füllung bestreichen, die restlichen Kekse aufsetzen und leicht andrücken.

Backtip: Verwendung von Doppelrahm-Frischkäse statt Pflanzenfett verleiht dem Gebäck kräftigeres Aroma.

Geleebissen

Geformte Kekse

Ergibt: *ca. 40 Stück*
Zubereitungszeit: *45 Min.*

1 Tasse Pflanzenfett
½ Tasse Zucker
1 großes Ei
1 TL Vanillearoma
½ TL frischgepreßter Zitronensaft
2 ½ Tassen Mehl
¼–½ Tasse Traubengelee

1 Ofen auf 175 °C vorheizen. 2 Backbleche leicht einfetten.

2 Fett und Zucker in einer großen Schüssel schaumig rühren. Ei, dann Vanillearoma und Zitronensaft unterschlagen. Nach und nach das Mehl beigeben.

3 Walnußgroße Teigstücke zu Bällchen rollen. In 2,5 cm Abstand auf die Bleche setzen. Mit dem Finger in die Mitte je eine Vertiefung drücken. Vertiefungen mit etwas Gelee füllen.

4 Etwa 20–25 Min. lichtgelb backen. Auf Kuchengitter abkühlen lassen.

Genueser Mandelplätzchen

Gebäckschnitten

Ergibt: *ca. 40 Stück*
Zubereitungszeit: *30 Min.*

2 kleine Eier
½ Tasse Rapsöl
9 Tropfen Mandelaroma
1 Tasse Mehl
¾ Tasse Zucker
½ TL Backpulver
1 Prise Salz

1 Ofen auf 175 °C vorheizen. Eine quadratische Backform (20 x 20 cm) einfetten.

2 Eier in einer großen Schüssel zur dicken, hellen Creme schlagen. Rapsöl und Mandelaroma unterschlagen. Nach und nach Mehl, Zucker, Backpulver und Salz unterrühren.

3 Teig in die Form füllen. 18–20 Min. backen, bis sich der Teig fest anfühlt.

4 In der Form auf Kuchengitter abkühlen lassen. In Schnitten schneiden.

Gesundheitskekse I

Häufchenkekse

Ergibt: *ca. 40 Stück*
Zubereitungszeit: *30 Min.*
Ruhezeit: *4 Std.*

2 Tassen brauner Zucker
1 Tasse Raps-, Distel- oder Sojaöl
4 Tassen Haferflocken
1 Tasse Kokosraspeln
1 Tasse Walnüsse, gehackt
1 ½ TL Milch
1 TL Vanillearoma

1 Zucker und Öl in einer großen Schüssel gut verschlagen. Haferflocken zugeben. Mischung 4 Std. ruhen lassen.

2 Ofen auf 175 °C vorheizen. 2 Backbleche leicht einfetten.

3 Kokosrapseln und Walnüsse unter die Haferflockenmischung rühren. Milch und Vanillearoma zugeben.

4 Mit Löffeln Teighäufchen in 4 cm Abstand auf die Bleche setzen.

5 Etwa 12–15 Min. lichtbraun backen. Auf Kuchengitter abkühlen lassen.

GESUNDHEITSKEKSE II

Häufchenkekse

ERGIBT: *ca. 40 Stück*
ZUBEREITUNGSZEIT: *30 Min.*

1 Tasse Weizenmehl
1 Tasse Sojamehl
¼ TL Salz
1 Tasse Rapsöl
1 Tasse dunkelbrauner Zucker
2 große Eier
¼ Tasse fettarme Milch
3 Tassen Haferflocken
1 Tasse getrocknete Aprikosen, feingehackt

1 Ofen auf 175 °C vorheizen. 2 Backbleche leicht einfetten.

2 Mehl, Sojamehl und Salz mischen.

3 Öl und Zucker in einer großen Schüssel gut verrühren. Eier unterschlagen. Milch einrühren. Nach und nach die Mehlmischung zufügen. Haferflocken und Aprikosen unterziehen.

4 Mit Löffeln Teighäufchen in 4 cm Abstand auf die Bleche setzen. Häufchen mit dem in Mehl getauchten Boden eines Glases flachdrücken.

5 Etwa 10–12 Min. lichtbraun backen. Auf Kuchengitter abkühlen lassen.

GESUNDHEITSKEKSE III

Häufchenkekse

ERGIBT: *50–60 Stück*
ZUBEREITUNGSZEIT: *30 Min.*

1 Tasse Mehl
1 TL Natron
¼ TL Muskat, gemahlen
¼ TL Zimt, gemahlen
½ TL Salz
1 Tasse Pflanzenfett
1 Tasse dunkelbrauner Zucker
1 Tasse hellbrauner Zucker
2 große Eier
½ Tasse Apfelmus, ungezuckert
1 TL Vanillearoma
1 Tasse Cornflakes

1 Ofen auf 175 °C vorheizen. 2 Backbleche leicht einfetten.

2 Mehl, Natron, Gewürze und Salz mischen.

3 Fett und beide Zuckersorten in einer großen Schüssel schaumig rühren. Eier unterschlagen. Apfelmus und Vanillearoma unterrühren. Nach und nach die Mehlmischung zufügen. Cornflakes unterheben.

4 Mit Löffeln Teighäufchen in 4 cm Abstand auf die Bleche setzen.

5 Etwa 12–15 Min. backen, bis die Oberfläche leicht bräunt. Auf Kuchengitter abkühlen lassen.

Backtip: Man kann dem Teig zusätzlich ½ Tasse Weizenkeime, auch Nüsse und Rosinen beigeben.

GESUNDHEITSSCHNITTEN I

Gebäckschnitten

ERGIBT: *ca. 30 Stück*
ZUBEREITUNGSZEIT: *35 Min.*

½ Tasse Weizenmehl
¼ Tasse Weizen-Vollkornmehl
½ Tasse Weizenkeime
1 TL Backpulver
½ Tasse Pflanzenfett
60 g Johannisbrot-Riegel
1 ¼ Tassen Honig
2 große Eier
1 TL Vanillearoma
½ Tasse Pekannüsse, gehackt

1 Ofen auf 175 °C vorheizen. Eine rechteckige Backform (20 x 30 cm) leicht einfetten.

2 Beide Mehlsorten, Weizenkeime und Backpulver mischen.

3 Fett, Johannisbrot und Honig in einem großen Topf zerlassen und zum glatten Sirup rühren. Vom Herd nehmen. Eier einzeln unterschlagen. Vanillearoma, dann nach und nach die Mehlmischung zugeben. Nüsse unterziehen. Teig gleichmäßig in der Form verteilen.

4 Etwa 25–30 Min. backen, bis sich die Oberfläche fest anfühlt. In der Form auf Gitter abkühlen lassen. In Rechtecke schneiden.

5 Schnitten zum Lagern einzeln in Wachspapier wickeln.

Gesundheits-schnitten II

Gebäckschnitten

Ergibt: *ca. 30 Stück*
Zubereitungszeit: *35 Min.*
Quellzeit: *1 Std.*
Kühlzeit: *3 Std.*

½ Tasse gedörrte Äpfel, in Scheiben
½ Tasse Bananenchips
4 Tassen Kleieflocken
½ Tasse Sesamsamen, geröstet
½ Tasse Walnüsse, gehackt
¼ Tasse Weizenkeime
1 TL Zimt, gemahlen
1 Tasse Honig
1 ½ Tassen Erdnußbutter
2 EL Pflanzenfett

1 Äpfel und Bananenchips in mittelgroße Schüssel mischen. Mit kochendem Wasser bedecken. Mischung 1 Std. beiseite stellen.

2 Eine rechteckige Backform (20 x30 cm) leicht einfetten.

3 Kleieflocken, Sesamsamen, Walnüsse, Weizenkeime und Zimt in einer großen Schüssel mischen.

4 Apfel-Bananen-Mischung abtropfen lassen. Mit der Gabel in einer Schüssel zerdrücken. Zur Kleiemischung geben.

5 Honig in einem großen Topf auf 110 °C (Küchenthermometer) erhitzen. Erdnußbutter und Fett unterrühren. Unter ständigem Rühren wieder auf 110 °C erhitzen.

6 Honigmasse zu den trockenen Zutaten geben und gut verrühren. Masse gleichmäßig in der Form verteilen. Mindestens 3 Std. in den Kühlschrank stellen. In Schnitten schneiden. Stück für Stück in Wachspapier wickeln und im Kühlschrank lagern.

Backtip: Man kann die Kleieflocken im nicht zu heißen Ofen leicht rösten, ehe man sie mit den anderen Zutaten vermengt. Es lassen sich auch andere Arten von Dörrobst und Nüssen verwenden.

Gesundheits-stangen

Ausgerollte Kekse

Ergibt: *50–60 Stück*
Zubereitungszeit: *35 Min.*

1 Tasse Weizenmehl
1 Tasse Weizen-Vollkornmehl
½ TL Salz
¼ Tasse brauner Zucker
½ Tasse Rapsöl
⅔ Tasse fettarme Milch
2 Tassen Haferflocken
2 Tassen Datteln, entsteint, feingehackt
¾ Tasse Mandeln, feingehackt
½ Tasse Sesamsamen, geröstet
½ Tasse Kokosraspeln

1 Ofen auf 175 °C vorheizen. 2 Backbleche leicht einfetten.

2 Beide Mehlsorten und Salz mischen.

3 Zucker, Öl und Milch in einer großen Schüssel gut verschlagen. Nach und nach die Mehlmischung zugeben. Haferflocken, Datteln, Mandeln, Sesamsamen und Kokosraspeln unterziehen.

4 Teig halbieren. Je eine Hälfte auf ein Backblech legen. Knapp 0,5 cm dick ausrollen, dabei rundum 2,5 cm Rand frei lassen. Oberfläche gleichmäßig mit einer Gabel einstechen. Mit einem Teigrädchen 7,5 x 2,5 cm große Streifen schneiden.

5 Etwa 12–15 Min. lichtbraun backen. Auf Backblechen abkühlen lassen.

Getreideflocken-Makronen

Häufchenkekse

Ergibt: *50–60 Stück*
Zubereitungszeit: *40 Min.*

3 Eiweiß von großen Eiern
½ TL Salz
1 ½ Tassen Zucker
¼ TL Vanillearoma
3 Tassen Getreideflocken (s. Backtip)
1 ½ Tassen Kokosraspeln

1 Ofen auf 160 °C vorheizen. 2 Backbleche leicht einfetten.

2 Eiweiß in einer großen Schüssel zu schnittfestem Schnee schlagen. Salz, dann Zucker einrieseln lassen und unterschlagen. Unter die steife, glänzende Masse Vanillearoma schlagen. Nach und nach Getreideflocken und Kokosraspeln unterheben.

3 Mit Löffeln Teighäufchen in 4 cm Abstand auf die Bleche setzen.

4 Etwa 15–20 Min. backen, bis die Makronen sich leicht verfärben. Auf Kuchengitter abkühlen lassen.

Backtip: In den Lebensmittelabteilungen gibt es ein breites Angebot an Flocken bzw. Flakes aus diversen Getreidesorten, auch als Mischungen und mit Rosinen, Nüssen u.a. versetzt.

Getreideflocken-Taler

Geschnittene Kekse

Ergibt: *50–60 Stück*
Zubereitungszeit: *30 Min.*
Kühlzeit: *4 Std.*

3 Tassen Mehl
2 TL Backpulver
¼ TL Salz
1 Tasse Pflanzenfett
2 Tassen brauner Zucker
2 große Eier
1 Tasse Kleieflocken
1 Tasse Getreideflocken mit Rosinen

1 Mehl, Backpulver und Salz mischen.

2 Fett und Zucker in einer großen Schüssel schaumig rühren. Eier unterrühren. Nach und nach die Mehlmischung zugeben. Beide Sorten Getreideflocken unterziehen.

3 Teig zur 5 cm dicken Rolle formen. In Wachspapier gewickelt 4 Std. in den Kühlschrank legen.

4 Ofen auf 190 °C vorheizen.

5 Rolle in gut 0,5 cm dicke Scheiben schneiden. Scheiben in 2,5 cm Abstand auf ungefettete Backbleche legen.

6 Etwa 12–15 Min. hell goldgelb backen. Auf Kuchengitter abkühlen lassen.

Gewürzplätzchen I

Ausgerollte Kekse

Ergibt: *50–60 Stück*
Zubereitungszeit: *30 Min.*
Kühlzeit: *4 Std.*
Ruhezeit: *8 Std.*

3 Tassen Mehl
1 TL Backpulver
½ TL Zimt, gemahlen
¼ TL Muskat, gemahlen
¼ TL Nelken, gemahlen
¼ TL Salz
1 Tasse Zucker
3 große Eier
1 ½ EL Orangensaftkonzentrat
½ TL geriebene Orangenschale, unbehandelt
¼ Tasse Haselnüsse, gehackt
etwas Amaretto

1 Mehl, Backpulver, Gewürze und Salz mischen.

2 Zucker und Eier in einer großen Schüssel zur hellen, dicken Creme schlagen. Orangensaft und -schale unterrühren. Nach und nach die Mehlmischung beigeben. Haselnüsse unterziehen. Zugedeckt 4 Std. in den Kühlschrank stellen.

3 Zwei Backbleche leicht einfetten.

4 Teig auf bemehlter Arbeitsfläche knapp 1,5 cm dick ausrollen. Kreise von 4 cm Durchmesser ausstechen. Kreise in 2,5 cm Abstand auf die Bleche legen. Mit sauberen Küchenhandtüchern bedecken und 8 Std. ruhen lassen.

5 Ofen auf 175 °C vorheizen.

6 Kekse wenden und in die Mitte je 1 Tropfen Amaretto träufeln. 8–10 Min. lichtgelb backen. Auf Kuchengitter abkühlen lassen.

Gewürzplätzchen II

Häufchenkekse

Ergibt: *ca. 40 Stück*
Zubereitungszeit: *30 Min.*
Kühlzeit: *4 Std.*

1 Tasse Mehl
1 TL Nelken, gemahlen
½ Tasse Pflanzenfett
1 Tasse Zucker
1 großes Ei
1 TL Vanillearoma

1 Mehl und Nelken mischen.

2 Fett und Zucker in einer großen Schüssel schaumig rühren. Ei, dann Vanillearoma unterschlagen. Nach und nach die Mehlmischung zufügen. Zugedeckt 4 Std. in den Kühlschrank stellen.

3 Ofen auf 160 °C vorheizen. 2 Backbleche leicht einfetten.

4 Mit Löffeln Teighäufchen in mindestens 5 cm Abstand auf die Bleche setzen.

5 Etwa 12–15 Min. backen, bis die Oberfläche zart bräunt. Auf Kuchengitter abkühlen lassen.

Gewürzplätzchen III

Ausgerollte Kekse

Ergibt: *ca. 40 Stück*
Zubereitungszeit: *30 Min.*
Kühlzeit: *4 Std.*

2 ½ Tassen Mehl
¼ Tasse Mandeln, feingemahlen
½ TL Natron
1 TL Zimt, gemahlen
1 TL Ingwer, gemahlen
½ TL Piment, gemahlen
½ TL Salz
1 Tasse Pflanzenfett
1 Tasse Zucker
½ Tasse Sirup
1 großes Ei

1 Mehl, Mandeln, Natron, Gewürze und Salz mischen.

2 Fett und Zucker in einer großen Schüssel schaumig rühren. Sirup kräftig unterrühren. Ei unterschlagen. Nach und nach die Mehlmischung zugeben. Zugedeckt 4 Std. in den Kühlschrank stellen.

3 Ofen auf 175 °C vorheizen.

4 Teig auf bemehlter Arbeitsfläche gut 0,5 cm dick ausrollen. Dreiecke oder andere Motive ausstechen und in 4 cm Abstand auf ungefettete Bleche legen.

5 Etwa 8–10 Min. hellgelb backen. Auf Kuchengitter abkühlen lassen.

Backtip: Diese Kekse werden traditionell gern mit Zitronenglasur (s. Grundrezepte für Glasuren und Überzüge) verziert, die man in Mustern aufspritzt.

Gewürzplätzchen IV

Geformte Kekse

ERGIBT: *35–70 Stück*
ZUBEREITUNGSZEIT: *30 Min.*
KÜHLZEIT: *8 Std.*

2 ¾ Tassen Mehl
1 TL Natron
1 TL Zimt, gemahlen
1 TL Muskat, gemahlen
½ TL Nelken, gemahlen
1 Tasse Pflanzenfett
½ Tasse weißer Zucker
½ Tasse brauner Zucker
1 großes Ei

1 Mehl, Natron und Gewürze mischen.

2 Fett und beide Zuckersorten in einer großen Schüssel schaumig rühren. Ei unterrühren. Nach und nach die Mehlmischung zugeben.

3 Teig halbieren. Hälften zu 4 cm dicken Rollen formen. In Wachspapier gewickelt 8 Std. in den Kühlschrank legen.

4 Ofen auf 190 °C vorheizen. 2 Backbleche leicht einfetten.

5 Rollen in gut 0,5 cm dicke Scheiben schneiden. Scheiben in 3 cm Abstand auf die Bleche legen.

6 Etwa 10–15 Min. backen, bis die Oberfläche sich zart verfärbt. Auf Kuchengitter abkühlen lassen.

Gewürzschnitten

Gebäckschnitten

ERGIBT: *ca. 30 Stück*
ZUBEREITUNGSZEIT: *35 Min.*

1 Tasse Mehl
¼ Tasse Kakaopulver, ungezuckert
1 TL Backpulver
1 TL Zimt, gemahlen
½ TL Nelken, gemahlen
½ TL Piment, gemahlen
1 Prise Salz
¼ Tasse Pflanzenfett
1 Tasse Zucker
3 große Eier
1 TL Vanillearoma
½ Tasse Rosinen
½ Tasse Walnüsse, gehackt

1 Ofen auf 175 °C vorheizen. Eine rechteckige Backform (20 x 30 cm) leicht einfetten.

2 Mehl, Kakao, Backpulver, Gewürze und Salz mischen.

3 Fett und Zucker in einer großen Schüssel schaumig rühren. Eier, dann Vanillearoma unterschlagen. Nach und nach die Mehlmischung beigeben. Rosinen und Walnüsse unterziehen. Teig gleichmäßig in der Form verteilen.

4 Etwa 20–30 Min. backen (beim Einstechen mit einem spitzen Hölzchen darf der Teig nicht mehr kleben). In der Form auf Gitter abkühlen lassen. In Schnitten schneiden.

Backtip: Die Kekse sollten noch warm sein, wenn man sie mit einer Glasur oder einem Überzug bestreichen will.

Gewürztütchen

Häufchenkekse

ERGIBT: *60–70 Stück*
ZUBEREITUNGSZEIT: *30 Min.*

¾ Tasse Mehl
1 ½ TL Ingwer, gemahlen
1 ½ TL Muskat, gemahlen
6 EL Pflanzenfett
½ Tasse brauner Zucker
¼ Tasse Sirup
1 EL Weinbrand

1 Ofen auf 175 °C vorheizen.

2 Mehl und Gewürze mischen.

3 Fett und Zucker in Schüssel schaumig rühren. Sirup und Weinbrand unterrühren. Nach und nach die Mehlmischung zugeben.

4 Mit Löffeln Teighäufchen in 6,5 cm Abstand auf ungefettete Backbleche setzen.

5 Etwa 5–6 Min. goldbraun backen. Kekse etwas abkühlen lassen. Sobald man sie anfassen kann, von den Blechen nehmen und um eine Kegelform aus Metall wickeln. Mit Verschlußseite nach unten auf Kuchengitter abkühlen lassen.

Backtip: Werden die Kekse vor dem Formen hart, etwa 30 Sek. im Ofen aufwärmen. Man kann die Tütchen mit Cremespeisen, Pudding oder Eiscreme füllen. Vor dem Füllen mit Eiscreme muß man sie mindestens 30 Min. ins Gefrierfach legen. Die Tütchen erst kurz vor dem Servieren füllen, sonst werden sie zu weich.

Glasierte Ingwerteilchen

Gebäckschnitten

Ergibt: *85–105 Stück*
Zubereitungszeit: *30 Min.*

3 ½ Tassen Mehl
2 TL Natron
1 TL Ingwer, gemahlen
1 TL Zimt, gemahlen
½ TL Salz
1 Tasse Pflanzenfett
½ Tasse Zucker
2 große Eigelb
1 Tasse Sirup, angewärmt
½ Tasse Milch
1 Tasse Rosinen
Vanille- oder Zitronenglasur (s. Grundrezepte für Glasuren und Überzüge)

1 Ofen auf 175 °C vorheizen. Eine rechteckige Backform (25 x 40 cm) leicht einfetten.

2 Mehl, Natron, Ingwer, Zimt und Salz mischen.

3 Fett und Zucker in einer großen Schüssel schaumig rühren. Eigelb, dann Sirup und Milch unterschlagen. Nach und nach die Mehlmischung zugeben. Rosinen unterziehen. Teig gleichmäßig in der Form verteilen.

4 Etwa 12–15 Min. lichtbraun backen. In der Form abkühlen lassen.

5 Gebäck glasieren und in 5 x 4 cm große Rechtecke schneiden.

Glasierte Schokohäppchen

Häufchenkekse

Ergibt: *ca. 40 Stück*
Zubereitungszeit: *30 Min.*

1 ¾ Tassen Mehl
½ TL Natron
½ TL Salz
60 g Blockschokolade, gehackt
½ Tasse Pflanzenfett
¾ Tasse Zucker (oder weniger)
1 großes Ei
½ Tasse Kondensmilch
1 TL Vanillearoma
½ Tasse Walnüsse, gehackt
Schokoladenglasur (s. Grundrezepte für Glasuren und Überzüge)

1 Ofen auf 190 °C vorheizen. 2 Backbleche leicht einfetten.

2 Mehl, Natron und Salz mischen.

3 Schokolade und Fett im Wasserbad zerlassen, glattrühren. Vom Herd nehmen, Zucker gut unterrühren. Nacheinander Ei, Milch und Vanillearoma einrühren. Nach und nach die Mehlmischung zufügen. Walnüsse unterziehen.

4 Mit Löffeln Teighäufchen in 4 cm Abstand auf die Bleche setzen.

5 Etwa 12–15 Min. backen, bis sich der Teig fest anfühlt.

6 Mit Schokoladenglasur beträufeln.

Glendas Lieblingskekse

Geschnittene Kekse

Ergibt: *ca. 90 Stück*
Zubereitungszeit: *30 Min.*
Kühlzeit: *4 Std.*

1 Tasse Mehl
3 Tassen Haferflocken
2 TL Backpulver
½ TL Salz
1 Tasse Butter, zerlassen
¼ Tasse kochendes Wasser
1 Tasse dunkelbrauner Zucker
1 TL Vanillearoma

1 Mehl, Haferflocken, Backpulver und Salz mischen.

2 Butter und Wasser in einer großen Schüssel kräftig schlagen. Zucker und Vanillearoma unterrühren. Nach und nach die Mehlmischung zugeben. Teig zur 5 cm dicken Rolle formen. Rolle in Wachspapier gewickelt mindestens 4 Std. in den Kühlschrank legen.

3 Ofen auf 175 °C vorheizen. 2 Backbleche leicht einfetten.

4 Rolle in gut 0,5 cm dicke Scheiben schneiden. Scheiben in 2,5 cm Abstand auf die Bleche legen.

5 Etwa 10–12 Min. lichtgold backen. Auf Kuchengitter abkühlen lassen.

Backtip: Je länger die Backzeit, desto knuspriger fallen die Kekse aus.

Globetrotter-Snacks

Häufchenkekse

ERGIBT: *ca. 40 Stück*
ZUBEREITUNGSZEIT: *30 Min.*

¾ Tasse Mehl
½ TL Natron
½ Tasse Pflanzenfett
1 Tasse brauner Zucker
½ Tasse Erdnußbutter
1 großes Ei
1 TL Vanillearoma
1 Tasse halbbittere Schokoladen-Tröpfchen
1 Tasse Rosinen
⅔ Tasse Erdnüsse, gehackt

1 Ofen auf 190 °C vorheizen. 2 Backbleche leicht einfetten.

2 Mehl und Natron mischen.

3 Fett und Zucker in einer großen Schüssel schaumig rühren. Erdnußbutter, dann Ei und Vanillearoma gründlich unterrühren. Nach und nach die Mehlmischung beigeben. Schokoladen-Tröpfchen, Rosinen und Erdnüsse unterziehen.

4 Mit Löffeln Teighäufchen in 4 cm Abstand auf die Bleche setzen.

5 Etwa 10–12 Min. backen, bis die Kekse zart bräunen. Auf Kuchengitter abkühlen lassen.

6 Abgekühlte Kekse einzeln einwickeln und luftdicht lagern.

Goldene Honigbissen

Häufchenkekse

ERGIBT: *60–70 Stück*
ZUBEREITUNGSZEIT: *30 Min.*

3 Tassen Weizen-Vollkornmehl
1 Tasse Weizenmehl
2 TL Natron
½ TL Salz
1 Tasse Honig, angewärmt
½ Tasse Pflanzenfett
3 große Eier
1 Tasse Walnüsse, feingehackt
1 Tasse helle Rosinen, in Weinbrand getränkt

1 Ofen auf 200 °C vorwärmen. 2 Backbleche leicht einfetten.

2 Beide Mehlsorten, Natron und Salz mischen.

3 Honig und Fett in einer großen Schüssel glattrühren. Eier einzeln unterschlagen. Nach und nach die Mehlmischung beigeben. Walnüsse und Rosinen unterziehen.

4 Mit Löffeln Teighäufchen in 4 cm Abstand auf die Bleche setzen. Häufchen mit dem in Mehl getauchten Boden eines Glases flachdrücken.

5 Etwa 8–10 Min. lichtgold backen. Auf Kuchengitter abkühlen lassen.

Graham-Dörrpflaumen-Kräcker

Gebäckschnitten

Ergibt: *15–25 Stück*
Zubereitungszeit: *30 Min.*
Kühlzeit: *2 Std.*

1 ½ Tassen Zucker
1 ½ Tassen Pflanzenfett
3 EL Sirup
½ TL Vanillearoma
3 Tassen Dörrpflaumen, entsteint, gehackt
3 ½ Tassen Graham-Kräcker, zerbröselt
Puderzucker zum Besieben

1 Eine rechteckige Backform (20 x 30 cm) leicht einfetten.

2 Zucker, Fett, Sirup und Vanillearoma in einem großen Topf erhitzen, bis sich der Zucker auflöst. Vom Herd nehmen, Pflaumen unterrühren. Nach und nach die Kräckerbrösel untermengen.

3 Teig gleichmäßig in der Form verteilen. 2 Std. in den Kühlschrank stellen.

4 Mit Puderzucker übersieben. In Quadrate oder Rechtecke schneiden.

Backtip: Statt Pflaumen können Datteln oder Rosinen verwendet werden.

Graham-Kräcker

Ausgerollte Kekse

Ergibt: *unterschiedliche Stückzahl*
Zubereitungszeit: *35 Min.*

3 Tassen Weizen-Vollkornmehl
½ TL Natron
½ TL Salz
½ Tasse Rapsöl
½ Tasse brauner Zucker
1 großes Ei
¼ Tasse Honig
¼ Tasse Kondensmilch
1 TL frischgepreßter Zitronensaft
1 TL Vanillearoma

1 Ofen auf 190 °C vorheizen. 2 Backbleche leicht einfetten.

2 Mehl, Natron und Salz mischen.

3 Öl und Zucker in einer großen Schüssel gut verrühren. Ei, Honig und Milch unterschlagen. Zitronensaft und Vanillearoma, dann nach und nach die Mehlmischung zugeben.

4 Teig halbieren. Jede Hälfte auf 1 Backblech legen und knapp 0,5 cm dick ausrollen. Mit Teigrädchen in die Oberfläche 5 cm große Quadrate ritzen.

5 Etwa 8–10 Min. lichtbraun backen. Auf den Blechen abkühlen lassen. Quadrate entlang der markierten Linien ausschneiden.

Backtip: Der Honig läßt sich durch Sirup ersetzen.

Graham-Schoko-Kräcker I

Gebäckschnitten

Ergibt: *15–25 Stück*
Zubereitungszeit: *35 Min.*

1 ½ Tassen Graham-Kräcker, zerbröselt
¾ Tasse halbbittere Schokoladen-Tröpfchen
½ Tasse Mandeln, gehackt
½ Tasse Kokosraspeln
400 ml Kondensmilch, gesüßt

1 Ofen auf 175 °C vorheizen. Eine quadratische Backform (20 x 20 cm) leicht einfetten.

2 Alle Zutaten in einer großen Schüssel gut mischen. Teig gleichmäßig in der Form verteilen.

3 Etwa 20–25 Min. backen, bis sich der Teig fest anfühlt. In der Form abkühlen lassen. In Schnitten schneiden.

Graham-Schoko-Kräcker II

Gebäckschnitten

Ergibt: *15–25 Stück*
Zubereitungszeit: *25 Min.*
Kühlzeit: *2 Std.*

Teig
¾ Tasse Pflanzenfett
¼ Tasse Erdnußbutter
1 Tasse Zucker
2 große Eier
2 ½ Tassen Graham-Kräcker, zerbröselt
2 Tassen Mini-Marshmallows
1 TL Vanillearoma

Belag
170 g halbbittere Schokoladen-Tröpfchen
1 Tasse Erdnüsse, feingemahlen

1 Eine quadratische Backform (20 x 20 cm) leicht einfetten.

2 Fett und Erdnußbutter im Wasserbad zerlassen. Zucker unterrühren. Vom Herd nehmen. Eier einzeln unterschlagen. Auf den Herd zurückstellen und köchelnd unter Rühren eindicken. Vom Herd nehmen. Kräckerbrösel, Marshmallows und Vanillearoma unterziehen.

3 Masse gleichmäßig in der Form verteilen. 2 Std. in den Kühlschrank stellen.

4 Für den Belag Schokoladen-Tröpfchen bei niedriger Hitze im Wasserbad zerlassen. Glattrühren. Vom Herd nehmen. Erdnüsse unterrühren.

5 Belag gleichmäßig auf den gekühlten Keksen verstreichen. 1 Std. kühlen. In Schnitten schneiden.

Grapefruit-Schnittchen

Gebäckschnitten

Ergibt: *15–35 Stück*
Zubereitungszeit: *35 Min.*

2 Tassen Mehl
1 TL Natron
1 TL Zimt, gemahlen
½ TL Salz
¾ Tasse Pflanzenfett
1 ½ Tassen brauner Zucker
2 große Eier
3 EL frischgepreßter Grapefruitsaft
3 EL geriebene Grapefruitschale, unbehandelt

1 Ofen auf 175 °C vorheizen. Eine quadratische Backform (20 x 20 cm) leicht einfetten.

2 Mehl, Natron, Zimt und Salz mischen.

3 Fett und Zucker in einer großen Schüssel schaumig rühren. Eier, dann Grapefruitsaft und -schale gründlich unterrühren. Nach und nach die Mehlmischung beigeben. Teig gleichmäßig in der Form verteilen.

4 Etwa 25–30 Min. backen, bis die Oberfläche Farbe annimmt. In der Form auf Kuchengitter abkühlen lassen. In Rechtecke schneiden.

Backtip: Durch Saft und Schale von Orangen oder Zitronen statt Grapefruit läßt sich dieses Rezept geschmacklich variieren.

Griechische Aniskekse

Geformte Kekse

Ergibt: *ca. 40 Stück*
Zubereitungszeit: *45 Min.*

5 Tassen Mehl
1 EL Backpulver
2 Tassen Pflanzenfett
2 Tassen Puderzucker
5 große Eier
3 EL Anislikör

1 Ofen auf 175 °C vorheizen. 2 Backbleche einfetten.

2 Mehl und Backpulver mischen.

3 Fett und Zucker in einer großen Schüssel schaumig rühren. Eier einzeln unterschlagen. Likör, dann nach und nach die Mehlmischung beigeben. Auf bemehlter Arbeitsfläche zu einem geschmeidigen Teig kneten.

4 Kleine Teigportionen zu Ringen, Brezeln, „S" oder anderen Motiven formen. In 4 cm Abstand auf die Bleche legen.

5 Etwa 12–15 Min. lichtgelb backen. Auf Kuchengitter abkühlen lassen.

Griechische Butterbällchen

Geformte Kekse

Ergibt: *ca. 40 Stück*
Zubereitungszeit: *40 Min.*

3 Tassen Mehl
¼ TL Natron
¾ Tasse Walnüsse, gemahlen
1 Tasse Butter
1 EL Zucker
1 ½ TL Weinbrand
6 Tropfen Mandelaroma
1 TL Pflanzenöl
½ TL frischgepreßter Zitronensaft
1 großes Eigelb
Puderzucker zum Wälzen

1 Ofen auf 175 °C vorheizen. 2 Backbleche leicht einfetten.

2 Mehl, Natron und Nüsse mischen.

3 Butter in einem mittelgroßen Topf zerlassen. In eine große Schüssel geben, abkühlen lassen. Nacheinander Zucker, Weinbrand, Mandelaroma, Pflanzenöl und Zitronensaft gründllich unterrühren. Eigelb unterschlagen. Nach und nach die Mehlmischung zufügen.

4 Kleine Teigstücke zu Bällchen formen. Bällchen in 2,5 cm Abstand auf die Bleche setzen.

5 Etwa 12–15 Min. backen, bis der Teig sich fest anfühlt. In Puderzucker wälzen, auf Kuchengitter abkühlen lassen. Nochmals in Puderzucker wälzen.

Griechische Mürbeplätzchen

Ausgerollte Kekse

Ergibt: *ca. 40 Stück*
Zubereitungszeit: *45 Min.*
Kühlzeit: *4 Std.*

3 ½ Tassen Mehl
½ TL Backpulver
½ TL Natron
1 Tasse Pflanzenfett
¾ Tasse Zucker
2 große Eigelb
¼ TL Weinbrand
⅛ TL Rosenwasser
½ Tasse Mandeln, gemahlen

1 Mehl, Backpulver und Natron mischen.

2 Fett und Zucker in einer großen Schüssel schaumig rühren. Eigelb unterschlagen. Weinbrand und Rosenwasser einrühren. Nach und nach die Mehlmischung beigeben. Zugedeckt 4 Std. in den Kühlschrank stellen.

3 Ofen auf 160 °C vorheizen.

4 Teig auf bemehlter Arbeitsfläche gut 0,5 cm dick ausrollen. Kreise von 4 cm Durchmesser ausstechen. Kreise in den Mandeln wälzen und in 2,5 cm Abstand auf ungefettete Bleche legen.

5 Etwa 25–30 Min. hellgelb backen. Auf Kuchengitter abkühlen lassen.

Griechische Sesamspiralen

Geformte Kekse

Ergibt: *36 Stück*
Zubereitungszeit: *45 Min.*

2 ⅓ Tassen Mehl
1 TL Backpulver
¼ TL Salz
½ Tasse Pflanzenfett
½ Tasse Zucker
2 große Eigelb
3 EL Sahne
1 großes Eigelb, mit 1 EL Sahne verschlagen
3 EL Sesamsamen

1 Ofen auf 175 °C vorheizen.

2 Mehl, Backpulver und Salz mischen.

3 Fett und Zucker in einer großen Schüssel schaumig rühren. Eigelb unterschlagen. Sahne einrühren. Nach und nach die Mehlmischung beigeben.

4 Walnußgroße Teigstücke zu etwa 18 cm langen Strängen rollen. Stränge zusammenklappen, zur Kordel drehen und nach Belieben oben eine Schlinge offenlassen. In 2,5 cm Abstand auf ungefettete Bleche legen.

5 Kekse mit Eigelb bestreichen und mit Sesamsamen bestreuen.

6 Etwa 12–14 Min. goldgelb backen. Auf Kuchengitter abkühlen lassen.

Griechische Wolken

Geformte Kekse

Ergibt: *60 Stück*
Zubereitungszeit: *30 Min.*
Kühlzeit: *4 Std.*

450 g Butter, Zimmertemperatur
¾ Tasse Puderzucker
1 großes Eigelb
2 EL Weinbrand
4 ½ Tassen Mehl
etwa 60 ganze Nelken
Puderzucker zum Wälzen

1 Butter und Zucker in einer großen Schüssel schaumig rühren. Eigelb, dann Weinbrand unterschlagen. Nach und nach die Mehlmischung zugeben. Zugedeckt 4 Std. in den Kühlschrank stellen.

2 Ofen auf 175 °C vorheizen. 2 Backbleche leicht einfetten.

3 Etwa 4 cm große Teigstücke zu Bällchen formen. Bällchen in 2,5 cm Abstand auf die Bleche setzen. In jedes Bällchen eine Nelke drücken.

4 Etwa 12–15 Min. lichtgelb backen. Nelken herausziehen. Bällchen in Puderzucker wälzen. Auf Kuchengitter abkühlen lassen.

Backtip: Die Nelken verleihen den Keksen ihr charakteristisches, feines Aroma.

Grundrezept für ausgerollte Kekse

Ausgerollte Kekse

Ergibt: *70–90 Stück*
Zubereitungszeit: *40 Min.*
Kühlzeit: *4 Std.*

5 ½ Tassen Mehl
2 TL Backpulver
1 Tasse Pflanzenfett
1 TL Salz
2 Tassen Zucker
3 große Eier
6 EL Milch
2 TL Vanillearoma

1 Mehl, Backpulver und Salz mischen.

2 Fett und Zucker in einer großen Schüssel schaumig rühren. Einzeln die Eier, dann Milch und Vanillearoma unterschlagen. Nach und nach die Mehlmischung zufügen. Teig vierteln. Jedes Viertel in Wachspapier wickeln, 4 Std. in den Kühlschrank legen.

3 Ofen auf 175 °C vorheizen. 2 Backbleche leicht einfetten.

4 Teig auf bemehlter Arbeitsfläche gut 0,5 cm dick ausrollen. Beliebige Motive ausstechen oder -schneiden. In 4 cm Abstand auf die Bleche legen.

5 Etwa 12–15 Min. lichtgelb backen. Auf Kuchengitter abkühlen lassen.

Backtip: Der Teig hält sich im Kühlschrank etwa 1 Woche, im Gefrierfach bis zu 6 Monaten. Hier Vorschläge für Varianten:

Geleekekse: Kreise ausstechen, backen und abkühlen lassen. Auf die Hälfte der Kreise je 1 TL Gelee geben. Restliche Kreise auflegen.

Gewürzkekse: 1 TL gemahlenen Zimt, ½ TL gemahlenen Muskat und ¼ TL gemahlene Nelken unter den Teig mengen. Gebäck heiß mit Zucker bestreuen.

Kokoskekse: 1 Tasse Kokosraspeln oder Kokosflocken zum Teig geben.

Kümmelkekse: Kümmelsamen dem Teig beigeben.

Zimtkekse: Kekse vor dem Backen mit einer Mischung aus Zimt und Kristallzucker bestreuen.

Zitronenkekse: Anstelle des Vanillearomas Zitronenaroma nehmen.

Grundrezept für ausgerollte und geformte Kekse

Ausgerollte/geformte Kekse

Ergibt: *2–3 Tassen*
Zubereitungszeit: *siehe unten*

12 Tassen Mehl
7 Tassen Zucker
2 EL Backpulver
1 EL plus 1 TL Salz
4 Tassen Pflanzenfett

1 Mehl, Zucker, Backpulver und Salz in einer großen Schüssel mischen. Mit dem in Stücke geschnittenen Fett zu einem feinbröseligen Teig verarbeiten.

2 Teig luftdicht verpacken. Kühl lagern oder bis zu 1 Jahr tiefgefrieren.

Ingwerkekse (Rezeptbeispiel)

1 In einer großen Schüssel 1 Ei und ¼ Tasse angewärmten Sirup verschlagen. 1 ½ TL gemahlenen Ingwer, dann 4 Tassen Teig beigeben. Zugedeckt in den Kühlschrank stellen.

2 Ofen auf 175 °C vorheizen. 2 Backbleche leicht einfetten.

3 Teig auf bemehlter Arbeitsfläche gut 0,5 cm dick ausrollen. Beliebige Formen ausstechen und in 3 cm Abstand auf die Bleche legen.

4 Etwa 10–15 Min. lichtgelb backen. Auf Kuchengitter abkühlen lassen.

Backtip: Man kann diesen Teig auch zu Bällchen rollen und diese, falls gewünscht, flachdrücken. Oder man rollt ihn zu kleinen Strängen, die sich zu Ringen, Kordeln oder Zöpfen formen lassen. Statt Ingwer lassen sich fast alle anderen Gewürze verwenden, außerdem Vanille, Rum oder andere Aromen und Nüsse oder Rosinen dem Teig beimengen.

Grundrezept für Fudge-Schoko-Gebäck

Gebäckschnitten

Ergibt: *15–25 Stück*
Zubereitungszeit: *30 Min.*

½ Tasse plus 2 EL Pflanzenfett
2 EL Kakaopulver, ungezuckert
1 Tasse Zucker
2 große Eier
1 TL Vanillearoma
¾ Tasse Mehl

1 Ofen auf 175 °C vorheizen. Eine quadratische Backform (20 x 20 cm) einfetten.

2 Fett und Kakao im Wasserbad mischen. Bei niedriger Hitze unter gelegentlichem Rühren erwärmen, bis das Fett zerlassen ist.

3 Vom Herd nehmen, Zucker unterrühren. Eier und Vanillearoma gut untermengen. Mehl beigeben.

4 Teig gleichmäßig in der Form verteilen.

5 Etwa 18–20 Min. backen (beim Einstechen mit einem spitzen Hölzchen darf der Teig nicht mehr kleben). In der Form auf Gitter abkühlen lassen. In Schnitten schneiden.

Backtip: Man kann das ausgekühlte Gebäck mit Schokoladenglasur überziehen und mit gehackten Walnüssen bestreuen.

Grundrezept für gefüllte Kekse

Ausgerollte Kekse

Ergibt: *60–70 Stück*
Zubereitungszeit: *40 Min.*

4 ¾ Tassen Mehl
¼ TL Salz
¾ Tasse Pflanzenfett
1 ½ Tassen Zucker
2 große Eier
2 TL Vanillearoma
½ TL Natron
1 EL warmes Wasser
¾ Tasse saure Sahne
1 ½ Tassen Füllung, z.B. Marmelade oder Konfitüre

1 Ofen auf 200 °C vorheizen. 2 Backbleche einfetten.

2 Mehl und Salz mischen.

3 Fett und Zucker in einer großen Schüssel schaumig rühren. Eier und Vanillearoma unterschlagen.

4 Natron im Wasser auflösen und mit der Eicreme glattrühren. Saure Sahne unterrühren. Nach und nach die Mehlmischung zugeben.

5 Teig auf bemehlter Arbeitsfläche gut 0,5 cm dick ausrollen. Eine gerade Anzahl von Keksen ausstechen.

6 Auf eine Hälfte der Kekse in die Mitte je ½ TL Füllung setzen. Zweite Hälfte auflegen. Teigränder festdrücken. Kekse in 4 cm Abstand auf die Bleche legen.

7 Etwa 10–12 Min. hellgold backen. Auf Kuchengitter abkühlen lassen.

Backtip: Man kann aus dem Teig unterschiedliche Motive – in jeweils gerader Anzahl – ausstechen. Bei runden Keksen lassen sich auch Ringe aufsetzen, so daß die Füllung sichtbar ist.

Grundrezept für geschnittene Kekse

Geschnittene Kekse

Ergibt: *unterschiedliche Stückzahl*
Zubereitungszeit: *30 Min.*
Kühlzeit: *2 Std.*

3 ½ Tassen Mehl
2 TL Backpulver
½ TL Salz
1 Tasse Pflanzenfett
2 Tassen Zucker
2 große Eier
2 TL Zitronenaroma

1 Mehl, Backpulver und Salz mischen.

2 Fett und Zucker in einer großen Schüssel schaumig rühren. Eier und Zitronenaroma unterrühren. Nach und nach die Mehlmischung zufügen.

3 Teig vierteln. Viertel zu 5 cm dicken Rollen formen. In Wachspapier 2 Std. in den Kühlschrank legen.

4 Ofen auf 175 °C vorheizen.

5 Rollen in gut 0,5 cm dicke Scheiben schneiden. Scheiben in 3 cm Abstand auf die Bleche legen.

6 Etwa 10–12 Min. lichtgelb backen. Auf Kuchengitter abkühlen lassen.

Backtip: Hier einige der vielen Varianten dieses Grundrezepts:

Schwarzweiss Gebäck: Eine Teighälfte mit 1 EL ungezuckertem Kakaopulver oder zerlassener Schokolade, die andere mit ½ TL Likör mit Minzearoma vermengen. Teighälften zu Rollen formen, kühlen und in dünne Scheiben schneiden (oder ausrollen und ausstechen). Nach dem Backen je 1 schwarzen und weißen Keks mit einer Buttercreme oder Füllung (s. Grundrezepte für Glasuren und Überzüge) zusammensetzen.

Pekannuss-Kekse: ¼–½ Tasse feingehackte Pekannüsse unter den Teig mengen. Kekse vor dem Backen mit je einer Nußhälfte belegen.

Gefüllte Kekse: Kekse auf die Bleche legen und mit dem Finger eine Vertiefung in die Mitte drücken. Mulden nach Belieben füllen.

Bananenkekse: Anstelle von Zitronenaroma etwas Bananenlikör verwenden.

Pfefferminzkekse: Statt Zitronenaroma etwas Pfefferminzlikör beigeben.

Mandelkekse: Das Zitronenaroma durch Mandelaroma ersetzen und dem Teig ½ Tasse feingehackte Mandeln beigeben.

Grundrezept für Häufchenkekse I

Häufchenkekse

Ergibt: *ca. 40 Stück*
Zubereitungszeit: *30 Min.*

1 ½ Tassen Mehl
1 ½ TL Backpulver
¼ TL Salz
6 EL Pflanzenfett
¾ Tasse Zucker
1 großes Ei
2 EL Milch
½ TL Vanillearoma

1 Ofen auf 190 °C vorheizen. 2 Backbleche einfetten.

2 Mehl, Backpulver und Salz mischen.

3 Fett und Zucker in einer großen Schüssel schaumig rühren. Ei, Milch und Vanillearoma unterschlagen. Nach und nach die Mehlmischung beigeben.

4 Mit Löffeln Teighäufchen in 4 cm Abstand auf die Bleche setzen.

5 Etwa 10–12 Min. backen, bis sich die Teigränder leicht verfärben. Auf Kuchengitter abkühlen lassen.

Backtip: Dieses Grundrezept läßt sich nach Herzenslust variieren. Dem Teig kann man beimengen: Nüsse, Rosinen, Kokosraspeln, Schokoladen-Tröpfchen, Erdnußbutter, Zitronat, Orangeat … Auch Gewürze wie Zimt und/oder Muskatnuß sorgen für immer andere Geschmackserlebnisse.

Grundrezept für Häufchenkekse II

Häufchenkekse

Ergibt: *60–70 Stück*
Zubereitungszeit: *30 Min.*
Kühlzeit: *3 Std.*

3 Tassen Mehl
¾ TL Backpulver
¼ TL Salz
4 große Eier
1 ½ Tassen Zucker
2 ½ TL Kümmelsamen (falls erwünscht)

1 Mehl, Backpulver und Salz mischen.

2 Eier und Zucker in einer großen Schüssel zur dicken, hellen Creme schlagen. Nach und nach die Mehlmischung zugeben. Kümmel unterziehen. Zugedeckt 3 Std. in den Kühlschrank stellen.

3 Ofen auf 175 °C vorheizen. 2 Backbleche leicht einfetten.

4 Mit Löffeln Teighäufchen in 4 cm Abstand auf die Bleche setzen.

5 Etwa 10–12 Min. lichtgelb backen. Kekse nicht braun werden lassen. Auf den Blechen abkühlen lassen.

Backtip: Dieses Grundrezept läßt etliche Kekskreationen zu. Die Kümmelsamen sind nur ein Vorschlag zum Aromatisieren. Weitere mögliche Zutaten: feingemahlene Nüsse, 1 TL des Lieblingsbackaromas, geriebene Schalen unbehandelter Zitrusfrüchte, Schokoladen-Tröpfchen und fast alles, was Phantasie und Küchenvorräte hergeben.

Grundrezept für Gebäckschnitten

Gebäckschnitten

Ergibt: *15–25 Stück*
Zubereitungszeit: *35 Min.*

1 Tasse Mehl
1 Tasse Mandeln, feingemahlen
1 TL Backpulver
3 große Eier, getrennt
1 Tasse Zucker
1 großes Eiweiß
⅛ TL Salz

1 Ofen auf 175 °C vorheizen. Eine rechteckige Backform (20 x 30 cm) einfetten.

2 Mehl, Mandeln und Backpulver mischen.

3 Eigelb und Zucker in einer großen Schüssel zu einer dicken, hellen Creme rühren. Nach und nach die Mehlmischung zufügen.

4 Eiweiß mit Salz in einer zweiten Schüssel zu steifem, aber nicht trockenem Schnee schlagen. Vorsichtig unter den Eigelbteig heben.

5 Teig gleichmäßig in der Form verteilen.

6 Etwa 20–25 Min. backen, bis sich die Kruste zart verfärbt (Garprobe mit spitzem Hölzchen machen). In der Form abkühlen lassen. In Schnitten schneiden.

Backtip: Dieses Grundrezept läßt sich nach persönlichem Geschmack (und Küchenvorrat) aromatisieren, z.B. durch Zugabe von einigen Tropfen Mandelaroma, 1 TL Vanillearoma oder anderen Aromen wie ¼ Tasse Himbeersirup oder Schokoladensoße. Man kann statt Mandeln Rosinen nehmen oder Kokosraspeln zugeben. Hier sind der Phantasie kaum Grenzen gesetzt.

Grundrezept für Schokoschnitten

Gebäckschnitten

Ergibt: *14 Tassen*
Zubereitungszeit: *40 Min.*

3 Tassen Mehl
2 Tassen Kakaopulver, ungezuckert
1 EL Backpulver
2 TL Salz
3 ½ Tassen Pflanzenfett (s. Backtip)
5 Tassen Zucker

1 Mehl, Kakao, Backpulver und Salz mischen.

2 Fett und Zucker in einer großen Schüssel schaumig rühren. Nach und nach die Mehlmischung zugeben. Grundteig bis zum Gebrauch in einem luftdichten Behälter lagern.

3 Ofen auf 175 °C vorheizen. Eine quadratische Backform (20 x 20 cm) einfetten.

4 Zum Herstellen von Keksteig 2 verschlagene Eier und 1 TL Vanillearoma zu 2 ¾ Tassen Grundteig geben. Gründlich vermengen.

5 Teig gleichmäßig in der Form verteilen.

6 Etwa 25–30 Min. backen, bis beim Einstechen mit einem Hölzchen der Teig nicht mehr klebt. In der Form abkühlen lassen. In Schnitten schneiden.

Backtip: Die Menge des Grundteigs reicht für 5 Keksrezepte. Man sollte ein Pflanzenfett wählen, das sich auch ohne Kühlung gut lagern läßt. Anreichern läßt sich das Grundrezept mit Walnüssen, Erdnüssen, Mandeln, Minzearoma, halbbitteren oder weißen Schokoladen-Tröpfchen, Buttertoffee-Stückchen und vielem mehr.

HACKFLEISCH-HÄPPCHEN I

Häufchenkekse

ERGIBT: *60–70 Stück*
ZUBEREITUNGSZEIT: *30 Min.*

4 Tassen Mehl
½ Tasse Walnüsse, gemahlen
1 TL Natron
1 TL Nelken, gemahlen
1 TL Muskat, gemahlen
¼ TL Ingwer, gemahlen
½ TL Salz
1 Tasse Pflanzenfett
2 Tassen Zucker
3 große Eier
1 Tasse Hackfleisch

1 Ofen auf 190 °C vorheizen.

2 Mehl, Walnüsse, Natron, Gewürze und Salz mischen.

3 Fett und Zucker in einer großen Schüssel schaumig rühren. Eier unterschlagen. Nach und nach die Mehlmischung zufügen. Hackfleisch untermengen.

4 Mit Löffeln Teighäufchen in 4 cm Abstand auf ungefettete Backbleche setzen.

5 Etwa 10–12 Min. hellbraun backen. Auf Kuchengitter abkühlen lassen.

HACKFLEISCH-HÄPPCHEN II

Häufchenkekse

ERGIBT: *50–70 Stück*
ZUBEREITUNGSZEIT: *30 Min.*

3 ½ Tassen Mehl
½ Tasse Walnüsse, feingemahlen
1 TL Natron
1 TL Nelken, gemahlen
1 TL Muskat, gemahlen
¼ TL Salz
1 Tasse Pflanzenfett
1 ½ Tassen Zucker
3 große Eier
1 Tasse Hackfleisch

1 Ofen auf 175 °C vorheizen. 2 Backbleche leicht einfetten.

2 Mehl, Walnüsse, Natron, Gewürze und Salz mischen.

3 Fett und Zucker in einer großen Schüssel schaumig rühren. Eier unterschlagen. Nach und nach die Mehlmischung zugeben. Hackfleisch unterziehen.

4 Mit Löffeln Teighäufchen in 4 cm Abstand auf die Bleche setzen.

5 Etwa 12–15 Min. hellbraun backen. Auf Kuchengitter abkühlen lassen.

Hackfleisch-Plätzchen

Häufchenkekse

Ergibt: *ca. 40 Stück*
Zubereitungszeit: *35 Min.*

4 ½ Tassen Mehl
½ TL Natron
2 Tassen Honig, angewärmt
1 Tassen Pflanzenfett
3 große Eier
1 Tasse Hackfleisch

1 Ofen auf 175 °C vorheizen. 2 Backbleche leicht einfetten.

2 Mehl und Natron mischen.

3 Honig und Fett in einer großen Schüssel gründlich verrühren. Eier unterschlagen. Nach und nach die Mehlmischung zugeben. Hackfleisch unterziehen.

4 Mit Löffeln Teighäufchen in 4 cm Abstand auf die Bleche setzen.

5 Etwa 12–15 Min. hellbraun backen. Auf Kuchengitter abkühlen lassen.

Hackfleisch-Schnitten I

Gebäckschnitten

Ergibt: *15–25 Stück*
Zubereitungszeit: *45 Min.*

3 EL Pflanzenfett
1 Tasse Zucker
1 großes Ei
¼ Tasse frische Milch
2 ½ Tassen Backmischung Keksteig
1 ½ Tassen Hackfleisch

1 Ofen auf 175 °C vorheizen. Eine quadratische Backform (20 x 20 cm) leicht einfetten.

2 Fett und Zucker in einer großen Schüssel schaumig rühren. Ei, dann Milch gründlich unterschlagen. Nach und nach die Backmischung zufügen.

3 Die Hälfte des Teigs in die Form geben. Mit Hackfleisch belegen, dabei rundum etwa 1,5 cm Rand frei lassen. Zweite Teighälfte auf dem Hackfleisch verteilen.

4 Etwa 25–30 Min. goldbraun backen. In der Form abkühlen lassen. In Rechtecke oder Quadrate schneiden.

Backtip: Man kann das Gebäck vor dem Zerschneiden glasieren.

Hackfleisch-Schnitten II

Gebäckschnitten

Ergibt: *ca. 30 Stück*
Zubereitungszeit: *35 Min.*

1 ½ Tassen Mehl
1 ¾ Tassen Haferflocken
2 TL Backpulver
¼ TL Salz
½ Tasse Butter, Zimmertemperatur
1 Tasse brauner Zucker
1 TL Vanillearoma
1 Tasse Hackfleisch

1 Ofen auf 160 °C vorheizen. Eine rechteckige Backform (20 x 30 cm) leicht einfetten.

2 Mehl, Haferflocken, Backpulver und Salz mischen.

3 Butter und Zucker in einer großen Schüssel schaumig rühren. Vanillearoma einrühren. Nach und nach die Mehlmischung zugeben.

4 Die Hälfte des Teigs gleichmäßig in der Form verteilen. Mit Hackfleisch belegen. Restlichen Teig darauf verteilen und leicht andrücken.

5 Etwa 20–25 Min. backen (beim Einstechen mit einem spitzen Hölzchen darf der Teig nicht mehr kleben). Leicht abkühlen lassen. In Schnitten schneiden und auf Kuchengitter abkühlen lassen.

Hackfleisch-taschen

Ausgerollte Kekse

Ergibt: *50–60 Stück*
Zubereitungszeit: *35 Min.*

4 Tassen Mehl
6 EL Zucker
1 Prise Salz
6 EL Pflanzenfett
2 TL Trockenbackhefe
1 Tasse Milch
2 große Eier
6 EL Hackfleisch
2 große Eigelb, verschlagen
½ Tasse Mandeln, feingemahlen
Zucker zum Bestreuen

1 Ofen auf 190 °C vorheizen. 2 Backbleche leicht einfetten.

2 Mehl, Zucker und Salz in einer großen Schüssel mischen. Fett einschneiden.

3 Hefe in eine mittelgroße Schüssel geben. Milch in einem kleinen Topf erwärmen. Lauwarme Milch auf die Hefe gießen. Hefe unter Rühren auflösen. Eier unterschlagen.

4 Hefemasse zur Mehlmischung geben und zu einem weichen Teig verarbeiten. 3–5 Min. gut kneten.

5 Teig auf bemehlter Arbeitsfläche gut 0,5 cm dick ausrollen. Mit einem scharfen Messer in 5 x 5 cm große Quadrate schneiden. Hälfte der Quadrate mit je 1 Löffel Hackfleisch belegen.

6 Restliche Quadrate auflegen, Teigränder festdrücken. In 4 cm Abstand auf die Bleche legen. Mit Eigelb bepinseln und mit Mandeln bestreuen.

7 Etwa 18–20 Min. goldbraun backen. Mit Zucker bestreuen. Auf Kuchengitter abkühlen lassen.

Haferflocken-Apfelmus-Kekse

Häufchenkekse

Ergibt: *35–60 Stück*
Zubereitungszeit: *40 Min.*

½ Tasse Mehl
½ TL Natron
1 ½ TL Zimt, gemahlen
1 TL Piment, gemahlen
¼ TL Salz
¼ Tasse Pflanzenöl
1 großes Ei
½ Tasse Apfelmus, ungezuckert
1 TL Weinbrand
½ Tasse Haferflocken
½ Tasse helle Rosinen

1 Ofen auf 190 °C vorheizen. 2 Backbleche leicht einfetten.

2 Mehl, Natron, Gewürze und Salz mischen.

3 Öl und Eier in einer großen Schüssel gut verschlagen. Apfelmus und Weinbrand einrühren. Nach und nach die Mehlmischung beigeben. Haferflocken und Rosinen unterziehen.

4 Mit Löffeln Teighäufchen in 4 cm Abstand auf die Bleche setzen.

5 Etwa 10–12 Min. goldgelb backen. Auf Kuchengitter abkühlen lassen.

HAFERFLOCKEN-BLÄTTCHEN

Häufchenkekse

ERGIBT: *ca. 30 Stück*
ZUBEREITUNGSZEIT: *30 Min.*

1 Tasse Haferflocken
2 TL Backpulver
½ TL Salz
1 EL Pflanzenfett
1 Tasse Zucker
2 große Eier
1 TL Vanillearoma

1 Ofen auf 175 °C vorheizen. 2 Backbleche leicht einfetten.

2 Haferflocken, Backpulver und Salz mischen.

3 Fett und Zucker in einer großen Schüssel schaumig rühren. Eier, dann Vanillearoma unterschlagen. Nach und nach die Mehlmischung zufügen.

4 Mit Löffeln Teighäufchen in 5 cm Abstand auf die Bleche setzen.

5 Etwa 12–15 Min. hellgelb backen. Auf Kuchengitter abkühlen lassen.

Backtip: Kekse beim Backen im Auge behalten, denn sie brennen schnell an.

HAFERFLOCKEN-DATTEL-KEKSE

Häufchenkekse

ERGIBT: *60–70 Stück*
ZUBEREITUNGSZEIT: *30 Min.*

1 Tasse Mehl
½ TL Natron
¼ TL Muskat, gemahlen
1 TL Salz
½ Tasse Pflanzenfett
1 Tasse brauner Zucker
½ Tasse weißer Zucker
1 großes Ei
½ Tasse saure Sahne
1 TL Vanillearoma
3 Tassen Haferflocken
1 Tasse Datteln, entsteint, gehackt

1 Ofen auf 175 °C vorheizen. 2 Backbleche leicht einfetten.

2 Haferflocken, Natron, Muskat und Salz mischen.

3 Fett und beide Zuckersorten in einer großen Schüssel schaumig rühren. Ei unterschlagen. Saure Sahne und Vanillearoma einrühren. Nach und nach die Mehlmischung zugeben. Haferflocken und Datteln unterziehen.

4 Mit Löffeln Teighäufchen in 4 cm Abstand auf die Bleche setzen.

5 Etwa 10–12 Min. goldgelb backen. Auf Kuchengitter abkühlen lassen.

Backtip: Anstelle der Datteln lassen sich Rosinen verwenden.

HAFERFLOCKEN-EVERGREENS

Häufchenkekse

ERGIBT: *50–70 Stück*
ZUBEREITUNGSZEIT: *40 Min.*

2 ½ Tassen Mehl
2 TL Backpulver
¼ TL Natron
1 TL Zimt, gemahlen
¼ TL Salz
¾ Tasse Pflanzenfett
1 Tasse brauner Zucker
1 großes Ei
1 TL Vanillearoma
1 Tasse Haferflocken
¼ Tasse helle Rosinen

1 Ofen auf 175 °C vorheizen. 2 Backbleche leicht einfetten.

2 Mehl, Backpulver, Natron, Zimt und Salz mischen.

3 Butter und Zucker in einer großen Schüssel schaumig rühren. Ei und Vanillearoma gut unterrühren. Nach und nach Mehlmischung beigeben. Haferflocken, dann Rosinen unterziehen.

4 Mit Löffeln Teighäufchen in 4 cm Abstand auf die Bleche setzen.

5 Etwa 18–20 Min. lichtbraun backen. Auf Kuchengitter abkühlen lassen.

HAFERFLOCKEN-GESUNDHEITSKEKSE

Häufchenkekse

ERGIBT: *35–60 Stück*
ZUBEREITUNGSZEIT: *30 Min.*

1 ¼ Tassen Mehl
¼ TL Natron
¼ TL Johannisbrotpulver
⅓ Tasse Rapsöl
2 große Eier
¼ Tasse fettarme Milch
½ Tasse Bananen, zerdrückt
¼ TL frischgepreßter Zitronensaft
1 Tasse Pekannüsse, gehackt
⅔ Tasse Haferflocken

1 Ofen auf 175 °C vorheizen. 2 Backbleche leicht einfetten.

2 Mehl, Natron und Johannisbrotpulver mischen.

3 Öl und Eier in einer großen Schüssel verschlagen. Milch, dann Bananen und Zitronensaft gut unterrühren. Nach und nach die Mehlmischung zugeben. Nüsse unterziehen.

4 Mit Löffeln Teighäufchen in 4 cm Abstand auf die Bleche setzen.

5 Etwa 8–10 Min. backen, bis die Oberfläche anbräunt. Auf Kuchengitter abkühlen lassen.

HAFERFLOCKEN-KNUSPERKEKSE

Häufchenkekse

ERGIBT: *ca. 30 Stück*
ZUBEREITUNGSZEIT: *30 Min.*

1 ¼ Tassen Mehl
½ TL Backpulver
½ TL Natron
½ TL Salz
1 Tasse Pflanzenfett
¼ Tasse weißer Zucker
1 Tasse brauner Zucker
2 große Eier
¼ TL Milch
1 TL Vanillearoma
3 Tassen Haferflocken
1 Tasse Schokoladen-Tröpfchen (s. Backtip)

1 Ofen auf 175 °C vorheizen.

2 Mehl, Backpulver, Natron und Salz mischen.

3 Fett und beide Zuckersorten in einer großen Schüssel schaumig rühren. Eier, dann Milch und Vanillearoma gründlich unterrühren. Nach und nach die Mehlmischung zugeben. Haferflocken und Schokoladen-Tröpfchen unterziehen.

4 Mit Löffeln Teighäufchen in 4 cm Abstand auf ungefettete Backbleche setzen.

5 Etwa 10–12 Min. backen, bis die Oberfläche leicht Farbe annimmt. Auf Kuchengitter abkühlen lassen.

Backtip: Schokoladen-Tröpfchen aus Halbbitter- oder Milchschokolade eignen sich ebensogut wie Buttertoffee-Stückchen. Für Kinder kann man auf die Schokostückchen im Teig verzichten und die Kekse statt dessen mit bunten Mini-Schokolinsen belegen.

Haferflocken-Kokos-Knusperkekse

Häufchenkekse

Ergibt: *50–60 Stück*
Zubereitungszeit: *30 Min.*

1 Tasse Mehl
1 TL Backpulver
½ TL Natron
¼ TL Salz
¾ Tasse Pflanzenfett
1 ⅔ Tassen Zucker
2 große Eier
1 ½ TL Vanillearoma
2 ½ Tassen Haferflocken
1 Tasse Kokosraspeln

1 Ofen auf 190 °C vorheizen. 2 Backbleche leicht einfetten.

2 Mehl, Backpulver, Natron und Salz mischen.

3 Fett und Zucker in einer großen Schüssel schaumig rühren. Eier, dann Vanillearoma gut unterrühren. Nach und nach die Mehlmischung zufügen. Haferflocken und Kokosraspeln unterziehen.

4 Mit Löffeln Teighäufchen in 4 cm Abstand auf die Bleche setzen.

5 Etwa 12–14 Min. backen, bis die Oberfläche leicht bräunt. Auf Kuchengitter abkühlen lassen.

Haferflocken-Schokokekse

Gebäckschnitten

Ergibt: *15–25 Stück*
Zubereitungszeit: *35 Min.*

85 g halbbittere Schokolade, zerhackt
1 Tasse Mehl
½ TL Salz
⅔ Tasse Pflanzenfett
1 Tasse brauner Zucker
½ Tasse weißer Zucker
4 große Eier
2 TL Vanillearoma
1 Tasse Haferflocken
1 Tasse Walnüsse, gehackt

1 Ofen auf 160 °C vorheizen. Eine rechteckige Backform (20 x 30 cm) leicht einfetten.

2 Schokolade im Wasserbad zerlassen, glattrühren.

3 Mehl und Salz mischen.

4 Fett und beide Zuckersorten in einer großen Schüssel schaumig rühren. Eier einzeln unterschlagen. Vanillearoma, dann zerlassene Schokolade gut unterrühren. Nach und nach die Mehlmischung beigeben. Haferflocken und Walnüsse unterziehen. Mischung gleichmäßig in der Form verteilen.

5 Etwa 25–30 Min. backen (beim Einstechen mit einem Hölzchen darf der Teig nicht mehr kleben). Nicht zu lange backen. In der Form abkühlen lassen. In Rechtecke schneiden.

Haferflocken-Zitronen-Schnitten

Gebäckschnitten

Ergibt: *15–25 Stück*
Zubereitungszeit: *50 Min.*

Füllung
340 g Dörrpflaumen, entsteint
¾ Tasse Wasser
¾ Tasse Zitronensaftkonzentrat
⅓ Tasse weißer Zucker
¼ Tasse Mehl
¼ TL Salz

Teig
1 Tasse Mehl
1 Tasse Haferflocken
¼ TL Natron
½ Tasse Pflanzenfett
1 Tasse brauner Zucker

1 Ofen auf 200 °C vorheizen. Eine rechteckige Backform (20 x 30 cm) leicht einfetten.

2 Für die Füllung Pflaumen, Wasser und Zitronensaft in einem Topf aufkochen. In 15 Min. zum Püree einkochen. Vom Herd nehmen. Zucker, Mehl und Salz unterrühren.

3 Für den Teig Mehl, Haferflocken und Natron mischen.

4 Fett und Zucker in einer Schüssel schaumig rühren. Nach und nach die Mehlmischung zufügen.

5 Die Hälfte des Teigs gleichmäßig in der Form verteilen. Mit Füllung bestreichen, dabei etwa 1,5 cm Rand frei lassen. Restlichen Teig auf die Füllung geben und leicht andrücken.

6 Etwa 18–20 Min. backen, bis die Oberfläche zart bräunt. Abkühlen lassen und in Schnitten schneiden.

Haferflocken-Bäusche

Häufchenkekse

Ergibt: *12–20 Stück*
Zubereitungszeit: *35 Min.*

1 Tasse halbbittere Schokoladen-Tröpfchen
2 Tassen Mehl
1 TL Natron
½ TL Backpulver
½ TL Salz
1 Tasse Pflanzenfett
1 Tasse weißer Zucker
1 Tasse brauner Zucker
2 große Eier
1 TL Vanillearoma
2 Tassen Haferflocken
1 Tasse Kokosraspeln
16 Maraschino-Kirschen, feingehackt

1 Ofen auf 175 °C vorheizen. 2 Backbleche leicht einfetten.

2 Schokoladen-Tröpfchen im Wasserbad bei niedriger Flamme zerlassen, glattrühren. Vom Herd nehmen.

3 Mehl, Natron, Backpulver und Salz mischen.

4 Fett und beide Zuckersorten in einer großen Schüssel schaumig rühren. Eier unterschlagen. Vanillearoma, dann zerlassene Schokolade gründlich unterrühren. Nach und nach die Mehlmischung beigeben. Haferflocken, Kokosraspeln und Kirschen unterziehen.

5 Mit Löffeln Teighäufchen in 4 cm Abstand auf die Bleche setzen.

6 Etwa 10–12 Min. goldgelb backen. Auf Kuchengitter abkühlen lassen.

Haferflocken-Kekse I

Häufchenkekse

Ergibt: *ca. 40 Stück*
Zubereitungszeit: 30 *Min.*

1 Tasse Butter
1 Tasse brauner Zucker
2 Tassen Haferbrei-Instantmischung
2 große Eiweiß

1 Ofen auf 190 °C vorheizen. 2 Backbleche leicht einfetten.

2 Butter in einem großen Topf zerlassen. Zucker und Haferbreipulver unterrühren. Unter Rühren 2 Min. kochen. Mischung in eine große Schüssel füllen.

3 Eiweiß in einer kleinen Schüssel zu steifem, aber nicht trockenem Schnee schlagen. Unter die Haferbreimischung heben.

4 Mit Löffeln Teighäufchen in 5 cm Abstand auf die Bleche setzen. Häufchen mit der Rückseite eines bemehlten Löffels abflachen.

5 Etwa 5–7 Min. backen, bis die Keksränder bräunen. Auf Kuchengitter abkühlen lassen.

Backtip: Durch Zugabe von gedörrter, gehackter Mango oder Papaya erhalten die Kekse einen köstlichen exotischen Touch.

Haferflocken-Kekse II

Häufchenkekse

Ergibt: *60–70 Stück*
Zubereitungszeit: *30 Min.*
Kühlzeit: *5 Std.*

Frucht-Nuss-Mischung
1 Tasse Mehl
1 Tasse Walnüsse, gehackt
¾ Tasse Rosinen, gehackt
½ Tasse Zitronat und/oder Orangeat, feingehackt
2 EL Weinbrand

Teig
1 ½ Tassen Mehl
1 ¾ Tassen Haferbrei, gekocht
½ TL Natron
½ TL Zimt, gemahlen
½ TL Nelken, gemahlen
½ TL Macis, gemahlen
½ TL Salz
½ Tasse Pflanzenfett
1 Tasse Zucker
1 großes Ei
¼ Tasse Buttermilch

1 Für die Frucht-Nuß-Mischung Mehl, Walnüsse, Rosinen, Zitronat und/oder Orangeat in einer mittelgroßen Schüssel mischen. Weinbrand unterrühren. Zugedeckt 2 Std. in den Kühlschrank stellen.

2 Für den Teig Mehl, Haferbrei, Natron, Gewürze und Salz mischen.

3 Fett und Zucker in einer großen Schüssel schaumig rühren. Ei und Buttermilch unterschlagen. Nach und nach die Mehlmischung zugeben. Zugedeckt 2 Std. ruhen lassen.

4 Frucht-Nuß-Mischung und Teig gründlich vermengen. 1 Std. ruhen lassen.

5 Ofen auf 175 °C vorheizen. 2 Backbleche leicht einfetten.

6 Mit Eßlöffeln Teighäufchen in 5 cm Abstand auf die Bleche setzen.

7 Etwa 15–18 Min. goldbraun backen. Auf Kuchengitter abkühlen lassen.

Haferflocken-Kekse III

Häufchenkekse

Ergibt: *ca. 40 Stück*
Zubereitungszeit: *30 Min.*

2 Tassen Mehl
1 TL Natron
1 TL Zimt, gemahlen
1 TL Salz
¾ Tasse Pflanzenfett
1 Tasse Zucker
2 große Eier
1 Tasse Haferflocken
1 Tasse Rosinen

1 Ofen auf 175 °C vorheizen.

2 Mehl, Natron, Zimt und Salz mischen.

3 Fett und Zucker in einer großen Schüssel schaumig rühren. Eier unterschlagen. Nach und nach die Mehlmischung beigeben. Haferflocken und Rosinen unterziehen.

4 Mit Löffeln Teighäufchen in 4 cm Abstand auf ungefettete Backbleche setzen.

5 Etwa 10–12 Min. backen, bis die Oberfläche zart bräunt. Auf Kuchengitter abkühlen lassen.

Backtip: Zugabe von ein wenig Vanillearoma oder Mandelaroma unterstreicht harmonisch den Geschmack dieser Kekse.

Haferflocken-kekse IV

Häufchenkekse

Ergibt: *50–60 Stück*
Zubereitungszeit: *30 Min.*

4 Tassen Mehl
½ TL Natron
1 TL Muskat, gemahlen
½ Tasse Pflanzenfett
1 ¾ Tassen Zucker
4 große Eier
½ Tasse Buttermilch
3 ¼ Tassen Haferflocken
1 Tasse helle Rosinen

1 Ofen auf 175 °C vorheizen. 2 Backbleche leicht einfetten.

2 Mehl, Natron und Muskat mischen.

3 Fett und Zucker in einer großen Schüssel schaumig rühren. Einzeln die Eier, dann Buttermilch gründlich unterrühren. Nach und nach die Mehlmischung zufügen. Haferflocken und Rosinen unterziehen.

4 Mit Löffeln Teighäufchen in 4 cm Abstand auf die Bleche setzen.

5 Etwa 12–15 Min. backen, bis die Oberfläche leicht Farbe annimmt. Auf Kuchengitter abkühlen lassen.

Haferflocken-kekse V

Ausgerollte Kekse

Ergibt: *50–60 Stück*
Zubereitungszeit: *30 Min.*
Kühlzeit: *2 Std.*

2 Tassen Mehl
1 Tasse Haferflocken
1 TL Natron
½ TL Muskat, gemahlen
½ TL Salz
1 Tasse Pflanzenfett
1 Tasse brauner Zucker
¾ Tasse Milch

1 Mehl, Haferflocken, Natron und Muskat mischen.

2 Fett und Zucker in einer großen Schüssel schaumig rühren. Milch gut unterrühren. Nach und nach die Mehlmischung zugeben. Zugedeckt 2 Std. in den Kühlschrank stellen.

3 Ofen auf 175 °C vorheizen. 2 Backbleche leicht einfetten.

4 Teig auf bemehlter Arbeitsfläche gut 0,5 cm dick ausrollen. 5 cm große Sterne oder andere Motive ausstechen und in 2,5 cm Abstand auf die Bleche legen.

5 Etwa 10–12 Min. lichtgelb backen. Auf Kuchengitter abkühlen lassen.

Haferflocken-schnitten mit Fruchtfüllung

Gebäckschnitten

Ergibt: *15–35 Stück*
Zubereitungszeit: *45 Min.*

1 ½ Tassen Mehl
1 ½ Tassen Haferflocken
½ TL Natron
½ TL Salz
½ Tasse Pflanzenfett
1 Tasse brauner Zucker
Fruchtfüllung (Marmelade oder Konfitüre)

1 Ofen auf 175 °C vorheizen. Eine rechteckige Backform (20 x 30 cm) leicht einfetten.

2 Mehl, Haferflocken, Natron und Salz mischen.

3 Fett und Zucker in einer großen Schüssel schaumig rühren. Nach und nach die Mehlmischung beigeben.

4 Die Hälfte des Teigs gleichmäßig in der Form verteilen. Mit Füllung bestreichen. Restlichen Teig darüber verteilen, leicht andrücken.

5 Etwa 20–25 Min. backen, bis die Oberfläche zart bräunt. In der Form abkühlen lassen. In Schnitten schneiden.

Backtip: Man kann die Schnitten mit einer Zitronenglasur oder Buttercreme-Zierglasur beträufeln (s. Grundrezepte für Glasuren und Überzüge).

HAFERFLOCKEN-TALER

Häufchenkekse

ERGIBT: *60–70 Stück*
ZUBEREITUNGSZEIT: *30 Min.*

¾ Tasse Mehl
1 ½ Tassen Haferflocken
½ TL Natron
½ TL Salz
½ Tasse Pflanzenfett
1 Tasse brauner Zucker
1 großes Ei
1 TL Rum

1 Ofen auf 175 °C vorheizen. 2 Backbleche leicht einfetten.

2 Mehl, Haferflocken, Natron und Salz mischen.

3 Fett und Zucker in einer großen Schüssel schaumig rühren. Ei unterschlagen. Rum einrühren. Nach und nach die Mehlmischung zugeben.

4 Mit Löffeln Teighäufchen in 4 cm Abstand auf die Bleche setzen.

5 Etwa 12–15 Min. lichtbraun backen. Auf Kuchengitter abkühlen lassen.

HAFERKEKSE I

Geformte Kekse

ERGIBT: *ca. 40 Stück*
ZUBEREITUNGSZEIT: *30 Min.*
KÜHLZEIT: *6 Std.*

1 Tasse Weizen-Vollkornmehl
½ Tasse Weizenkeime
1 TL Natron
1 TL Zimt, gemahlen
½ TL Salz
1 Tasse Pflanzenfett
1 Tasse brauner Zucker
½ Tasse weißer Zucker
2 große Eier
3 Tropfen Mandelaroma
1 ½ Tassen Haferflocken
1 Tasse Mandeln, gehackt
Zucker

1 Mehl, Weizenkeime, Natron, Zimt und Salz mischen.

2 Fett und beide Zuckersorten in einer großen Schüssel schaumig rühren. Eier, dann Mandelaroma unterrühren. Nach und nach die Mehlmischung beigeben. Haferflocken und Mandeln unterziehen. Zugedeckt 6 Std. in den Kühlschrank stellen.

3 Ofen auf 175 °C vorheizen. 2 Backbleche leicht einfetten.

4 Walnußgroße Teigportionen zu Bällchen formen. Bällchen in 4 cm Abstand auf die Bleche setzen. Boden eines Glases in Wasser, dann in Zucker tauchen und damit die Bällchen flachpressen.

5 Etwa 8–10 Min. zart goldbraun backen. Auf Kuchengitter abkühlen lassen.

HAFERKEKSE II

Häufchenkekse

ERGIBT: *50–70 Stück*
ZUBEREITUNGSZEIT: *30 Min.*

2 Tassen Mehl
1 TL Natron
½ TL Salz
1 Tasse Pflanzenfett
1 Tasse Zucker
3 EL Milch
½ TL Vanillearoma
2 Tassen Haferflocken
1 Tasse helle Rosinen
2 große Eiweiß

1 Ofen auf 175 °C vorheizen.

2 Mehl, Natron und Salz mischen.

3 Fett und Zucker in einer großen Schüssel schaumig rühren. Milch und Vanillearoma kräftig einrühren. Nach und nach die Mehlmischung zufügen. Haferflocken und Rosinen unterziehen.

4 Eiweiß in einer kleinen Schüssel zu Schnee schlagen. Vorsichtig unter den Teig heben.

5 Mit Löffeln Teighäufchen in 4 cm Abstand auf ungefettete Backbleche setzen.

6 Etwa 10–12 Min. zartgold backen. Auf Kuchengitter abkühlen lassen.

Halloween-Kekse

Häufchenkekse

Ergibt: *ca. 40 Stück*
Zubereitungszeit: *50 Min.*

Teig
1 Tasse Mehl
¼ TL Natron
¼ TL Salz
½ Tasse Pflanzenfett
1 EL Zucker
1 großes Ei
⅓ Tasse Sirup, angewärmt
¼ Tasse Buttermilch

Verzierung
¼ Tasse Puderzucker
einige Tropfen Milch
Lebensmittelfarbe
Lutscherstiele

1 Ofen auf 190 °C vorheizen. 2 Backbleche leicht einfetten.

2 Mehl, Natron und Salz mischen.

3 Fett und Zucker in einer großen Schüssel schaumig rühren. Ei, dann Sirup und Buttermilch gründlich unterrühren. Nach und nach die Mehlmischung zugeben.

4 Mit Löffeln Teighäufchen in 4 cm Abstand auf die Bleche setzen. In jedes Häufchen einen Lutscherstiel stecken.

5 Etwa 12–15 Min. backen, bis sich die Oberfläche leicht verfärbt. Auf Kuchengitter abkühlen lassen.

6 Zum Verzieren Puderzucker in einer kleinen Schüssel mit so viel Milch verrühren, daß eine streichfähige Glasur entsteht. Orangefarbene Lebensmittelfarbe einrühren, Kekse damit glasieren. Oder eine andersfarbige Glasur in Spritztüte mit kleiner Tülle füllen und auf die Kekse Gesichter spritzen.

Hamantaschen

Ausgerollte Kekse

Ergibt: *ca. 30 Stück*
Zubereitungszeit: *30 Min.*

2 Tassen Mehl
1 TL Backpulver
1 Prise Salz
⅓ Tasse Zucker
2 große Eier
1 TL Vanillearoma
300 g Aprikosenbutter (s. Backtip)
1 großes Eiweiß, verschlagen
Zucker zum Bestreuen

1 Ofen auf 175 °C vorheizen. 2 Backbleche leicht einfetten.

2 Mehl, Backpulver und Salz mischen.

3 Zucker und Eier in einer großen Schüssel zur dicken, hellen Creme schlagen. Vanillearoma einrühren. Nach und nach die Mehlmischung zufügen.

4 Teig auf bemehlter Arbeitsfläche gut 0,5 cm dick zu einem großen Quadrat ausrollen. Mit einem scharfen Messer 5 x 5 cm große Quadrate ausschneiden und in 3 cm Abstand auf die Bleche legen. In die Mitte jedes Quadrats einen Klacks Aprikosenbutter geben. Ecken der Quadrate zur Mitte falten. Mit Eiweiß bepinseln und mit Zucker bestreuen.

5 Etwa 12–15 Min. hellgelb backen. Auf Kuchengitter abkühlen lassen.

Backtip: Für die Aprikosenbutter püriert man im Mixer 3 Teile getrocknete Aprikosen und vermengt diese mit 2 Teilen weicher, ungesalzener Butter. Dieses Gebäck wird traditionell zum jüdischen Purimfest gegessen, einem Volks- und Freudenfest, das an die Errettung der persischen Juden vor den Anschlägen Hamans erinnert.

HASELNUSS-FRUCHT-RINGE I

Geformte Kekse

ERGIBT: *15–25 Stück*
ZUBEREITUNGSZEIT: *35 Min.*

TEIG
1 Tasse Pflanzenfett
¾ Tasse brauner Zucker
3 große Eigelb
1 TL Vanillearoma
2 ½ Tassen Mehl
¾ Tasse Haselnüsse, gehackt
½ Tasse Zitronat, feingehackt

GLASUR
1 großes Eiweiß
1 EL dünnflüssiger Sirup
kandierte Kirschen, halbiert, zum Dekorieren

1 Ofen auf 160 °C vorheizen. 2 Backbleche leicht einfetten.

2 Fett und Zucker in einer großen Schüssel schaumig rühren. Nacheinander Eigelb und Vanillearoma unterrühren. Nach und nach Mehl zufügen. Haselnüsse und Zitronat unterziehen.

3 Walnußgroße Teigportionen zu ca. 15 cm langen Röllchen formen. Röllchen zu Ringen legen. Enden festdrücken. Ringe in 2,5 cm Abstand auf die Bleche legen.

4 Eiweiß und Sirup vermengen. Ringe mit der Glasur bepinseln. Auf die Nahtstellen der Ringe je 1 Kirschhälfte legen.

5 Etwa 18–20 Min. hellgold backen. Auf Kuchengitter abkühlen lassen.

HASELNUSS-FRUCHT-RINGE II

Geformte Kekse

ERGIBT: *15–25 Stück*
ZUBEREITUNGSZEIT: *35 Min.*

TEIG
1 Tasse Pflanzenfett
¾ Tasse brauner Zucker
3 große Eigelb
1 TL Rum
2 ½ Tassen Mehl
¾ Tasse Haselnüsse, gehackt
½ Tasse gemischte kandierte Früchte, feingehackt

GLASUR
1 großes Eiweiß
1 EL dünnflüssiger Sirup
kandierte Kirschen, halbiert, zum Verzieren

1 Ofen auf 160 °C vorheizen. 2 Backbleche leicht einfetten.

2 Fett und Zucker in einer großen Schüssel schaumig rühren. Eigelb und Rum nacheinander gut unterrühren. Nach und nach Mehl beigeben. Haselnüsse und kandierte Früchte unterziehen.

3 Für die Glasur Eiweiß und Sirup in einer kleinen Schüssel verschlagen.

4 Teigportionen zu bleistiftdünnen, 15 cm langen Röllchen formen. Zu Ringen legen, Enden zusammendrücken. Ringe in 2,5 cm Abstand auf die Bleche legen.

5 Ringe mit der Glasur bepinseln. Auf die Nahtstellen je 1 Kirschhälfte legen.

6 Etwa 18–20 Min. zartgold backen. Auf Kuchengitter abkühlen lassen.

Backtip: Man kann die Ringe vor dem Backen mit bunten Zuckerstreuseln bestreuen.

HASELNUSS-HAFERFLOCKEN-BÄLLCHEN

Geformte Kekse

ERGIBT: *ca. 40 Stück*
ZUBEREITUNGSZEIT: *35 Min.*

1 Tasse Mehl
½ TL Backpulver
½ TL Piment, gemahlen
¼ TL Salz
1 Tasse Pflanzenfett
1 Tasse brauner Zucker
1 großes Ei
1 TL Vanillearoma
1 EL geriebene Orangenschale, unbehandelt
3 Tassen Haferflocken
¾ Tasse Haselnüsse, feingehackt
½ Tasse Korinthen

1 Ofen auf 175 °C vorheizen. 2 Backbleche leicht einfetten.

2 Mehl, Backpulver, Piment und Salz mischen.

3 Fett und Zucker in einer großen Schüssel schaumig rühren. Nacheinander Ei, Vanillearoma und Orangenschale gründlich unterrühren. Nach und nach die Mehlmischung zufügen. Haferflocken, Haselnüsse und Korinthen unterziehen.

4 Walnußgroße Teigstücke zu Bällchen formen. Bällchen in 5 cm Abstand auf die Bleche setzen.

5 Etwa 18–20 Min. hellgelb backen. Auf Kuchengitter abkühlen lassen.

HASELNUSS-STANGEN

Ausgerollte Kekse

ERGIBT: *ca. 15 Stück*
ZUBEREITUNGSZEIT: *40 Min.*
KÜHLZEIT: *3 Std.*

½ Tasse Pflanzenfett
½ Tasse Zucker
1 großes Ei
2 große Eigelb, hartgekocht, zerhackt
1 ⅓ Tassen Mehl
½ Tasse Haselnüsse, geröstet, gehackt
½ TL Piment, gemahlen
1 TL Salz

1 Fett und Zucker in einer großen Schüssel schaumig rühren. Ei und Eigelb unterrühren. Nach und nach das Mehl beigeben. Teig zu einer dicken runden Scheibe formen, in Wachspapier 2 Std. in den Kühlschrank legen.

2 Haselnüsse, Piment und Salz in einer kleinen Schüssel mischen.

3 Teig auf bemehlten Arbeitsfläche zu einem etwa 45 x 15 cm großen Rechteck ausrollen. Nußmischung auf den Teig streuen, leicht eindrücken. Von einer Längsseite aus aufrollen. Rolle in Wachspapier 1 Std. in den Kühlschrank legen.

4 Ofen auf 175 °C vorheizen. 2 Backbleche leicht einfetten.

5 Rolle in etwa 2 cm dicke Scheiben schneiden. Scheiben in 2,5 cm Abstand auf die Bleche legen.

6 Etwa 12–15 Min. lichtgelb backen. Auf Kuchengitter abkühlen lassen.

HASELNUSS-KIPFERL I

Geformte Kekse

ERGIBT: *ca. 30 Stück*
ZUBEREITUNGSZEIT: *40 Min.*

¾ Tasse Butter, Zimmertemperatur
½ Tasse Zucker
3 Tropfen Mandelaroma
½ TL Vanillearoma
2 Tassen Mehl
½ Tasse Haselnüsse, feingehackt
Puderzucker zum Wälzen

1 Ofen auf 150 °C vorheizen.

2 Butter und Zucker in einer großen Schüssel schaumig rühren. Mandelaroma und Vanillearoma einrühren. Nach und nach Mehl beigeben. Mit den Haselnüssen zu einem festen Teig verarbeiten.

3 Aus walnußgroßen Teigstücken Kipferl formen. Kipferl in 4 cm Abstand auf ungefettete Backbleche legen.

4 Etwa 15–20 Min. lichtgelb backen. Gebäck warm in Puderzucker wälzen. Auf Kuchengitter abkühlen lassen.

Haselnuss-Kipferl II

Geformte Kekse

Ergibt: *ca. 30 Stück*
Zubereitungszeit: *30 Min.*

1 ¼ Tassen Mehl
½ TL Backpulver
¼ TL Salz
½ Tasse Pflanzenfett
½ Tasse Puderzucker
⅓ Tasse Haselnüsse, gehackt

1 Ofen auf 175 °C vorheizen.

2 Mehl, Backpulver und Salz mischen.

3 Fett und Puderzucker in einer großen Schüssel schaumig rühren. Nach und nach die Mehlmischung zufügen. Haselnüsse unterziehen.

4 Aus walnußgroßen Teigstücken Kipferl formen. Kipferl in 2,5 cm Abstand auf ungefettete Backbleche legen.

5 Etwa 10–12 Min. hell goldgelb backen. Auf Kuchengitter abkühlen lassen.

Haselnuss-Makronen

Ausgerollte Kekse

Ergibt: *ca. 30 Stück*
Zubereitungszeit: *40 Min.*

1 ¼ Tassen Puderzucker
⅛ TL Natron
½ Tasse Haselnüsse, gehackt
¼ Tasse Mandeln, feingemahlen
2 große Eiweiß

1 Ofen auf 150 °C vorheizen. 2 Bleche mit Backpapier auslegen.

2 Zucker, Natron, Haselnüsse und Mandeln mischen.

3 Eiweiß in einer mittelgroßen Schüssel zu Schnee schlagen. Die Mehlmischung langsam einrieseln lassen und 5 Min. schlagen.

4 Teig auf bemehlte Arbeitsfläche legen und mit Mehl bestäuben. Knapp 1,5 cm dick ausrollen. Herzen oder andere Motive ausstechen und in 2,5 cm Abstand auf die Bleche legen.

5 Etwa 28–30 Min. backen, bis der Teig sich fest anfühlt. Auf den Blechen über Gitter abkühlen lassen.

Backtip: Dies ist die Abwandlung eines altüberlieferten deutschen Rezepts. Laut dem Original ist das Eiweiß 15 Min. zu schlagen – von Hand, versteht sich.

Haselnuss-plätzchen I

Geschnittene Kekse

Ergibt: *50–60 Stück*
Zubereitungszeit: *30 Min.*
Kühlzeit: *2 Std.*

Teig
¾ Tasse Mehl
½ TL Natron
½ TL Zimt, gemahlen
½ Tasse Pflanzenfett
½ Tasse Zucker
⅓ Tasse Haselnüsse, gehackt

Belag
½ Tasse Mehl
1 EL Zucker
4 EL Butter

1 Mehl, Natron und Zimt mischen.

2 Fett und Zucker in einer großen Schüssel schaumig rühren. Nach und nach die Mehlmischung zugeben. Haselnüsse unterziehen. Teig zu einer gut 3 cm dicken Rolle formen. Rolle in Wachspapier gewickelt 2 Std. in den Kühlschrank legen.

3 Ofen auf 175 °C vorheizen.

4 Für den Belag Mehl und Zucker in einer kleinen Schüssel mischen. Butter hineinschneiden und zu einer glatten Masse verarbeiten. Belag in einen Spritzbeutel mit Sterntülle füllen.

5 Rolle in gut 0,5 cm dicke Scheiben schneiden. Scheiben in 2,5 cm Abstand auf ungefettete Backbleche legen. Auf jede Scheibe einen Streifen Belag spritzen.

6 Etwa 12–15 Min. backen, bis die Oberfläche leicht bräunt. Auf Kuchengitter abkühlen lassen.

Haselnuss-plätzchen II

Geschnittene Kekse

Ergibt: *50–60 Stück*
Zubereitungszeit: *30 Min.*
Kühlzeit: *48 Std.*

2 ½ Tassen Mehl
½ TL Natron
¼ TL Salz
½ Tasse Pflanzenfett
½ Tasse Butter, Zimmertemperatur
1 ¼ Tassen brauner Zucker
1 großes Ei
¼ TL Vanillearoma
½ Tasse Haselnüsse, feingehackt
85 g halbbittere Schokolade, zerlassen, zum Glasieren

1 Nur 1 ½ Tassen Mehl mit dem Natron und Salz mischen.

2 Fett, Butter und restliches Mehl in einer großen Schüssel zu einer glatten Masse verarbeiten. Nacheinander Zucker, Ei und Vanillearoma gut untermengen. Nach und nach die Mehlmischung zugeben. ¼ Tasse Haselnüsse unterziehen.

3 Teig zu 2 Rollen von 2,5 cm Durchmesser formen. Rollen in den restlichen Haselnüssen wälzen und in Wachspapier gewickelt 48 Std. in den Kühlschrank legen.

4 Ofen auf 175 °C vorheizen.

5 Rollen in gut 0,5 cm dicke Scheiben schneiden. Scheiben in 2,5 cm Abstand auf ungefettete Backbleche legen.

6 Etwa 8–10 Min.goldgelb backen. Auf Kuchengitter abkühlen lassen.

7 Jeden Keks halb in die zerlassene Schokolade tauchen. Glasur erstarren lassen.

HASELNUSS-PLÄTZCHEN III

Geformte Kekse

ERGIBT: *50–60 Stück*
ZUBEREITUNGSZEIT: *30 Min.*

4 ½ Tassen Mehl
1 Tasse Haselnüsse, gemahlen
2 Tassen Pflanzenfett
2 ½ Tassen brauner Zucker
1 TL Sherry

1 Ofen auf 175 °C vorheizen.

2 Mehl und Haselnüsse mischen.

3 Fett und Zucker in einer großen Schüssel schaumig rühren. Sherry unterrühren. Nach und nach die Mehlmischung zufügen.

4 Walnußgroße Teigstücke zu Bällchen rollen. Bällchen in 5 cm Abstand auf ungefettete Backbleche setzen. Mit dem bemehlten Boden eines Glases flachdrücken.

5 Etwa 12–15 Min. lichtgelb backen. Auf Kuchengitter abkühlen lassen.

HASELNUSS-PLÄTZCHEN IV

Geformte Kekse

ERGIBT: *50–60 Stück*
ZUBEREITUNGSZEIT: *30 Min.*

4 ½ Tassen Mehl
1 Tasse Haselnüsse, gemahlen
2 Tassen Pflanzenfett
2 ½ Tassen brauner Zucker
2 TL Vanillearoma

1 Ofen auf 175 °C vorheizen.

2 Mehl und Haselnüsse mischen.

3 Fett und Zucker in einer großen Schüssel schaumig rühren. Vanillearoma unterrühren. Nach und nach die Mehlmischung beigeben.

4 Walnußgroße Teigstücke zu Bällchen rollen. Bällchen in 5 cm Abstand auf ungefettete Backbleche setzen. Mit dem bemehlten Boden eines Glases flachdrücken.

5 Etwa 12–15 Min. lichtgelb backen. Auf Kuchengitter abkühlen lassen.

HASELNUSS-PLÄTZCHEN V

Ausgerollte Kekse

ERGIBT: *25–40 Stück*
ZUBEREITUNGSZEIT: *35 Min.*
KÜHLZEIT: *8 Std.*

2 Tassen Mehl
1 Tasse Haselnüsse, gemahlen
1 Tasse Butter, Zimmertemperatur
¾ Tasse brauner Zucker

1 Mehl und Haselnüsse mischen.

2 Butter und Zucker in einer großen Schüssel schaumig rühren. Nach und nach die Mehlmischung zugeben. Zugedeckt 8 Std. oder über Nacht in den Kühlschrank stellen.

3 Ofen auf 150 °C vorheizen. 2 Backbleche leicht einfetten.

4 Teig auf bemehlter Arbeitsfläche gut 0,5 cm dick ausrollen. Kreise von 2,5 cm Durchmesser ausstechen. Kreise in 4 cm Abstand auf die Bleche legen.

5 Etwa 20–25 Min. lichtgelb backen. Auf Kuchengitter abkühlen lassen.

Haselnuss-schnitten I

Gebäckschnitten

Ergibt: *15–25 Stück*
Zubereitungszeit: *30 Min.*

¾ Tasse Mehl
½ Tasse Haselnüsse, gemahlen
⅛ TL Backpulver
⅛ TL Zimt, gemahlen
⅛ TL Muskat, gemahlen
⅛ TL Nelken, gemahlen
¼ TL Salz
6 EL Pflanzenfett
½ Tasse Puderzucker
1 TL geriebene Zitronenschale, unbehandelt

1 Ofen auf 190 °C vorheizen.

2 Mehl, Haselnüsse, Backpulver, Gewürze und Salz mischen.

3 Fett und Puderzucker in einer großen Schüssel schaumig rühren. Zitronenschale einrühren. Nach und nach die Mehlmischung beigeben. Teig gleichmäßig in einer ungefetteten, quadratischen Backform (20 x 20 cm) verteilen.

4 Etwa 18–20 Min. backen, bis die Oberfläche goldgelb und fest ist. In der Form abkühlen lassen. In Rechtecke schneiden.

Haselnuss-schnitten II

Gebäckschnitten

Ergibt: *15–25 Stück*
Zubereitungszeit: *45 Min.*

Teig
1 ⅓ Tassen Mehl
½ TL Backpulver
⅓ Tasse Pflanzenfett
½ Tasse brauner Zucker
¼ Tasse Haselnüsse, gehackt

Belag
2 große Eier
¼ Tasse brauner Zucker
½ TL Salz
¾ Tasse heller Sirup
1 ½ TL Rum
3 EL Mehl
¾ Tasse Haselnüsse, feingemahlen

1 Ofen auf 175 °C vorheizen. Eine rechteckige Backform (20 x 30 cm) einfetten.

2 Für den Teig Mehl und Backpulver mischen.

3 Fett und Zucker in einer großen Schüssel schaumig rühren. Nach und nach die Mehlmischung zugeben. Haselnüsse unterziehen. Teig gleichmäßig in der Form verteilen.

4 Etwa 10 Min. backen.

5 Für den Belag Eier in einer mittelgroßen Schüssel zur dicken, hellen Creme schlagen. Nacheinander Zucker, Sirup und Rum unterschlagen. Nach und nach Mehl und Salz zufügen.

6 Belag auf dem warmen Teig verteilen und mit Haselnüssen bestreuen. Weitere 25–30 Min. backen, bis sich der Belag fest anfühlt. In der Form auf Gitter abkühlen lassen. In Schnitten schneiden.

Haselnuss-schnitten III

Gebäckschnitten

Ergibt: *15–25 Stück*
Zubereitungszeit: *50 Min.*

Teig
1 Tasse Mehl
¼ TL Salz
¼ Tasse Pflanzenfett

Belag
2 EL Mehl
¼ TL Salz
2 große Eier
¾ Tasse Zucker
1 TL Rum
2 Tassen Kokosflocken
1 Tasse Haselnüsse, gehackt

1 Ofen auf 175 °C vorheizen. Eine quadratische Backform (20 x 20 cm) leicht einfetten.

2 Für den Teig Mehl und Salz in einer mittelgroßen Schüssel mischen. Mit in Stücke geschnittenem Fett zu einer bröseligen Masse verarbeiten. Teig gleichmäßig in die Form drücken.

3 Etwa 15 Min. backen.

4 Für den Belag Mehl und Salz mischen.

5 Eier und Zucker in einer mittelgroßen Schüssel zur dicken Creme schlagen. Rum unterrühren. Nach und nach die Mehlmischung zugeben. Kokosflocken und Haselnüsse unterziehen.

6 Belag auf dem heißen Teig verteilen. Weitere 15 Min. backen, bis sich der Belag fest anfühlt. In der Form abkühlen lassen. In Schnitten schneiden.

HÄUFCHENKEKSE I

Häufchenkekse

ERGIBT: *60–70 Stück*
ZUBEREITUNGSZEIT: *35 Min.*

3 Tassen Mehl
½ TL Salz
8 große Eier
2 Tassen Zucker

1 Ofen auf 175 °C vorheizen. 2 Backbleche leicht einfetten.

2 Mehl und Salz mischen.

3 Eier und Zucker in einer großen Schüssel kräftig schlagen. Nach und nach die Mehlmischung zugeben.

4 Mit Löffeln Teighäufchen in 4 cm Abstand auf die Bleche setzen.

5 Etwa 10–12 Min. hellgelb backen. Auf Kuchengitter abkühlen lasen.

Backtip: Dieses Rezept ist seit dem Beginn des 19. Jahrhunderts überliefert. Das Original nennt die hier angegebenen 8 großen Eier. Man kann aber auch nur 6 mittelgroße Eier verarbeiten.

HÄUFCHEN-KEKSE II

Häufchenkekse

ERGIBT: *60–70 Stück*
ZUBEREITUNGSZEIT: *30 Min.*
KÜHLZEIT: *2 Std.*

2 Tassen Mehl
3 EL Kakaopulver, ungezuckert
2 TL Backpulver
¼ TL Salz
6 EL Butter, Zimmertemperatur
1 Tasse Zucker
3 große Eier
1 EL Milch
2 TL Vanillearoma

1 Mehl, Kakao, Backpulver und Salz mischen.

2 Butter und Zucker in einer großen Schüssel schaumig rühren. Einzeln die Eier, dann Milch und Vanillearoma gut unterrühren. Nach und nach die Mehlmischung zufügen. Zugedeckt 2 Std. in den Kühlschrank stellen.

3 Ofen auf 190 °C vorheizen. 2 Backbleche leicht einfetten.

4 Mit Löffeln Teighäufchen in 4 cm Abstand auf die Bleche setzen.

5 Etwa 10–12 Min. backen, bis die Oberfläche sanft bräunt. Auf Kuchengitter abkühlen lassen.

Backtip: Der weiße Zucker läßt sich durch ½ Tasse braunen Zucker ersetzen.

HÄUFCHEN-KEKSE III

Häufchenkekse

ERGIBT: *ca. 40 Stück*
ZUBEREITUNGSZEIT: *30 Min.*

2 große Eier
1 großes Eigelb
1 Tasse Puderzucker
2 Tassen Mehl

1 Ofen auf 175 °C vorheizen. 2 Backbleche leicht einfetten.

2 Eier, Eigelb und Puderzucker in einer großen Schüssel zur dicken, hellen Creme schlagen. Nach und nach das Mehl beigeben.

3 Mit Löffeln Teighäufchen auf die Bleche setzen.

4 Etwa 10–12 Min. lichtgelb backen. Auf Kuchengitter abkühlen lassen.

Häufchenkekse IV

Häufchenkekse

Ergibt: *60–70 Stück*
Zubereitungszeit: *30 Min.*
Kühlzeit: *8 Std.*

2 Tassen Mehl
1 TL Backpulver
½ TL Natron
1 TL Zimt, gemahlen
1 TL Muskat, gemahlen
¼ TL Nelken, gemahlen
1 Prise Salz
½ Tasse Butter, Zimmertemperatur
¾ Tasse brauner Zucker
1 großes Ei
¼ Tasse Milch
1 TL Vanillearoma
½ Tasse helle Rosinen
¼ Tasse Zitronat, feingehackt (falls erwünscht)

1 Mehl, Backpulver, Natron, Gewürze und Salz mischen.

2 Butter und Zucker in einer großen Schüssel schaumig rühren. Ei, dann Milch und Vanillearoma kräftig unterrühren. Nach und nach die Mehlmischung zugeben. Rosinen und Zitronat unterziehen. Zugedeckt 8 Std. in den Kühlschrank stellen.

3 Ofen auf 190 °C vorheizen. 2 Backbleche leicht einfetten.

4 Mit Löffeln Teighäufchen in 4 cm Abstand auf die Bleche setzen.

5 Etwa 10–12 Min. zartgelb backen. Auf Kuchengitter abkühlen lassen.

Backtip: Anstelle des Zitronats kann man ¼ Tasse gehackte Nüsse oder ½ Tasse gehackte kandierte Kirschen verwenden.

Häufchenkekse V

Häufchenkekse

Ergibt: *ca. 40 Stück*
Zubereitungszeit: *30 Min.*

3 Tassen Mehl
1 EL Backpulver
¼ TL Salz
⅔ Tasse Butter, Zimmertemperatur
1 ½ Tassen Zucker
2 große Eier
¼ Tasse frischgepreßter Orangensaft
1 EL Wasser
3 Tropfen Mandelaroma
1 EL geriebeneOrangenschale, unbehandelt
1 Tasse Rosinen, gehackt

1 Ofen auf 190 °C vorheizen. 2 Backbleche leicht einfetten.

2 Mehl, Backpulver und Salz mischen.

3 Butter und Zucker in einer großen Schüssel schaumig rühren. Eier einzeln unterschlagen. Nacheinander Orangensaft, Wasser, Mandelaroma und Orangenschale einrühren. Nach und nach die Mehlmischung zufügen. Rosinen unterziehen.

4 Mit Löffeln Teighäufchen in 4 cm Abstand auf die Bleche setzen.

5 Etwa 10–12 Min. zartgelb backen. Auf Kuchengitter abkühlen lassen.

Helens Frischkäse-Schnittchen

Gebäckschnitten

Ergibt: *15–35 Stück*
Zubereitungszeit: *45 Min.*

Teig
2 Tassen weiße Schokoladen-Tröpfchen
6 EL Butter, Zimmertemperatur
2 Tassen Graham-Kräcker, zerbröselt
2 Tassen Mandeln, gehackt

Füllung
450 g Doppelrahm-Frischkäse, Zimmertemperatur
½ Tasse Zucker
4 große Eier
1 EL frischgepreßter Zitronensaft
1 EL Amaretto
¼ Tasse Mehl

1 Ofen auf 175 °C vorheizen. Eine rechteckige Backform (25 x 40 cm) leicht einfetten.

2 Für den Teig Schokoladen-Tröpfchen und Butter im Wasserbad zerlassen. Zur glatten Creme rühren. Vom Herd nehmen, Kräckerbrösel und Mandeln unterrühren. 1 ½ Tassen der Mischung für den Belag reservieren. Den Rest gleichmäßig in der Form verteilen.

3 Etwa 12 Min. backen.

4 Für die Füllung Frischkäse und Zucker in einer mittelgroßen Schüssel gründlich verrühren. Nacheinander Eier, Zitronensaft, Amaretto und Mehl unterziehen.

5 Füllung auf dem heißen Teig verteilen. Mit der reservierten Teigmischung bestreuen.

6 Weitere 20–25 Min. backen, bis sich die Oberfläche fest anfühlt und verfärbt. In der Form abkühlen lassen. In Rechtecke schneiden.

Backtip: Der Teigportion für den Belag kann man auch Mandelsplitter beigeben.

Helle Schokokekse I

Gebäckschnitten

Ergibt: *15–25 Stück*
Zubereitungszeit: *30 Min.*

½ Tasse Butter, Zimmertemperatur
2 Tassen brauner Zucker
4 große Eier
12 Tropfen Mandelaroma
2 ½ Tassen Mehl
2 TL Backpulver
1 ½ Tassen Mandeln, gehackt
1 ½ Tassen halbbittere Schokoladen-Tröpfchen

1 Ofen auf 190 °C vorheizen.

2 Butter und Zucker in einer großen Schüssel schaumig rühren. Eier und Mandelaroma einrühren. Nach und nach Mehl und Backpulver zufügen. Mandeln und Schokoladen-Tröpfchen unterziehen.

3 Teig gleichmäßig in einer rechteckigen Backform (20 x 30 cm) verteilen.

4 Etwa 15–20 Min. backen (beim Einstechen mit einem spitzen Hölzchen darf der Teig nicht mehr kleben). Gebäck noch warm in Schnitten schneiden, in der Form abkühlen lassen.

Helle Schokokekse II

Gebäckschnitten

Ergibt: *15–35 Stück*
Zubereitungszeit: *30 Min.*

2 ⅔ Tassen Mehl
2 ½ TL Backpulver
½ TL Salz
⅔ Tasse Pflanzenfett
2 Tassen brauner Zucker
3 große Eier
1 TL Vanillearoma
1 Tasse halbbittere Schokoladen-Tröpfchen

1 Ofen auf 190 °C vorheizen. Eine quadratische Backform (20 x 20 cm) einfetten.

2 Mehl, Backpulver und Salz mischen.

3 Fett in einem mittelgroßen Topf zerlassen. Zucker einrühren. Mischung bei niedriger Flamme 10 Min. kochen. Vom Herd nehmen.

4 Einzeln die Eier, dann Vanillearoma gründlich unterrühren. Nach und nach die Mehlmischung zufügen. Schokoladen-Tröpfchen unterziehen.

5 Teig gleichmäßig in der Form verteilen.

6 Etwa 12–15 Min. backen (Garprobe mit einem Hölzchen machen). In der Form auf Gitter abkühlen lassen. In Schnitten schneiden.

Backtip: Zu diesem Gebäck paßt eine cremige Schokoladenglasur mit 1–2 Tropfen Minzearoma.

Hello Dolly Cookies

Gebäckschnitten

Ergibt: *15–25 Stück*
Zubereitungszeit: *35 Min.*

1 Tasse Graham-Kräcker, zerbröselt
1 Tasse halbbittere Schokoladen-Tröpfchen
1 Tasse Walnüsse, gehackt
1 Tasse Kokosraspeln
¼ Tasse Butter, zerlassen
400 ml Kondensmilch, gesüßt

1 Ofen auf 175 °C vorheizen. Eine quadratische Backform (20 x 20 cm) leicht einfetten.

2 Kräckerbrösel, Schokoladen-Tröpfchen, Walnüsse und Kokosraspeln in einer mittelgroßen Schüssel mischen.

3 Zerlassene Butter über die Mischung gießen und umrühren. Masse gleichmäßig in die Form drücken. Mit der Kondensmilch beträufeln.

4 Etwa 25–30 Min. backen, bis die Kruste zart bräunt. In der Form abkühlen lassen. In Schnitten schneiden.

Backtip: Die Graham-Kräcker lassen sich durch anderes trockenes Gebäck, z. B. Waffeln oder mürbe Schoko- oder Vanillekekse, ersetzen.

Herzhafte Gesundheitskekse

Häufchenkekse

Ergibt: *ca. 40 Stück*
Zubereitungszeit: *30 Min.*

1 Tasse Mehl
⅔ Tasse Weizenkeime
1 TL Backpulver
1 TL Natron
¼ TL Salz
1 Tasse Pflanzenfett
1 Tasse brauner Zucker
¾ Tasse weißer Zucker
2 große Eier
2 ⅓ Tassen Haferflocken
2 Tassen Kokosraspeln

1 Ofen auf 175 °C vorheizen. 2 Backbleche leicht einfetten.

2 Mehl, Weizenkeime, Backpulver, Natron und Salz mischen.

3 Fett und beide Zuckersorten in einer großen Schüssel schaumig rühren. Eier unterschlagen. Nach und nach die Mehlmischung zugeben. Haferflocken und Kokosraspeln unterziehen. Ist der Teig zu trocken, vorsichtig (je ½ TL) Wasser dazugeben.

4 Mit Löffeln Teighäufchen in 7,5 cm Abstand auf die Bleche setzen.

5 Etwa 8–10 Min. backen, bis die Oberfläche zart bräunt. Auf Kuchengitter abkühlen lassen.

Himbeer-Baiser-Schnitten

Gebäckschnitten

Ergibt: *15–30 Stück*
Zubereitungszeit: *45 Min.*

Teig
¾ Tasse Pflanzenfett
¼ Tasse Zucker
2 große Eigelb
1 ½ Tassen Mehl

Belag
2 große Eiweiß
½ Tasse Zucker
1 Tasse Mandeln, feingehackt
1 Tasse Himbeerpüree
1 Tasse Kokosraspeln

1 Ofen auf 175 °C vorheizen. Eine rechteckige Backform (20 x 30 cm) leicht einfetten.

2 Für den Teig Fett und Zucker in einer großen Schüssel schaumig rühren. Eigelb unterschlagen. Nach und nach das Mehl beigeben. Teig gleichmäßig in der Form verteilen.

3 Etwa 15 Min. backen.

4 Für den Belag Eiweiß in einer großen Schüssel zu flockigem Schnee schlagen. Unter Einrieseln des Zuckers zu einer steifen Masse schlagen. Mandeln unterheben.

5 Himbeerpüree auf dem heißen Teig verstreichen. Mit Kokosraspeln bestreuen und mit Baiserbelag bestreichen.

6 Weitere 20–25 Min. backen, bis sich der Belag fest anfühlt und zart verfärbt. In der Form auf Gitter abkühlen lassen. In Schnitten schneiden.

Holiday Cookies

Gebäckschnitten

ERGIBT: *15–25 Stück*
ZUBEREITUNGSZEIT: *50 Min.*

TEIG
1 Tasse Mehl
½ TL Ingwer, gemahlen
¼ TL Nelken, gemahlen
¼ TL Muskat, gemahlen
½ Tasse Pflanzenfett
½ Tasse brauner Zucker

BELAG
½ TL Backpulver
¼ TL Macis, gemahlen
¼ TL Salz
1 Tasse brauner Zucker
2 große Eier
1 TL Vanillearoma
1 ½ Tassen Kokosraspeln
1 Tasse Mandeln, gehackt

1 Ofen auf 190 °C vorheizen. Eine quadratische Backform (20 x 20 cm) leicht einfetten.

2 Mehl und Gewürze mischen.

3 Fett und Zucker in einer großen Schüssel schaumig rühren. Nach und nach die Mehlmischung zugeben. Teig gleichmäßig in der Form verteilen.

4 Etwa 20 Min. backen.

5 Für den Belag Backpulver, Macis und Salz mischen.

6 Zucker und Eier in einer mittelgroßen Schüssel zur dicken Creme schlagen. Vanillearoma, dann Backpulvermischung gründlich unterrühren. Kokosraspeln und Mandeln unterziehen.

7 Belag über den heißen Teig gießen. 20–25 Min. backen, bis die Oberfläche Farbe annimmt. In der Form auf Gitter abkühlen lassen. In Schnitten schneiden.

Holiday-Happen

Häufchenkekse

ERGIBT: *25–40 Stück*
ZUBEREITUNGSZEIT: *30 Min.*

½ Tasse Mehl
½ TL Backpulver
4 große Eiweiß
2 Tassen Puderzucker
2 Tassen Mandeln, feingehackt
1 Tasse kandierte Kirschen, feingehackt

1 Ofen auf 160 °C vorheizen. 2 Backbleche leicht einfetten und mit Mehl bestäuben.

2 Mehl und Backpulver mischen.

3 Eiweiß in einer großen Schüssel schaumig schlagen, dann mit dem Puderzucker zu steifem, aber nicht trockenem Schnee schlagen. Nach und nach die Mehlmischung zugeben. Mandeln und Kirschen unterheben.

4 Mit Löffeln Teighäufchen in 5 cm Abstand auf die Bleche setzen.

5 Etwa 12–15 Min. backen, bis sich der Teig fest anfühlt. Auf den Blechen über Gitter abkühlen lassen.

Holiday-Schmuck

Ausgerollte Kekse

ERGIBT: *unterschiedliche Stückzahl*
ZUBEREITUNGSZEIT: *30 Min.*
KÜHLZEIT: *4 Std.*

3 ½ Tassen Mehl
1 TL Backpulver
½ TL Salz
1 Tasse Pflanzenfett
1 ½ Tassen Zucker
2 große Eier
2 TL Vanillearoma
Trinkhalme aus Papier, in 1,5 cm lange Stücke zerschnitten

1 Mehl, Backpulver und Salz mischen.

2 Fett und Zucker in einer großen Schüssel schaumig rühren. Einzeln die Eier, dann Vanillearoma unterschlagen. Nach und nach die Mehlmischung zufügen. Zugedeckt 4 Std. in den Kühlschrank stellen.

3 Ofen auf 200 °C vorheizen. 2 Backbleche leicht einfetten.

4 Teig auf bemehlter Arbeitsfläche knapp 0,5 cm dick ausrollen. Motive beliebiger Größe ausstechen und in 2,5 cm Abstand auf die Bleche legen. In den Rand der Kekse jeweils einen Trinkhalm stecken.

5 Etwa 8–10 Min. lichtgelb backen. Auf Gitter abkühlen lassen. Trinkhalme herausziehen.

Backtip: Man kann die Kekse mit Glasur und/oder Zuckerstreuseln, Liebesperlen und anderem Naschwerk verzieren.

Holiday-Törtchen

Geformte Kekse

Ergibt: *ca. 40 Stück*
Zubereitungszeit: *30 Min.*

1 Tasse Pflanzenfett
½ Tasse Zucker
1 großes Ei
1 TL Vanillearoma
2 ½ EL Mehl
¼ Tasse Ahornsirup
1 ⅓ Tassen Walnüsse, gehackt
rote und grüne kandierte Kirschen, gehackt, zum Garnieren

1 Ofen auf 175 °C vorheizen. 2 Backbleche leicht einfetten.

2 Fett und Zucker in einer großen Schüssel schaumig rühren. Ei, dann Vanillearoma unterrühren. Nach und nach Mehl begeben. ⅓ des Teigs in eine mittelgroße Schüssel geben.

3 Restlichen Teig in Spritzbeutel oder Gebäckspritze mit kleiner Sterntülle füllen. In 5 cm Abstand Ringe auf die Bleche spritzen.

4 Ahornsirup unter den restlichen Teig rühren. Walnüsse unterziehen. Mit der Mischung die Mitte der Ringe füllen.

5 Etwa 12–15 Min. backen, bis die Törtchen leichte Farbe annehmen. Auf Kuchengitter legen und mit kandierten Kirschen garnieren. Abkühlen lassen.

Holländische Apfelmus-Knusperschnitten

Gebäckschnitten

Ergibt: *15–25 Stück*
Zubereitungszeit: *40 Min.*

Teig
2 Tassen Mehl
1 TL Natron
1 TL Zimt, gemahlen
½ TL Muskat, gemahlen
¼ TL Salz
1 Tasse Zucker
1 Tasse Apfelmus, ungezuckert
1 TL Vanillearoma
½ Tasse Walnüsse, gehackt

Belag
2 EL Butter, Zimmertemperatur
¼ Tasse Zucker
⅔ Tasse Getreideflocken, zerbröselt (z.B. Cornflakes)

1 Ofen auf 175 °C vorheizen. Eine rechteckige Backform (20 x 30 cm) leicht einfetten.

2 Mehl, Natron, Gewürze und Salz mischen.

3 Zucker, Apfelmus und Vanillearoma in einer großen Schüssel gründlich verrühren. Nach und nach die Mehlmischung zugeben. Walnüsse unterziehen. Teig gleichmäßig in der Form verteilen.

4 Für den Belag Butter und Zucker in einer kleinen Schüssel schaumig rühren. Nach und nach die Getreideflocken unterrühren. Masse auf dem Teig verteilen.

5 Etwa 20–30 Min. backen, bis die Oberfläche leicht bräunt. In der Form auf Gitter abkühlen lassen. In Schnitten schneiden.

Holländische Gewürztaler

Ausgerollte Kekse

ERGIBT: *50–60 Stück*
ZUBEREITUNGSZEIT: *30 Min.*
KÜHLZEIT: *8 Std.*

1 Tasse Mehl
3 EL Mandeln, gemahlen
¼ TL Backpulver
½ TL Zimt, gemahlen
¼ TL Nelken, gemahlen
¼ TL Ingwer, gemahlen
¼ TL Muskat, gemahlen
¼ TL Salz
5 EL Pflanzenfett
⅓ Tasse brauner Zucker
1 EL Milch
2 EL Zitronat und/oder Orangeat, gehackt

1 Mehl, Mandeln, Backpulver, Gewürze und Salz mischen.

2 Fett und Zucker in einer großen Schüssel schaumig rühren. Milch unterrühren. Nach und nach die Mehlmischung zufügen. Zitronat und / oder Orangeat unterziehen.

3 Auf bemehlter Arbeitsfläche zu einem geschmeidigen Teig kneten. Teig in Wachspapier gewickelt 8 Std. in den Kühlschrank legen.

4 Ofen auf 175 °C vorheizen. 2 Backbleche leicht einfetten.

5 Teig auf bemehlter Arbeitsfläche gut 0,5 cm dick ausrollen. Taler ausstechen, in 2,5 cm Abstand auf die Bleche legen.

6 Etwa 18–20 Min. backen, bis der Teig fest ist. Auf Kuchengitter abkühlen lassen.

Holländische Kekse mit Sauerrahm

Geschnittene Kekse

ERGIBT: *ca. 40 Stück*
ZUBEREITUNGSZEIT: *40 Min.*
KÜHLZEIT: *8 Std.*

3 Tassen Mehl
¼ TL Natron
½ Tasse Pflanzenfett
1 Tasse Zucker
1 großes Ei
½ TL Vanillearoma
½ TL Zitronenaroma
¼ Tasse Sauerrahm

1 Mehl und Natron mischen.

2 Fett und Zucker in einer großen Schüssel schaumig rühren. Ei, Vanille- und Zitronenaroma zugeben. Rahm gut unterrühren. Nach und nach die Mehlmischung zufügen.

3 Teig zur 5 cm dicken Rolle formen. Rolle in Wachspapier gewickelt 8 Std. in den Kühlschrank legen.

4 Ofen auf 190 °C vorheizen. 2 Backbleche leicht einfetten.

5 Rolle in gut 0,5 cm dicke Scheiben schneiden. Scheiben in 2,5 cm Abstand auf die Bleche legen.

6 Etwa 10–12 Min. lichtgold backen. Auf Kuchengitter abkühlen lassen.

Holländische Walnusskekse

Geschnittene Kekse

ERGIBT: *50–60 Stück*
ZUBEREITUNGSZEIT: *30 Min.*
KÜHLZEIT: *8 Std.*

2 ¾ Tassen Mehl
¼ TL Natron
2 TL Zimt, gemahlen
½ TL Muskat, gemahlen
¼ TL Salz
1 Tasse Pflanzenfett
1 Tasse brauner Zucker
¼ Tasse Sauerrahm
½ Tasse Walnüsse, gehackt

1 Mehl, Natron, Gewürze und Salz mischen.

2 Fett und Zucker in einer großen Schüssel schaumig rühren. Rahm gut unterrühren. Nach und nach die Mehlmischung beigeben. Walnüsse unterziehen.

3 Teig halbieren. Hälften zu 5 cm dicken Rollen formen. Rollen in Wachspapier gewickelt 8 Std. in den Kühlschrank legen.

4 Ofen auf 190 °C vorheizen.

5 Rollen in knapp 0,5 cm dicke Scheiben schneiden. Scheiben in 5 cm Abstand auf ungefettete Backbleche legen.

6 Etwa 8–10 Min. lichtgold backen. Auf Kuchengitter abkühlen lassen.

Holländisches Teegebäck

Gebäckschnitten

Ergibt: *ca. 40 Stück*
Zubereitungszeit: *2 Std.*

4 Tassen Mehl
1 Tasse brauner Zucker
1 TL Backpulver
1 TL Zimt, gemahlen
½ TL Nelken, gemahlen
1 Tasse Zitronat und/oder Orangeat, feingehackt
1 Tasse Milch
1 Tasse Sirup
Puderzucker zum Besieben

1 Ofen auf 150 °C vorheizen. Eine quadratische Backform (20 x 20 cm) leicht einfetten.

2 Mehl, Zucker, Backpulver, Gewürze, Zitronat und/oder Orangeat in einer großen Schüssel mischen. Milch und Sirup allmählich unterrühren. Teig gleichmäßig in der Form verteilen.

3 Etwa 1 ½–2 Std. backen, bis der Teig fest ist und trocken aussieht. Ein Spitzenpapierdeckchen auf das heiße Gebäck legen. Mit Puderzucker besieben. Abkühlen lassen und in Rechtecke schneiden.

Honig-Dattel-Schnitten I

Gebäckschnitten

Ergibt: *15–35 Stück*
Zubereitungszeit: *40 Min.*

¾ Tasse Mehl
¾ TL Backpulver
¼ TL Salz
3 EL Pflanzenfett
¾ Tasse Honig
2 große Eier
1 Tasse Datteln, entsteint, gehackt
½ Tasse Walnüsse, feingehackt
Puderzucker zum Verzieren

1 Ofen auf 175 °C vorheizen. Eine quadratische Backform (20 x 20 cm) leicht einfetten.

2 Mehl, Backpulver und Salz mischen.

3 Fett und Honig in einem großen Topf zerlassen und zur glatten Masse rühren. Vom Herd nehmen, Eier einzeln unterschlagen. Nach und nach die Mehlmischung zugeben. Datteln und Walnüsse unterziehen. Teig gleichmäßig in der Form verteilen.

4 Etwa 25–30 Min. backen, bis die Oberfläche leicht bräunt. In der Form auf Kuchengitter abkühlen lassen.

5 In Schnitten schneiden. Schnitten zur Hälfte in Puderzucker stippen.

Honig-Dattel-Schnitten II

Gebäckschnitten

Ergibt: *25–40 Stück*
Zubereitungszeit: *30 Min.*

1 ⅓ Tassen Mehl
1 TL Backpulver
¼ TL Salz
4 große Eier
1 Tasse Honig
12 Tropfen Mandelaroma
1 Tasse Datteln, entsteint, gehackt
1 Tasse Mandeln, gehackt
Puderzucker zum Besieben

1 Ofen auf 175 °C vorheizen. Eine rechteckige Backform (20 x 30 cm) leicht einfetten.

2 Mehl, Backpulver und Salz mischen.

3 Eier in einer großen Schüssel zur dicken, hellen Creme schlagen. Honig und Mandelaroma gut unterschlagen. Nach und nach die Mehlmischung beigeben. Datteln und Mandeln unterziehen. Teig gleichmäßig in der Form verteilen.

4 Etwa 12–15 Min. backen, bis die Oberfläche leicht Farbe annimmt. 1–2 Min. in der Form abkühlen lassen. In Schnitten schneiden.

5 Schnitten nach dem Abkühlen mit Puderzucker besieben.

Honig-Einsiedler

Häufchenkekse

Ergibt: *50–60 Stück*
Zubereitungszeit: *30 Min.*
Kühlzeit: *4 Std.*

2 ¼ Tassen Mehl
½ TL Walnüsse, feingemahlen
1 TL Natron
½ TL Piment, gemahlen
½ TL Zimt, gemahlen
¼ TL Salz
½ Tasse Pflanzenfett
1 Tasse Honig
½ Tasse brauner Zucker
2 große Eier
3 EL Milch
1 Tasse Rosinen
1 Tasse Korinthen
1 Tasse Datteln, entsteint, gehackt

1 Mehl, Walnüsse, Natron, Gewürze und Salz mischen.

2 Fett und Honig in einem kleinen Topf zerlassen, zur glatten Masse rühren. In eine große Schüssel füllen, Zucker einrühren. Einzeln die Eier, dann Milch unterschlagen. Nach und nach die Mehlmischung zufügen. Rosinen, Korinthen und Datteln unterziehen. Zugedeckt mindestens 4 Std. in den Kühlschrank stellen.

3 Ofen auf 200 °C vorheizen. 2 Backbleche leicht einfetten.

4 Mit Löffeln Teighäufchen in 4 cm Abstand auf die Bleche setzen.

5 Etwa 10–12 Min. sanftbraun backen. Auf Kuchengitter abkühlen lassen.

Honig-Gewürztaler

Ausgerollte Kekse

Ergibt: *ca. 40 Stück*
Zubereitungszeit: *30 Min.*
Kühlzeit: *2 Std.*

3 ¼ Tassen Mehl
½ Tasse Haselnüsse, gehackt
½ TL Natron
1 TL Ingwer, gemahlen
½ TL Zimt, gemahlen
¼ TL Muskat, gemahlen
¼ TL Salz
⅔ Tasse brauner Zucker
¼ Tasse Pflanzenfett
2 große Eier
¾ Tasse Honig
1 TL geriebene Zitronenschale, unbehandelt
½ Tasse geriebene Orangenschale, unbehandelt

1 Mehl, Nüsse, Natron, Gewürze und Salz mischen.

2 Fett und Zucker in einer großen Schüssel schaumig rühren. Eier einzeln unterrühren. Nacheinander der Honig, Zitronen- und Orangenschale einrühren. Nach und nach die Mehlmischung beigeben. Zugedeckt 2 Std. in den Kühlschrank stellen.

3 Ofen auf 175 °C vorheizen.

4 Teig auf bemehlter Arbeitsfläche gut 0,5 cm dick ausrollen. Taler von 4 cm Durchmesser ausstechen und auf ungefettete Backbleche legen.

5 Etwa 10–12 Min. backen, bis sich die Oberfläche zart verfärbt. Auf Kuchengitter abkühlen lassen.

Honig-Hafer-Schokobissen

Häufchenkekse

Ergibt: *50–60 Stück*
Zubereitungszeit: *30 Min.*

2 ½ Tassen Mehl
1 TL Backpulver
¼ TL Natron
1 TL Zimt, gemahlen
¼ TL Salz
1 Tasse Pflanzenfett
60 g halbbittere Schokolade, zerkleinert
1 ¼ Tassen Honig
2 große Eier
1 ½ Tassen Haferflocken
1 Tasse Kokosraspeln

1 Ofen auf 160 °C vorheizen. 2 Backbleche leicht einfetten.

2 Mehl, Backpulver, Natron, Zimt und Salz mischen.

3 Fett, Schokolade und Honig in einem großen Topf zerlassen, gründlich verrühren. Vom Herd nehmen, Eier einzeln unterschlagen. Nach und nach die Mehlmischung zugeben. Haferflocken und Kokosraspeln unterziehen.

4 Mit Löffeln Teighäufchen in 4 cm Abstand auf die Bleche setzen.

5 Etwa 18–20 Min. backen, bis die Oberfläche sich verfärbt. Auf Kuchengitter abkühlen lassen.

Honig-Ingwer-Plätzchen

Ausgerollte Kekse

Ergibt: *ca. 40 Stück*
Zubereitungszeit: *30 Min.*

2 ½ Tassen Mehl
1 TL Natron
1 EL Ingwer, gemahlen
½ TL Salz
½ Tasse Pflanzenfett
1 Tasse Honig

1 Ofen auf 175 °C vorheizen. 2 Backbleche leicht einfetten.

2 Mehl, Natron, Ingwer und Salz mischen.

3 Fett mit dem Honig in einem großen Topf zerlassen und gut verrühren. Vom Herd nehmen. Nach und nach die Mehlmischung zugeben. Zu einem geschmeidigen, nicht mehr klebrigen Teig verarbeiten.

4 Teig auf bemehlter Arbeitsfläche gut 0,5 cm dick ausrollen. Kreise oder andere Motive von 4 cm Durchmesser ausstechen, in 2,5 cm Abstand auf die Bleche legen.

5 Etwa 12–15 Min. zartbraun backen. Auf Kuchengitter abkühlen lassen.

Honig-Mandel-Kekse mit Schuss

Häufchenkekse

Ergibt: *50–60 Stück*
Zubereitungszeit: *35 Min.*

1 ¼ Tassen Mehl
½ TL Natron
¼ TL Salz
⅓ Tasse Butter, Zimmertemperatur
½ Tasse Honig
1 großes Ei
1 ½ TL Aprikosenlikör
1 Tasse halbbittere Schokoladen-Tröpfchen
½ Tasse Mandeln, feingehackt

1 Ofen auf 190 °C vorheizen. 2 Backbleche leicht einfetten.

2 Mehl, Natron und Salz mischen.

3 Butter mit dem Honig in einem großen Topf zerlassen und zu einer glatten Masse verrühren. Vom Herd nehmen. Ei, dann Aprikosenlikör unterrühren. Nach und nach die Mehlmischung beigeben. Schokoladen-Tröpfchen und Mandeln unterziehen.

4 Mit Löffeln Teighäufchen in 5 cm Abstand auf die Bleche setzen.

5 Etwa 10–12 Min. backen, bis die Oberfläche Farbe annimmt. Auf Kuchengitter abkühlen lassen.

HONIG-ORANGEN-FEINGEBÄCK

Ausgerollte Kekse

ERGIBT: *ca. 40 Stück*
ZUBEREITUNGSZEIT: *30 Min.*
KÜHLZEIT: *2 Std.*

3 Tassen Mehl
1 ½ TL Ingwer, gemahlen
¾ Tasse Pflanzenfett
½ Tasse Zucker
1 großes Ei
½ Tasse Honig
2 EL Orangensaftkonzentrat
½ TL Orangenaroma o. etwas geriebene Orangenschale, unbehandelt

1 Mehl und Ingwer mischen.

2 Fett und Zucker in einer großen Schüssel schaumig rühren. Nacheinander Ei, Honig, Orangensaftkonzentrat und Orangenaroma oder Schale unterschlagen. Nach und nach die Mehlmischung zugeben. Zugedeckt 2 Std. in den Kühlschrank stellen.

3 Ofen auf 175 °C vorheizen.

4 Teig auf bemehlter Arbeitsfläche knapp 0,5 cm dick ausrollen. 4 cm große Sterne oder andere Motive ausstechen. Kekse in 2,5 cm Abstand auf ungefettete Backbleche legen.

5 Etwa 8–10 Min. lichtgelb backen. Auf Kuchengitter abkühlen lassen.

Backtip: Diese Kekse sollten knusprig – also nicht zu kurz – gebacken werden. Man kann sie vor dem Backen mit Kokosflocken bestreuen, muß aber zuvor die Oberflächen mit leicht verschlagenem Eiweiß bepinseln. Eine ausgefallenere Variante: abgekühlte Plätzchen dünn mit Doppelrahm-Frischkäse bestreichen und mit feingehacktem Zitronat oder Orangeat bestreuen.

HONIG-ROSINEN-SCHNITTEN

Gebäckschnitten

ERGIBT: *ca. 30 Stück*
ZUBEREITUNGSZEIT: *35 Min.*

1 ½ Tassen Mehl
1 ½ TL Backpulver
¼ TL Natron
¼ TL Salz
½ Tasse Zucker
½ Tasse Honig
¼ Tasse Butter, Zimmertemperatur
1 großes Ei
½ Tasse Milch
1 ½ Tassen Cornflakes, zerkrümelt
1 Tasse helle Rosinen

1 Ofen auf 175 °C vorheizen. Eine rechteckige Backform (25 x 40 cm) leicht einfetten.

2 Mehl, Backpulver, Natron und Salz mischen.

3 Zucker, Honig und Butter in einer großen Schüssel zu einer glatten Masse rühren. Ei, dann Milch einrühren. Nach und nach die Mehlmischung zugeben. Cornflakes und Rosinen unterziehen. Teig gleichmäßig in der Form verteilen.

4 Etwa 15–20 Min. backen, bis die Oberfläche bräunt. In der Form abkühlen lassen. In Schnitten schneiden.

Honig-Schoko-Plättchen

Häufchenkekse

Ergibt: *50–60 Stück*
Zubereitungszeit: *30 Min.*

1 Tasse Mehl
¼ Tasse Walnüsse, feingemahlen
1 TL Backpulver
1 TL Salz
½ Tasse Pflanzenfett
½ Tasse Honig
1 großes Ei
½ TL Crème de Cacao
½ Tasse halbbittere Schokoladen-Tröpfchen

1 Ofen auf 190 °C vorheizen.

2 Mehl, Walnüsse, Backpulver und Salz mischen.

3 Fett und Honig in einem großen Topf zerlassen und gut verrühren. Vom Herd nehmen. Ei, dann Likör unterschlagen. Nach und nach die Mehlmischung beigeben. Schokoladen-Tröpfchen unterziehen.

4 Mit Löffeln Teighäufchen in 4 cm Abstand auf die Bleche setzen.

5 Etwa 10–12 Min. hellbraun backen. Auf Kuchengitter abkühlen lassen.

Honig-Schoko-Kekse

Gebäckschnitten

Ergibt: *24 Stück*
Zubereitungszeit: *35 Min.*

¾ Tasse Mehl
2 EL Kakaopulver, ungezuckert
¾ TL Backpulver
¼ TL Salz
⅓ Tasse plus 2 EL Pflanzenfett
¾ Tasse Honig
2 große Eier

1 Ofen auf 160 °C vorheizen. Eine quadratische Backform (20 x 20 cm) leicht einfetten.

2 Mehl, Kakao, Backpulver und Salz mischen.

3 Fett mit dem Honig in einem Topf zerlassen. Vom Herd nehmen und Eier einzeln unterschlagen. Nach und nach die Mehlmischung beigeben. Teig gleichmäßig in der Form verteilen.

4 Etwa 25–30 Min. backen (der Teig darf beim Einstechen mit einem spitzen Stäbchen nicht mehr kleben). In der Form abkühlen lassen. In Rechtecke schneiden.

Honig-Vollkorn-Kekse

Häufchenkekse

Ergibt: *35–60 Stück*
Zubereitungszeit: *35 Min.*

2 Tassen Weizen-Vollkornmehl
1 Tasse Sojamehl
1 Tasse Haferflocken
¼ TL Salz
1 Tasse Honig
1 Tasse Rapsöl
½ Tasse Sirup
1 EL frischgepreßter Orangensaft
½ TL Mokkalikör
1 Tasse Kokosraspeln

1 Ofen auf 175 °C vorheizen. 2 Backbleche leicht einfetten.

2 Beide Mehlsorten, Haferflocken und Salz mischen.

3 Honig, Öl, Sirup und Orangensaft in einem großen Topf vorsichtig erwärmen und gründlich verrühren. Vom Herd nehmen, Likör unterrühren. Masse in eine große Schüssel füllen. Nach und nach die Mehlmischung zugeben. Kokosraspeln unterziehen.

4 Mit Löffeln Teighäufchen in 4 cm Abstand auf die Bleche setzen.

5 Etwa 10–12 Min. backen, bis die Oberfläche bräunt. Auf Kuchengitter abkühlen lassen.

Honighäppchen

Geformte Kekse

Ergibt: *50–60 Stück*
Zubereitungszeit: *30 Min.*
Kühlzeit: *4 Std.*

2 ¼ Tassen Mehl
1 TL Natron
½ TL Piment, gemahlen
½ TL Zimt, gemahlen
¼ TL Muskat, gemahlen
½ TL Salz
1 Tasse brauner Zucker
¾ Tasse Pflanzenfett
¼ Tasse Honig
Vanillezucker zum Wälzen (s. S. xxix)

1 Mehl, Natron, Gewürze und Salz mischen.

2 Zucker, Fett und Honig in einer großen Schüssel gründlich verrühren. Nach und nach die Mehlmischung zugeben. Zugedeckt 4 Std. in den Kühlschrank stellen.

3 Ofen auf 175 °C vorheizen.

4 Walnußgroße Teigstücke zu Bällchen formen. Bällchen in Vanillezucker wälzen, in 7,5 cm Abstand auf ungefettete Backbleche setzen und mit dem bemehlten Boden eines Glases flachdrücken.

5 Etwa 10–12 Min. backen, bis die Oberfläche sich leicht verfärbt. Auf Kuchengitter abkühlen lassen.

Backtip: Dieser Teig eignet sich auch zum Ausrollen und Ausstechen.

Honignüsschen

Häufchenkekse

Ergibt: *25–40 Stück*
Zubereitungszeit: *30 Min.*
Kühlzeit: *2 Std.*

4 Tassen Mehl
2 Tassen Walnüsse, gemahlen
½ TL Natron
1 TL Zimt, gemahlen
1 TL Salz
1 Tasse Pflanzenfett
1 Tasse Zucker
1 großes Ei
1 Tasse Honig

1 Mehl, Nüsse, Natron, Zimt und Salz mischen.

2 Fett und Zucker in einer großen Schüssel schaumig rühren. Ei und Honig unterschlagen. Nach und nach die Mehlmischung beigeben. Zugedeckt 2 Std. in den Kühlschrank stellen.

3 Ofen auf 175 °C vorheizen.

4 Mit Löffeln Teighäufchen in mindestens 7–8 cm Abstand auf ungefettete Backbleche setzen.

5 Etwa 12–15 Min. leicht braun backen. Auf den Blechen leicht abkühlen lassen, dann zum völligen Auskühlen auf Kuchengitter legen.

Honigplätzchen I

Ausgerollte Kekse

Ergibt: *ca. 30 Stück*
Zubereitungszeit: *30 Min.*
Ruhezeit: *über Nacht*

¼ Tasse Honig
¾ Tasse heißes Wasser
¾ Tasse Zucker
4 Tassen Mehl
1 ½ EL Pflanzenfett

1 Honig und ¼ Tasse heißes Wasser in einer kleinen Schüssel mischen. In einer anderen kleinen Schüssel Zucker und ½ Tasse heißes Wasser mischen. Beide Mischungen über Nacht ruhen lassen.

2 Ofen auf 190 °C vorheizen. 2 Backbleche einfetten.

3 Mehl in eine große Schüssel geben. Fett hineinschneiden, zu einer bröseligen Masse verarbeiten. Mit der Honig- und der Zuckermischung zu einem geschmeidigen Teig vermengen.

4 Teig auf bemehlter Arbeitsfläche gut 0,5 cm dick ausrollen. Kreise von 5 cm Durchmesser ausstechen. Kreise in 2,5 cm Abstand auf die Bleche legen.

5 Etwa 12–14 Min. zartgold backen. Auf Kuchengitter abkühlen lassen.

Backtip: Wer Honig nicht mag, kann ihn durch dünnflüssigen Sirup ersetzen.

Honig-Plätzchen II

Geformte Kekse

Ergibt: *25–40 Stück*
Zubereitungszeit: *30 Min.*

1 Tasse Mehl
1 TL Natron
½ Tasse Pflanzenfett
¼ Tasse Honig
¼ Tasse Zucker
1 großes Eigelb
Zucker zum Wälzen

1 Ofen auf 175 °C vorheizen.

2 Mehl und Natron mischen.

3 Fett mit dem Honig in einem großen Topf zerlassen, gut verrühren. Vom Herd nehmen. Zucker kräftig unterrühren. Eigelb unterschlagen. Nach und nach die Mehlmischung beigeben.

4 Walnußgroße Teigstücke zu Bällchen formen. Bällchen in Zucker wälzen und in 4 cm Abstand auf die Bleche setzen.

5 Etwa 10–12 Min. lichtbraun backen. Auf Kuchengitter abkühlen lassen.

Honigröllchen

Häufchenkekse

Ergibt: *15–35 Stück*
Zubereitungszeit: *30 Min.*

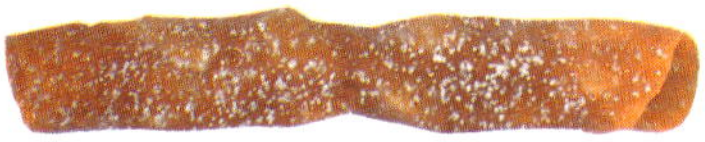

½ Tasse Mehl
¼ TL Backpulver
⅛ TL Natron
¼ Tasse Pflanzenfett
2 EL Zucker
¼ Tasse Honig
1 ¾ TL geriebene Orangenschale, unbehandelt
½ Tasse Kokosraspeln

1 Ofen auf 200 °C vorheizen.

2 Mehl, Backpulver und Natron mischen.

3 Fett und Zucker in einer großen Schüssel schaumig rühren. Honig, dann Orangenschale gründlich unterrühren. Nach und nach die Mehlmischung zugeben. Kokosraspeln unterziehen.

4 Mit Löffeln Teighäufchen in mindestens 8 cm Abstand auf ungefettete Backbleche setzen.

5 Etwa 10–12 Min. backen, bis sich die Oberfläche zart verfärbt. Jeden Keks um einen dünnen Stab rollen. Stab herausziehen. Röllchen auf Kuchengitter abkühlen lassen. (Werden Kekse zu hart und nicht mehr formbar, etwa 1 Min. in den Ofen schieben.)

Backtip: Man kann die Röllchen „pur" oder mit Puderzucker bestäubt reichen. Eine Idee für besondere Anlässe: mit Schlagsahne füllen, indem man die Sahne mit Spritzbeutel oder Gebäckspritze mit kleiner Tülle einspritzt.

ICEBOX COOKIES

Geschnittene Kekse

ERGIBT: *50–60 Stück*
ZUBEREITUNGSZEIT: *30 Min.*
KÜHLZEIT: *8 Std.*

2 ½ Tassen Mehl
1 ¼ TL Backpulver
½ Tasse Pflanzenfett
2 Tassen brauner Zucker
2 große Eier
½ Tasse Walnüsse, gehackt

1 Mehl und Backpulver mischen.

2 Fett und Zucker in einer großen Schüssel schaumig rühren. Eier einzeln unterschlagen. Nach und nach die Mehlmischung zufügen. Walnüsse unterziehen.

3 Teig halbieren. Zu zwei 4 cm dicken Rollen formen. In Wachspapier gewickelt 8 Std. oder über Nacht in den Kühlschrank legen.

4 Ofen auf 175 °C vorheizen.

5 Rollen in gut 0,5 cm dicke Kreise schneiden und in 2,5 cm Abstand auf ungefettete Backbleche legen.

6 Etwa 10–12 Min. lichtgold backen. Auf Kuchengitter abkühlen lassen.

Backtip: Man kann dieses Rezept abwandeln, indem man Vanille oder andere Aromen zugibt und/oder die Rollen vor dem Kühlen in gehackten oder grob zerriebenen Nüssen wälzt.

INDISCHE BARFI

Gebäckschnitten

ERGIBT: *ca. 30 Stück*
ZUBEREITUNGSZEIT: *30 Min.*

1 Tasse Zucker
1 ¼ Tassen Wasser
1 Tasse fettarmes Milchpulver
1 EL Rosenwasser
1 TL Kardamom, gemahlen
½ Tasse Pistazien, gehackt

1 Eine quadratische Backform (20 x 20 cm) leicht einfetten.

2 Zucker und Wasser kochen, bis die Masse (bei 110–115 °C) Fäden zieht (d.h. beim Hochziehen eines Tropfens entsteht ein dünner Zuckerfaden). Rosenwasser und Milchpulver unterrühren. Weitere 3 Min. bei niedriger Flamme simmern lassen. Kardamom und Pistazien unterziehen.

3 Masse sofort in die Backform gießen. In der Form abkühlen lassen. Erkaltet in Rauten oder kleine Quadrate schneiden.

INGWER-BUTTER-VERLOCKUNG

Ausgerollte Kekse

ERGIBT: *25–45 Stück*
ZUBEREITUNGSZEIT: *35 Min.*

4 Tassen Mehl
1 EL Ingwer, gemahlen
1 TL Zimt, gemahlen
½ TL Salz
1 Tasse Butter, Zimmertemperatur
1 ¼ Tassen brauner Zucker
2 große Eier
½ TL geriebene Zitronenschale, unbehandelt

1 Ofen auf 175 °C vorheizen. 2 Backbleche leicht einfetten.

2 Mehl, Ingwer, Zimt und Salz mischen.

3 Butter und Zucker in einer großen Schüssel schaumig rühren. Eier und Zitronenschale unterschlagen. Nach und nach die Mehlmischung beigeben.

4 Teig auf bemehlter Arbeitsfläche gut 0,5 cm dick ausrollen. Kreise von 5 cm Durchmesser ausstechen. Kreise in 2,5 cm Abstand auf die Bleche legen.

5 Etwa 12–15 Min. lichtgelb backen. Auf Kuchengitter abkühlen lassen.

Ingwerbällchen

Geformte Kekse

Ergibt: *50–60 Stück*
Zubereitungszeit: *40 Min.*

2 Tassen Mehl
2 TL Natron
1 TL Zimt, gemahlen
1 TL Ingwer, gemahlen
¼ TL Salz
1 Tasse Zucker
⅔ Tasse Rapsöl
1 großes Ei
¼ Tasse Sirup, erwärmt
Zucker zum Wälzen

1 Ofen auf 175 °C vorheizen.

2 Mehl, Natron, Gewürze und Salz mischen.

3 Zucker und Öl in einer großen Schüssel kräftig schlagen. Nacheinander Ei und Sirup unterrühren. Nach und nach die Mehlmischung zufügen.

4 Walnußgroße Teigstücke zu Bällchen formen. Bällchen gut in Zucker wälzen und in 7–8 cm Abstand auf ungefettete Backbleche setzen.

5 Etwa 12–15 Min. backen, bis die Oberfläche leicht bräunt. Auf Kuchengitter abkühlen lassen.

Backtip: Man kann auch löffelweise kleine Teigportionen in eine Schüssel mit Zucker geben und danach Bällchen formen.

Ingwerkekse I

Ausgerollte Kekse

Ergibt: *ca. 40 Stück*
Zubereitungszeit: *30 Min.*
Kühlzeit: *8 Std.*

1 ½ Tassen Mehl
½ TL Natron
¾ TL Ingwer, gemahlen
¼ TL Salz
1 Tasse Pflanzenfett
½ Tasse Zucker
2 große Eier
½ EL Sirup

1 Ofen auf 175 °C vorheizen. 2 Backbleche leicht einfetten.

2 Mehl, Natron, Ingwer und Salz mischen.

3 Fett und Zucker in einer großen Schüssel schaumig rühren. Eier, dann Sirup unterrühren. Nach und nach die Mehlmischung zugeben.

4 Teig in Wachspapier gewickelt 8 Std. oder über Nacht in den Kühlschrank legen.

5 Teig auf bemehlter Arbeitsfläche gut 0,5 cm dick ausrollen. Dreiecke oder andere etwa 4 cm große Motive ausschneiden oder ausstechen. In 2,5 cm Abstand auf die Bleche legen.

6 Etwa 12–15 Min. backen, bis der Teig sich fest anfühlt. Auf Kuchengitter abkühlen lassen.

Backtip: Der gemahlene Ingwer entfaltet intensiveres Aroma, wenn man den Teig vor dem Backen mindestens 1 Std. im Kühlschrank ruhen läßt.

Ingwerkekse II

Ausgerollte Kekse

Ergibt: *60–70 Stück*
Zubereitungszeit: *35 Min.*
Kühlzeit: *24 Std.*

4 Tassen Mehl
⅓ Tasse Haselnüsse, gemahlen
1 EL Ingwer, gemahlen
1 TL Zimt, gemahlen
1 TL Kardamom, gemahlen
½ TL Macis, gemahlen
1 ½ Tassen Pflanzenfett
2 Tassen Sirup
1 Tasse Puderzucker
2 große Eier
½ Tasse Zitronat, gehackt
½ Tasse Orangeat, gehackt

1 Mehl, Haselnüsse und Gewürze mischen.

2 Fett mit dem Sirup in einem mittelgroßen Topf zerlassen. Vom Herd nehmen. Puderzucker gründlich unterrühren. In eine große Schüssel füllen, leicht abkühlen lassen.

3 Eier einzeln unter die Sirupmasse schlagen. Zitronat und Orangeat einrühren. Nach und nach die Mehlmischung beigeben. Zugedeckt über Nacht in den Kühlschrank stellen.

4 Ofen auf 175 °C vorheizen. 2 Backbleche leicht einfetten.

5 Teig auf bemehlter Arbeitsfläche gut 0,5 cm dick ausrollen. 4 cm große Herzen oder andere Motive ausstechen und in 2,5 cm Abstand auf die Bleche legen.

6 Etwa 12–15 Min. backen, bis die Oberfläche leicht bräunt. Auf Kuchengitter abkühlen lassen.

Ingwerkekse III

Ausgerollte Kekse

Ergibt: *35–70 Stück*
Zubereitungszeit: *35 Min.*
Kühlzeit: *4 Std.*

3 Tassen Mehl
1 ½ TL Ingwer, gemahlen
¼ TL Nelken, gemahlen
¼ TL Salz
¼ Tasse Pflanzenfett
¼ Tasse Sirup
½ Tasse Zucker

1 Mehl, Ingwer, Nelken und Salz mischen.

2 Fett und Sirup in einem großen Topf zerlassen. Vom Herd nehmen. Zucker gut unterrühren. Nach und nach die Mehlmischung zufügen. Teig in eine große Schüssel füllen, zugedeckt 4 Std. in den Kühlschrank stellen.

3 Ofen auf 175 °C vorheizen. 2 Backbleche leicht einfetten.

4 Teig auf bemehlter Arbeitsfläche gut 0,5 cm dick ausrollen. 4 cm große Kekse ausschneiden oder ausstechen und in 2,5 cm Abstand auf die Bleche legen.

5 Etwa 12–15 Min. backen, bis die Oberfläche Farbe annimmt. Auf Kuchengitter abkühlen lassen.

Backtip: Man kann den Teig zwar auch ungekühlt ausrollen, doch der Ingwergeschmack ist stärker, wenn man ihn gut kühlt.

Ingwerkekse IV

Ausgerollte Kekse

Ergibt: *35–70 Stück*
Zubereitungszeit: *35 Min.*
Kühlzeit: *4 Std.*

2 ½ Tassen Mehl
¾ TL Natron
1 ½ TL Ingwer, gemahlen
½ TL Zimt, gemahlen
½ Tasse Pflanzenfett
1 Tasse Sirup
½ Tasse saure Sahne
⅓ Tasse Zucker
1 großes Ei

1 Mehl, Natron, Ingwer und Zimt mischen.

2 Fett und Sirup in einem großen Topf zerlassen. Saure Sahne einrühren. Vom Herd nehmen. Zucker und Ei gründlich unterrühren. Nach und nach die Mehlmischung beigeben. Teig in eine große Schüssel füllen, zugedeckt mindestens 4 Std. in den Kühlschrank stellen.

3 Ofen auf 175 °C vorheizen. 2 Backbleche leicht einfetten.

4 Teig auf bemehlter Arbeitsfläche gut 0,5 cm dick ausrollen. Beliebige 4 cm große Motive ausstechen und in 2,5 cm Abstand auf die Bleche legen.

5 Etwa 10–12 Min. lichtbraun backen. Auf Kuchengitter abkühlen lassen.

INGWERKEKSE V

Ausgerollte Kekse

ERGIBT: *ca. 40 Stück*
ZUBEREITUNGSZEIT: *35 Min.*
KÜHLZEIT: *24 Std.*

⅔ Tasse Pflanzenfett
⅓ Tasse brauner Zucker
2 EL Sirup
2 TL Zimt, gemahlen
2 TL Nelken, gemahlen
2 TL Ingwer, gemahlen
2 TL Natron
¼ Tasse warmes Wasser
2 ½ Tassen Mehl

1 Fett in einem großen Topf zerlassen. Vom Herd nehmen. Zucker, Sirup und Gewürze gut unterschlagen.

2 Natron im Wasser auflösen und zur Sirupmasse geben und gut unterrühren. Nach und nach das Mehl zufügen. Teig in eine Schüssel füllen, zugedeckt mindestens 24 Std. in den Kühlschrank stellen.

3 Ofen auf 160 °C vorheizen. 2 Backbleche leicht einfetten.

4 Teig auf bemehlter Arbeitsfläche möglichst dünn ausrollen. Kreise von 6–7 cm Durchmesser ausstechen. Kreise in 2– 3 cm Abstand auf die Bleche legen.

5 Etwa 8–10 Min. lichtgold backen. Auf Kuchengitter abkühlen lassen.

INGWERKEKSE VI

Ausgerollte Kekse

ERGIBT: *ca. 30 Stück*
ZUBEREITUNGSZEIT: *30 Min.*
KÜHLZEIT: *4 Std.*

3 Tassen Mehl
1 TL Backpulver
1 TL Ingwer, gemahlen
1 TL Zimt, gemahlen
½ TL Salz
¾ Tasse Pflanzenfett
½ Tasse Zucker
½ Tasse Sahne
¼ Tasse heller Sirup

1 Mehl, Backpulver, Gewürze und Salz mischen.

2 Fett und Zucker in einer großen Schüssel schaumig rühren. Sahne und Sirup gut unterrühren. Nach und nach die Mehlmischung zufügen. Zugedeckt 4 Std. in den Kühlschrank stellen.

3 Ofen auf 175 °C vorheizen. 2 Backbleche leicht einfetten.

4 Teig auf bemehlter Arbeitsfläche gut 0,5 cm dick ausrollen. Kreise von 7–8 cm Durchmesser ausstechen. In 3 cm Abstand auf die Bleche legen.

5 Etwa 10–12 Min. zartgelb backen. Auf Kuchengitter abkühlen lassen.

Backtip: Wer es würziger liebt, kann bis zu 1 EL gemahlenen Ingwer unter den Teig mengen.

INGWERKEKSE VII

Ausgerollte Kekse

ERGIBT: *ca. 40 Stück*
ZUBEREITUNGSZEIT: *35 Min.*
KÜHLZEIT: *4 Std.*

3 Tassen Mehl
½ TL Ingwer, gemahlen
½ TL Nelken, gemahlen
½ TL Salz
½ Tasse Pflanzenfett
½ Tasse Zucker
½ Tasse Sirup, angewärmt
½ TL Natron
¼ Tasse warmes Wasser

1 Mehl, Gewürze und Salz mischen.

2 Fett und Zucker in einer großen Schüssel schaumig rühren. Sirup gut unterrühren.

3 Natron im Wasser auflösen. Zur Sirupmasse geben, gründlich verrühren. Nach und nach die Mehlmischung beigeben. Zugedeckt 4 Std. in den Kühlschrank stellen.

4 Ofen auf 175 °C vorheizen. 2 Backbleche leicht einfetten.

5 Teig auf bemehlter Arbeitsfläche gut 0,5 cm dick ausrollen. 4 cm große Herzen oder andere Motive ausstechen. In 3 cm Abstand auf die Bleche legen.

6 Etwa 10–12 Min. backen, bis die Kekse sich fest anfühlen. Auf Kuchengitter abkühlen lassen.

Ingwerkekse VIII

Ausgerollte Kekse

Ergibt: *ca. 40 Stück*
Zubereitungszeit: *35 Min.*
Kühlzeit: *4 Std.*

3 Tassen Mehl
1 EL Ingwer, gemahlen
1 TL Salz
¾ Tasse Pflanzenfett
½ Tasse Zucker
1 Tasse Sirup, angewärmt

1 Mehl, Ingwer und Salz mischen.

2 Fett und Zucker in einer großen Schüssel schaumig rühren. Sirup gut unterrühren. Nach und nach die Mehlmischung zufügen. Zugedeckt 4 Std. in den Kühlschrank stellen.

3 Ofen auf 175 °C vorheizen. 2 Backbleche leicht einfetten.

4 Teig auf bemehlter Arbeitsfläche gut 0,5 cm dick ausrollen. Kreise von 6–7 cm Durchmesser ausstechen. Kreise in 3 cm Abstand auf die Bleche legen.

5 Etwa 10–12 Min. backen, bis sich die Kekse fest anfühlen. Auf Kuchengitter abkühlen lassen.

Ingwerkekse IX

Geformte Kekse

Ergibt: *ca. 40 Stück*
Zubereitungszeit: *35 Min.*

2 ¼ Tassen Mehl
1 TL Ingwer, gemahlen
1 TL Zimt, gemahlen
1 TL Nelken, gemahlen
1 TL Salz
¾ Tasse Pflanzenfett
1 Tasse brauner Zucker
1 großes Ei
¼ Tasse Sirup
Zucker zum Wälzen

1 Ofen auf 190 °C vorheizen. 2 Backbleche leicht einfetten.

2 Mehl, Gewürze und Salz mischen.

3 Fett und Zucker in einer großen Schüssel schaumig rühren. Ei, dann Sirup gut unterrühren. Nach und nach die Mehlmischung beigeben.

4 Walnußgroße Teigstücke zu Bällchen formen. Bällchen in Zucker wälzen und in 5 cm Abstand auf die Bleche setzen.

5 Etwa 10–12 Min. hellbraun backen. Auf Kuchengitter abkühlen lassen.

Ingwerkekse X

Ausgerollte Kekse

Ergibt: *50–60 Stück*
Zubereitungszeit: *30 Min.*
Kühlzeit: *24 Std.*

1 EL Natron
5 EL warmes Wasser
1 ½ Tassen Sirup
4 Tassen Mehl
1 ½ TL Ingwer, gemahlen
1 TL Zimt, gemahlen
1 TL Salz
¾ Tasse Pflanzenfett

1 Natron in einer kleinen Schüssel im Wasser auflösen. Sirup unterrühren.

2 Mehl, Gewürze und Salz in einer großen Schüssel mischen. In Stücke geschnittenes Fett, dann Sirupmasse gut untermengen. Teig vierteln. In Wachspapier gewickelt 24 Std. in den Kühlschrank legen.

3 Ofen auf 175 °C vorheizen. 2 Backbleche leicht einfetten.

4 Ein Teigviertel aus dem Kühlschrank nehmen und auf bemehlter Arbeitsfläche gut 0,5 cm dick ausrollen. Kreise von 3 cm Durchmesser ausstechen. Kreise in 2,5 cm Abstand auf die Bleche legen. Restliche Teigviertel ebenso verarbeiten.

5 Etwa 10–12 Min. hellbraun backen. Auf Kuchengitter abkühlen lassen.

Backtip: Diese Plätzchen schmecken auch mit einer Glasur.

Ingwerplätzchen mit Rumbelag

Ausgerollte Kekse

Ergibt: *ca. 40 Stück*
Zubereitungszeit: *45 Min.*
Kühlzeit: *30 Min.*

Teig

2 Tassen Mehl
⅔ Tasse Zucker
2 TL Ingwer, gemahlen
1 Prise Salz
½ Tasse Butter, gekühlt, in Stückchen
½ Tasse Hüttenkäse
1 großes Eiweiß, mit 2 TL Wasser verschlagen
bunter Streuselzucker

Belag

1 ½ Tassen Butter, Zimmertemperatur
3 Tassen Puderzucker
1 EL kandierter Ingwer, feingehackt
3 EL Rum

1 Ofen auf 175 °C vorheizen. 2 Backbleche leicht einfetten.

2 Für den Teig Mehl, Zucker, Ingwer und Salz in einer großen Schüssel mischen. Mit den Butterstückchen zu einer bröseligen Masse verarbeiten. Hüttenkäse beimengen. Der Teig soll zäh sein. Ist er zu trocken, teelöffelweise Wasser zugeben. Zugedeckt 30 Min. in den Kühlschrank stellen.

3 Teig auf bemehlter Arbeitsfläche knapp 0,5 cm dick ausrollen. Kreise von 5 cm Durchmesser ausstechen. Kreise in 3 cm Abstand auf die Bleche legen, mit Eiweiß bepinseln und mit buntem Zucker bestreuen.

4 Etwa 10–12 Min. backen, bis die Teigränder leicht bräunen. Auf Kuchengitter abkühlen lassen.

5 Für den Belag Butter und Zucker in einer kleinen Schüssel schaumig rühren. Ingwer und Rum unterziehen. Belag auf den erkalteten Keksen verstreichen.

Backtip: Der Ingwer entwickelt sein volles Aroma, wenn man die Kekse in einem luftdichten Behälter lagert.

Ingwerschnitten I

Gebäckschnitten

Ergibt: *ca. 100 Stück*
Zubereitungszeit: *25 Min.*

3 ½ Tassen Mehl
2 TL Natron
1 TL Ingwer, gemahlen
1 TL Zimt, gemahlen
½ TL Salz
1 Tasse Pflanzenfett
1 Tasse Sirup
½ Tasse Zucker
2 große Eigelb
½ Tasse Milch
1 Tasse Rosinen

1 Ofen auf 175 °C vorheizen. Eine rechteckige Backform (25 x 40 cm) leicht einfetten.

2 Mehl, Natron, Gewürze und Salz mischen.

3 Fett und Sirup in einem großen Topf zerlassen. Vom Herd nehmen. Nacheinander Zucker, Eigelb und Milch unterschlagen. Nach und nach die Mehlmischung zugeben. Rosinen unterziehen. Teig gleichmäßig in der Form verteilen.

4 Etwa 12–15 Min. hellbraun backen. In der Form abkühlen lassen. In Rechtecke schneiden.

Ingwerschnitten II

Gebäckschnitten

Ergibt: *ca. 35 Stück*
Zubereitungszeit: *45 Min.*
Kühlzeit: *4 Std.*

1 ½ Tassen Mehl
1 TL Ingwer, gemahlen
¼ TL Salz
½ Tasse Pflanzenfett
½ Tasse Zucker
1 EL Sahne

1 Mehl, Ingwer und Salz mischen.

2 Fett und Zucker in einer großen Schüssel schaumig rühren. Sahne gut unterrühren. Nach und nach die Mehlmischung zugeben. Zugedeckt 4 Std. in den Kühlschrank stellen.

3 Ofen auf 175 °C vorheizen. Eine quadratische Backform (20 x 20 cm) leicht einfetten.

4 Teig auf bemehlter Arbeitsfläche zu einem Quadrat von 20 x 20 cm ausrollen. Teigplatte in die Backform einpassen und Oberfläche dicht mit einer Gabel einstechen.

5 Etwa 20–25 Min. lichtgelb backen. In der Form auf Kuchengitter abkühlen lassen. In etwa 3 x 6 cm große Rechtecke schneiden.

INGWER-SCHNITTEN III

Gebäckschnitten

ERGIBT: *15–45 Stück*
ZUBEREITUNGSZEIT: *35 Min.*

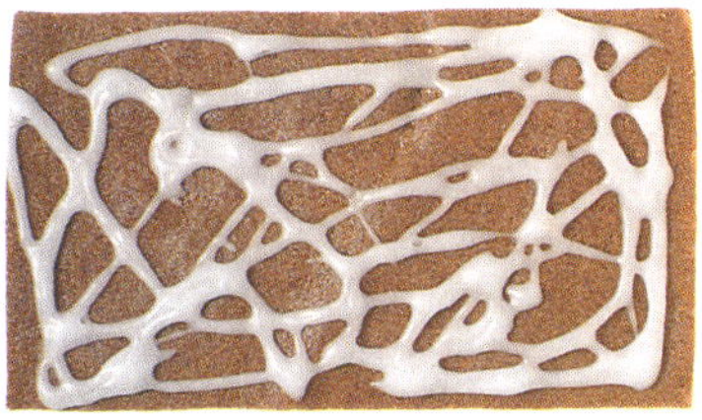

1 ½ Tassen Mehl
½ TL Zimt, gemahlen
½ TL Ingwer, gemahlen
½ TL Muskat, gemahlen
½ TL Salz
½ TL Natron
½ Tasse heißes Wasser
½ Tasse Sirup
½ Tasse Butter, Zimmertemperatur
½ Tasse brauner Zucker
2 große Eier
Vanilleglasur (s. Grundrezepte für Glasuren und Überzüge)

1 Ofen auf 175 °C vorheizen. Eine rechteckige Backform (20 x 30 cm) leicht einfetten.

2 Mehl, Gewürze und Salz mischen.

3 Natron in einer kleinen Schüssel im Wasser auflösen. Sirup unterrühren.

4 Butter und Zucker in einer großen Schüssel schaumig rühren. Eier, dann Sirupmasse gründlich unterrühren. Nach und nach die Mehlmischung zugeben. Teig gleichmäßig in der Form verteilen.

5 Etwa 18–20 Min. backen (der Teig darf beim Einstechen mit einem spitzen Hölzchen nicht mehr kleben).

6 Gebäck noch warm glasieren. Abkühlen lassen. In Schnitten schneiden.

ISCHLER TÖRTCHEN

Ausgerollte Kekse

ERGIBT: *50–60 Stück*
ZUBEREITUNGSZEIT: *45 Min.*
KÜHLZEIT: *8 Std.*

2 ¾ Tassen Mehl
½ Tasse Mandeln, gemahlen
½ TL Backpulver
1 Tasse Pflanzenfett
1 Tasse Zucker
1 großes Ei
90 g Doppelrahm-Frischkäse, glattgerührt
1 EL geriebene Zitronenschale, unbehandelt
½ Tasse Himbeerkonfitüre
Puderzucker zum Besieben

1 Mehl, Mandeln und Backpulver mischen.

2 Fett und Zucker in einer großen Schüssel schaumig rühren. Nacheinander Ei, Frischkäse und Zitronenschale gut unterrühren. Nach und nach die Mehlmischung beigeben. Teig halbieren. In Wachspapier gewickelt 8 Std. oder über Nacht in den Kühlschrank legen.

3 Ofen auf 175 °C vorheizen.

4 Eine Teighälfte auf bemehlter Arbeitsfläche knapp 0,5 cm dick ausrollen. Kreise von 7–8 cm Durchmesser ausstechen. Kreise durch Ausstechen 2 cm großer Löcher zu Ringen formen. Ringe in 3 cm Abstand auf die Bleche legen. Zweite Teighälfte ausrollen und Kreise von 7–8 cm Durchmesser ausstechen. Kreise auf die Bleche legen.

5 Etwa 8–10 Min. zartgelb backen. Auf Kuchengitter abkühlen lassen.

6 Kreise dünn mit Himbeerkonfitüre bestreichen. Ringe auflegen. Mit Puderzucker besieben.

Backtip: Selbstverständlich läßt sich je nach Geschmack oder zur Abwechslung eine andere Konfitüre verwenden.

Italienische Mandelkekse

Gebäckschnitten

Ergibt: *15–35 Stück*
Zubereitungszeit: *75 Min.*

2 ⅔ Tassen Mehl
1 Tasse Mandeln, gemahlen
1 Prise Salz
1 Tasse Pflanzenfett
1 Tasse Zucker
2 EL frischgepreßter Zitronensaft
1 EL Weinbrand
1 TL geriebene Zitronenschale, unbehandelt

1 Ofen auf 175 °C vorheizen. Eine quadratische Backform (20 x 20 cm) leicht einfetten.

2 Mehl, Mandeln und Salz mischen.

3 Fett und Zucker in einer großen Schüssel schaumig rühren. Nacheinander Zitronensaft, Weinbrand und Zitronenschale einrühren. Nach und nach die Mehlmischung zufügen. Teig gleichmäßig in der Form verteilen, aber nicht andrücken.

5 Etwa 50–60 Min. backen, bis die Oberfläche zarte Farbe annimmt. In der Form abkühlen lassen. In Schnitten schneiden.

Italienische Weihnachtsplätzchen

Ausgerollte Kekse

Ergibt: *25–45 Stück*
Zubereitungszeit: *30 Min.*
Kühlzeit: *4 Std.*

3 Tassen Mehl
1 EL Backpulver
¼ TL Salz
1 Tasse Pflanzenfett
1 Tasse Zucker
2 große Eier
1 TL geriebene Zitronenschale, unbehandelt
½ Tasse Pistazien, gehackt
Zitronenglasur (s. Grundrezepte für Glasuren und Überzüge)
gehackte Pistazien zum Bestreuen

1 Mehl, Backpulver und Salz mischen.

2 Fett und Zucker in einer großen Schüssel schaumig rühren. Einzeln die Eier, dann Zitronenschale gut unterrühren. Nach und nach die Mehlmischung beigeben. Pistazien unterziehen. Zugedeckt 4 Std. in den Kühlschrank stellen.

3 Ofen auf 220 °C vorheizen. 2 Backbleche leicht einfetten.

4 Teig auf bemehlter Arbeitsfläche knapp 0,5 cm dick ausrollen. Kreise von 4 cm Durchmesser ausstechen. In 3 cm Abstand auf die Bleche legen.

5 Etwa 8–10 Min. lichtgelb backen. Auf Kuchengitter abkühlen lassen.

6 Erkaltete Kekse glasieren und mit gehackten Pistazien bestreuen.

Backtip: Wegen der hohen Backtemperatur sollte man aufpassen, daß die Kekse nicht anbrennen. Die Pistazien sind die charakteristische, traditionelle Zutat dieses Gebäcks, doch man kann den Geschmack durchaus durch Verwendung anderer Nüsse verändern.

Jan Hagel

Gebäckschnitten

Ergibt: *15–35 Stück*
Zubereitungszeit: *30 Min.*

Teig
2 Tassen Mehl
¼ TL Salz
1 Tasse Pflanzenfett
1 Tasse brauner Zucker
1 großes Eigelb

Belag
1 großes Eiweiß
1 Tasse Zucker
½ TL Zimt, gemahlen
½ Tasse Walnüsse, gehackt

1 Ofen auf 190 °C vorheizen. Eine quadratische Backform (20 x 20 cm) leicht einfetten.

2 Für den Teig Mehl und Salz mischen.

3 Fett und Zucker in einer großen Schüssel schaumig rühren. Eigelb gut unterrühren. Nach und nach die Mehlmischung zugeben. Teig gleichmäßig in der Form verteilen.

4 Für den Belag Eiweiß zu steifem, aber nicht trockenem Schnee schlagen. Unter Einrieseln Zucker und Zimt unterschlagen. Nüsse unterheben. Belag auf dem Teig verstreichen.

5 Etwa 18–20 Min. backen, bis sich die Oberfläche zart verfärbt und fest anfühlt. In der Form abkühlen lassen. In Schnitten schneiden.

Jodekager

Ausgerollte Kekse

Ergibt: *ca. 40 Stück*
Zubereitungszeit: *35 Min.*
Kühlzeit: *8 Std.*

Teig
2 ½ Tassen Mehl
1 TL Backpulver
1 ½ TL Kardamom, gemahlen
¼ TL Salz
1 Tasse Butter, Zimmertemperatur
¾ Tasse Zucker
1 großes Ei

Belag
½ Tasse Mandeln, gemahlen
¼ Tasse Zucker
1 großes Eiweiß, verschlagen

1 Mehl, Backpulver, Kardamom und Salz mischen.

2 Butter und Zucker in einer großen Schüssel schaumig rühren. Ei unterrühren. Nach und nach die Mehlmischung beigeben. Teig vierteln. In Wachspapier gewickelt 8 Std. in den Kühlschrank legen.

3 Ofen auf 190 °C vorheizen. 2 Backbleche leicht einfetten.

4 Für den Belag Mandeln und Zucker in einer kleinen Schüssel mischen.

5 Ein Teigviertel aus dem Kühlschrank nehmen und auf bemehlter Arbeitsfläche knapp 0,5 cm dick ausrollen. Kreise von 6–7 cm Durchmesser ausstechen. Kreise in 3 cm Abstand auf die Bleche legen, mit Eiweiß bepinseln und mit der Mandel-Zucker-Mischung bestreuen. Restliche Teigviertel ebenso verarbeiten.

6 Etwa 8–10 Min. backen, bis die Oberfläche leicht bräunt. Auf Kuchengitter abkühlen lassen.

JOE FROGGERS

Ausgerollte Kekse

ERGIBT: *60–70 Stück*
ZUBEREITUNGSZEIT: *35 Min.*
KÜHLZEIT: *8 Std.*

4 ½ Tassen Mehl
1 TL Backpulver
1 TL Natron
1 ¼ TL Ingwer, gemahlen
⅛ TL Nelken, gemahlen
1 TL Salz
¾ Tasse Pflanzenfett
1 Tasse brauner Zucker
1 Tasse Sirup
½ Tasse Wasser

1 Mehl, Backpulver, Natron, Gewürze und Salz mischen.

2 Fett und Zucker in einer großen Schüssel schaumig rühren. Sirup und Wasser einrühren. Nach und nach die Mehlmischung zufügen. Zugedeckt 8 Std. in den Kühlschrank stellen.

3 Ofen auf 175 °C vorheizen. 2 Backbleche leicht einfetten.

4 Teig auf bemehlter Arbeitsfläche gut 0,5 cm dick ausrollen. Kreise von 7–8 cm Durchmesser ausstechen. In 3 cm Abstand auf die Bleche legen.

5 Etwa 10–12 Min. backen, bis sich der Teig fest anfühlt. Auf Kuchengitter abkühlen lassen.

JOHANNISBROT-BANANEN-BERGE

Häufchenkekse

ERGIBT: *ca. 40 Stück*
ZUBEREITUNGSZEIT: *30 Min.*

¾ Tasse Weizenmehl
¼ Tasse Weizen-Vollkornmehl
½ TL Backpulver
¼ Tasse Butter, Zimmertemperatur
½ Tasse Bananen, zerdrückt
1 großes Ei
1 Tasse Haferflocken
1 Tasse Karoberaspeln

1 Ofen auf 175 °C vorheizen. 2 Backbleche leicht einfetten.

2 Beide Mehlsorten und Backpulver mischen.

3 Butter und Bananen in einer großen Schlüssel gründlich verrühren. Ei unterrühren. Nach und nach die Mehlmischung beigeben. Haferflocken und Karoberaspeln unterziehen.

4 Mit Löffeln Teighäufchen in 4 cm Abstand auf die Bleche setzen.

5 Etwa 8–10 Min. lichtgelb backen. Auf Kuchengitter abkühlen lassen.

Backtip: Die Frucht des Johannisbrotbaums wird auch Karobe genannt. Im Reformhaus kann man Johannisbrotmehl und auch Karoberaspeln und -tafeln erhalten.

JOHANNISBROT-GESUNDHEITSKEKSE

Häufchenkekse

ERGIBT: *35–60 Stück*
ZUBEREITUNGSZEIT: *30 Min.*

¾ Tasse Weizenmehl
¾ Tasse Weizen-Vollkornmehl
½ Tasse Weizenkeime
1 TL Natron
¼ TL Salz
1 Tasse Pflanzenfett
¾ Tasse brauner Zucker
¾ Tasse weißer Zucker
2 große Eiweiß
2 TL Vanillearoma
1 Tasse Karoberaspeln

1 Ofen auf 175 °C vorheizen. 2 Backbleche leicht einfetten.

2 Beide Mehlsorten, Weizenkeime, Natron und Salz mischen.

3 Fett und beide Zuckersorten in einer großen Schüssel schaumig rühren. Eiweiß unterschlagen. Vanillearoma, dann nach und nach die Mehlmischung zugeben. Karoberaspeln unterziehen.

4 Mit Löffeln Teighäufchen in 4 cm Abstand auf die Bleche setzen.

5 Etwa 10–12 Min. backen, bis die Oberfläche zarte Farbe annimmt. Auf Kuchengitter abkühlen lassen.

JOHANNISBROT-HAFERFLOCKEN-BERGE

Häufchenkekse

ERGIBT: *ca. 30 Stück*
ZUBEREITUNGSZEIT: *30 Min.*

2 ½ Tasse Mehl
1 EL Natron
¼ TL Salz
1 Tasse Pflanzenfett
¼ Tasse Honig
2 große Eier
2 Tassen Haferflocken
¾ Tasse Karoberaspeln
1 Tasse helle Rosinen
1 Tasse Walnüsse, gehackt

1 Ofen auf 175 °C vorheizen. 2 Backbleche leicht einfetten.

2 Mehl, Natron und Salz mischen.

3 Fett und Honig in einem großen Topf zerlassen, gut verrühren. Vom Herd nehmen. Eier einzeln unterschlagen. Nach und nach die Mehlmischung zugeben. Haferflocken, Karoberaspeln, Rosinen und Nüsse unterziehen.

4 Mit Löffeln Teighäufchen in 4 cm Abstand auf die Bleche setzen.

5 Etwa 12–15 Min. lichtgold backen. Auf Kuchengitter abkühlen lassen.

Johannisbrot-Plätzchen

Häufchenkekse

Ergibt: *ca. 40 Stück*
Zubereitungszeit: *35 Min.*

1 Tasse Karoberaspeln
1 Tasse Haferflocken
1 Tasse Mandeln, feingehackt
1 Tasse Kokosraspeln, ungezuckert

1 Zwei Bleche mit Backpapier auslegen.

2 Karoberaspeln im Wasserbad zerlassen, glattrühren. Haferflocken, Mandeln und Kokosnuß unterrühren.

3 Mit Löffeln Häufchen in 3 cm Abstand auf die Bleche setzen.

4 Häufchen im Kühlschrank erstarren lassen.

Jubiläumskekse

Geschnittene Kekse

Ergibt: *60–70 Stück*
Zubereitungszeit: *35 Min.*
Kühlzeit: *24 Std.*

2 ½ Tassen Mehl
1 TL Backpulver
½ TL Natron
1 TL Zimt, gemahlen
½ TL Nelken, gemahlen
¼ TL Macis, gemahlen
¼ TL Kardamom, gemahlen
½ Tasse Pflanzenfett
1 Tasse Zucker
⅔ Tasse heller Sirup
½ Tasse Weinbrand
1 Tasse Mandeln, feingehackt
½ Tasse Zitronat und/oder Orangeat, gehackt

1 Mehl, Backpulver, Natron und Gewürze mischen.

2 Fett und Zucker in einer großen Schüssel schaumig rühren. Sirup und Weinbrand einrühren. Nach und nach die Mehlmischung zufügen. Mandeln, Zitronat und/oder Orangeat unterziehen.

3 Teig halbieren und zu zwei 5 cm dicken Rollen formen. Rollen in Wachspapier gewickelt 24 Std. in den Kühlschrank legen.

4 Ofen auf 175 °C vorheizen. 2 Backbleche leicht einfetten.

5 Rollen in gut 0,5 cm dicke Kreise schneiden. Kreise in 3 cm Abstand auf die Bleche legen.

6 Etwa 12–15 Min. backen, bis die Oberfläche leicht bräunt. Auf Kuchengitter abkühlen lassen.

Backtip: Der helle Sirup läßt sich durch einen dunklen Sirup oder Honig, der Macis durch Muskat ersetzen.

Jüdische Kekse I

Ausgerollte Kekse

Ergibt: *35–70 Stück*
Zubereitungszeit: *40 Min.*
Kühlzeit: *6 Std.*

Teig
2 Tassen Mehl
2 TL Mandeln, feingehackt
1 TL Backpulver
3 TL Kardamom, gemahlen
½ Tasse Butter, Zimmertemperatur
½ Tasse brauner Zucker
1 großes Ei

Belag
1 großes Eiweiß
2 EL Zucker
½ TL Zimt, gemahlen
½ Tasse Butter, zerlassen

1 Mehl, Mandeln, Backpulver und Kardamom mischen.

2 Butter und Zucker in einer großen Schüssel schaumig rühren. Ei unterschlagen. Nach und nach die Mehlmischung zugeben. Zugedeckt 6 Std. in den Kühlschrank stellen.

3 Ofen auf 190 °C vorheizen. 2 Backbleche leicht einfetten.

4 Für den Belag Eiweiß in einer kleinen Schüssel zu lockerem Schnee schlagen. Zucker und Zimt unterschlagen.

5 Teig auf bemehlter Arbeitsfläche knapp 0,5 cm dick ausrollen. Kreise von 4 cm Durchmesser ausstechen. Kreise in 3 cm Abstand auf die Bleche legen. Mit zerlassener Butter, dann mit Belag bepinseln.

6 Etwa 12–15 Min. backen, bis die Oberfläche zart bräunt. Auf Kuchengitter abkühlen lassen.

Jüdische Kekse II

Ausgerollte Kekse

Ergibt: *50–70 Stück*
Zubereitungszeit: *30 Min.*

Teig
2 ½ Tassen Mehl
½ TL Natron
¾ Tasse Pflanzenfett
½ Tasse Zucker
1 großes Ei

Belag
1 großes Eiweiß, verschlagen
¼ Tasse Mandeln, feingemahlen

1 Ofen auf 150 °C vorheizen. 2 Backbleche leicht einfetten.

2 Mehl und Natron mischen.

3 Fett und Zucker in einer großen Schüssel schaumig rühren. Ei unterschlagen. Nach und nach die Mehlmischung zufügen.

4 Teig auf bemehlter Arbeitsfläche gut 0,5 cm dick ausrollen. Kreise von 4 cm Durchmesser ausstechen. Kreise in 3 cm Abstand auf die Bleche legen, mit Eiweiß bestreichen und mit Mandeln bestreuen.

5 Etwa 10–12 Min. backen, bis sich die Oberfläche leicht verfärbt. Auf Kuchengitter abkühlen lassen.

Jüdische Kekse III

Ausgerollte Kekse

Ergibt: *75–85 Stück*
Zubereitungszeit: *30 Min.*

4 Tassen Mehl
2 Tassen Walnüsse, gemahlen
1 TL Natron
1 TL Zimt, gemahlen
1 TL Nelken, gemahlen
½ TL Muskat, gemahlen
1 Tasse Pflanzenfett
1 ½ Tassen Zucker
3 große Eier
2 Tassen Zitronat und/oder Orangeat, gehackt

1 Ofen auf 160 °C vorheizen. 2 Backbleche leicht einfetten.

2 Mehl, Walnüsse, Natron und Gewürze mischen.

3 Fett und Zucker in einer großen Schüssel schaumig rühren. Eier unterrühren. Nach und nach die Mehlmischung zugeben. Zitronat und / oder Orangeat unterziehen.

4 Teig auf bemehlter Arbeitsfläche gut 0,5 cm dick ausrollen. Kreise von 4 cm Durchmesser ausstechen und in 3 cm Abstand auf die Bleche legen.

5 Etwa 10–12 Min. zartbraun backen. Auf Kuchengitter abkühlen lassen.

Jumbles I

Häufchenkekse

Ergibt: *ca. 40 Stück*
Zubereitungszeit: *45 Min.*

1 Tasse Mehl
½ TL Backpulver
¼ TL Natron
¼ TL Salz
⅓ Tasse Pflanzenfett
½ Tasse brauner Zucker
1 großes Ei
1 ½ EL Kondensmilch
1 TL Vanillearoma
½ Tasse Datteln, entsteint, gehackt
½ Tasse Mandeln, zerkleinert
½ Tasse Walnüsse, gehackt
1 ½ Tassen Cornflakes, zerkrümelt

1 Ofen auf 190 °C vorheizen. 2 Backbleche leicht einfetten.

2 Mehl, Backpulver, Natron und Salz mischen.

3 Fett und Zucker in einer großen Schüssel schaumig rühren. Nacheinander Ei, Milch und Vanillearoma gut unterrühren. Nach und nach die Mehlmischung zufügen. Datteln, Mandeln und Nüsse unterziehen.

4 Cornflakes in eine flache Schale geben. Löffelweise Teighäufchen auf die Cornflakes setzen. Häufchen gründlich wälzen und in 7–8 cm Abstand auf die Bleche setzen.

5 Etwa 12–15 Min. backen, bis die Oberfläche leicht bräunt. Auf Kuchengitter abkühlen lassen.

Jumbles II

Geformte Kekse

ERGIBT: *ca. 40 Stück*
ZUBEREITUNGSZEIT: *45 Min.*

½ Tasse Pflanzenfett
1 Tasse Zucker
4 große Eier
2 EL Sahne
3 Tassen Mehl

1 Ofen auf 175 °C vorheizen.

2 Fett und Zucker in einer großen Schüssel schaumig rühren. Einzeln die Eier, dann die Sahne unterrühren. Nach und nach das Mehl zugeben.

3 Walnußgroße Teigstücke zu etwa 15 cm langen, bleistiftdünnen Strängen rollen. Stränge zu Hufeisen formen und in 3 cm Abstand auf ungefettete Backbleche legen.

4 Etwa 12–15 Min. lichtgelb backen. Auf Kuchengitter abkühlen lassen.

Backtip: Man kann auch je 2 Stränge zu Kordeln drehen und die Kordeln gerade auf das Blech legen. Oder man biegt die Stränge zu Knoten, Ringen und anderen Formen.

Jumbles III

Häufchenkekse

ERGIBT: *ca. 40 Stück*
ZUBEREITUNGSZEIT: *30 Min.*

2 ¾ Tassen Mehl
½ TL Natron
¼ TL Salz
½ Tasse Pflanzenfett
1 Tasse brauner Zucker
2 große Eier
1 TL Amaretto
½ Tasse Kokosflocken
¼ Tasse Rosinen, kleingehackt
¼ Tasse halbbittere Schokoladen-Tröpfchen

1 Ofen auf 190 °C vorheizen. 2 Backbleche leicht einfetten.

2 Mehl, Natron und Salz mischen.

3 Fett und Zucker in einer großen Schüssel schaumig rühren. Eier nacheinander unterschlagen. Amaretto einrühren. Nach und nach die Mehlmischung zufügen. Kokosflocken, Rosinen und Schokoladen-Tröpfchen unterziehen.

4 Mit Löffeln Teighäufchen in 4 cm Abstand auf die Bleche setzen.

5 Etwa 8–10 Min. goldgelb backen. Auf Kuchengitter abtropfen lassen.

JUWELENBÄLLCHEN

Geformte Kekse

ERGIBT: *ca. 30 Stück*
ZUBEREITUNGSZEIT: *30 Min.*

2 Tassen Mehl
1 TL Salz
1 Tasse Pflanzenfett
1 Tasse weißer Zucker
1 Tasse brauner Zucker
2 große Eier
1 TL Vanillearoma
1 TL Natron
1 EL warmes Wasser
2 Tassen Haferflocken
1 Tasse Kokosflocken
1 Tasse Weingummi-Bonbons, zerkleinert
Puderzucker zum Wälzen

1 Ofen auf 175 °C vorheizen. 2 Backbleche leicht einfetten.

2 Mehl und Salz mischen.

3 Fett und beide Zuckersorten in einer großen Schüssel schaumig rühren. Einzeln die Eier, dann Vanillearoma gut unterrühren.

4 Natron im Wasser auflösen. Zur Fett-Ei-Creme geben, gründlich einrühren. Nach und nach die Mehlmischung beigeben. Haferflocken, Kokosflocken und Weingummi-Bonbons unterziehen.

5 Walnußgroße Teigstücke zu Bällchen formen. Bällchen in 4 cm Abstand auf die Bleche setzen.

6 Etwa 10–12 Min. hellgelb backen. Auf Kuchengitter abkühlen lassen.

7 Erkaltete Bällchen in Puderzucker wälzen.

JUWELEN-SCHNITTEN

Gebäckschnitten

ERGIBT: *15–25 Stück*
ZUBEREITUNGSZEIT: *45 Min.*

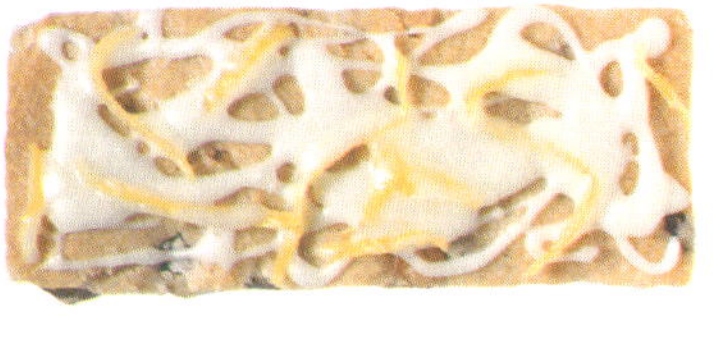

2 ¼ Tassen Mehl
1 ½ TL Backpulver
1 TL Zimt, gemahlen
1 TL Muskat, gemahlen
1 TL Salz
½ Tasse Pflanzenfett
1 ½ Tassen brauner Zucker
240 g Doppelrahm-Frischkäse, Zimmertemperatur
1 großes Ei
¼ Tasse Honig
1 Tasse Walnüsse, gehackt
1 Tasse gemischte kandierte Früchte, feingehackt
1 Tasse Rosinen
Zitronenglasur (s. Grundrezepte für Glasuren und Überzüge)

1 Ofen auf 175 °C vorheizen. Eine quadratische Backform (20 x 20 cm) leicht einfetten.

2 Mehl, Backpulver, Gewürze und Salz mischen.

3 Fett und Zucker in einer großen Schüssel schaumig rühren. Nacheinander Frischkäse, Ei und Honig gut unterrühren. Nach und nach die Mehlmischung zugeben. Walnüsse, kandierte Früchte und Rosinen unterziehen. Mischung gleichmäßig in der Form verteilen.

4 Etwa 30–35 Min. backen (der Teig darf beim Einstechen mit einem Hölzchen nicht mehr kleben). In der Form auf einem Kuchengitter abkühlen lassen.

5 Abgekühltes Gebäck mit der Glasur beträufeln. In Schnitten schneiden.

Backtip: Anstelle der gemischten kandierten Früchte läßt sich ebensogut nur eine Sorte, z. B. Kirschen, unter den Teig mengen.

Kaffee-Kürbis-Kekse

Häufchenkekse

Ergibt: *60–70 Stück*
Zubereitungszeit: *30 Min.*

3 ½ Tassen Mehl
1 TL Natron
½ TL Salz
½ Tasse Pflanzenfett
2 Tassen brauner Zucker
2 große Eier
1 ¾ Tassen festes, trockenes Kürbisfleisch
½ Tasse Kaffee, aufgebrüht
½ Tasse Rosinen
½ Tasse Haselnüsse, gehackt

1 Ofen auf 200 °C vorheizen.

2 Mehl, Natron und Salz mischen.

3 Fett und Zucker in einer großen Schüssel schaumig rühren. Einzeln die Eier, dann Kürbis und Kaffee unterrühren. Nach und nach die Mehlmischung zugeben. Rosinen und Nüsse unterziehen.

4 Mit Löffeln Teighäufchen in 4 cm Abstand auf ungefettete Backbleche setzen.

5 Etwa 10–12 Min. goldbraun backen. Auf Kuchengitter abkühlen lassen.

Kaffee-Schoko-Schnitten

Gebäckschnitten

Ergibt: *15–25 Stück*
Zubereitungszeit: *35 Min.*

¾ Tasse Mehl
½ TL Backpulver
2 EL Instantkaffeepulver
¼ TL Salz
60 g Blockschokolade, zerkleinert
⅓ Tasse Pflanzenfett
2 große Eier
1 TL Vanillearoma
1 Tasse Zucker (nach Belieben weniger)
½ Tasse Walnüsse, gehackt

1 Ofen auf 190 °C vorheizen. Eine quadratische Backform (20 x 20 cm) leicht einfetten.

2 Mehl, Backpulver, Instantkaffee und Salz mischen.

3 Schokolade und Fett bei niedriger Flamme im Wasserbad zerlassen. Glattrühren. Vom Herd nehmen.

4 Eier in einer großen Schüssel zur dicken, hellen Creme schlagen. Nacheinander Schokoladenmasse, Vanillearoma und Zucker unterrühren. Nach und nach die Mehlmischung zufügen. Walnüsse unterziehen.

5 Teig gleichmäßig in der Form verteilen.

6 Etwa 20–25 Min. backen (beim Einstechen mit einem Hölzchen darf der Teig nicht mehr kleben). In der Form auf Kuchengitter abkühlen lassen. In beliebig große Schnitten schneiden.

KAFFEE-SCHOKO-TALER

Ausgerollte Kekse

ERGIBT: *50–60 Stück*
ZUBEREITUNGSZEIT: *40 Min.*

1 ¾ Tassen Mehl
2 TL Backpulver
¼ TL Zimt, gemahlen
⅛ TL Salz
60 g halbbittere Schokolade, zerhackt
¾ Tasse Butter
1 EL Kaffee, aufgebrüht
½ TL Vanillearoma
1 großes Ei
1 Tasse Zucker
Zucker zum Bestreuen

1 Ofen auf 175 °C vorheizen. 2 Backbleche leicht einfetten.

2 Mehl, Backpulver, Zimt und Salz mischen.

3 Schokolade und Butter im Wasserbad bei niedriger Flamme zerlassen und zur glatten Masse rühren. Vom Herd nehmen. Kaffee und Vanillearoma einrühren. Ei, dann Zucker gründlich unterrühren. Nach und nach die Mehlmischung zufügen.

4 Teig auf bemehlter Arbeitsplatte gut 0,5 cm dick ausrollen. Kreise mit gewelltem Rand von 4 cm Durchmesser ausstechen. Kreise in 4 cm Abstand auf die Bleche legen. Mit Zucker bestreuen.

5 Etwa 8–10 Min. backen, bis die Kruste bräunt. Auf Kuchengitter abkühlen lassen.

KAFFEEBAISERS

Häufchenkekse

ERGIBT: *ca. 40 Stück*
ZUBEREITUNGSZEIT: *30 Min.*

2 große Eiweiß
1 TL Salz
1 ⅓ Tassen Zucker
⅓ Tasse Haselnüsse, gehackt
2 TL Kaffee, aufgebrüht
½ TL Vanillearoma
1 EL Haselnüsse, feingemahlen

1 Ofen auf 200 °C vorheizen. 2 Bleche mit Backpapier auslegen.

2 Eiweiß in einer großen Schüssel zu lockerem Schnee schlagen. Salz unterschlagen. Unter Einrieseln des Zuckers zu steifem, schnittfestem Schnee schlagen. Gehackte Haselnüsse, dann Kaffee und Vanillearoma unterziehen.

3 Mit Löffeln Teighäufchen in 4 cm Abstand auf die Bleche setzen. Häufchen mit gemahlenen Haselnüssen bestreuen.

4 Etwa 8–10 Min. backen, bis sich der Teig fest anfühlt. Auf Kuchengitter abkühlen lassen.

Kaffeekekse I

Ausgerollte Kekse

ERGIBT: *75–85 Stück*
ZUBEREITUNGSZEIT: *30 Min.*
KÜHLZEIT: *3 Std.*

5 Tassen Mehl
1 EL Natron
2 TL Ingwer, gemahlen
1 TL Salz
1 Tasse Pflanzenfett
2 Tassen Zucker
1 großes Ei
1 Tasse Sirup
2 EL Kaffee, aufgebrüht
½ TL Vanillearoma

1 Mehl, Natron, Ingwer und Salz mischen.

2 Fett und Zucker in einer großen Schüssel schaumig rühren. Ei unterrühren. Sirup, Kaffee und Vanillearoma unterziehen. Nach und nach die Mehlmischung zufügen. Zugedeckt 3 Std. in den Kühlschrank stellen.

3 Ofen auf 175 °C vorheizen. 2 Backbleche leicht einfetten.

4 Teig auf bemehlter Arbeitsfläche knapp 1 cm dick ausrollen. Rosetten oder andere Motive ausstechen und in 4 cm Abstand auf die Bleche legen.

5 Etwa 12–15 Min. braun backen. Auf Kuchengitter abkühlen lassen.

Kaffeekekse II

Häufchenkekse

ERGIBT: *ca. 40 Stück*
ZUBEREITUNGSZEIT: *30 Min.*

3 Tassen Mehl
1 TL Natron
1 TL Zimt, gemahlen
½ TL Salz
1 Tasse Pflanzenfett
2 Tassen brauner Zucker
2 große Eier
1 Tasse starker Kaffee, aufgebrüht
1 Tasse Rosinen

1 Ofen auf 175 °C vorheizen. 2 Backbleche leicht einfetten.

2 Mehl, Natron, Zimt und Salz mischen.

3 Fett und Zucker in einer großen Schüssel schaumig rühren. Einzeln die Eier, dann Kaffee gut unterrühren. Nach und nach die Mehlmischung zufügen. Rosinen unterziehen.

4 Mit Löffeln Teighäufchen in 4 cm Abstand auf die Bleche setzen.

5 Etwa 10–12 Min. backen. Auf Kuchengitter abkühlen lassen.

Kaffeeküsschen

Häufchenkekse

ERGIBT: *ca. 30 Stück*
ZUBEREITUNGSZEIT: *60 Min.*

1 EL plus 1 TL Instantkaffeepulver
1 EL kochendes Wasser
4 große Eiweiß
¼ TL Weinstein
¼ TL Salz
1 Tasse Zucker
1 TL Crème de Cacao

1 Ofen auf 120 °C vorheizen. 2 Bleche mit Backpapier auslegen.

2 Kaffee mit dem kochenden Wasser in einer Tasse auflösen. Abkühlen lassen.

3 Eiweiß in einer großen Schüssel zu lockerem Schnee schlagen. Weinstein und Salz unterschagen. Teelöffelweise den Zucker, dann Crème de Cacao beigeben und zu steifem, schnittfestem Schnee schlagen. Kaffee unterziehen.

4 Mit Löffeln Teighäufchen in 3 cm Abstand auf die Bleche setzen.

5 Etwa 35–40 Min. backen, bis sich das Gebäck fest anfühlt. Auf den Blechen über Kuchengitter erkalten lassen.

KAFFEETÄFELCHEN

Gebäckschnitten

ERGIBT: *ca. 30 Stück*
ZUBEREITUNGSZEIT: *35 Min.*

1 ½ Tassen Mehl
1 TL Backpulver
¼ TL Natron
½ TL Kardamom, gemahlen
¼ TL Salz
½ Tasse Milch
1 TL Instantkaffeepulver
¼ Tasse Pflanzenfett
1 Tasse Zucker
1 Tasse Puderzucker
1 großes Ei
1 Tasse Mandeln, gehackt
Vanilleglasur (s. Grundrezepte für Glasuren und Überzüge)

1 Ofen auf 175 °C vorheizen. Eine rechteckige Backform (20 x 30 cm) leicht einfetten.

2 Mehl, Backpulver, Natron, Kardamom und Salz mischen.

3 Milch und Instantkaffeepulver in einem Topf unter Rühren erhitzen, bis sich der Kaffee aufgelöst hat. Vom Herd nehmen.

4 Fett und beide Zuckersorten in einer großen Schüssel schaumig rühren. Ei, dann Kaffee unterrühren. Nach und nach die Mehlmischung zugeben. Mandeln unterziehen.

5 Teig gleichmäßig in der Form verteilen.

6 Etwa 18–20 Min. backen (der Teig darf beim Einstechen mit einem spitzen Hölzchen nicht mehr kleben). In der Form abkühlen lassen.

7 Gebäck glasieren. In Schnitten schneiden.

KAFFEEZWIEBACK

Ausgerollte Kekse

ERGIBT: *60–70 Stück*
ZUBEREITUNGSZEIT: *35 Min.*

4 Tassen Mehl
2 TL Backpulver
1 Tasse Pflanzenfett
1 Tasse Zucker
2 große Eier
1 großes Eiweiß, verschlagen
Zucker zum Bestreuen

1 Ofen auf 175 °C vorheizen. 2 Backbleche leicht einfetten.

2 Mehl und Backpulver mischen.

3 Fett und Zucker in einer großen Schüssel schaumig rühren. Eier gründlich einrühren. Nach und nach die Mehlmischung zugeben.

4 Teig auf bemehlter Arbeitsfläche gut 0,5 cm dick ausrollen. Rosetten oder andere Motive ausstechen und in 3 cm Abstand auf die Bleche legen. Mit Eiweiß bepinseln und mit Zucker bestreuen.

5 Etwa 10–12 Min. lichtgelb backen. Auf Kuchengitter abkühlen lassen.

KAISERKEKSE

Häufchenkekse

ERGIBT: *ca. 25 Stück*
ZUBEREITUNGSZEIT: *30 Min.*
KÜHLZEIT: *2 Std.*

¾ Tasse Pflanzenfett
¾ Tasse Zucker
4 große Eigelb
1 Tasse Mehl
Zucker zum Formen
85 g halbbittere Schokolade, gehackt, zum Glasieren

1 Fett und Zucker in einer großen Schüssel schaumig rühren. Eigelb gründlich unterrühren. Nach und nach das Mehl beigeben. Zugedeckt 2 Std. in den Kühlschrank stellen.

2 Ofen auf 175 °C vorheizen.

3 Mit Löffeln Teighäufchen in 7 cm Abstand auf ungefettete Backbleche setzen. Boden eines Glases erst in Wasser, dann in Zucker tauchen und die Häufchen damit flachdrücken.

4 Etwa 8–10 Min. hellgelb backen. Auf Kuchengitter abkühlen lassen.

5 Schokolade bei geringer Hitze im Wasserbad zerlassen, zur glatten Masse rühren. Vom Herd nehmen. Unterseite der erkalteten Kekse dünn mit der Schokolade bestreichen. Glasur erstarren lassen.

KAKAO-INDIANER

Gebäckschnitten

ERGIBT: *15–25 Stück*
ZUBEREITUNGSZEIT: *35 Min.*

1 Tasse Mehl
¼ Tasse Kakaopulver, ungezuckert
¼ TL Backpulver
¼ TL Salz
½ Tasse Pflanzenfett
1 Tasse Zucker
2 große Eier
¼ Tasse Milch
1 TL Vanillearoma
⅔ Tasse Rosinen

1 Ofen auf 200 °C vorheizen. Eine rechteckige Backform (20 x 30 cm) leicht einfetten.

2 Mehl, Kakao, Backpulver und Salz mischen.

3 Fett und Zucker in einer großen Schüssel schaumig rühren. Eier, dann Milch und Vanillearoma gut unterrühren. Nach und nach die Mehlmischung zugeben. Rosinen unterziehen.

4 Mischung gleichmäßig in der Form verteilen.

5 Etwa 20–25 Min. backen (der Teig darf beim Einstechen mit einem spitzen Hölzchen nicht mehr kleben). In der Form leicht abkühlen lassen. In Schnitten schneiden.

KAKAO-PEKAN-NUSS-KEKSE

Häufchenkekse

ERGIBT: *ca. 40 Stück*
ZUBEREITUNGSZEIT: *30 Min.*

¾ Tasse Mehl
2 EL Kakaopulver, ungezuckert
½ TL Salz
½ Tasse Butter, Zimmertemperatur
1 Tasse Zucker
2 große Eier
1 EL Crème de Cacao
1 Tasse Pekannüsse, gehackt

1 Ofen auf 175 °C vorheizen. 2 Backbleche leicht einfetten.

2 Mehl, Kakao und Salz mischen.

3 Butter und Zucker in einer großen Schüssel schaumig rühren. Eier, dann Crème de Cacao gut unterrühren. Nach und nach die Mehlmischung zufügen. Nüsse unterziehen.

4 Mit Löffeln Teighäufchen in 4 cm Abstand auf die Bleche setzen.

5 Etwa 12–15 Min. backen, bis der Teig leicht bräunt. Auf Kuchengitter abkühlen lassen.

Kakao-Sirup-Schnitten

Gebäckschnitten

Ergibt: *15–45 Stück*
Zubereitungszeit: *35–40 Min.*

2 Tassen Mehl
¼ Tasse Kakaopulver, ungezuckert
1 TL Backpulver
1 TL Zimt, gemahlen
1 TL Piment, gemahlen
½ TL Muskat, gemahlen
½ TL Salz
3 große Eier
2 Tassen brauner Zucker
¼ Tasse Sirup
2 EL Rum
1 TL Vanillearoma
1 ½ Tassen Pekannüsse, gehackt

1 Ofen auf 160 °C vorheizen. Eine rechteckige Backform (20 x 30 cm) leicht einfetten.

2 Mehl, Kakao, Backpulver, Gewürze und Salz mischen.

3 Eier in einer großen Schüssel zu einer dicken, hellen Creme schlagen. Nacheinander Zucker, Sirup, Rum und Vanillearoma gut unterrühren. Nach und nach die Mehlmischung beigeben. Nüsse unterziehen. Teig gleichmäßig in der Form verteilen.

4 Etwa 25–30 Min. backen (der Teig darf beim Einstechen mit einem spitzen Hölzchen nicht mehr kleben). In der Form auf Kuchengitter abkühlen lassen. In Schnitten schneiden.

Kakaoberge

Häufchenkekse

Ergibt: *50–60 Stück*
Zubereitungszeit: *40 Min.*

2 Tassen Mehl
2 TL Backpulver
¼ TL Salz
6 EL Butter, Zimmertemperatur
1 Tasse Zucker
3 EL Kakaopulver, ungezuckert
3 große Eier
1 EL Milch
2 TL Vanillearoma
Walnußhälften zum Verzieren

1 Ofen auf 190 °C vorheizen. 2 Backbleche leicht einfetten.

2 Mehl, Backpulver und Salz mischen.

3 Butter und Zucker in einer großen Schüssel schaumig rühren. Kakao zugeben. Eier, Milch und Vanillearoma gründlich unterrühren.

4 Mit Löffeln Teighäufchen in 4 cm Abstand auf die Bleche setzen. In die Mitte jedes Häufchens eine Walnußhälfte drücken.

5 Etwa 10–12 Min. backen, bis sich die Kekse fest anfühlen. Auf Kuchengitter abkühlen lassen.

Kakaokekse mit braunem Zucker

Gebäckschnitten

Ergibt: *15–25 Stück*
Zubereitungszeit: *30 Min.*

½ Tasse Mehl
1 TL Backpulver
½ Tasse Kakaopulver, ungezuckert
¼ TL Salz
3 große Eier
1 ¼ Tassen brauner Zucker
1 TL Vanillearoma
1 Tasse Walnüsse, gehackt

1 Ofen auf 160 °C vorheizen. Eine quadratische Backform (20 x 20 cm) leicht einfetten.

2 Mehl, Backpulver, Kakao und Salz mischen.

3 Eier und Zucker in einer großen Schüssel schlagen. Vanillearoma zugeben und zur dicken Creme schlagen. Nach und nach die Mehlmischung zufügen. Nüsse unterziehen. Teig gleichmäßig in der Form verteilen.

4 Etwa 20–25 Min. backen (der Teig darf beim Einstechen mit einem spitzen Hölzchen nicht mehr kleben). In der Form auf Kuchengitter abkühlen lassen. In Rechtecke schneiden.

Kakaoschnitten

Gebäckschnitten

Ergibt: *ca. 30 Stück*
Zubereitungszeit: *45 Min.*

½ Tasse Mehl
½ Tasse Kakaopulver, ungezuckert
1 TL Backpulver
1 Prise Salz
3 große Eier
1 ¼ Tassen brauner Zucker
1 TL Vanillearoma
1 Tasse Walnüsse, gehackt

1 Ofen auf 160 °C vorheizen. Eine quadratische Backform (20 x 20 cm) leicht einfetten.

2 Mehl, Kakao, Backpulver und Salz mischen.

3 Eier und Zucker in einer großen Schüssel zur dicken Creme schlagen. Vanillearoma einrühren. Nach und nach die Mehlmischung zugeben.

4 Mischung gleichmäßig in der Form verteilen. Mit Nüssen bestreuen.

5 Etwa 20–25 Min. backen (der Teig darf beim Einstechen mit einem spitzen Hölzchen nicht mehr kleben). In der Form auf Gitter leicht abkühlen lassen. In Schnitten schneiden.

Kaki-Kekse I

Häufchenkekse

Ergibt: *50–60 Stück*
Zubereitungszeit: *30 Min.*

2 Tassen Mehl
1 Tasse Mandeln, gemahlen
1 TL Natron
1 TL Zimt, gemahlen
1 TL Nelken, gemahlen
1 TL Muskat, gemahlen
⅛ TL Salz
½ Tasse Pflanzenfett
1 Tasse Zucker
1 großes Ei
1 überreife Kakipflaume, geschält, püriert
1 Tasse Rosinen (nach Belieben)

1 Ofen auf 175 °C vorheizen.

2 Mehl, Mandeln, Natron, Gewürze und Salz mischen.

3 Fett und Zucker in einer großen Schüssel schaumig rühren. Ei unterschlagen. Kakipüree einrühren. Nach und nach die Mehlmischung zugeben. Nach Wunsch Rosinen unterziehen.

4 Mit Löffeln Teighäufchen in 4 cm Abstand auf ungefettete Backbleche setzen.

5 Etwa 10–12 Min. backen. Auf Kuchengitter abkühlen lassen.

Backtip: Für dieses Rezept sind überreife Kakipflaumen zu verwenden. Die Kekse haben ein köstliches, intensives Aroma, verderben aber leicht. Daher im Kühlschrank lagern.

Kaki-Kekse II

Häufchenkekse

Ergibt: *50–60 Stück*
Zubereitungszeit: *30 Min.*

2 Tassen Mehl
1 TL Backpulver
½ TL Natron
½ TL Zimt, gemahlen
½ TL Nelken, gemahlen
½ TL Salz
½ Tasse Pflanzenfett
1 ½ Tassen Zucker
1 großes Ei
1 überreife Kakipflaume, geschält, püriert

1 Ofen auf 175 °C vorheizen.

2 Mehl, Backpulver, Natron, Gewürze und Salz mischen.

3 Fett und Zucker in einer großen Schüssel schaumig rühren. Ei unterschlagen. Kakipüree einrühren. Nach und nach die Mehlmischung zufügen.

4 Mit Löffeln Teighäufchen in 4 cm Abstand auf ungefettete Backbleche setzen.

5 Etwa 10–12 Min. hellgold backen. Auf Kuchengitter abkühlen lassen.

Kaki-Schnitten

Gebäckschnitten

Ergibt: *50–60 Stück*
Zubereitungszeit: *35 Min.*

1 ¾ Tassen Mehl
1 TL Natron
1 TL Muskat, gemahlen
1 TL Zimt, gemahlen
1 TL Nelken, gemahlen
1 Tasse Zucker
½ Tasse Rapsöl
1 großes Ei
1 überreife Kakipflaume, geschält, püriert

1 Ofen auf 175 °C vorheizen. Eine quadratische Backform (20 x 20 cm) leicht einfetten.

2 Mehl, Natron und Gewürze mischen.

3 Zucker und Öl in einer großen Schüssel gut verrühren. Ei unterschlagen. Kakipüree einrühren. Nach und nach die Mehlmischung zugeben. Teig gleichmäßig in der Form verteilen.

4 Etwa 20–25 Min. backen, bis sich der Teig fest anfühlt und die Oberfläche Farbe annimmt. Auf Kuchengitter abkühlen lassen. In Schnitten schneiden.

Kalorienarme Kekse

Häufchenkekse

Ergibt: *ca. 30 Stück*
Zubereitungszeit: *25 Min.*

1 ¼ Tassen Mehl
½ TL Backpulver
¼ Muskat, gemahlen
2 Tassen brauner Zucker
⅓ Tasse Rapsöl
2 große Eiweiß
½ Tasse fettarme Milch
6 Tropfen Mandelaroma
2 Tassen Haferflocken
1 Tasse Rosinen

1 Ofen auf 190 °C vorheizen. 2 Backbleche leicht einfetten.

2 Mehl, Backpulver und Muskat mischen.

3 Zucker und Öl in einer großen Schüssel gut verrühren. Eiweiß, dann Milch und Mandelaroma unterrühren. Nach und nach die Mehlmischung zugeben. Haferflocken und Rosinen unterziehen.

4 Mit Löffeln Teighäufchen in 4 cm Abstand auf die Bleche setzen.

5 Etwa 12–15 Min. lichtgelb backen. Auf Kuchengitter abkühlen lassen.

Karamelkekse

Geschnittene Kekse

Ergibt: *50–60 Stück*
Zubereitungszeit: *30 Min.*
Kühlzeit: *4 Std.*

3 Tassen Mehl
1 TL Weinstein
½ TL Natron
¼ TL Muskat, gemahlen
1 Tasse Rapsöl
2 Tassen brauner Zucker
2 große Eier
1 TL Vanillearoma

1 Mehl, Weinstein, Natron und Muskat mischen.

2 Öl und Zucker in einer großen Schüssel gründlich verrühren. Eier, dann Vanillearoma unterschlagen. Nach und nach die Mehlmischung beigeben.

3 Teig zur 4 cm dicken Rolle formen. In Wachspapier gewickelt 4 Std. in den Kühlschrank legen.

4 Ofen auf 190 °C vorheizen. 2 Backbleche leicht einfetten.

5 Rolle in gut 0,5 cm dicke Kreise schneiden. Kreise in 4 cm Abstand auf die Bleche legen.

6 Etwa 8–10 Min. backen, bis die Oberfläche Farbe annimmt. Auf Kuchengitter abkühlen lassen.

Karotten-Kokos-Schnitten

Gebäckschnitten

Ergibt: *15–35 Stück*
Zubereitungszeit: *45 Min.*

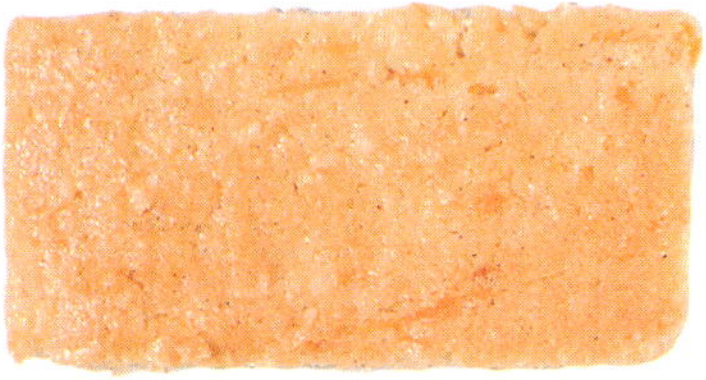

1 ¼ Tassen Mehl
1 TL Backpulver
1 TL Kardamom, gemahlen
¼ TL Muskat, gemahlen
¼ TL Salz
½ Tasse Pflanzenfett
1 Tasse Zucker
2 große Eier
¾ Tasse Karotten, gerieben
2 EL Amaretto
1 EL Orangenlikör
¾ Tasse Kokosraspeln
¾ Tasse Mandeln, feingemahlen

1 Ofen auf 190 °C vorheizen. Eine rechteckige Backform (20 x 30 cm) leicht einfetten.

2 Mehl, Backpulver, Gewürze und Salz mischen.

3 Fett und Zucker in einer großen Schüssel schaumig rühren. Nacheinander Eier, Karotten, Amaretto und Orangenlikör gut unterrühren. Nach und nach die Mehlmischung beigeben. Kokosraspeln und Mandeln unterziehen. Teig gleichmäßig in der Form verteilen.

4 Etwa 20–25 Min. goldgelb backen. In der Form auf Gitter abkühlen lassen. In Schnitten schneiden.

Karotten-Sirup-Bissen

Häufchenkekse

Ergibt: *ca. 40 Stück*
Zubereitungszeit: *30 Min.*

1 ½ Tassen Weizenmehl
½ Tasse Sojamehl
2 EL Trockenhefe (falls gewünscht)
½ TL Zimt, gemahlen
½ TL Muskat, gemahlen
½ Tasse Sirup
2 EL Rapsöl
½ Tasse Karotten, gekocht, zerdrückt
1 Tasse Pekannüsse, gehackt
½ Tasse Datteln, entsteint, gehackt

1 Ofen auf 175 °C vorheizen. 2 Backbleche leicht einfetten.

2 Beide Mehlsorten, Hefe (falls verwendet) und Gewürze mischen.

3 Sirup und Öl in einem Topf erwärmen. Vom Herd nehmen. Karotten gründlich unterrühren. Nach und nach die Mehlmischung zufügen. Ist der Teig trocken, teelöffelweise Wasser zugeben. Nüsse und Datteln unterziehen.

4 Mit Löffeln Teighäufchen in 4 cm Abstand auf die Bleche setzen.

5 Etwa 12–15 Min. goldbraun backen. Auf Kuchengitter abkühlen lassen.

Karottenkekse I

Häufchenkekse

Ergibt: *50–70 Stück*
Zubereitungszeit: *35 Min.*
Kühlzeit: *4 Std.*

1 Tasse Weizenmehl
1 Tasse Weizen-Vollkornmehl
1 Tasse Mandeln, feingehackt
2 TL Backpulver
¼ TL Natron
¼ TL Salz
½ Tasse Pflanzenfett
½ Tasse brauner Zucker
1 großes Ei
1 TL frischgepreßter Zitronensaft
3 Tropfen Mandelaroma
1 Tasse Karotten, feingerieben
1 Tasse helle Rosinen

1 Beide Mehlsorten, Mandeln, Backpulver, Natron und Salz mischen.

2 Fett und Zucker in einer großen Schüssel schaumig rühren. Nacheinander Ei, Zitronensaft und Mandelaroma gründlich unterrühren. Karotten einrühren. Nach und nach die Mehlmischung beigeben. Rosinen unterziehen. Zugedeckt 4 Std. in den Kühlschrank stellen.

3 Ofen auf 190 °C vorheizen. 2 Backbleche leicht einfetten.

4 Mit Löffeln Teighäufchen in 4 cm Abstand auf die Bleche setzen.

5 Etwa 10–12 Min. goldbraun backen. Auf Kuchengitter abkühlen lassen.

KAROTTENKEKSE II

Häufchenkekse

ERGIBT: *50–70 Stück*
ZUBEREITUNGSZEIT: *30 Min.*

2 Tassen Mehl
½ Tasse Mandeln, feingemahlen
1 TL Backpulver
½ TL Natron
1 TL Zimt, gemahlen
¼ TL Muskat, gemahlen
¼ TL Nelken, gemahlen
¼ TL Salz
⅔ Tasse Pflanzenfett
1 Tasse brauner Zucker
2 große Eier
½ Tasse Buttermilch
6 Tropfen Mandelaroma
1 Tasse Karotten, feingerieben
1 Tasse Haferflocken

1 Ofen auf 200 °C vorheizen. 2 Backbleche leicht einfetten.

2 Mehl, Mandeln, Backpulver, Natron, Gewürze und Salz mischen.

3 Fett und Zucker in einer großen Schüssel schaumig rühren. Nacheinander Eier, Buttermilch und Mandelaroma gut unterrühren. Karotten einrühren. Nach und nach die Mehlmischung zufügen. Haferflocken unterziehen.

4 Mit Löffeln Teighäufchen in 4 cm Abstand auf die Bleche setzen.

5 Etwa 12–15 Min. goldbraun backen. Auf Kuchengitter abkühlen lassen.

KAROTTENKEKSE III

Häufchenkekse

ERGIBT: *50–60 Stück*
ZUBEREITUNGSZEIT: *35 Min.*

2 Tassen Mehl
2 TL Backpulver
½ TL Zimt, gemahlen
¼ TL Ingwer, gemahlen
¼ TL Piment, gemahlen
¼ TL Salz
½ Tasse Pflanzenfett
1 Tasse Zucker
1 großes Ei
½ TL Vanillearoma
1 EL geriebene Zitronenschale, unbehandelt
1 Tasse Karotten, gekocht, zerdrückt

1 Ofen auf 175 °C vorheizen. 2 Backbleche leicht einfetten.

2 Mehl, Backpulver, Gewürze und Salz mischen.

3 Fett und Zucker in einer großen Schüssel schaumig rühren. Nacheinander Ei, Vanillearoma und Zitronenschale gut unterrühren. Karotten einrühren. Nach und nach die Mehlmischung zugeben.

4 Mit Löffeln Teighäufchen in 4 cm Abstand auf die Bleche setzen.

5 Etwa 12–15 Min. golden backen. Auf den Blechen abkühlen lassen.

KARTOFFEL-TEEGEBÄCK

Ausgerollte Kekse

ERGIBT: *15–25 Stück*
ZUBEREITUNGSZEIT: *30 Min.*

2 Tassen Kartoffelbrei
3 EL Pflanzenfett, zerlassen
½ TL Salz
⅔ Tasse Mehl

1 Eine große, flache Pfanne mit Antihaftbeschichtung vorheizen.

2 Kartoffelbrei in eine große Schüssel geben. Zerlassenes Fett und Salz unterrühren. Nach und nach das Mehl zufügen. Mischung nicht zu trocken werden lassen.

3 Teig 0,5–1 cm dick ausrollen. Fladen von 10 cm Durchmesser ausstechen. Fladen in „Tortenstücke" schneiden.

4 In der Pfanne etwa 3–5 Min. auf beiden Seiten gar und zartbraun backen. Zum Schutz vor Austrocknen bis zum Servieren in ein Küchenhandtuch wickeln.

Backtip: Diese britische Spezialität hat eher mit einem Brot als mit Keksen oder Plätzchen zu tun. Die Briten schätzen sie zum Tee, wie ein Brötchen mit Gelee, Marmelade oder Quark serviert. Notfalls kann man auch Pfannen ohne Antihaftbeschichtung verwenden, muß diese allerdings einfetten.

KARTOFFELCHIP-KEKSE

Häufchenkekse

ERGIBT: *35-60 Stück*
ZUBEREITUNGSZEIT: *30 Min.*

1 Tasse Pflanzenfett
1 Tasse Puderzucker
1 TL Vanillearoma
1 ½ Tassen Kartoffelchips, zerkrümelt
Puderzucker zum Besieben

1 Ofen auf 75 °C vorheizen.

2 Fett und Puderzucker in einer großen Schüssel schaumig rühren. Vanillearoma einrühren. Chips unterziehen.

3 Mit Löffeln Teighäufchen in 4 cm Abstand auf ungefettete Backbleche setzen.

4 Etwa 15–18 Min. backen, bis sich die Oberfläche leicht verfärbt. Mit Puderzucker besieben. Auf Kuchengitter abkühlen lassen.

Backtip: Für dieses buchstäblich kinderleichte Rezept sind fettarme Kartoffelchips sehr zu empfehlen.

Zur Verwandlung der Kekse in würzige Snacks ersetzt man das Vanillearoma durch Wasser und bestreut sie mit Zwiebel- oder Paprikapulver statt Puderzucker. Außerdem lassen sich Knabberchips der verschiedensten Art verwenden.

KÄSEKUCHEN-SCHNITTCHEN

Gebäckschnitten

ERGIBT: *15–35 Stück*
ZUBEREITUNGSZEIT: *40 Min.*

TEIG
½ Tasse Rapsöl
¼ Tasse Puderzucker
24 Ingwerkekse, zerkrümelt

BELAG
450 g Doppelrahm-Frischkäse, Zimmertemperatur
½ Tasse Zucker
2 große Eier
1 EL frischgepreßter Zitronensaft
1 EL Marsala
1 EL Honig
¼ TL Piment, gemahlen

1 Ofen auf 190 °C vorheizen.

2 Für den Teig Rapsöl und Puderzucker in einer großen Schüssel gut verschlagen. Nach und nach die Kekskrümel beigeben.

3 Teig gleichmäßig in eine ungefettete, quadratische Form (20 x 20 cm) drücken.

4 Etwa 6 Min. backen.

5 Für den Belag Frischkäse und Zucker in einer großen Schüssel cremig rühren. Eier unterschlagen. Zitronensaft, Marsala, Honig und Piment unterrühren.

6 Belag auf dem Teig verteilen. Weitere 12–15 Min. backen, bis der Belag fest ist. In der Form auf Gitter abkühlen lassen. In beliebig große Rechtecke schneiden.

Backtip: Große Schnitten mit Erdbeerscheiben und Schlagsahne ergeben ein köstliches Dessert.

KEKS-BRÖTCHEN

Ausgerollte Kekse

ERGIBT: *15–35 Stück*
ZUBEREITUNGSZEIT: *30 Min.*

2 ½ Tassen Mehl
¼ TL Natron
½ TL Salz
1 Tasse Pflanzenfett
½ Tasse Puderzucker
2 EL Kondensmilch
1 TL Vanillearoma
6 Tropfen Mandelaroma
etwa 1 Tasse Marmelade, Konfitüre oder weicher Frischkäse zum Füllen

1 Ofen auf 175 °C vorheizen.

2 Mehl, Natron und Salz mischen.

3 Fett und Puderzucker in einer großen Schüssel schaumig rühren. Milch, Vanille- und Mandelaroma unterrühren. Nach und nach die Mehlmischung zugeben.

4 Teig auf bemehlter Arbeitsfläche gut 0,5 cm dick ausrollen. Eine gerade Anzahl Kreise von 4 cm Durchmesser ausstechen. Mit Miniförmchen aus der Hälfte der Kreise Sterne oder Rauten ausstechen. In 4 cm Abstand auf ungefettete Backbleche legen.

5 Etwa 12–15 Min. lichtgelb backen. Auf Kuchengitter abkühlen lassen.

6 Füllung dünn auf die ganzen Kreise streichen. Ausgestochene Kreise auflegen und leicht andrücken.

KEKS-GESICHTER

Ausgerollte Kekse

ERGIBT: *ca. 30 Stück*
ZUBEREITUNGSZEIT: *35 Min.*

3 ½ Tassen Mehl
2 TL Backpulver
1 TL Zimt, gemahlen
1 TL Salz
1 ⅓ Tassen Pflanzenfett
¾ Tasse weißer Zucker
¾ Tasse brauner Zucker
2 große Eier
2 TL Vanillearoma
Lutscherstiele

1 Ofen auf 175 °C vorheizen. 2 Backbleche leicht einfetten.

2 Mehl, Backpulver, Zimt und Salz mischen.

3 Fett und beide Zuckersorten in einer großen Schüssel schaumig rühren. Einzeln die Eier, dann Vanillearoma unterrühren. Nach und nach die Mehlmischung beigeben.

4 Teig auf bemehlter Arbeitsfläche knapp 1 cm dick ausrollen. Kreise von 8–10 cm Durchmesser ausstechen. Mit den Teigresten die Gesichter gestalten (s. Backtip). In 4 cm Abstand auf die Bleche legen. In jeden Keks einen Lutscherstiel schieben.

5 Etwa 12–15 Min. backen, bis sich der Teig fest anfühlt. Auf Kuchengitter abkühlen lassen.

Backtip: Am Gestalten der Gesichter haben Kinder viel Spaß. Für die Nase kneift man die Mitte der ungebackenen Kekse zusammen. Darüber drückt man rechts und links kleine Mulden für die Augen ein. Für Augenbrauen und Lippen rollt man Teigreste dünn aus. Augen und Ohren werden aus Teigresten geformt. Besonders lustig sehen die Gesichter aus, wenn man den Teig für Augen, Lippen und Ohren mit Lebensmittelfarbe färbt.

Keks-Pizza

Geformte Kekse

Ergibt: *ca. 50 Stück*
Zubereitungszeit: *30 Min.*

Teig
¾ Tasse Mehl
½ TL Backpulver
½ TL Natron
1 Prise Salz
½ Tasse Pflanzenfett
¾ Tasse brauner Zucker
1 großes Ei
1 TL Vanillearoma
1 Tasse Haferflocken
½ Tasse Kokosraspeln

Belag
1 Tasse halbbittere Schokoladen-Tröpfchen
1 Tasse Walnüsse, gehackt
½ Tasse kleine bunte Schokolinsen, wie z. B. M & Ms o. Smarties

1 Ofen auf 175 °C erhitzen. Eine Pizzaform von etwa 40 cm Durchmesser leicht einfetten.

2 Mehl, Backpulver, Natron und Salz mischen.

3 Fett und Zucker in einer großen Schüssel schaumig rühren. Ei und Vanillearoma unterrühren. Nach und nach die Mehlmischung beigeben. Haferflocken und Kokosraspeln unterziehen.

4 Teig gleichmäßig in die Form drücken. Mit Schokoladen-Tröpfchen und Walnüssen bestreuen.

5 Etwa 12–15 Min. backen, bis sich die Oberfläche zart verfärbt. Schokolinsen auf das heiße Gebäck streuen. In der Form einige Minuten abkühlen lassen. In „Pizzastücke" schneiden.

Kekse mit braunem Zucker I

Ausgerollte Kekse

Ergibt: *35–60 Stück*
Zubereitungszeit: *30 Min.*
Kühlzeit: *4 Std.*

2 Tassen Mehl
1 ½ TL Backpulver
¼ TL Salz
½ Tasse Butter, Zimmertemperatur
½ Tasse brauner Zucker
1 großes Ei
1 EL Sahne
1 ½ TL Vanillearoma

1 Mehl, Backpulver und Salz mischen.

2 Butter und Zucker in einer großen Schüssel schaumig rühren. Ei, dann Sahne und Vanillearoma gut unterrühren. Nach und nach mit der Mehlmischung zu einem festen Teig verarbeiten. Ist der Teig zu trocken, vorsichtig (je ½ TL) Wasser zugeben. Teig zugedeckt 4 Std. in den Kühlschrank stellen.

3 Ofen auf 190 °C vorheizen.

4 Teig auf bemehlter Arbeitsfläche knapp 0,5 cm dick ausrollen. Beliebige Motive ausstechen und in 4 cm Abstand auf ungefettete Backbleche legen.

5 Etwa 8–10 Min. backen, bis die Ränder zart bräunen. Auf Kuchengitter abkühlen lassen.

Backtip: Diese Kekse sollten in einem luftdichten Behälter gelagert werden.

Kekse mit braunem Zucker II

Häufchenkekse

Ergibt: *70–90 Stück*
Zubereitungszeit: *30 Min.*

5 Tassen Mehl
1 TL Natron
½ TL Salz
1 Tasse Pflanzenfett
2 Tassen brauner Zucker
3 große Eier
¼ Tasse Milch
1 EL Rum

1 Ofen auf 175 °C vorheizen. 2 Backbleche leicht einfetten.

2 Mehl, Natron und Salz mischen.

3 Fett und Zucker in einer großen Schüssel schaumig rühren. Eier, dann Milch und Rum gründlich unterrühren. Nach und nach die Mehlmischung beigeben.

4 Mit Löffeln Teighäufchen in 4 cm Abstand auf die Bleche setzen.

5 Etwa 10–12 Min. backen, bis sich der Teig fest anfühlt. Auf Kuchengitter abkühlen lassen.

Kekse mit braunem Zucker III

Häufchenkekse

Ergibt: *ca. 30 Stück*
Zubereitungszeit: *30 Min.*

2 Tassen Mehl
½ Tasse Walnüsse, feingemahlen
2 TL Backpulver
¼ TL Natron
1 TL Zimt, gemahlen
½ TL Nelken, gemahlen
½ TL Salz
⅔ Tasse Pflanzenfett
1 ½ Tassen brauner Zucker
2 große Eier
2 EL Sauermilch
1 EL geriebene Orangenschale, unbehandelt
1 Tasse Rosinen (falls erwünscht)

1 Ofen auf 175 °C vorheizen.

2 Mehl, Walnüsse, Backpulver, Natron, Gewürze und Salz mischen.

3 Fett und Zucker in einer großen Schüssel schaumig rühren. Eier und Milch, dann Orangenschale gut unterrühren. Nach und nach die Mehlmischung zugeben. Rosinen unterziehen.

4 Mit Löffeln Teighäufchen in 4 cm Abstand auf ungefettete Backbleche setzen.

5 Etwa 12–15 Min. backen, bis sich die Häufchen fest, aber nicht hart anfühlen. Auf Kuchengitter abkühlen lassen.

Kekse mit braunem Zucker IV

Geschnittene Kekse

Ergibt: *ca. 100 Stück*
Zubereitungszeit: *30 Min.*
Kühlzeit: *8 Std.*

3 ½ Tassen Mehl
½ TL Natron
½ TL Salz
1 Tasse Pflanzenfett
2 Tassen brauner Zucker
3 große Eier
1 TL Vanillearoma
½ Tasse Walnüsse, gehackt

1 Mehl, Natron und Salz mischen.

2 Fett und Zucker in einer großen Schüssel schaumig rühren. Eier, dann Vanillearoma unterrühren. Nach und nach die Mehlmischung zugeben. Walnüsse unterziehen.

3 Teig dritteln. Drittel zu etwa 20 cm langen Rollen formen. In Wachspapier gewickelt 8 Std. in den Kühlschrank legen.

4 Ofen auf 190 °C vorheizen.

5 Rollen in gut 0,5 cm dicke Scheiben schneiden. Scheiben in 3 cm Abstand auf ungefettete Bleche legen.

6 Etwa 7–10 Min. lichtgelb backen. Auf Kuchengitter abkühlen lassen.

Kekse mit doppeltem Erdnussaroma

Geformte Kekse

Ergibt: *60–70 Stück*
Zubereitungszeit: *30 Min.*

2 ¼ Tassen Mehl
1 TL Natron
1 Tasse Pflanzenfett
1 Tasse weißer Zucker
1 Tasse brauner Zucker
1 Tasse Erdnußbutter
2 große Eier
1 TL Vanillearoma
1 Tasse ungesalzene Erdnüsse, gehackt

1 Ofen auf 175 °C vorheizen.

2 Mehl und Natron mischen.

3 Fett und beide Zuckersorten in einer großen Schüssel schaumig rühren. Erdnußbutter, dann Eier und Vanillearoma gründlich unterrühren. Nach und nach die Mehlmischung zufügen. Erdnüsse unterziehen.

4 Walnußgroße Teigstückchen zu Bällchen formen. Bällchen in 4 cm Abstand auf ungefettete Backbleche setzen und mit dem bemehlten Boden eines Glases oder mit einer Gabel flachdrücken.

5 Etwa 8–10 Min. lichtgelb backen. Auf Kuchengitter abkühlen lassen.

Kekszwirbel

Geformte Kekse

Ergibt: *25–45 Stück*
Zubereitungszeit: *45 Min.*

½ Tasse Pflanzenfett
¾ Tasse Zucker
6 große Eigelb
1 EL Sherry
1 EL geriebene Orangenschale, unbehandelt
3 Tassen Mehl
1 großes Eiweiß, verschlagen

1 Ofen auf 175 °C vorheizen.

2 Fett und Zucker in einer großen Schüssel schaumig rühren. Eigelb unterschlagen. Sherry und Orangenschale einrühren. Nach und nach das Mehl zugeben.

3 Kleine Teigstücke zu gut 0,5 cm dicken Strängen rollen. Jeden Strang zusammenklappen und zur Kordel zwirbeln. In 4 cm Abstand auf ungefettete Backbleche legen. Mit Eiweiß bepinseln.

4 Etwa 12–15 Min. lichtgelb backen. Auf Kuchengitter abkühlen lassen.

Backtip: Dieses Rezept ähnelt einem altüberlieferten Rezept für „Biscochos". Allerdings werden die „Biscochos" ohne Zucker hergestellt und vor dem Backen mit Sesamsamen bestreut.

Kentucky-Kokos-Makronen

Häufchenkekse

Ergibt: *ca. 40 Stück*
Zubereitungszeit: *35 Min.*

3 große Eiweiß
½ Tasse Puderzucker
1 Tasse Kokosraspeln, frisch oder getrocknet

1 Ofen auf 160 °C vorheizen. 2 Backbleche leicht einfetten.

2 Eiweiß in einer großen Schüssel schaumig schlagen. Unter Einrieseln des Puderzuckers zu steifem, schnittfestem Schnee schlagen. Kokosraspeln unterheben.

3 Mit Löffeln Häufchen in 3 cm Abstand auf die Bleche setzen.

4 Etwa 12–15 Min. backen, bis die Makronen leicht Farbe annehmen. Auf den Blechen über einem Gitter abkühlen lassen.

Kentucky-Pekannuss-Schnitten

Gebäckschnitten

Ergibt: *15–25 Stück*
Zubereitungszeit: *45 Min.*

Teig
1 ⅓ Tassen Mehl
1 ¼ Tassen brauner Zucker
½ TL Natron
½ TL Salz
1 Tasse Pekannüsse, geröstet, gehackt
½ Tasse Pflanzenfett

Belag
3 große Eier
⅓ Tasse Zucker
¼ Tasse Butter, Zimmertemperatur
3 EL Bourbon
1 TL Vanillearoma

1 Ofen auf 175 °C vorheizen. Eine quadratische Backform (20 x 20 cm) leicht einfetten.

2 Für den Teig Mehl, Zucker, Natron, Salz und Nüsse mischen. Mit dem in Stücke geschnittenen Fett zu einem bröseligen Teig verarbeiten. Teig gleichmäßig in die Form drücken.

3 Etwa 15 Min. backen.

4 Für den Belag Eier in einer mittelgroßen Schüssel zur dicken, hellen Creme schlagen. Zucker und Butter, dann Bourbon und Vanillearoma gut unterrühren.

5 Belag auf dem heißen Teig verstreichen. Weitere 20–25 Min. backen, bis sich die Kruste zart färbt und fest anfühlt. In der Form abkühlen lassen. In Schnitten schneiden.

Backtip: Verziert mit halben Pekannüssen, sehen die Schnitten noch verlockender aus.

Kicherkugeln

Geformte Kekse

Ergibt: *ca. 40 Stück*
Zubereitungszeit: *30 Min.*

3 Tassen Mehl
2 TL Backpulver
¼ TL Salz
1 Tasse Pflanzenfett
1 ⅓ Tassen Zucker
2 große Eier
1 TL Vanillearoma
3 EL Zucker
2 TL Zimt, gemahlen

1 Ofen auf 175 °C vorheizen. 2 Backbleche leicht einfetten.

2 Mehl, Backpulver und Salz mischen.

3 Fett und Zucker in einer großen Schüssel schaumig rühren. Eier und Vanillearoma unterrühren. Nach und nach die Mehlmischung beigeben.

4 Zucker und Zimt in einer kleinen Schüssel mischen.

5 Etwa 3 cm große Teigstückchen zu Bällchen formen. Bällchen im Zimtzucker wälzen und in 3–4 cm Abstand auf die Bleche legen.

6 Etwa 10–12 Min. lichtgelb backen. Auf Kuchengitter abkühlen lassen.

Kiesel-Fudge

Gebäckschnitten

Ergibt: *15–35 Stück*
Zubereitungszeit: *40 Min.*

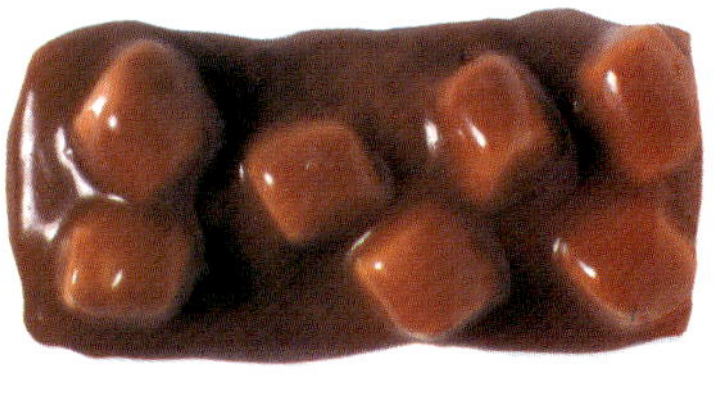

Teig
½ Tasse Weizenmehl
½ Tasse Reismehl
1 TL Backpulver
1 Tasse Zucker
1 Tasse Mandeln, feingehackt
½ Tasse Butter
55 g halbbittere Schokolade, zerkleinert
6 Tropfen Mandelaroma

Füllung
170 g Doppelrahm-Frischkäse
¼ Tasse Butter, Zimmertemperatur
½ Tasse Puderzucker
1 großes Ei
2 EL Mehl
¼ Tasse Mandeln, gehackt
3 Tropfen Mandelaroma
1 Tasse halbbittere Schokoladen-Tröpfchen
2 Tassen Mini-Marshmallows

Belag
¼ Tasse Butter
55 g Doppelrahm-Frischkäse
knapp 30 g halbbittere Schokolade, feingehackt
3 ½ Tassen Puderzucker
¼ Tasse Kondensmilch
2 TL Amaretto

1 Ofen auf 175 °C vorheizen. Eine rechteckige Backform (20 x 30 cm) leicht einfetten.

2 Für den Teig beide Mehlsorten, Backpulver, Zucker und Mandeln in einer großen Schüssel mischen.

3 Butter und Schokolade bei niedriger Flamme im Wasserbad zerlassen, glattrühren. Vom Herd nehmen, Mandelaroma unterrühren. Über die Mehlmischung träufeln und zu einem krümeligen Teig rühren. Teig gleichmäßig in die Form drücken.

4 Für die Füllung Frischkäse, Butter, Puderzucker und Ei gründlich verrühren. Nacheinander Mehl, Mandeln und Mandelaroma unterrühren. Füllung gleichmäßig auf dem Teig verteilen. Mit Schokoladen-Tröpfchen bestreuen.

5 Etwa 25–30 Min. backen. Mit den Marshmallows bestreuen. Weitere 2–4 Min. backen, bis sich die Marshmallows goldbraun färben.

6 In der Zwischenzeit für den Belag Butter, Frischkäse, Schokolade und Milch in einem mittleren Topf bei kleiner Flamme glattrühren. Vom Herd nehmen, Puderzucker und Amaretto unterrühren.

7 Belag auf das heiße Gebäck gießen und mit einem Messer vorsichtig verstreichen. In der Form abkühlen lassen. In Streifen schneiden.

Kieselschnitten

Gebäckschnitten

Ergibt: *15–35 Stück*
Zubereitungszeit: *40 Min.*

Teig
¼ Tasse Mehl
½ Tasse Walnüsse, feingemahlen
¼ TL Backpulver
⅛ TL Salz
1 EL Pflanzenfett
⅓ Tasse brauner Zucker
½ TL Vanillearoma

Belag
1 Tasse Mini-Marshmallows
1 Tasse halbbittere Schokoladen-Tröpfchen
½ Tasse Walnüsse, gehackt

1 Ofen auf 175 °C vorheizen. Eine quadratische Backform (20 x 20 cm) leicht einfetten.

2 Mehl, Walnüsse, Backpulver und Salz mischen.

3 Fett und Zucker in einer großen Schüssel schaumig rühren. Vanillearoma einrühren. Nach und nach die Mehlmischung zugeben. Teig gleichmäßig in der Form verteilen.

4 Etwa 15 Min. backen.

5 In der Zwischenzeit für den Belag Marshmallows, Schokoladen-Tröpfchen und Walnüsse in einer kleinen Schüssel mischen.

6 Belag gleichmäßig auf dem heißen Teig verteilen. Weitere 15–18 Min. backen, bis der Belag schmilzt und sich leicht verfärbt. In der Form abkühlen lassen. In Schnitten schneiden.

Kirsch-Kokos-Schnitten

Gebäckschnitten

ERGIBT: *ca. 30 Stück*

ZUBEREITUNGSZEIT: *45 Min.*

2 Tassen Mehl
¼ TL Salz
¾ Tasse Pflanzenfett
1 Tasse Zucker
1 großes Ei
1 TL Vanillearoma
1 ½ Tassen Kokosflocken
250 g Kirschkonfitüre zum Füllen

1 Ofen auf 175 °C vorheizen. Eine rechteckige Backform (20 x 30 cm) leicht einfetten.

2 Mehl und Salz mischen.

3 Fett und Zucker in einer großen Schüssel schaumig rühren. Ei und Vanillearoma unterrühren. Nach und nach die Mehlmischung zugeben. Kokosflocken unterziehen.

4 Gleichmäßig ¾ des Teigs in der Form verteilen. Mit Kirschkonfitüre bestreichen. Darüber den restlichen Teig krümeln.

5 Etwa 25–30 Min. backen, bis die Kruste fest und leicht gebräunt ist. In der Form auf Kuchengitter abkühlen lassen. In Streifen schneiden.

Kirsch-Mandel-Kolacky

Ausgerollte Kekse

ERGIBT: *ca. 40 Stück*

ZUBEREITUNGSZEIT: *35 Min.*

KÜHLZEIT: *4 Std.*

⅔ Tasse Butter, Zimmertemperatur
¼ Tasse Reismehl
½ TL Amaretto
1 EL plus 1 TL Orangenlikör
285 g Doppelrahm-Frischkäse, Zimmertemperatur
2 Tassen Mehl
etwa 1 Tasse kandierte Kirschen, halbiert

1 Butter und Reismehl in einer großen Schüssel glattrühren. Amaretto und 1 TL Orangenlikör, dann Frischkäse gut unterrühren. Nach und nach das Mehl zugeben. Zugedeckt 4 Std. in den Kühlschrank stellen.

2 In der Zwischenzeit Kirschen, 1 Tasse warmes Wasser und 1 EL Orangenlikör in einer kleinen Schüssel mischen. Mischung mindestens 1 Std. ziehen lassen.

3 Ofen auf 175 °C vorheizen.

4 Kirschen abtropfen lassen.

5 Teig auf bemehlter Arbeitsfläche gut 0,5 cm dick ausrollen. Kreise von 5–7 cm Durchmesser ausstechen. Kreise in 3 cm Abstand auf ungefettete Backbleche legen und mit je einer Kirschhälfte garnieren. Kirschen leicht andrücken.

6 Etwa 10–15 Min. backen, bis die Keksränder zarte Farbe annehmen. Auf Kuchengitter abkühlen lassen.

Backtip: Man kann die Kekse auch teils mit roten, teils mit grünen Kirschen verzieren.

Kirsch-Marzipan-Käseschnittchen

Gebäckschnitten

Ergibt: *15–25 Stück*
Zubereitungszeit: *45 Min.*

Teig
1 Tasse Mehl
¼ TL Salz
½ Tasse Pflanzenfett
⅓ Tasse Puderzucker

Belag
85 g Doppelrahm-Frischkäse
½ Tasse Marzipanmasse, zerbröckelt
1 großes Ei
½ Tasse rote Maraschino-Kirschen, gehackt

1 Ofen auf 175 °C vorheizen.

2 Mehl und Salz mischen.

3 Für den Teig Fett und Puderzucker in einer großen Schüssel schaumig rühren. Nach und nach die Mehlmischung zufügen. Zu einem bröseligen Teig verarbeiten.

4 Teig gleichmäßig auf den Boden einer quadratischen Backform (20 x 20 cm) drücken. 15 Min. backen.

5 Für den Belag Frischkäse und Marzipan in einer großen Schüssel zur glatten Masse rühren. Ei unterrühren. Maraschino-Kirschen unterziehen.

6 Belag auf dem warmen Teig verstreichen. Weitere 15 Min. backen. In der Form auf Gitter abkühlen lassen. In Quadrate schneiden.

Kirsch-Nuss-Kleeblätter

Geformte Kekse

Ergibt: *ca. 30 Stück*
Zubereitungszeit: *40 Min.*
Kühlzeit: *4 Std.*

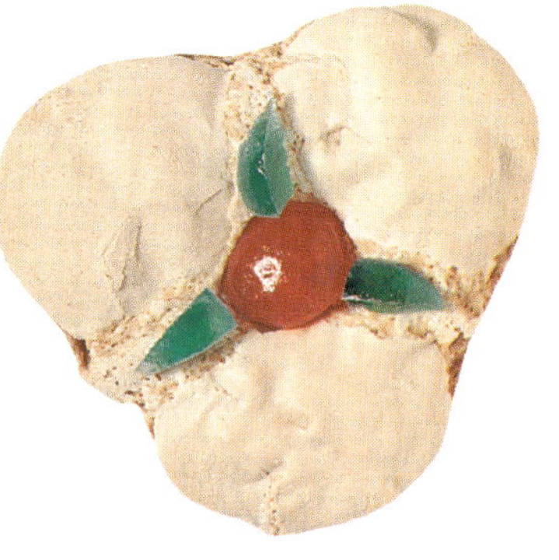

3 große Eier, getrennt
1 ½ Tassen Puderzucker
2 Tassen Mandeln, gehackt
Puderzucker zum Formen
1 Tasse kandierte rote Kirschen, halbiert, zum Verzieren

1 Eigelb und Zucker in einer großen Schüssel zur dicken, hellen Creme schlagen. Mandeln unterschlagen.

2 Eiweiß in einer mittelgroßen Schüssel zu steifem, aber nicht trockenem Schnee schlagen. Eischnee unter die Eigelb-Mischung heben. Zugedeckt 4 Std. in den Kühlschrank stellen.

3 Ofen auf 150 °C vorheizen. 2 Bleche mit Backpapier auslegen.

4 Hände mit Puderzucker bestäuben. Olivengroße Teigstücke zu Bällchen formen. Je 3 Bällchen nebeneinander so auf die Bleche setzen, daß sie sich berühren, und in ihre Mitte eine rote Kirschhälfte drücken.

5 Etwa 28–30 Min. backen, bis die Keksränder sich zart verfärben. Auf Kuchengitter abkühlen lassen.

Backtip: Ist der Teig zu dünn, vorsichtig eßlöffelweise Puderzucker beigeben. Perfekt wirken die „Kleeblätter", wenn man um die roten Kirschen schmale Schnitze grüner kandierter Kirschen arrangiert.

KIRSCHGITTER

Gebäckschnitten

ERGIBT: *35–60 Stück*
ZUBEREITUNGSZEIT: *35 Min.*
RUHEZEIT: *2 Std.*

TEIG
2 Tassen Mehl
¼ Tasse Zucker
1 ½ EL geriebene Zitronenschale, unbehandelt
¾ Tasse Pflanzenfett
3 EL saure Sahne
3 Tropfen Mandelaroma

FÜLLUNG
1 ½ Tassen Kirschen aus der Dose, entsteint, zerkleinert
1 EL Rosinen
¼ Tasse Zucker
1 großes Eigelb, verschlagen
Puderzucker zum Bestreuen

1 Für den Teig Mehl, Zucker und Zitronenschale in einer großen Schüssel mischen. In Stücke geschnittenes Fett, dann Sahne und Mandelaroma gut untermengen.

2 Teig halbieren. Hälften in Wachspapier 2 Std. bei Zimmertemperatur ruhen lassen.

3 Kirschen mindestens 1 Std. abtropfen lassen.

4 Ofen auf 160 °C vorheizen. Eine quadratische Backform (20 x 20 cm) leicht einfetten.

5 Eine Teighälfte auf bemehlter Arbeitsfläche zum 20 x 20 cm großen Quadrat ausrollen. Mit den zerkleinerten Kirschen belegen. Darüber die Rosinen, dann den Zucker streuen.

6 Zweite Teighälfte zum 20 x 20 cm großen Quadrat ausrollen. Quadrat in 2,5 cm breite Streifen schneiden. Streifen im Gittermuster auf die Füllung legen und mit Eigelb bepinseln.

7 Etwa 18–20 Min. backen, bis die Gitterstreifen Farbe annehmen. Mit Puderzucker bestreuen. In der Form auf Kuchengitter abkühlen lassen. In schmale Rechtecke schneiden.

Backtip: Man kann die Kirschen würfeln oder in Streifen hacken oder zerdrücken. Kokosflocken geben eine köstliche weitere Zutat ab.

KIRSCHHÖRNCHEN

Ausgerollte Kekse

ERGIBT: *ca. 30 Stück*
ZUBEREITUNGSZEIT: *40 Min.*
KÜHLZEIT: *4 Std.*

TEIG
2 Tassen Mehl
1 EL Zucker
¼ TL Salz
1 Tasse Pflanzenfett
1 Tasse saure Sahne
1 großes Ei

BELAG
½ Tasse Kirschkonfitüre
½ Tasse Mandeln, gehackt
Puderzucker zum Bestäuben

1 Mehl, Zucker und Salz in einer großen Schüssel mischen. Fett einschneiden.

2 Sahne und Ei in einer mittelgroßen Schüssel gründlich verrühren. Zur Mehlmischung geben und gut vermengen. Teig dritteln und in Wachspapier 4 Std. in den Kühlschrank legen.

3 Ofen auf 175 °C vorheizen. 2 Backbleche leicht einfetten.

4 Auf bemehlter Arbeitsfläche ein Teigdrittel zur runden Platte von 28 cm Durchmesser ausrollen. Mit ⅓ der Konfitüre bestreichen und ⅓ der Mandeln bestreuen. In 8 „Tortenstücke" schneiden. Jedes Stück vom breiten Ende aus aufrollen. Rollen zu Hörnchen formen. Hörnchen mit der Nahtstelle nach unten in 4 cm Abstand auf die Bleche legen. Die restlichen Teigdrittel ebenso verarbeiten.

5 Etwa 18–20 Min. goldbraun backen. Mit Puderzucker bestreuen. Auf Kuchengitter abkühlen lassen.

Klassisches Mandelgebäck

Ausgerollte Kekse

Ergibt: *60–70 Stück*
Zubereitungszeit: *45 Min.*
Kühlzeit: *4 Std.*

3 Tassen Mehl
1 Tasse Mandeln, feingemahlen
¼ TL Salz
1 Tasse Butter, Zimmertemperatur
1 Tasse Zucker
2 große Eier
2 große Eigelb
2 EL Milch
1 TL geriebene Zitronenschale, unbehandelt

1 Mehl, Mandeln und Salz mischen.

2 Butter und Zucker in einer großen Schüssel schaumig rühren. Eier und 1 Eigelb, dann Milch und Zitronenschale unterschlagen. Nach und nach die Mehlmischung zugeben. Zugedeckt 4 Std. in den Kühlschrank stellen.

3 Ofen auf 190 °C vorheizen. 2 Backbleche leicht einfetten.

4 Das zweite Eigelb in einer kleinen Schüssel verschlagen.

5 Teig auf bemehlter Arbeitsfläche knapp 0,5 cm dick ausrollen. Herzen oder andere Motive ausstechen, in 4 cm Abstand auf die Bleche legen. Mit dem Eigelb bepinseln.

6 Etwa 8–10 Min. goldbraun backen. Auf Kuchengitter abkühlen lassen.

Kleieplätzchen

Geschnittene Kekse

Ergibt: *60–70 Stück*
Zubereitungszeit: *30 Min.*

3 Tassen Mehl
2 TL Backpulver
1 Tasse Pflanzenfett
2 Tassen brauner Zucker
1 großes Ei
1 Tasse Kleieflocken

1 Mehl und Backpulver mischen.

2 Fett und Zucker in einer großen Schüssel schaumig rühren. Ei, dann Kleieflocken unterrühren. Nach und nach die Mehlmischung zufügen.

3 Teig zur 4 cm dicken Rolle formen. Rolle in Wachspapier bis zum Backen in den Kühlschrank legen.

4 Ofen auf 190 °C vorheizen. 2 Backbleche einfetten.

5 Rolle in gut 0,5 cm dicke Scheiben schneiden. Scheiben in 3 cm Abstand auf die Bleche legen.

6 Etwa 12–15 Min. backen, bis die Keksränder sanft bräunen. Auf Kuchengitter abkühlen lassen.

Backtip: Für dieses Rezept lassen sich Flocken aus beliebigem Getreide (z.B. Weizen, Roggen oder Mais) mit Kleieanteil verwenden.

Knusperhäufchen

Häufchenkekse

Ergibt: *ca. 40 Stück*
Zubereitungszeit: *30 Min.*

1 ½ Tassen Mehl
½ TL Natron
1 TL Zimt, gemahlen
½ TL Salz
½ Tasse Pflanzenfett
½ Tasse Zucker
1 großes Ei
½ Tasse dunkler Sirup
¼ Tasse Milch
½ Tasse helle Rosinen
½ Tasse Walnüsse, gehackt
4 Scheiben trockenes Weizenbrot, zerbröselt (s. Backtip)

1 Ofen auf 190 °C vorheizen. 2 Backbleche leicht einfetten.

2 Mehl, Natron, Zimt und Salz mischen.

3 Fett und Zucker in einer großen Schüssel schaumig rühren. Ei, dann Sirup und Milch gründlich unterrühren. Nach und nach die Mehlmischung beigeben. Rosinen, Walnüsse und Brotkrümel unterziehen.

4 Mit Löffeln Teighäufchen in 4 cm Abstand auf die Bleche setzen.

5 Etwa 12–15 Min. backen, bis sich die Oberfläche leicht verfärbt. Auf Kuchengitter abkühlen lassen.

Backtip: Es eignen sich fast alle Brote, Brötchen, Kekse oder Kräcker aus Weizenmehl. Doch sollten sie, um nicht zuviel Flüssigkeit aufzusaugen, weder Backpulver noch Natron enthalten.

Knusprige Haferflocken-Jumbos

Häufchenkekse

Ergibt: *25–45 Stück*
Zubereitungszeit: *30 Min.*

3 Tassen Mehl
1 TL Natron
1 Prise Macis, gemahlen
1 TL Salz
2 Tassen Pflanzenfett
2 ½ Tassen brauner Zucker
2 große Eier
½ Tasse Milch
3 ½ Tassen Haferflocken
1 Tasse Rosinen (falls gewünscht)

1 Ofen auf 175 °C vorheizen.

2 Mehl, Natron, Macis und Salz mischen.

3 Fett und Zucker in einer großen Schüssel schaumig rühren. Eier, dann Milch unterrühren. Nach und nach die Mehlmischung zufügen. Haferflocken und Rosinen unterziehen.

4 Mit Eßlöffeln Teighäufchen in 8 cm Abstand auf ungefettete Backbleche setzen. Häufchen mit dem Löffelrücken zu runden Platten von etwa 6 cm Durchmesser verstreichen.

5 Etwa 10–12 Min. backen, bis die Kruste bräunt. Auf Kuchengitter abkühlen lassen.

Backtip: Statt Macis läßt sich gemahlener Muskat verwenden.

Kokos-Ananas-Schnittchen

Gebäckschnitten

Ergibt: *15–35 Stück*
Zubereitungszeit: *30 Min.*

2 ½ Tassen Mehl
2 TL Backpulver
1 TL Natron
1 TL Zimt, gemahlen
½ Tasse Pflanzenfett
3 große Eier
1 Tasse Ananassaft
2 Tassen Kokosflocken
550 g Ananas aus der Dose, zerquetscht, abgetropft
1 Tasse Kokosraspeln

1 Ofen auf 175 °C vorheizen. Eine rechteckige Backform (20 x 30 cm) leicht einfetten.

2 Mehl, Backpulver, Natron und Zimt mischen.

3 Fett, Eier und Ananassaft in einer großen Schüssel kräftig verrühren. Nach und nach die Mehlmischung zugeben. Kokosflocken und Ananas unterziehen.

4 Teig gleichmäßig in der Form verteilen.

5 Etwa 15 Min. backen. Mit Kokosraspeln bestreuen. Weitere 10–15 Min. backen, bis die Kokosflocken zart bräunen. In der Form abkühlen lassen. In Rechtecke schneiden.

Kokos-Butter-Bällchen

Geformte Kekse

Ergibt: *ca. 40 Stück*
Zubereitungszeit: *30 Min.*
Kühlzeit: *4 Std.*

2 Tassen Mehl
½ TL Salz
1 Tasse Butter, Zimmertemperatur
½ Tasse Puderzucker
2 TL Vanillearoma
1 Tasse Kokosflocken
Puderzucker zum Wälzen

1 Mehl und Salz mischen.

2 Butter und Puderzucker in einer großen Schüssel schaumig rühren. Vanillearoma einrühren. Nach und nach die Mehlmischung zufügen. Kokosflocken unterziehen. Zugedeckt 4 Std. in den Kühlschrank stellen.

3 Ofen auf 175 °C vorheizen.

4 Walnußgroße Teigstückchen zu Bällchen formen. Bällchen in 3 cm Abstand auf ungefettete Backbleche setzen.

5 Etwa 10–12 Min. goldbraun backen. Auf Kuchengitter abkühlen lassen.

6 Kurz vor dem Servieren Bällchen in Puderzucker wälzen.

Kokos-Cornflake-Kekse

Häufchenkekse

Ergibt: *ca. 40 Stück*
Zubereitungszeit: *35 Min.*

1 ½ Tassen Mehl
1 TL Backpulver
¼ TL Natron
¼ TL Salz
½ Tasse Pflanzenfett
1 Tasse brauner Zucker
1 großes Ei
⅓ Tasse Milch
1 ½ TL Vanillearoma
1 ½ Tassen Cornflakes
1 Tasse Kokosraspeln

1 Ofen auf 175 °C vorheizen. 2 Backbleche einfetten.

2 Mehl, Backpulver, Natron und Salz mischen.

3 Fett und Zucker in einer großen Schüssel schaumig rühren. Nacheinander Ei, Milch und Vanillearoma gründlich unterrühren. Nach und nach die Mehlmischung beigeben. Cornflakes und Kokosraspeln unterziehen.

4 Mit Löffeln Teighäufchen in 5 cm Abstand auf die Bleche setzen.

5 Etwa 12–15 Min. backen, bis die Oberfläche sich zart verfärbt. Auf Kuchengitter abkühlen lassen.

Kokos-Dromedare

Ausgerollte Kekse

Ergibt: *ca. 40 Stück*
Zubereitungszeit: *35 Min.*
Kühlzeit: *4 Std.*

5 Tassen Mehl
1 TL Backpulver
1 Tasse Pflanzenfett
1 Tasse Zucker
3 große Eier
3 EL Milch
12 Tropfen Mandelaroma
1 Tasse Kokosraspeln

1 Mehl und Backpulver mischen.

2 Fett und Zucker in einer großen Schüssel schaumig rühren. Eier, dann Milch und Mandelaroma gründlich unterrühren. Nach und nach die Mehlmischung zugeben. Kokosraspeln unterziehen. Zugedeckt 4 Std. in den Kühlschrank stellen.

3 Ofen auf 175 °C vorheizen.

4 Teig auf bemehlter Arbeitsfläche gut 0,5 cm dick ausrollen. Mit Förmchen Dromedare oder andere Tierfiguren ausstechen. In 3 cm Abstand auf ungefettete Bleche legen.

5 Etwa 12–15 Min. goldbraun backen. Auf Kuchengitter abkühlen lassen.

Backtip: Zur Dekoration kann man die Konturen der Dromedare mit einer dünnen hellen oder dunklen Glasur nachziehen. Oder man überzieht sie mit einem Guß und streut darauf feingemahlene oder feingehackte Nüsse.

Kokos-Haferflocken-Kekse I

Geformte Kekse

Ergibt: *60–70 Stück*
Zubereitungszeit: *35 Min.*

¾ Tasse Mehl
½ TL Backpulver
½ TL Natron
½ TL Salz
¼ Tasse Pflanzenfett
½ Tasse weißer Zucker
½ Tasse brauner Zucker
1 großes Ei
1 EL Amaretto
1 Tasse Haferflocken
1 Tasse Kokosraspeln
½ Tasse Mandeln, gehackt

1 Ofen auf 175 °C vorheizen. 2 Backbleche leicht einfetten.

2 Mehl, Backpulver, Natron und Salz mischen.

3 Fett, beide Zuckersorten, Ei und Amaretto in einer großen Schüssel gut verrühren. Nach und nach die Mehlmischung zufügen. Haferflocken, Kokosraspeln und Mandeln unterziehen. Es entsteht ein fester Teig.

4 Walnußgroße Teigstücke zu Bällchen formen. Bällchen in 8 cm Abstand auf die Bleche setzen.

5 Etwa 10–12 Min. backen, bis die Kekse Farbe annehmen. Auf Kuchengitter abkühlen lassen.

Backtip: Diese Kekse sollte man in ausreichendem Abstand auf den Blechen verteilen, da sie sich beim Backen stark ausdehnen.

Kokos-Haferflocken-Kekse II

Häufchenkekse

Ergibt: *60–70 Stück*
Zubereitungszeit: *30 Min.*

1 ¼ Tassen Mehl
½ TL Backpulver
½ TL Natron
½ TL Salz
1 Tasse Pflanzenfett
1 Tasse brauner Zucker
½ Tasse weißer Zucker
2 große Eier
¼ Tasse Milch
1 TL Vanillearoma
3 Tassen Haferflocken
¾ Tasse Kokosraspeln

1 Ofen auf 175 °C vorheizen.

2 Mehl, Backpulver, Natron und Salz mischen.

3 Fett und beide Zuckersorten in einer großen Schüssel schaumig rühren. Eier, dann Milch und Vanillearoma gut unterrühren. Nach und nach die Mehlmischung beigeben. Haferflocken und Kokosraspeln unterziehen.

4 Mit Löffeln Teighäufchen in 4 cm Abstand auf ungefettete Backbleche setzen.

5 Etwa 8–11 Min. goldgelb backen. Auf Kuchengitter abkühlen lassen.

Kokos-Karamel-Schnitten

Gebäckschnitten

Ergibt: *15–25 Stück*
Zubereitungszeit: *55 Min.*

Teig
½ Tasse Pflanzenfett
½ Tasse Puderzucker
1 Tasse Mehl

Belag
300 ml Kondensmilch, gesüßt
1 Tasse Buttertoffee-Stückchen
1 Tasse Kokosflocken
1 TL Vanillearoma

1 Ofen auf 175 °C vorheizen. Eine quadratische Backform (20 x 20 cm) leicht einfetten.

2 Für den Teig Fett und Puderzucker in einer mittelgroßen Schüssel schaumig rühren. Nach und nach das Mehl zufügen. Teig gleichmäßig in die Form drücken.

3 Etwa 14 Min. backen.

4 Für den Belag Kondensmilch, Buttertoffee-Stückchen, Kokosflocken und Vanillearoma in einer großen Schüssel gut verrühren.

5 Belag auf den heißen Teig gießen. Weitere 25–30 Min. backen (beim Einstechen mit einem spitzen Hölzchen darf der Teig nicht mehr kleben). In der Form abkühlen lassen. In Scheiben schneiden.

Kokos-Klassiker

Geschnittene Kekse

Ergibt: *60–70 Stück*
Zubereitungszeit: *40 Min.*
Kühlzeit: *4 Std.*

3 ½ Tassen Mehl
1 TL Natron
2 Tassen Pflanzenfett
2 Tassen Zucker
2 große Eier
1 EL Mandelaroma
4 Tassen Kokosraspeln
1 großes Eiweiß, verschlagen

1 Mehl und Natron mischen.

2 Fett und Zucker in einer großen Schüssel schaumig rühren. Eier und Mandelaroma unterschlagen. 3 Tassen Kokosflocken unterziehen. Nach und nach die Mehlmischung zufügen.

3 Teig zur 4 cm dicken Rolle formen. Rolle mit Eiweiß bestreichen und unter leichtem Druck in den restlichen Kokosflocken wälzen. In Wachspapier 4 Std. in den Kühlschrank legen.

4 Ofen auf 160 °C vorheizen.

5 Rolle in gut 0,5 cm dicke Scheiben schneiden. Scheiben in 3 cm Abstand auf ungefettete Bleche legen.

6 Etwa 12–15 Min. goldbraun backen. Auf Kuchengitter abkühlen lassen.

Kokos-Küsschen

Häufchenkekse

Ergibt: *ca. 30 Stück*
Zubereitungszeit: *55 Min.*

4 große Eiweiß
¼ TL Weinstein
¼ TL Salz
1 Tasse Zucker
2 Tropfen Mandelaroma
1 ½ Tassen Kokosflocken

1 Ofen auf 120 °C vorheizen. 2 Bleche mit Backpapier auslegen.

2 Eiweiß in einer großen Schüssel schaumig schlagen. Weinstein und Salz, dann Zucker teelöffelweise unterschlagen. Mandelaroma zugeben. Zu steifem Schnee schlagen. Kokosflocken vorsichtig unterheben.

3 Mit Löffeln Häufchen in 4 cm Abstand auf die Bleche setzen.

4 Etwa 35–40 Min. backen, bis sich die Oberfläche fest anfühlt. Auf Kuchengitter abkühlen lassen.

Backtip: Krosser schmecken die Küßchen, wenn man sie nach Ende der Backzeit im Ofen abkühlen läßt.

Kokos-Marmelade-Schnittchen

Gebäckschnitten

Ergibt: *ca. 30 Stück*
Zubereitungszeit: *60 Min.*

Teig
1 ¼ Tassen Mehl
¼ TL Salz
½ Tasse Pflanzenfett
3 EL Eiswasser

Belag
2 große Eier
½ Puderzucker
2 ⅔ Tassen Kokosflocken
⅓ Tasse Himbeermarmelade

1 Ofen auf 220 °C vorheizen. Eine quadratische Backform (20 x 20 cm) leicht einfetten.

2 Für den Teig Mehl und Salz in einer großen Schüssel mischen. Mit in Stücke geschnittenem Fett zu einem bröseligen Teig verarbeiten. Teig gleichmäßig in die Form drücken. Mit Wasser besprenkeln.

3 Etwa 20 Min. backen.

4 Für den Belag Eier und Zucker in einer großen Schüssel zur dicken, hellen Creme schlagen. Kokosflocken vorsichtig unterziehen.

5 Marmelade auf dem warmen Teig verstreichen. Belag auf der Marmelade verteilen.

6 Ofen auf 190 °C zurückschalten. Weitere 20–25 Min. backen, bis sich die Oberfläche fest anfühlt. In der Form abkühlen lassen. In Quadrate schneiden.

Kokos-Pioniere

Häufchenkekse

Ergibt: *ca. 40 Stück*
Zubereitungszeit: *30 Min.*

1 Tasse Mehl
½ Tasse Haferflocken
½ TL Backpulver
½ TL Natron
½ TL Salz
2 Tassen Kokosflocken
1 Tasse Äpfel, feingehackt (2 Äpfel)
½ Tasse Butter, Zimmertemperatur
½ Tasse weißer Zucker
½ Tasse brauner Zucker
1 großes Ei
6 Tropfen Mandelaroma

1 Ofen auf 190 °C vorheizen. 2 Backbleche leicht einfetten.

2 Mehl, Haferflocken, Backpulver, Natron und Salz mischen. Kokosflocken und Äpfel in einer mittelgroßen Schüssel mischen.

3 Butter und beide Zuckersorten in einer großen Schüssel schaumig rühren. Ei, dann Mandelaroma unterrühren. Nach und nach die Mehlmischung zufügen. Äpfel und Kokosflocken unterziehen.

4 Mit Löffeln Teighäufchen in 4 cm Abstand auf die Bleche setzen.

5 Etwa 8–10 Min. hellgelb backen. Auf Kuchengitter abkühlen lassen.

KOKOS-SANDWICHKEKSE

Ausgerollte Kekse

ERGIBT: *ca. 30 Stück*
ZUBEREITUNGSZEIT: *30 Min.*
KÜHLZEIT: *2 Std.*

¾ Tasse Pflanzenfett
½ Tasse Zucker
1 großes Eigelb
½ TL Vanillearoma
2 Tassen Mehl
1 ⅓ Tassen Kokosflocken
¾–1 Tasse Buttercreme zum Füllen (s. Grundrezepte für Glasuren und Überzüge)

1 Fett und Zucker in einer großen Schüssel schaumig rühren. Eigelb und Vanillearoma unterrühren. Nach und nach das Mehl zugeben. Kokosflocken unterziehen. Zugedeckt 2 Std. in den Kühlschrank stellen.

2 Ofen auf 175 °C vorheizen. 2 Backbleche leicht einfetten.

3 Teig auf bemehlter Arbeitsfläche gut 0,5 cm dick ausrollen. Eine gerade Anzahl runder Kreise von 4 cm Durchmesser ausstechen. Kreise in 3 cm Abstand auf die Bleche legen.

4 Etwa 8–10 Min. lichtgelb backen. Auf Kuchengitter abkühlen lassen.

5 Die Hälfte der Kekse dünn mit der Buttercreme bestreichen. Restliche Kekse auflegen, leicht andrücken.

KOKOS-SCHOKO-SCHNITTEN

Gebäckschnitten

ERGIBT: *15–25 Stück*
ZUBEREITUNGSZEIT: *45 Min.*

¾ Tasse Mehl
½ TL Backpulver
¼ TL Salz
½ Tasse Pflanzenfett
1 Tasse Zucker
2 große Eier
1 ½ TL Schokoladensoße
1 TL Vanillearoma
1 Tasse Kokosraspeln, frisch oder abgepackt

1 Ofen auf 200 °C vorheizen. Eine quadratische Backform (20 x 20 cm) leicht einfetten.

2 Mehl, Backpulver und Salz mischen.

3 Fett und Zucker in einer großen Schüssel schaumig rühren. Eier, dann Schokoladensoße und Vanillearoma gut unterrühren. Nach und nach die Mehlmischung beigeben. Kokosraspeln unterziehen. Teig gleichmäßig in der Form verteilen.

4 Etwa 30–35 Min. backen (der Teig darf beim Einstechen mit einem spitzen Hölzchen nicht mehr kleben). In der Form auf Kuchengitter abkühlen lassen. In Scheiben schneiden.

KOKOS-TRÄUME

Geformte Kekse

ERGIBT: *ca. 30 Stück*
ZUBEREITUNGSZEIT: *45 Min.*

1 Tasse Mehl
⅓ Tasse Zucker
¾ TL Backpulver
55 g halbbittere Schokolade, grob zerkleinert
¼ Tasse Pflanzenfett
1 ½ Tassen Kokosflocken

1 Ofen auf 175 °C vorheizen.

2 Mehl, Zucker und Backpulver mischen.

3 Schokolade und Fett bei niedriger Flamme im Wasserbad zerlassen. Glattrühren. Vom Herd nehmen. Nach und nach die Mehlmischung zugeben. Kokosflocken unterziehen.

4 Walnußgroße Teigstücke zu Bällchen formen. Bällchen in 3 cm Abstand auf ungefettete Backbleche setzen.

5 Etwa 20–30 Min. backen, bis sich die Oberfläche fest anfühlt. Auf Kuchengitter abkühlen lassen.

Kokos-Zuckertaler

Ausgerollte Kekse

Ergibt: *60–70 Stück*
Zubereitungszeit: *30 Min.*
Kühlzeit: *2 Std.*

3 ¾ Tassen Mehl
1 ¼ Tassen Kokosraspeln
1 ½ TL Backpulver
½ TL Salz
1 Tasse Pflanzenfett
1 ½ Tassen Zucker
2 große Eier
1 TL Kokosnußaroma
Zucker zum Bestreuen

1 Mehl, Kokosfleisch, Backpulver und Salz mischen.

2 Fett und Zucker in einer großen Schüssel schaumig rühren. Einzeln die Eier, dann Kokosaroma unterrühren. Nach und nach die Mehlmischung beigeben. Zugedeckt 2 Std. in den Kühlschrank stellen.

3 Ofen auf 190 °C vorheizen. 2 Backbleche leicht einfetten.

4 Teig auf bemehlter Arbeitsfläche knapp 0,5 cm dick ausrollen. Kreise von 5 cm Durchmesser ausstechen. Kreise in 4 cm Abstand auf die Bleche legen. Leicht mit Wasser bepinseln. Mit Zucker bestreuen.

5 Etwa 8–10 Min. goldbraun backen. Auf Kuchengitter abkühlen lassen.

Backtip: Für das Gelingen dieser Kekse ist es wichtig, feingeriebene Kokosraspeln zu benutzen. Man kann den Teig auch zur 5 cm dicken Rolle formen, in Wachspapier 4 Std. in den Kühlschrank legen und dann in gut 0,5 cm dicke Scheiben schneiden und nach Angabe backen.

Kokosbällchen I

Häufchenkekse

Ergibt: *ca. 30 Stück*
Zubereitungszeit: *30 Min.*

2 Tassen Kokosraspeln, frisch oder abgepackt
3 EL Marsala
3 EL Amaretto
2 große Eiweiß
Puderzucker

1 Ofen auf 175 °C vorheizen. 2 Backbleche kräftig einfetten.

2 Kokosraspeln, Marsala und Amaretto in einer mittelgroßen Schüssel mischen.

3 Eiweiß in einer großen Schüssel zu schnittfestem Schnee schlagen. Kokosmischung unterheben.

4 Mit einem in Puderzucker getauchten Löffel Teighäufchen in 4 cm Abstand auf die Bleche setzen.

5 Etwa 18–20 Min. backen, bis sich die Oberfläche zart verfärbt. Auf Kuchengitter abtropfen lassen.

Kokosbällchen II

Geformte Kekse

Ergibt: *60–70 Stück*
Zubereitungszeit: *30 Min.*
Kühlzeit: *4 Std.*

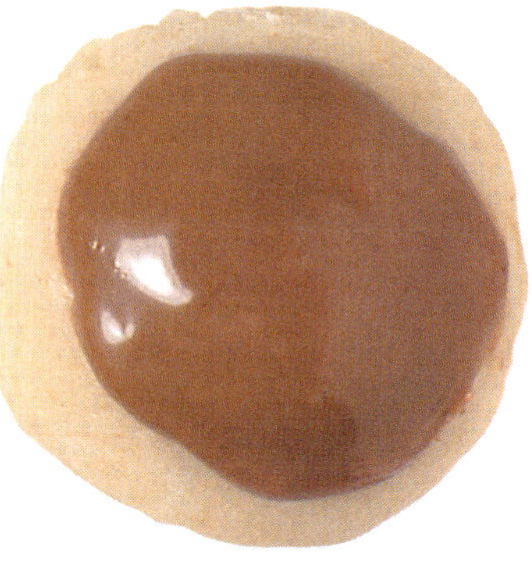

Teig
2 Tassen Puderzucker
¾ Tasse Kartoffelbrei
4 Tassen Kokosraspeln
1 EL Amaretto

Glasur
1 Päckchen Schokoladenglasur
3 EL Wasser
2 EL Butter
2 EL Sirup

1 Zucker, Kartoffelbrei, Kokosraspeln und Amaretto in einer großen Schüssel gut mischen. Zugedeckt 4 Std. in den Kühlschrank stellen.

2 Alle Zutaten für die Glasur im Wasserbad unter ständigem Rühren erwärmen, bis die Butter zerlassen und die Masse glatt ist. Vom Herd nehmen.

3 Auf 2 Blechen Backpapier auslegen.

4 Walnußgroße Teigstücke zu Bällchen formen. Bällchen in die Glasur tunken und auf die Bleche setzen. Mindestens 2 Std. im Kühlschrank erkalten lassen.

Backtip: Der Kartoffelbrei dient hier als Bindemittel für die Teigzutaten.

Kokoshäufchen I

Häufchenkekse

Ergibt: *ca. 40 Stück*
Zubereitungszeit: *30 Min.*

2 Tassen Mehl
2 TL Backpulver
⅔ Tasse Pflanzenfett
1 Tasse brauner Zucker
2 große Eier
2 EL Milch
6 Tropfen Mandelaroma
2 Tassen Kokosflocken

1 Ofen auf 175 °C vorheizen. 2 Backbleche leicht einfetten.

2 Mehl und Backpulver mischen.

3 Fett, Zucker, Eier, Milch und Mandelaroma in einer großen Schüssel mischen und zu einer glatten Creme rühren. Nach und nach die Mehlmischung zugeben. Kokosflocken unterziehen.

4 Mit Löffeln Teighäufchen in 4 cm Abstand auf die Bleche setzen.

5 Etwa 12–15 Min. goldgelb backen. Auf Kuchengitter abkühlen lassen.

Kokoshäufchen II

Häufchenkekse

Ergibt: *25–45 Stück*
Zubereitungszeit: *30 Min.*

1 ½ Tassen Kokosflocken
300 ml Kondensmilch, gesüßt
1 TL Vanillearoma
⅛ TL Salz

1 Ofen auf 120 °C vorheizen. 2 Backbleche leicht einfetten.

2 Alle Zutaten in einer großen Schüssel gut verrühren.

3 Mit Löffeln Teighäufchen in 3 cm Abstand auf die Bleche setzen.

4 Etwa 20–25 Min. backen, bis sich die Kekse fest und trocken anfühlen. Auf Kuchengitter abkühlen lassen. (Fallen die Kekse beim Herunternehmen von den Blechen auseinander, noch einige Minuten in den Ofen schieben und backen.)

Kokoskekse I

Geschnittene Kekse

Ergibt: *60–70 Stück*
Zubereitungszeit: *45 Min.*
Kühlzeit: *8 Std.*

Teig
2 Tassen Mehl
½ TL Natron
1 Tasse Pflanzenfett
1 Tasse Zucker
1 großes Ei
3 Tropfen Mandelaroma
3 ½ Tassen Kokosraspeln

Glasur
1 großes Eigelb
1 TL Milch
etwa 1 Tasse ganze Mandeln, enthäutet

1 Mehl und Natron mischen.

2 Fett und Zucker in einer großen Schüssel schaumig rühren. Ei und Mandelaroma unterrühren. 2 Tassen Kokosflocken unterziehen. Nach und nach die Mehlmischung beigeben.

3 Teig dritteln. Drittel zu 4 cm dicken Rollen formen. Rollen unter leichtem Druck in den restlichen 1 ½ Tassen Kokosflocken wälzen und in Wachspapier 8 Std. oder über Nacht in den Kühlschrank legen.

4 Ofen auf 175 °C vorheizen.

5 Für die Glasur Eigelb und Milch in einer kleinen Schüssel verschlagen.

6 Rollen in gut 0,5 cm dicke Scheiben schneiden. Scheiben in 3 cm Abstand auf ungefettete Bleche legen, mit der Glasur bepinseln. In die Mitte jedes Kekses eine Mandel drücken.

7 Etwa 12–15 Min. goldgelb backen. Auf Kuchengitter abkühlen lassen.

Kokoskekse II

Ausgerollte Kekse

Ergibt: *50–60 Stück*
Zubereitungszeit: *30 Min.*
Kühlzeit: *3 Std.*

1 ½ Tassen Mehl
1 Tasse Speisestärke
1 TL Backpulver
¼ TL Salz
1 Tasse Pflanzenfett
1 Tasse Zucker
1 großes Ei
6 Tropfen Mandelaroma
1 TL geriebene Orangenschale, unbehandelt
1 ⅓ Tassen Kokosraspeln

1 Mehl, Speisestärke, Backpulver und Salz mischen.

2 Fett und Zucker in einer großen Schüssel schaumig rühren. Ei, Mandelaroma und Orangenschale gut unterrühren. Nach und nach die Mehlmischung zugeben. Kokosraspeln unterziehen. Zugedeckt 3 Std. in den Kühlschrank stellen.

3 Ofen auf 175 °C vorheizen. 2 Backbleche leicht einfetten.

4 Teig auf bemehlter Arbeitsfläche gut 0,5 cm dick ausrollen. Kreise von 5 cm Durchmesser ausstechen. Kreise in 3 cm Abstand auf die Bleche legen.

5 Etwa 8–10 Min. zartgelb backen. Auf Kuchengitter abkühlen lassen.

KOKOSKEKSE III

Häufchenkekse

ERGIBT: *50–60 Stück*
ZUBEREITUNGSZEIT: *30 Min.*

4 Tassen Mehl
½ TL Natron
½ Tasse Pflanzenfett
2 Tassen Zucker
5 große Eier, getrennt
1 Tasse Sauermilch (s. Backtip)
2 TL Rosenwasser
1 Tasse Kokosflocken

1 Ofen auf 175 °C vorheizen.

2 Mehl und Natron mischen.

3 Fett und Zucker in einer großen Schüssel schaumig rühren. Eigelb, dann Milch und Rosenwasser gründlich unterrühren. Nach und nach die Mehlmischung zufügen. Kokosflocken unterziehen.

4 In einer zweiten großen Schüssel Eiweiß zu steifem, aber nicht trockenem Schnee schlagen. Eischnee unter den Teig heben.

5 Mit Löffeln Teighäufchen in 4 cm Abstand auf ungefettete Backbleche setzen.

6 Etwa 12–15 Min. goldgelb backen. Auf Kuchengitter abkühlen lassen.

Backtip: Damit Milch sauer wird, verrührt man 1 TL Zitronensaft oder Apfelessig mit 1 Tasse Milch.

KOKOSMAKRONEN I

Häufchenkekse

ERGIBT: *ca. 30 Stück*
ZUBEREITUNGSZEIT: *40 Min.*

½ Tasse Kokosraspeln
2 TL Stärkemehl
⅛ TL Salz
3 große Eiweiß
1 Tasse Zucker
1 TL Vanillearoma

1 Ofen auf 135 °C vorheizen. 2 Bleche mit Backpapier auslegen.

2 Kokosraspeln, Stärkemehl und Salz in einer mittelgroßen Schüssel mischen.

3 Eiweiß in einer großen Schüssel zu steifem, aber nicht trockenem Schnee schlagen. Unter Einrieseln Zucker, dann Vanillearoma unterschlagen. Nach und nach die Kokosmischung unterheben.

4 Mit Löffeln Häufchen in 4 cm Abstand auf die Bleche setzen.

5 Etwa 28–30 Min. backen, bis sich die Makronen zart verfärben. Auf Kuchengitter abkühlen lassen.

KOKOSMAKRONEN II

Häufchenkekse

ERGIBT: *ca. 30 Stück*
ZUBEREITUNGSZEIT: *45 Min.*

1 großes Eiweiß
⅓ Tasse Kondensmilch, gesüßt
1 TL Vanillearoma
1 ½ Tassen Kokosraspeln

1 Ofen auf 150 °C vorheizen. 2 Bleche mit Backpapier auslegen.

2 Eiweiß in einer großen Schüssel zu steifem, aber nicht trockenem Schnee schlagen. Kondensmilch und Vanillearoma vorsichtig unterschlagen. Kokosraspeln unterheben.

3 Mit Löffeln Häufchen in 4 cm Abstand auf die Bleche setzen.

4 Etwa 20–30 Min. backen, bis die Makronen leicht Farbe annehmen. Auf den Blechen abkühlen lassen.

KOKOSMAKRONEN III

Häufchenkekse

ERGIBT: *50–70 Stück*
ZUBEREITUNGSZEIT: *60 Min.*

4 große Eiweiß
2 Tassen Zucker
½ TL frischgepreßter Zitronensaft
2 Tropfen Mandelaroma
1 ½ Tassen Kokosraspeln

1 Backpapier auf 2 Bleche legen.

2 Eiweiß in einer großen Schüssel zu steifem Schnee schlagen. Unter Einrieseln Zucker, dann Zitronensaft und Mandelaroma unterschlagen. Kokosraspeln unterheben.

3 Mit Löffeln Teighäufchen in 3 cm Abstand auf die Bleche setzen. 30 Min. bei Zimmertemperatur beiseite stellen.

4 Ofen auf 120 °C vorheizen.

5 Kekse pyramidenförmig zusammendrücken und in den Ofen schieben.

6 Etwa 35–40 Min. backen, bis die Makronen sich zart verfärben. Auf Kuchengitter abkühlen lassen.

Backtip: Falls nicht alle Makronen auf die beiden Backbleche passen, ein weiteres Blech mit Backpapier auslegen.

KOKOSMAKRONEN DE LUXE

Geformte Kekse

ERGIBT: *60–70 Stück*
ZUBEREITUNGSZEIT: *50 Min.*

2 ½ Tassen Kokosraspeln
1 Tasse Zucker
1 EL Stärkemehl
6 große Eiweiß
2 Tropfen Mandelaroma
etwa 1 ½ Tassen kandierte Kirschen, halbiert

1 Ofen auf 175 °C vorheizen. 2 Bleche mit Backpapier auslegen.

2 Kokosraspeln, Zucker und Stärkemehl in einer mittelgroßen Schüssel mischen.

3 Wasserbad vorbereiten. Darin Eiweiß und Mandelaroma vermengen. Kokosmischung zufügen. Unter Rühren etwa 20 Min. zu einer dicken Masse kochen. Vom Herd nehmen und 5 Min. abkühlen lassen.

4 Teig in Spritzbeutel oder Gebäckspritze mit großer Sterntülle füllen. In 4 cm Abstand Häufchen auf die Bleche spritzen. In die Mitte jeder Makrone eine Kirschhälfte drücken.

5 Etwa 18–20 Min. backen, bis die Oberfläche zart bräunt. Auf Kuchengitter abkühlen lassen.

KOKOSMAKRONEN (KALORIENARM)

Häufchenkekse

ERGIBT: *ca. 40 Stück*
ZUBEREITUNGSZEIT: *30 Min.*

2 EL Mehl
¼ TL Backpulver
2 große Eiweiß
1 Prise Weinstein
1 Prise Salz
2 Tassen Kokosraspeln

1 Ofen auf 175 °C vorheizen. 2 Bleche mit Backpapier auslegen.

2 Mehl und Backpulver mischen.

3 Eiweiß in einer großen Schüssel schaumig schlagen. Weinstein und Salz beigeben, zu steifem Schnee schlagen. Nach und nach die Mehlmischung zugeben. Kokosraspeln unterheben.

4 Häufchen (je 1 gestrichenen TL) in 3 cm Abstand auf die Bleche setzen.

5 Etwa 12–15 Min. goldgelb backen. Auf Kuchengitter abkühlen lassen.

Kokosschnitten I

Gebäckschnitten

Ergibt: *15–25 Stück*
Zubereitungszeit: *30 Min.*

2 Tassen Mehl
1 ½ TL Natron
¾ Tasse Pflanzenfett
½ Tasse brauner Zucker
1 Tasse Apfelmus, ungezuckert
½ TL Vanillearoma
2 Tassen Kokosflocken
½ Tasse Kokosraspeln

1 Ofen auf 175 °C vorheizen. Eine rechteckige Backform (20 x 30 cm) leicht einfetten.

2 Mehl und Natron mischen.

3 Fett und Zucker in einer großen Schüssel schaumig rühren. Apfelmus und Vanillearoma gut unterrühren. Nach und nach die Mehlmischung beigeben. Kokosflocken unterziehen.

4 Teig gleichmäßig in der Form verteilen. Mit Kokosraspeln bestreuen.

5 Etwa 20–25 Min. backen, bis die Oberfläche zart bräunt. In der Form auf Gitter abkühlen lassen. In Schnitten schneiden.

Backtip: Für eine zusätzliche, frische Geschmacksnote kann man das Gebäck vor dem Zerschneiden mit Zitronenglasur (s. Grundrezepte für Glasuren und Überzüge) bestreichen.

Kokosschnitten II

Gebäckschnitten

Ergibt: *ca. 25 Stück*
Zubereitungszeit: *40 Min.*

7 EL Pflanzenfett, zerlassen
1 Tasse trockene Brotkrumen
1 Tasse Kokosraspeln
1 Tasse Buttertoffee-Stückchen
1 Tasse halbbittere Schokoladen-Tröpfchen
1 Tasse Nüsse, gehackt
300 ml Kondensmilch, gesüßt

1 Ofen auf 175 °C vorheizen.

2 Zerlassenes Fett in eine quadratische Backform (20 x 20 cm) gießen. Brotkrumen gleichmäßig in der Form verstreuen. Kokosraspeln, Butterkaramel- und Schokoladen-Tröpfchen und Nüsse darauf verteilen. Mit Kondensmilch übergießen.

3 Etwa 25–30 Min. backen, bis sich die Oberfläche fest anfühlt. In der Form auf Kuchengitter abkühlen lassen. In kleine Quadrate schneiden.

Kokosschnitten III

Gebäckschnitten

Ergibt: *ca. 30 Stück*
Zubereitungszeit: *45 Min.*

Teig
¾ EL Pflanzenfett
3 EL Zucker
1 ½ Tassen Weizen-Vollkornmehl

Belag
2 große Eier
1 Tasse Mandeln, gehackt
1 Tasse Kokosflocken

1 Ofen auf 190 °C vorheizen. Eine rechteckige Backform (20 x 30 cm) leicht einfetten.

2 Für den Teig Fett und Zucker in einer mittelgroßen Schüssel schaumig rühren. Nach und nach das Mehl beigeben. Teig gleichmäßig in die Form drücken.

3 Etwa 15 Min. backen.

4 Für den Belag Eier mit Mandeln und Kokosflocken verschlagen.

5 Belag auf dem heißen Teig verteilen. Weitere 20 Min. backen. In der Form auf Gitter abkühlen lassen. In Scheiben schneiden.

KOKOSSCHNITTEN IV

Gebäckschnitten

ERGIBT: *ca. 30 Stück*
ZUBEREITUNGSZEIT: *45 Min.*

TEIG
1 Packung Backmischung heller Kuchenteig
½ Tasse Butter, gekühlt
½ Tasse Milch

BELAG
1 Tasse Karamelbelag (Fertigmischung)
¼ Tasse Mehl
1 Tasse Kokosflocken

1 Ofen auf 175 °C vorheizen.

2 Backmischung in eine große Schüssel geben. Mit in Stücke geschnittenem Fett zu einer bröseligen Masse verarbeiten. Milch einrühren. 1 Tasse des Teigs beiseite stellen. Restlichen Teig in eine ungefettete rechteckige Backform (20 x 30 cm) drücken.

3 Etwa 10 Min. backen.

4 Karamelbelag und Mehl im Wasserbad unter ständigem Rühren erwärmen. Vom Herd nehmen.

5 Warmen Teig mit Kokosflocken bestreuen. 5 Min. backen, damit die Kokosflocken rösten.

6 Zurückbehaltenen Teig über die Kokosflocken krümeln. Mit dem Karamelbelag beträufeln. Weitere 20 Min. backen.

7 Noch warm in Scheiben schneiden. Auf Kuchengitter abkühlen lassen.

KOKOSSCHEIBEN

Häufchenkekse

ERGIBT: *60–70 Stück*
ZUBEREITUNGSZEIT: *35 Min.*

2 EL Pflanzenfett
½ Tasse Zucker
1 großes Ei
2 EL Sahne (vollfett)
¼ TL Rum
1 Tasse Backmischung Keksteig
⅔ Tasse Kokosfleisch, geraspelt

1 Ofen auf 190 °C vorheizen. 2 Backbleche leicht einfetten.

2 In einer großen Schüssel Fett, Zucker, Ei, Sahne und Rum gut verrühren. Nach und nach Backmischung und Kokosraspeln zugeben.

3 Mit Löffeln Teighäufchen in 4 cm Abstand auf die Bleche setzen.

4 Etwa 8–10 Min. backen, bis sich die Oberfläche leicht verfärbt. Auf Kuchengitter abkühlen lassen.

KOKOSSCHNITTCHEN

Gebäckschnitten

ERGIBT: *15–25 Stück*
ZUBEREITUNGSZEIT: *35 Min.*

2 Tassen Mehl
1 TL Backpulver
½ TL Salz
⅔ Tasse Pflanzenfett
2 Tassen brauner Zucker
3 große Eier
1 TL Vanillearoma
1 ½ Tassen halbbittere Schokoladen-Tröpfchen
¾ Tasse Walnüsse, gehackt
½ Tasse Kokosraspeln

1 Ofen auf 175 °C vorheizen. Eine quadratische Backform (20 x 20 cm) leicht einfetten.

2 Mehl, Backpulver und Salz mischen.

3 Fett und Zucker in einer großen Schüssel schaumig rühren. Eier, dann Vanillearoma gründlich unterrühren. Nach und nach die Mehlmischung zufügen. Schokoladen-Tröpfchen, Walnüsse und Kokosraspeln unterziehen. Teig gleichmäßig in der Form verteilen.

4 Etwa 20–25 Min. backen, bis sich die Oberfläche fest anfühlt. In der Form auf Kuchengitter abkühlen lassen. In beliebig große Scheiben schneiden.

Kolacky

Ausgerollte Kekse

Ergibt: *ca. 40 Stück*
Zubereitungszeit: *35 Min.*
Kühlzeit: *2 Std.*

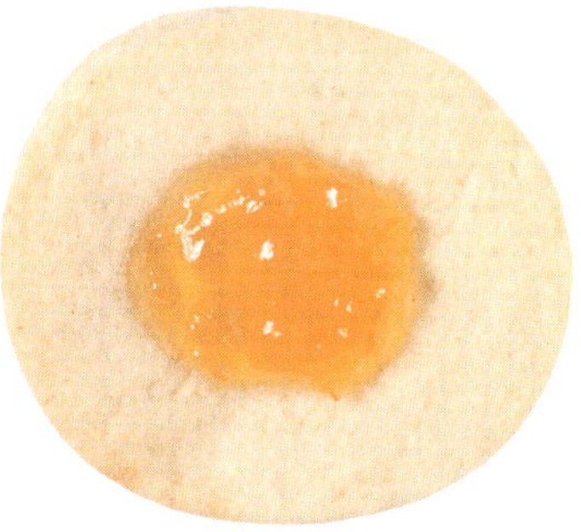

2 ¼ Tassen Mehl
½ TL Salz
1 Tasse Pflanzenfett
225 g Doppelrahm-Frischkäse, Zimmertemperatur
¼ TL Vanillearoma
etwa ¼ Tasse Marmelade oder Konfitüre

1 Mehl und Salz mischen.

2 Fett und Frischkäse in einer großen Schüssel zur glatten Creme schlagen. Vanillearoma unterrühren. Nach und nach die Mehlmischung zugeben. Zugedeckt 2 Std. in den Kühlschrank stellen.

3 Ofen auf 175 °C vorheizen.

4 Teig auf bemehlter Arbeitsfläche gut 0,5 cm dick ausrollen. Kreise von 5 cm Durchmesser ausstechen. Kreise in 3 cm Abstand auf ungefettete Backbleche legen. Mit dem Finger in die Mitte jeder Scheibe eine Mulde drücken. Mulde mit ½ TL Marmelade oder Konfitüre füllen.

5 Etwa 8–10 Min. goldgelb backen. Auf Kuchengitter abkühlen lassen.

Backtip: Das Vanillearoma läßt sich durch Zitronenaroma ersetzen.

Königliche Reiskekse

Häufchenkekse

Ergibt: *ca. 40 Stück*
Zubereitungszeit: *30 Min.*

2 ¼ Tassen Mehl
1 ½ TL Backpulver
¼ TL Weinstein
2 große Eiweiß
1 Tasse Zucker
6 Tropfen Mandelaroma
1 Tasse Milchreis (s. Backtip)

1 Ofen auf 175 °C vorheizen. 2 Backbleche leicht einfetten.

2 Mehl, Backpulver und Weinstein mischen.

3 Eiweiß in einer großen Schüssel zu lockerem Schnee schlagen. Unter Einrieseln Zucker, dann Mandelaroma unterschlagen. Reisbrei einrühren. Nach und nach die Mehlmischung beigeben. Es entsteht ein klebriger Teig.

4 Mit Löffeln Teighäufchen in 3 cm Abstand auf die Bleche setzen.

5 Etwa 12–15 Min. hellbraun backen. Auf Kuchengitter abkühlen lassen.

Backtip: Für den Milchreis knapp 1 l Magermilch in einen Topf gießen und ⅓ Tasse Langkornreis zugeben. Bei niedriger Hitze zum Köcheln bringen. Auf der Flamme unter gelegentlichem Umrühren so lange garen, bis der Reis aufgequellt ist und die Milch aufgesogen hat. Vom Herd nehmen und abkühlen lassen. Diese Kekse sind sehr blaß. Munterer wirken sie, wenn man vor dem Backen in die Mitte je eine kandierte Kirschhälfte drückt und/oder zerlassene Schokolade über das Gebäck träufelt.

Königsperlen

Geformte Kekse

Ergibt: *35–60 Stück*
Zubereitungszeit: *30 Min.*

1 ¼ Tassen Mehl
1 TL Natron
¾ Tasse Butter, Zimmertemperatur
1 Tasse Zucker
½ Tasse Kokosflocken
Puderzucker zum Bestäuben

1 Ofen auf 160 °C vorheizen.

2 Mehl und Natron mischen.

3 Butter und Zucker in einer großen Schüssel flockig rühren. Nach und nach die Mehlmischung zufügen. Kokosflocken unterziehen.

4 Walnußgroße Teigstücke zu Bällchen formen. Bällchen in 5 cm Abstand auf ungefettete Backbleche setzen.

5 Etwa 10–12 Min. goldgelb backen. Auf Kuchengitter abkühlen lassen. Mit Puderzucker besieben.

Korinthen-Rosinen-Schnitten

Gebäckschnitten

Ergibt: *15–25 Stück*
Zubereitungszeit: *35 Min.*

1 Tasse Mehl
1 TL Backpulver
¼ TL Salz
2 große Eier
1 Tasse Zucker
1 TL frischgepreßter Zitronensaft
¾ Tasse helle Rosinen
¾ Tasse Korinthen

1 Ofen auf 175 °C vorheizen. Eine rechteckige Backform (20 x 30 cm) leicht einfetten.

2 Mehl, Backpulver und Salz mischen.

3 Eier und Zucker in einer großen Schüssel zur dicken, hellen Creme schlagen. Zitronensaft unterrühren. Nach und nach die Mehlmischung zugeben. Rosinen und Korinthen unterziehen. Teig gleichmäßig in der Form verteilen.

4 Etwa 20–25 Min. backen (beim Einstechen mit einem spitzen Hölzchen darf der Teig nicht mehr kleben). In der Form auf Kuchengitter abkühlen lassen. In Schnitten schneiden.

Korinthen-Schnitten

Gebäckschnitten

Ergibt: *25–45 Stück*
Zubereitungszeit: *35 Min.*

3 Tassen Mehl
½ TL Natron
½ TL Zimt, gemahlen
½ TL Nelken, gemahlen
½ TL Salz
1 Tasse Pflanzenfett
¾ Tasse weißer Zucker
¾ Tasse brauner Zucker
2 große Eier, leicht verschlagen
⅓ Tasse frischgepreßter Orangensaft
1 Tasse Korinthen
1 Tasse Kokosflocken

Glasur
¾ Tasse Puderzucker
1 EL plus 1 EL frischgepreßter Orangensaft
1 TL feingeriebene Orangenschale, unbehandelt

1 Ofen auf 175 °C vorheizen. Eine rechteckige Backform (20 x 30 cm) leicht einfetten.

2 Mehl, Natron, Gewürze und Salz mischen.

3 Fett in einem großen Topf zerlassen. Vom Herd nehmen. Beide Zuckersorten unterrühren. Einzeln die Eier, dann Orangensaft unterrühren. Nach und nach die Mehlmischung beigeben. Korinthen und Kokosflocken unterziehen. Teig gleichmäßig in der Form verteilen.

4 Etwa 20–25 Min. goldgelb backen.

5 Alle Zutaten für die Glasur in einer kleinen Schüssel glatt verrühren.

6 Das Gebäck noch warm mit der Glasur bestreichen oder beträufeln. In der Form abkühlen lassen. In Scheiben schneiden.

KRAFTSPENDER-KNUSPERCHEN

Häufchenkekse

ERGIBT: *ca. 30 Stück*
ZUBEREITUNGSZEIT: *30 Min.*

½ Tasse Weizenmehl
¼ Tasse Weizen-Vollkornmehl
½ TL Natron
¼ TL Salz
⅓ Tasse Pflanzenfett
½ Tasse brauner Zucker
1 großes Ei
1 EL warmes Wasser
1 EL Vanillearoma
1 Tasse Haferflocken
¾ Tasse Kleieflocken
½ Tasse gemischtes Dörrobst, feingehackt

1 Ofen auf 190 °C vorheizen.

2 Beide Mehlsorten, Natron und Salz mischen.

3 Fett und Zucker in einer großen Schüssel schaumig rühren. Ei, dann Wasser und Vanillearoma gut unterrühren. Nach und nach die Mehlmischung beigeben. Haferflocken, Kleieflocken und Dörrobst unterziehen.

4 Mit Löffeln Teighäufchen in 5 cm Abstand auf die Bleche setzen.

5 Etwa 4–6 Min. backen, bis sich die Kruste färbt. Auf Kuchengitter abkühlen lassen.

KRISPIES

Gebäckschnitten

ERGIBT: *15–25 Stück*
ZUBEREITUNGSZEIT: *30 Min.*

40 g Milchschokolade
½ Tasse Butter
½ Tasse Sirup
1 Tasse Puderzucker
1 TL Vanillearoma
4 Tassen Reis-Krispies

1 Eine rechteckige Backform (20 x 30 cm) leicht einfetten. In Tiefkühltruhe oder -schrank stellen.

2 Schokolade, Butter und Sirup in einem großen Topf zerlassen. Gut verrühren. Vom Herd nehmen, Vanillearoma und Puderzucker unterrühren. Reis-Krispies unterziehen. Mischung gleichmäßig in die Form drücken.

3 Im Kühlschrank 20 Min. erstarren lassen. In Stücke schneiden.

KRÜMELKEKSE I

Gebäckschnitten

ERGIBT: *15–35 Stück*
ZUBEREITUNGSZEIT: *30 Min.*

2 ½ Tassen Kekskrümel (s. Backtip)
1 Tasse halbbittere Schokoladen-Tröpfchen
1 Tasse Walnüsse, gehackt
1 TL Rumaroma
300 ml Kondensmilch, gesüßt

1 Ofen auf 175 °C vorheizen. Eine quadratische Backform (20 x 20 cm) einfetten.

2 Kekskrümel, Schokoladen-Tröpfchen, Walnüsse und Rumaroma in einer großen Schüssel vermengen. Mischung gleichmäßig in die Form drücken. Mit Kondensmilch beträufeln.

3 Etwa 15–20 Min. backen, bis die Kruste leicht bräunt. In der Form auf Gitter abkühlen lassen. In Stücke schneiden.

Backtip: Für die Kekskrümel eignen sich viele Arten von Gebäck: Graham-Kräcker, Butterkekse (auch mit Schokofüllung) und sogar getoastetes Brot. Zur Abwechslung kann man die halbbittere Schokolade durch Vollmilch- oder Edelbitterschokolade, die Walnüsse durch Haselnüsse oder Mandeln ersetzen.

KRÜMELKEKSE II

Ausgerollte Kekse

ERGIBT: *ca. 40 Stück*
ZUBEREITUNGSZEIT: *35 Min.*
KÜHLZEIT: *4 Std.*

1 Tasse Mehl
1 TL Backpulver
½ TL Natron
½ TL Zimt, gemahlen
¼ TL Nelken, gemahlen
⅔ Tasse Pflanzenfett
1 Tasse brauner Zucker
2 große Eier
½ Tasse Sirup
2 ½ Tassen Brotkrümel
Milch zum Glasieren

1 Mehl, Backpulver, Natron, Gewürze und Salz mischen.

2 Fett und Zucker in einer großen Schüssel schaumig rühren. Einzeln die Eier, dann Sirup unterrühren. Nach und nach die Mehlmischung zufügen. Brotkrümel unterziehen. Zugedeckt 4 Std. in den Kühlschrank stellen.

3 Ofen auf 175 °C vorheizen. 2 Backbleche leicht einfetten.

4 Teig auf bemehlter Arbeitsfläche gut 0,5 cm ausrollen. Kreise von 5 cm Durchmesser ausstechen. Kreise in 4 cm Abstand auf die Bleche legen und dünn mit Milch bepinseln.

5 Etwa 6–8 Min. hellbraun backen. Auf Kuchengitter abkühlen lassen.

KRUMKAKE

Geformte Kekse

ERGIBT: *25–45 Stück*
ZUBEREITUNGSZEIT: *30 Min.*
KÜHLZEIT: *1 Std.*

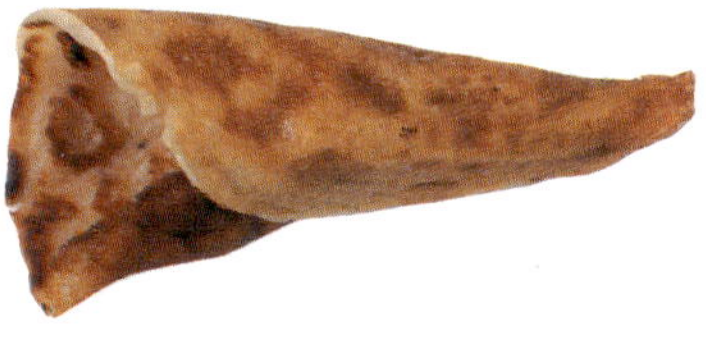

1 ½ Tassen Mehl
¼ TL Kardamom, gemahlen
1 Prise Salz
6 EL Butter, Zimmertemperatur
1 Tasse Zucker
2 große Eier
⅔ Tasse Milch
⅓ Tasse Sahne
1 TL Pflanzenfett

1 Mehl, Kardamom und Salz mischen.

2 Butter und Zucker in einer großen Schüssel schaumig rühren. Eier, dann Milch und Sahne gut unterrühren. Nach und nach die Mehlmischung beigeben. Zugedeckt 1 Std. in den Kühlschrank stellen.

3 Waffeleisen erhitzen und mit Fett auspinseln.

4 In die Mitte des Waffeleisens 1 EL Teig geben. 35–45 Sek. goldbraun backen, Waffel dann sofort zur Tüte oder Zigarre rollen. Abkühlen lassen. Den restlichen Teig ebenso verarbeiten.

Backtip: Noch delikater schmecken die Waffeln, wenn man sie mit Schlagsahne, Schokolade-Frischkäse-Füllung oder Rum-Buttercreme füllt (s. Grundrezepte für Glasuren und Überzüge).

KÜRBIS-TEEGEBÄCK

Ausgerollte Kekse

ERGIBT: *50–60 Stück*
ZUBEREITUNGSZEIT: *30 Min.*

2 Tassen Mehl
1 TL Backpulver
½ TL Natron
½ TL Ingwer, gemahlen
½ TL Piment, gemahlen
½ TL Muskat, gemahlen
¼ TL Salz
¼ Tasse Pflanzenfett
3 TL brauner Zucker
1 Tasse festes, trockenes Kürbisfleisch, zerkleinert
¼ Tasse Joghurt
2 EL Sauermilch

1 Ofen auf 175 °C vorheizen. 2 Backbleche leicht einfetten.

2 Mehl, Backpulver, Natron, Gewürze und Salz mischen.

3 Fett und Zucker in einer großen Schüssel schaumig rühren. Kürbisfleisch, Joghurt und Sauermilch gut unterrühren. Nach und nach die Mehlmischung zugeben.

4 Teig auf bemehlte Arbeitsfläche legen, mit Mehl bestäuben und zu einem geschmeidigen Teig kneten. Knapp 2 cm dick ausrollen. Mit einem scharfen Messer 5 x 5 cm große Quadrate ausschneiden. Quadrate in 3 cm Abstand auf die Bleche legen.

5 Etwa 12–15 Min. backen, bis das Gebäck sich leicht verfärbt. Auf Kuchengitter legen, mit Küchenhandtuch abdecken und abkühlen lassen.

KÜRBISKEKSE I

Häufchenkekse

ERGIBT: *35–60 Stück*
ZUBEREITUNGSZEIT: *30 Min.*

1 ½ Tassen Mehl
¾ TL Backpulver
¼ TL Natron
1 TL Piment, gemahlen
⅓ Tasse Pflanzenfett
1 Tasse festes, trockenes Kürbisfleisch, zerkleinert
1 großes Ei
1 Tasse Datteln, entsteint, gehackt
halbierte Pekannüsse zum Verzieren

1 Ofen auf 175 °C vorheizen. 2 Backbleche leicht einfetten.

2 Mehl, Backpulver, Natron und Piment mischen.

3 Fett und Kürbisfleisch in einer großen Schüssel gut verrühren. Ei unterrühren. Nach und nach die Mehlmischung zugeben. Datteln unterziehen.

4 Mit Löffeln Teighäufchen in 4 cm Abstand auf die Bleche setzen. Auf jeden Keks eine Nußhälfte drücken.

5 Etwa 8–10 Min. backen, bis sich die Oberfläche leicht verfärbt. Auf Kuchengitter abkühlen lassen.

Kürbiskekse II

Häufchenkekse

Ergibt: *35–60 Stück*
Zubereitungszeit: *30 Min.*

1 Tasse helle Rosinen
1 ½ Tassen Weinbrand (ungefähr)
2 Tassen Mehl
1 TL Backpulver
½ TL Natron
1 TL Zimt, gemahlen
½ TL Muskat, gemahlen
¼ TL Piment, gemahlen
1 großes Ei
1 Tasse Pflanzenfett
1 Tasse festes, trockenes Kürbisfleisch, zerkleinert
½ Tasse Walnüsse, gehackt

1 Rosinen in einer kleinen Schüssel mit Weinbrand bedecken. 15 Min. quellen lassen. Gründlich abtropfen. Weinbrand nicht weggießen.

2 Ofen auf 175 °C vorheizen. 2 Backbleche leicht einfetten.

3 Mehl, Backpulver, Natron und Gewürze mischen.

4 Ei in einer großen Schüssel zur dicken, hellen Creme schlagen. Fett und Kürbisfleisch unterrühren. 1 TL des aufbewahrten Weinbrands unterrühren. Nach und nach die Mehlmischung zufügen. Rosinen und Walnüsse unterziehen.

5 Mit Löffeln Teighäufchen in 4 cm Abstand auf die Bleche setzen. Häufchen mit einem bemehlten Löffelrücken flachdrücken.

6 Etwa 10–12 Min. backen, bis die Kekse Farbe annehmen. Auf Kuchengitter abkühlen lassen.

Kürbiskekse III

Häufchenkekse

Ergibt: *ca. 30 Stück*
Zubereitungszeit: *30 Min.*

2 Tassen Mehl
½ TL Backpulver
½ TL Natron
½ TL Zimt, gemahlen
½ TL Ingwer, gemahlen
½ TL Muskat, gemahlen
¼ TL Nelken, gemahlen
½ Tasse Pflanzenfett
1 ½ Tassen brauner Zucker
1 großes Ei
1 Tasse festes trockenes Kürbisfleisch, zerkleinert
1 Tasse Mandeln, gehackt
1 Tasse Rosinen, feingehackt

1 Ofen auf 200 °C vorheizen. 2 Backbleche leicht einfetten.

2 Mehl, Backpulver, Natron und Gewürze mischen.

3 Fett und Zucker in einer großen Schüssel schaumig rühren. Ei und Kürbisfleisch unterrühren. Nach und nach die Mehlmischung beigeben. Mandeln und Rosinen unterziehen.

4 Mit Löffeln Teighäufchen in 5 cm Abstand auf die Bleche setzen.

5 Etwa 12–15 Min. backen, bis sich die Oberfläche leicht verfärbt. Auf Kuchengitter abkühlen lassen.

KÜRBISKEKSE IV

Häufchenkekse

ERGIBT: *50–60 Stück*
ZUBEREITUNGSZEIT: *30 Min.*

4 Tassen Mehl
1 Tasse Haferflocken
1 ½ TL Natron
2 TL Zimt, gemahlen
1 TL Salz
1 ½ Tassen Pflanzenfett
1 Tasse weißer Zucker
1 Tasse brauner Zucker
1 großes Ei
1 TL Vanillearoma
2 Tassen festes trockenes Kürbisfleisch, zerkleinert

1 Ofen auf 175 °C vorheizen.

2 Mehl, Haferflocken, Natron, Zimt und Salz mischen.

3 Fett und beide Zuckersorten in einer großen Schüssel schaumig rühren. Nacheinander Ei, Vanillearoma und Kürbisfleisch einrühren. Nach und nach die Mehlmischung zugeben.

4 Mit Löffeln Teighäufchen in 5 cm Abstand auf ungefettete Backbleche setzen.

5 Etwa 18–20 Min. backen, bis die Oberfläche zart bräunt. Auf Kuchengitter abkühlen lassen.

Backtip: Diese Kekse lassen sich optisch und geschmacklich aufpeppen, wenn man sie mit einer Vanilleglasur (s. Grundrezepte für Glasuren und Überzüge) beträufelt.

KÜRBISSCHNITTEN

Gebäckschnitten

ERGIBT: *15–25 Stück*
ZUBEREITUNGSZEIT: *45 Min.*

2 Tassen Mehl
2 TL Backpulver
1 TL Natron
2 TL Zimt, gemahlen
½ TL Ingwer, gemahlen
½ TL Nelken, gemahlen
½ TL Muskat, gemahlen
¾ TL Salz
4 große Eier
2 Tassen Zucker
¾ Tasse Pflanzenöl
450 g festes Kürbisfleisch aus der Dose
Vanilleglasur (s. Grundrezepte für Glasuren und Überzüge)

1 Ofen auf 175 °C vorheizen. Eine rechteckige Backform (20 x 30 cm) leicht einfetten.

2 Mehl, Backpulver, Natron, Gewürze und Salz mischen.

3 Eier und Zucker in einer großen Schüssel zur dicken, hellen Creme schlagen. Öl und Kürbis gründlich unterrühren. Nach und nach die Mehlmischung beigeben. Teig in die Form füllen.

4 Etwa 30–35 Min. backen, bis sich die Teigränder von der Form lösen und die Oberfläche bei Berührung federnd nachgibt. In der Form auf Gitter abkühlen lassen.

5 Abgekühltes Gebäck glasieren. In Scheiben schneiden.

KÜSS-MICH-SCHNELL-KEKSE

Ausgerollte Kekse

ERGIBT: *50–60 Stück*
ZUBEREITUNGSZEIT: *30 Min.*
KÜHLZEIT: *4 Std.*

3 ¼ Tassen Mehl
½ Tasse Haselnüsse, gemahlen
½ TL Natron
1 TL Ingwer, gemahlen
½ TL Zimt, gemahlen
¼ TL Muskat, gemahlen
¼ TL Salz
¼ Tasse Pflanzenfett
⅔ Tasse brauner Zucker
¾ Tasse Honig, angewärmt
2 große Eier
1 TL geriebene Zitronenschale, unbehandelt
½ Tasse geriebene Orangenschale, unbehandelt

1 Mehl, Haselnüsse, Natron, Gewürze und Salz mischen.

2 Fett und Zucker in einer großen Schüssel schaumig rühren. Honig , dann Eier gut unterrühren. Zitronen- und Orangenschale einrühren. Nach und nach die Mehlmischung beigeben. Zugedeckt 4 Std. in den Kühlschrank stellen.

3 Ofen auf 175 °C vorheizen.

4 Teig auf bemehlter Arbeitsfläche gut 0,5 cm dick ausrollen. Kreise von 4 cm Durchmesser ausstechen. Kreise in 3 cm Abstand auf ungefettete Bleche legen.

5 Etwa 10–12 Min. backen, bis die Oberfläche zart bräunt. Auf Kuchengitter abkühlen lassen.

KÜSSCHEN

Geformte Kekse

ERGIBT: *ca. 40 Stück*
ZUBEREITUNGSZEIT: *30 Min.*

1 ⅓ Tassen Mehl
1 TL Natron
½ TL Salz
½ Tasse Pflanzenfett
½ Tasse weißer Zucker
½ Tasse brauner Zucker
½ Tasse Erdnußbutter
1 großes Ei
1 TL Vanillearoma
Zucker zum Wälzen
Schokolinsen zum Verzieren

1 Ofen auf 175 °C vorheizen.

2 Mehl, Natron und Salz mischen.

3 Fett und beide Zuckersorten in einer großen Schüssel schaumig rühren. Erdnußbutter, dann Ei und Vanillearoma gründlich unterrühren. Nach und nach die Mehlmischung zufügen.

4 Walnußgroße Teigstücke zu Bällchen formen. Bällchen in Zucker wälzen und in 3 cm Abstand auf ungefettete Bleche setzen.

5 Etwa 8–10 Min. backen, bis der Teig sich leicht verfärbt. In die Mitte jedes Kekses 1 Schokoladenlinse drücken. Weitere 3 Min. backen. Auf Kuchengitter abkühlen lassen.

LADYFINGERS I

Geformte Kekse

ERGIBT: *ca. 30 Stück*
ZUBEREITUNGSZEIT: *35 Min.*

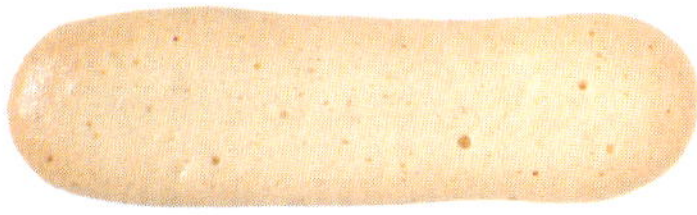

⅓ Tasse Mehl
½ TL Salz
2 große Eier, getrennt
½ Tasse Puderzucker
½ TL Vanillearoma

1 Ofen auf 175 °C vorheizen. 2 Bleche mit Backpapier auslegen.

2 Mehl und Salz mischen.

3 Eigelb und Puderzucker in einer großen Schüssel zur dicken, hellen Creme schlagen.

4 Eiweiß in einer kleinen Schüssel zu steifem, aber nicht trockenem Schnee schlagen. Vanillearoma unterschlagen. Eischnee allmählich unter die Eigelbcreme ziehen. Nach und nach die Mehlmischung zugeben.

5 Teig in Spritzbeutel oder Gebäckspritze mit großer, schlichter Tülle füllen. 8 cm lange Streifen in 3 cm Abstand auf die Bleche spritzen.

6 Etwa 12–15 Min. goldgelb backen. Auf den Blechen abkühlen lassen.

LADYFINGERS II

Geformte Kekse

ERGIBT: *ca. 40 Stück*
ZUBEREITUNGSZEIT: *35 Min.*

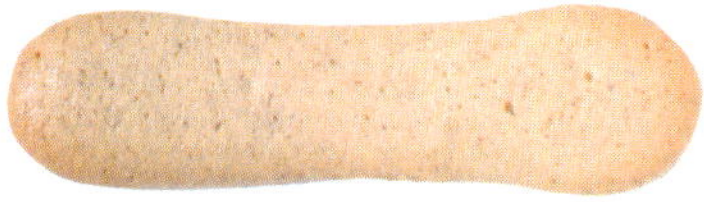

1 ¾ Tassen Mehl
½ TL Zimt, gemahlen
¼ TL Nelken, gemahlen
4 Eigelb von großen Eiern
2 Tassen Puderzucker

1 Ofen auf 175 °C vorheizen. 2 Bleche mit Backpapier auslegen.

2 Mehl, Zimt und Nelken mischen.

3 Eigelb und Puderzucker in einer großen Schüssel zur dicken, hellen Creme schlagen. Nach und nach die Mehlmischung zufügen.

4 Teig in Spritzbeutel oder Gebäckspritze mit großer, schlichter Tülle füllen. 8 cm lange Streifen in 3 cm Abstand auf die Bleche spritzen.

5 Etwa 10–12 Min. goldgelb backen. Auf den Blechen abkühlen lassen.

LEBKUCHEN

Ausgerollte Kekse

ERGIBT: *35–60 Stück*
ZUBEREITUNGSZEIT: *45 Min.*
KÜHLZEIT: *24 Std.*

3 ½ Tassen Mehl
½ TL Natron
1 TL Zimt, gemahlen
1 TL Muskat, gemahlen
½ TL Piment, gemahlen
½ TL Ingwer, gemahlen
¼ TL Nelken, gemahlen
1 TL Salz
¾ Tasse Honig
¾ Tasse brauner Zucker
1 großes Ei
3 EL frischgepreßter Zitronensaft
2 TL geriebene Zitronenschale, unbehandelt
1 Tasse Zitronat, gehackt
1 Tasse Mandeln, gehackt
Kandierte Kirschen, halbiert

1 Mehl, Natron, Gewürze und Salz mischen.

2 Honig in einem großen Topf aufkochen. Vom Herd nehmen, Zucker unterrühren. Nacheinander Ei, Zitronensaft und -schale unterschlagen. Nach und nach die Mehlmischung zugeben. Zitronat und Mandeln unterziehen. Teig in einer zugedeckten Schüssel 24 Std. in den Kühlschrank stellen.

3 Ofen auf 175 °C vorheizen.

4 Teig auf bemehlter Arbeitsfläche gut 0,5 cm dick ausrollen. Runde Scheiben von 5 cm Durchmesser ausstechen. Scheiben in 5 cm Abstand auf ungefettete Bleche legen und mit je einer Kirschhälfte verzieren.

5 Etwa 10–12 Min. hellbraun backen. Auf Kuchengitter abkühlen lassen.

Backtip: Traditionell überzieht man diese Kekse gern mit einer weißen Glasur. Besonders appetitlich sehen sie aus, wenn man um die Kirschen Mandelblättchen arrangiert.

LIEBESBRIEFE

Geformte Kekse

ERGIBT: *50–60 Stück*
ZUBEREITUNGSZEIT: *40 Min.*

FÜLLUNG
2 große Eiweiß
¼ Tasse Zucker
½ TL Zimt, gemahlen
1 Tasse Mandeln, feingemahlen
1 TL geriebene Zitronenschale, unbehandelt

TEIG
2 Tassen Mehl
¼ TL Salz
¾ Tasse Pflanzenfett
2 EL Zucker
4 große Eigelb

1 Ofen auf 175 °C vorheizen.

2 Für die Füllung Eiweiß in einer mittelgroßen Schüssel zu steifem, aber nicht trockenem Schnee schlagen. Zucker und Zimt unterschlagen. Mandeln und Zitronenschale unterrühren. Beiseite stellen.

3 Für den Teig Mehl und Salz mischen.

4 Fett und Zucker in einer großen Schüssel schaumig rühren. Eigelb unterrühren. Nach und nach die Mehlmischung zufügen.

5 Teig auf bemehlter Arbeitsfläche gut 0,5 cm dick ausrollen. Mit einem scharfen Messer knapp 8 x 8 cm große Quadrate ausschneiden und in 3 cm Abstand auf ungefettete Bleche legen. Jedes Quadrat in der Mitte mit 1 TL Füllung belegen und zum Briefumschlag falten. Teigränder leicht andrücken.

6 Etwa 18–20 Min. goldgelb backen. Auf Kuchengitter abkühlen lassen.

LIKÖRPLÄTZCHEN

Häufchenkekse

ERGIBT: *35–60 Stück*
ZUBEREITUNGSZEIT: *30 Min.*

1 ½ Tassen Mehl
½ TL Natron
1 TL Zimt, gemahlen
½ TL Nelken, gemahlen
½ TL Piment, gemahlen
⅛ TL Salz
½ Tasse Butter, Zimmertemperatur
¾ Tasse brauner Zucker
2 große Eier
¼ Tasse Amaretto
1 Tasse Mandeln, gehackt
1 Tasse Rosinen

1 Ofen auf 175 °C vorheizen. 2 Bleche leicht einfetten.

2 Mehl, Natron, Gewürze und Salz mischen.

3 Butter und Zucker in einer großen Schüssel schaumig rühren. Eier, dann Amaretto unterrühren. Nach und nach die Mehlmischung beigeben. Mandeln und Rosinen unterziehen.

4 Mit Löffeln Teighäufchen in 4 cm Abstand auf die Bleche setzen.

5 Etwa 10–12 Min. backen, bis die Oberfläche zart bräunt. Auf Kuchengitter abkühlen lassen.

LITAUISCHE PRESKUCHIAI

Ausgerollte Kekse

ERGIBT: *50–60 Stück*
ZUBEREITUNGSZEIT: *30 Min.*

2 ½ Tassen Weizen-Vollkornmehl
1 ½ TL Bierhefe
1 EL Honig
1 TL Salz
¼ Tasse warmes Wasser
¾ Tasse fettarmes Milchpulver

1 Ofen auf 200 °C vorheizen. 2 Backbleche leicht einfetten.

2 Mehl und Hefe mischen.

3 Honig, Salz, Wasser und Milchpulver in einem Topf verrühren. Nach und nach die Mehlmischung zugeben.

4 Teig zum knapp 1,5 cm dicken Rechteck ausrollen. Längs in 1,5 cm breite Streifen schneiden. Streifen in Abständen von 1,5 cm durchschneiden, so daß Würfel entstehen. Teigwürfel in 4 cm Abstand auf die Bleche legen.

5 Etwa 8–10 Min. hellbraun backen. Auf Kuchengitter abkühlen lassen.

LIZZIES

Häufchenkekse

ERGIBT: *ca. 40 Stück*
ZUBEREITUNGSZEIT: *30 Min.*

1 ½ Tassen Mehl
1 ½ TL Natron
1 TL Zimt, gemahlen
¼ TL Muskat, gemahlen
¼ TL Nelken, gemahlen
¼ Tasse Pflanzenfett
½ Tasse brauner Zucker
2 große Eier
⅓ Tasse Bourbon
1 ½ El Milch
1 ½ Tassen Rosinen
1 Tasse Walnüsse, feingehackt
1 ½ Tassen kandierte Kirschen, gehackt (s. Backtip)
½ Tasse Zitronat, gehackt (s. Backtip)

1 Ofen auf 175 °C vorheizen.

2 Mehl, Natron und Gewürze mischen.

3 Fett und Zucker in einer großen Schüssel schaumig rühren. Nacheinander Eier, Bourbon und Milch gut unterrühren. Nach und nach die Mehlmischung zufügen. Rosinen, Walnüsse, Kirschen und Zitronat unterziehen.

4 Mit Löffeln Teighäufchen in 4 cm Abstand auf ungefettete Backbleche setzen.

5 Etwa 10–12 Min. backen, bis die Oberfläche zart bräunt. Auf Kuchengitter abkühlen lassen.

Backtip: Statt Kirschen und Zitronat lassen sich auch andere kandierte Früchte verwenden.

LUMBERJACKS

Ausgerollte Kekse

ERGIBT: *50–60 Stück*
ZUBEREITUNGSZEIT: *30 Min.*
KÜHLZEIT: *4 Std.*

2 Tassen Mehl
½ TL Natron
1 TL Zimt, gemahlen
1 TL Ingwer, gemahlen
½ TL Salz
⅔ Tasse Pflanzenfett
½ Tasse Zucker
1 großes Ei
½ Tasse Sirup

1 Mehl, Natron, Zimt, Ingwer und Salz mischen.

2 Fett und Zucker in einer großen Schüssel schaumig rühren. Ei, dann Sirup gründlich unterrühren. Nach und nach die Mehlmischung zufügen. Zugedeckt 4 Std. in den Kühlschrank stellen.

3 Ofen auf 175 °C vorheizen.

4 Teig auf bemehlter Arbeitsfläche gut 0,5 cm dick ausrollen. Runde Scheiben von 6–7 cm Durchmesser ausstechen. Scheiben in 3 cm Abstand auf ungefettete Backbleche legen.

5 Etwa 10–12 Min. backen, bis die Oberfläche trocken aussieht und die Ränder zart bräunen. Auf Kuchengitter abkühlen lassen.

Macadamianuss-Kekse

Häufchenkekse

Ergibt: *ca. 30 Stück*
Zubereitungszeit: *35 Min.*
Kühlzeit: *4 Std.*

3 Tassen Mehl
2 TL Natron
1 TL Salz
1 ½ Tassen Pflanzenfett
1 ½ Tassen brauner Zucker
⅔ Tasse weißer Zucker
4 große Eier
1 TL Vanillearoma
1 TL frischgepreßter Zitronensaft
2 Tassen Macadamianüsse, gehackt
½ Tasse Haferflocken

1 Mehl, Natron und Salz mischen.

2 Fett und beide Zuckersorten in einer großen Schüssel schaumig rühren.Einzeln die Eier, dann Vanillearoma und Zitronensaft gut unterrühren. Nach und nach die Mehlmischung zugeben. Nüsse und Haferflocken unterziehen.

3 Ofen auf 160 °C vorheizen. 2 Backbleche leicht einfetten.

4 Mit Löffeln Teighäufchen in 4 cm Abstand auf die Bleche setzen.

5 Etwa 15–18 Min. backen, bis die Kekse zarte Farbe annehmen. Auf Kuchengitter abkühlen lassen.

Macadamianuss-Schnitten

Gebäckschnitten

Ergibt: *15–35 Stück*
Zubereitungszeit: *55 Min.*

Teig
2 Tassen Mehl
2 Tassen brauner Zucker
1 Tasse Pflanzenfett

Füllung
1 großes Ei
1 TL Natron
1 Tasse saure Sahne
1 Tasse Macadamianüsse, gehackt

1 Ofen auf 175 °C vorheizen. Eine rechteckige Backform (20 x 30 cm) leicht einfetten.

2 Für den Teig Mehl und Zucker in einer großen Schüssel mischen. Mit in Stücke geschnittenem Fett zu einem bröseligen Teig verarbeiten. Teig gleichmäßig in die Form drücken.

3 Für die Füllung Ei in einer mittelgroßen Schüssel zur dicken, hellen Creme schlagen. Natron, dann Sahne unterrühren. Füllung auf dem Teig verteilen und mit den Nüssen bestreuen.

4 Etwa 45–50 Min. backen, bis sich die Oberfläche fest anfühlt. In der Form auf Gitter abkühlen lassen. In Scheiben schneiden.

Magische Augenblicke

Gebäckschnitten

Ergibt: *15–35 Stück*
Zubereitungszeit: *45 Min.*

½ Tasse Pflanzenfett
1 Tasse Kekskrümel
1 Tasse Walnüsse, gehackt
1 Tasse Kokosflocken
170 g Schokoladen-Tröpfchen
300 ml Kondensmilch, gesüßt

1 Ofen auf 175 °C vorheizen. Eine quadratische Backform (20 x 20 cm) leicht einfetten.

2 Fett in einem kleinen Topf zerlassen. Vom Herd nehmen.

3 Kekskrümel, Walnüsse, Kokosflocken und Schokoladen-Tröpfchen in einer großen Schüssel mischen. Zerlassenes Fett unterrühren. Kondensmilch beigeben. Mischung gleichmäßig in der Form verteilen.

4 Etwa 30–35 Min. backen, bis die Oberfläche Farbe annimmt. In der Form auf Kuchengitter abkühlen lassen. In Rechtecke oder Quadrate schneiden.

Backtip: Es gibt viele Varianten dieses Rezepts, u.a. angereichert mit Rosinen, Weizenkeimen und anderen Zutaten.

Mailänderli

Ausgerollte Kekse

Ergibt: *15–25 Stück*
Zubereitungszeit: *30 Min.*
Kühlzeit: *1 Std.*

2 ¾ Tassen Mehl
⅛ TL Salz
¾ Tasse Pflanzenfett
¾ Tasse Zucker
1 großes Ei
1 großes Eigelb
½ TL frischgepreßter Zitronensaft
½ TL geriebene Zitronenschale, unbehandelt
1 großes Eigelb, verquirlt

1 Mehl und Salz mischen.

2 Fett und Zucker in einer großen Schüssel schaumig rühren. Ei und Eigelb gut unterrühren. Zitronensaft und -schale einrühren. Nach und nach die Mehlmischung zufügen. Zugedeckt 1 Std. in den Kühlschrank stellen.

3 Ofen auf 190 °C vorheizen. 2 Backbleche leicht einfetten.

4 Teig auf bemehlter Arbeitsfläche gut 0,5 cm dick ausrollen. Beliebige Formen ausstechen und in 3 cm Abstand auf die Bleche setzen. Mit verschlagenem Eigelb bepinseln.

5 Etwa 10–12 Min. goldgelb backen. Auf Kuchengitter abkühlen lassen.

Backtip: Diese traditionellen Weihnachtsplätzchen werden gern zu Tannenbäumen ausgestochen.

Maismehl-Plätzchen

Häufchenkekse

Ergibt: *60–80 Stück*
Zubereitungszeit: *30 Min.*

2 ⅔ Tassen Mehl
1 Tasse gelbes Maismehl
1 TL Backpulver
1 TL Muskat, gemahlen
¼ TL Salz
1 Tasse Pflanzenfett
1 ½ Tassen Zucker
2 große Eier
1 TL frischgepreßter Zitronensaft
½ Tasse Rosinen, feingehackt

1 Ofen auf 200 °C vorheizen. 2 Backbleche leicht einfetten.

2 Mehl, Maismehl, Backpulver, Muskat und Salz mischen.

3 Fett und Zucker in einer großen Schüssel schaumig rühren. Einzeln die Eier, dann Zitronensaft unterrühren. Nach und nach die Mehlmischung zufügen. Rosinen unterziehen.

4 Mit Löffeln Teighäufchen auf die Bleche setzen.

5 Etwa 8–10 Min. hellgelb backen. Auf Kuchengitter abkühlen lassen.

Makronen I

Häufchenkekse

Ergibt: *ca. 30 Stück*
Zubereitungszeit: *40 Min.*

2 große Eiweiß
1 EL Stärkemehl
½ Tasse Zucker
1 TL Vanillearoma
1 Tasse Kokosflocken

1 Ofen auf 175 °C vorheizen. 2 Bleche mit Backpapier auslegen.

2 Eiweiß in einer mittelgroßen Schüssel zu steifem, aber nicht trockenem Schnee schlagen. Stärkemehl unterziehen. Ins Wasserbad geben und bei niedriger Flamme Zucker unterrühren. 3–4 Min. leise kochen, bis sich die Masse vom Topfrand zu lösen beginnt. Vom Herd nehmen. Vanillearoma, dann Kokosflocken unterziehen.

3 Mit Löffeln Teighäufchen in 4 cm Abstand auf die Bleche setzen.

4 Etwa 20–25 Min. backen, bis das Gebäck zart bräunt und sich fest anfühlt. Auf den Blechen abkühlen lassen.

Backtip: Man kann diesen Teig auch in Spritzbeutel oder Gebäckspritze füllen und Häufchen, Streifen oder andere Motive auf die Bleche spritzen.

Makronen II

Häufchenkekse

Ergibt: *15–25 Stück*
Zubereitungszeit: *35 Min.*

4 große Eiweiß
¼ TL Salz
1 ½ Tassen Zucker
6 Tropfen Mandelaroma
1 Tasse Kokosraspeln
½ Tasse Mandeln, feingemahlen
3 Tassen Cornflakes

1 Ofen auf 175 °C vorheizen. 2 Bleche mit Backpapier auslegen.

2 Eiweiß und Salz in einer großen Schüssel zu steifem Schnee schlagen. Nacheinander Zucker, Mandelaroma, Kokosraspeln und Mandeln unterschlagen. Cornflakes unterheben.

3 Mit Löffeln Teighäufchen in 4 cm Abstand auf die Bleche setzen.

4 Etwa 12–15 Min. backen, bis die Makronen sanft bräunen. Auf den Blechen über Gitter etwas abkühlen lassen. Vom Papier nehmen.

Mandel-Brödli

Geformte Kekse

Ergibt: *ca. 140 Stück*
Zubereitungszeit: *55 Min.*

4 Tassen Mehl
2 TL Backpulver
1 Tasse Pflanzenöl
4 große Eier
1 Tasse Zucker
6 Tropfen Mandelaroma
1 Tasse Mandeln, gemahlen

1 Ofen auf 175 °C vorheizen.

2 Mehl und Backpulver mischen.

3 Pflanzenöl, Eier, Zucker und Mandelaroma in einer großen Schüssel zur dicken, hellen Creme schlagen. Nach und nach die Mehlmischung und die Mandeln unterziehen.

4 Teig sechsteln. Jede Portion zum etwa 30 x 3 cm großen Laib formen. Laibe auf ungefettete Backbleche legen.

5 Etwa 30 Min. backen. Laibe auf Arbeitsfläche diagonal in knapp 1,5 cm dicke Scheiben schneiden.

6 Scheiben weitere 15 Min. backen, bis sie trocken sind. Auf Kuchengitter abkühlen lassen.

Mandel-Butterkekse I

Ausgerollte Kekse

Ergibt: *30 Stück*
Zubereitungszeit: *45 Min.*
Kühlzeit: *4 Std.*

Teig
1 ¼ Tassen Mehl
¼ Tasse Zucker
¾ Tasse Butter
6 Tropfen Mandelaroma
⅛ TL Salz
2 große Eiweiß, leicht verschlagen

Belag
¼ Tasse Zucker
1 EL Mandeln, feingemahlen, geröstet
⅛ TL Zimt, gemahlen

1 Mehl, Zucker, Butter, Mandelaroma und Salz in einer großen Schüssel gründlich vermengen. Es entsteht ein bröseliger Teig. Zugedeckt mindestens 4 Std. in den Kühlschrank stellen.

2 Ofen auf 175 °C vorheizen.

3 Teig auf bemehlter Arbeitsfläche zum 30 x 20 cm großen Rechteck ausrollen. Rechteck längs in etwa 3 cm breite Streifen schneiden. Streifen in 4 Schnitten schneiden. Schnitten in 3 cm Abstand auf ungefettete Backbleche legen.

4 Schnitten mit dem verschlagenen Eiweiß bestreichen. 20 Min. ruhen lassen.

5 Alle Zutaten für den Belag in einer kleinen Schüssel mischen. Gleichmäßig über die Kekse streuen.

6 Etwa 10–12 Min. backen, bis die Schnitten zart bräuen. Auf Kuchengitter abkühlen lassen.

Backtip: Zur Abwechslung lassen sich für den Belag grobgemahlene Mandeln nehmen. Dann bestreut man die Schnitten zunächst mit dem Zimtzucker, danach mit den Mandeln.

Mandel-Butterkekse II

Geformte Kekse

Ergibt: *50–70 Stück*
Zubereitungszeit: *35 Min.*

2 Tassen Mehl
1 TL Backpulver
1 Tasse Butter, Zimmertemperatur
1 Tasse Zucker
2 große Eigelb
4 Tropfen Mandelaroma
½ TL Zitronenaroma
½ TL Vanillearoma
etwa 70 ganze Mandeln, enthäutet

1 Ofen auf 150 °C vorheizen.

2 Mehl und Backpulver mischen.

3 Butter und Zucker in einer großen Schüssel zur flockig-schaumigen Masse rühren. Eigelb, dann Mandelaroma, Zitronen- und Vanillearoma unterrühren. Die Mehlmischung zufügen.

4 Walnußgroße Teigstücke zu Bällchen formen. Bällchen in 4 cm Abstand auf ungefettete Bleche setzen.

5 Bällchen leicht flachdrücken und mit je einer Mandel verzieren. 15–20 Min. backen, bis die Oberfläche leicht bräunt. Auf Kuchengitter abkühlen lassen.

Mandel-Butterkugeln

Geformte Kekse

Ergibt: *15–25 Stück*
Zubereitungszeit: *35 Min.*

1 Tasse halbbittere Schokoladen-Tröpfchen
¾ Tasse Butter, Zimmertemperatur
1 EL Milch
12 Tropfen Mandelaroma
½ Tasse Zucker
½ TL Salz
½ Tasse Mandeln, gemahlen
2 Tassen Mehl
Puderzucker zum Wälzen

1 Ofen auf 175 °C vorheizen.

2 Schokoladen-Tröpfchen im Wasserbad bei niedriger Flamme zerlassen und glattrühren. Vom Herd nehmen. Butter, Milch, Mandelaroma, Zucker und Salz unterrühren. Mandeln unterziehen. Nach und nach das Mehl beigeben.

3 Walnußgroße Teigstücke zu Bällchen formen. Bällchen in Puderzucker wälzen und in 3 cm Abstand auf ungefettete Bleche setzen.

4 Etwa 12–15 Min. backen, bis sich die Kekse fest anfühlen. Leicht abkühlen lassen.

5 Abgekühlte Kekse in Puderzucker wälzen.

Backtip: Die Kekse sollten in nicht ganz luftdichten Behältern lagern. Für Walnuß-Butterkugeln ersetzt man Mandelaroma und Mandeln durch Vanillearoma und Walnüsse, für Haselnuß-Butterkugeln durch Haselnußlikör und Haselnüsse.

Mandel-Crostata

Gebäckschnitten

Ergibt: *15–25 Stück*
Zubereitungszeit: *60 Min.*

Teig
2 ½ Tassen Mehl
2 TL Backpulver
¼ Tasse Butter, Zimmertemperatur
¾ Tasse Zucker
2 große Eier
2 EL Pflanzenfett
2 TL Rum

Füllung
140 g halbbittere Schokolade, zerkleinert
2 große Eier
5 EL Zucker
12 Tropfen Mandelaroma
2 Tassen Mandelsplitter
1 Tasse Walnüsse, gehackt
5 EL Amaretto

1 Ofen auf 175 °C vorheizen. Eine rechteckige Backform (20 x 30 cm) leicht einfetten.

2 Für den Teig Mehl und Backpulver mischen.

3 Butter und Zucker in einer großen Schüssel schaumig rühren. Eier, dann Fett und Rum gut unterrühren. Nach und nach die Mehlmischung zugeben.

4 Teig in zwei Portionen, eine doppelt so groß wie die andere, teilen. Die größere Portion auf bemehlter Arbeitsfläche zum 20 x 30 cm großen Rechteck ausrollen und in die Form betten.

5 Für die Füllung Schokolade bei niedriger Flamme im Wasserbad zerlassen. Glattrühren. Vom Herd nehmen.

6 Eier in einer großen Schüssel leicht verschlagen. Nacheinander Zucker, zerlassene Schokolade und Mandelaroma unterrühren. Mandeln und Walnüsse unterziehen.

7 Füllung gleichmäßig auf dem Teig verteilen.

8 Restlichen Teig zum gut 0,5 cm dicken Rechteck ausrollen. Rechteck in knapp 1,5 cm breite Streifen schneiden. Streifen gitterförmig auf die Füllung legen.

9 Etwa 25–35 Min. backen, bis die Gitterstreifen zart bräunen. Gebäck noch heiß mit Amaretto beträufeln. In der Form auf Gitter leicht abkühlen lassen. In Stücke schneiden.

Mandel-Eiweiss-Kekse

Ausgerollte Kekse

Ergibt: *15–25 Stück*
Zubereitungszeit: *30 Min.*

2 große Eiweiß
1 Tasse Puderzucker
1 Tasse Mandeln, feingemahlen

1 Ofen auf 150 °C vorheizen. 2 Bleche mit Backpapier auslegen.

2 Eiweiß in einer großen Schüssel schaumig schlagen. Unter Einrieseln des Puderzuckers zu steifem, schnittfestem Schnee schlagen. Mandeln unterziehen.

3 Teig auf einer großzügig bemehlten Arbeitsfläche gut 0,5 cm dick ausrollen. 5 cm große Herzen oder andere Motive ausstechen und in 3 cm Abstand auf die Bleche legen.

4 Etwa 20–25 Min. backen, bis die Kekse schwach Farbe annehmen. Auf Kuchengitter abkühlen lassen.

Mandel-Frucht-Kekse

Häufchenkekse

Ergibt: *15–25 Stück*
Zubereitungszeit: *35 Min.*

3 Tassen Haferflocken
1 Tasse Weizenmehl
1 Tasse Sojamehl
1 Tasse Rapsöl
1 Tasse brauner Zucker
2 große Eier
¼ Tasse fettarme Milch
¼ TL Salz
1 Tasse getrocknete Aprikosen, feingehackt

1 Ofen auf 175 °C vorheizen. 2 Backbleche einfetten.

2 Haferflocken und beide Mehlsorten mischen.

3 Öl und Zucker in einer großen Schüssel gründlich verrühren. Eier, Milch und Salz gut unterrühren. Nach und nach die Haferflockenmischung zufügen. Aprikosen unterziehen.

4 Mit Löffeln Teighäufchen in 4 cm Abstand auf die Bleche setzen. Häufchen mit dem in Sojamehl getauchten Boden eines Glases flachdrücken.

5 Etwa 10–12 Min. zart goldbraun backen. Auf Kuchengitter abkühlen lassen.

Mandel-Frucht-Ringe

Geformte Kekse

Ergibt: *24 Stück*
Zubereitungszeit: *35 Min.*

1 Tasse Pflanzenfett
¾ Tasse brauner Zucker
2 große Eigelb
6 Tropfen Mandelaroma
2 ½ Tassen Mehl
¾ Tasse Mandelsplitter
½ Tasse kandierte Früchte, feingehackt
1 großes Eiweiß
1 EL heller Sirup
6–12 kandierte Kirschhälften

1 Ofen auf 160 °C vorheizen.

2 Fett und Zucker in einer großen Schüssel schaumig rühren. Eigelb und Mandelaroma gut unterrühren. Nach und nach das Mehl beigeben. Mandelsplitter und kandierte Früchte unterziehen.

3 Walnußgroße Teigstücke zu bleistiftdünnen Strängen rollen. Stränge auf ungefetteten Blechen in 3 cm Abstand zu Ringen formen. Enden zusammendrücken.

4 Eiweiß und Sirup in einer mittelgroßen Schüssel gut verschlagen. Mischung auf die Ringe pinseln. Kirschhälfte auf die „Schweißstelle" der Ringe drücken.

5 Etwa 18–20 Min. goldgelb backen. Auf Kuchengitter abkühlen lassen.

Backtip: Optisch beeindrucken die Ringe noch mehr, wenn man sie ohne Glasur und Kirschen in den Ofen schiebt, nach dem Abkühlen mit einer weißen Glasur bestreicht und mit Kirschen garniert.

Mandel-Gesundheitskekse

Häufchenkekse

Ergibt: *15–25 Stück*
Zubereitungszeit: *40 Min.*

1 ½ Tassen Haferflocken
1 Tasse Weizen-Vollkornmehl
¼ Tasse fettarmes Milchpulver
¼ Tasse Weizenkeime
¼ TL Backpulver
½ TL Zimt, gemahlen
½ TL Salz
¾ Tasse Pflanzenfett
1 ¼ Tassen brauner Zucker
1 großes Ei
¼ Tasse Zitronensaftkonzentrat
1 Tasse Mandelblättchen
½ Tasse helle Rosinen

1 Ofen auf 175 °C vorheizen.

2 Haferflocken, Mehl, Milchpulver, Weizenkeime, Backpulver, Zimt und Salz mischen.

3 Fett und Zucker in einer großen Schüssel schaumig rühren. Ei und Zitronensaftkonzentrat gut unterrühren. Nach und nach die Haferflockenmischung zugeben. Mandeln und Rosinen unterziehen.

4 Mit Löffeln Teighäufchen in 4 cm Abstand auf ungefettete Backbleche setzen. Häufchen mit bemehltem Löffelrücken flachdrücken.

5 Etwa 25–30 Min. backen, bis die Oberfläche zart bräunt. Auf Kuchengitter abkühlen lassen.

Backtip: Eine schmackhafte Variante: Teighäufchen mit Sesamsamen bestreuen, flachdrücken und backen.

Mandel-Ingwer-Kekse

Häufchenkekse

Ergibt: *50–60 Stück*
Zubereitungszeit: *30 Min.*

2 Tassen Mehl
½ TL Backpulver
1 Tasse Pflanzenfett
½ Tasse Zucker
2 TL Ingwer, gemahlen
3 Tropfen Mandelaroma
etwa 60 ganze Mandeln, enthäutet

1 Ofen auf 175 °C vorheizen.

2 Mehl und Backpulver mischen.

3 Fett und Zucker in einer großen Schüssel schaumig rühren. Ingwer und Mandelaroma unterrühren. Nach und nach die Mehlmischung beigeben.

4 Mit Teelöffeln Teighäufchen auf ungefettete Backbleche setzen. Häufchen mit bemehltem Löffelrücken etwas abflachen und mit je einer Mandel verzieren.

5 Etwa 12–15 Min. goldgelb backen. Auf Kuchengitter abkühlen lassen.

Backtip: Der Ingwer wirkt intensiver, wenn man den rohen Teig 24 Std. im Kühlschrank ruhen läßt. Die abgekühlten Kekse lassen sich mit zerlassener Schokolade beträufeln.

Mandel-Ingwer-Täfelchen

Ausgerollte Kekse

Ergibt: *15–25 Stück*
Zubereitungszeit: *35 Min.*
Kühlzeit: *4 Std.*

3 Tassen Mehl
1 TL Ingwer, gemahlen
1 TL Salz
½ Tasse Butter, Zimmertemperatur
½ Tasse brauner Zucker
½ Tasse Sirup
1 TL Natron
¼ Tasse heißes Wasser
1 ½ Tassen Mandeln, gehackt

1 Mehl, Ingwer und Salz mischen.

2 Butter und Zucker in einer großen Schüssel schaumig rühren. Sirup gut unterrühren.

3 Natron im Wasser auflösen. Zur Sirupmasse geben und glattschlagen. Nach und nach die Mehlmischung zufügen. Mandeln unterziehen. Zugedeckt mindestens 4 Std. in den Kühlschrank stellen.

4 Ofen auf 175 °C vorheizen. 2 Backbleche einfetten.

5 Teig auf bemehlter Arbeitsfläche gut 0,5 cm dick ausrollen. In 8 x 3 cm große Streifen schneiden. Streifen in 3 cm Abstand auf die Bleche legen.

6 Etwa 10–12 Min. backen. Auf Kuchengitter abkühlen lassen.

Backtip: Zum Abmessen von Sirup siehe Tip 16 (S. xiii).

Mandel-Kaffee-Wonneschnitten

Gebäckschnitten

Ergibt: *15–35 Stück*
Zubereitungszeit: *50 Min.*

Teig
½ Tasse Butter
3 EL Puderzucker
2 große Eigelb
1 TL Pulverkaffee
1 EL warmes Wasser
2 Tassen Mehl, eventuell mehr

Belag
½ Tasse halbbittere Schokoladen-Tröpfchen
2 große Eiweiß
1 Prise Salz
¼ Tasse Zucker
¼ Tasse Mandeln, gemahlen
¼ Tasse Mandeln, gehackt

1 Ofen auf 175 °C vorheizen. Eine rechteckige Backform (20 x 30 cm) leicht einfetten.

2 Für den Teig Butter, Puderzucker, Eigelb, Kaffee und Wasser in einer großen Schüssel zu einer glatten Masse rühren. Mehl beigeben. Es entsteht ein bröseliger Teig. Nötigenfalls etwas Mehl zufügen.

3 Teig gleichmäßig in die Form drücken. 20 Min. backen.

4 Für den Belag Schokoladen-Tröpfchen im Wasserbad bei niedriger Flamme zerlassen und glattrühren. Leicht abkühlen lassen.

5 Eiweiß und Salz in einer großen Schüssel schaumig schlagen. Unter Einrieseln des Zuckers zu steifem Schnee schlagen. Zerlassene Schokolade und gemahlene Mandeln unterheben.

6 Belag auf dem heißen Teig verteilen. Mit gehackten Mandeln bestreuen. Weitere 20 Min. backen, bis der Belag fest ist. In der Form auf Gitter abkühlen lassen. In Streifen schneiden.

Mandel-Kirsch-Kekse I

Ausgerollte Kekse

Ergibt: *50–60 Stück*
Zubereitungszeit: *30 Min.*

½ Tasse Pflanzenfett
1 Tasse Zucker
1 großes Eigelb
½ TL Zitronenaroma
3 Tropfen Mandelaroma
½ TL geriebene Orangenschale, unbehandelt
1 ¼ Tassen Mehl
½ Tasse Mandeln, feingemahlen
25–30 kandierte Kirschen, halbiert

1 Ofen auf 175 °C vorheizen.

2 Fett und Zucker in einer großen Schüssel schaumig rühren. Nacheinander Eigelb, Zitronenaroma, Mandelaroma und Orangenschale gründlich unterrühren. Nach und nach das Mehl zufügen.

3 Teig auf bemehlter Arbeitsfläche gut 0,5 cm dick ausrollen. Herzen oder andere Motive ausstechen und in gemahlenen Mandeln wälzen. In 3 cm Abstand auf ungefettete Bleche legen.

4 In die Mitte jedes Kekses eine halbierte Kirsche drücken.

5 Etwa 12–15 Min. zartgelb backen. Auf Kuchengitter abkühlen lassen.

Backtip: Zur Abwandlung des Rezepts kann man auf die gemahlenen Mandeln verzichten und statt dessen die Kekse noch heiß mit bunten Zuckerstreuseln bestreuen.

Mandel-Kirsch-Kekse II

Häufchenkekse

Ergibt: *25–40 Stück*
Zubereitungszeit: *35 Min.*

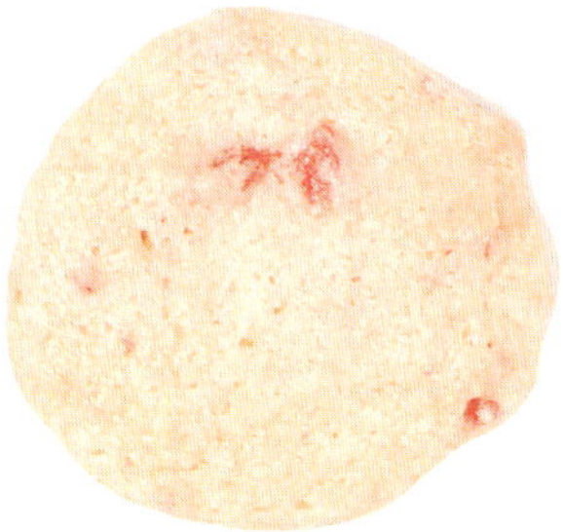

2 Tassen Zucker
½ Tasse Mehl
½ TL Backpulver
¼ TL Salz
4 große Eiweiß
2 Tassen Mandeln, feingemahlen
1 Tasse kandierte Kirschen, feingehackt

1 Ofen auf 160 °C vorheizen. 2 Backbleche leicht einfetten und mit Mehl bestäuben.

2 Zucker, Mehl, Backpulver, Salz und Eiweiß in einer großen Schüssel gründlich verrühren. Mandeln und Kirschen unterziehen.

3 Mit Löffeln Teighäufchen in 4 cm Abstand auf die Bleche setzen.

4 Etwa 12–15 Min. goldgelb backen. Auf den Blechen leicht abkühlen lassen, dann auf Kuchengitter legen.

Backtip: Zu diesen Keksen paßt auch eine Glasur.

Mandel-Kokos-Schnitten I

Gebäckschnitten

Ergibt: *15–25 Stück*
Zubereitungszeit: *45 Min.*

Teig
1 Tasse Mehl
½ Tasse Puderzucker
½ Tasse Kokosraspeln
¼ TL Salz
½ Tasse Pflanzenfett

Glasur
1 Päckchen weiße Glasur
½ Tasse Kokosflocken
½ Tasse Mandeln, gehackt
3 Tropfen Mandelaroma
½ Tasse halbbittere Schokoladen-Tröpfchen

1 Ofen auf 190 °C vorheizen.

2 Für den Teig Mehl, Puderzucker, Kokosraspeln und Salz mischen. Mit in Stücke geschnittenem Fett zu einem bröseligen Teig verarbeiten.

3 Teig gleichmäßig in einer ungefetteten rechteckigen Backform (20 x 30 cm) verteilen. 12 Min. goldgelb backen.

4 Glasur nach Anleitung zubereiten. Kokosflocken, Mandeln und Mandelaroma unterrühren.

5 Warmes Gebäck mit Schokoladen-Tröpfchen bestreuen. 1–2 Min. warten, bis die Tropfen schmelzen. Zerlassene Schokolade gleichmäßig verstreichen. Darauf die Glasur verteilen.

6 In der Form auf Gitter abkühlen lassen. In Stücke schneiden.

Backtip: Man kann grobe oder feine Kokosflocken verwenden. Eine Mischung aus beiden sorgt für eine abwechslungreichere Struktur.

Mandel-Kokos-Schnitten II

Gebäckschnitten

Ergibt: *ca. 30 Stück*
Zubereitungszeit: *60 Min.*

Teig
1 ⅓ Tassen Mehl
2 TL Backpulver
½ TL Salz
⅓ Tasse Pflanzenfett
1 Tasse Zucker
2 große Eier
12 Tropfen Mandelaroma
1 Tasse Kokosflocken

Belag
1 EL Mehl
½ Tasse brauner Zucker
1 großes Ei
¼ Tasse Kondensmilch
½ Tasse Mandeln, gehackt

1 Ofen auf 175 °C vorheizen. Eine quadratische Backform (20 x 20 cm) leicht einfetten.

2 Für den Teig Mehl, Backpulver und Salz mischen.

3 Fett und Zucker in einer großen Schüssel schaumig rühren. Eier und Mandelaroma gründlich unterrühren. Nach und nach die Mehlmischung zufügen. Kokosflocken unterziehen.

4 Teig gleichmäßig in die Form drücken.

5 Für den Belag alle Zutaten in einer mittelgroßen Schüssel gut verrühren. Belag gleichmäßig auf dem Teig verteilen.

6 Etwa 35–40 Min. backen, bis der Belag fest ist. In der Form auf Gitter abkühlen lassen. In Stücke schneiden.

Mandel-Kokos-Schnitten III

Gebäckschnitten

Ergibt: *15–25 Stück*
Zubereitungszeit: *50 Min.*

Teig
1 Tasse Mehl
¼ TL Salz
¼ Tasse Pflanzenfett

Belag
2 große Eier
¾ Tasse Zucker
6 Tropfen Mandelaroma
2 EL Mehl
¼ TL Salz
2 Tassen Kokosraspeln
1 Tasse Mandelsplitter
Zucker zum Bestreuen

1 Ofen auf 175 °C vorheizen. Eine quadratische Backform (20 x 20 cm) einfetten.

2 Für den Teig Mehl und Salz in einer mittelgroßen Schüssel mischen. Mit in Stücke geschnittenem Fett zu einem bröseligen Teig verarbeiten.

3 Teig gleichmäßig in die Form drücken. 15 Min. backen.

4 Für den Belag Eier und Zucker in einer großen Schüssel zur dicken, hellen Creme schlagen. Mandelaroma unterrühren. Mehl und Salz beigeben. Kokosraspeln und Mandelsplitter unterziehen.

5 Belag auf dem warmen Teig verteilen. Leicht mit Zucker bestreuen. 15 Min. backen, bis der Belag fest ist und zart bräunt.

6 In der Form auf Kuchengitter abkühlen lassen. In Stücke schneiden.

Mandel-Reismehl-Plätzchen

Geformte Kekse

ERGIBT: *50–60 Stück*
ZUBEREITUNGSZEIT: *30 Min.*

⅓ Tasse Pflanzenfett
½ Tasse brauner Zucker
1 Tasse Mandeln, gemahlen
1 Tasse Reismehl

1 Ofen auf 175 °C vorheizen.

2 Fett und Zucker in einer großen Schüssel schaumig rühren. ¾ Tasse Mandeln unterziehen. Nach und nach das Reismehl zufügen.

3 Walnußgroße Teigstücke zu Bällchen formen. Bällchen in den restlichen Mandeln wälzen, in 3 cm Abstand auf ungefettete Backblecke setzen und mit dem bemehlten Boden eines Glases flachdrücken.

4 Etwa 10–12 Min. backen, bis die Keksränder zarte Farbe annehmen. Auf Kuchengitter abkühlen lassen.

Backtip: Für dieses Rezept kann man durchaus auch zur Hälfte Reis- und Weizenmehl nehmen.

Mandel-Schoko-Schnitten I

Gebäckschnitten

ERGIBT: *15–25 Stück*
ZUBEREITUNGSZEIT: *45 Min.*

2 große Eier
1 Tasse brauner Zucker
etwa 30 g halbbittere Schokolade, gerieben
3 Tropfen Mandelaroma
¼ Tasse Mandeln, gemahlen
1 EL Backpulver
¼ TL Zimt, gemahlen
2 Tassen Mehl

1 Ofen auf 175 °C vorheizen. Eine quadratische Backform (20 x 20 cm) leicht einfetten.

2 Eier in einer großen Schüssel zur dicken, hellen Creme schlagen. Nacheinander Zucker, Schokolade, Mandelaroma, Mandeln, Backpulver und Zimt gründlich unterrühren. Nach und nach das Mehl zufügen.

3 Teig gleichmäßig in der Form verteilen.

4 Etwa 28–30 Min. sanftbraun backen. In der Form auf Gitter abkühlen lassen. In Schnitten schneiden.

Backtip: Hier eine Variante des Rezepts: Hälfte des Teigs in einer quadratischen Form verteilen. 8–10 Min. backen. Warm mit 2–3 EL Marmelade oder Konfitüre nach Wahl bestreichen. Darüber den restlichen Teig verteilen. Weitere 12–15 Min. backen, bis die Oberfläche bräunt. Eine zweite Variante: Nach Rezept zubereiteten Teig backen. In der Zwischenzeit 2 große Eiweiß mit ¼ TL Salz zu steifem, aber nicht trockenem Schnee schlagen. ¼ Tasse Zucker unterschlagen. Das warme Gebäck mit der Baisermasse bestreichen, mit ¼ Tasse gemahlenen Mandeln bestreuen und weitere 8–10 Min. backen.

Mandel-Schoko-Schnitten II

Gebäckschnitten

ERGIBT: *15–25 Stück*
ZUBEREITUNGSZEIT: *30 Min.*

TEIG
1 großes Eigelb
1 TL Vanillearoma
1 Tasse Pflanzenfett
½ Tasse weißer Zucker
½ Tasse brauner Zucker
2 Tassen Mehl

GLASUR
250 g Vollmilchschokolade, gehackt
½ Tasse Mandeln, gehackt

1 Ofen auf 175 °C vorheizen. Eine quadratische Backform (20 x 20 cm) leicht einfetten.

2 Für den Teig Eigelb in einer mittelgroßen Schüssel zur dicken, hellen Creme schlagen. Vanillearoma unterschlagen.

3 Fett und beide Zuckersorten in einer großen Schüssel schaumig rühren. Eicreme unterrühren. Nach und nach das Mehl zugeben. Es entsteht ein fester Teig.

4 Teig gleichmäßig in die Form drücken. 18–20 Min. backen, bis die Oberfläche zart bräunt.

5 In der Zwischenzeit Schokolade im Wasserbad bei niedriger Flamme zerlassen. Glattrühren. Vom Herd nehmen.

6 Zerlassene Schokolade auf dem warmen Gebäck verteilen. Mit Mandeln bestreuen. In der Form auf Gitter abkühlen lassen. In Schnitten schneiden.

Backtip: Für die Glasur lassen sich Kuvertüre, Schokoladen-Tröpfchen oder Schokaladetafeln verwenden, zur Abwechslung auch aus weißer Schokolade. Wer den Mandelgeschmack intensivieren will, ersetzt den Teelöffel Vanillearoma durch 6 Tropfen Mandelaroma.

Mandel-Schoko-Schnitten III

Gebäckschnitten

ERGIBT: *15–25 Stück*
ZUBEREITUNGSZEIT: *35 Min.*

1 Tasse Pflanzenfett
½ Tasse Zucker
1 großes Eigelb
6 Tropfen Mandelaroma
2 Tassen Mehl
280 g Vollmilchschokolade, gehackt (s. Backtip)
½ Tasse Mandelblättchen

1 Ofen auf 175 °C vorheizen. Eine rechteckige Backform (25 x 40 cm) einfetten.

2 Fett und Zucker in einer großen Schüssel schaumig rühren. Eigelb und Mandelaroma gründlich unterrühren. Mehl zufügen.

3 Teig gleichmäßig in der Form verteilen. 18–20 Min. backen.

4 In der Zwischenzeit Schokolade im Wasserbad bei niedriger Flamme zerlassen. Glattrühren. Vom Herd nehmen.

5 Zerlassene Schokolade auf dem warmen Gebäck verstreichen. Mit Mandeln bestreuen. In der Form auf Gitter abkühlen lassen. In Streifen schneiden.

Backtip: Hier sollte man nicht Tafelschokolade, sondern Kuvertüre verwenden.

Mandel-Spritzsterne

Geformte Kekse

Ergibt: *ca. 30 Stück*
Zubereitungszeit: *30 Min.*

1 Tasse Butter, Zimmertemperatur
⅔ Tasse Zucker
3 große Eigelb
½ Tasse Mandeln, feingemahlen
3 Tropfen Mandelaroma
½ TL frischgepreßter Zitronensaft
2 ½ Tassen Mehl

1 Ofen auf 200 °C vorheizen.

2 Butter und Zucker in einer großen Schüssel schaumig rühren. Eigelb unterschlagen. Nacheinander der Mandeln, Mandelaroma und Zitronensaft einrühren. Nach und nach das Mehl beigeben.

3 Teig in Spritzbeutel oder Gebäckspritze mit Sterntülle füllen. Häufchen in 3 cm Abstand auf ungefettete Bleche spritzen.

4 Etwa 10–12 Min. goldgelb backen. Auf Kuchengitter abkühlen lassen.

Mandel-Teegbäck

Ausgerollte Kekse

Ergibt: *ca. 30 Stück*
Zubereitungszeit: *35 Min.*

7 EL Butter, Zimmertemperatur
½ Tasse Zucker
¾ Tasse Mandeln, feingemahlen
1 Prise Salz
6 Tropfen Mandelaroma
3 Tassen Mehl
Puderzucker zum Bestäuben

1 Ofen auf 175 °C vorheizen. 2 Backbleche einfetten.

2 Butter und Zucker in einer großen Schüssel flockig rühren. Nacheinander Mandeln, Salz und Mandelaroma unterrühren. Nach und nach das Mehl beigeben.

3 Teig auf bemehlter Arbeitsfläche gut 1 cm dick ausrollen. In 5 x 1 cm große Streifen schneiden. Streifen in 4 cm Abstand auf die Bleche legen.

4 Etwa 15–20 Min. backen, bis die Kekse sanft bräunen.

5 Kekse warm mit Puderzucker bestreuen. Auf Kuchengitter abkühlen lassen.

Mandel-Waffelrollen

Häufchenkekse

Ergibt: *15–35 Stück*
Zubereitungszeit: *60 Min.*

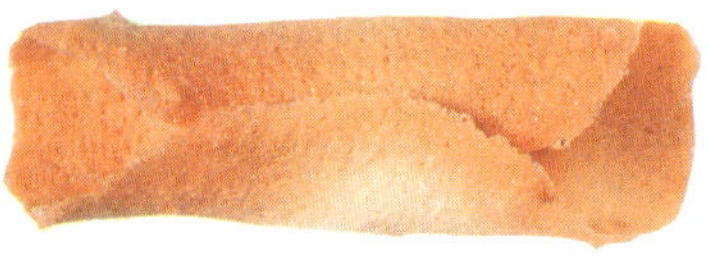

½ Tasse Mandeln, feingemahlen
1 EL Milch, eventuell mehr
1 Tasse Zucker
4 große Eiweiß
1 Prise Salz
Puderzucker zum Bestäuben

1 Mandeln im Mixer zur geschmeidigen Paste verarbeiten. In eine Schüssel geben. Zucker zufügen. So viel Milch beigeben, daß die Masse sirupähnliche Konsistenz annimmt.

2 Eiweiß mit dem Salz in einer großen Schüssel zu steifem, aber nicht trockenem Schnee schlagen. Vorsichtig etwa 2 EL Eischnee unter die Mandelmasse ziehen. Dann die Mandelmasse unter den restlichen Eischnee heben.

3 Eine flache Omelettpfanne erhitzen. Eßlöffelweise Teigportionen unter einmaligem Wenden von beiden Seiten goldbraun backen.

4 Gebäck noch heiß aufrollen. Röllchen auf Kuchengitter legen, mit Puderzucker bestreuen und abkühlen lassen.

Backtip: Man legt die Röllchen 2 Std. in den Kühlschrank, ehe man sie mit Hilfe von Spritzbeutel oder Gebäckspritze mit Sterntülle mit Schlagsahne oder einer Creme füllt. Dann legt man sie bis zum Servieren zurück in den Kühlschrank. Ungefüllt und luftdicht verpackt halten sich die Röllchen im Gefrierfach bis zu 6 Monaten.

MANDELBÄLLCHEN

Geformte Kekse

ERGIBT: *60–70 Stück*
ZUBEREITUNGSZEIT: *35 Min.*

⅔ Tasse Pflanzenfett
1 Tasse Zucker
2 große Eigelb
2 Tassen Mehl
½ Tasse Mandeln, gemahlen
Pflanzenöl zum Ausbacken

1 Fett und Zucker in einer großen Schüssel zur schaumigen, flockigen Masse rühren.

2 Eigelb in einer anderen Schüssel zur dicken, hellen Creme schlagen. Unter die Fett-Zucker-Mischung ziehen.

3 Nach und nach Mehl und Mandeln beigeben. Es entsteht ein fester Teig. Wirkt er zu trocken, vorsichtig (je ½ TL) Wasser beimengen.

4 Walnußgroße Teigstücke zu Bällchen formen.

5 Öl in einer Friteuse oder einem hohen, schweren Topf auf 190 °C erhitzen. Bällchen in mehreren Partien goldbraun ausbacken. Auf Küchenkrepp abtropfen lassen.

Backtip: Das Öl muß die richtige Temperatur haben. Ist es zu kühl, saugt das Gebäck zu viel Fett auf. Ist es zu heiß, bräunen die Bällchen zu schnell, gehen nicht auf und bleiben innen teigig. Man kann die abgekühlten Bällchen in Puderzucker wälzen oder in zerlassene Schokolade tunken.

MANDELBISSEN

Geformte Kekse

ERGIBT: *70 Stück*
ZUBEREITUNGSZEIT: *30 Min.*

2 Tassen Mehl
1 TL Backpulver
¾ TL Kardamom, gemahlen
1 TL Zimt, gemahlen
½ TL Salz
½ Tasse Pflanzenfett
½ Tasse weißer Zucker
½ Tasse brauner Zucker
1 großes Ei
6 Tropfen Mandelaroma
60 ganze Mandeln, enthäutet

1 Ofen auf 175 °C vorheizen.

2 Mehl, Backpulver, Gewürze und Salz mischen.

3 Fett und beide Zuckersorten in einer großen Schüssel schaumig rühren. Ei und Vanillearoma gründlich unterrühren. Nach und nach die Mehlmischung zugeben.

4 Teig vierteln. Jedes Viertel zum etwa 40 cm langen Strang rollen. Stränge in knapp 3 cm breite Scheiben schneiden.

5 In jede Scheibe eine Mandel drücken. Kekse in 3 cm Abstand auf ungefettete Backbleche legen.

6 Etwa 12–14 Min. backen, bis die Keksränder leicht bräunen. Auf Kuchengitter abkühlen lassen.

MANDELBREZELN

Geformte Kekse

ERGIBT: *15–25 Stück*
ZUBEREITUNGSZEIT: *45 Min.*

1 Tasse Pflanzenfett
1 Tasse Zucker
2 große Eier
2 große Eigelb
2 Tassen Mehl
½ Tasse Mandeln, gemahlen
1 großes Eiweiß, verschlagen
3 EL Mandeln, gehackt

1 Ofen auf 190 °C vorheizen.

2 Fett und Zucker in einer großen Schüssel schaumig rühren. Eier und Eigelb unterrühren. Mehl und gemahlene Mandeln unterziehen.

3 Kleine Teigstücke zu Strängen rollen. Stränge zu Brezeln formen und in 3 cm Abstand auf ungefettete Bleche legen.

4 Brezeln mit verschlagenem Eiweiß bestreichen und mit gehackten Mandeln bestreuen.

5 Etwa 10–12 Min. goldbraun backen. Auf Kuchengitter abkühlen lassen.

Backtip: Man kann die Brezeln mit bunter Glasur beträufeln oder abgekühlt zur Hälfte in zerlassene Schokolade tauchen. Aus den Teigsträngen lassen sich auch Kordeln drehen oder Kränze formen.

Mandelbrot

Geformte Kekse

Ergibt: *15–25 Stück*
Zubereitungszeit: *50 Min.*

3 Tassen Mehl
1 TL Backpulver
¼ TL Salz
½ Tasse Honig, angewärmt
6 EL Butter, Zimmertemperatur
3 große Eier
½ TL geriebene Zitronenschale, unbehandelt
½ Tasse Pistazien, gehackt
1 TL Anissamen, zerdrückt

1 Ofen auf 175 °C vorheizen.

2 Mehl, Backpulver und Salz mischen.

3 Honig und Butter in einer großen Schüssel gut verrühren. Einzeln die Eier, dann Zitronenschale unterrühren. Nach und nach die Mehlmischung zugeben. Pistazien und Anis unterziehen.

4 Teig halbieren. Teighälften zu zwei 30 x 8 cm großen, 4–5 cm hohen Laiben formen. Laibe in 4 cm Abstand auf ein ungefettetes Backblech legen.

5 Etwa 25–30 Min. hell goldgelb backen, bis sich die Laibe leicht verfärben und fest anfühlen.

6 Laibe auf einem Brett in knapp 1,5 cm dicke Scheiben schneiden. Scheiben in 3 cm Abstand auf Backbleche legen und weitere 5–7 Min. backen, bis sie leicht geröstet sind. Auf Kuchengitter abkühlen lassen.

Mandeldreiecke

Geschnittene Kekse

Ergibt: *15–25 Stück*
Zubereitungszeit: *30 Min.*
Kühlzeit: *4 Std.*

1 Tasse Mehl
½ Tasse Zucker
1 TL Backpulver
1 TL Salz
⅓ Tasse Pflanzenfett
1 EL Milch
3 Tropfen Mandelaroma
1 EL Vanillezucker (s. S. xxix)

1 Mehl, Zucker, Backpulver und Salz in einer großen Schüssel mischen. Mit in Stücke geschnittenem Fett zu einer bröseligen Masse verarbeiten. Mit Milch und Mandelaroma zu einem glatten Teig verarbeiten.

2 Teig auf einer Arbeitsfläche zu einem 30 x 4 cm großen, 3 cm hohen Laib formen. Laib in Wachspapier mindestens 4 Std. in den Kühlschrank legen.

3 Ofen auf 175 °C vorheizen.

4 Laib in knapp 0,5 cm dicke Scheiben schneiden. Jede Scheibe diagonal in 2 Dreiecke schneiden. Dreiecke in 4 cm Abstand auf ungefettete Backbleche legen. Mit Vanillezucker bestreuen.

5 Etwa 10–12 Min. backen, bis die Kekse einen Hauch Farbe annehmen. Auf Kuchengitter abkühlen lassen.

Backtip: Der Vanillezucker läßt sich auch mit einer Prise gemahlenem Zimt „würzen".

Mandelhäufchen

Häufchenkekse

Ergibt: *40–60 Stück*
Zubereitungszeit: *30 Min.*

½ Tasse Butter, Zimmertemperatur
½ Tasse Zucker
1 großes Ei
2 TL Amaretto
½ Tasse Mandeln, gemahlen
1 ¼ Tassen Mehl

1 Ofen auf 200 °C vorheizen.

2 Butter und Zucker in einer großen Schüssel schaumig rühren. Ei und Amaretto gut unterrühren. Mandeln unterziehen. Nach und nach das Mehl zufügen.

3 Mit Teelöffeln Teighäufchen in 4 cm Abstand auf ungefettete Backbleche setzen.

4 Etwa 5–7 Min. backen, bis sich die Oberfläche zart verfärbt. Auf Kuchengitter abkühlen lassen.

Mandel-Hörnchen I

Geformte Kekse

Ergibt: *25–40 Stück*
Zubereitungszeit: *30 Min.*

1 Tasse Pflanzenfett
1 Tasse Zucker
1 großes Ei, getrennt
1 großes Eigelb
4 große Eigelb, hartgekocht, zerkrümelt
1 EL geriebene Zitronenschale, unbehandelt
3 Tassen Mehl
¼ Tasse Mandeln, gemahlen
Zucker zum Bestreuen

1 Ofen auf 175 °C vorheizen.

2 Fett und Zucker in einer großen Schüssel schaumig rühren. Eigelb unterrühren, hartgekochte Eigelb nacheinander beigeben. Gründlich verrühren. Zitronenschale unterziehen. Nach und nach das Mehl zugeben.

3 Eiweiß in einer mittelgroßen Schüssel zu steifem, aber nicht trockenem Schnee schlagen.

4 Kleine Teigstücke zu Hörnchen formen. Hörnchen in den Eischnee tauchen und in 3 cm Abstand auf ungefettete Backbleche legen (s. Backtip).

5 Hörnchen mit Mandeln und Zucker bestreuen. 10–12 Min. goldgelb backen. Auf Kuchengitter abkühlen lassen.

Backtip: Man kann die rohen Hörnchen auch auf die Bleche legen und dann mit dem Eischnee bepinseln.

Mandel-Hörnchen II

Geformte Kekse

Ergibt: *ca. 30 Stück*
Zubereitungszeit: *35 Min.*

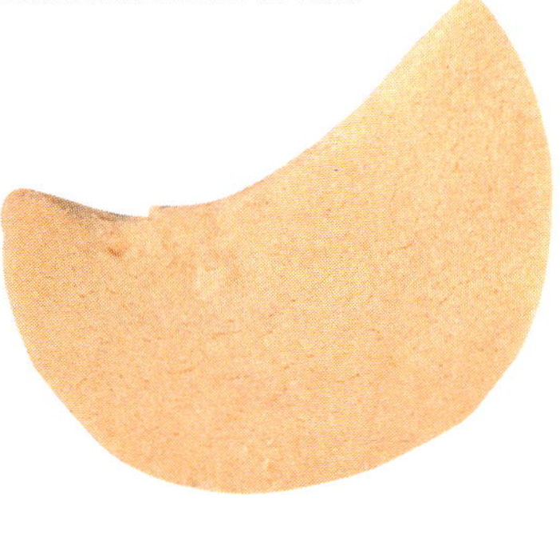

1 ¼ Tassen Mehl
½ TL Backpulver
¼ TL Salz
½ Tasse Butter, Zimmertemperatur
½ Tasse Puderzucker
⅓ Tasse Mandeln, gemahlen

1 Ofen auf 175 °C vorheizen.

2 Mehl, Backpulver und Salz mischen.

3 Butter und Zucker in einer großen Schüssel schaumig rühren. Nach und nach die Mehlmischung zufügen. Ist der Teig zu fest, vorsichtig (je ½ TL) Wasser zugeben. Mandeln unterziehen.

4 Kleine Teigstücke zu Hörnchen formen. Hörnchen in 3 cm Abstand auf ungefettete Backbleche legen.

5 Etwa 8–12 Min. goldgelb backen. Auf Kuchengitter abkühlen lassen.

Backtip: Dieser Teig läßt sich auch auf einer bemehlten Fläche ausrollen und ausstechen. Zum Ausrollen nicht zu viel Mehl verwenden, sonst werden die Kekse zu fest.

Mandel-knusperchen

Häufchenkekse

ERGIBT: *25–40 Stück*
ZUBEREITUNGSZEIT: *30 Min.*

2 ½ Tassen Haferflocken
2 Tassen Mandeln, gemahlen
½ Tasse Weizen-Vollkornmehl
1 Tasse Rapsöl
1 Tasse brauner Zucker
2 große Eier, verschlagen
¼ Tasse Kondensmilch
9 Tropfen Mandelaroma

1 Ofen auf 175 °C vorheizen. 2 Backbleche leicht einfetten.

2 Haferflocken, Mandeln und Mehl mischen.

3 Öl und Zucker in einer großen Schüssel gründlich verrühren.

4 Eier, dann Kondensmilch und Mandelaroma gut unter die Ölmasse rühren. Haferflockenmischung zugeben.

5 Mit Teelöffeln Häufchen in 5 cm Abstand auf die Bleche setzen. Häufchen mit bemehltem Löffelrücken flachdrücken.

6 Etwa 7–10 Min. backen, bis die Oberfläche sanft bräunt. Auf Kuchengitter abkühlen lassen.

Mandel-pastetchen

Häufchenkekse

ERGIBT: *ca. 30 Stück*
ZUBEREITUNGSZEIT: *60 Min.*

¼ Tasse Pflanzenfett
½ Tasse Puderzucker
2 große Eiweiß
¾ TL Amaretto
¼ Tasse Mehl
⅓ Tasse Mandeln, feingemahlen

1 Ofen auf 220 °C vorheizen.

2 Fett und Puderzucker in einer großen Schüssel schaumig rühren. Eiweiß und Amaretto zufügen und zu einer sehr geschmeidigen Masse verrühren. Nach und nach das Mehl beigeben. Mandeln unterziehen.

3 Jeweils 1 ½ TL Teig in 13 cm Abstand auf ungefettete Bleche geben. Teighäufchen mit dem Löffelrücken zu runden Platten von 10–12 cm Durchmesser verstreichen.

4 Etwa 5–6 Min. backen, bis die Ränder zart bräunen. Kekse mit einem Spachtel von den Blechen heben und jeweils auf eine umgestülpte Tasse legen. (Werden sie zu hart und nicht mehr formbar, nochmals kurz in den Ofen schieben.) Erst vollständig abgekühlt von den Tassen nehmen.

Backtip: Beim Backen heißt es aufpassen, da diese Kekse nicht zu lange gebacken werden dürfen. Man füllt sie unmittelbar vor dem Servieren, z.B. mit frischem Obst, Pudding oder Mousse. Man kann auch kleinere Schälchen herstellen, mit Schlagsahne füllen und geraspelter Schokolade bestreuen. Luftdicht verpackt, hält sich das Gebäck im Gefrierfach bis zu 6 Monaten.

Mandel-plätzchen I

Geschnittene Kekse

Ergibt: *15–25 Stück*
Zubereitungszeit: *30 Min.*
Kühlzeit: *4 Std.*

1 ¾ Tassen Mehl
1 TL Weinstein
⅛ TL Salz
½ Tasse Pflanzenfett
¾ Tasse Zucker
2 große Eier, getrennt
3 Tropfen Mandelaroma
1 ½ TL Natron
1 ½ TL warmes Wasser
2 EL Milch
¼ Tasse Mandeln, gemahlen
Zucker zum Bestreuen

1 Mehl, Weinstein und Salz mischen.

2 Fett und Zucker in einer großen Schüssel schaumig rühren. Eigelb und Mandelaroma gründlich unterrühren.

3 Natron im Wasser auflösen, zur Fett-Eigelb-Masse geben und glattrühren. Milch einrühren. Nach und nach die Mehlmischung beigeben. Mandeln unterziehen.

4 Teig zur 5 cm dicken Rolle formen. Rolle in Wachspapier mindestens 4 Std. in den Kühlschrank legen.

5 Ofen auf 190 °C vorheizen.

6 Rolle in knapp 0,5 cm dicke Scheiben schneiden. Scheiben in 5 cm Abstand auf ungefettete Bleche legen.

7 Eiweiß in einer mittelgroßen Schüssel zu steifem, aber nicht trockenem Schnee schlagen. Kekse mit dem Eischnee bestreichen und mit Zucker bestreuen.

8 Etwa 10–12 Min. goldgelb backen. Auf Kuchengitter abkühlen lassen.

Backtip: Eine einfache und geschmacklich feine Variante: Teigrolle vor dem Kühlen in gemahlenen Mandeln wälzen.

Mandel-plätzchen II

Ausgerollte Kekse

Ergibt: *50–60 Stück*
Zubereitungszeit: *35 Min.*
Kühlzeit: *24 Std.*

3 Tassen Mehl
½ TL Backpulver
1 Tasse Pflanzenfett
1 Tasse Zucker
1 großes Ei
2 EL Rum
½ Tasse Mandeln, gemahlen
1 EL geriebene Zitronenschale, unbehandelt
Zimtzucker zum Bestreuen (s. Backtip)

1 Mehl und Backpulver mischen.

2 Fett und Zucker in einer großen Schüssel schaumig rühren. Ei und Rum gut unterrühren. Mandeln und Zitronenschale unterziehen. Nach und nach die Mehlmischung zugeben.

3 Zugedeckt mindestens 24 Std. in den Kühlschrank stellen.

4 Ofen auf 160 °C vorheizen.

5 Teig vierteln. Ein Teigviertel aus dem Kühlschrank nehmen und auf bemehlter Arbeitsfläche knapp 0,5 cm dick ausrollen. Beliebige Motive ausstechen und in 3 cm Abstand auf ungefettete Bleche legen. Restliche Teigviertel ebenso verarbeiten.

6 Kekse mit dem Zimtzucker bestreuen.

7 Etwa 10–12 Min. goldgelb backen. Auf Kuchengitter abkühlen lassen.

Backtip: Für den Zimtzucker mischt man ¼ Tasse Zucker mit ½ TL gemahlenem Zimt. Für ein fröhliches „Outfit“ ersetzt man den Zimtzucker durch bunten Streuselzucker.

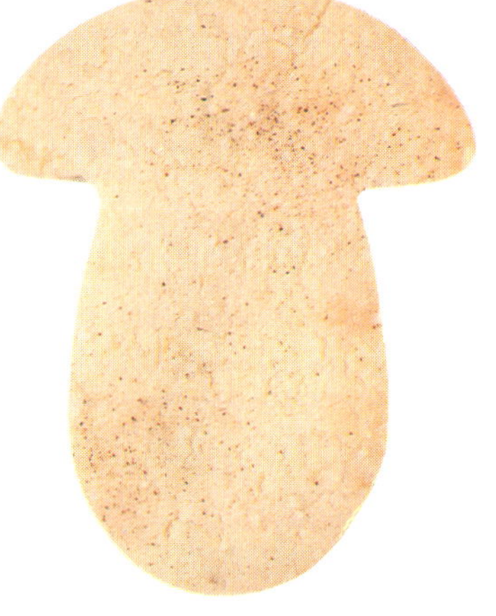

Mandel-plätzchen III

Geschnittene Kekse

Ergibt: *15–25 Stück*
Zubereitungszeit: *30 Min.*
Kühlzeit: *8 Std.*

1 ½ Tassen Mehl
¼ TL Salz
½ Tasse Pflanzenfett
⅓ Tasse brauner Zucker
1 großes Ei
6 Tropfen Mandelaroma
¼ TL Natron
½ TL warmes Wasser
1 ½ Tassen Mandeln, gemahlen

1 Mehl und Salz mischen.

2 Fett und Zucker in einer großen Schüssel schaumig rühren. Ei und Mandelaroma gut unterrühren.

3 Natron im Wasser auflösen, zur Fett-Ei-Creme geben und glattrühren. Nach und nach die Mehlmischung zufügen.

4 Teig zur 5 cm dicken Rolle formen. Rolle in Mandeln wälzen und in Wachspapier mindestens 8 Std. in den Kühlschrank legen.

5 Ofen auf 175 °C vorheizen.

6 Rolle in gut 0,5 cm dicke Scheiben schneiden. Scheiben in 5 cm Abstand auf ungefettete Bleche legen.

7 Etwa 12–15 Min. goldgelb backen. Auf Kuchengitter abkühlen lassen.

Backtip: Man kann die Plätzchen mit einer Glasur nach Wahl (s. Grundrezepte für Glasuren und Überzüge) oder mit je einer Mandelhälfte, die man vor dem Backen eindrückt, verzieren.

Mandel-plätzchen IV

Geformte Kekse

Ergibt: *50–60 Stück*
Zubereitungszeit: *30 Min.*

2 Tassen Pflanzenfett
2 ½ Tassen brauner Zucker
12 Tropfen Mandelaroma
4 ½ Tassen Mehl
1 Tasse Mandeln, gemahlen

1 Ofen auf 175 °C vorheizen.

2 Fett und Zucker in einer großen Schüssel schaumig rühren. Mandelaroma unterrühren. Nach und nach Mehl und Mandeln unterziehen.

3 Walnußgroße Teigstücke zu Bällchen formen. Bällchen in 3 cm Abstand auf ungefettete Bleche setzen und mit bemehlten Boden eines Glases flachdrücken.

4 Etwa 10–15 Min. backen, bis die Keksränder Farbe annehmen. Auf Kuchengitter abkühlen lassen.

MANDEL-PLÄTZCHEN V

Gebäckschnitten

ERGIBT: *50–70 Stück*
ZUBEREITUNGSZEIT: *40 Min.*

½ Tasse Butter, Zimmertemperatur
½ Tasse Puderzucker
2 Tassen Mehl
½ Tasse Mandeln, gemahlen

1 Ofen auf 175 °C vorheizen.

2 Butter und Zucker in einer großen Schüssel schaumig rühren. Nach und nach Mehl und Mandeln unterziehen. Ist der Teig zu trocken, vorsichtig Wasser (je ½ TL) zufügen, bis ein geschmeidiger Teig entsteht.

3 Teig gleichmäßig in einer ungefetteten, quadratischen Backform (20 x 20 cm) verteilen. Oberfläche dicht mit einer Gabel löchern. Mit dem Messerrücken Rechtecke einritzen.

4 Etwa 28–30 Min. backen. In der Form auf Kuchengitter abkühlen lassen. In die markierten Rechtecke schneiden.

Backtip: Der Teig hält sich im Kühlschrank bis zu 2 Wochen, im Gefrierfach mehrere Monate. Anstelle der gemahlenen Mandeln läßt sich ½ TL Mandelaroma verwenden. Bei diesem Rezept handelt es sich um eine Variante klassischen schottischen Mürbegebäcks. Das Original ersetzt die Hälfte des Mehls durch Reismehl.

MANDEL-PLÄTZCHEN VI

Ausgerollte Kekse

ERGIBT: *ca. 90 Stück*
ZUBEREITUNGSZEIT: *30 Min.*

3 Tassen Mehl
1 ½ TL Backpulver
5 große Eier
1 ½ Tassen brauner Zucker
1 Tasse Mandeln, gemahlen

1 Ofen auf 175 °C vorheizen. 2 Backbleche leicht einfetten.

2 Mehl und Backpulver mischen.

3 Eier in einer großen Schüssel zur dicken, hellen Creme schlagen. Zucker und Mandeln unterschlagen. Nach und nach die Mehlmischung zugeben.

4 Teig auf bemehlter Arbeitsfläche gut 0,5 cm dick ausrollen. Rosetten oder andere Motive ausstechen und in 4 cm Abstand auf die Backbleche legen.

5 Etwa 12–15 Min. backen, bis die Keksränder zart bräunen. Auf Kuchengitter abkühlen lassen.

Mandel-plätzchen VII

Geformte Kekse

Ergibt: *60–70 Stück*
Zubereitungszeit: *30 Min.*

2 große Eier
1 Tasse Zucker
½ TL Vanillearoma
1 Tasse Mandeln, gemahlen
1 Tasse Mehl

1 Ofen auf 200 °C vorheizen. 2 Backbleche leicht einfetten.

2 Eier in einer großen Schüssel zur dicken, hellen Creme schlagen. Nacheinander Zucker, Vanillearoma und Mandeln unterrühren. Nach und nach die Mehlmischung zufügen.

3 Etwa 3 cm große Teigstücke zu Bällchen formen. Bällchen in 5 cm Abstand auf die Bleche setzen.

4 Etwa 8–10 Min. goldgelb backen. Auf Kuchengitter abkühlen lassen.

Backtip: Man kann die rohen Teigbällchen abflachen und mit kandierten Kirschhälften oder Nüssen verzieren. Oder man taucht sie abgekühlt in zerlassene Schokolade.

Mandel-plätzchen VIII

Geformte Kekse

Ergibt: *60–70 Stück*
Zubereitungszeit: *40 Min.*
Kühlzeit: *1 Std.*

1 Tasse Pflanzenfett
1 Tasse Zucker
3 große Eier
1 EL Wasser
2 Tropfen Mandelaroma
3 Tassen Mehl
½ Tasse Mandeln, gemahlen

1 Fett und Zucker in einer großen Schüssel schaumig rühren. Eier, dann Wasser und Mandelaroma gründlich unterrühren. Nach und nach Mehl und Mandeln beigeben.

2 Zugedeckt mindestens 1 Std. in den Kühlschrank stellen.

3 Ofen auf 175 °C vorheizen. 2 Backbleche leicht einfetten.

4 Etwa 3 cm große Teigstücke zu Bällchen formen. Bällchen in 4 cm Abstand auf die Bleche setzen.

5 Etwa 15–20 Min. backen, bis die Keksränder zart bräunen. Auf Kuchengitter abkühlen lassen.

Mandel-plätzchen IX

Ausgerollte Kekse

Ergibt: *50–60 Stück*
Zubereitungszeit: *30 Min.*

3 Tassen Mehl
1 ½ TL Backpulver
5 große Eier
1 ½ Tassen brauner Zucker
1 Tasse Mandeln, gemahlen

1 Ofen auf 175 °C vorheizen. 2 Backbleche leicht einfetten.

2 Mehl und Backpulver mischen.

3 Eier in einer großen Schüssel zur dicken, hellen Creme schlagen. Zucker und Mandeln unterrühren. Nach und nach die Mehlmischung zugeben.

4 Teig auf einer leicht bemehlten Arbeitsfläche gut 0,5 cm dick ausrollen. Sterne oder andere Motive ausstechen und in 4 cm Abstand auf die Backbleche legen.

5 Etwa 12–15 Min. backen, bis die Keksränder sanft bräunen. Auf Kuchengitter abkühlen lassen.

Mandel-plätzchen X

Ausgerollte Kekse

Ergibt: *ca. 30 Stück*
Zubereitungszeit: *30 Min.*

1 ½ Tassen Pflanzenfett
1 Tasse Zucker
3 große Eigelb
6 Tropfen Mandelaroma
4 Tassen Mehl
1 großes Eiweiß, verquirlt
Zucker zum Bestreuen

1 Ofen auf 175 °C vorheizen.

2 Fett und Zucker in einer großen Schüssel schaumig rühren. Einzeln die Eigelbe, dann Mandelaroma unterrühren. Nach und nach das Mehl zufügen.

3 Teig auf bemehlter Arbeitsfläche knapp 0,5 cm dick ausrollen. In 3 x 3 cm große Quadrate schneiden. Quadrate in 3 cm Abstand auf ungefettete Bleche legen.

4 Quadrate mit dem verschlagenen Eiweiß bepinseln und dünn mit Zucker bestreuen.

5 Etwa 12–15 Min. backen, bis die Keksränder Farbe annehmen. Auf Kuchengitter abkühlen lassen.

Backtip: Man kann die Plätzchen auch vor dem Backen mit einer Mischung aus 1 EL Zucker, ½ TL Zimt und 1 TL feingehackten Mandeln bestreuen.

Mandel-schnitten I

Gebäckschnitten

Ergibt: *15–25 Stück*
Zubereitungszeit: *50 Min.*

Teig
1 Tasse Mehl
½ TL Salz
½ Tasse Pflanzenfett
½ Tasse Zucker
1 EL geriebene Zitronenschale, unbehandelt

Belag
½ Tasse Pflanzenfett
½ Tasse Zucker
1 Tasse Sahne
1 Tasse Mandeln, gemahlen

1 Ofen auf 190 °C vorheizen. Eine rechteckige Backform (15 x 30 cm) leicht einfetten.

2 Für den Teig Mehl und Salz mischen.

3 Fett und Zucker in einer großen Schüssel schaumig rühren. Zitronenschale unterrühren. Nach und nach die Mehlmischung zufügen.

4 Teig gleichmäßig in die Form drücken. 12 Min. backen. In der Form leicht abkühlen lassen.

5 Für den Belag das Fett in einem kleinen Topf zerlassen. Zucker, Sahne und Mandeln unterrühren.

6 Belag auf dem warmen Teig verteilen. Weitere 20 Min. backen, bis sich der Belag fest anfühlt.

7 In der Form auf Kuchengitter abkühlen lassen. In Streifen schneiden.

Mandel-Schnitten II

Gebäckschnitten

Ergibt: *15–25 Stück*
Zubereitungszeit: *60 Min.*

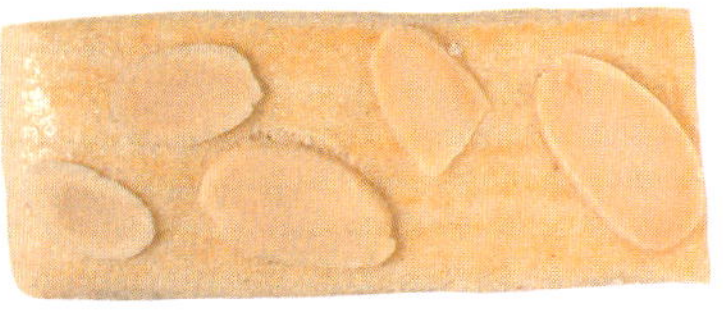

1 Tasse Pflanzenfett
1 Tasse Zucker
1 großes Ei, getrennt
3 Tropfen Mandelaroma
¼ TL Salz
2 Tassen Mehl
1 ½ Tassen Mandelblättchen

1 Ofen auf 160 °C vorheizen.

2 Fett und Zucker in einer großen Schüssel schaumig rühren. Nacheinander Eigelb, Mandelaroma und Salz unterrühren. Nach und nach das Mehl zugeben. Es entsteht ein fester Teig.

3 Teig gleichmäßig in einer ungefetteten quadratischen Backform (20 x 20 cm) verteilen.

4 Eiweiß in einer mittelgroßen Schüssel zu steifem, aber nicht trockenem Schnee schlagen. Eischnee gleichmäßig auf dem Teig verteilen. Mit Mandelblättchen bestreuen.

5 Etwa 40 Min. backen, bis sich die Oberfläche leicht verfärbt. In der Form auf Gitter abkühlen lassen. In Streifen schneiden.

Backtip: Zur einfachen Abwandlung des Rezepts bestreicht man den Teig vor dem Backen mit Konfitüre, verteilt darauf den Eischnee und schiebt die Form 30–35 Min. in den Ofen.

Mandel-Schnitten III

Gebäckschnitten

Ergibt: *15–25 Stück*
Zubereitungszeit: *35 Min.*

1 ¼ Tassen Mehl
1 ½ TL Backpulver
¼ TL Salz
¼ Tasse Pflanzenfett
¾ Tasse Zucker
1 großes Ei
2 EL Milch
3 Tropfen Mandelaroma
1 ¼ Tassen Mandeln, gehackt

1 Ofen auf 190 °C vorheizen. Eine quadratische Backform (20 x 20 cm) einfetten.

2 Mehl, Backpulver und Salz mischen.

3 Fett und Zucker in einer großen Schüssel schaumig rühren. Ei, Milch und Mandelaroma gut unterrühren. Nach und nach die Mehlmischung zufügen. Mandeln unterziehen.

4 Teig gleichmäßig in der Form verteilen.

5 Etwa 20–25 Min. backen. In der Form auf Gitter abkühlen lassen. In Streifen schneiden.

Mandel-Schnitten IV

Gebäckschnitten

Ergibt: *ca. 30 Stück*
Zubereitungszeit: *35 Min.*

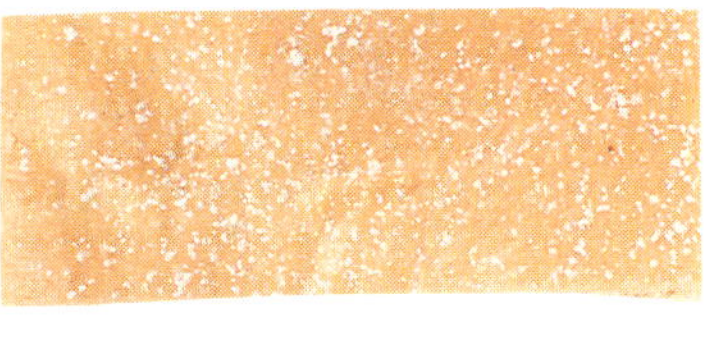

½ Tasse Mehl
¼ TL Backpulver
2 große Eier, getrennt
1 Prise Salz
1 Tasse brauner Zucker
1 TL Vanillearoma
⅓ Tasse Butter, Zimmertemperatur
1 Tasse Mandeln, gemahlen
Puderzucker zum Bestäuben

1 Ofen auf 175 °C vorheizen. Eine quadratische Backform (20 x 20 cm) leicht einfetten.

2 Mehl und Backpulver mischen.

3 Eiweiß in einer großen Schüssel schaumig schlagen. Unter Einrieseln den Zucker, dann Vanillearoma unterschlagen. Mehlmischung zugeben.

4 Eigelb und Butter in einer zweiten Schüssel gründlich verrühren.

5 Buttermasse nach und nach unter den Eiweißteig ziehen. Mandeln unterziehen.

6 Teig gleichmäßig in die Form drücken. 20–25 Min. backen, bis die Oberfläche zart bräunt. In der Form auf Gitter abkühlen lassen.

7 Mit Puderzucker bestäuben. In Streifen schneiden.

Backtip: Das Gebäck läßt sich vor dem Zerschneiden mit weißem Guß verzieren, z.B. indem man ein Kreuz- oder Zickzackmuster aufspritzt. Oder man nimmt eine farbige Glasur und teilt das Gebäck in mundgerechte Häppchen.

MANDEL-SCHNITTEN V

Gebäckschnitten

ERGIBT: *15–25 Stück*
ZUBEREITUNGSZEIT: *35 Min.*

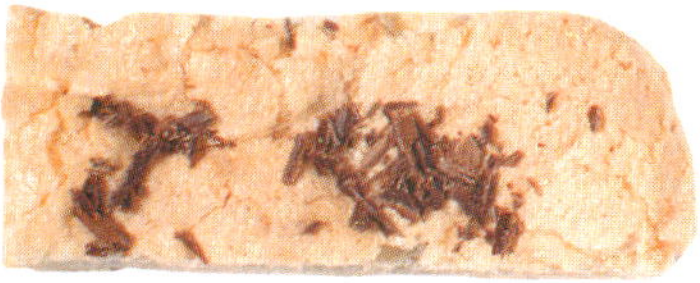

TEIG
½ Tasse Pflanzenfett
⅓ Tasse Zucker
3 große Eigelb
1 ½ Tassen Mehl
2 EL Milch

BELAG
3 große Eiweiß
1 Tasse Zucker
1 ½ Tassen Mandeln, gehackt
Zucker zum Bestreuen

1 Ofen auf 175 °C vorheizen. Eine quadratische Backform (20 x 20 cm) leicht einfetten.

2 Für den Teig Fett und Zucker in einer großen Schüssel schaumig rühren. Einzeln die Eigelbe gut unterrühren. Milch und nach und nach das Mehl zufügen, bis ein geschmeidiger Teig entsteht.

3 Teig auf bemehlter Arbeitsfläche zum 20 x 20 cm großen Quadrat ausrollen. Teigplatte in die Form legen.

4 Für den Belag Eiweiß in einer großen Schüssel zu steifem Schnee schlagen. Unter Einrieseln Zucker unterschlagen. Mandeln unterheben.

5 Belag auf dem Teig verteilen. Mit etwas Zucker bestreuen.

6 Etwa 18–20 Min. backen, bis der Belag zart bräunt. In der Form auf Gitter abkühlen lassen. In Schnitten schneiden.

Backtip: Geraspelte Schokolade, nach dem Backen aufgestreut, verleiht den Schnitten einen edlen Anstrich.

MANDEL-SCHNITTEN VI

Gebäckschnitten

ERGIBT: *25 Stück*
ZUBEREITUNGSZEIT: *50 Min.*

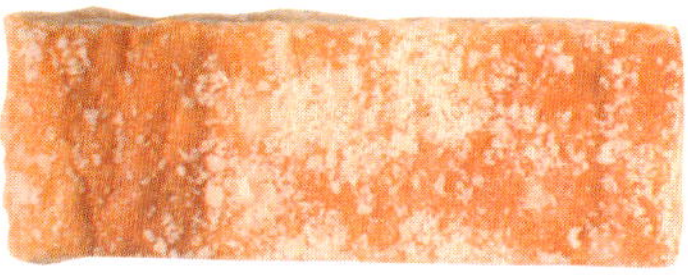

TEIG
1 ⅓ Tassen Mehl
½ TL Backpulver
⅓ Tasse Butter, Zimmertemperatur
½ Tasse brauner Zucker
¼ Tasse Mandeln, gehackt

BELAG
2 große Eier
¾ Tasse dünnflüssiger Sirup
9 Tropfen Mandelaroma
¼ Tasse brauner Zucker
3 EL Mehl
½ TL Salz
¾ Tasse Mandeln, gemahlen

1 Ofen auf 175 °C vorheizen. Eine rechteckige Backform (20 x 30 cm) einfetten.

2 Für den Teig Mehl und Backpulver mischen.

3 Butter und Zucker in einer großen Schüssel schaumig rühren. Die Mehlmischung beigeben. Gehackte Mandeln unterziehen.

4 Teig gleichmäßig in die Form drücken. 10 Min. backen.

5 Für den Belag Eier in einer großen Schüssel zur schaumigen, hellen Creme schlagen. Sirup und Mandelaroma gut unterrühren. Nacheinander Zucker, Mehl und Salz zugeben.

6 Belag auf dem warmen Teig verteilen. Mit den Mandeln bestreuen.

7 Weitere 30 Min. backen (der Teig darf beim Einstechen mit einem spitzen Hölzchen nicht mehr kleben). In der Form auf Gitter abkühlen lassen. In Streifen schneiden.

Backtip: Dieses Gebäck ist sehr üppig.

Mandel-schnitten VII

Gebäckschnitten

Ergibt: *70 Stück*
Zubereitungszeit: *40 Min.*

Teig
2 Tassen Mehl
¼ TL Salz
1 Tasse Pflanzenfett
1 Tasse Zucker
1 großes Eigelb
6 Tropfen Mandelaroma

Belag
1 großes Eiweiß
2 EL Zucker
¼ TL Zimt, gemahlen
¼ Tasse Mandeln, gemahlen

1 Ofen auf 175 °C vorheizen.

2 Für den Teig Mehl und Salz mischen.

3 Fett und Zucker in einer großen Schüssel schaumig rühren. Eigelb und Mandelaroma gut unterrühren. Mehlmischung beigeben.

4 Teig gleichmäßig in einer ungefetteten rechteckigen Backform (20 x 30 cm) verteilen.

5 Für den Belag Eiweiß in einer mittelgroßen Schüssel zu lockerem Schnee schlagen. Zucker und Zimt zugeben und zu steifem Schnee schlagen. Mandeln unterheben.

6 Belag gleichmäßig auf dem Teig verteilen. 25–30 Min. goldgelb backen.

7 Gebäck noch warm in 3 x 4 cm große Streifen schneiden. Auf Kuchengitter abkühlen lassen.

Mandeltaler

Geschnittene Kekse

Ergibt: *ca. 100 Stück*
Zubereitungszeit: *30 Min.*
Kühlzeit: *4 Std.*

2 Tassen Mehl
¾ Tasse Mandeln, feingemahlen
½ TL Zimt, gemahlen
½ TL Nelken, gemahlen
½ TL Muskat, gemahlen
½ Tasse Pflanzenfett
½ Tasse Zucker
1 großes Ei
6 Tropfen Mandelaroma
½ TL geriebene Zitronenschale, unbehandelt

1 Mehl, Mandeln und Gewürze mischen.

2 Fett und Zucker in einer großen Schüssel schaumig rühren. Ei und Mandelaroma gut unterrühren. Zitronenschale unterziehen. Nach und nach die Mehlmischung zugeben.

3 Teig vierteln. Teigviertel zu je etwa 15 cm langen Rollen formen. Rollen in Wachspapier mindestens 4 Std. oder über Nacht in den Kühlschrank legen.

4 Ofen auf 175 °C vorheizen. 2 Backbleche leicht einfetten.

5 Teig in etwa 3 cm dicke Scheiben schneiden. Scheiben in 3 cm Abstand auf die Bleche legen.

6 Etwa 6–8 Min. goldgelb backen. Auf Kuchengitter abkühlen lassen.

Mandeltaler mit Schokoglasur

Geschnittene Kekse

Ergibt: *50–60 Stück*
Zubereitungszeit: *35 Min.*
Kühlzeit: *1 Std.*

½ Tasse Pflanzenfett
½ Tasse Butter, Zimmertemperatur
2 ½ Tassen Mehl
1 ¼ Tassen Zucker
½ TL Natron
¼ TL Salz
1 großes Ei
3 Tropfen Mandelaroma
½ Tasse Mandeln, gemahlen
¼ Tasse Mandeln, gemahlen, zum Wälzen
115 g halbbittere Schokolade, zerhackt

1 In einer großen Schüssel Fett und Butter schaumig rühren. 1 Tasse Mehl beigeben. Zucker, Natron und Salz gut unterrühren. Ei und Mandelaroma unterschlagen. Nach und nach die restlichen 1 ½ Tassen Mehl und ½ Tasse gemahlene Mandeln zugeben.

2 Teig zur 3 cm dicken Rolle formen. Rolle in Mandeln wälzen und in Wachspapier 1 Std. in den Kühlschrank legen.

3 Ofen auf 175 °C vorheizen.

4 Teig in gut 0,5 cm dicke Scheiben schneiden. Scheiben in 3 cm Abstand auf ungefettete Backbleche legen.

5 Etwa 8–10 Min. goldgelb backen. Auf Kuchengitter abkühlen lassen.

6 Schokolade bei niedriger Flamme im Wasserbad zerlassen und glattrühren. Kekse zur Hälfte in die Schokolade tauchen. Auf mit Wachspapier ausgelegtem Kuchengitter abkühlen lassen.

Mandelträume

Häufchenkekse

Ergibt: *15–25 Stück*
Zubereitungszeit: *45 Min.*

3 ½ Tassen Zucker
2 Tassen Mandeln, gemahlen
5 große Eiweiß
6 Tropfen Mandelaroma

1 Ofen auf 135 °C vorheizen. 2 Backbleche mit Pergamentpapier auslegen.

2 Zucker und Mandeln mischen.

3 Eiweiß in einer großen Schüssel zu steifem, aber nicht trockenem Schnee schlagen. Mandelaroma, dann nach und nach die Mandelmischung unterschlagen.

4 Mit Teelöffeln Teighäufchen in 5 cm Abstand auf die Bleche setzen.

5 Etwa 25–30 Min. backen. Auf Kuchengitter abkühlen lassen.

Backtip: Der Eischnee muß steif sein. Es ist wichtig, die Bleche mit fettfreiem Papier auszulegen, damit sich die Kekse gut ablösen lassen.

Mandel-Zwieback I

Geformte Kekse

Ergibt: *50–60 Stück*
Zubereitungszeit: *50 Min.*

1 ½ Tassen Mehl
1 ½ TL Backpulver
½ Tasse Pflanzenfett
½ Tasse Zucker
2 große Eier
6 Tropfen Mandelaroma
½ Tasse Mandeln, feingemahlen

1 Ofen auf 160 °C vorheizen.

2 Mehl und Backpulver mischen.

3 Fett und Zucker in einer großen Schüssel schaumig rühren. Eier und Mandelaroma gut unterrühren. Nach und nach Mehlmischung und Mandeln beigeben. Es entsteht ein fester Teig.

4 Teig zum etwa 30 x 6,5 cm großen Laib formen. Laib auf ein ungefettetes Backblech legen. 18–20 Min. backen, bis er sich fest anfühlt.

5 Laib auf einem Brett in 1,5 cm dicke Scheiben schneiden. Jede Scheibe diagonal halbieren. Auf ungefettete Bleche legen. 20 Min. backen, bis der Zwieback trocken ist.

6 Flamme ausschalten, Gebäck 20 Min. bei geschlossener Tür im Ofen lassen. Auf Kuchengitter abkühlen lassen.

Mandel-Zwieback II

Geformte Kekse

Ergibt: *ca. 30 Stück*
Zubereitungszeit: *50 Min.*

1 ½ Tassen Mehl
½ Tasse Mandeln, gemahlen
1 ½ TL Backpulver
½ Tasse Pflanzenfett
½ Tasse Zucker
2 große Eier
2 TL Amaretto

1 Ofen auf 160 °C vorheizen.

2 Mehl, Mandeln und Backpulver mischen.

3 Fett und Zucker in einer großen Schüssel schaumig rühren. Einzeln die Eier gründlich unterrühren. Amaretto, dann nach und nach die Mehlmischung beigeben.

4 Teig zu einem etwa 30 cm langen und 7 cm breiten Laib formen. Auf ein ungefettetes Backblech legen.

5 Etwa 18 Min. backen, bis der Laib sich fest anfühlt.

6 Laib auf ein Brett legen und in etwa 1,5 cm dicke Scheiben schneiden. Jede Scheibe diagonal durchschneiden. Auf die Bleche legen und weitere 20 Min. backen. Flamme ausschalten und Gebäck weitere 20 Min. bei geschlossener Tür (!) im Ofen lassen. Auf Kuchengitter abkühlen lassen.

Manus Beste

Häufchenkekse

ERGIBT: *50–60 Stück*
ZUBEREITUNGSZEIT: *35 Min.*

2 Tassen Mehl
⅓ Tasse Kakaopulver, ungezuckert
1 TL Backpulver
½ TL Salz
1 Tasse Pflanzenfett
¾ Tasse dunkelbrauner Zucker
½ Tasse weißer Zucker
1 großes Ei
⅓ Tasse Wasser
2 EL weiße Crème de Menthe
1 EL Mokkalikör
1 ⅓ Tassen weiße Schokoladen-Tröpfchen

1 Ofen auf 175 °C vorheizen. 2 Backbleche leicht einfetten.

2 Mehl, Kakao, Backpulver und Salz mischen.

3 Fett und beide Zuckersorten in einer großen Schüssel schaumig rühren. Ei gut unterrühren. Wasser, Crème de Menthe und Mokkalikör einrühren. Nach und nach die Mehlmischung zugeben. Schokoladen-Tröpfchen unterziehen.

4 Mit Löffeln Teighäufchen in 4 cm Abstand auf die Bleche setzen.

5 Etwa 12–15 Min. backen, bis die Oberfläche trocken wirkt. Auf Kuchengitter abkühlen lassen.

Marmelade-Kokos-Schnitten

Gebäckschnitten

ERGIBT: *15–35 Stück*
ZUBEREITUNGSZEIT: *50 Min.*

TEIG
1 ½ Tassen Mehl
¼ TL Salz
½ Tasse Butter
2–2 ½ EL Eiswasser

BELAG
2 große Eier
½ Tasse Puderzucker
2 ½ Tassen Kokosflocken
⅓ Tasse Himbeerkonfitüre

1 Ofen auf 200 °C vorheizen.

2 Für den Teig Mehl und Salz in einer mittelgroßen Schüssel mischen. Mit in Stücke geschnittener Butter zu einer bröseligen Masse verarbeiten. So viel Wasser beigeben, daß ein geschmeidiger Teig entsteht. Teig gleichmäßig in eine ungefettete quadratische Backform (20 x 20 cm) drücken.

3 Etwa 20 Min. backen.

4 In der Zwischenzeit Eier in einer mittelgroßen Schüssel zur dicken, hellen Creme schlagen. Puderzucker unterschlagen. Kokosraspeln unterziehen.

5 Konfitüre auf dem heißen Teig verstreichen. Darüber den Belag verteilen.

6 Weitere 20–25 Min. backen, bis sich der Belag fest anfühlt und zart verfärbt. In der Form auf Gitter abkühlen lassen. In Stücke schneiden.

Marmeladen-streifen

Gebäckschnitten
(Für die Mikrowelle)

Ergibt: *15–25 Stück*
Zubereitungszeit: *30 Min.*
Kühlzeit: *1 Std.*

1 ½ Tassen Mehl
2 EL Zucker
½ TL Salz
½ Tasse Butter
1 großes Ei
1 Tasse Aprikosenkonfitüre

1 Mehl, Zucker und Salz in einer großen Schüssel mischen. Butter einschneiden. Ei zugeben und zu einem weichen Teig verarbeiten. Teig halbieren. Hälften in Wachspapier 1 Std. in den Kühlschrank legen.

2 Eine Teighälfte auf bemehlter Arbeitsfläche zum 15 x 30 cm großen Rechteck ausrollen. Ränder begradigen. Teigplatte in eine für die Mikrowelle geeignete Backform legen und gleichmäßig mit Konfitüre bestreichen. Zweite Teighälfte zum Rechteck ausrollen und auf die Konfitüre legen.

3 Bei höchster Einstellung 3 Min. in der Mikrowelle backen. In der Form auf Gitter abkühlen lassen. In Stücke schneiden.

Marmorschnitten

Gebäckschnitten

Ergibt: *15–35 Stück*
Zubereitungszeit: *45 Min.*

115 g Doppelrahm-Frischkäse, Zimmertemperatur
5 EL Pflanzenfett
1 Tasse Zucker
1 EL Stärkemehl
3 große Eier
1 ½ TL Vanillearoma
½ TL frischgepreßter Zitronensaft
½ Tasse Mehl
½ TL Backpulver
½ TL Salz
½ Tasse halbbittere Schokoladen-Tröpfchen

1 Ofen auf 175 °C vorheizen. Eine quadratische Backform (20 x 20 cm) leicht einfetten.

2 Frischkäse, 2 EL Fett, ¼ Tasse Zucker und Stärkemehl in einer mittelgroßen Schüssel gründlich verrühren. 1 Ei, dann ½ TL Vanillearoma und Zitronensaft unterrühren. Beiseite stellen.

3 Mehl, Backpulver und Salz mischen.

4 Schokoladen-Tröpfchen und restliches Fett im Wasserbad zerlassen. Glattrühren. Vom Herd nehmen, restliches Vanillearoma unterrühren.

5 In einer großen Schüssel restliche 2 Eier und ¾ Tasse Zucker verschlagen. Abgekühlte Schokolade unterrühren. Mehlmischung zufügen.

6 Teig gleichmäßig in der Form verteilen. Frischkäsemasse darauf verteilen. Ein Messer durch beide Schichten ziehen, so daß ein Marmormuster entstehen.

7 Etwa 25–30 Min. backen (der Teig darf beim Einstechen mit einem spitzen Hölzchen nicht mehr kleben). In der Form auf Kuchengitter abkühlen lassen. In Streifen schneiden.

MARZIPAN-MAKRONEN I

Geformte Kekse

ERGIBT: *15–25 Stück*
ZUBEREITUNGSZEIT: *40 Min.*

1 Tasse Marzipanmasse
2 große Eiweiß
1 Prise Salz
1 Tasse Puderzucker
Zucker zum Bestreuen

1 Ofen auf 160 °C vorheizen. 2 Backbleche mit Pergamentpapier auslegen.

2 Marzipan in eine große Schüssel bröckeln und möglichst glattrühren.

3 In einer zweiten Schüssel Eiweiß und Salz zu steifem, aber nicht trockenem Schnee schlagen. Unter das Marzipan ziehen. Puderzucker unterziehen.

4 Teig in einen Spritzbeutel oder Gebäckspritze mit großer, schlichter Tülle füllen (s. Backtip). 3 cm große Häufchen in 3 cm Abstand auf die Bleche spritzen.

5 Häufchen mit Zucker bestreuen. Etwa 20–25 Min. backen, bis die Oberfläche schwach Farbe annimmt. Auf Kuchengitter abkühlen lassen.

Backtip: Für dieses Gebäck darf man kein Wachspapier verwenden. Die Makronen könnten kleben oder reißen. Die Makronen lassen sich vor dem Backen mt Mandelblättchen und/oder roten und grünen kandierten Kirschen verzieren. Man kann auch mit Löffeln Teighäufchen auf die Bleche setzen. Die Makronen müssen in einem luftdichten Behälter lagern.

MARZIPAN-MAKRONEN II

Geformte Kekse

ERGIBT: *15–25 Stück*
ZUBEREITUNGSZEIT: *30 Min.*
STEHZEIT: *8 Std.*

1 Tasse Marzipanmasse
¾ Tasse Zucker
1 TL geriebene Zitronenschale, unbehandelt
3 große Eiweiß
½ Tasse Puderzucker zum Bestäuben

1 Zwei Bleche mit Backpapier auslegen.

2 Mandelmasse in eine große Schüssel bröckeln. Mit Zucker und Zitronenschale zu einer glatten Masse rühren. Eiweiß zugeben und zu einem geschmeidigen Teig verarbeiten.

3 Teig in Spritzbeutel oder Gebäckspritze mit großer, einfacher Tülle füllen (s. Backtip). 3 cm große Häufchen in 4 cm Abstand auf die Bleche spritzen.

4 Puderzucker dick über die Häufchen sieben. Häufchen 8–24 Std. ruhen lassen, bis sich eine Kruste bildet.

5 Ofen auf 160 °C vorheizen.

6 Etwa 12–15 Min. backen, bis die Makronen sich fest anfühlen. Ein großes Küchenhandtuch auf der Arbeitsfläche ausbreiten. Kekse samt Backpapier auf das Handtuch setzen. Abkühlen lassen und vom Papier nehmen.

Backtip: Auch hier gilt: kein Wachspapier verwenden, da die Makronen kleben oder reißen könnten. Nach Belieben lassen sich die Makronen vor dem Backen mit Mandelblättchen und/oder roten und grünen kandierten Kirschen dekorieren. Auch dieser Teig läßt sich mit Löffeln auf die Bleche setzen. Man sollte die Makronen luftdicht aufbewahren.

MARZIPAN-MAKRONEN III

Häufchenkekse

ERGIBT: *15–25 Stück*
ZUBEREITUNGSZEIT: *35 Min.*

2 große Eiweiß
¼ TL Salz
½ Tasse Puderzucker
1 TL Amaretto
1 Tasse Mandeln, gemahlen

1 Ofen auf 175 °C vorheizen. 2 Backbleche mit Backpapier auslegen.

2 Eiweiß und Salz in einer mittelgroßen Schüssel zu steifem Schnee schlagen. Unter Einrieseln Puderzucker, dann Amaretteo unterschlagen. Mandeln unterheben.

3 Mit Löffeln Teighäufchen in 4 cm Abstand auf die Bleche setzen.

4 Etwa 15–20 Min. backen, bis die Oberfläche sich leicht verfärbt. Auf den Blechen etwas abkühlen, dann auf Kuchengitter erkalten lassen.

MASERNKEKSE

Ausgerollte Kekse

ERGIBT: *ca. 30 Stück*
ZUBEREITUNGSZEIT: *30 Min.*

2 Tassen Mehl
¼ TL Zimt, gemahlen
¼ Tasse Pflanzenfett
¼ Tasse Butter, Zimmertemperatur
¾ Tasse Puderzucker
1 Tasse Haselnüsse, gehackt
bunte Zuckerstreusel zum Verzieren

1 Ofen auf 200 °C vorheizen.

2 Mehl und Zimt mischen.

3 Pflanzenfett, Butter und Puderzucker in einer großen Schüssel schaumig rühren. Nach und nach die Mehlmischung beigeben. Haselnüsse unterziehen.

4 Teig auf bemehlter Arbeitsfläche gut 0,5 cm dick ausrollen. 5 cm große Sterne oder andere Motive ausstechen und in 3 cm Abstand auf ungefettete Backbleche legen. Mit roten Zuckerstreuseln bestreuen.

5 Etwa 8–10 Min. goldgelb backen. Auf Kuchengitter abkühlen lassen.

MEDENI KURABII

Geformte Kekse

ERGIBT: *25–40 Stück*
ZUBEREITUNGSZEIT: *30 Min.*

1 Tasse Mehl
1 TL Natron
½ Tasse Pflanzenfett
¼ Tasse Zucker
1 großes Eigelb
¼ Tasse Honig
¼ Tasse Zucker zum Wälzen

1 Ofen auf 175 °C vorheizen.

2 Mehl und Natron mischen.

3 Fett und Zucker in einer großen Schüssel schaumig rühren. Eigelb und Honig kräftig unterrühren. Nach und nach die Mehlmischung zufügen.

4 Walnußgroße Teigstücke zu Bällchen formen. Bällchen in Zucker wälzen und in 4 cm Abstand auf ungefettete Backbleche setzen.

5 Etwa 10–12 Min. backen, bis die Oberfläche zart bräunt. Auf Kuchengitter abkühlen lassen.

Mexikanische Hochzeitskekse I

Geformte Kekse

Ergibt: *35 Stück*
Zubereitungszeit: *45 Min.*

¾ Tasse Pflanzenfett
¼ Tasse Zucker
1 TL Vanillearoma
2 Tassen Mehl
½ Tasse Walnüsse, gehackt
Puderzucker zum Wälzen

1 Ofen auf 95 °C vorheizen. 2 Backbleche leicht einfetten.

2 Fett und Zucker in einer großen Schüssel schaumig rühren. Vanillearoma einrühren. Nach und nach das Mehl zufügen. Walnüsse unterziehen.

3 Walnußgroße Teigstücke zu Bällchen formen. Bällchen in 3 cm Abstand auf die Bleche setzen.

4 Etwa 25–35 Min. goldgelb backen. In Puderzucker wälzen. Auf Kuchengitter abkühlen lassen.

Mexikanische Hochzeitskekse II

Geformte Kekse

Ergibt: *50–60 Stück*
Zubereitungszeit: *30 Min.*

1 Tasse Pflanzenfett
6 TL Puderzucker
1 TL Tequila
2 Tassen Mehl
1 Tasse Pekannüsse, gehackt
Puderzucker zum Wälzen

1 Ofen auf 175 °C vorheizen.

2 Fett und Puderzucker in einer großen Schüssel schaumig rühren. Tequila einrühren. Nach und nach das Mehl zugeben. Nüsse unterziehen.

3 Walnußgroße Teigstücke zu Bällchen formen. Bällchen in 3 cm Abstand auf ungefettete Bleche setzen.

4 Etwa 12–15 Min. goldbraun backen. In Puderzucker wälzen. Auf Kuchengitter abkühlen lassen.

Mexikanische Schokokekse

Gebäckschnitten

Ergibt: *ca. 30 Stück*
Zubereitungszeit: *35 Min.*

115 g halbbittere Schokolade, gehackt
1 Tasse Mehl
1 Tasse Mandeln, feingehackt
½ TL Salz
⅔ Tasse Pflanzenfett
1 Tasse brauner Zucker
½ Tasse weißer Zucker
4 große Eier
2 TL Vanillearoma
1 Tasse Haferflocken

1 Ofen auf 160 °C vorheizen. Eine rechteckige Backform (20 x 30 cm) leicht einfetten.

2 Schokolade bei niedriger Flamme im Wasserbad zerlassen. Glattrühren. Vom Herd nehmen.

3 Mehl, Mandeln und Salz mischen.

4 Fett und beide Zuckersorten in einer großen Schüssel schaumig rühren. Eier, dann Vanillearoma und Schokolade gründlich unterrühren. Nach und nach die Mehlmischung beigeben.

5 Teig gleichmäßig in der Form verteilen. 25–30 Min. backen (beim Einstechen mit einem spitzen Hölzchen darf der Teig nicht mehr kleben). Nicht zu lange backen, damit der Teig nicht austrocknet. In der Form auf Gitter abkühlen lassen. In Streifen schneiden.

Backtip: Dieses traditionelle mexikanische Rezept läßt sich abwandeln, indem man 1 Tasse Rosinen unter den Teig mengt.

Mikrowellen-Schoko-Fudge

Gebäckschnitten (Für die Mikrowelle)

Ergibt: *15–25 Stück*
Zubereitungszeit: *20 Min.*

⅔ Tasse Mehl
¼ TL Backpulver
¼ TL Salz
1 Tasse halbbittere Schokoladen-Tröpfchen
¼ Tasse Pflanzenfett
¾ Tasse Zucker
2 große Eier
½ TL Vanillearoma
½ Tasse Walnüsse, gehackt

1 Eine quadratische Mikrowellen-Backform (20 x 20 cm) leicht einfetten.

2 Mehl, Backpulver und Salz mischen.

3 Schokoladen-Tröpfchen und Fett im Wasserbad zerlassen. Glattrühren. Vom Herd nehmen. Nacheinander Zucker, Eier und Vanillearoma unterrühren. Nach und nach die Mehlmischung beigeben. Walnüsse unterziehen. Teig gleichmäßig in der Form verteilen.

4 Bei höchster Einstellung 7 Min. backen. Form alle 2 Min. um ein Viertel drehen, damit der Teig in der Mitte fest wird. In der Form auf Kuchengitter abkühlen lassen. In Streifen schneiden.

Minzschnitten

Gebäckschnitten

Ergibt: *15–35 Stück*
Zubereitungszeit: *35 Min.*
Kühlzeit: *2 Std.*

Teig
1 Tasse Mehl
½ TL Backpulver
½ Tasse Pflanzenfett
1 Tasse Zucker
4 große Eier
2 Tassen Schokoladensoße

Belag
½ Tasse Margarine
2 Tassen Puderzucker
2 EL Milch
1 TL Crème de Menthe
3 Tropfen grüne Lebensmittelfarbe
1 Tasse halbbittere Schokoladen-Tröpfchen
½ Tasse Butter

1 Ofen auf 175 °C vorheizen. Eine rechteckige Backform (20 x 30 cm) leicht einfetten.

2 Mehl und Backpulver mischen.

3 Fett und Zucker in einer großen Schüssel schaumig rühren. Eier, dann Schokoladensoße gut unterrühren. Nach und nach die Mehlmischung zugeben. Teig gleichmäßig in der Form verteilen.

4 Etwa 20–25 Min. backen, bis die Oberfläche sanft bräunt. In der Form auf Gitter abkühlen lassen. Danach 1 Std. in den Kühlschrank stellen.

5 Für den Belag Margarine und Puderzucker in einer großen Schüssel schaumig rühren. Nacheinander Milch, Crème de Menthe und Lebensmittelfarbe gründlich unterrühren. Belag gleichmäßig auf dem gekühlten Gebäck verteilen. Nochmals 1 Std. in den Kühlschrank stellen.

6 Schokoladen-Tröpfchen und Butter im Wasserbad zerlassen. Glattrühren. Masse vorsichtig auf dem Gebäck verteilen. In Stücke schneiden.

MOHNRAUTEN

Ausgerollte Kekse

ERGIBT: *90–120 Stück*
ZUBEREITUNGSZEIT: *40 Min.*
KÜHLZEIT: *6 Std.*

3 ¼ Tassen Mehl
2 ½ TL Backpulver
½ TL Salz
1 großes Ei, getrennt
½ Tasse Butter, Zimmertemperatur
¾ Tasse Zucker
3 EL Orangenlikör
2 große Eiweiß
¼ Tasse Mohnsamen

1 Mehl, Backpulver und Salz mischen.

2 In einer mittelgroßen Schüssel 1 Eiweiß schaumig schlagen.

3 Butter und Zucker in einer großen Schüssel schaumig rühren. Nacheinander Eigelb, Likör und Eiweiß unterrühren. Nach und nach die Mehlmischung, dann den Mohn zufügen. Zugedeckt 6 Std. in den Kühlschrank stellen.

4 Ofen auf 190 °C vorheizen. 2 Backbleche leicht einfetten.

5 Teig auf bemehlter Arbeitsfläche knapp 0,5 cm dick ausrollen. Rauten ausstechen oder ausschneiden und in 3 cm Abstand auf die Bleche legen.

6 Etwa 7–9 Min. lichtgelb backen. Auf Kuchengitter abkühlen lassen.

Backtip: Um das Rezept zu variieren, mengt man den Mohn nicht unter den Teig, sondern bepinselt die Kekse vor dem Backen mit Milch und bestreut sie mit Mohn.

MOHNTALER

Geschnittene Kekse

ERGIBT: *ca. 40 Stück*
ZUBEREITUNGSZEIT: *25 Min.*
KÜHLZEIT: *8 Std.*

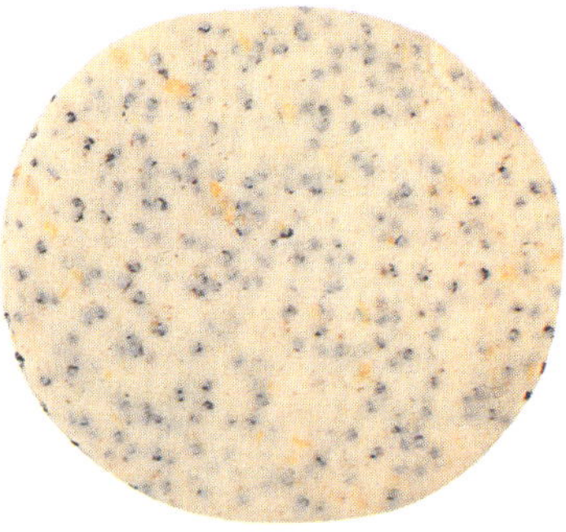

2 ¼ Tassen Mehl
½ TL Muskat, gemahlen
¼ TL Salz
1 Tasse Pflanzenfett
1 Tasse Zucker
2 große Eigelb
3 EL geriebene Orangenschale, unbehandelt
2 EL Mohnsamen

1 Mehl, Muskat und Salz mischen.

2 Fett und Zucker in einer großen Schüssel schaumig rühren. Nacheinander Eigelb und Orangenschale gut unterrühren. Nach und nach die Mehlmischung, dann Mohn zugeben.

3 Teig halbieren. Hälften zu 5 cm dicken Rollen formen und in Wachspapier 8 Std. oder über Nacht in den Kühlschrank legen.

4 Ofen auf 175 °C vorheizen.

5 Rollen in gut 0,5 cm dicke Scheiben schneiden. Scheiben in 3 cm Abstand auf ungefettete Bleche legen.

6 Etwa 6–9 Min. lichtgelb backen. Auf Kuchengitter abkühlen lassen.

Mokka-Leckerli

Ausgerollte Kekse

Ergibt: *15–25 Stück*
Zubereitungszeit: *35 Min.*
Kühlzeit: *8 Std.*

30 g halbbittere Schokolade, zerkleinert
1 EL löslicher Instantkaffee
1 EL heißes Wasser
1 ½ Tassen Mehl
2 TL Backpulver
½ TL Zimt, gemahlen
2 EL Pflanzenfett
½ Tasse Zucker
1 großes Ei
1 EL Nußlikör

1 Schokolade bei niedriger Flamme im Wasserbad zerlassen. Glattrühren. Vom Herd nehmen. Kaffee im Wasser auflösen, unter die Schokolade rühren.

2 Mehl, Backpulver und Zimt mischen.

3 Fett und Zucker in einer großen Schüssel schaumig rühren. Ei, dann Nußlikör und Schokoladenmasse gut unterrühren. Nach und nach die Mehlmischung beigeben. Zugedeckt 8 Std. oder über Nacht in den Kühlschrank stellen.

4 Ofen auf 175 °C vorheizen. 2 Backbleche leicht einfetten.

5 Teig auf bemehlter Arbeitsfläche gut 0,5 cm dick ausrollen. 4 x 4 cm große Quadrate oder andere Motive ausschneiden oder ausstechen und in 3 cm Abstand auf die Bleche legen.

6 Etwa 8–10 Min. backen, bis die Oberfläche trocken wirkt. Auf Kuchengitter abkühlen lassen.

Mokka-Schokokekse

Gebäckschnitten

Ergibt: *15–25 Stück*
Zubereitungszeit: *35 Min.*

55 g halbbittere Schokolade, gehackt
⅓ Tasse Pflanzenfett
¾ Tasse Mehl
½ TL Backpulver
¼ TL Salz
2 große Eier
1 Tasse Zucker
1 TL Vanillearoma
2 ½ EL löslicher Instantkaffee (Mokka)
½ Tasse Walnüsse, gehackt

1 Ofen auf 190 °C vorheizen. Eine quadratische Backform (20 x 20 cm) leicht einfetten.

2 Schokolade und Fett im Wasserbad zerlassen. Glattrühren. Vom Herd nehmen.

3 Mehl, Backpulver und Salz mischen.

4 Eier in einer großen Schüssel zur dicken, hellen Creme schlagen. Schokoladenmasse und Vanillearoma unterrühren. Nach und nach die Mehlmischung, dann Kaffee zugeben. Teig gleichmäßig in der Form verteilen. Mit Walnüssen bestreuen.

5 Etwa 20–25 Min. backen (beim Einstechen mit einem spitzen Hölzchen darf der Teig nicht mehr kleben). In der Form auf Kuchengitter abkühlen lassen. In Streifen schneiden.

Mondküchlein

Häufchenkekse

Ergibt: *15–25 Stück*
Zubereitungszeit: *30 Min.*

Teig
2 Tassen Mehl
6 EL Kakaopulver, ungezuckert
2 ½ TL Backpulver
½ TL Salz
⅓ Tasse Pflanzenfett
1 Tasse Zucker
1 großes Ei
1 Tasse Sauermilch (s. S. 229)
1 TL Vanillearoma

Füllung
¾ Tasse Pflanzenfett
1 Tasse Puderzucker
1 TL Vanillearoma

1 Ofen auf 175 °C vorheizen. 2 Backbleche leicht einfetten.

2 Mehl, Kakao, Backpulver und Salz mischen.

3 Fett und Zucker in einer großen Schüssel schaumig rühren. Ei, dann Milch und Vanillearoma unterrühren. Nach und nach die Mehlmischung zufügen.

4 Mit Eßlöffeln Teighäufchen in 8 cm Abstand auf die Bleche setzen.

5 Etwa 7–10 Min. backen (beim Einstechen mit einem spitzen Hölzchen darf der Teig nicht mehr kleben). Auf Kuchengitter abkühlen lassen.

6 Für die Füllung Fett und Puderzucker in einer mittelgroßen Schüssel kräftig verrühren. Vanillearoma zugeben.

7 Kekse waagerecht durchschneiden. Füllung großzügig auf den unteren Hälften verteilen. Obere Hälften aufsetzen und leicht andrücken.

Backtip: Wer Muffin-Formen besitzt, kann sie hier gut einsetzen: Formen mit je 2 gehäuften EL Teig füllen. Für Pfefferminz-Mondküchlein rührt man unter die Füllung einige Tropfen grüne Lebensmittelfarbe und ersetzt das Vanillearoma durch 1 EL Pfefferminzlikör.

Mürbe Butterplätzchen

Geschnittene Kekse

Ergibt: *15–25 Stück*
Zubereitungszeit: *30 Min.*
Kühlzeit: *4 Std.*

2 Tassen Mehl
½ TL Natron
¼ TL Salz
1 Tasse Butter, Zimmertemperatur
1 Tasse Zucker
1 großes Ei

1 Mehl, Natron und Salz mischen.

2 Butter und Zucker in einer großen Schüssel schaumig rühren. Ei gut unterrühren. Nach und nach die Mehlmischung zugeben.

3 Teig halbieren. Hälften zu 4 cm dicken Rollen formen, in Wachspapier 4 Std. in den Kühlschrank legen.

4 Ofen auf 200 °C vorheizen. 2 Backbleche leicht einfetten.

5 Rollen in gut 0,5 cm dicke Scheiben schneiden. In 4 cm Abstand auf die Bleche legen.

6 Etwa 8–10 Min. zartgelb backen. Auf Kuchengitter abkühlen lassen.

MÜRBE SIRUP-PIMENT-PLÄTZCHEN

Ausgerollte Kekse

ERGIBT: *15–25 Stück*
ZUBEREITUNGSZEIT: *30 Min.*
KÜHLZEIT: *4 Std.*

1 ¾ Tassen Mehl
⅓ Tasse Weizenkeime
1 TL Natron
½ TL Piment, gemahlen
½ Tasse Pflanzenfett
½ Tasse dunkler Sirup
Zucker zum Bestreuen

1 Mehl, Weizenkeime, Natron und Piment mischen.

2 Fett und Sirup in einer großen Schüssel zur glatten Creme rühren. Nach und nach die Mehlmischung zufügen. Zugedeckt 4 Std. in den Kühlschrank stellen.

3 Ofen auf 175 °C vorheizen. 2 Backbleche leicht einfetten.

4 Teig auf bemehlter Arbeitsfläche knapp 0,5 cm dick ausrollen. Beliebige Motive ausstechen. In 3 cm Abstand auf die Bleche legen. Mit Zucker bestreuen.

5 Etwa 8–10 Min. goldgelb backen. Auf Kuchengitter abkühlen lassen.

MÜRBE SIRUPPLÄTZCHEN

Ausgerollte Kekse

ERGIBT: *15–25 Stück*
ZUBEREITUNGSZEIT: *30 Min*

1 ¾ Tassen Mehl
¼ TL Salz
2 EL Pflanzenfett
2 EL Zucker
½ Tasse Sirup
¾ TL Natron
3 EL warmes Wasser

1 Ofen auf 175 °C vorheizen. 2 Backbleche leicht einfetten.

2 Mehl und Salz mischen.

3 Fett und Zucker in einer großen Schüssel schaumig rühren. Sirup unterrühren.

4 Natron im Wasser auflösen, zur Sirupmasse geben und gut verrühren. Nach und nach die Mehlmischung zugeben.

5 Teig auf bemehlter Arbeitsfläche gut 0,5 cm dick ausrollen. Kreise von 5 cm Durchmesser ausstechen. Scheiben in 3 cm Abstand auf die Bleche legen.

6 Etwa 8–10 Min. hellbraun backen. Auf Kuchengitter abkühlen lassen.

Mürbe Zitronenplätzchen

Ausgerollte Kekse

Ergibt: *90–120 Stück*
Zubereitungszeit: *35 Min.*
Kühlzeit: *4 Std.*

4 Tassen Mehl
1 TL Backpulver
1 Tasse Butter, Zimmertemperatur
2 Tassen Zucker
2 große Eier
1 TL Zitronenaroma
Zucker zum Bestreuen

1 Mehl und Backpulver mischen.

2 Butter und Zucker in einer großen Schüssel schaumig rühren. Eier, dann Zitronenaroma gut unterrühren. Nach und nach die Mehlmischung zufügen.

3 Ofen auf 175 °C vorheizen. 2 Backbleche leicht einfetten.

4 Teig auf bemehlter Arbeitsfläche knapp 0,5 cm dick ausrollen. Rosetten oder andere Motive ausstechen. In 3 cm Abstand auf die Bleche legen. Mit Zucker bestreuen.

5 Etwa 10–12 Min. zartgelb backen. Auf Kuchengitter abkühlen lassen.

Backtip: Fröhlich wirken die Kekse, wenn man sie mit buntem Kristallzucker bestreut.

Mürbe Zuckerplätzchen

Geformte Kekse

Ergibt: *60–70 Stück*
Zubereitungszeit: *30 Min.*
Kühlzeit: *8 Std.*

5 Tassen Mehl
1 EL plus 1 TL Weinstein
2 TL Natron
1 TL Salz
2 Tassen Pflanzenfett
2 Tassen Zucker
4 große Eier
2 TL Vanillearoma
Zucker

1 Mehl, Weinstein, Natron und Salz mischen.

2 Fett und Zucker in einer großen Schüssel schaumig rühren. Eier, dann Vanillearoma gründlich unterrühren. Nach und nach die Mehlmischung beigeben. Zugedeckt 8 Std. in den Kühlschrank stellen.

3 Ofen auf 190 °C vorheizen. 2 Backbleche leicht einfetten.

4 Walnußgroße Teigstückchen zu Bällchen formen. Bällchen in 4 cm Abstand auf die Bleche setzen. Den Boden eines Glases in Wasser und Zucker tauchen und die Bällchen damit zu gut 0,5 cm dicken Scheiben abflachen.

5 Etwa 8–10 Min. hellgelb backen. Auf Kuchengitter abkühlen lassen.

MÜRBEGEBÄCK MIT BRAUNEM ZUCKER

Ausgerollte Kekse

ERGIBT: *75–90 Stück*
ZUBEREITUNGSZEIT: *30 Min.*
KÜHLZEIT: *12 Std.*

1 Tasse Pflanzenfett
1 ¼ Tassen brauner Zucker
1 TL Vanillearoma
2 ½ Tassen Mehl

1 Fett und Zucker in einer großen Schüssel schaumig rühren. Vanillearoma unterrühren. Nach und nach das Mehl beigeben. Zugedeckt mindestens 12 Std. in den Kühlschrank stellen.

2 Ofen auf 190 °C vorheizen.

3 Teig auf bemehlter Arbeitsfläche gut 0,5 cm dick ausrollen. Beliebige Formen ausschneiden oder ausstechen und in 3 cm Abstand auf ungefettete Backbleche legen.

4 Etwa 12–15 Min. backen, bis die Keksränder zart bräunen. Auf Kuchengitter abkühlen lassen.

Backtip: Um Geschmack und Konsistenz dezent zu verstärken, kann man ¼ Tasse Weizenmehl durch ¼ Tasse Reismehl ersetzen.

MUSKATPLÄTZCHEN

Ausgerollte Kekse

ERGIBT: *15–25 Stück*
ZUBEREITUNGSZEIT: *35 Min.*
KÜHLZEIT: *4 Std.*

4 Tassen Mehl
2 TL Backpulver
¼ TL Muskat, gemahlen
¾ Tasse Pflanzenfett
2 Tassen Zucker
2 große Eier
¼ Tasse Milch
1 ½ TL Vanillearoma
1 TL geriebene Zitronenschale, unbehandelt

1 Mehl, Backpulver und Muskat mischen.

2 Fett und Zucker in einer großen Schüssel schaumig rühren. Eier unterrühren. Nacheinander Milch, Vanillearoma und Zitronenschale einrühren. Nach und nach die Mehlmischung zufügen. Zugedeckt 4 Std. in den Kühlschrank stellen.

3 Ofen auf 190 °C vorheizen. 2 Backbleche leicht einfetten.

4 Teig auf bemehlter Arbeitsfläche knapp 0,5 cm dick ausrollen. 5 cm große Rosetten oder andere Motive ausstechen. und in 3 cm Abstand auf die Bleche legen.

5 Etwa 10–12 Min. goldgelb backen. Auf Kuchengitter abkühlen lassen.

MÜSLIKEKSE I

Häufchenkekse

ERGIBT: *40–60 Stück*
ZUBEREITUNGSZEIT: *30 Min.*

2 Tassen Mehl
½ TL Backpulver
1 TL Zimt, gemahlen
½ TL Muskat, gemahlen
2 EL Rapsöl
2 große Eier
1 Tasse Apfelmus, ungezuckert
2 EL Apfelsaftkonzentrat
2 Tassen Müslimischung

1 Ofen auf 175 °C vorheizen. 2 Backbleche leicht einfetten.

2 Mehl, Backpulver und Gewürze mischen.

3 Öl und Eier in einer großen Schüssel verschlagen. Apfelmus und Apfelsaft unterrühren. Nach und nach die Mehlmischung zufügen. Müslimischung unterziehen.

4 Mit Löffeln Teighäufchen in 4 cm Abstand auf die Bleche setzen.

5 Etwa 8–10 Min. backen, bis sich der Teig fest anfühlt. Auf Kuchengitter abkühlen lassen.

MÜSLIKEKSE II

Häufchenkekse

ERGIBT: *25–40 Stück*
ZUBEREITUNGSZEIT: *30 Min.*

1 Tasse Weizen-Vollkornmehl
½ Tasse Reismehl
½ Tasse Sojamehl
½ TL Salz
1 Tasse Honig
1 Tasse Rapsöl
2 große Eier
6 Tropfen Mandelaroma
2 ½ Tassen Müslimischung
1 Tasse Mandeln, feingehackt

1 Ofen auf 150 °C vorheizen. 2 Backbleche leicht einfetten.

2 Die drei Mehlsorten und das Salz mischen.

3 Honig und Öl in einem großen Topf erwärmen. Vom Herd nehmen. Einzeln die Eier, dann Mandelaroma unterschlagen. Nach und nach die Mehlmischung zugeben. Müslimischung und Mandeln unterziehen.

4 Mit Löffeln Teighäufchen in 4 cm Abstand auf die Bleche setzen.

5 Etwa 18–20 Min. backen, bis die Oberfläche Farbe annimmt. Auf Kuchengitter abkühlen lassen.

Backtip: Wer es knusprig liebt, backt die Kekse goldbraun.

MÜSLIKEKSE III

Häufchenkekse

ERGIBT: *15–25 Stück*
ZUBEREITUNGSZEIT: *40 Min.*

1 ½ Tassen Mehl
¼ Tasse Weizenkeime
½ TL Backpulver
½ TL Natron
¼ TL Salz
½ Tasse Pflanzenfett
1 Tasse weißer Zucker
½ Tasse brauner Zucker
1 großes Ei
¼ Tasse Milch
6 Tropfen Mandelaroma
1 ½ Tassen halbbittere Schokoladen-Tröpfchen
1 Tasse Haferflocken
1 Tasse Mandeln, gehackt
¾ Tasse helle Rosinen

1 Ofen auf 175 °C vorheizen. 2 Backbleche leicht einfetten.

2 Mehl, Weizenkeime, Backpulver, Natron und Salz mischen.

3 Fett und beide Zuckersorten in einer großen Schüssel schaumig rühren. Ei unterschlagen. Milch und Mandelaroma einrühren. Nach und nach die Mehlmischung beigeben. Schokoladen-Tröpfchen, Haferflocken, Mandeln und Rosinen unterziehen.

4 Mit Löffeln Teighäufchen in 4 cm Abstand auf die Bleche setzen.

5 Etwa 8–10 Min. hellgelb backen. Auf Kuchengitter abkühlen lassen.

MÜSLISCHNITTEN I

Gebäckschnitten

ERGIBT: *15–25 Stück*
ZUBEREITUNGSZEIT: *50 Min.*

6 Tassen Haferflocken
1 Tasse Kokosraspeln
1 Tasse Weizenkörner
1 Tasse helle Rosinen
½ Tasse Sonnenblumenkerne
¼ Tasse Sesamsamen, geröstet
1 TL Piment, gemahlen
1 Tasse Honig
¾ Tasse Rapsöl
⅓ Tasse Wasser
1 ½ TL Vanillearoma

1 Ofen auf 175 °C vorheizen. Eine rechteckige Backform (20 x 30 cm) leicht einfetten.

2 Haferflocken, Kokosraspeln, Weizenkeime, Rosinen, Sonnenblumenkerne, Sesamsamen und Piment in einer großen Schüssel mischen.

3 Honig, Öl und Wasser in einem Topf erhitzen. Vom Herd nehmen. Vanillearoma einrühren. Zu den trockenen Zutaten geben und gut verrühren. Masse gleichmäßig in der Form verteilen.

4 Etwa 30–40 Min. backen, bis der Teig sich fest anfühlt und nicht mehr klebt. Auf Kuchengitter abkühlen lassen. In beliebig große Stücke schneiden.

5 Zum Lagern Kekse einzeln in Wachspapier wickeln.

MÜSLISCHNITTEN II

Gebäckschnitten

ERGIBT: *15–35 Stück*
ZUBEREITUNGSZEIT: *40 Min.*

¾ Tasse Weizenmehl
¾ Tasse Weizen-Vollkornmehl
½ Tasse Walnüsse, gemahlen
2 TL Backpulver
¾ TL Salz
½ Tasse Pflanzenfett
1 ¾ Tassen brauner Zucker
2 große Eier
1 TL Vanillearoma
1 ½ Tassen Müslimischung

1 Ofen auf 175 °C vorheizen. Eine quadratische Backform (20 x 20 cm) leicht einfetten.

2 Beide Mehlsorten, Walnüsse, Backpulver und Salz mischen.

3 Fett und Zucker in einer großen Schüssel schaumig rühren. Einzeln die Eier, dann Vanillearoma unterschlagen. Nach und nach die Mehlmischung zufügen. Müslimischung unterziehen. Teig gleichmäßig in der Form verteilen.

4 Etwa 20–25 Min. backen, bis der Teig sich fest anfühlt. In der Form abkühlen lassen. In Streifen schneiden.

5 Einzeln in Wachspapier wickeln. In luftdichtem Behälter lagern.

Backtip: Man kann den Teig mit Dörrobst anreichern: Früchte mit kochendem Wasser übergießen, 10 Min. einweichen, abtropfen lassen und fein hacken.

Müsli-Schnitten III

Gebäckschnitten

ERGIBT: *15–25 Stück*
ZUBEREITUNGSZEIT: *45 Min.*

6 Tassen Haferflocken
1 Tasse Kokosnuß, geraspelt
1 Tasse Weizenkeime
1 Tasse helle Rosinen
½ Tasse Sonnenblumenkerne, ohne Schalen
¼ Tasse Sesamsamen, geröstet
1 TL Piment, gemahlen
1 Tasse Honig
¾ Tasse Rapsöl
⅓ Tasse Wasser
1 ½ TL Vanillearoma

1 Ofen auf 175 °C vorheizen. Eine rechteckige Backform (20 x 30 cm) leicht einfetten.

2 Haferflocken, Kokosraspeln, Weizenkeime, Rosinen, Sonnenblumenkerne, Sesamsamen und Piment mischen.

3 Honig, Öl, Wasser und Vanillearoma in einem mittelgroßem Topf erwärmen.

4 Honigmasse über die Müslimischung geben und gründlich vermengen. Teig gleichmäßig in der Form verteilen.

5 Etwa 30–40 Min. backen, bis das Gebäck fest ist und nicht mehr klebt. Noch warm in Streifen schneiden. In der Form auf Kuchengitter abkühlen lassen.

Mutzenmandeln

Geformte Kekse

ERGIBT: *60–70 Stück*
ZUBEREITUNGSZEIT: *35 Min.*

2 Tassen Mehl
½ Tasse Mandeln, feingemahlen
⅔ Tasse Pflanzenfett
1 Tasse Zucker
2 große Eigelb, verschlagen
Pflanzenöl zum Ausbacken

1 Mehl und Mandeln mischen.

2 Fett und Zucker in einer großen Schüssel schaumig rühren. Eigelb unterrühren. Nach und nach die Mehlmischung zugeben. Ist der Teig zu fest, vorsichtig (je ½ TL) Wasser beigeben.

3 Öl in einer Friteuse oder einem hohen, schweren Topf auf 190 °C erhitzen.

4 Walnußgroße Teigstücke zu Bällchen formen. Bällchen im heißen Öl goldbraun schwimmend ausbacken. Auf Küchenkrepp abtropfen lassen.

Backtip: Das Öl muß heiß genug sein, um nicht vom Gebäck aufgesogen zu werden; es darf aber auch nicht allzu heiß sein, da dann der Teig außen zu schnell bräunt und innen roh bleibt. Man kann die abgekühlten Mutzenmandeln mit Puderzucker bestreuen oder in zerlassene Schokolade stippen.

NEW ENGLAND COOKIES

Häufchenkekse

ERGIBT: *50–60 Stück*
ZUBEREITUNGSZEIT: *35 Min.*

3 Tassen Mehl
½ TL Natron
½ Tasse Pflanzenfett
½ Tasse Zucker
2 große Eier
½ Tasse Sirup
¼ Tasse heißes Wasser

1 Ofen auf 175 °C vorheizen.

2 Mehl und Natron mischen.

3 Fett und Zucker in einer großen Schüssel schaumig rühren. Eier, dann Sirup und Wasser gut unterrühren. Nach und nach die Mehlmischung beigeben.

4 Mit Löffeln Teighäufchen in 4 cm Abstand auf ungefettete Backbleche setzen.

5 Etwa 12–15 Min. backen, bis sich die Kekse fest anfühlen. Auf Kuchengitter abkühlen lassen.

NEW HAMPSHIRE COOKIES

Häufchenkekse

ERGIBT: *ca. 40 Stück*
ZUBEREITUNGSZEIT: *30 Min.*

3 ¼ Tassen Mehl
½ TL Zimt, gemahlen
¼ TL Salz
1 Tasse Pflanzenfett
1 ½ Tassen Zucker
3 große Eier
1 TL Natron
1 ½ EL warmes Wasser
1 Tasse Maronen, gehackt
½ Tasse Rosinen, gehackt
½ Tasse Korinthen, gehackt

1 Ofen auf 175 °C vorheizen. 2 Backbleche leicht einfetten.

2 Mehl, Zimt und Salz mischen.

3 Fett und Zucker in einer großen Schüssel schaumig rühren. Eier einzeln unterrühren.

4 Natron im Wasser auflösen. Zur Fett-Ei-Creme geben. Glattrühren. Nach und nach die Mehlmischung zufügen. Maronen, Rosinen und Korinthen unterziehen.

5 Mit Löffeln Teighäufchen in 4 cm Abstand auf die Bleche setzen.

6 Etwa 12–15 Min. goldgelb backen. Auf Kuchengitter abkühlen lassen.

New-Orleans-Kringel

Geformte Kekse

Ergibt: *50–60 Stück*
Zubereitungszeit: *35 Min.*

3 Tassen Mehl
¼ TL Salz
1 Tasse Butter, Zimmertemperatur
1 Tasse Zucker
1 großes Ei
1 EL geriebene Orangenschale, unbehandelt

1 Ofen auf 175 °C vorheizen. 2 Backbleche leicht einfetten.

2 Mehl und Salz mischen.

3 Fett und Zucker in einer großen Schüssel schaumig rühren. Nacheinander Ei und Orangenschale gut unterrühren. Nach und nach die Mehlmischung zugeben.

4 Walnußgroße Teigstücke zu bleistiftdünnen, etwa 15 cm langen Strängen rollen. Stränge zu Ringen schließen. Ringe in 3 cm Abstand auf die Bleche legen.

5 Etwa 12–15 Min. goldgelb backen. Auf Kuchengitter abkühlen lassen.

Nimmersatt-Plätzchen

Gebäckschnitten

Ergibt: *15–25 Stück*
Zubereitungszeit: *30 Min.*

¾ Tasse Pflanzenfett
⅓ Tasse Zucker
3 Tassen Graham-Kräcker, zerbröselt
2 Tassen Mini-Marshmallows
1 Tasse halbbittere Schokoladen-Tröpfchen

1 Ofen auf 175 °C vorheizen. Eine rechteckige Backform (20 x 30 cm) leicht einfetten.

2 Fett und Zucker in einer großen Schüssel schaumig rühren. Nach und nach die Kräcker beimengen. Die Hälfte der Masse fest in die Form drücken. Mit Marshmallows und Schokoladen-Tröpfchen bestreuen. Darüber die restliche Masse krümeln.

3 Etwa 8–10 Min. backen, bis sich der Teig fest anfühlt. In der Form abkühlen lassen. In Streifen schneiden.

Normannische Mandelblättchen

Ausgerollte Kekse

Ergibt: *60–70 Stück*
Zubereitungszeit: *45 Min.*
Kühlzeit: *8 Std.*

⅔ Tasse Pflanzenfett
¾ Tasse Puderzucker
1 ¼ Tassen Mehl
1 Tasse Mandeln, gemahlen
2 große Eier, getrennt
1 Prise Salz
3 Tropfen Mandelaroma
Zucker zum Bestreuen

1 Fett und Puderzucker in einer großen Schüssel schaumig rühren. Nach und nach Mehl und Mandeln beigeben. Zugedeckt mindestens 8 Std. in den Kühlschrank stellen.

2 Teig 2 Std. vor dem Backen aus dem Kühlschrank nehmen.

3 Ofen auf 150 °C vorheizen.

4 Eiweiß mit dem Salz in einer großen Schüssel zu steifem, aber nicht trockenem Schnee schlagen. Mandelaroma unterschlagen.

5 Eigelb in einer zweiten Schüssel zur dicken, hellen Creme schlagen. Unter den Eischnee ziehen.

6 Teig auf bemehlter Arbeitsfläche gut 0,5 cm dick ausrollen. Kreise von 5 cm Durchmesser ausstechen und in 5 cm Abstand auf ungefettete Bleche legen.

7 Kekse mit der Eimasse bestreichen und mit Zucker bestreuen.

8 Etwa 18–20 Min. backen, bis die Oberfläche leicht bräunt. Auf Kuchengitter abkühlen lassen.

Backtip: Dieser Teig hält sich im Kühlschrank bis zu 2 Wochen, im Gefrierfach mehrere Monate.

Norwegische Korinthenkekse

Geformte Kekse

Ergibt: *ca. 40 Stück*
Zubereitungszeit: *30 Min.*
Ruhezeit: *1 Std.*

1 Tasse Korinthen
½ Tasse Butter, Zimmertemperatur
¼ Tasse Zucker
2 große Eigelb
1 TL Vanillearoma
½ TL Orangenaroma
1 Tasse Mehl
Milch zum Bestreichen

1 Korinthen in einer kleinen Schüssel mit kochendem Wasser bedecken. Beiseite stellen.

2 Zwei Backbleche leicht einfetten.

3 Butter und Zucker in einer großen Schüssel schaumig rühren. Eigelb, dann Vanille- und Orangenaroma gut unterrühren. Nach und nach das Mehl beigeben.

4 Teig in Spritzbeutel oder Gebäckspritze mit schlichter Rundtülle füllen. In 4 cm Abstand kleine Häufchen auf die Bleche spritzen. 1 Std. ruhen lassen.

5 Ofen auf 190 °C vorheizen.

6 Korinthen abgießen. Mit Küchenkrepp trocknen. Kekse dünn mit Milch bepinseln und mit Korinthen bestreuen.

7 Etwa 8–10 Min. goldgelb backen. Auf Kuchengitter abkühlen lassen.

Norwegische Korinthen-schnitten

Gebäckschnitten

Ergibt: *ca. 40 Stück*
Zubereitungszeit: *35 Min.*

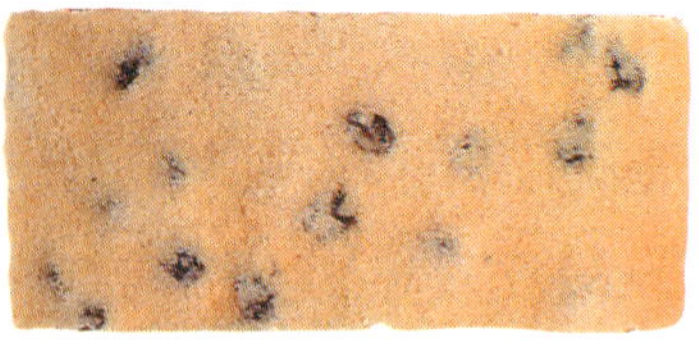

2 Tassen Mehl
1 Tasse Mandeln, gemahlen
1 Tasse Pflanzenfett
1 Tasse brauner Zucker
2 EL Vanillezucker (s. S. xxix)
4 große Eier
½ Tasse Korinthen

1 Ofen auf 175 °C vorheizen. Eine quadratische Backform (20 x 20 cm) leicht einfetten.

2 Mehl und Mandeln mischen.

3 Fett , braunen und Vanillezucker in einer großen Schüssel schaumig rühren. Eier einzeln unterrühren. Nach und nach die Mehlmischung zugeben. Korinthen unterziehen. Teig gleichmäßig in der Form verteilen.

4 Etwa 18–20 Min. backen, bis der Teig Farbe annimmt. In der Form auf Gitter abkühlen lassen. In Streifen schneiden.

Backtip: Man kann diesen Teig auch kühlen, dann 0,5–1 cm dick ausrollen und ausstechen.

Norwegische Kringler

Häufchenkekse

Ergibt: *50–60 Stück*
Zubereitungszeit: *35 Min.*

3 Tassen Mehl
¾ TL Natron
1 TL Zimt, gemahlen
1 TL Salz
1 Tasse Zucker
1 Tasse saure Sahne

1 Ofen auf 175 °C vorheizen. 2 Backbleche leicht einfetten.

2 Mehl, Natron, Zimt und Salz mischen.

3 Zucker und saure Sahne in einer großen Schüssel gründlich verrühren. Nach und nach die Mehlmischung zugeben.

4 Mit Löffeln Teighäufchen in 4 cm Abstand auf die Bleche setzen.

5 Etwa 10–12 Min. goldgelb backen. Auf Kuchengitter abkühlen lassen.

Norwegische Kronen

Ausgerollte Kekse

Ergibt: *ca. 40 Stück*
Zubereitungszeit: *35 Min.*
Kühlzeit: *2 Std.*

3 Tassen Mehl
¼ TL Salz
6 große Eigelb, hartgekocht
6 große Eigelb
¾ Tasse Zucker
1 ½ Tassen Pflanzenfett
1 großes Eiweiß, verschlagen
1 Tasse brauner Zucker

1 Mehl und Salz mischen.

2 Hartgekochte Eigelbe durch ein Sieb in eine große Schüssel drücken. Mit Eigelb und Zucker glattrühren. Fett beigeben. Nach und nach die Mehlmischung zufügen. Zugedeckt mindestens 2–4 Std. in den Kühlschrank stellen, bis der Teig sehr fest ist.

3 Ofen auf 200 °C vorheizen. 2 Backbleche leicht einfetten.

4 Teig auf bemehlter Arbeitsfläche gut 0,5 cm dick ausrollen. In knapp 2 x 12 cm große Streifen schneiden. Streifen zu Ringen schließen, Enden etwas überlappen lassen und leicht zusammendrücken. Ringe in das verquirlte Eiweiß, dann in den braunen Zucker dippen und in 4 cm Abstand auf die Bleche legen.

5 Etwa 8–10 Min. backen, bis die Ringe zart bräunen. Auf Kuchengitter abkühlen lassen.

Norwegische Weihnachtsplätzchen

Ausgerollte Kekse

Ergibt: *50–60 Stück*
Zubereitungszeit: *35 Min.*
Kühlzeit: *8 Std.*

2 große Eier, getrennt
2 große Eier, hartgekocht, feingehackt
1 ½ Tassen Puderzucker
¾ Tasse Butter, Zimmertemperatur
2 Tassen Mehl
Puderzucker zum Bestäuben

1 Eigelb und hartgekochte Eier in einer großen Schüssel glattrühren. Puderzucker, dann Butter gut unterrühren. Nach und nach das Mehl zufügen. Zugedeckt 8 Std. oder über Nacht in den Kühlschrank stellen.

2 Ofen auf 175 °C vorheizen. 2 Backbleche leicht einfetten.

3 Eiweiß in einer kleinen Schüssel zu steifem, aber nicht trockenem Schnee schlagen.

4 Teig auf bemehlter Arbeitsfläche knapp 1,5 cm dick ausrollen. In bleistiftschmale, etwa 20 cm lange Streifen schneiden. Je 3 Streifen zum Zopf flechten und zum Kranz schließen. Kränze in 3 cm Abstand auf die Bleche legen. Mit Eiweiß bepinseln und mit Puderzucker bestäuben.

5 Etwa 12–15 Min. backen, bis die Kränze zart bräunen. Auf Kuchengitter abkühlen lassen.

Backtip: Es ist wichtig, den Teig 8 Std. oder über Nacht ruhen zu lassen. Für eine herzhaftere Geschmacksnote kann man die Kränze mit einer Mischung aus Puderzucker und feingehackten Haselnüssen bestreuen.

Nuggets

Häufchenkekse

Ergibt: *ca. 40 Stück*
Zubereitungszeit: *30 Min.*
Kühlzeit: *6 Std.*

2 Tassen Mehl
½ TL Natron
½ TL Salz
⅔ Tasse Pflanzenfett
1 Tasse Zucker
⅔ Tasse Erdnußbutter
3 große Eier
⅓ Tasse Milch
2 Tassen Haferflocken
1 Tasse Rosinen
1 Tasse Walnüsse, gehackt (wenn gewünscht)
1 Tasse Datteln, entsteint, (falls gewünscht)

1 Mehl, Natron und Salz mischen.

2 Fett und Zucker in einer großen Schüssel schaumig rühren. Erdnußbutter, dann Eier und Milch gut unterrühren. Nach und nach die Mehlmischung zugeben. Haferflocken, Rosinen, nach Belieben Walnüsse und Datteln unterziehen. Zugedeckt 6 Std. in den Kühlschrank stellen.

3 Ofen auf 190 °C vorheizen.

4 Mit Löffeln Teighäufchen in 4 cm Abstand auf ungefettete Backbleche setzen.

5 Etwa 12–15 Min. hellgelb backen. Auf Kuchengitter abkühlen lassen.

Backtip: Statt Rosinen und Datteln lassen sich 2 Tassen gehacktes Dörrobst verwenden. Dann sollte man die gehackten Nüsse nicht unter den Teig mengen, sondern vor dem Backen über die Kekse streuen.

Nürnberger

Häufchenkekse

Ergibt: *60–70 Stück*
Zubereitungszeit: *30 Min.*
Kühlzeit: *24 Std.*

5 ½ Tassen Mehl
1 TL Natron
¼ TL Backpulver
2 TL Zimt, gemahlen
½ TL Muskat, gemahlen
¼ TL Nelken, gemahlen
1 ½ Tassen brauner Zucker
4 große Eier
2 Tassen Honig
1 EL plus 1 TL Vanillearoma
⅔ Tasse Orangenschale, unbehandelt, gehackt
1 Tasse Walnüsse, feingehackt

1 Mehl, Natron, Backpulver und Gewürze mischen.

2 Zucker und Eier in einer großen Schüssel zur dicken Creme schlagen. Nacheinander Honig, Vanillearoma und Orangenschale gründlich unterrühren. Nach und nach die Mehlmischung beigeben. Walnüsse unterziehen. Zugedeckt 24 Std. in den Kühlschrank stellen.

3 Ofen auf 175 °C vorheizen.

4 Mit Löffeln Teighäufchen in 4 cm Abstand auf ungefettete Backbleche setzen.

5 Etwa 8–10 Min. goldgelb backen. Auf Kuchengitter abkühlen lassen.

Backtip: Anstelle der Orangenschale lassen sich gehackte kandierte Früchte verwenden.

Nuss-Kokos-Quickies

Gebäckschnitten

ERGIBT: *15–25 Stück*
ZUBEREITUNGSZEIT: *20 Min.*

2 Tassen Kekse, zerkrümelt (s. Backtip)
2 Tassen halbbittere Schokoladen-Tröpfchen
¾ Tasse Kokosraspeln
300 ml Kondensmilch, gesüßt
½ Tasse Walnüsse, feingemahlen

1 Ofen auf 160 °C vorheizen. Eine rechteckige Backform (20 x 30 cm) leicht einfetten.

2 Alle Zutaten in einer großen Schüssel mischen. Mit den Händen verkneten. Teig gleichmäßig in die Form drücken.

3 Etwa 8–10 Min. backen, bis sich der Teig fest anfühlt. In Quadrate oder Rechtecke schneiden. In der Form auf Gitter abkühlen lassen.

Backtip: Für dieses Rezept eignen sich fast alle trockenen Kekse, z.B. Butterkekse.

Nuss-Schnitten I

Gebäckschnitten

ERGIBT: *ca. 40 Stück*
ZUBEREITUNGSZEIT: *25 Min.*

3 große Eiweiß
1 Tasse Kondensmilch, ungezuckert
1 TL Vanillearoma
6 Tropfen Mandelaroma
4 Tassen Kokosraspeln
1 Tasse Walnüsse, feingemahlen
1 Tasse Datteln, entsteint, gehackt

1 Ofen auf 175 °C vorheizen. Eine quadratische Backform (20 x 20 cm) leicht einfetten.

2 Eiweiß in einer großen Schüssel schaumig schlagen. Milch, Vanillearoma und Mandelaroma unterheben. Nach und nach Kokosraspeln, Walnüsse und Datteln unterziehen. Teig gleichmäßig in der Form verteilen.

3 Etwa 10–12 Min. backen, bis die Oberfläche zarte Farbe hat. In der Form auf Kuchengitter abkühlen lassen. In Streifen schneiden.

Backtip: Nach diesem Rezept lassen sich auch gefüllte Kekse herstellen: Teig in einer rechteckigen Backform (20 x 30 cm) verteilen und backen. In Streifen schneiden, eine Hälfte der Schnitten mit Pudding oder Creme bestreichen, die zweite Hälfte auflegen. Außerdem kann man den Teig mit Löffeln auf gut gefettete Bleche setzen.

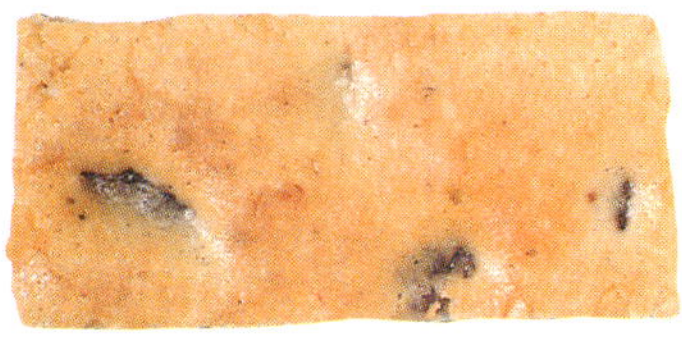

Nuss-Schnitten II

Gebäckschnitten

ERGIBT: *15–25 Stück*
ZUBEREITUNGSZEIT: *45 Min.*

½ Tasse Mehl
1 Tasse Walnüsse, feingemahlen
½ TL Backpulver
½ TL Salz
½ Tasse Zucker
2 große Eier
½ TL Vanillearoma
1 Tasse Dörrpflaumen, entsteint, gehackt
Puderzucker zum Bestäuben

1 Ofen auf 160 °C vorheizen. Eine quadratische Backform (20 x 20 cm) leicht einfetten.

2 Mehl, Walnüsse, Backpulver und Salz mischen.

3 Zucker und Eier in einer großen Schüssel zur dicken, hellen Creme schlagen. Vanillearoma unterrühren. Nach und nach die Mehlmischung zufügen. Pflaumen unterziehen. Teig gleichmäßig in der Form verteilen.

4 Etwa 35–40 Min. backen (beim Einstechen mit einem spitzen Hölzchen darf der Teig nicht mehr kleben). In der Form etwas abkühlen lassen. In Streifen schneiden. Noch warm mit Puderzucker bestreuen, dann aus der Form nehmen.

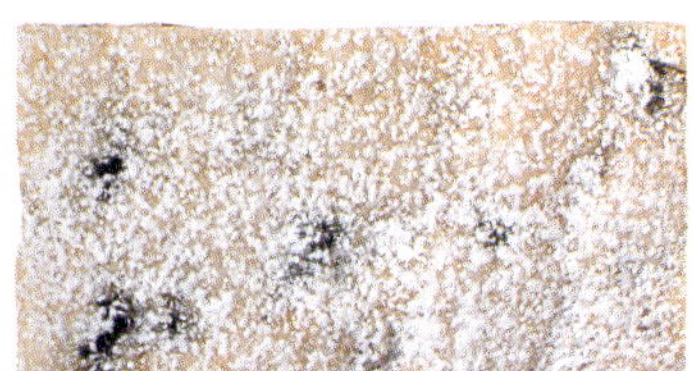

Nussbällchen

Geformte Kekse

Ergibt: *50–60 Stück*
Zubereitungszeit: *30 Min.*

4 ½ Tassen Mehl
1 Tasse Walnüsse, gemahlen
1 Tasse Butter, Zimmertemperatur
1 Tasse Pflanzenfett
2 ½ Tassen brauner Zucker
2 TL Vanillearoma

1 Ofen auf 175 °C vorheizen.

2 Mehl und Nüsse mischen.

3 Butter, Pflanzenfett und Zucker in einer großen Schüssel schaumig rühren. Vanillearoma, dann nach und nach die Mehlmischung beigeben.

4 Walnußgroße Teigstücke zu Bällchen formen. Bällchen in 4 cm Abstand auf ungefettete Backbleche setzen und mit dem bemehlten Boden eines Glases flachdrücken.

5 Etwa 10–12 Min. backen, bis die Kekse sich zart verfärben. Auf Kuchengitter abkühlen lassen.

Backtip: Für dieses Rezept eignen sich fast alle Nüsse. Verwendet man Mandeln, sollte das Vanillearoma durch 12 Tropfen Mandelaroma ersetzt werden. Auch Rum oder Weinbrand sorgen für ein feines Aroma.

Nusshäppchen

Geformte Kekse

Ergibt: *50–70 Stück*
Zubereitungszeit: *30 Min.*
Kühlzeit: *4 Std.*

½ Tasse Pflanzenfett
¼ Tasse Zucker
1 großes Ei
1 TL Vanillearoma
1 EL frischgepreßter Zitronensaft
2 EL geriebene Orangenschale, unbehandelt
1 EL geriebene Zitronenschale, unbehandelt
1 Tasse Mehl
1 Eiweiß
½ Tasse Paranüsse, gehackt
kandierte Kirschen zum Verzieren

1 Fett und Zucker in einer großen Schüssel schaumig rühren. Ei unterrühren. Nacheinander Vanillearoma, Zitronensaft, Orangen- und Zitronenschale unterrühren. Nach und nach das Mehl zufügen. Zugedeckt 4 Std. in den Kühlschrank stellen.

2 Ofen auf 175 °C vorheizen.

3 Eiweiß in einer kleinen Schale zu steifem, aber nicht trockenem Schnee schlagen. Gehackte Nüsse auf einem Teller ausbreiten.

4 Kleine Teigstücke zu Bällchen formen. Bällchen im Eiweiß, dann in den Nüssen wälzen und in 4 cm Abstand auf ungefettete Backbleche setzen. In die Mitte jedes Bällchens 1 kandierte Kirsche drücken.

5 Etwa 12–15 Min. goldgelb backen. Auf Kuchengitter abkühlen lassen.

NUSSKEKSE I

Häufchenkekse

ERGIBT: *15–25 Stück*
ZUBEREITUNGSZEIT: *35 Min.*

¾ Tasse Mehl
1 TL Backpulver
¼ Tasse Butter, Zimmertemperatur
¼ Tasse Pflanzenfett
½ Tasse Zucker
2 große Eier
1 TL Vanillearoma
¾ Tasse Walnüsse, gehackt

1 Ofen auf 175 °C vorheizen.

2 Mehl und Backpulver mischen.

3 Butter, Pflanzenfett und Zucker in einer großen Schüssel schaumig rühren. Eier, dann Vanillearoma gut unterrühren. Nach und nach die Mehlmischung zugeben.

4 Mit Löffeln Teighäufchen in 4 cm Abstand auf ungefettete Backbleche setzen. Mit Nüssen bestreuen.

5 Etwa 10–12 Min. goldgelb backen. Auf Kuchengitter abkühlen lassen.

NUSSKEKSE II

Geformte Kekse

ERGIBT: *ca. 40 Stück*
ZUBEREITUNGSZEIT: *30 Min.*

¾ Tasse Pflanzenfett
¼ Tasse Butter, Zimmertemperatur
½ Tasse Puderzucker
½ TL Vanillearoma
2 Tassen Mehl
1 ¼ Tassen Pekannüsse, gemahlen

1 Ofen auf 175 °C vorheizen.
2 Backbleche leicht einfetten.

2 Mehl und Backpulver mischen.

3 Pflanzenfett, Butter und Zucker in einer großen Schüssel schaumig rühren. Vanillearoma, dann nach und nach das Mehl beigeben.

4 Walnußgroße Teigstücke zu bleistiftschmalen, etwa 20 cm langen Strängen formen. Stränge zusammenfalten, zu Kordeln drehen und in den Nüssen wälzen. In 3 cm Abstand auf die Bleche legen.

5 Etwa 12–15 Min. goldgelb backen. Auf Kuchengitter abkühlen lassen.

Backtip: Der Teig läßt sich auch zu Kipferln formen, die man vor dem Backen in Nüssen wälzt.

Nusskekse III

Häufchenkekse

Ergibt: *50–60 Stück*
Zubereitungszeit: *30 Min.*

3 Tassen Mehl
¾ TL Natron
1 Tasse Pflanzenfett
2 Tassen brauner Zucker
3 große Eier
1 Tasse Walnüsse, gehackt

1 Ofen auf 175 °C vorheizen.

2 Mehl und Natron mischen.

3 Fett und Zucker in einer großen Schüssel schaumig rühren. Eier, dann Vanillearoma gut unterrühren. Nach und nach die Mehlmischung zufügen. Nüsse unterziehen.

4 Mit Löffeln Teighäufchen in 4 cm Abstand auf ungefettete Backbleche setzen.

5 Etwa 10–12 Min. goldgelb backen. Auf Kuchengitter abkühlen lassen.

Nusskekse IV

Geschnittene Kekse

Ergibt: *60–70 Stück*
Zubereitungszeit: *35 Min.*
Kühlzeit: *4 Std.*

2 Tassen Mehl
1 ½ Tassen Pekannüsse, feingemahlen
½ Tasse Natron
½ TL Salz
¾ Tasse Pflanzenfett
¼ Tasse Butter, Zimmertemperatur
1 Tasse brauner Zucker
1 großes Ei
2 TL Vanillearoma

1 Mehl, Nüsse, Natron und Salz mischen.

2 Pflanzenfett, Butter und Zucker in einer großen Schüssel schaumig rühren. Ei, dann Vanillearoma gut unterrühren. Nach und nach die Mehlmischung zugeben. Erscheint der Teig zu trocken, vorsichtig (je ½ TL) Wasser beigeben.

3 Teig halbieren. Hälften zu 5 cm dicken Rollen formen und in Wachspapier 4 Std. in den Kühlschrank legen.

4 Ofen auf 200 °C vorheizen.

5 Rollen in knapp 0,5 cm dicke Scheiben schneiden. Scheiben in 3 cm Abstand auf ungefettete Backbleche legen.

6 Etwa 8–10 Min. goldgelb backen. Auf Kuchengitter abkühlen lassen.

Backtip: Eine feine zusätzliche Geschmacksnote erhalten die Kekse, wenn man die Teigrollen vor dem Kühlen in grobgemahlenen Nüssen – z.B. Erdnüssen, Mandeln, Haselnüssen, Walnüssen, Paranüssen oder Pistazien – wälzt.

Oasenkekse

Ausgerollte Kekse

ERGIBT: *60–70 Stück*
ZUBEREITUNGSZEIT: *35 Min.*

4 Tassen Mehl
1 TL Backpulver
1 TL Natron
1 Tasse Pflanzenfett
½ Tasse Butter, Zimmertemperatur
1 Tasse brauner Zucker
2 große Eier
1 TL frischgepreßter Zitronensaft
1 Tasse Rosinen
1 Tasse Walnüsse, gehackt
1 Tasse Zitronat, gehackt
1 Tasse Dörrpflaumen, entsteint, gehackt
½ Tasse Kokosflocken

1 Ofen auf 175 °C vorheizen. 2 Backbleche leicht einfetten.

2 Mehl, Backpulver und Natron mischen.

3 Pflanzenfett, Butter und Zucker in einer großen Schüssel schaumig rühren. Eier, dann Zitronensaft gut unterrühren. Nach und nach die Mehlmischung zufügen. Rosinen, Walnüsse, Zitronat, Pflaumen und Kokosflocken unterziehen.

4 Teig auf bemehlter Arbeitsfläche knapp 0,5 cm dick ausrollen. Kreise von 4 cm Durchmesser ausstechen und in 4 cm Abstand auf die Bleche legen.

5 Etwa 12–15 Min. backen, bis die Kekse leicht Farbe annehmen. Auf Kuchengitter abkühlen lassen.

Backtip: Für dieses englische Rezept verwendet man traditionell Zitronat. Das Zitronat läßt sich aber durchaus durch eine Mischung kandierter Früchte ersetzen. Zu diesen Keksen paßt ein Überzug aus Zitronenglasur.

Ohne backen: Adventskränze

Geformte Kekse

ERGIBT: *ca. 25 Stück*
ZUBEREITUNGSZEIT: *30 Min.*
KÜHLZEIT: *1 Std.*

6 EL Pflanzenfett
32 Marshmallows
½ TL Vanillearoma
3 Tropfen Mandelaroma
½ TL grüne Lebensmittelfarbe
4 Tassen Cornflakes
rote Mini-Weichbonbons zum Dekorieren

1 Backpapier auf 2 Bleche legen.

2 Fett und Marshmallows in einen Topf geben. Bei geringer Hitze im Wasserbad zerlassen und zu einer geschmeidigen Masse verrühren. Vom Herd nehmen. Vanillearoma, Mandelaroma und Lebensmittelfarbe unterrühren. Nach und nach die Cornflakes unterziehen.

3 Topf zurück ins Wasserbad auf den Herd stellen. Zur Arbeitserleichterung Hände leicht mit Pflanzenöl fetten.

4 Mit Eßlöffeln Häufchen in 4 cm Abstand auf die Bleche setzen. Häufchen mit den Fingern zu Kränzen formen und mit einigen roten Bonbons bestreuen. Kränze 15 Min. abkühlen, dann 1 Std. im Kühlschrank erstarren lassen.

Backtip: Bei diesem kulinarischen Adventschmuck basteln Kinder begeistert mit. Ein Erwachsener bereitet den „Teig“ zu, und die Kleinen formen und schmücken die Kränze.

Ohne backen: Bourbon-Kugeln

Geformte Kekse

Ergibt: *35–60 Stück*
Zubereitungszeit: *30 Min.*

2 ½ Tassen mürbe Kekse, zerbröselt
1 Tasse Walnüsse, gemahlen
¾ Tasse halbbittere Schokoladen-Tröpfchen
½ Tasse Zucker
2 EL Sirup
½ Tasse Bourbon
Puderzucker zum Wälzen

1 Kekse und Nüsse mischen.

2 Schokoladen-Tröpfchen auf kleiner Flamme im Wasserbad zerlassen. Glattrühren. Zucker und Sirup einrühren. Vom Herd nehmen und den Bourbon unterrühren. Keks-Nuß-Mischung in einem Schwung beigeben und zu einem dicken Teig verarbeiten.

3 Teigstücke abnehmen, zu Kugeln formen und in Puderzucker wälzen. In einem luftdichten Behälter lagern.

Backtip: Der Bourbon läßt sich durch jede andere Whiskysorte ersetzen. Selbstverständlich ist dies keine Nascherei für Kinder.

Ohne backen: Butterkaramel-Flakes

Häufchenkekse

Ergibt: *25–35 Stück*
Zubereitungszeit: *30 Min.*

1 Tasse Buttertoffee-Stückchen
½ Tasse Erdnußbutter
3 Tassen Cornflakes (s. Backtip)

1 Backpapier auf 2 Bleche legen.

2 Buttertoffee-Stückchen und Erdnußbutter im Wasserbad bei mittlerer Hitze erwärmen. Rühren, bis die Buttertoffee-Stückchen schmelzen. Masse glattrühren und vom Herd nehmen. Cornflakes zugeben und gut untermengen.

3 Mit Löffeln Häufchen auf die Bleche setzen. Häufchen im Kühlschrank erstarren lassen.

Backtip: Für dieses Rezept eignen sich statt der (aus Mais erzeugten) Cornflakes auch gesüßte Flakes aus anderen Getreiden wie Vollkornweizen- oder Reisflakes.

OHNE BACKEN: ERDNUSSKEKSE

Häufchenkekse

ERGIBT: *25–35 Stück*
ZUBEREITUNGSZEIT: *30 Min.*

2 Tassen Zucker
¼ Tasse Pflanzenfett
½ Tasse Milch
3 EL Kakaopulver, ungezuckert
⅓ Tasse Erdnußbutter
1 TL Vanillearoma
3 Tassen Haferflocken
1 Tasse Erdnüsse, feingehackt

1 Zwei Bleche mit Backpapier auslegen.

2 Zucker, Fett, Milch und Kakao in einem Topf mischen, bei geringer Hitze zum Köcheln bringen. Glattrühren. Weitere 2 Min. simmern lassen. Vom Herd nehmen. Erdnußbutter und Vanillearoma unterrühren. Nach und nach Haferflocken und Erdnüsse unterziehen.

3 Mit Löffeln Teighäufchen in 3 cm Abstand auf die Bleche setzen. Boden eines Glases in Wasser, dann in Zucker tauchen. Häufchen damit flachdrücken. Abkühlen lassen.

OHNE BACKEN: FITNESSKEKSE

Häufchenkekse

ERGIBT: *15–25 Stück*
ZUBEREITUNGSZEIT: *30 Min.*
KÜHLZEIT: *20 Min.*

TEIG
½ Tasse Erdnußbutter
2 EL Vanillearoma
5 EL Kakaopulver
3 Tassen Haferflocken

GLASUR
2 Tassen Zucker
½ Tasse Milch
½ TL Pflanzenfett

1 Backpapier auf 2 Bleche legen.

2 Erdnußbutter und Vanillearoma in einer großen Schüssel glattrühren. Nach und nach Kakao zugeben. Haferflocken unterziehen.

3 Mit Löffeln Teighäufchen auf die Bleche setzen. Mit Backpapier abdecken und 20 Min. in den Kühlschrank stellen.

4 Für die Glasur Zucker, Milch und Fett in einem kleinen Topf erwärmen. Umrühren, damit der Zucker sich auflöst. Bei mittlerer Hitze aufkochen und 1 Min. kochen lassen. Vom Herd nehmen. Warme Glasur löffelweise auf die Kekse geben. 20 Min. kaltstellen. Kekse einzeln in Wachspapier wickeln.

Backtip: Diese süßen Snacks sind auch köstliche Energiespender bei sportlicher Betätigung.

Ohne backen: Grüne Kränze

Geformte Kekse

Ergibt: *25–35 Stück*
Zubereitungszeit: *30 Min.*

6 EL Pflanzenfett
32 Marshmallows
½ TL Vanillearoma
3 Tropfen Mandelaroma
½ TL grüne Lebensmittelfarbe
4 Tassen Cornflakes, zerkrümelt

1 Zwei Bleche mit Backpapier auslegen.

2 Fett und Marshmallows im Wasserbad zerlassen. Vanille- und Mandelaroma zugeben. Lebensmittelfarbe unterrühren. Vom Herd nehmen und Cornflakes unterrühren. Warmhalten.

3 Mit Eßlöffeln Häufchen in 5 cm Abstand auf die Bleche setzen. Die Häufchen mit gut eingefetteten Händen zu Kränzen formen. Im Kühlschrank erstarren lassen.

Backtip: Die Kränze werden gern mit roten Weichbonbons garniert. Kindern macht es Spaß, die vorbereitete Masse zu Figuren zu formen. Vanille- und Mandelaroma lassen sich durch einige Tropfen Pfefferminzöl ersetzen.

Ohne backen: Haferflocken-schnitten

Gebäckschnitten

Ergibt: *25–35 Stück*
Zubereitungszeit: *20 Min.*
Kühlzeit: *2 Std.*

3 EL Pflanzenfett
3 Tassen Mini-Marshmallows
¼ Tasse Honig
½ Tasse Erdnußbutter
1 Tasse Rosinen
¼ Tasse Haferflocken
½ Tasse Erdnüsse, gehackt

1 Eine quadratische Backform (20 x 20 cm) leicht einfetten.

2 Fett, Marshmallows, Honig und Erdnußbutter in einem großen Topf erhitzen. Zur geschmeidigen Masse rühren. Vom Herd nehmen. Nach und nach Rosinen, Haferflocken und Erdnüsse unterziehen.

3 Mischung gleichmäßig in der Form verteilen. Mindestens 2 Std. in den Kühlschrank stellen.

4 In Schnitten schneiden und einzeln in Wachspapier wickeln.

Backtip: Um dünnere Schnitten zu erhalten, verteilt man den Teig in einer größeren Form. Hier eine Variante des Rezepts: Rosinen in kochendem Wasser quellen lassen. Unterdessen die Marshmallow-Mischung wie oben erhitzen, dann zur Hälfte in der Form verteilen. Rosinen abgießen, mit Küchenkrepp abtrocknen, auf dem „Teig" verteilen und mit feingehackten Erdnüssen bestreuen. Restliche Marshmallow-Mischung darüber verteilen.

OHNE BACKEN: KAKAO-PUFFREIS

Gebäckschnitten

ERGIBT: *25–35 Stück*
ZUBEREITUNGSZEIT: *15 Min.*
KÜHLZEIT: *4 Std.*

4 ½ Tassen Puffreis
1 Tasse Walnüsse, gemahlen
⅔ Tassen Kokosflocken
1 Prise Salz
¼ Tasse Pflanzenfett
1 Tasse Puderzucker
½ Tasse dünnflüssiger Sirup
⅔ Tasse Kakaopulver, ungezuckert

1 Eine rechteckige Backform (20 x 30 cm) leicht einfetten.

2 Reis, Walnüsse, Kokosflocken und Salz mischen.

3 Fett in einem großen Topf zerlassen. Vom Herd nehmen. Puderzucker unterrühren. Nacheinander Sirup und Kakao unterrühren. Nach und nach die Puffreismischung beigeben. Gut verrühren. Mischung gleichmäßig in der Form verteilen.

4 Im Kühlschrank 4 Std. fest werden lassen. In Schnitten schneiden.

OHNE BACKEN: KEKSBÄLLCHEN

Geformte Kekse

ERGIBT: *35–60 Stück*
ZUBEREITUNGSZEIT: *35 Min.*
RUHEZEIT: *2 Tage*

2 TL Pulverkaffee
½ Tasse heißes Wasser
1 Tasse halbbittere Schokoladen-Tröpfchen
3 EL dünnflüssiger Sirup
3 Tassen Puderzucker
1 ¾ Tassen Graham-Kräcker, zerkrümelt
1 Tasse Walnüsse, gehackt
Puderzucker, zum Ausrollen

1 Kaffee im heißen Wasser auflösen.

2 Schokoladen-Tröpfchen im Wasserbad bei niedriger Hitze zerlassen. Glattrühren. Sirup dazugeben. Kaffee unterrühren. Vom Herd nehmen. Puderzucker kräftig hineinrühren. Nach und nach die Graham-Kräcker und Walnüsse unterheben.

3 Etwa 2,5 cm große Teigstücke zu Bällchen formen. In Puderzucker wälzen. Vor dem Servieren mindestens 2 Tage in luftdichtem Behälter lagern.

Backtip: Einen besonderen Pfiff bekommen die Kekse, wenn anstelle von Pulverkaffee und Wasser ½ Tasse Kaffeelikör verwendet wird.

OHNE BACKEN: MARSHMALLOW-KEKSE

Gebäckschnitten

ERGIBT: *15–25 Stück*
ZUBEREITUNGSZEIT: *75 Min.*

2 Tassen halbbittere Schokoladen-Tröpfchen
1 Tasse Kondensmilch
1 Tasse Zucker
3 Tassen Kekskrümel
2 Tassen Mini-Marshmallows
1 Tasse Walnüsse, gehackt
½ TL Salz

1 Eine quadratische Backform (20 x 20 cm) leicht einfetten.

2 Schokoladen-Tröpfchen und Milch im Wasserbad zerlassen. Glattrühren. Zucker zufügen, unter Rühren auflösen. Vom Herd nehmen.

3 Kekskrümel, Marshmallows, Walnüsse und Salz in einer großen Schüssel mischen. ½ Tasse dieser Mischung in eine kleine Schüssel geben und mit 2 TL der warmen Schokoladenmasse verrühren.

4 Restliche Schokoladenmasse zur Keksmischung geben, gut vermengen und gleichmäßig kräftig in die Form drücken. Schoko-Keks-Mischung aus der kleinen Schüssel darauf verteilen.

5 Im Kühlschrank erstarren lassen. In Schnitten schneiden.

Backtip: Für die Keksrümel eignen sich trockene Kekse wie Graham-Kräcker, Vanille- oder Schokokekse.

OHNE BACKEN: PHANTASIEBERGE

Häufchenkekse

ERGIBT: *35–45 Stück*
ZUBEREITUNGSZEIT: *30 Min.*
RUHEZEIT: *1 Std.*

3 Tassen Haferflocken
½ Tasse Walnüsse, feingehackt
7 EL Kakaopulver, ungezuckert
½ Tasse Kokosflocken
2 Tassen brauner Zucker
½ Tasse Pflanzenfett
½ Tasse Kondensmilch

1 Zwei Bleche mit Backpapier auslegen.

2 Haferflocken, Walnüsse, Kakao und Kokosflocken in einer großen Schüssel mischen.

3 Zucker, Fett und Milch in einem Topf mischen und zum Kochen bringen. Glattrühren. Über die Haferflockenmischung gießen. Gründlich verrühren.

4 Mit Löffeln Teighäufchen in 4 cm Abstand auf die Bleche setzen. 1 Std. im Kühlschrank fest werden lassen.

Backtip: Nach Belieben lassen sich auch Rosinen und/oder gehackte Bananen-Chips beimengen.

OHNE BACKEN: RUMBÄLLCHEN

Geformte Kekse

ERGIBT: *35–60 Stück*
ZUBEREITUNGSZEIT: *30 Min.*
WARTEZEIT: *1 Woche*

2 ½ Tassen Ingwerkekse, zerkrümelt
½ Tasse Honig
6 EL Rum
1 ½ Tassen Pekannüsse, feingemahlen
Puderzucker zum Wälzen

1 Alle Zutaten in einer großen Schüssel zu einem klebrigen Teig verrühren. Kleine Teigstücke zu Bällchen formen. Bällchen in Puderzucker wälzen.

2 Bällchen mindestens eine Woche in luftdichten Behältern lagern. Unmittelbar vor dem Verzehr nochmals in Puderzucker wälzen.

Backtip: Dieses Naschwerk ist selbstverständlich nicht für Kinder gedacht.

Ohne Backen: Schoko-Erdnuss-Happen

Geformte Kekse

Ergibt: *25–35 Stück*
Zubereitungszeit: *30 Min.*

1 Tasse halbbittere Schokoladen-Tröpfchen
½ Tasse Erdnußbutter
½ Tasse Erdnüsse, gehackt (falls gewünscht)
4 Tassen Schoko-Krispies

1 Eine quadratische Backform (20 x 20 cm) leicht einfetten.

2 Schokoladen-Tröpfchen und Erdnußbutter in einem Topf auf kleiner Flamme zerlassen. Glattrühren. Nach Belieben Erdnüsse unterrühren. Nach und nach die Krispies zugeben. Gut verrühren.

3 Mischung gleichmäßig in der Form verteilen. In der Form abkühlen lassen, bis die Masse schnittfest, aber nicht hart ist.

4 In knapp 6 x 3 cm große Schnitten schneiden. Schnitten zwischen den Händen zu runden Blöcken formen. Einzeln in Wachspapier verpackt in luftdichten Behältern lagern.

Backtip: Das „Backen" dieser Leckerbissen gelingt mit ein wenig Beistand sogar kleineren Kindern.

Ohne Backen: Schoko-Mandel-Kugeln

Geformte Kekse

Ergibt: *70–90 Stück*
Zubereitungszeit: *30 Min.*

4 Tassen Puderzucker
1 Tasse Doppelrahm-Frischkäse, Zimmertemperatur
¼ TL Muskat, gemahlen
¼ TL Kardamom, gemahlen
1 EL Kondensmilch
1 TL Amaretto
1 Tasse kleine halbbittere Schokoladen-Tröpfchen
1 Tasse Mandeln, gehackt

1 Puderzucker und Frischkäse in einer großen Schüssel zur glatten Creme rühren. Gewürze, Milch und Amaretto unterrühren. Schokoladen-Tröpfchen unterziehen.

2 Walnußgroße Teigstücke zu Bällchen formen. Bällchen in den Mandeln wälzen. Luftdicht verpackt im Kühlschrank lagern.

Backtip: Anstelle der Schokoladen-Tröpfchen lassen sich auch weiche Minibonbons verwenden.

OHNE BACKEN: SCHOKO-RUM-KUGELN

Geformte Kekse

ERGIBT: *25–35 Stück*
ZUBEREITUNGSZEIT: *30 Min.*
RUHEZEIT: *1 Std.*

1 ½ Tassen Schokoladenwaffeln, zerkrümelt
½ Tasse Puderzucker
½ Tasse Walnüsse, feingemahlen
¼ Tasse dünnflüssiger Sirup
3 EL Rum
Puderzucker zum Wälzen

1 Waffelkrümel, Puderzucker und Walnüsse in einer großen Schüssel mischen.

2 Sirup und Rum in einem kleinen Topf anwärmen. Krümelmasse zugeben und gut verrühren.

3 Walnußgroße Teigstücke zu Bällchen formen. Bällchen in Puderzucker wälzen und auf Kuchengitter setzen.

4 Etwa 1 Std. ruhen lassen.

5 Rumkugeln nochmals in Puderzucker wälzen. In luftdichten Behältern lagern.

OHNE BACKEN: WEINBRAND-BÄLLCHEN

Geformte Kekse

ERGIBT: *35–45 Stück*
ZUBEREITUNGSZEIT: *30 Min.*

450 g feine Krümel mürber Kekse
½ Tasse Honig
⅓ Tasse Weinbrand
⅓ Tasse weißer Rum
1 ½ Tassen Nüsse, gehackt
Puderzucker zum Wälzen

1 Kekskrümel, Honig, Weinbrand, Rum und Nüsse mischen und zur festen, klebrigen Masse verarbeiten.

2 Walnußgroße Teigstücke zu Bällchen formen. Bällchen in Puderzucker wälzen. In luftdichten Behältern lagern.

Backtip: Daß diese Leckerbissen für Kinder nicht geeignet sind, sollte selbstverständlich sein. Für die Kekskrümel läßt sich trockenes Gebäck wie Butterkekse oder Waffeln, sehr gern auch mit Vanillegeschmack, verwenden.

Omas Karamelschnitten

Gebäckschnitten

Ergibt: *25–35 Stück*
Zubereitungszeit: *45 Min.*

Karamel
½ Tasse Zucker
½ Tasse kochendes Wasser

Teig
2 ¼ Tassen Mehl
2 TL Backpulver
¼ TL Salz
½ Tasse Pflanzenfett
1 ¼ Tassen Zucker
2 große Eier
1 TL Vanillearoma
½ Tasse Walnüsse, gehackt

Belag
1 EL Butter oder Margarine
1 Tasse Puderzucker
etwa 1 EL Milch

1 Ofen auf 190 °C vorheizen. Eine rechteckige Backform (20 x 30 cm) leicht einfetten.

2 Für den Karamel Zucker in einen schweren Topf geben. Unter ständigem Rühren auf kleiner Flamme erhitzen, bis der Zucker schmilzt. Die Masse ohne Rühren eine kräftig goldbraune Farbe annehmen lassen. Dann sofort vom Herd nehmen und langsam das kochende Wasser unterrühren. Danach wieder bei kleiner Flamme unter Rühren leise kochen, bis sich alle Karamelklumpen gelöst haben. Unter Aufkochen Masse auf ⅓ Tasse reduzieren. Beiseite stellen.

3 Für die Keksmasse Mehl, Backpulver und Salz mischen.

4 Fett in einem großen Topf zerlassen. Zucker einrühren. Vom Herd nehmen. Einzeln die Eier, dann Vanillearoma unterschlagen. 3 EL Karamel zufügen, gut unterrühren. Nach und nach die Mehlmischung beigeben. Walnüsse unterziehen.

5 Teig gleichmäßig in der Form verteilen. 15–18 Min. goldgelb backen.

6 In der Zwischenzeit für den Belag Butter und Puderzucker in einer mittelgroßen Schüssel cremig rühren. Restlichen Karamel gut unterrühren. Nur so viel Milch zugeben, daß die Masse streichfähig wird.

7 Belag auf dem warmen Gebäck verteilen. In der Form auf Gitter abkühlen lassen. In Schnitten schneiden.

Omas Keksvariationen

Geschnittene Kekse

Ergibt: *50–60 Stück*
Zubereitungszeit: *35 Min.*
Kühlzeit: *4 Std.*

30 g halbbittere Schokolade, gehackt
2 Tassen Mehl
½ TL Natron
¼ TL Salz
1 Tasse Butter, Zimmertemperatur
½ Tasse weißer Zucker
½ Tasse brauner Zucker
1 großes Ei
½ TL Vanillearoma
¼ Tasse Rosinen, gehackt
¼ Tasse Pekannüsse, gehackt
¼ Tasse Kokosraspel
½ TL Muskat, gemahlen
½ TL Zimt, gemahlen

1 Schokolade im Wasserbad zerlassen. Glattrühren. Vom Herd nehmen.

2 Mehl, Natron und Salz mischen.

3 Butter und beide Zuckersorten in einer großen Schüssel schaumig rühren. Ei, dann Vanillearoma gut unterrühren. Nach und nach die Mehlmischung beigeben.

4 Teig in 6 gleiche Portionen teilen. Zerlassene Schokolade zu einem Sechstel geben, gut vermengen, dann Teig zur Rolle formen und in Wachspapier wickeln. Rosinen zur zweiten, Pekannüsse zur dritten, Kokosraspeln zur vierten, Muskat zur fünften und Zimt zur sechsten Teigportion geben, jeweils gut vermengen, zu Rollen formen und in Wachspapier wickeln. 4 Std. in den Kühlschrank legen.

5 Ofen auf 190 °C vorheizen.

6 Rollen in knapp 0,5 cm dicke Scheiben schneiden. Scheiben in 4 cm Abstand auf ungefettete Backbleche legen.

7 Etwa 10–12 Min. lichtgelb backen. Auf Kuchengitter abkühlen lassen.

Backtip: Es ist wichtig, die Geschmackszutaten jeweils gründlich unter den Teig zu mengen und die Teigrollen einzeln in Wachspapier zu wickeln.

Omas Klassiker

Ausgerollte Kekse

Ergibt: *ca. 90 Stück*
Zubereitungszeit: *40 Min.*

4 Tassen Mehl
1 EL Backpulver
¼ TL Muskat, gemahlen
¾ Tasse Pflanzenfett
2 Tassen Zucker
2 große Eier
¼ Tasse Milch
1 TL Vanillearoma

1 Ofen auf 200 °C vorheizen. 2 Backbleche leicht einfetten.

2 Mehl, Backpulver und Muskat mischen.

3 Fett und Zucker in einer großen Schüssel schaumig rühren. Einzeln die Eier, dann Milch und Vanillearoma gut unterrühren. Nach und nach die Mehlmischung zugeben.

4 Teig auf bemehlter Arbeitsfläche gut 0,5 cm dick ausrollen. Beliebige Motive ausstechen und in 4 cm Abstand auf die Bleche legen.

5 Etwa 10–12 Min. lichtgelb backen. Auf Kuchengitter abkühlen lassen.

Backtip: Zum Verzieren kann man vor dem Backen eine Rosine oder Walnußhälfte in die Mitte der Kekse drücken oder bunten Kristallzucker über das Gebäck streuen.

Omas Rumkekse

Ausgerollte Kekse

Ergibt: *60–70 Stück*
Zubereitungszeit: *30 Min.*

3 ½ Tassen Mehl
2 ½ TL Backpulver
½ TL Salz
1 Tasse Pflanzenfett
1 ½ Tassen Zucker
2 große Eier
1 EL Rum
Vanilleglasur (s. Grundrezepte für Glasuren und Überzüge)

1 Ofen auf 175 °C vorheizen.

2 Mehl, Backpulver und Salz mischen.

3 Fett und Zucker in einer großen Schüssel schaumig rühren. Eier unterquirlen. Rum zufügen. Nach und nach die Mehlmischung unterrühren.

4 Teig auf bemehlter Arbeitsfläche gut 0,5 cm dick ausrollen. 5 cm große Kekse ausstechen und im Abstand von 2,5 cm auf ungefettete Backbleche setzen.

5 Kekse 10–12 Min. backen, bis sie hellbraun sind und sich fest anfühlen. Auf Kuchengitter abkühlen lassen.

6 Erkaltete Kekse mit der Glasur beträufeln oder bepinseln.

Backtip: Man kann die Kekse mit Weingummis, Liebesperlen oder anderem Zuckerwerk verzieren – lassen Sie Ihrer Phantasie freien Lauf.

Omas weiche Ingwerkekse

Ausgerollte Kekse

Ergibt: *50–60 Stück*
Zubereitungszeit: *35 Min.*
Kühlzeit: *6 Std.*

4 Tassen Mehl
2 TL Natron
1 EL Ingwer, gemahlen
1 TL Salz
¾ Tasse Pflanzenfett
2 Tassen brauner Zucker
⅔ Tasse Sirup
⅔ Tasse kochendes Wasser

1 Mehl, Natron, Ingwer und Salz mischen.

2 Fett und Zucker in einer großen Schüssel schaumig rühren. Sirup und kochendes Wasser zugeben und glattrühren. Nach und nach die Mehlmischung beimengen. Zugedeckt mindestens 6 Std. in den Kühlschrank stellen.

3 Ofen auf 175 °C vorheizen. 2 Backbleche leicht fetten.

4 Teig auf bemehlter Arbeitsfläche gut 0,5 cm dick ausrollen. Runde Plätzchen mit 5 cm Durchmesser ausstechen und im Abstand von 2,5 cm auf die Bleche setzen.

5 Etwa 18–20 Min. hellbraun backen. Auf Kuchengitter auskühlen lassen.

Backtip: Man kann die Kekse nach dem Erkalten glasieren. Damit sie weich und aromatisch bleiben, in luftdichten Behältern lagern. Harte Kekse werden wieder weich, wenn man einen halben Apfel für 8 Std. in das Gefäß legt.

Orangen-Pekannuss-Kekse

Häufchenkekse

Ergibt: *35–60 Stück*
Zubereitungszeit: *35 Min.*

1 Tasse Mehl
¼ TL Backpulver
¼ TL Salz
¼ Tasse Pflanzenfett
1 Tasse Zucker
1 großes Ei
6 EL frischgepreßter Orangensaft
2 EL Orangenlikör
¼ Tasse Pekannüsse, feingehackt

1 Ofen auf 190 °C vorheizen. 2 Backbleche leicht einfetten.

2 Mehl, Backpulver und Salz mischen.

3 Fett und Zucker in einer großen Schüssel schaumig rühren. Ei, dann Orangensaft und Orangenlikör gründlich unterrühren. Nach und nach die Mehlmischung zufügen. Nüsse unterziehen.

4 Mit Löffeln Teighäufchen in 4 cm Abstand auf die Bleche setzen.

5 Etwa 12–15 Min. lichtgelb backen. Auf Kuchengitter abkühlen lassen.

ORANGEN-PREISELBEER-SCHNITTEN

Gebäckschnitten

ERGIBT: *25–35 Stück*
ZUBEREITUNGSZEIT: *30 Min.*

TEIG
2 Tassen Mehl
1 TL Backpulver
½ TL Natron
1 TL Zimt, gemahlen
¼ Tasse Pflanzenfett
3 große Eier
⅔ Tasse frischgepreßter Orangensaft
½ TL Orangenaroma oder etwas abgeriebene Orangenschale
1 Tasse Preiselbeeren, zerdrückt

BELAG
⅓ Tasse Mandeln, feingemahlen
¼ TL Muskat, gemahlen

1 Ofen auf 175 °C vorheizen. Eine quadratische Backform (20 x 20 cm) leicht einfetten.

2 Mehl, Backpulver, Natron und Zimt mischen.

3 Fett, Eier, Orangensaft und Orangenaroma oder -schale in einer großen Schüssel gründlich verrühren. Nach und nach die Mehlmischung zugeben. Preiselbeeren unterziehen. Teig gleichmäßig in der Form verteilen.

4 Mandeln und Muskat mischen und über den Teig streuen.

5 Etwa 20–25 Min. backen, bis sich die Oberfläche goldbraun färbt. In der Form auf Kuchengitter abkühlen lassen. In Schnitten schneiden.

ORANGEN-ROSINEN-KEKSE I

Häufchenkekse

ERGIBT: *35–45 Stück*
ZUBEREITUNGSZEIT: *30 Min.*

3 Tassen Mehl
1 EL Backpulver
¼ TL Salz
⅔ Tasse Butter, Zimmertemperatur
1 ½ Tassen Zucker
2 große Eier
¼ Tasse Orangensaftkonzentrat
1 EL geriebene Orangenschale, unbehandelt
3 Tropfen Mandelaroma
1 EL Wasser
1 Tasse Rosinen, gehackt

1 Ofen auf 190 °C vorheizen. 2 Backbleche leicht einfetten.

2 Mehl, Backpulver und Salz mischen.

3 Butter und Zucker in einer großen Schüssel schaumig rühren. Eier, dann Orangensaftkonzentrat und Orangenschale gründlich unterrühren. Mandelaroma und Wasser einrühren. Nach und nach die Mehlmischung zugeben. Rosinen unterziehen.

4 Mit Löffeln Teighäufchen in 4 cm Abstand auf die Bleche setzen.

5 Etwa 10–12 Min. golden backen. Auf Kuchengitter abkühlen lassen.

ORANGEN-ROSINEN-KEKSE II

Häufchenkekse

ERGIBT: *50–60 Stück*
ZUBEREITUNGSZEIT: *30 Min.*

1 Tasse Mehl
1 TL Natron
½ TL Salz
1 Tasse Pflanzenfett
1 Tasse weißer Zucker
1 Tasse brauner Zucker
2 große Eier
¼ Tasse Orangensaftkonzentrat
2 TL Orangenlikör
1 Tasse Haferflocken
¾ Tasse helle Rosinen

1 Ofen auf 175 °C vorheizen. 2 Backbleche leicht einfetten.

2 Mehl, Natron und Salz mischen.

3 Fett und beide Zuckersorten in einer großen Schüssel schaumig rühren. Einzeln die Eier, dann Orangensaftkonzentrat und Likör gut unterrühren. Nach und nach die Mehlmischung zufügen. Haferflocken und Rosinen unterziehen.

4 Mit Löffeln Teighäufchen in 5 cm Abstand auf die Bleche setzen.

5 Etwa 12–14 Min. golden backen. Auf Kuchengitter abkühlen lassen.

Backtip: Der Teig läßt sich mit einer halben Tasse beliebiger gehackter Nüsse anreichern.

Orangen-Walnuss-Kekse

Geschnittene Kekse

Ergibt: *60–70 Stück*
Zubereitungszeit: *40 Min.*
Kühlzeit: *24 Std.*

2 ¾ Tassen Mehl
1 TL Natron
1 Tasse Pflanzenfett
½ Tasse brauner Zucker
½ Tasse weißer Zucker
1 großes Ei
2 EL Orangenlikör
2 TL geriebene Orangenschale, unbehandelt
½ Tasse Walnüsse, feingehackt

1 Mehl und Natron mischen.

2 Fett und beide Zuckersorten in einer großen Schüssel schaumig rühren. Ei, dann Orangenlikör und -schale gut unterrühren. Nach und nach die Mehlmischung beigeben. Walnüsse unterziehen.

3 Teig halbieren. Hälften zu 5 cm dicken Rollen formen. Rollen in Wachspapier gewickelt 24 Std. in den Kühlschrank legen.

4 Ofen auf 175 °C vorheizen. 2 Backbleche leicht einfetten.

5 Rollen in gut 0,5 cm dicke Scheiben schneiden. Scheiben in 3 cm Abstand auf die Bleche legen.

6 Etwa 12–15 Min. lichtgelb backen. Auf Kuchengitter abkühlen lassen.

Orangen-Plätzchen I

Häufchenkekse

Ergibt: *35–60 Stück*
Zubereitungszeit: *30 Min.*

1 ½ Tassen Weizenmehl
½ Tasse Weizen-Vollkornmehl
½ TL Backpulver
½ Tasse Rapsöl
4 große Eier
½ Tasse Orangensaftkonzentrat
¼ Tasse Orangenlikör
1 EL geriebene Orangenschale, unbehandelt

1 Ofen auf 190 °C vorheizen. 2 Backbleche leicht einfetten.

2 Beide Mehlsorten und Backpulver mischen.

3 Öl und Eier in einer großen Schüssel zur dicken, hellen Creme schlagen. Nacheinander Orangensaftkonzentrat, Likör und Orangenschale unterrühren. Nach und nach die Mehlmischung zufügen.

4 Mit Löffeln Teighäufchen in 4 cm Abstand auf die Bleche setzen.

5 Etwa 6–8 Min. goldgelb backen. Auf Kuchengitter abkühlen lassen.

Orangen-Plätzchen II

Ausgerollte Kekse

Ergibt: *50–60 Stück*
Zubereitungszeit: *35 Min.*
Kühlzeit: *4 Std.*

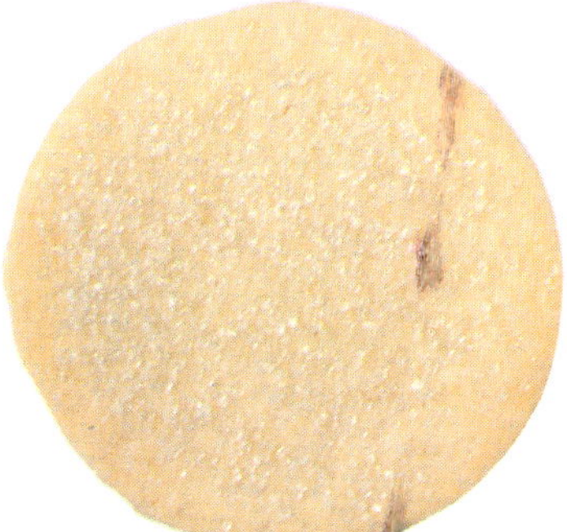

1 Tasse Pflanzenfett
1 Tasse Zucker
4 große Eigelb
2 EL frischgepreßter Orangensaft
1 EL Orangenaroma oder etwas abgeriebene Orangenschale
3 Tassen Mehl
Zucker zum Bestreuen

1 Fett und Zucker in einer großen Schüssel schaumig rühren. Einzeln die Eigelbe, dann Orangensaft und Orangenaroma oder -schale gründlich unterrühren. Nach und nach das Mehl zugeben. Zugedeckt 4 Std. in den Kühlschrank stellen.

2 Ofen auf 175 °C vorheizen. 2 Backbleche leicht einfetten.

3 Teig auf bemehlter Arbeitsfläche knapp 0,5 cm dick ausrollen. Kreise von 4 cm Durchmesser ausstechen und in 3 cm Abstand auf die Bleche legen. Mit Zucker bestreuen.

4 Etwa 10–12 Min. hellgelb backen. Auf Kuchengitter abkühlen lassen.

Backtip: Das Orangenaroma läßt sich durch 3 zusätzliche EL Orangensaft ersetzen. Auch gesüßter Grapefruitsaft eignet sich. Besonders hübsch sehen die Kekse aus, wenn man sie mit orangefarbenem Kristallzucker bestreut.

Orangen-plätzchen III

Ausgerollte Kekse

Ergibt: *15-25 Stück*
Zubereitungszeit: *30 Min.*
Kühlzeit: *4 Std.*

2 ¼ Tassen Mehl
2 TL Backpulver
1 TL Salz
¾ Tasse Pflanzenfett
1 Tasse Zucker
2 große Eier
1 EL Orangenaroma oder 3 EL Orangensaft
1 EL geriebene Orangenschale, unbehandelt
Zucker zum Bestreuen

1 Mehl, Backpulver und Salz mischen.

2 Fett und Zucker in einer großen Schüssel schaumig rühren. Eier, dann Orangenaroma oder -saft und Orangenschale gut unterrühren. Nach und nach die Mehlmischung beigeben. Zugedeckt 4 Std. in den Kühlschrank stellen.

3 Ofen auf 200 °C vorheizen. 2 Backbleche leicht einfetten.

4 Teig auf bemehlter Arbeitsfläche gut 0,5 cm dick ausrollen. Kreise von 7–8 cm Durchmesser ausstechen und in 3 cm Abstand auf die Bleche legen. Mit Zucker bestreuen.

5 Etwa 6–8 Min. hellgelb backen. Auf Kuchengitter abkühlen lassen.

Backtip: Einige Tropfen orangefarbene Lebensmittelfarbe unterstreichen optisch das Aroma dieser Kekse.

Orangen-schnitten I

Gebäckschnitten

Ergibt: *15–25 Stück*
Zubereitungszeit: *35 Min.*

2 ½ Tassen Mehl
2 TL Backpulver
1 TL Natron
1 TL Kardamom, gemahlen
2 große Eier
¼ Tasse Pflanzenfett, zerlassen
1 ½ Tassen Orangensaftkonzentrat
1 TL Orangenlikör
1 Tasse Preiselbeeren, zerkleinert
1 Tasse Mandeln, gehackt
¾ Tasse Kokosraspeln

1 Ofen auf 175 °C vorheizen. Eine rechteckige Backform (20 x 30 cm) leicht einfetten.

2 Mehl, Backpulver, Natron und Kardamom mischen.

3 Eier, Fett, Orangensaftkonzentrat und Orangenlikör in einer großen Schüssel gut verrühren. Nach und nach die Mehlmischung beigeben. Preiselbeeren und Mandeln unterziehen. Teig gleichmäßig in der Form verteilen und mit Kokosraspeln bestreuen.

4 Etwa 20–25 Min. backen, bis die Oberfläche leicht bräunt. In der Form auf Gitter abkühlen lassen. In Schnitten schneiden.

ORANGEN-SCHNITTEN II

Gebäckschnitten

ERGIBT: *15–35 Stück*
ZUBEREITUNGSZEIT: *35 Min.*

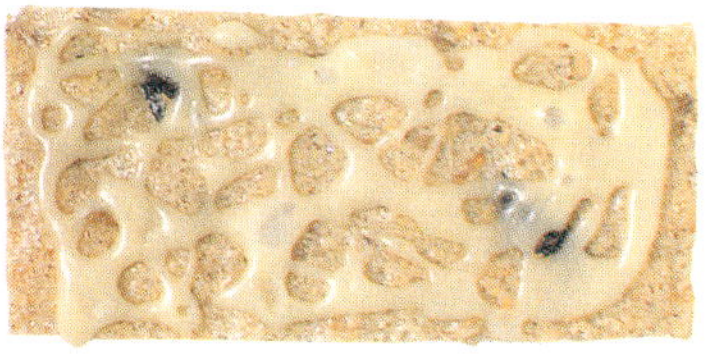

2 Tassen Mehl
1 TL Natron
1 TL Zimt, gemahlen
½ TL Nelken, gemahlen
½ TL Salz
¾ Tasse Pflanzenfett
1 ½ Tassen brauner Zucker
2 große Eier
3 EL frischgepreßter Orangensaft
3 EL geriebene Orangenschale, unbehandelt
1 Tasse Rosinen
1 Tasse Walnüsse, gemahlen

1 Ofen auf 175 °C vorheizen. Eine quadratische Backform (20 x 20 cm) leicht einfetten.

2 Mehl, Natron, Gewürze und Salz mischen.

3 Fett und Zucker in einer großen Schüssel schaumig rühren. Eier, dann Orangensaft und -schale gut unterrühren. Nach und nach die Mehlmischung zufügen. Rosinen und Walnüsse unterziehen. Teig gleichmäßig in der Form verteilen.

4 Etwa 25–30 Min. backen, bis die Oberfläche Farbe annimmt. In der Form auf Gitter abkühlen lassen. In Schnitten schneiden.

Backtip: Das Gebäck läßt sich nach dem Abkühlen glasieren. Geschmacklich harmoniert eine Orangen- oder Zitronenglasur.

ORANGEN-SCHNITTEN III

Gebäckschnitten

ERGIBT: *15–35 Stück*
ZUBEREITUNGSZEIT: *60 Min.*

TEIG
2 Tassen Mehl
¼ Tasse Walnüsse, gemahlen
½ Tasse Pflanzenfett
¼ Tasse Zucker

BELAG
¼ Tasse Mehl
¼ Tasse Haferflocken
½ TL Backpulver
2 Tassen Zucker
4 große Eier
¼ Tasse frischgepreßter Orangensaft

1 Ofen auf 175 °C vorheizen. Eine rechteckige Backform (20 x 30 cm) leicht einfetten.

2 Für den Teig Mehl und Walnüsse mischen.

3 Fett und Zucker in einer großen Schüssel schaumig rühren. Nach und nach die Mehlmischung zugeben. Teig gleichmäßig in der Form verteilen.

4 Etwa 25 Min. backen.

5 Für den Belag Mehl, Haferflocken und Backpulver mischen.

6 Zucker und Eier in einer mittelgroßen Schüssel zur dicken, hellen Creme schlagen. Orangensaft unterrühren. Nach und nach die Mehlmischung beigeben.

7 Belag auf dem heißen Teig verteilen. Weitere 18–20 Min. backen, bis sich der Belag leicht verfärbt und fest anfühlt. In der Form auf Gitter abkühlen lassen. In Schnitten schneiden.

Orangenschnitten IV

Gebäckschnitten

Ergibt: *15–35 Stück*
Zubereitungszeit: *60 Min.*

Teig
1 Tasse Mehl
½ Tasse Puderzucker
6 EL Butter, Zimmertemperatur
1 EL Sahne

Belag
4 große Eier
1 ¼ Tassen Puderzucker
6 EL frischgepreßter Orangensaft
2 EL frischgepreßter Zitronensaft
3 EL geriebene Orangenschale, unbehandelt

1 Ofen auf 175 °C vorheizen. Eine rechteckige Backform (20 x 30 cm) einfetten.

2 Für den Teig Mehl und Puderzucker in einer Schüssel mischen. Butter hineinschneiden und zu einer bröseligen Masse verarbeiten. Sahne untermengen.

3 Teig gleichmäßig auf den Boden der Form drücken. 20 Min. backen.

4 Für den Belag Eier in einer großen Schüssel zu einer dicken, hellen Creme schlagen. Puderzucker unter Einrieseln einrühren. Orangen- und Zitronensaft unterrühren. Orangenschale unterziehen.

5 Belag auf dem warmen Teig verteilen. Weitere 25–30 Min. backen, bis der Belag fest ist.

6 In der Form abkühlen lassen. In Schnitten schneiden.

Backtip: Man kann die Kekse mit dünnen, gezuckerten Orangenschnitzen garnieren.

Österreichische Walnusskipferl

Geformte Kekse

Ergibt: *50–70 Stück*
Zubereitungszeit: *40 Min.*
Kühlzeit: *4 Std.*

1 Tasse Pflanzenfett
⅔ Tasse Zucker
2 TL Vanillearoma
2 ½ Tassen Mehl
¼ Tasse Walnüsse, gehackt
Puderzucker zum Wälzen

1 Fett und Zucker in einer großen Schüssel schaumig rühren. Vanillearoma, dann nach und nach Mehl und Nüsse zugeben. Zugedeckt 4 Std. in den Kühlschrank stellen.

2 Ofen auf 160 °C vorheizen.

3 Kleine Teigstücke zu Kipferln formen. Kipferl in 3 cm Abstand auf ungefettete Bleche legen.

4 Etwa 15–20 Min. backen, bis die Keksränder leicht bräunen. Auf Kuchengitter leicht abkühlen lassen.

5 Kipferl warm in Puderzucker wälzen. Auf Kuchengitter vollständig abkühlen lasen.

Backtip: Zur Abwechslung kann man Haselnüsse und etwas Nuß likör anstelle von Walnüssen und Vanillearoma verwenden.

Paranuss-Kokos-Schnitten

Gebäckschnitten

Ergibt: *15–25 Stück*
Zubereitungszeit: *40 Min.*

Teig
½ Tasse Pflanzenfett
1 Tasse Mehl
¼ TL Salz

Belag
2 große Eier
¾ Tasse brauner Zucker
1 ½ Tassen Paranüsse, feingemahlen
¼ TL Salz
½ Tasse Kokosflocken
1 TL Vanillearoma
2 EL Mehl
Glasur zum Verzieren

1 Ofen auf 190 °C vorheizen. Eine quadratische Backform (20 x 20 cm) leicht einfetten.

2 Für den Teig Fett in einer großen Schüssel schaumig rühren. Mehl und Salz beimengen.

3 Teig gleichmäßig in die Form drücken. 15 Min. backen.

4 Für den Belag Eier und Zucker in einer großen Schüssel zur dicken Creme schlagen. Nacheinander Nüsse, Salz, Kokosflocken, Vanillearoma und Mehl unterrühren.

5 Belag gleichmäßig auf dem warmen Teig verteilen. Weitere 15 Min. backen, bis sich der Belag fest anfühlt.

6 In der Form abkühlen lassen. Mit einer beliebigen Glasur (s. Grundrezepte für Glasuren und Überzüge) verzieren. In Schnitten schneiden.

Paranuss-Sirup-Schnitten

Ausgerollte Kekse

Ergibt: *35–45 Stück*
Zubereitungszeit: *35 Min.*
Kühlzeit: *4 Std.*

3 Tassen Mehl
1 TL Ingwer, gemahlen
¼ TL Muskat, gemahlen
½ TL Salz
½ Tasse Butter, Zimmertemperatur
½ Tasse brauner Zucker
½ Tasse Sirup
1 TL Natron
¼ Tasse heißes Wasser
1 ¾ Tassen Paranüsse, feingehackt

1 Mehl, Gewürze und Salz mischen.

2 Butter und Zucker in einer großen Schüssel schaumig rühren. Sirup gut unterrühren.

3 Natron im Wasser auflösen. Unter die Sirupmasse rühren. Nach und nach die Mehlmischung beigeben. Nüsse unterziehen. Zugedeckt mindestens 4 Std. in den Kühlschrank stellen.

4 Ofen auf 175 °C vorheizen. 2 Backbleche leicht einfetten.

5 Teig auf bemehlter Arbeitsfläche gut 0,5 cm dick ausrollen. Mit einem scharfen Messer oder Teigrädchen knapp 8 x 3 cm große Streifen ausschneiden. Streifen in gut 3 cm Abstand auf die Bleche legen.

6 Etwa 10–12 Min. backen, bis der Teig leicht bräunt. Auf Kuchengitter abkühlen lassen.

Paranuss-Bällchen

Geformte Kekse

Ergibt: *70–90 Stück*
Zubereitungszeit: *30 Min.*

2 Tassen Mehl
½ TL Salz
¾ Tasse Pflanzenfett
½ Tasse Zucker
1 großes Ei
2 Tassen Paranüsse, feingemahlen
Puderzucker zum Wälzen

1 Ofen auf 175 °C vorheizen.

2 Mehl und Salz mischen.

3 Fett und Zucker in einer großen Schüssel schaumig rühren. Ei unterrühren. Nach und nach die Mehlmischung zufügen. Nüsse unterziehen.

4 Walnußgroße Teigstücke zu Bällchen formen. Bällchen in Puderzucker wälzen und in 3 cm Abstand auf ungefettete Backbleche setzen.

5 Etwa 15–20 Min. backen, bis die Bällchen sich fest anfühlen. Noch heiß in Puderzucker wälzen. Auf Kuchengitter abkühlen lassen und abermals in Puderzucker wälzen.

Paranusskekse I

Häufchenkekse

Ergibt: *25–35 Stück*
Zubereitungszeit: *30 Min.*

50 g halbbittere Schokolade, zerkleinert
½ Tasse Pflanzenfett
1 Tasse Zucker
1 großes Ei
1 TL Vanillearoma
¾ Tasse Mehl
½ Tasse Paranüsse, feingehackt

1 Ofen auf 160 °C vorheizen. 2 Backbleche leicht einfetten.

2 Schokolade bei geringer Hitze im Wasserbad zerlassen. Glattrühren. Vom Herd nehmen.

3 Fett und Zucker in einer großen Schüssel schaumig rühren. Ei und Vanillearoma, dann zerlassene Schokolade gut unterrühren. Nach und nach das Mehl zugeben. Nüsse unterziehen.

4 Mit Löffeln Teighäufchen in 4 cm Abstand auf die Bleche setzen. Häufchen mit dem bemehlten Boden eines Glases flachdrücken.

5 Etwa 12–15 Min. backen, bis sich die Kekse verfärben. Auf Kuchengitter abkühlen lassen.

Backtip: Diese Kekse lassen sich mit einem Überzug aus Kakao-Buttercreme oder Schokoladenglasur (s. Grundrezepte für Glasuren und Überzüge), über die man Paranußsplitter streut, aufpeppen.

Paranusskekse II

Häufchenkekse

Ergibt: *25–35 Stück*
Zubereitungszeit: *30 Min.*
Kühlzeit: *4 Std.*

1 ¾ Tassen Mehl
½ TL Salz
1 Tasse Pflanzenfett
1 Tasse Zucker
1 großes Ei
1 TL Vanillearoma
1 Tasse Paranüsse, gestiftelt
etwa 1 ½ Tassen ganze Paranüsse

1 Mehl und Salz mischen.

2 Fett und Zucker in einer großen Schüssel schaumig rühren. Ei, dann Vanillearoma gut unterrühren. Nach und nach die Mehlmischung beigeben. Gestiftelte Nüsse unterziehen. Zugedeckt 4 Std. in den Kühlschrank stellen.

3 Ofen auf 190 °C vorheizen. 2 Backbleche leicht einfetten.

4 Mit Eßlöffeln Teighäufchen in 4 cm Abstand auf die Bleche setzen. In die Mitte jedes Häufchens eine Paranuß drücken.

5 Etwa 10–12 Min. lichtgelb backen. Auf Kuchengitter abkühlen lassen.

PARANUSSKEKSE III

Häufchenkekse

ERGIBT: *ca. 60 Stück*
ZUBEREITUNGSZEIT: *30 Min.*

1 Tasse Mehl
¼ Tasse Paranüsse, feingehackt
¼ TL Salz
½ Tasse Pflanzenfett
⅓ Tasse Zucker
2 große Eigelb
3 EL frischgepreßter Orangensaft
½ TL geriebene Zitronenschale, unbehandelt
Puderzucker zum Besieben

1 Ofen auf 200 °C vorheizen.

2 Mehl, Nüsse und Salz mischen.

3 Fett und Zucker in einer großen Schüssel schaumig rühren. Eigelb, Orangensaft und Zitronenschale gründlich unterrühren. Nach und nach die Mehlmischung zufügen.

4 Mit Löffeln Teighäufchen in 4 cm Abstand auf ungefettete Backbleche setzen.

5 Etwa 10–12 Min. lichtgelb backen. Mit Puderzucker besieben. Auf Kuchengitter abkühlen lassen.

PARANUSSKEKSE IV

Geformte Kekse

ERGIBT: *70–90 Stück*
ZUBEREITUNGSZEIT: *30 Min.*

4 ½ Tassen Mehl
1 Tasse Paranüsse, feingemahlen
2 Tassen Pflanzenfett
2 ½ Tassen brauner Zucker
2 TL brauner Rum

1 Ofen auf 175 °C vorheizen.

2 Mehl und Nüsse mischen.

3 Fett und Zucker in einer großen Schüssel schaumig rühren. Rum einrühren. Nach und nach die Mehlmischung zugeben.

4 Teigstücke zu kleinen Bällchen formen. Bällchen auf ungefettete Backbleche setzen und mit dem bemehlten Boden eines Glases flachdrücken.

5 Etwa 10–15 Min. backen, bis die Kekse ganz leicht Farbe annehmen. Auf Kuchengitter abkühlen lassen.

Pastellplätzchen

Ausgerollte Kekse

Ergibt: *35–60 Stück*
Zubereitungszeit: *30 Min.*
Kühlzeit: *2 Std.*

3 ¼ Tassen Mehl
1 TL Backpulver
¼ TL Salz
1 Tasse Zucker
1 Tasse Pflanzenfett
2 große Eigelb
6 EL Milch
Lebensmittelfarbe

1 Mehl, Backpulver und Salz mischen.

2 Zucker und Fett in einer großen Schüssel schaumig rühren. Eigelb, dann Milch unterrühren. Nach und nach die Mehlmischung beigeben. Zugedeckt 2 Std. in den Kühlschrank stellen.

3 Teig entsprechend den unten genannten Vorschlägen färben und formen. Kekse bei 175 °C etwa 7–10 Min. backen. Auf Kuchengitter abkühlen lassen.

Schachbrettkekse: Teig halbieren. Unter eine Hälfte einige Tropfen Lebensmittelfarbe mengen. Jede Teighälfte dritteln. Drittel zu Rollen formen. Rollen zu knapp 1,5 cm dicken Streifen flachdrücken. Streifen dünn mit Wasser bepinseln und in wechselnden Farben aufeinanderschichten. Den Stapel längs in 1,5 cm schmale Streifen schneiden. Streifen auf die Seite legen und in wechselnden Farben schichten, so daß ein Schachbrettmuster entsteht. In Scheiben schneiden.Scheiben in 3 cm Abstand auf ungefettete Backbleche legen. Nach Angabe backen.

Spiralenkekse: Teig vierteln. 2 Viertel färben. Jedes Viertel zur Rolle formen. Rollen auf bemehlter Arbeitsfläche zu je gut 0,5 cm dicken Rechtecken ausrollen. Teigplatten mit Wasser bepinseln und in wechselnden Farben aufeinanderschichten. Von einer Längsseite aus aufrollen. Rolle in Wachspapier 2 Std. in den Kühlschrank legen, dann in gut 0,5 cm dicke Scheiben schneiden. Scheiben in 3 cm Abstand auf ungefetteten Backblechen nach Angabe backen.

Streifenkekse: Teig in mindestens 3 Portionen teilen. Portionen unterschiedlich färben und zu Rollen formen. Auf bemehlter Arbeitsfläche jede Rolle zum 5 cm schmalen, knapp 1,5 cm dicken Streifen ausrollen. Streifen leicht befeuchten und 5–7,5 cm hoch in wechselnden Farben schichten. Ränder begradigen. 2 Std. in den Kühlschrank legen, dann in gut 0,5 cm dicke Scheiben schneiden. Scheiben in 3 cm Abstand auf ungefettete Bleche legen. Nach Angabe backen.

Kürbiskekse: ⅛ des Teigs für die Stiele und Blätter grün färben. Restlichen Teig orange einfärben. Orangefarbenen Teig ausrollen und Kreise von 7–8 cm Durchmesser ausstechen. Kreise in 3 cm Abstand auf ungefettete Bleche legen. Aus jeder Scheibe am Rand ein kleines V ausschneiden. Grünen Teig ausrollen. Mit einem Messer Stiele und Blätter ausschneiden. Die Vs anfeuchten, Stiele und Blätter anbringen. Schokoladen-Tröpfchen und/oder Rosinen für Augen, Nase und Mund aufdrücken. Nach Angabe backen.

Pastiniai Natale

Ausgerollte Kekse

ERGIBT: *25–45 Stück*
ZUBEREITUNGSZEIT: *30 Min.*
KÜHLZEIT: *4 Std.*

3 Tassen Mehl
1 EL Backpulver
¼ TL Salz
1 Tasse Pflanzenfett
1 Tasse Zucker
2 große Eier
1 EL geriebene Zitronenschale, unbehandelt
¼ Tasse Pistazien, gehackt
Zitronenglasur (s. Grundrezepte für Glasuren und Überzüge)
gehackte Pistazien zum Bestreuen

1 Mehl, Backpulver und Salz mischen.

2 Fett und Zucker in einer großen Schüssel schaumig rühren. Eier unterrühren. Nach und nach die Mehlmischung zufügen. Zitronenschale, dann Pistazien zugeben. Zugedeckt 4 Std. in den Kühlschrank stellen.

3 Ofen auf 160 °C vorheizen. 2 Backbleche leicht einfetten.

4 Teig auf bemehlter Arbeitsfläche gut 0,5 cm dick ausrollen. Kreise von 4 cm Durchmesser ausstechen und in 3 cm Abstand auf die Bleche legen.

5 Etwa 8–10 Min. lichtgelb backen. Auf Kuchengitter abkühlen lassen.

6 Abgekühlte Kekse glasieren und mit den gehackten Pistazien bestreuen.

Pekannuss-Gesundheits-kekse I

Häufchenkekse

ERGIBT: *35–45 Stück*
ZUBEREITUNGSZEIT: *40 Min.*

½ Tasse Weizen-Vollkornmehl
½ Tasse Weizenmehl
¼ Tasse Sojamehl
1 ½ Tassen Haferflocken
¼ Tasse fettarmes Milchpulver
¼ Tasse Weizenkeime
¼ TL Backpulver
½ TL Piment, gemahlen
½ TL Salz
1 ¼ Tassen brauner Zucker
¾ Tasse Rapsöl
1 großes Ei
¼ Tasse frischgepreßter Zitronensaft
½ TL Vanillearoma
1 Tasse Pekannüsse, gehackt

1 Ofen auf 175 °C vorheizen.

2 Mehlsorten, Haferflocken, Milchpulver, Weizenkeime, Backpulver, Piment und Salz mischen.

3 Zucker und Öl in einer großen Schüssel gründlich verrühren. Ei, dann Zitronensaft und Vanillearoma gut unterrühren. Nach und nach die Mehlmischung beigeben. Nüsse unterziehen.

4 Mit Löffeln Teighäufchen in 4 cm Abstand auf ungefettete Backbleche setzen. Häufchen mit bemehltem Löffelrücken flachdrücken.

5 Etwa 20–30 Min. golden backen. Auf Kuchengitter abkühlen lassen.

Pekannuss-Gesundheits-kekse II

Häufchenkekse

Ergibt: *35–45 Stück*
Zubereitungszeit: *30 Min.*

½ Tasse helle Rosinen
¼ Tasse Korinthen
1 Tasse Weizen-Vollkornmehl
1 ½ Tassen Haferflocken
¼ Tasse Weizenkeime
¼ TL Backpulver
½ TL Muskat, gemahlen
½ TL Salz
¾ Tasse Pflanzenfett
1 ¼ Tassen brauner Zucker
1 großes Ei
¼ Tasse fettarme Milch
¼ Tasse frischgepreßter Orangensaft
1 Tasse Pekannüsse, gehackt

1 Ofen auf 175 °C vorheizen.

2 Rosinen und Korinthen in einer kleinen Schüssel mit Wasser bedecken. Beiseite stellen.

3 Mehl, Haferflocken, Weizenkeime, Backpulver, Muskat und Salz mischen.

4 Fett und Zucker in einer großen Schüssel schaumig rühren. Ei, dann Milch und Orangensaft gut unterrühren. Nach und nach die Mehlmischung zufügen. Nüsse unterziehen. Rosinen und Korinthen abgießen, abtrocknen und unter den Teig ziehen.

5 Mit Löffeln Teighäufchen in 4 cm Abstand auf ungefettete Backbleche setzen. Häufchen mit bemehltem Löffelrücken flachdrücken.

6 Etwa 12–15 Min. backen, bis die Kekse leicht bräunen. Auf Kuchengitter abkühlen lassen.

Backtip: Zu diesem Rezept passen sehr gut Sesamsamen. Man streut sie auf die Teighäufchen und drückt diese dann flach.

Pekannuss-Kokos-Schnitten

Gebäckschnitten

Ergibt: *15–25 Stück*
Zubereitungszeit: *50 Min.*

Teig
1 Tasse Mehl
¼ TL Salz
¼ Tasse Pflanzenfett

Belag
2 EL Mehl
¼ TL Salz
¾ Tasse Zucker
2 große Eier
2 TL Bourbon
2 Tassen Kokosflocken
1 Tasse Pekannüsse, gehackt

1 Ofen auf 175 °C vorheizen. Eine quadratische Backform (20 x 20 cm) leicht einfetten.

2 Für den Teig Mehl und Salz in einer mittelgroßen Schüssel mischen. Mit dem in Stücke geschnittenen Fett zu einem bröseligen Teig verarbeiten. Teig gleichmäßig in die Form drücken.

3 Etwa 15 Min. backen.

4 Für den Belag Mehl und Salz mischen.

5 Zucker und Eier in einer großen Schüssel verschlagen. Bourbon unterrühren. Nach und nach die Mehlmischung beigeben. Kokosflocken und Nüsse unterziehen.

6 Belag auf dem heißen Teig verstreichen. Weitere 12–15 Min. backen, bis der Belag leicht bräunt und sich fest anfühlt. In der Form auf Kuchengitter abkühlen lassen. In beliebig große Rechtecke schneiden.

Pekannuss-Mandel-Makronen

Häufchenkekse

ERGIBT: *25–35 Stück*
ZUBEREITUNGSZEIT: *30 Min.*

2 große Eiweiß
2 Tassen Puderzucker
1 Tasse Pekannüsse, gehackt
1 Tasse Mandeln, gehackt
1 TL weißer Essig
6 Tropfen Mandelaroma

1 Ofen auf 150 °C vorheizen. 2 Backbleche leicht einfetten.

2 Eiweiß in einer mittelgroßen Schüssel zu lockerem Schnee schlagen. Unter Einrieseln des Puderzuckers zu steifem, schnittefstem Schnee schlagen. Nüsse, Mandeln, Essig und Mandelaroma unterheben.

3 Mit Löffeln Häufchen in 4 cm Abstand auf die Bleche setzen.

4 Etwa 12–15 Min. backen, bis die Oberfläche sich etwas verfärbt. Auf Kuchengitter abkühlen lassen.

Pekannuss-Zucker-Plätzchen

Ausgerollte Kekse

ERGIBT: *60–70 Stück*
ZUBEREITUNGSZEIT: *35 Min.*

3 ¼ Tassen Mehl
1 ½ TL Backpulver
¼ TL Salz
1 Tasse Pflanzenfett
1 ½ Tassen Zucker
2 große Eier
2 TL Vanillearoma
1 Tasse Pekannüsse, feingehackt
bunter Zuckerstreusel zum Verzieren

1 Ofen auf 190 °C vorheizen. 2 Backbleche leicht einfetten.

2 Mehl, Backpulver und Salz mischen.

3 Fett und Zucker in einer großen Schüssel schaumig rühren. Einzeln die Eier, dann Vanillearoma gut unterrühren. Nach und nach die Mehlmischung beigeben. Nüsse unterziehen.

4 Teig auf bemehlter Arbeitsfläche knapp 0,5 cm dick ausrollen. Beliebige Motive ausstechen und in 3 cm Abstand auf die Bleche legen.

5 Etwa 8–10 Min. lichtgelb backen. Mit Zuckerstreuseln bestreuen und auf Kuchengitter abkühlen lassen.

Backtip: Wer weicheres Gebäck wünscht, rollt den Teig etwas dicker (gut 0,5 cm) aus und verlängert die Backzeit auf 10–12 Min.

Pekannuss-Makronen mit Schuss

Häufchenkekse

Ergibt: *50–60 Stück*
Zubereitungszeit: *35 Min.*

1 großes Eiweiß
¼ TL Salz
1 Tasse brauner Zucker
1 Tasse Pekannüsse, feingemahlen
¼ TL Weinbrand

1 Ofen auf 135 °C vorheizen. 2 Bleche mit Backpapier auslegen.

2 Eiweiß mit dem Salz in einer großen Schüssel schaumig schlagen. Unter Einrieseln des Zuckers zu steifem, schnittfestem Schnee schlagen. Nüsse unterheben. Weinbrand einrühren.

3 Mit Teelöffeln Häufchen in 3 cm Abstand auf die Bleche setzen.

4 Etwa 25–30 Min. backen, bis die Makronen ganz leicht Farbe annehmen. Auf Kuchengitter abkühlen lassen.

Pekannuss-Plätzchen I

Geformte Kekse

Ergibt: *25–35 Stück*
Zubereitungszeit: *30 Min.*
Kühlzeit: *4 Std.*

2 Tassen Mehl
2 TL Backpulver
½ TL Salz
1 ½ Tassen Pflanzenfett
1 Tasse Zucker
2 große Eier
1 TL Vanillearoma
¾ Tasse Pekannüsse, gehackt
Puderzucker

1 Mehl, Backpulver und Salz mischen.

2 Fett und Zucker in einer großen Schüssel schaumig rühren. Eier, dann Vanillearoma unterrühren. Nach und nach die Mehlmischung zugeben. Erscheint der Teig zu trocken, vorsichtig (je ½ TL) Wasser zufügen. Zugedeckt 4 Std. in den Kühlschrank stellen.

3 Ofen auf 175 °C vorheizen.

4 Walnußgroße Teigstücke zu Bällchen formen. Bällchen in den gehackten Pekannüssen wälzen und in 4 cm Abstand auf ungefettete Backbleche setzen. Mit dem in Puderzucker gedrückten Boden eines Glases flachdrücken.

5 Etwa 6–8 Min. lichtgelb backen. Auf den Blechen leicht, dann auf Kuchengittern vollkommen abkühlen lassen.

Pekannuss-Plätzchen II

Geformte Kekse

Ergibt: *50–60 Stück*
Zubereitungszeit: *30 Min.*

4 ½ Tassen Mehl
1 Tasse Pekannüsse, gemahlen
450 g Butter, Zimmertemperatur
2 ½ Tassen brauner Zucker
2 TL Vanillearoma

1 Ofen auf 175 °C vorheizen.

2 Mehl und Nüsse mischen.

3 Butter und Zucker in einer großen Schüssel schaumig rühren. Vanillearoma einrühren. Nach und nach die Mehlmischung zugeben. Es entsteht ein fester Teig.

4 Walnußgroße Teigstücke zu Bällchen formen. Bällchen in 4 cm Abstand auf ungefettete Backbleche setzen und mit einem bemehlten Löffelrücken flachdrücken.

5 Etwa 10–12 Min. backen, bis die Kekse sich leicht verfärben. Auf Kuchengitter abkühlen lassen.

Pekannuss-Schnitten I

Gebäckschnitten

Ergibt: *15–25 Stück*
Zubereitungszeit: *60 Min.*

Teig
1 Tasse Mehl
½ TL Backpulver
1 TL Zimt, gemahlen
¼ TL Salz
1 Tasse Pflanzenfett
1 Tasse Zucker
2 große Eigelb

Belag
2 große Eiweiß
1 ½ TL Puderzucker
1 Tasse Pekannüsse, gehackt

1 Ofen auf 150 °C vorheizen.

2 Mehl, Backpulver, Zimt und Salz mischen.

3 Fett und Zucker in einer großen Schüssel schaumig rühren. Eigelb gut unterrühren. Nach und nach die Mehlmischung beigeben. Teig gleichmäßig in einer rechteckigen Backform (20 x 30 cm) verteilen.

4 Für den Belag Eiweiß in einer mittelgroßen Schüssel zu flockigem Schnee schlagen. Puderzucker unterschlagen. Eischnee auf dem Teig verteilen und mit Pekannüssen bestreuen.

5 Etwa 40–45 Min. backen, bis sich der Belag leicht verfärbt. In der Form abkühlen lassen. In Schnitten schneiden.

Pekannuss-Schnitten II

Gebäckschnitten

Ergibt: *15–25 Stück*
Zubereitungszeit: *45 Min.*

Teig
1 ⅓ Tassen Mehl
½ Tasse brauner Zucker
½ TL Backpulver
¼ Tasse Pekannüsse, gehackt
⅓ Tasse Pflanzenfett

Belag
3 EL Mehl
½ TL Salz
¼ Tasse brauner Zucker
2 große Eier
¾ Tasse dünnflüssiger Sirup
1 ½ TL Vanillearoma
¾ Tasse Pekannüsse, feingemahlen

1 Ofen auf 175 °C vorheizen. Eine rechteckige Backform (20 x 30 cm) leicht einfetten.

2 Für den Teig Mehl, Zucker, Backpulver und Nüsse in einer großen Schüssel mischen. Mit dem in Stücke geschnittenen Fett zu einem bröseligen Teig verarbeiten. Teig gleichmäßig in die Form drücken.

3 Etwa 10 Min. backen.

4 Für die Füllung Mehl und Salz mischen.

5 Zucker und Eier in einer mittelgroßen Schüssel zur dicken Creme schlagen. Sirup und Vanillearoma einrühren. Nach und nach die Mehlmischung zufügen.

6 Belag auf dem heißen Teig verteilen, mit den gemahlenen Pekannüssen bestreuen. Weitere 25–30 Min. backen, bis sich der Belag fest anfühlt. In der Form abkühlen lassen. In Schnitten schneiden.

Pennsylvanische Weihnachtsplätzchen

Häufchenkekse

Ergibt: *ca. 90 Stück*
Zubereitungszeit: *30 Min.*
Kühlzeit: *4 Std.*

3 ½ Tassen Mehl
¼ TL Salz
2 Tassen Pflanzenfett
2 ¼ Tassen Zucker
6 große Eier
2 EL frischgepreßter Zitronensaft
2 TL geriebene Zitronenschale, unbehandelt
1 ½ Tassen Korinthen
Vanilleglasur (s. Grundrezepte für Glasuren und Überzüge)

1 Mehl und Salz mischen.

2 Fett und Zucker in einer großen Schüssel schaumig rühren. Eier, dann Zitronensaft und -schale gut unterrühren. Nach und nach die Mehlmischung zugeben. Korinthen unterziehen. Zugedeckt 4 Std. in den Kühlschrank stellen.

3 Ofen auf 175 °C vorheizen.

4 Mit Löffeln Teighäufchen in 4 cm Abstand auf ungefettete Backbleche setzen.

5 Etwa 8–10 Min. lichtgelb backen. Auf Kuchengitter abkühlen lassen.

6 Abgekühlte Kekse mit einer Vanilleglasur beträufeln.

Pepparkakor I

Ausgerollte Kekse

Ergibt: *75–85 Stück*
Zubereitungszeit: *30 Min.*
Kühlzeit: *24 Std.*

1 ⅔ Tassen Mehl
½ TL Natron
¾ TL Ingwer, gemahlen
½ TL Zimt, gemahlen
¼ TL Nelken, gemahlen
¼ TL Kardamom, gemahlen
½ TL Salz
6 EL Butter, Zimmertemperatur
⅓ Tasse Zucker
¼ Tasse Sirup
1 TL geriebene Orangenschale, unbehandelt
¼ Tasse Mandeln, gehackt

1 Mehl, Natron, Gewürze und Salz mischen.

2 Butter und Zucker in einer großen Schüssel schaumig rühren. Sirup und Orangenschale gründlich unterrühren. Nach und nach die Mehlmischung beigeben. Mandeln unterziehen. Zugedeckt 24 Std. in den Kühlschrank stellen.

3 Ofen auf 175 °C vorheizen. 2 Backbleche leicht einfetten.

4 Teig auf einer bemehlten Arbeitsfläche knapp 0,5 cm dick ausrollen. Kreise oder andere Motive ausstechen und in 3 cm Abstand auf die Bleche setzen.

5 Etwa 5–7 Min. backen. Auf Kuchengitter abkühlen lassen.

Backtip: Man kann diese Kekse dekorativ mit einer Vanilleglasur (s. Grundrezepte für Glasuren und Überzüge) beträufeln.

PEPPARKAKOR II

Ausgerollte Kekse

ERGIBT: *75–85 Stück*
ZUBEREITUNGSZEIT: *30 Min.*
KÜHLZEIT: *4 Std.*

3 Tassen Weizenmehl
2 Tassen Weizen-Vollkornmehl
1 ½ TL Natron
1 TL Nelken, gemahlen
1 TL Zimt, gemahlen
½ TL Salz
1 Tasse Butter, Zimmertemperatur
1 Tasse Zucker
1 großes Ei
1 Tasse Sirup
2 EL Apfelessig

1 Beide Mehlsorten, Natron, Gewürze und Salz mischen.

2 Butter und Zucker in einer großen Schüssel schaumig rühren. Ei, dann Sirup und Apfelessig gut unterrühren. Nach und nach die Mehlmischung zufügen. Zugedeckt 4 Std. in den Kühlschrank stellen.

3 Ofen auf 190 °C vorheizen. 2 Backbleche leicht einfetten.

4 Teig auf bemehlter Arbeitsfläche knapp 0,5 cm dick ausrollen. Herzen oder andere Motive ausstechen und in 3 cm Abstand auf die Bleche legen.

5 Etwa 5–8 Min. backen. Auf Kuchengitter abkühlen lassen.

Backtip: Auch zu diesen Plätzchen paßt eine Vanilleglasur (s. Grundrezepte für Glasuren und Überzüge).

PEPPARKOEK

Gebäckschnitten

ERGIBT: *35–45 Stück*
ZUBEREITUNGSZEIT: *90 Min.*

4 Tassen Mehl
1 TL Backpulver
1 TL Zimt, gemahlen
½ TL Nelken, gemahlen
1 Tasse brauner Zucker
1 Tasse Milch
1 Tasse Sirup
1 Tasse Zitronat, gehackt

1 Ofen auf 150 °C vorheizen. Eine quadratische Backform (20 x 20 cm) leicht einfetten.

2 Mehl, Backpulver und Gewürze mischen.

3 Zucker, Milch und Sirup in einer großen Schüssel gut verrühren. Nach und nach die Mehlmischung zugeben. Zitronat unterziehen. Teig gleichmäßig in der Form verteilen.

4 Etwa 1 ½–2 Std. backen, bis sich die Oberfläche fest anfühlt. In der Form abkühlen lassen. In Schnitten schneiden.

Backtip: Zur Verzierung können die Schnitten noch in der Form mit Puderzucker bestäubt werden. Als Schablone eignet sich z. B. Tortenspitzenpapier.

PETTICOAT-RÜSCHEN

Geformte Kekse

ERGIBT: *35–45 Stück*
ZUBEREITUNGSZEIT: *30 Min.*

3 Tassen Mehl
½ TL Backpulver
1 Tasse Butter, Zimmertemperatur
½ Tasse Zucker
1 EL Sahne
1 TL Vanillearoma

1 Ofen auf 175 °C vorheizen. 2 Backbleche leicht einfetten.

2 Mehl und Backpulver mischen.

3 Butter und Zucker in einer großen Schüssel schaumig rühren. Vanillearoma, dann nach und nach die Mehlmischung beigeben.

4 Auf bemehlter Arbeitsfläche zu einem geschmeidigen Teig kneten.

5 Teig in 6 gleiche Portionen teilen. Jede Portion zu einem gut 0,5 cm dicken Kreis ausrollen. Aus der Mitte der Kreise kleine Löcher ausstechen. Ringe sechs- bis achtmal einritzen. Ringe in knapp 3 cm Abstand auf die Bleche legen und mit einer kleinen Gabel einstechen.

6 Etwa 12–15 Min. lichtgelb backen. Auf den Blechen leicht, dann auf Kuchengitter vollständig abkühlen lassen.

Backtip: Dieses Rezept wurde für die britische Königin Victoria kreiert. Das Gebäck läßt sich dünn mit einer Vanilleglasur (s. Grundrezepte für Glasuren und Überzüge) überziehen.

Pfefferkuchen I

Ausgerollte Kekse

Ergibt: *90–120 Stück*
Zubereitungszeit: *35 Min.*
Kühlzeit: *24 Std.*

6 ½ Tassen Mehl
1 TL Ingwer, gemahlen
1 TL Zimt, gemahlen
¼ TL Nelken, gemahlen
2 TL Salz
1 Tasse Pflanzenfett
1 Tasse brauner Zucker
2 TL Natron
½ TL warmes Wasser
1 ½ Tassen Sirup

1 Mehl, Gewürze und Salz mischen.

2 Fett und Zucker in einer großen Schüssel schaumig rühren.

3 Natron im Wasser auflösen. Zur Fett-Zucker-Masse geben und glattrühren. Sirup unterrühren. Nach und nach die trocken Zutaten zufügen. Zugedeckt 24 Std. in den Kühlschrank stellen.

4 Ofen auf 175 °C vorheizen. 2 Backbleche leicht einfetten.

5 Teig auf bemehlter Arbeitsfläche gut 0,5 cm dick ausrollen. Kreise von 4–5 cm Durchmesser ausstechen und in 4 cm Abstand auf die Bleche legen.

6 Etwa 10–12 Min. backen, bis die Pfefferkuchen trocken aussehen und sich fest anfühlen. Auf Kuchengitter abkühlen lassen.

Backtip: Aus diesem Teig lassen sich Pfefferkuchen-Häuschen und -Männchen zubereiten. Man kann ihn auch in größere Pâtissierformen füllen und backen.

Pfefferkuchen II

Ausgerollte Kekse

Ergibt: *35–60 Stück*
Zubereitungszeit: *35 Min.*
Kühlzeit: *4 Std.*

4 Tassen Mehl
½ TL Ingwer, gemahlen
½ TL Salz
½ Tasse Pflanzenfett
½ Tasse brauner Zucker
½ Tasse Sirup, angewärmt
¼ TL Natron
1 ½ TL warmes Wasser

1 Mehl, Ingwer und Salz mischen.

2 Fett und Zucker in einer großen Schüssel schaumig rühren. Sirup unterrühren.

3 Natron im Wasser auflösen. Zur Sirupmasse geben und gut verrühren. Nach und nach die Mehlmischung beigeben. Zugedeckt mindestens 4 Std. in den Kühlschrank stellen.

4 Ofen auf 175 °C vorheizen. 2 Backbleche leicht einfetten.

5 Teig auf bemehlter Arbeitsfläche knapp 1,5 cm dick ausrollen. 5 x 5 cm große Quadrate oder andere Motive ausstechen und in 3 cm Abstand auf die Bleche legen.

6 Etwa 10–12 Min. backen, bis die Kekse trocken aussehen und sich fest anfühlen. Auf Kuchengitter abkühlen lassen.

Backtip: Aus diesem Teig lassen sich große Pfefferkuchen-Männer gestalten.

Pfefferkuchen III

Ausgerollte Kekse

Ergibt: *35–45 Stück*
Zubereitungszeit: *35 Min.*
Kühlzeit: *4 Std.*

6 Tassen Mehl
1 EL Ingwer, gemahlen
1 EL Zimt, gemahlen
⅔ Tasse Pflanzenfett
1 ¾ Tassen brauner Zucker
2 Eier
1 Tasse saure Sahne
1 TL Vanillearoma

1 Mehl und Gewürze mischen.

2 Fett und Zucker in einer großen Schüssel schaumig rühren. Eier, dann saure Sahne und Vanillearoma gründlich unterrühren. Nach und nach die trocken Zutaten zugeben. Zugedeckt mindestens 4 Std. in den Kühlschrank stellen.

3 Ofen auf 175 °C vorheizen. 2 Backbleche leicht einfetten.

4 Teig auf bemehlter Arbeitsfläche knapp 1,5 cm dick ausrollen. Beliebige Formen ausstechen und in 3 cm Abstand auf die Bleche legen.

6 Etwa 10–12 Min. backen, bis die Kekse trocken aussehen und sich fest anfühlen. Auf Kuchengitter abkühlen lassen.

Backtip: Dieser Teig ist fest genug, um Pfefferkuchen-Häuschen zu basteln.

Pfefferkuchen-Männchen

Ausgerollte Kekse

Ergibt: *35–60 Stück*
Zubereitungszeit: *35 Min.*
Kühlzeit: *24 Std.*

3 ½ Tassen Mehl
1 ½ TL Ingwer, gemahlen
1 ½ TL Zimt, gemahlen
¼ TL Salz
½ Tasse Pflanzenfett
½ Tasse Zucker
1 großes Ei
1 Tasse Sirup, angewärmt
1 TL Natron
1 ½ TL warmes Wasser
Rosinen zum Verzieren

1 Mehl, Gewürze und Salz mischen.

2 Fett und Zucker in einer großen Schüssel schaumig rühren. Ei und Sirup gründlich unterrühren.

3 Natron im Wasser auflösen. Zur Sirupmasse geben, gut verrühren. Nach und nach die Mehlmischung zufügen. Zugedeckt 24 Std. in den Kühlschrank stellen.

4 Ofen auf 175 °C vorheizen. 2 Backbleche leicht einfetten.

5 Teig auf bemehlter Arbeitsfläche gut 0,5 cm dick ausrollen. Männchen ausstechen oder ausschneiden und in 4 cm Abstand auf die Bleche legen. Augen und Nase, eventuell auch Mund und Knöpfe auf dem Bauch mit Rosinen markieren.

6 Etwa 10–12 Min. backen, bis das Gebäck trocken aussieht und sich fest anfühlt. Auf Kuchengitter abkühlen lassen.

Backtip: Man kann den Teig auch ein wenig dicker ausrollen und die abgekühlten Männchen mit einer weißen Glasur (s. Grundrezepte für Glasuren und Überzüge) verzieren.

Pfefferküchlein

Ausgerollte Kekse

Ergibt: *35–45 Stück*
Zubereitungszeit: *30 Min.*
Kühlzeit: *8 Std.*

2 ½ Tassen Mehl
¼ Tasse Mandeln, feingemahlen
1 TL Natron
1 TL Zimt, gemahlen
1 TL Kardamom, gemahlen
1 TL Ingwer, gemahlen
½ TL Piment, gemahlen
½ TL Salz
1 Tasse Pflanzenfett
1 Tasse Zucker
1 großes Ei
½ Tasse dünnflüssiger Sirup
Vanilleglasur (s. Grundrezepte für Glasuren und Überzüge)

1 Mehl, Mandeln, Natron, Gewürze und Salz mischen.

2 Fett und Zucker in einer großen Schüssel schaumig rühren. Ei, dann Sirup gründlich unterrühren. Nach und nach die Mehlmischung beigeben. Zugedeckt 8 Std. in den Kühlschrank stellen.

3 Ofen auf 175 °C vorheizen.

4 Teig auf bemehlter Arbeitsfläche gut 0,5 cm dick ausrollen. Sterne oder andere Motive ausstechen und in 3 cm Abstand auf ungefettete Backbleche legen.

5 Etwa 8–10 Min. hellgelb backen. Auf Kuchengitter abkühlen lassen.

6 Abgekühlte Kekse mit Glasur überziehen oder beträufeln.

Pfefferminz-Haferflocken-Kekse

Ausgerollte Kekse

Ergibt: *50–60 Stück*
Zubereitungszeit: *30 Min.*

1 ½ Tassen Mehl
½ TL Salz
1 Tasse Pflanzenfett
1 Tasse Puderzucker
2 TL Vanillearoma
1 Tasse Haferflocken
¼ Tasse Pfefferminzbonbons, zerstoßen

1 Ofen auf 160 °C vorheizen.

2 Mehl und Salz mischen.

3 Fett und Puderzucker in einer großen Schüssel schaumig rühren. Vanillearoma unterrühren. Nach und nach die Mehlmischung beigeben. Haferflocken, dann Bonbons unterziehen.

4 Teig auf bemehlter Arbeitsfläche gut 0,5 cm dick ausrollen. 4 cm große Herzen oder andere Motive ausstechen und in 3 cm Abstand auf ungefettete Backbleche legen.

5 Etwa 10–12 Min. backen, bis sich die Kekse leicht verfärben. Auf Kuchengitter abkühlen lassen.

Backtip: Es ist wichtig, die Bonbons sehr fein zu zerstoßen. Zur Abwechslung kann man einige Tropfen rote Lebensmittelfarbe unter den Teig mengen.

Pfefferminz-Schokokekse

Gebäckschnitten

Ergibt: *15–25 Stück*
Zubereitungszeit: *35 Min.*

½ Tasse Pflanzenfett
90 g halbbittere Schokolade, zerkleinert
2 Tassen Zucker
4 große Eigelb
½ TL Vanillearoma
⅛ TL Pefferminzöl
1 Tasse Mehl
1 Tasse Walnüsse, gehackt

1 Ofen auf 160 °C vorheizen. Eine quadratische Backform (20 x 20 cm) leicht einfetten.

2 Fett und Schokolade im Wasserbad zerlassen. Glattrühren. Vom Herd nehmen. Zucker, dann Eigelb unterschlagen. Vanillearoma und Pfefferminzöl unterrühren. Nach und nach das Mehl beigeben. Nüsse unterziehen. Teig gleichmäßig in der Form verteilen.

3 Etwa 25–35 Min. backen (beim Einstechen mit einem spitzen Hölzchen darf der Teig nicht mehr kleben). In der Form auf Kuchengitter abkühlen lassen. In Schnitten schneiden.

Pfefferminz-Walnuss-Kekse

Häufchenkekse

Ergibt: *35–45 Stück*
Zubereitungszeit: *35 Min.*
Kühlzeit: *4 Std.*

3 Tassen Mehl
1 ½ Tassen Walnüsse, gemahlen
½ TL Natron
½ TL Salz
1 Tasse Pflanzenfett
1 Tasse weißer Zucker
½ Tasse brauner Zucker
2 große Eier
1 TL Vanillearoma
400 g After Eight, gehackt

1 Mehl, Walnüsse, Natron und Salz mischen.

2 Fett und beide Zuckersorten in einer großen Schüssel schaumig rühren. Eier, dann Vanillearoma gut unterrühren. Nach und nach die Mehlmischung zufügen. After Eight unterziehen. Zugedeckt 4 Std. in den Kühlschrank stellen.

3 Ofen auf 175 °C vorheizen.

4 Mit Löffeln Teighäufchen in 4 cm Abstand auf ungefettete Backbleche setzen.

5 Etwa 10–12 Min. backen, bis die Kekse sich leicht verfärben. Auf Kuchengitter abkühlen lassen.

Backtip: Wer den Geschmack intensivieren will, kann 2 Tropfen Pfefferminzöl zugeben. Statt After Eight läßt sich geraspelte Schokolade und 1 knapper TL Pfefferminzöl verwenden.

Pfefferminz-Baisers

Geformte Kekse

Ergibt: *25–35 Stück*
Zubereitungszeit: *45 Min.*

3 große Eiweiß
¾ Tasse Zucker
¾ TL Apfelessig
6 Tropfen Pfefferminzöl
grüne Lebensmittelfarbe, falls gewünscht

1 Ofen auf 100 °C vorheizen. 2 Bleche mit Pergamentpapier auslegen.

2 Eiweiß in einer großen Schüssel schaumig schlagen. Unter Einrieseln des Zuckers zu steifem, schnittfestem Schnee schlagen. Essig und Pfefferminzöl, eventuell auch Lebensmittelfarbe, unterziehen. Weitere 5 Min. schlagen.

3 Masse in Spritzbeutel oder Gebäckspritze mit Sterntülle füllen. Knapp 3 cm große Häufchen in 3 cm Abstand auf die Bleche spritzen.

4 Etwa 30–35 Min. backen, bis sich die Baisers fest anfühlen. Auf Kuchengitter abkühlen lassen.

Pfefferminz-kekse I

Ausgerollte Kekse

Ergibt: *35–45 Stück*
Zubereitungszeit: *35 Min.*

3 ¼ Tassen Mehl
½ TL Natron
1 Prise Salz
1 Tasse Zucker
½ Tasse Rapsöl
1 ½ TL Milch
6–8 Tropfen Pfefferminzöl

1 Ofen auf 175 °C vorheizen. 2 Backbleche leicht einfetten.

2 Mehl, Natron und Salz mischen.

3 Zucker und Öl in einer großen Schüssel verschlagen. Milch und Pfefferminzöl unterrühren. Nach und nach die Mehlmischung zufügen.

4 Teig auf bemehlter Arbeitsfläche gut 0,5 cm dick ausrollen. 4 cm große Sterne oder andere Motive ausstechen und in 3 cm Abstand auf die Bleche legen.

5 Etwa 10–12 Min. lichtgelb backen. Auf Kuchengitter abkühlen lassen.

Backtip: Vorsicht beim Umgang mit Pfefferminzöl! Ein Tropfen zuviel kann das Gebäck ungenießbar machen.

Pfefferminz-kekse II

Häufchenkekse

Ergibt: *50–60 Stück*
Zubereitungszeit: *30 Min.*
Kühlzeit: *4 Std.*

3 Tassen Mehl
½ TL Salz
1 Tasse Pflanzenfett
1 Tasse weißer Zucker
1 Tasse brauner Zucker
2 große Eier
2 EL Wasser
1 TL Vanillearoma
450 g Schoko-Pfefferminz-Drageebonbons

1 Mehl und Salz mischen.

2 Fett und beide Zuckersorten in einer großen Schüssel schaumig rühren. Eier, dann Wasser und Vanillearoma gründlich unterrühren. Nach und nach die Mehlmischung zugeben. Zugedeckt 4 Std. in den Kühlschrank stellen.

3 Ofen auf 175 °C vorheizen. 2 Backbleche leicht einfetten.

4 Mit Löffeln Teighäufchen in 4 cm Abstand auf die Bleche setzen. In die Mitte jedes Häufchens ein Bonbon drücken.

5 Etwa 10–12 Min. lichtgelb backen. Auf Kuchengitter abkühlen lassen.

Pfeffernüsse

Ausgerollte Kekse

Ergibt: *50–60 Stück*
Zubereitungszeit: *30 Min.*
Kühlzeit: *4 Std.*
Ruhezeit: *4 Std.*

3 Tassen Mehl
1 TL Backpulver
½ TL Zimt, gemahlen
¼ TL Muskat, gemahlen
¼ TL Nelken, gemahlen
¼ TL Salz
1 Tasse Zucker
3 große Eier
1 ½ EL frischgepreßter Zitronensaft
½ TL geriebene Zitronenschale, unbehandelt
¼ Tasse Haselnüsse, gehackt
etwa 1 TL Weinbrand

1 Mehl, Backpulver, Gewürze und Salz mischen.

2 Zucker und Eier in einer großen Schüssel zur dicken, hellen Creme schlagen. Nacheinander Zitronensaft und Zitronenschale gründlich unterrühren. Nach und nach die Mehlmischung beigeben. Haselnüsse unterziehen. Zugedeckt 4 Std. in den Kühlschrank stellen.

3 Zwei Backbleche leicht einfetten.

4 Teig auf bemehlter Arbeitsfläche knapp 1,5 cm dick ausrollen. Kreise von 4 cm Durchmesser ausstechen und in 3 cm Abstand auf die Bleche legen. Mit Küchentüchern bedecken und 4 Std. ruhen lassen.

5 Ofen auf 175 °C vorheizen.

6 Kekse wenden. In die Mitte je 1 Tropfen Weinbrand geben. Etwa 8–10 Min. lichtgelb backen. Auf Kuchengitter abkühlen lassen.

Pfeilwurzkekse I

Häufchenkekse

Ergibt: *35–45 Stück*
Zubereitungszeit: *30 Min.*

1 ½ Tassen Mehl
½ Tasse Marantastärke
¼ Tasse Pflanzenfett
½ Tasse Zucker
2 große Eier
Zucker zum Bestreuen

1 Ofen auf 175 °C vorheizen.

2 Mehl und Marantastärke mischen, dann durchsieben.

3 Fett und Zucker in einer großen Schüssel schaumig rühren.

4 Eier in einer zweiten Schüssel zur dicken, hellen Creme schlagen. Eicreme unter die Fett-Zucker-Masse schlagen. Mehlmischung unterziehen.

5 Mit Löffeln Teighäufchen in 4 cm Abstand auf ungefettete Backbleche setzen.

6 Etwa 12–15 Min. goldgelb backen. Noch warm mit Zucker bestreuen. Auf Kuchengitter abkühlen lassen.

Backtip: Die feine Marantastärke wird aus den Wurzeln der Pfeilwurz, eines Marantagewächses, gewonnen. Man kann den Teig mit feingemahlenen Mandeln, Walnüsse oder anderen Nüssen anreichern.

PFEILWURZKEKSE II

Ausgerollte Kekse

ERGIBT: *35–45 Stück*
ZUBEREITUNGSZEIT: *30 Min.*
KÜHLZEIT: *4 Std.*

1 Tasse Mehl
½ Tasse Marantastärke
¼ TL Backpulver
2 EL Butter, Zimmertemperatur
⅓ Tasse Zucker
2 große Eier
½ TL Vanillearoma

1 Mehl, Marantastärke und Backpulver mischen, dann durchsieben.

2 Butter und Zucker in einer großen Schüssel schaumig rühren. Einzeln die Eier, dann Vanillearoma unterrühren. Nach und nach die Mehlmischung beigeben. Es entsteht ein sehr klebriger Teig. Zugedeckt mindestens 4 Std. in den Kühlschrank stellen.

3 Ofen auf 175 °C vorheizen. 2 Backbleche einfetten.

4 Teig auf bemehlter Arbeitsfläche knapp 0,5 cm ausrollen. Kreise von 4 cm Durchmesser ausstechen und in 3 cm Abstand auf die Bleche legen.

5 Etwa 12–15 Min. backen, bis die Keksränder sich leicht verfärben. Auf Kuchengitter abkühlen lassen.

Backtip: Dieser Teig ist schwer zu verarbeiten. Man muß ihn ausreichend kühlen, außerdem Arbeitsfläche und Nudelholz gründlich mit Mehl bestäuben und vor jedem Ausstechen das Förmchen (oder Glas) in Mehl tauchen. Teigreste sind vor erneutem Ausrollen abermals zu kühlen.

PFEILWURZ-SCHNITTEN

Gebäckschnitten

ERGIBT: *15–35 Stück*
ZUBEREITUNGSZEIT: *45 Min.*

2 Tassen Marantastärke
2 Tassen Mehl
1 Tasse Pflanzenfett
½ Tasse Puderzucker
3 Tropfen Mandelaroma
6 große Eiweiß
Zucker zum Bestreuen

1 Ofen auf 175 °C vorheizen. Eine quadratische Backform (20 x 20 cm) einfetten.

2 Marantastärke und Mehl mischen.

3 Fett und Puderzucker in einer großen Schüssel schaumig rühren. Mandelaroma einrühren. Nach und nach Mehl zufügen.

4 In einer großen Schüssel Eiweiß zu steifem, aber nicht trockenem Schnee schlagen. Eischnee unter den Teig heben.

5 Teig gleichmäßig in der Form verteilen. 25–30 Min. backen, bis sich die Oberfläche trocken anfühlt.

6 Heißes Gebäck mit Zucker bestreuen. In der Form auf Kuchengitter abkühlen lassen. In Schnitten schneiden.

Backtip: Dem Teig lassen sich feingemahlene Mandeln, Walnüsse oder andere Nüsse beimengen.

PINIENKERNKEKSE

Geformte Kekse

ERGIBT: *35–45 Stück*
ZUBEREITUNGSZEIT: *30 Min.*

½ Tasse Pflanzenfett
2 EL Zucker
2 EL Honig
2 EL Weinbrand
1 Tasse Mehl
¼ Tasse Pinienkerne

1 Ofen auf 190 °C vorheizen. 2 Backbleche leicht einfetten.

2 Fett und Zucker in einer großen Schüssel schaumig rühren. Honig und Weinbrand unterrühren. Nach und nach das Mehl zufügen. Pinienkerne unterziehen.

3 Walnußgroße Teigstücke zu Bällchen formen. Bällchen in 3 cm Abstand auf die Bleche setzen.

4 Etwa 8–10 Min. backen, bis die Kekse leicht bräunen. Auf Kuchengitter abkühlen lassen.

PINIENKERN-KIPFERL

Geformte Kekse

ERGIBT: *35–45 Stück*
ZUBEREITUNGSZEIT: *30 Min.*

1 Tasse Pflanzenfett
⅔ Tasse brauner Zucker
3 große Eigelb
½ TL Vanillearoma
1 TL Orangenblütenwasser
1 TL geriebene Orangenschale, unbehandelt
2 ¾ Tassen Mehl
½ Tasse Pinienkerne, gehackt
3 EL Honig, angewärmt

1 Ofen auf 160 °C vorheizen. 2 Backbleche leicht einfetten.

2 Fett und Zucker in einer großen Schüssel schaumig rühren. Nacheinander Eigelb, Vanillearoma, Orangenblütenwasser und Orangenschale gründlich unterrühren. Nach und nach das Mehl zugeben.

3 Walnußgroße Teigstücke zu Kipferln formen. Kipferl in 3 cm Abstand auf die Bleche legen. In jedes Kipferl einige Pinienkerne drücken. Mit Honig bepinseln.

4 Etwa 12–15 Min. hellgelb backen. Auf Kuchengitter abkühlen lassen.

Plättpanna

Häufchenkekse

ERGIBT: *70–120 Stück*
ZUBEREITUNGSZEIT: *40 Min.*

2 große Eier
½ Tasse Zucker
6 EL Butter, zerlassen
1 Tasse Mehl
½ Tasse Mandeln, feingemahlen
2 EL Hagelzucker

1 Ofen auf 200 °C vorheizen.

2 Eine große „Plättarform" (s. Backtip) mit Vertiefungen zum Vorwärmen in den Ofen stellen.

3 Eier und Zucker in einer großen Schüssel kräftig verschlagen. Zerlassene Butter unterrühren. Nach und nach das Mehl zugeben.

4 Mandeln und Hagelzucker mischen.

5 Je ½ EL Teig in die Vertiefungen der heißen Form füllen. Mit der Mandel-Zucker-Mischung bestreuen. 2–3 Min. goldbraun backen. Pfannkuchen sofort aus der Form nehmen und um einen dicken Holzstab wickeln. Restlichen Teig ebenso verarbeiten.

Backtip: Diese speziellen Pfannkuchenformen kann man in gutsortierten Küchenläden finden. Gefüllt mit Fruchtsalat und Schlagsahne, geben die „Plättpanna" ein köstliches Dessert ab.

Polnische Kolacky

Ausgerollte Kekse

ERGIBT: *35–45 Stück*
ZUBEREITUNGSZEIT: *35 Min.*
KÜHLZEIT: *2 Std.*

2 ¼ Tassen Mehl
½ TL Salz
1 Tasse Pflanzenfett
225 g Doppelrahm-Frischkäse, Zimmertemperatur
¼ TL Zitronenaroma
½ Tasse Konfitüre

1 Mehl und Salz mischen.

2 Fett und Frischkäse in einer großen Schüssel zur glatten Creme rühren. Zitronenaroma unterrühren. Nach und nach die Mehlmischung zufügen. Zugedeckt 2 Std. in den Kühlschrank stellen.

3 Ofen auf 175 °C vorheizen.

4 Teig auf bemehlter Arbeitsfläche gut 0,5 cm dick ausrollen. Kreise von 4 cm Durchmesser ausstechen und in 3 cm Abstand auf ungefettete Backbleche legen. Mit dem Daumen in die Mitte Mulden drücken. Mulden mit ½ TL Konfitüre füllen.

5 Etwa 10–12 Min. lichtgelb backen. Auf Kuchengitter abkühlen lassen.

Portsmouth Cookies

Häufchenkekse

Ergibt: *50–60 Stück*
Zubereitungszeit: *30 Min.*
Kühlzeit: *4 Std.*

2 ½ Tassen Mehl
1 ½ TL Kakaopulver, ungezuckert
1 TL Backpulver
1 TL Piment, gemahlen
1 Prise Salz
1 Tasse Pflanzenfett
1 Tasse weißer Zucker
1 Tasse brauner Zucker
2 große Eier
1 TL Vanillearoma
1 ½ Tassen halbbittere Schokoladen-Tröpfchen

1 Mehl, Kakao, Backpulver, Piment und Salz mischen.

2 Fett und beide Zuckersorten in einer großen Schüssel schaumig rühren. Eier, dann Vanillearoma unterrühren. Nach und nach die Mehlmischung beigeben. Schokoladen-Tröpfchen unterziehen. Zugedeckt 4 Std. in den Kühlschrank stellen.

3 Ofen auf 175 °C vorheizen. 2 Backbleche leicht einfetten.

4 Mit Löffeln Teighäufchen in 4 cm Abstand auf die Bleche setzen.

5 Etwa 10–12 Min. backen, bis sich die Kekse leicht verfärben. Auf Kuchengitter abkühlen lassen.

Preiselbeer-Orangen-Schnittchen

Gebäckschnitten

Ergibt: *15–25 Stück*
Zubereitungszeit: *45 Min.*

Teig
½ Tassen Mehl
1 TL Backpulver
½ TL Salz
6 EL Pflanzenfett
¾ Tasse Zucker
2 große Eier
1 Tasse Preiselbeeren, zerkleinert
¾ Tasse Orangenmarmelade

Belag
2 EL Butter, Zimmertemperatur
1 Tasse Puderzucker
¼ Tasse Pekannüsse, feingemahlen
1 EL Milch
2 EL Preiselbeeren, gehackt

1 Ofen auf 175 °C vorheizen. Eine rechteckige Backform (20 x 30 cm) leicht einfetten.

2 Mehl, Backpulver und Salz mischen.

3 Fett und Zucker in einer großen Schüssel schaumig verrühren. Eier gründlich unterrühren. Beeren und Marmelade unterziehen. Nach und nach die Mehlmischung zufügen. Teig gleichmäßig in der Form verteilen.

4 Etwa 25–30 Min. backen, bis sich der Teig fest anfühlt.

5 Für den Belag Butter und Puderzucker in einer mittelgroßen Schüssel gut verrühren. Nüsse und Milch unterrühren.

6 Belag gleichmäßig auf dem heißen Teig verstreichen. Mit Preiselbeeren bestreuen. In der Form auf Gitter abkühlen lassen. In beliebig große Rechtecke schneiden.

Backtip: Diese Gebäck sollte im Kühlschrank lagern. Es wird gern mit Schlagsahne serviert.

Preiselbeer-Plätzchen

Geschnittene Kekse

ERGIBT: *35–45 Stück*
ZUBEREITUNGSZEIT: *45 Min.*
KÜHLZEIT: *8 Std.*

1 ½ Tassen Mehl
½ TL Backpulver
¼ TL Salz
½ Tasse Pflanzenfett
¾ Tasse Puderzucker
3 EL Milch
1 TL Amaretto
¾ Tasse Preiselbeeren, frisch oder getrocknet, zerkleinert (s. Backtip)
½ Tasse Kokosflocken zum Wälzen

1 Mehl, Backpulver und Salz mischen.

2 Fett und Puderzucker in einer großen Schüssel schaumig rühren. Milch und Amaretto gründlich unterrühren. Nach und nach die Mehlmischung zugeben. Preiselbeeren unterziehen.

3 Teig halbieren. Hälften zu 4 cm dicken Rollen formen. Rollen in Kokosflocken wälzen und in Wachspapier gewickelt 8 Std. in den Kühlschrank stellen.

4 Ofen auf 190 °C vorheizen.

5 Rollen in gut 0,5 cm dicke Scheiben schneiden. Scheiben in 3 cm Abstand auf ungefettete Backbleche legen.

6 Etwa 12–15 Min. hellgelb backen. Auf Kuchengitter abkühlen lassen.

Backtip: Die Beeren sollten nicht zerquetscht, sondern mit dem Messer zerkleinert werden. Getrocknete Beeren vorher mit kochendem Wasser bedecken und 10 Min. quellen lassen.

Preiselbeer-Schnitten

Gebäckschnitten

ERGIBT: *15–25 Stück*
ZUBEREITUNGSZEIT: *45 Min.*

1 ½ Tassen Mehl
1 Tasse Mandeln, feingemahlen
1 ½ TL Backpulver
¼ TL Salz
2 große Eier
1 Tasse Zucker
2 TL frischgepreßter Zitronensaft
1 Tasse dickes Preiselbeergelee

1 Ofen auf 175 °C vorheizen. Eine rechteckige Backform (20 x 30 cm) leicht einfetten.

2 Mehl, Mandeln, Backpulver und Salz mischen.

3 Eier, Zucker und Zitronensaft in einer großen Schüssel gut verschlagen. Preiselbeergelee unterrühren. Nach und nach die Mehlmischung beigeben. Teig gleichmäßig in der Form verteilen.

4 Etwa 25–30 Min. backen, bis sich die Oberfläche fest anfühlt und leicht Farbe annimmt. In Schnitten schneiden. In der Form auf Kuchengitter abkühlen lassen.

Queen Elizabeth Cookies

Ausgerollte Kekse

Ergibt: *2–3 Dutzend*
Zubereitungszeit: *30 Min.*

3 Tassen Mehl
1 TL Backpulver
1 EL Pflanzenfett
¾ Tasse Zucker
2 große Eier
½ TL frischgepreßter Orangensaft
Zitronat, in feinen Streifen

1 Ofen auf 175 °C vorheizen. 2 Backbleche leicht einfetten.

2 Mehl und Backpulver mischen.

3 Fett und Zucker in einer großen Schüssel schaumig rühren. Einzeln die Eier, dann Orangensaft unterrühren. Nach und nach die Mehlmischung zufügen.

4 Teig auf bemehlter Arbeitsfläche gut 0,5 cm dick ausrollen. Kreise von 5 cm Durchmesser ausstechen. Kreise in 4 cm Abstand auf die Bleche legen und mit je 1 Streifen Zitronat belegen.

5 Etwa 15–18 Min. lichtgelb backen. Auf Kuchengitter abkühlen lassen.

Backtip: Dieses britische Rezept kam um die Zeit auf, als Königin Elizabeth II. (im Jahr 1952) gekrönt wurde.

Queen Victoria Cookies

Ausgerollte Kekse

Ergibt: *4–5 Dutzend*
Zubereitungszeit: *30 Min.*

4 Tassen Haferflocken
1 TL Zimt, gemahlen
¼ TL Muskat, gemahlen
1 Tasse Pflanzenfett
1 Tasse Puderzucker
1 Tasse Korinthen

1 Haferflocken in der Küchenmaschine fein mahlen.

2 Ofen auf 175 °C vorheizen. 2 Backbleche leicht einfetten.

3 Haferflocken, Zimt und Muskat mischen.

4 Fett und Puderzucker in einer großen Schüssel schaumig rühren. Nach und nach die Haferflockenmischung beigeben. Korinthen unterziehen. Erscheint der Teig zu trocken, teelöffelweise Wasser zugeben.

5 Teig auf bemehlter Arbeitsfläche knapp 1,5 cm dick ausrollen. Mit rundem, gewelltem Förmchen Plätzchen von 4 cm Durchmesser ausstechen und in 3 cm Abstand auf die Bleche legen.

6 Etwa 15–18 Min. hellbraun backen. Auf Kuchengitter abkühlen lassen.

Ratafias

Geformte Kekse

Ergibt: *60–70 Stück*
Zubereitungszeit: *50 Min.*

5 große Eiweiß
2 ⅔ Tassen Mandeln, gemahlen
2 Tropfen Mandelaroma
2 ⅔ Tassen Zucker

1 Ofen auf 175 °C vorheizen. 2 Bleche mit Pergamentpapier auslegen.

2 Eiweiß in einer großen Schüssel zu steifem, aber nicht trockenem Schnee schlagen. Nacheinander Mandeln, Mandelaroma und allmählich den Zucker unterschlagen.

3 Schaummasse in Spritzbeutel oder Gebäckspritze mit mittelgroßer schlichter Rundtülle füllen. In 4 cm Abstand Häufchen auf die Bleche spritzen.

4 Etwa 35–40 Min. backen, bis sich die Kekse fest anfühlen und schwach verfärben. Auf den Blechen abkühlen lassen.

Red River Queens

Ausgerollte Kekse

Ergibt: *25–35 Stück*
Zubereitungszeit: *30 Min.*

2 Tassen Mehl
¼ TL Zimt, gemahlen
½ Tasse Pflanzenfett
¾ Tasse Puderzucker
1 Tasse Walnüsse, gehackt
rote Zuckerstreusel zum Verzieren

1 Ofen auf 200 °C vorheizen.

2 Mehl und Zimt mischen.

3 Fett und Puderzucker in einer großen Schüssel gut verrühren. Nach und nach die Mehlmischung zufügen. Walnüsse unterziehen.

4 Teig auf bemehlter Arbeitsfläche gut 0,5 cm dick ausrollen. Kreise von 5 cm Durchmesser ausstechen und in 4 cm Abstand auf ungefettete Backbleche legen. Mit den Zuckerstreuseln verzieren.

5 Etwa 8–10 Min. lichtgelb backen. Auf Kuchengitter abkühlen lassen.

Roggenkringel

Ausgerollte Kekse

Ergibt: *25–35 Stück*
Zubereitungszeit: *30 Min.*

2 Tassen Weizenmehl
1 Tasse Roggenmehl
½ Tasse Pflanzenfett
6 EL Zucker

1 Ofen auf 200 °C vorheizen. 2 Backbleche leicht einfetten.

2 Beide Mehlsorten mischen.

3 Fett und Zucker in einer großen Schüssel schaumig rühren. Nach und nach das Mehl zufügen. Zu einem glatten Teig kneten.

4 Teig auf bemehlter Arbeitsfläche knapp 0,5 cm dick ausrollen. Kreise von 7–8 cm Durchmesser ausstechen. Mit einer kleinen Form die Mitte der Kreise ausstechen. Plätzchen in 3 cm Abstand auf die Bleche legen und mit einer Gabel einstechen.

5 Etwa 5–7 Min. backen, bis die Kekse leicht bräunen. Auf Kuchengitter abkühlen lassen.

Roggenrauten

Ausgerollte Kekse

Ergibt: *25–35 Stück*
Zubereitungszeit: *45 Min.*

⅓ Tasse Weizenmehl
½ Tasse Roggenmehl
½ Tasse Butter, Zimmertemperatur
¼ Tasse brauner Zucker
1 TL Orangeat, feingehackt

1 Ofen auf 200 °C vorheizen. 2 Backbleche leicht einfetten.

2 Beide Mehlsorten mischen.

3 Butter und Zucker in einer großen Schüssel schaumig rühren. Orangeat, dann nach und nach das Mehl zugeben.

4 Auf bemehlter Arbeitsfläche zu einem geschmeidigen Teig kneten. Teig knapp 0,5 cm dick ausrollen. Mit Ausstechform oder Messer Rauten ausstechen bzw. ausschneiden und in 3 cm Abstand auf die Bleche legen. Rauten mit einer Gabel einstechen.

5 Etwa 8–10 Min. hellgold backen. Auf Kuchengitter abkühlen lassen.

Backtip: Dekorativer wirken die Kekse, wenn man die Rauten mit einem Teigrädchen ausschneidet oder mit einer gewellten Form aussticht.

Rosa Kiesel

Geformte Kekse

Ergibt: *35–45 Stück*
Zubereitungszeit: *30 Min.*

1 ¾ Tassen Mehl
1 TL Backpulver
½ TL Natron
2 TL Zimt, gemahlen
½ TL Nelken, gemahlen
1 Tasse Pflanzenfett
1 ½ Tassen Zucker
1 großes Ei
1 Tasse Tomatencremesuppe aus der Dose, unverdünnt
2 ½ Tassen Haferflocken
1 Tasse helle Rosinen
1 Tasse Pekannüsse, gehackt

1 Ofen auf 175 °C vorheizen. 2 Backbleche leicht einfetten.

2 Mehl, Backpulver, Natron und Gewürze mischen.

3 Fett und Zucker in einer großen Schüssel schaumig rühren. Ei und Tomatensuppe unterrühren. Nach und nach die Mehlmischung beigeben. Haferflocken, Rosinen und Nüsse unterziehen.

4 Walnußgroße Teigstücke zu Bällchen formen. Bällchen in 4 cm Abstand auf die Bleche setzen und mit dem bemehlten Boden eines Glases flachdrücken.

5 Etwa 10–12 Min. backen, bis sich die Kekse etwas verfärben. Auf Kuchengitter abkühlen lassen.

ROSENMUNNAR

Geformte Kekse

ERGIBT: *50–70 Stück*
ZUBEREITUNGSZEIT: *30 Min.*

1 Tasse Butter
½ Tasse Puderzucker
2 Tassen Mehl
etwa ⅓–½ Tasse Himbeerkonfitüre

1 Ofen auf 190 °C vorheizen.

2 Butter und Puderzucker in einer mittelgroßen Schüssel gründlich verrühren. Nach und nach das Mehl beigeben.

3 Olivengroße Teigstücke zu Bällchen formen und in 3 cm Abstand auf ungefettete Backbleche setzen. In die Mitte jedes Bällchens mit dem Finger eine Kuhle drücken. Kuhlen mit Konfitüre füllen.

4 Etwa 15–18 Min. schwachgelb backen. Auf Kuchengitter abkühlen lassen.

ROSINEN-KNUSPERKEKSE

Häufchenkekse

ERGIBT: *35–60 Stück*
ZUBEREITUNGSZEIT: *30 Min.*

1 Tasse Vollkornmüsli mit Rosinen, ungezuckert
½ Tasse Zucker
1 Apfel, geschält, entkernt, gerieben
ca. ½ Tasse Milch
1 TL Vanillearoma

1 Ofen auf 175 °C vorheizen. 2 Backbleche leicht einfetten.

2 Müsli, Zucker und Apfel in einer großen Schüssel gut mischen. Milch und Vanillearoma gründlich unterrühren.

3 Mit Löffeln Teighäufchen in 3 cm Abstand auf die Bleche setzen.

4 Etwa 12–15 Min. backen, bis die Kekse bräunen. Auf Kuchengitter abkühlen lassen.

ROSINEN-MARONEN-KEKSE

Häufchenkekse

ERGIBT: *25–35 Stück*
ZUBEREITUNGSZEIT: *30 Min.*

2 Tassen Mehl
¾ TL Natron
1 TL Zimt, gemahlen
¼ TL Salz
⅔ Tasse Butter, Zimmertemperatur
1 Tasse Zucker
2 große Eier
⅔ Tasse helle Rosinen
½ Tasse Maronen, gehackt

1 Ofen auf 175 °C vorheizen. 2 Backbleche einfetten.

2 Mehl, Natron, Zimt und Salz mischen.

3 Butter und Zucker in einer großen Schüssel schaumig rühren. Eier unterrühren. Nach und nach die Mehlmischung zugeben. Rosinen und Maronen unterziehen.

4 Mit Löffeln Teighäufchen in 4 cm Abstand auf die Bleche setzen.

5 Etwa 10–12 Min. hellgelb backen. Auf Kuchengitter abkühlen lassen.

ROSINEN-SANDWICHKEKSE

Ausgerollte Kekse

ERGIBT: *50–60 Stück*
ZUBEREITUNGSZEIT: *30 Min.*
KÜHLZEIT: *4 Std.*

TEIG
3 ½ Tassen Mehl
2 TL Backpulver
¼ TL Salz
½ Tasse Pflanzenfett
1 Tasse Zucker
2 große Eier
½ Tasse Milch

FÜLLUNG
¼Tasse Butter
½Tasse Zucker
½ Tasse Rosinen
½ TL abgeriebene Orangenschale, unbehandelt
1 EL Mehl

1 Mehl, Backpulver und Salz mischen.

2 Fett und Zucker in einer großen Schüssel cremig rühren. Eier unterschlagen. Milch unterrühren. Nach und nach die trockenen Zutaten dazugeben. Zugedeckt 4 Std. in den Kühlschrank stellen.

3 Für die Füllung Butter mit dem Zucker in einem mittelgroßen Topf zerlassen. Rosinen und Orangenschale dazugeben. Mehl einstreuen und rühren, bis die Mischung andickt.

4 Ofen auf 175 °C vorheizen. 2 Backbleche leicht einfetten.

5 Teig auf einer bemehlten Arbeitsfläche knapp 0,5 cm dick ausrollen. Eine gerade Anzahl von 4 cm großen Keksen ausstechen. Die Hälfte der Kekse im Abstand von 2,5 cm auf die Bleche legen und mit etwas Füllung bestreichen. Die restlichen Kekse darauflegen.

6 Etwa 10–12 Min. goldbraun backen. Auf Kuchengitter abkühlen lassen.

Backtip: Die Sandwichkekse werden vor dem Backen zusammengesetzt. Deswegen muß der Teig möglichst dünn ausgerollt werden, damit er auch durchbackt.

Rosinen-Walnuss-Kekse

Häufchenkekse

Ergibt: *50–60 Stück*
Zubereitungszeit: *30 Min.*

3 Tassen Mehl
2 TL Natron
½ TL Nelken, gemahlen
½ TL Zimt, gemahlen
½ TL Salz
1 Tasse Pflanzenfett
2 Tassen brauner Zucker
2 große Eier
1 Tasse Sauermilch
1 Tasse Walnüsse, gehackt
1 Tasse dunkle Rosinen
½ Tasse helle Rosinen

1 Ofen auf 175 °C vorheizen.

2 Mehl, Natron, Gewürze und Salz mischen.

3 Fett und Zucker in einer großen Schüssel schaumig rühren. Eier, dann Milch gut unterrühren. Nach und nach die Mehlmischung beigeben. Walnüsse und Rosinen unterziehen.

4 Mit Löffeln Teighäufchen in 4 cm Abstand auf ungefettete Backbleche setzen.

5 Etwa 9–12 Min. hellbraun backen. Auf Kuchengitter abkühlen lassen.

Rosinenschnitten

Gebäckschnitten

Ergibt: *35–45 Stück*
Zubereitungszeit: *35 Min.*

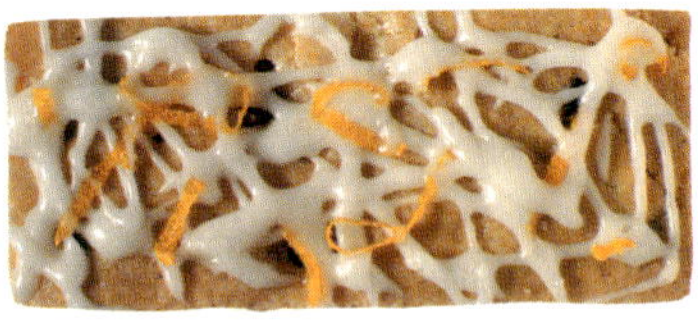

Teig
3 Tassen Mehl
½ TL Natron
½ TL Zimt, gemahlen
¼ TL Nelken, gemahlen
½ TL Salz
1 Tasse Pflanzenfett
¾ Tasse weißer Zucker
¾ Tasse brauner Zucker
2 große Eier, leicht verschlagen
¼ Tasse frischgepreßter Orangensaft
1 Tasse Rosinen
1 Tasse Kokosflocken

Glasur
¾ Tasse Puderzucker
1 EL plus 1 TL frischgepreßter Orangensaft
1 TL geriebene Orangenschale, unbehandelt

1 Ofen auf 175 °C vorheizen. Eine rechteckige Backform (25 x 40 cm) leicht einfetten.

2 Mehl, Natron, Gewürze und Salz mischen.

3 Fett und beide Zuckersorten in einer großen Schüssel schaumig rühren. Eier, dann Orangensaft gut unterrühren. Nach und nach die Mehlmischung beigeben. Rosinen und Kokosflocken unterziehen. Teig gleichmäßig in der Form verteilen.

4 Etwa 20–25 Min.backen, bis sich die Oberfläche fest anfühlt und leicht verfärbt.

5 Für die Glasur Puderzucker, Orangensaft und -schale in einer kleinen Schüssel zu einem glatten Guß verrühren.

6 Glasur über das heiße Gebäck träufeln. In der Form auf Gitter abkühlen lassen. In Schnitten schneiden.

ROVASTINPIP-PARKAKUT

Ausgerollte Kekse

ERGIBT: *35–45 Stück*
ZUBEREITUNGSZEIT: *30 Min.*
KÜHLZEIT: *8 Std.*

2 ½ Tassen Mehl
¼ Tasse Mandeln, feingemahlen
1 TL Natron
1 TL Zimt, gemahlen
1 TL Kardamom, gemahlen
1 TL Ingwer, gemahlen
½ TL Piment, gemahlen
½ TL Salz
1 Tasse Pflanzenfett
1 Tasse Zucker
1 großes Ei
½ Tasse heller Sirup

1 Mehl, Mandeln, Natron, Gewürze und Salz mischen.

2 Fett und Zucker in einer großen Schüssel schaumig rühren. Ei, dann Sirup gründlich unterrühren. Nach und nach die Mehlmischung beigeben. Zugedeckt 8 Std. in den Kühlschrank stellen.

3 Ofen auf 175 °C vorheizen.

4 Teig auf bemehlter Arbeitsfläche gut 0,5 cm dick ausrollen. 5 cm große Sterne oder andere Motive ausstechen und in 3 cm Abstand auf ungefettete Backbleche legen.

5 Etwa 8–10 Min. lichtgelb backen. Auf Kuchengitter abkühlen lassen.

Backtip: Dies Kekse werden gern mit einer weißen Spritzglasur verziert.

RUCKSACK-SCHNITTEN

Gebäckschnitten

ERGIBT: *15–35 Stück*
ZUBEREITUNGSZEIT: *45 Min.*

TEIG
½ Tasse Pflanzenfett
¾ Tasse brauner Zucker
¾ Tasse Mehl
½ Tasse Haferflocken
¼ Tasse Weizenkeime, geröstet
1 EL geriebene Orangenschale, unbehandelt

BELAG
2 große Eier
¼ Tasse brauner Zucker
½ Tasse Kokosraspeln
⅔ Tasse Mandeln, in Stiften

1 Ofen auf 175 °C vorheizen.

2 Für den Teig Fett und Zucker in einer großen Schüssel schaumig rühren. Mehl, Haferflocken, Weizenkeime und Orangenschale untermengen. Es entsteht ein trockener Teig.

3 Teig gleichmäßig in eine ungefettete quadratische Backform (20 x 20 cm) drücken.

4 Für die Füllung Eier und Zucker in einer mittelgroßen Schüssel gut verschlagen. Kokosraspeln unterziehen.

5 Belag auf dem Teig verteilen. Mit Mandeln bestreuen.

6 Etwa 30–35 Min. backen, bis sich das Gebäck fest anfühlt. In der Form auf Kuchengitter abkühlen lassen. In Schnitten schneiden.

Backtip: Nach Wunsch kann man dem Teig 3 Tropfen Mandelaroma und/oder Rosinen zugeben.

Rugelach

Ausgerollte Kekse

Ergibt: *25–35 Stück*
Zubereitungszeit: *40 Min.*
Kühlzeit: *4 Std.*

Teig

1 Tasse Butter, Zimmertemperatur
225 g Doppelrahm-Frischkäse, Zimmertemperatur
6 EL Puderzucker
1 EL Himbeerlikör
2 ¾ Tassen Mehl

Füllung

¾ Tasse brauner Zucker
½ Tasse Mandeln, gehackt
½ Tasse Rosinen, in warmem Wasser gequollen, abgetropft
1 TL Zimt, gemahlen

1 Butter, Frischkäse und Puderzucker in einer großen Schüssel zur glatten Creme rühren. Likör unterrühren. Nach und nach das Mehl zufügen. Teig vierteln. Viertel in Wachspapier gewickelt 4 Std. in den Kühlschrank stellen.

2 Ofen auf 175 °C vorheizen. 2 Backbleche leicht einfetten.

3 Für die Füllung alle Zutaten in einer kleinen Schüssel gut mischen.

4 Teigviertel auf bemehlter Arbeitsfläche zu Kreisen von 20–23 cm Durchmesser ausrollen. Kreise in je 8 „Tortenstücke" schneiden. Tortenstücke mit Füllung belegen, vom breiten Ende aus aufrollen, in 3 cm Abstand auf die Bleche legen und zu Hörnchen formen.

5 Etwa 20–25 Min. lichtgelb backen. Auf Kuchengitter abkühlen lassen.

Rumkekse

Häufchenkekse

Ergibt: *70–90 Stück*
Zubereitungszeit: *30 Min.*
Kühlzeit: *4 Std.*

2 Tassen Mehl
2 TL Backpulver
½ TL Salz
1 Tasse Butter, Zimmertemperatur
1 Tasse brauner Zucker
3 große Eier
½ Tasse Rum
6 Tropfen Mandelaroma

1 Mehl, Backpulver und Salz mischen.

2 Butter und Zucker in einer großen Schüssel schaumig rühren. Eier, dann Rum und Mandelaroma gut unterrühren. Nach und nach die Mehlmischung zugeben. Zugedeckt 4 Std. in den Kühlschrank stellen.

3 Ofen auf 200 °C vorheizen. 2 Backbleche leicht einfetten.

4 Mit Löffeln Teighäufchen in 4 cm Abstand auf die Bleche setzen.

5 Etwa 6–8 Min. hellgelb backen.

Russische Teekugeln

Geformte Kekse

Ergibt: *50–60 Stück*
Zubereitungszeit: *30 Min.*

2 ¼ Tassen Mehl
1 Tasse Walnüsse, feingemahlen
¼ Tasse Kakaopulver, ungezuckert
¼ TL Salz
1 ¼ Tassen Butter, Zimmertemperatur
¾ Tasse Puderzucker
1 TL Wodka
Puderzucker zum Besieben

1 Ofen auf 160 °C vorheizen.

2 Mehl, Walnüsse, Kakao und Salz mischen.

3 Butter und Puderzucker in einer großen Schüssel gut verrühren. Wodka unterrühren. Nach und nach die Mehlmischung zugeben.

4 Walnußgroße Teigstücke zu Bällchen formen. Bällchen in 4 cm Abstand auf ungefettete Backbleche setzen.

5 Etwa 12–15 Min. backen, bis sich die Kekse leicht verfärben. Mit Puderzucker besieben. Auf Kuchengitter abkühlen lassen.

Russische Teetäfelchen

Gebäckschnitten

Ergibt: *25–35 Stück*
Zubereitungszeit: *25 Min.*

2 EL Pflanzenfett
¼ Tasse Zucker
2 große Eigelb
1 Tasse Sauermilch
2 ½ Tassen Mehl

1 Ofen auf 175 °C vorheizen. Eine rechteckige Backform (20 x 30 cm) leicht einfetten.

2 Fett und Zucker in einer großen Schüssel schaumig rühren. Eigelb, dann Milch gut unterrühren. Nach und nach das Mehl beigeben. Den Teig gleichmäßig in der Form verteilen.

3 Etwa 10–12 Min. backen, bis sich die Oberfläche fest anfühlt. In der Form auf Gitter abkühlen lassen. In kleine Rechtecke schneiden.

Russisches Teegebäck mit Schuss

Geformte Kekse

Ergibt: *40–60 Stück*
Zubereitungszeit: *35 Min.*

2 ¼ Tassen Mehl
¼ TL Salz
1 Tasse Butter, Zimmertemperatur
¾ Tasse Puderzucker
1 TL Wodka
¾ Tasse Haselnüsse, feingehackt
Puderzucker zum Besieben

1 Ofen auf 160 °C vorheizen.

2 Mehl und Salz mischen.

3 Butter und Puderzucker in einer großen Schüssel gründlich verrühren. Wodka unterrühren. Nach und nach die Mehlmischung zufügen. Haselnüsse unterziehen.

4 Walnußgroße Teigstücke zu Bällchen formen. Bällchen in 4 cm Abstand auf ungefettete Backbleche setzen und mit dem bemehlten Boden eines Glases flachdrücken.

5 Etwa 12–15 Min. lichtgelb backen. Mit Puderzucker besieben. Auf Kuchengitter abkühlen lassen.

S-Kekse

Ausgerollte Kekse

Ergibt: *35–45 Stück*
Zubereitungszeit: *30 Min.*
Kühlzeit: *4 Std.*

½ Tasse Pflanzenfett
⅔ Tasse Zucker
4 große Eigelb
½ TL geriebene Zitronenschale, unbehandelt
2 Tassen Mehl
1 großes Eiweiß, verschlagen

1 Fett und Zucker in einer großen Schüssel schaumig rühren. Eigelb, dann Zitronenschale gründlich unterrühren. Nach und nach das Mehl beigeben.

2 Teig vierteln. Viertel in Wachspapier gewickelt 4 Std. in den Kühlschrank legen.

3 Ofen auf 175 °C vorheizen. 2 Backbleche leicht einfetten.

4 Ein Teigviertel aus dem Kühlschrank nehmen und auf bemehlter Arbeitsfläche gut 0,5 cm dick ausrollen. Mit einem scharfen Messer in 2 x 10 cm große Streifen schneiden. Streifen auf die Bleche legen und zu „S" formen. Nacheinander die restlichen Teigviertel ebenso verarbeiten. Kekse mit dem geschlagenen Eiweiß bepinseln.

5 Etwa 8–10 Min. backen, bis die Kekse leichte Farbe annehmen. Auf Kuchengitter abkühlen lassen.

Backtip: Ehe man die Kekse in den Ofen schiebt, kann man sie mit weißem oder buntem Hagelzucker bestreuen.

Sandtörtchen

Ausgerollte Kekse

Ergibt: *50–60 Stück*
Zubereitungszeit: *30 Min.*
Kühlzeit: *2 Std.*

Teig
2 Tassen Mehl
1 ½ TL Backpulver
½ Tasse Butter, Zimmertemperatur
1 Tasse Zucker
1 großes Ei

Belag
1 EL Zucker
½ TL Zimt, gemahlen
1 großes Eiweiß, verschlagen
etwa 1 Tasse ganze Mandeln, enthäutet

1 Mehl und Backpulver mischen.

2 Butter und Zucker in einer großen Schüssel schaumig rühren. Ei unterrühren. Nach und nach die Mehlmischung zugeben. Zugedeckt 2 Std. in den Kühlschrank stellen.

3 Ofen auf 190 °C vorheizen. 2 Backbleche leicht einfetten.

4 Zucker und Zimt für den Belag in einer Tasse mischen.

5 Teig auf bemehlter Arbeitsfläche knapp 0,5 cm dick ausrollen. 5 cm große Rosetten ausstechen und in 3 cm Abstand auf die Bleche legen. Mit Eiweiß bepinseln und mit dem Zimtzucker bestreuen. Auf jeden Keks eine Mandel drücken.

6 Etwa 8–10 Min. hellgelb backen. Auf Kuchengitter abkühlen lassen.

Sandtörtchen mit braunem Zucker

Ausgerollte Kekse

Ergibt: *40–60 Stück*
Zubereitungszeit: *30 Min.*
Kühlzeit: *2 Std.*

¾ Tasse Mehl
¼ TL Backpulver
¼ TL Salz
¼ Tasse Butter, Zimmertemperatur
⅓ Tasse brauner Zucker
1 großes Ei
½ TL Vanillearoma
brauner Zucker zum Bestreuen

1 Mehl, Backpulver und Salz mischen.

2 Butter und Zucker in einer großen Schüssel schaumig rühren. Ei, dann Vanillearoma gut unterrühren. Nach und nach die Mehlmischung zufügen. Zugedeckt 2 Std. in den Kühlschrank stellen.

3 Ofen auf 190 °C vorheizen. 2 Backbleche leicht einfetten.

4 Teig auf bemehlter Arbeitsfläche knapp 0,5 cm dick ausrollen. Runde Plätzchen ausstechen und in 3 cm Abstand auf die Bleche legen. Mit braunem Zucker bestreuen. Zucker leicht andrücken.

5 Etwa 8–10 Min. backen, bis sich die Kekse fest anfühlen. Auf Kuchengitter abkühlen lassen.

Sauerrahm-Gewürz-plätzchen

Ausgerollte Kekse

Ergibt: *50–60 Stück*
Zubereitungszeit: *30 Min.*
Kühlzeit: *4 Std.*

3 Tassen Mehl
1 ½ TL Backpulver
½ TL Natron
½ TL Koriander, gemahlen
½ TL Salz
½ Tasse Pflanzenfett
1 Tasse Zucker
1 großes Ei
½ Tasse Sauerrahm
½ TL Vanillearoma
3 Tropfen Mandelaroma

1 Mehl, Backpulver, Natron, Koriander und Salz mischen.

2 Fett und Zucker in einer großen Schüssel schaumig rühren. Ei unterrühren. Nacheinander Sauerrahm, Vanillearoma und Mandelaroma einrühren. Nach und nach die Mehlmischung beigeben. Zugedeckt 4 Std. in den Kühlschrank stellen.

3 Ofen auf 175 °C vorheizen. 2 Backbleche leicht einfetten.

4 Teig auf bemehlter Arbeitsfläche gut 0,5 cm dick ausrollen. Runde Formen von 5 cm Durchmesser ausstechen. In 3 cm Abstand auf die Bleche legen.

5 Etwa 10–12 Min. lichtgelb backen. Auf Kuchengitter abkühlen lassen.

Sauerrahm-plätzchen

Ausgerollte Kekse

Ergibt: *ca. 90 Stück*
Zubereitungszeit: *30 Min.*

4 Tassen Mehl
1 TL Natron
½ TL Salz
1 Tasse Pflanzenfett
2 Tassen Zucker
2 große Eier
1 Tasse Sauerrahm
1 TL Zitronenaroma

1 Ofen auf 175 °C vorheizen.

2 Mehl, Natron und Salz mischen.

3 Fett und Zucker in einer großen Schüssel schaumig rühren. Eier, dann Sauerrahm und Zitronenaroma gründlich unterrühren. Nach und nach die Mehlmischung zugeben.

4 Teig auf bemehlter Arbeitsfläche gut 0,5 cm dick ausrollen. 5 cm große Dreiecke oder andere Motive ausstechen oder ausschneiden und in 3 cm Abstand auf ungefettete Backbleche legen.

5 Etwa 10–12 Min. lichtgelb backen. Auf Kuchengitter abkühlen lassen.

Backtip: Laut manchen Versionen dieses altüberlieferten Rezepts bepinselt man die Kekse vor dem Backen mit Milch und überstreut sie mit Zucker.

Schachbrettkekse

Geformte Kekse

Ergibt: *60–70 Stück*
Zubereitungszeit: *45 Min.*
Kühlzeit: *8 Std.*

30 g halbbittere Schokolade, zerkleinert
2 ½ Tassen Mehl
¾ TL Backpulver
½ TL Salz
¾ Tasse Butter, Zimmertemperatur
1 Tasse Zucker
2 große Eier
1 TL Vanillearoma

1 Schokolade im Wasserbad zerlassen. Glattrühren. Vom Herd nehmen.

2 Mehl, Backpulver und Salz mischen.

3 Butter und Zucker in einer großen Schüssel schaumig rühren. Eier, dann Vanillearoma gut unterrühren. Nach und nach die Mehlmischung zufügen.

4 Eine Hälfte des Teigs in eine andere Schüssel füllen und mit der zerlassenen Schokolade vermengen. Beide Teighälften nochmals halbieren. Teigviertel zu viereckigen Stangen von je 20 cm Länge formen.

5 In eine 10 x 20 cm große Kastenform erst eine Schokoladenteigstange , daneben eine weiße Teigstange legen und andrücken. Mit Wachspapier bedecken. Etwa 30 Min. in den Kühlschrank stellen, bis der Teig fest ist.

6 Wachspapier entfernen. Zweite Schokoladenteigstange auf den gekühlten weißen Teig und daneben die zweite weiße Teigstange legen. Leicht andrücken. Mit Wachspapier bedecken. 8 Std. oder über Nacht im Kühlschrank lagern.

7 Ofen auf 200 °C vorheizen.

8 Teig aus der Form nehmen und in gut 0,5 cm dicke Scheiben schneiden. Scheiben in 3 cm Abstand auf ungefettete Backbleche legen.

9 Etwa 8–10 Min. backen, bis die Oberfläche sich leicht verfärbt. Auf Kuchengitter abkühlen lassen.

Backtip: Dieses Rezept stammt aus den 30er Jahren. Man kann die vier Teigstangen auch in wechselnder Farbfolge aufeinanderschichten (dabei jeweils gut andrücken): Nach zwei Schichten mit Wachspapier bedeckt 30 Minuten kühlen, dann die beiden letzten Schichten auflegen und in Wachspapier gewickelt über Nacht im Kühlschrank lagern. Danach in Scheiben schneiden und backen. So entstehen Keke mit Streifenmuster.

SCHLEIFEN-KRAPFEN

Ausgerollte Kekse

ERGIBT: *50–60 Stück*
ZUBEREITUNGSZEIT: *30 Min.*

3 große Eier
3 EL Zucker
¼ TL Salz
1 EL Vanillearoma
3 Tassen Mehl
Pflanzenöl zum Ausbacken
Puderzucker zum Besieben

1 Eier in einer großen Schüssel zur dicken, hellen Creme schlagen. Zucker, Salz und Vanillearoma unterrühren. Nach und nach das Mehl zugeben.

2 Teig auf bemehlter Arbeitsfläche knapp 0,5 cm dick ausrollen. In 15 x 4 cm große Streifen schneiden. In die Mitte jedes Streifens einen 2 cm langen Schlitz schneiden. Enden wie abgebildet schleifenähnlich durch den Schlitz ziehen. Ende etwas einschneiden.

3 Öl in einer Friteuse oder einem hohen, schweren Topf auf 150 °C erhitzen. Portionsweise goldbraune Krapfen ausbacken. Krapfen auf mit Küchenpapier ausgelegtem Kuchengitter abtropfen lassen und mit Puderzucker besieben.

Backtip: Mann kann die Schleifen auch mit bunten Zuckerstreuseln bestreuen und/oder den Teig mit einem Teigrädchen in Streifen schneiden.

SCHNEEBÄLLE

Geformte Kekse

ERGIBT: *25–35 Stück*
ZUBEREITUNGSZEIT: *30 Min.*
STEHZEIT: *1 Std.*

1 Tasse Mehl
1 Tasse Walnüsse, gemahlen
¼ TL Salz
½ Tasse Pflanzenfett
2 EL Zucker
1 EL Rum
Puderzucker zum Wälzen

1 Ofen auf 160 °C vorheizen. 2 Backbleche leicht einfetten.

2 Mehl, Nüsse und Salz mischen.

3 Fett und Zucker in einer großen Schüssel schaumig rühren. Rum einrühren. Nach und nach die Mehlmischung zufügen.

4 Walnußgroße Teigstücke zu Bällchen formen. Bällchen in 3 cm Abstand auf die Bleche setzen.

5 Etwa 12–15 Min. lichtgelb backen. Gebäck in Puderzucker wälzen. Auf Kuchengitter abkühlen lassen.

6 Abgekühlte Bällchen nochmals in Puderzucker wälzen. 1 Std. ruhen lassen, erneut in Puderzucker wälzen.

Schoko-Baiser-Schnitten

Gebäckschnitten

Ergibt: *15–35 Stück*
Zubereitungszeit: *45 Min.*

Teig
2 Tassen Mehl
1 TL Backpulver
¼ TL Natron
¼ TL Salz
¼ Tasse Pflanzenfett
¼ Tasse Butter, Zimmertemperatur
½ Tasse weißer Zucker
½ Tasse brauner Zucker
2 große Eigelb
1 EL starker aufgebrühter Kaffee
1 ½ TL Crème de Cacao
1 ½ Tassen halbbittere Schokoladen-Tröpfchen

Belag
2 große Eiweiß
1 Tasse Zucker

1 Ofen auf 190 °C vorheizen. Eine rechteckige Backform (20 x 30 cm) leicht einfetten.

2 Mehl, Backpulver, Natron und Salz mischen.

3 Fett, Butter und beide Zuckersorten in einer großen Schüssel schaumig rühren. Eigelb, dann Kaffee und Crème de Cacao gründlich unterrühren. Nach und nach die Mehlmischung zugeben.

4 Teig gleichmäßig in der Form verteilen. Mit Schokoladen-Tröpfchen bestreuen.

5 Für den Belag Eiweiß in einer Schüssel zu lockerem Schnee schlagen. Unter Einrieseln des Zuckers zu steifem schnittfestem Schnee schlagen. Baisermasse auf den Schokoladen-Tröpfchen verteilen.

6 Etwa 20–25 Min. backen, bis sich der Belag fest anfühlt und schwach verfärbt. In der Form auf Gitter abkühlen lassen. In beliebig große Schnitten schneiden.

Schoko-Fudge mit Walnuss

Gebäckschnitten

Ergibt: *15–25 Stück*
Zubereitungszeit: *45 Min.*

1 ⅓ Tassen Mehl
¾ Tasse Kakaopulver, ungezuckert
¼ TL Salz
⅔ Tasse Pflanzenöl
2 Tassen Zucker
2 große Eier
1 TL Vanillearoma
½ Tasse Walnüsse, gehackt

1 Ofen auf 175 °C vorheizen. Eine rechteckige Backform (20 x 30 cm) leicht einfetten.

2 Mehl, Kakao und Salz mischen.

3 Öl und Zucker in einer großen Schüssel cremig rühren. Einzeln die Eier, dann Vanillearoma gut unterrühren. Nach und nach die Mehlmischung beigeben. Walnüsse unterziehen. Teig in die Form füllen.

4 Etwa 25–30 Min. backen (der Teig darf beim Einstechen mit einem spitzen Hölzchen nicht mehr kleben). In der Form abkühlen lassen. In Quadrate oder Rechtecke schneiden.

Backtip: Dekorativer sehen die Kekse aus, wenn man die Walnüsse nicht unterzieht, sondern vor dem Backen auf den Teig streut.

Schoko-Gewürz-Plätzchen

Häufchenkekse

Ergibt: *75–85 Stück*
Zubereitungszeit: *30 Min.*

60 g halbbittere Schokolade, zerkleinert
3 Tassen Mehl
1 Tasse Walnüsse, feingemahlen
1 TL Natron
1 TL Zimt, gemahlen
1 TL Piment, gemahlen
½ TL Nelken, gemahlen
½ Tasse Butter, Zimmertemperatur
1 ½ Tassen Zucker
2 große Eier
⅔ Tasse saure Sahne
1 Tasse Rosinen

1 Ofen auf 175 °C vorheizen.

2 Schokolade im Wasserbad bei geringer Hitze zerlassen. Glattrühren. Vom Herd nehmen.

3 Mehl, Walnüsse, Natron und Gewürze mischen.

4 Butter und Zucker in einer großen Schüssel schaumig rühren. Einzeln die Eier, dann Sahne und Schokolade gründlich unterrühren. Nach und nach die Mehlmischung zufügen. Rosinen unterziehen.

5 Mit Löffeln Teighäufchen in 4 cm Abstand auf ungefettete Backbleche setzen.

6 Etwa 18–20 Min. backen, bis die Kekse fest sind. Auf Kuchengitter abkühlen lassen.

Schoko-Haferflocken-Happen

Geformte Kekse

Ergibt: *35–45 Stück*
Zubereitungszeit: *30 Min.*

60 g halbbittere Schokolade, zerkleinert
1 Tasse Mehl
½ TL Natron
½ Tasse Pflanzenfett
1 Tasse Zucker
1 großes Ei
1 ½ TL Amaretto
1 Tasse Haferflocken
1 Tasse Pekannüsse, gehackt
Zucker

1 Ofen auf 175 °C vorheizen. 2 Backbleche leicht einfetten.

2 Schokolade im Wasserbad bei geringer Hitze zerlassen. Glattrühren. Vom Herd nehmen.

3 Mehl und Natron mischen.

4 Fett und Zucker in einer großen Schüssel mischen. Ei und Amaretto, dann Schokolade gut unterrühren. Nach und nach die Mehlmischung beigeben. Haferflocken und Nüsse unterziehen.

5 Walnußgroße Teigstücke zu Bällchen formen. Bällchen in 4 cm Abstand auf die Bleche setzen und mit dem in Mehl gestippten Boden eines Glases flachdrücken.

6 Etwa 10–12 Min. backen, bis die Kekse bräunen. Auf Kuchengitter abkühlen lassen.

Schoko-Haferflocken-Schnitten

Gebäckschnitten

Ergibt: *35–45 Stück*
Zubereitungszeit: *45 Min.*

Teig
2 ½ Tassen Mehl
1 TL Natron
1 TL Salz
1 Tasse Pflanzenfett
2 Tassen brauner Zucker
2 große Eier
2 TL Vanillearoma
3 Tassen Haferflocken

Füllung
2 Tassen halbbittere Schokoladen-Tröpfchen
2 TL Butter
400 ml Kondensmilch, gesüßt
2 TL Vanillearoma
1 Tasse Walnüsse, gehackt

1 Ofen auf 175 °C vorheizen.

2 Für den Teig Mehl, Natron und Salz mischen.

3 Fett und Zucker in einer großen Schüssel schaumig rühren. Eier und Vanillearoma unterrühren. Nach und nach die Mehlmischung zugeben. Haferflocken unterziehen.

4 In eine ungefettete rechteckige Backform (20 x 30 cm) gleichmäßig ⅔ des Teigs drücken.

5 Für die Füllung Schokoladen-Tröpfchen und Butter im Wasserbad auf kleiner Stufe zerlassen. Glattrühren. Vom Herd nehmen. Kondensmilch und Vanillearoma einrühren. Nüsse unterziehen.

6 Füllung gleichmäßig auf dem in der Form ausgelegten Teig verstreichen. Restlichen Teig auf der Füllung verteilen. Leicht andrücken.

7 Etwa 25–30 Min. backen, bis sich der Teig fest anfühlt. In der Form auf Kuchengitter abkühlen lassen. In Schnitten schneiden.

Schoko-Haselnuss-Bissen

Häufchenkekse

Ergibt: *35–45 Stück*
Zubereitungszeit: *30 Min.*

60 g halbbittere Schokolade, gehackt
¾ Tasse Mehl
¼ TL Salz
¾ Tasse Haselnüsse, gehackt
½ Tasse Pflanzenfett
1 Tasse Zucker
1 großes Ei
1 TL Vanillearoma
Puderzucker

1 Ofen auf 160 °C vorheizen. 2 Backbleche leicht einfetten.

2 Schokolade im Wasserbad bei geringer Hitze zerlassen. Glattrühren. Vom Herd nehmen.

3 Mehl, Salz und Haselnüsse mischen.

4 Fett und Zucker in einer großen Schüssel schaumig rühren. Ei und Amaretto, dann Schokolade gründlich unterrühren. Ei und Vanillearoma unterschlagen. Nach und nach die Mehlmischung zufügen.

5 Mit Löffeln Teighäufchen in 4 cm Abstand auf die Bleche setzen. Häufchen mit einem in Puderzucker getauchten Löffelrücken flachdrücken.

6 Etwa 12–15 Min. backen, bis die Kekse sich fest anfühlen. Auf Kuchengitter abkühlen lassen.

Schoko-Jumbos

Häufchenkekse

Ergibt: *25–45 Stück*
Zubereitungszeit: *30 Min.*

1 Tasse Mehl
6 EL Kakaopulver, ungezuckert
½ TL Natron
½ TL Salz
1 ½ Tassen Pflanzenfett
1 ½ Tassen Zucker
1 großes Ei
¼ Tasse Wasser
1 TL Vanillearoma
3 Tassen Haferflocken
¾ Tasse halbbittere Schokoladen-Tröpfchen

1 Ofen auf 175 °C vorheizen. 2 Backbleche leicht einfetten.

2 Mehl, Kakao, Natron und Salz mischen.

3 Fett und Zucker in einer großen Schüssel schaumig rühren. Ei, dann Wasser und Vanillearoma gründlich unterrühren. Nach und nach die Mehlmischung zufügen. Haferflocken und Schokoladen-Tröpfchen unterziehen.

4 Mit Eßlöffeln Teighäufchen in 5 cm Abstand auf die Bleche setzen.

5 Etwa 12–15 Min. backen, bis sich die Kekse verfärben. Auf Kuchengitter abkühlen lassen.

Schoko-Knusper-schnitten I

Gebäckschnitten

Ergibt: *15–25 Stück*
Zubereitungszeit: *45 Min.*

Teig
1 Tasse halbbittere Schokoladen-Tröpfchen
1 Tasse Mehl
½ TL Backpulver
⅓ Tasse Pflanzenfett
¾ Tasse Zucker
2 große Eier
1 TL Vanillearoma
¾ Tasse Reis-Krispies

Belag
½ Tasse halbbittere Schokoladen-Tröpfchen
¼ Tasse Reis-Krispies

1 Ofen auf 175 °C vorheizen. Eine quadratische Backform (20 x 20 cm) leicht einfetten.

2 Schokoladen-Tröpfchen bei geringer Hitze im Wasserbad zerlassen, glattrühren. Vom Herd nehmen.

3 Mehl und Backpulver mischen.

4 Fett und Zucker in einer großen Schüssel schaumig rühren. Eier und Vanillearoma, dann zerlassene Schokolade gut unterrühren. Nach und nach die Mehlmischung beigeben. Reis-Krispies unterziehen. Mischung gleichmäßig in der Form verteilen.

5 Etwa 20–25 Min, backen, bis beim Einstechen mit einem spitzen Hölzchen der Teig nicht mehr klebt.

6 Für den Belag Schokoladen-Tröpfchen über das warme Gebäck streuen. 1–2 Min. warten, bis die Schokolade schmilzt. Dann gleichmäßig verstreichen. Reis-Krispies über die Schokolade streuen. In der Form auf Gitter abkühlen lassen. In Schnitten schneiden.

Schoko-Knusper-schnitten II

Gebäckschnitten

Ergibt: *15–25 Stück*
Zubereitungszeit: *30 Min.*

2 Tassen halbbittere Schokoladen-Tröpfchen
¾ Tasse Erdnußbutter
3 Tassen Cheerios (Nestlé)

1 Eine quadratische Backform (20 x 20 cm) einfetten.

2 Schokoladen-Tröpfchen und Erdnußbutter im Wasserbad zerlassen, glattrühren. Vom Herd nehmen. Nach und nach die Cheerios unterrühren.

3 Teig gleichmäßig in der Form verteilen. In den Kühlschrank stellen. Erkaltet in beliebig große Schnitten schneiden.

Backtip: Die kringeligen Cheerios lassen sich z.B. durch Cornflakes, Flakes oder Krispies aus Reis oder Vollkornweizen ersetzen.

Schoko-Kokos-Schnitten

Gebäckschnitten

Ergibt: *15–25 Stück*
Zubereitungszeit: *40 Min.*

1 ½ Tassen Graham-Kräcker, zerkrümelt
400 ml Kondensmilch, gesüßt
1 ½ Kokosflocken
½ Tasse halbbittere Schokoladen-Tröpfchen

1 Ofen auf 175 °C vorheizen. Eine quadratische Backform (20 x 20 cm) leicht einfetten.

2 Alle Zutaten in einer großen Schüssel gründlich vermengen. Masse gleichmäßig in die Form drücken.

3 Etwa 30 Min. backen, bis der Teig fest ist. In der Form auf Gitter abkühlen lassen. In beliebig große Quadrate oder Rechtecke schneiden.

Schoko-Kokos-Teegebäck

Gebäckschnitten

Ergibt: *35–45 Stück*
Zubereitungszeit: *35 Min.*

1 ½ Tassen Mehl
1 ½ TL Backpulver
¼ TL Salz
6 EL Butter, Zimmertemperatur
¾ Tasse plus 2 EL Zucker
1 großes Ei
2 EL Milch
½ TL Vanillearoma
30 g halbbittere Schokolade, gehackt
1 TL geriebene Orangenschale, unbehandelt
¼ Tasse Pekannüsse, gehackt
½ Tasse Aprikosenmarmelade
⅔ Tasse Kokosraspeln

1 Ofen auf 190 °C vorheizen. 2 quadratische Backformen (20 x 20 cm) leicht einfetten.

2 Mehl, Backpulver und Salz mischen.

3 Butter und ¾ Tasse Zucker in einer großen Form schaumig rühren. Ei, dann Milch und Vanillearoma gut unterrühren. Nach und nach die Mehlmischung zugeben. Teig halbieren. Eine Hälfte in eine zweite Schüssel geben.

4 Schokolade im Wasserbad bei geringer Hitze zerlassen. Glattrühren. Vom Herd nehmen. Unter eine Teighälfte mengen.

5 Schokoladenteig auf bemehlter Arbeitsfläche zum 20 x 20 cm großen Quadrat ausrollen. Teigplatte in eine Form legen. Mit 1 EL Zucker und der Hälfte der geriebenen Orangenschale bestreuen.

6 Etwa 10–15 Min. backen, bis sich der Teig fest anfühlt. In der Form abkühlen lassen.

7 In der Zwischenzeit Pekannüsse und Kokosraspeln unter die zweiten Teighälfte mengen. Teig zum Quadrat ausrollen und in die zweite Form füllen. Mit dem restlichen EL Zucker und der Orangenschale bestreuen.

8 Wie oben backen. Abkühlen lassen. In Streifen schneiden.

9 Den hellen Teig mit Aprikosenmarmelade bestreichen, dunkle Teigplatte aufsetzen und in 6 x 3 cm große Streifen schneiden.

Schoko-Mandel-Schnittchen I

Gebäckschnitten

Ergibt: *25–35 Stück*
Zubereitungszeit: *50 Min.*

½ Tasse Pflanzenfett
60 g halbbittere Schokolade, gehackt
2 große Eier
1 Tasse Zucker
3 Tropfen Mandelaroma
½ Tasse Mehl
1 Tasse Mandeln, gestiftelt

1 Ofen auf 175 °C vorheizen. Eine rechteckige Backform (etwa 18 x 28 cm) leicht einfetten.

2 Fett und Schokolade bei geringer Hitze im Wasserbad zerlassen. Glattrühren. Vom Herd nehmen. Einzeln die Eier, dann Zucker und Mandelaroma gut unterrühren. Mehl beigeben.

3 Teig gleichmäßig in der Form verteilen. Mit den Mandeln bestreuen.

4 Etwa 35–40 Min. backen, bis sich die Oberfläche fest anfühlt. In der Form auf Kuchengitter abkühlen lassen. In Rechtecke schneiden.

Backtip: Man kann auch einen Teil oder die gesamte Menge der Mandeln dem Teig beigeben.

SCHOKO-MANDEL-SCHNITTCHEN II

Gebäckschnitten

ERGIBT: *15–25 Stück*
ZUBEREITUNGSZEIT: *40 Min.*

TEIG
½ Tasse Butter, Zimmertemperatur
3 EL Puderzucker
2 große Eigelb
1 TL löslicher Instantkaffee
1 EL warmes Wasser
2 Tassen Mehl

BELAG
½ Tasse halbbittere Schokoladen-Tröpfchen
2 große Eiweiß
¼ Tasse Zucker
¼ Tasse Mandeln, feingemahlen
¼ Tasse Mandeln, gehackt

1 Ofen auf 175 °C vorheizen. Eine quadratische Backform (20 x 20 cm) leicht einfetten.

2 Butter, Puderzucker, Eigelb, Kaffee und Wasser mischen und gut verrühren. Nach und nach das Mehl beigeben. Es entsteht ein krümeliger Teig.

3 Teig gleichmäßig in die Form drücken. 20 Min. backen.

4 Schokoladen-Tröpfchen im Wasserbad zerlassen. Glattrühren. Vom Herd nehmen.

5 Eiweiß in einer mittelgroßen Schüssel zu lockerem, dann unter Einrieseln des Zuckers zu steifem, schnittfestem Schnee schlagen. Zerlassene Schokolade langsam zugießen und unterschlagen. Gemahlene Mandeln unterziehen.

6 Belag auf dem warmen Teig verteilen. Mit gehackten Mandeln bestreuen. Weitere 20 Min. backen, bis der Belag fest ist.

SCHOKO-PEKAN-NUSS-KEKSE

Häufchenkekse

ERGIBT: *50–60 Stück.*
ZUBEREITUNGSZEIT: *35 Min.*
KÜHLZEIT: *2 Std.*

30 g halbbittere Schokolade, zerkleinert
¾ Tasse Mehl
¼ TL Salz
½ Tasse Pflanzenfett
1 Tasse brauner Zucker
2 große Eier
1 TL Rumaroma
¾ Tasse Pekannüsse, gehackt

1 Schokolade bei niedriger Temperatur im Wasserbad zerlassen. Glattrühren. Vom Herd nehmen.

2 Mehl und Salz mischen.

3 Fett und Zucker in einer großen Schüssel schaumig rühren. Einzeln die Eier, dann Rumaroma gut unterrühren. Nach und nach die Mehlmischung zugeben. Nüsse unterziehen. Zugedeckt 2 Std. in den Kühlschrank stellen.

4 Ofen auf 175 °C vorheizen. 2 Backbleche leicht einfetten.

5 Mit Löffeln Teighäufchen in 4 cm Abstand auf die Bleche setzen.

6 Etwa 12–15 Min. backen, bis sich die Kekse fest anfühlen. Auf Kuchengitter abkühlen lassen.

Schoko-Rosinen-Häufchen

Häufchenkekse

Ergibt: *25–45 Stück*
Zubereitungszeit: *30 Min.*

1 Tasse Mehl
½ Tasse Walnüsse, feingemahlen
½ TL Natron
¼ TL Salz
½ Tasse Pflanzenfett
½ Tasse weißer Zucker
¼ Tasse brauner Zucker
1 großes Ei
½ TL Vanillearoma
¾ Tasse Rosinen mit Schokoladenüberzug

1 Ofen auf 175 °C vorheizen. 2 Backbleche leicht einfetten.

2 Mehl, Walnüsse, Natron und Salz mischen.

3 Fett und beide Zuckersorten in einer großen Schüssel schaumig rühren. Ei, dann Vanillearoma unterrühren. Nach und nach die Mehlmischung zufügen. Rosinen unterziehen.

4 Mit Löffeln Teighäufchen in 4 cm Abstand auf die Bleche setzen.

5 Etwa 12–15 Min. backen, bis die Kekse Farbe annehmen. Auf Kuchengitter abkühlen lassen.

Schoko-Walnuss-Plätzchen

Ausgerollte Kekse

Ergibt: *50–60 Stück*
Zubereitungszeit: *40 Min.*

1 ½ Tassen Mehl
½ Tasse Kakaopulver, ungezuckert
1 ½ TL Backpulver
¼ TL Salz
½ Tasse Butter, Zimmertemperatur
1 Tasse brauner Zucker
1 großes Ei
½ Tasse Milch
1 EL Sahne
1 TL Vanillearoma
¾ Tasse Walnüsse, gehackt
Zucker zum Bestreuen

1 Ofen auf 200 °C vorheizen.

2 Mehl, Kakao, Backpulver und Salz mischen.

3 Butter und Zucker in einer großen Schüssel schaumig rühren. Ei, dann Milch, Sahne und Vanillearoma gründlich unterrühren. Nach und nach die Mehlmischung zufügen. Nüsse unterziehen.

4 Teig auf bemehlter Arbeitsfläche gut 0,5 cm dick ausrollen. Kreise von 4 cm Durchmesser ausstechen und in 4 cm Abstand auf ungefettete Backbleche legen.

5 Etwa 10–15 Min. backen, bis die Kekse sich fest anfühlen. Noch warm mit Zucker bestreuen. Auf Kuchengitter abkühlen lassen.

Schoko-Watteböllchen

Geformte Kekse

ERGIBT: *35–45 Stück*
ZUBEREITUNGSZEIT: *30 Min.*

2 Tassen Mehl
2 TL Backpulver
90g halbbittere Schokolade, zerkleinert
½ Tasse Rapsöl
1 ½ Tassen Zucker
2 große Eier
¼ Tasse Milch
1 TL Vanillearoma
Puderzucker zum Wälzen

1 Ofen auf 175 °C vorheizen. 2 Backbleche leicht einfetten.

2 Mehl und Backpulver mischen.

3 Schokolade bei geringer Hitze im Wasserbad zerlassen. Glattrühren. Vom Herd nehmen.

4 Öl und Zucker in einer großen Schüssel gründlich verrühren. Eier einzeln unterschlagen. Nacheinander Schokolade, Milch und Vanillearoma gut unterrühren. Nach und nach die Mehlmischung zufügen.

5 Walnußgroße Teigstücke zu Bällchen formen. Bällchen in Puderzucker wälzen und in 4 cm Abstand auf die Bleche setzen.

6 Etwa 12–15 Min. backen, bis sich die Kekse fest anfühlen. Noch warm in Puderzucker wälzen. Auf Kuchengitter abkühlen lassen.

Schokobonbons

Häufchenkekse

ERGIBT: *40–60 Stück*
ZUBEREITUNGSZEIT: *40 Min.*

½ Tasse Mehl
¼ TL Salz
2 EL Butter, Zimmertemperatur
½ Tasse Zucker
1 großes Ei
2 EL Kondensmilch
1 TL Vanillearoma
⅓ Tasse Kakaopulver, ungezuckert
1 ¼ Tassen Walnüsse, gemahlen

1 Ofen auf 175 °C vorheizen. 2 Backbleche leicht einfetten.

2 Mehl und Salz mischen.

3 Butter und Zucker in einer großen Schüssel schaumig rühren. Ei, dann Milch, Vanillearoma und Kakao gründlich unterrühren. Nach und nach die Mehlmischung beigeben.

4 Mit Löffeln Teighäufchen in 3 cm Abstand auf die Bleche setzen.

5 Etwa 10–12 Min. backen. Gebäck noch warm in den gemahlenen Walnüssen wälzen. Auf Kuchengitter abkühlen lassen.

Backtip: Für alternative Zubereitung:

1 Alle Zutaten bis auf die Walnüsse mischen und ins Wasserbad geben. Bei hoher Temperatur 15 Min. unter Rühren erhitzen, bis die Masse sehr feste Konsistenz hat.

2 Mit Löffeln Häufchen auf mit Backpapier ausgelegte Bleche setzen. Häufchen mit der Hälfte der gemahlenen Nüsse bestreuen. Backen.

3 Kekse leicht abkühlen lassen und in den restlichen Nüssen wälzen.

SCHOKOCHIP-KEKSE I

Häufchenkekse

ERGIBT: *75–85 Stück*
ZUBEREITUNGSZEIT: *30 Min.*

2 ¼ Tassen Mehl
1 TL Natron
1 Päckchen Vanillepuddingpulver
1 Tasse Pflanzenfett
¼ Tasse weißer Zucker
¾ Tasse brauner Zucker
2 große Eier
1 TL Vanillearoma
1 ½ Tassen halbbittere Schokoladen-Tröpfchen
1 Tasse Walnüsse, feingehackt

1 Ofen auf 190 °C vorheizen.

2 Mehl, Natron und Puddingpulver mischen.

3 Fett und beide Zuckersorten in einer großen Schüssel schaumig rühren. Eier, dann Vanillearoma gut unterrühren. Nach und nach die Mehlmischung zufügen. Schokoladen-Tröpfchen und Walnüsse unterziehen.

4 Mit Löffeln Teighäufchen in 4 cm Abstand auf ungefettete Backbleche setzen.

5 Etwa 8–10 Min. backen, bis die Kekse leicht bräunen. Auf Kuchengitter abkühlen lassen.

Backtip: Mit Schokoladenpuddingpulver läßt sich das Rezept optisch und geschmacklich abwandeln.

SCHOKOCHIP-KEKSE II

Geformte Kekse

ERGIBT: *40–60 Stück*
ZUBEREITUNGSZEIT: *30 Min.*

½ Tasse Butter, Zimmertemperatur
1 großes Ei, verschlagen
1 TL Vanillearoma
2 Tassen „Grundrezept für Häufchenkekse" (s. S. 148)
½ Tasse halbbittere Schokoladen-Tröpfchen

1 Ofen auf 175 °C vorheizen. 2 Backbleche leicht einfetten.

2 Butter, Ei und Vanillearoma in einer großen Schüssel gründlich vermengen. Nach und nach die Häufchenkeks-Mischung beigeben. Schokoladen-Tröpfchen unterziehen.

3 Walnußgroße Teigstücke zu Bällchen formen. Bällchen in 5 cm Abstand auf die Bleche setzen.

4 Etwa 10–14 Min. backen, bis sich die Kekse fest anfühlen. 1 Min. auf den Blechen, dann auf Kuchengitter vollständig abkühlen lassen.

Backtip: Statt Bällchen zu formen, kann man mit Löffeln auch Teighäufchen auf die Bleche setzen. Dann beträgt die Backzeit 8–10 Min.

SCHOKOCHIP-KEKSE III

Häufchenkekse

ERGIBT: *40–60 Stück*
ZUBEREITUNGSZEIT: *30 Min.*
KÜHLZEIT: *1 Std.*

2 Tassen Mehl
1 TL Natron
½ TL Salz
1 Tasse Pflanzenfett
½ Tasse weißer Zucker
¾ Tasse brauner Zucker
1 großes Ei
2 ½ TL weiße Crème de Menthe
1 ⅓ Tassen halbbittere Schokoladen-Tröpfchen

1 Mehl, Natron und Salz mischen.

2 Fett und beide Zuckersorten in einer großen Schüssel schaumig rühren. Ei, dann Crème de Menthe gut unterrühren. Nach und nach die Mehlmischung beigeben. Schokoladen-Tröpfchen unterziehen. Zugedeckt 1 Std. in den Kühlschrank stellen.

3 Ofen auf 190 °C vorheizen. 2 Backbleche leicht einfetten.

4 Mit Löffeln Teighäufchen in 4 cm Abstand auf die Bleche setzen.

5 Etwa 10–12 Min. backen, bis die Kekse etwas Farbe annehmen. Auf Kuchengitter abkühlen lassen.

Schokochip-Schnitten I

Gebäckschnitten

Ergibt: *25–35 Stück*
Zubereitungszeit: *45 Min.*

2 Tassen Mehl
1 TL Backpulver
¼ TL Natron
¼ TL Salz
1 Tasse Pflanzenfett
1 ½ Tassen brauner Zucker
2 große Eier
2 EL Milch
1 TL Vanillearoma
1 Tasse halbbittere Schokoladen-Tröpfchen

1 Ofen auf 175 °C vorheizen. Eine quadratische Backform (20 x 20 cm) leicht einfetten.

2 Mehl, Backpulver, Natron und Salz mischen.

3 Fett und Zucker in einer großen Schüssel schaumig rühren. Eier, dann Milch und Vanillearoma gründlich unterrühren. Nach und nach die Mehlmischung zufügen. Schokoladen-Tröpfchen unterziehen.

4 Teig gleichmäßig in der Form verteilen.

5 Etwa 25–30 Min. goldbraun backen. In der Form auf Kuchengitter abkühlen lassen. In Schnitten schneiden.

Backtip: Eine aparte Geschmacksnote erhalten die Kekse, wenn man das Vanillearoma durch weiße Crème de Menthe ersetzt.

Schokochip-Schnitten II

Gebäckschnitten

Ergibt: *25–35 Stück*
Zubereitungszeit: *45 Min.*

½ Tasse Mehl
½ TL Backpulver
¼ TL Salz
1 großes Ei
½ Tasse Zucker
1 TL Butter, zerlassen
2 TL heißes Wasser
⅔ Tasse Walnüsse, feingehackt
½ Tasse Mandeln, feingehackt
1 Tasse halbbittere Schokoladen-Tröpfchen

1 Ofen auf 160 °C vorheizen. Eine quadratische Backform (20 x 20 cm) leicht einfetten.

2 Mehl, Backpulver und Salz mischen.

3 Ei in einer großen Schüssel schaumig schlagen. Nacheinander Zucker, Butter und Wasser unterschlagen. Nüsse einrühren. Nach und nach die Mehlmischung zugeben. Schokoladen-Tröpfchen unterziehen.

4 Teig gleichmäßig in der Form verteilen. 25–30 Min. backen, bis die Oberfläche leicht bräunt. In der Form auf Gitter abkühlen lassen. In Schnitten schneiden.

Schokochip-Schnitten III

Gebäckschnitten

Ergibt: *40–60 Stück*
Zubereitungszeit: *30 Min.*

Teig
2 ¼ Tassen Mehl
1 TL Natron
½ TL Salz
1 Tasse Rapsöl
½ Tasse weißer Zucker
¾ Tasse brauner Zucker
1 großes Ei
2 ½ TL weiße Crème de Menthe
1 ⅓ Tassen halbbittere Schokoladen-Tröpfchen

Belag
½ Tasse halbbittere Schokoladen-Tröpfchen

1 Ofen auf 175 °C vorheizen. Eine rechteckige Backform (20 x 30 cm) leicht einfetten.

2 Mehl, Natron und Salz mischen.

3 Öl und beide Zuckersorten in einer großen Schüssel verrühren. Ei, dann Crème de Menthe gut unterrühren. Nach und nach die Mehlmischung zugeben. Schokoladen-Tröpfchen unterziehen.

4 Teig gleichmäßig in der Form verteilen. 15–20 Min. goldbraun backen.

5 Schokoladen-Tröpfchen für den Belag auf dem heißen Gebäck verteilen. Die geschmolzenen Tröpfchen mit einem Spachtel gleichmäßig verstreichen. In der Form auf Gitter abkühlen lassen. In Schnitten schneiden.

SCHOKOCHIP-SCHNITTEN IV

Gebäckschnitten

ERGIBT: *35–45 Stück*
ZUBEREITUNGSZEIT: *45 Min.*

1 ¼ Tassen Weizen-Vollkornmehl
1 TL Backpulver
⅓ Tasse Butter, Zimmertemperatur
1 ¼ Tassen brauner Zucker
2 große Eier
½ Tasse Walnüsse, feingehackt
½ Tasse halbbittere Schokoladen-Tröpfchen

1 Ofen auf 175 °C vorheizen. Eine quadratische Backform (20 x 20 cm) leicht einfetten.

2 Mehl und Backpulver mischen.

3 Butter und Zucker in einer großen Schüssel schaumig rühren. Eier unterrühren. Nach und nach die Mehlmischung zufügen. Walnüsse und Schokoladen-Tröpfchen unterziehen. Teig gleichmäßig in die Form drücken.

4 Etwa 18–20 Min. goldbraun backen. In der Form auf Gitter abkühlen lassen. In Schnitten schneiden.

Backtip: Man kann den Teig auch in eine rechteckige Form (20 x 30 cm) füllen. Dann fallen die Schnitten dünner und etwas trockener aus. Damit sie nicht zu sehr austrocknen, muß man die Backzeit verkürzen.

SCHOKO-HÄUFCHEN I

Häufchenkekse

ERGIBT: *35–45 Stück*
ZUBEREITUNGSZEIT: *30 Min.*

½ Tasse Butter
90 g Blockschokolade, zerkleinert
1 großes Ei, verschlagen
¼ Tasse Wasser
6 Tropfen Mandelaroma
2 Tassen einfache Keksmischung

1 Ofen auf 175 °C vorheizen. 2 Backbleche leicht einfetten.

2 Butter und Schokolade im Wasserbad bei niedriger Flamme zerlassen. Glattrühren. Vom Herd nehmen. Nacheinander Ei, Wasser und Mandelaroma unterschlagen. Nach und nach die Keksmischung beigeben.

3 Mit Löffeln Teighäufchen in 4 cm Abstand auf die Bleche setzen.

4 Etwa 10–12 Min. backen, bis sich die Kekse fest anfühlen. Auf Kuchengitter abkühlen lassen.

SCHOKO-HÄUFCHEN II

Häufchenkekse

ERGIBT: *50–60 Stück*
ZUBEREITUNGSZEIT: *20 Min.*

½ Tasse Butter
½ Tasse Erdnußbutter
½ Tasse Kakaopulver, ungezuckert
½ Tasse Kondensmilch
2 Tassen Puderzucker
2 ½ Tassen Haferflocken

1 Backpapier auf 2 Bleche legen.

2 Butter, Erdnußbutter und Kakao in einem großen Topf zum Kochen bringen. Umrühren, bis die Butter schmilzt. Vom Herd nehmen. Milch unterrühren. Nach und nach erst Puderzucker, dann Haferflocken unterziehen.

3 Mit Löffeln Teighäufchen auf die Bleche setzen. Abkühlen lassen.

Schoko-Häufchen III

Häufchenkekse

Ergibt: *25–35 Stück*
Zubereitungszeit: *30 Min.*

60 g halbbittere Schokolade, gehackt
2 Tassen Mehl
½ TL Natron
½ Tasse Mandeln, feingemahlen
½ TL Salz
½ Tasse Pflanzenfett
½ Tasse weißer Zucker
½ Tasse brauner Zucker
1 großes Ei
1 TL Vanillearoma
¾ Tasse Buttermilch

1 Ofen auf 200 °C vorheizen. 2 Backbleche leicht einfetten.

2 Schokolade im Wasserbad auf kleiner Stufe zerlassen. Glattrühren. Vom Herd nehmen.

3 Mehl, Natron, Mandeln und Salz mischen.

4 Fett und beide Zuckersorten in einer großen Schüssel schaumig rühren. Nacheinander Ei, Vanillearoma, Buttermilch und Schokolade gründlich unterrühren. Nach und nach die Mehlmischung zugeben.

5 Mit Löffeln Teighäufchen in 4 cm Abstand auf die Bleche setzen.

6 Etwa 8–10 Min. backen, bis sich die Kekse fest anfühlen. Auf Kuchengitter abkühlen lassen.

Schokokekse I

Gebäckschnitten

Ergibt: *15–25 Stück*
Zubereitungszeit: *50 Min.*

120 g Blockschokolade, zerkleinert
¾ Tasse Pflanzenfett
2 Tassen Zucker
1 TL Vanillearoma
3 große Eier
1 Tasse Mehl
1 Tasse Walnüsse, feingehackt

1 Ofen auf 175 °C vorheizen. Eine rechteckige Backform (20 x 30 cm) leicht einfetten.

2 Schokolade und Fett in einem großen Topf bei geringer Hitze zerlassen. Glattrühren. Vom Herd nehmen. Zucker und Vanillearoma, dann Eier gut unterrühren. Nach und nach das Mehl beigeben. Nüsse unterziehen. Teig gleichmäßig in der Form verteilen.

3 Etwa 35–40 Min. backen (beim Einstechen mit einem spitzen Hölzchen darf der Teig nicht mehr kleben). In der Form auf Kuchengitter abkühlen lassen. In Schnitten schneiden.

Schokokekse II

Gebäckschnitten

Ergibt: *15–25 Stück*
Zubereitungszeit: *35 Min.*

½ Tasse Mehl
½ TL Salz
¼ Tasse Pflanzenfett
60 g halbbittere Schokolade, gehackt
1 Tasse Zucker
1 TL Vanillearoma
2 große Eier
1 Tasse Rosinen (falls gewünscht)
1 Tasse Mini-Marshmallows (falls gewünscht)

1 Ofen auf 160 °C vorheizen. Eine quadratische Backform (20 x 20 cm) leicht einfetten.

2 Mehl und Salz mischen.

3 Fett und Schokolade im Wasserbad bei niedriger Flamme zerlassen. Glattrühren. Vom Herd nehmen. Zucker und Vanillearoma unterrühren. Eier unterschlagen. Nach und nach die Mehlmischung zugeben. Rosinen und Marshmallows unterziehen. Teig gleichmäßig in der Form verteilen.

4 Etwa 20–25 Min. backen (beim Einstechen mit einem spitzen Hölzchen darf der Teig nicht mehr kleben). Gebäck noch warm in beliebig große Quadrate schneiden. In der Form auf Gitter abkühlen lassen.

SCHOKOKEKSE III

Gebäckschnitten

ERGIBT: *15–25 Stück*
ZUBEREITUNGSZEIT: *35 Min.*

2 große Eier
1 Tasse Zucker
½ Tasse Pflanzenfett
60 g halbbittere Schokolade, gehackt
½ Tasse halbbittere Schokoladen-Tröpfchen
½ TL Vanillearoma
1 Tasse Mehl
½ Tasse Mandeln, gehackt
1 Tasse Mini-Marshmallows

1 Ofen auf 175 °C vorheizen. Eine quadratische Backform (20 x 20 cm) leicht einfetten.

2 Eier in einer mittelgroßen Schüssel schaumig schlagen. Zucker unterrühren.

3 Fett, Schokolade, Schokoladen-Tröpfchen und Vanillearoma bei geringer Hitze im Wasserbad zerlassen. Glattrühren. Vom Herd nehmen. Eiercreme unter kräftigem Rühren langsam zugießen. Nach und nach das Mehl zugeben. Mandeln und Marshmallows unterziehen. Teig gleichmäßig in der Form verteilen.

4 Etwa 25–30 Min. backen (beim Einstechen mit einem spitzen Hölzchen darf der Teig nicht mehr kleben). Gebäck noch warm in beliebig große Quadrate schneiden. In der Form auf Gitter abkühlen lassen.

Backtip: Zur Abwechslung lassen sich die Marshmallows durch weiße Schokoladen-Tröpfchen ersetzen und/oder die erkalteten Kekse mit einer Glasur nach Wahl (s. Grundrezepte für Glasuren und Überzüge) bestreichen.

SCHOKOKEKSE IV

Gebäckschnitten

ERGIBT: *15–25 Stück*
ZUBEREITUNGSZEIT: *35 Min.*

TEIG
1 Tasse Zucker
1 Tasse Pflanzenfett
4 große Eier
1 Tasse Schokoladensoße
1 Tasse Mehl

BELAG
⅓ Tasse Milch
½ Tasse halbbittere Schokoladen-Tröpfchen
½ Tasse Walnüsse, gehackt

1 Ofen auf 175 °C vorheizen.

2 Zucker und Fett in einer großen Schüssel schaumig rühren. Eier und Schokoladensoße gründlich unterrühren. Nach und nach das Mehl beigeben.

3 Teig gleichmäßig in einer ungefetteten quadratischen Backform (20 x 20 cm) verteilen. 25–30 Min. backen (beim Einstechen mit einem spitzen Hölzchen darf der Teig nicht mehr kleben).

4 Für den Belag Milch in einem Topf aufkochen. 1 Min. kochen lassen. Vom Herd nehmen. Schokoladen-Tröpfchen und Walnüsse einrühren. Abkühlen lassen.

5 Belag auf dem Gebäck verteilen. In der Form auf Kuchengitter abkühlen lassen. In Schnitten schneiden.

Backtip: Zur Verzierung kann man Kokosflocken über den noch warmen Belag streuen.

Schokokekse V

Gebäckschnitten

Ergibt: *15–25 Stück*
Zubereitungszeit: *50 Min.*

½ Tasse Pflanzenfett
1 Tasse Zucker
4 große Eier
1 Tasse Schokoladensoße
1 Prise Salz
1 Tasse Mehl
1 Tasse Walnüsse, gehackt
1 Tasse Mini-Marshmallows (falls gewünscht)

1 Ofen auf 175 °C vorheizen.

2 Fett und Zucker in einer großen Schüssel schaumig rühren. Einzeln die Eier, dann Schokoladensoße und Salz gründlich unterrühren. Nach und nach das Mehl zugeben. Walnüsse und eventuell Marshmallows unterziehen. Teig gleichmäßig in einer ungefetteten quadratischen Backform (20 x 20 cm) verteilen.

3 Etwa 35–40 Min backen (beim Einstechen mit einem spitzen Hölzchen darf der Teig nicht mehr kleben). In der Form auf Gitter abkühlen lassen. In beliebig große Schnitten schneiden.

Schokokekse VI

Gebäckschnitten

Ergibt: *15–25 Stück*
Zubereitungszeit:*40 Min.*

¾ Tasse Mehl
½ TL Backpulver
½ TL Salz
60 g Blockschokolade, zerkleinert
⅓ Tasse Butter
1 Tasse Zucker (nach Belieben weniger)
1 TL Vanillearoma
2 große Eier
½ Tasse Walnüsse, gehackt

1 Ofen auf 175 °C vorheizen. Eine quadratische Backform (20 x 20 cm) leicht einfetten.

2 Mehl, Backpulver und Salz mischen.

3 Schokolade und Butter in einem großen Topf bei geringer Hitze zerlassen. Glattrühren. Vom Herd nehmen. Zucker und Vanillearoma kräftig unterrühren. Eier unterschlagen. Nach und nach die Mehlmischung zufügen. Teig gleichmäßg in der Form verteilen.

4 Etwa 30–35 Min. backen (beim Einstechen mit einem spitzen Hölzchen darf der Teig nicht mehr kleben). In der Form auf Gitter abkühlen lassen. In beliebig große Schnitten schneiden.

Schokokekse VII

Gebäckschnitten

Ergibt: *15–25 Stück*
Zubereitungszeit: *40 Min.*

½ Tasse Pflanzenfett
¼ Tasse Kakaopulver, ungezuckert
1 TL Vanillearoma (falls gewünscht)
4 große Eier
1 Tasse brauner Zucker
1 Tasse Mehl
1 Tasse Mini-Marshmallows
½ Tasse Walnüsse, gehackt

1 Ofen auf 175 °C vorheizen. Eine quadratische Backform (20 x 20 cm) leicht einfetten.

2 Fett in einem mittelgroßen Topf zerlassen. Kakao und Vanillearoma unterschlagen. Vom Herd nehmen.

3 Eier und Zucker in einer großen Schüssel zur dicken, hellen Creme schlagen. Kakaomasse langsam zugießen und gut verrühren. Nach und nach das Mehl beigeben. Marshmallows und Walnüsse unterziehen. Teig gleichmäßig in der Form verteilen.

4 Etwa 25–30 Min. backen (beim Einstechen mit einem spitzen Hölzchen darf der Teig nicht mehr kleben). In der Form auf Kuchengitter abkühlen lassen. In beliebig große Schnitten schneiden.

SCHOKOKEKSE VIII

Gebäckschnitten

ERGIBT: *15–25 Stück*
ZUBEREITUNGSZEIT: *30 Min.*

¼ Tasse Weizenmehl
¼ Tasse Sojamehl
½ Tasse Walnüsse, feingemahlen
2 EL Kakaopulver, ungezuckert
½ TL Salz
1 großes Ei, getrennt
½ Tasse Rapsöl
1 Tasse brauner Zucker

1 Ofen auf 175 °C vorheizen. Eine quadratische Backform (20 x 20 cm) leich einfetten.

2 Beide Mehlsorten, Walnüsse, Kakao und Salz mischen.

3 Eiweiß in einer kleinen Schüssel steif schlagen.

4 Öl und Zucker in einer großen Schüssel kräftig verrühren. Eigelb unterschlagen. Nach und nach die Mehlmischung zugeben. Teig gleichmäßig in der Form verteilen.

5 Etwa 18–20 Min. backen, bis sich die Oberfläche fest anfühlt. In der Form auf Gitter abkühlen lassen. In Schnitten schneiden.

SCHOKOKEKSE OHNE ZUCKER

Gebäckschnitten

ERGIBT: *15–25 Stück*
ZUBEREITUNGSZEIT: *30 Min.*

55 g bittere Diabetikerschokolade, gehackt
¾ Tasse Mehl
1 TL Backpulver
½ Tasse Butter, Zimmertemperatur
3 EL Flüssigsüßstoff
2 große Eier
½ TL Vanillearoma
½ Tasse Walnüsse, feingehackt

1 Ofen auf 175 °C vorheizen. Eine quadratische Backform (20 x 20 cm) leicht einfetten.

2 Schokolade im Wasserbad auf kleiner Stufe zerlassen. Glattrühren. Vom Herd nehmen.

3 Mehl und Backpulver mischen.

4 Butter und Süßstoff in einer großen Schüssel schaumig rühren. Nacheinander Schokolade, Eier und Vanillearoma unterrühren. Nach und nach die Mehlmischung zufügen. Nüsse unterziehen. Teig gleichmäßig in der Form verteilen.

5 Etwa 25–30 Min. backen, bis sich die Oberfläche fest anfühlt. In der Form auf Gitter abkühlen lassen. In beliebig große Rechtecke schneiden.

Backtip: Dieses Rezept ist für Diabetiker, die Schokokekse werden jedoch allen schmecken, die beim Zucker maßhalten wollen.

SCHOKOKRÄCKER I

Gebäckschnitten

ERGIBT: *15–25 Stück*
ZUBEREITUNGSZEIT: *35 Min.*

1 ½ Tassen Graham-Kräcker, zerkrümelt
400 ml Kondensmilch, gezuckert
¾ Tasse halbbittere Schokoladen-Tröpfchen
½ Tasse Nüsse (z.B. Pekan- oder Walnüsse), gehackt
½ Tasse Kokosraspeln

1 Ofen auf 175 °C vorheizen. Eine quadratische Backform (20 x 20 cm) leicht einfetten.

2 Alle Zutaten in einer großen Schüssel zu einem weichen, geschmeidigen Teig verarbeiten. Teig gleichmäßig in der Form verteilen.

3 Etwa 25–30 Min. backen (beim Einstechen mit einem spitzen Hölzchen darf der Teig nicht mehr kleben). In der Form auf Gitter abkühlen lassen. In beliebig große Rechtecke schneiden.

Schokokräcker II

Gebäckschnitten

Ergibt: *15–25 Stück*
Zubereitungszeit: *45 Min.*

Teig
¾ Tasse Pflanzenfett
1 Tasse Zucker
2 große Eier
1 TL Vanillearoma
2 ½ Tassen Graham-Kräcker mit Honig, zerkrümelt
2 Tassen Mini- Marshmallows
¼ Tasse Erdnüsse, feingemahlen

Belag
1 Tasse halbbittere Schokoladen-Tröpfchen
¼ Tasse Erdnußbutter

1 Eine quadratische Backform (20 x 20 cm) leicht einfetten.

2 Fett mit dem Zucker im Wasserbad zerlassen. Rühren, bis sich der Zucker aufgelöst hat. Vom Herd nehmen. Einzeln die Eier, dann Vanillearoma unterrühren. Zurück auf den Herd stellen, unter Rühren kochen, bis die Masse andickt. Vom Herd nehmen. Kräckerkrümel, Marshmallows und Erdnüsse unterziehen.

3 Mischung gleichmäßig in der Form verteilen. Im Kühlschrank erstarren lassen.

4 Für den Belag Schokoladen-Tröpfchen und Erdnußbutter im Wasserbad bei niedriger Temperatur unter ständigem Rühren zerlassen. Gleichmäßig auf der festen Kräckermasse verteilen. Im Kühlschrank erstarren lassen, dann in beliebig große Rechtecke oder Quadrate schneiden.

Schokokristalle

Geformte Kekse

Ergibt: *60–70 Stück*
Zubereitungszeit: *30 Min.*
Kühlzeit: *2 Std.*

60 g halbbittere Schokolade, gehackt
2 ⅔ Tassen Mehl
2 TL Weinstein
1 TL Natron
¼ TL Salz
1 Tasse Pflanzenfett
1 ¼ Tassen Zucker
2 große Eier
½ TL Vanillearoma
Zucker zum Wälzen

1 Schokolade im Wasserbad bei geringer Hitze zerlassen. Glattrühren. Vom Herd nehmen.

2 Mehl, Weinstein, Natron und Salz mischen.

3 Fett und Zucker in einer großen Schüssel schaumig rühren. Eier, dann Schokolade und Vanillearoma gut unterrühren. Nach und nach die Mehlmischung beigeben. Zugedeckt 2 Std. in den Kühlschrank stellen.

4 Ofen auf 200 °C vorheizen.

5 Walnußgroße Teigstücke zu Bällchen formen. Bällchen in Zucker wälzen und in 4 cm Abstand auf ungefettete Backbleche setzen.

6 Etwa 8–10 Min. backen, bis sich die Oberfläche fest anfühlt. Auf Kuchengitter abkühlen lassen.

Schokoküsschen

Häufchenkekse

Ergibt: *25–35 Stück*
Zubereitungszeit: *50–55 Min.*

30 g Blockschokolade, gehackt
4 große Eiweiß
¼ TL Salz
¼ TL Weinstein
1 Tasse Zucker (nach Belieben weniger)
2 Tropfen Mandelaroma

1 Ofen auf 120 °C vorheizen. 2 Bleche mit Backpapier auslegen.

2 Schokolade im Wasserbad auf kleiner Stufe zerlassen. Glattrühren. Vom Herd nehmen.

3 Eiweiß in einer großen Schüssel zu lockerem Schnee schlagen. Salz und Weinstein unterschlagen. Unter Einrieseln des Zuckers und Zugabe des Mandelaromas zu steifem, schnittfestem Schnee schlagen. Schokolade vorsichtig unterziehen.

4 Mit Löffeln Teighäufchen in 3 cm Abstand auf die Bleche setzen.

5 Etwa 35–40 Min. backen, bis sich die Kekse fest anfühlen. Auf Kuchengitter abkühlen lassen.

Backtip: Sollen die Kekse knuspriger ausfallen, schaltet man den Ofen aus und läßt sie abkühlen. Dabei nicht die Tür öffnen!

Schokoladen-Sandwiches

Ausgerollte Kekse

Ergibt: *35–45 Stück*
Zubereitungszeit: *45 Min.*

1 ¼ Tassen Mehl
1 Tasse Walnüsse, feingemahlen
½ TL Salz
⅔ Tasse Pflanzenfett
1 Tasse Zucker
1 TL Vanillearoma
¾ Tasse halbbittere Schokoladen-Tröpfchen

1 Ofen auf 200 °C vorheizen. 2 Backbleche leicht einfetten.

2 Mehl, Walnüsse und Salz mischen.

3 Fett und Zucker in einer großen Schüssel schaumig rühren. Vanillearoma, dann nach und nach die Mehlmischung beigeben.

4 Teig auf bemehlter Arbeitsfläche knapp 0,5 cm dick ausrollen. Rosetten oder Kreise mit glattem oder gezacktem Rand von 5 cm Durchmesser ausstechen und in 3 cm Abstand auf die Bleche legen.

5 Etwa 8–10 Min. backen, bis die Kekse sich fest anfühlen. Auf Kuchengitter abkühlen lassen.

6 Schokolade auf kleiner Stufe im Wasserbad zerlassen. Zum glatten Guß rühren. Die Hälfte der Kekse dünn mit der Schokolade bestreichen und mit den restlichen Keksen belegen.

Backtip: Diese Kekse sind eher trocken. Wer saftigeres Gebäck vorzieht, kann sie mit Kakao-Buttercreme (s. Grundrezepte für Glasuren und Überzüge) füllen.

Schokoladen-Schnitten

Gebäckschnitten

Ergibt: *15–35 Stück*
Zubereitungszeit: *30 Min.*

60 g halbbittere Schokolade, gehackt
1 ½ Tassen Mehl
½ TL Natron
¼ TL Salz
½ Tasse Pflanzenfett
1 Tasse brauner Zucker
1 großes Ei
1 TL Vanillearoma
½ Tasse Kokosraspeln
½ Tasse Walnüsse, gehackt

1 Ofen auf 175 °C vorheizen. Eine rechteckige Backform (20 x 30 cm) leicht einfetten.

2 Schokolade im Wasserbad bei geringer Hitze zerlassen. Glattrühren. Vom Herd nehmen.

3 Mehl, Natron und Salz mischen.

4 Fett und Zucker in einer großen Schüssel schaumig rühren. Ei, dann Schokolade und Vanillearoma gut unterrühren. Nach und nach die Mehlmischung beigeben.

5 Teig gleichmäßig in der Form verteilen. Mit Kokosraspeln und Walnüssen bestreuen.

6 Etwa 10–12 Min. backen, bis sich der Teig fest anfühlt. In der Form auf Kuchengitter abkühlen lassen. In beliebig große Quadrate oder Rechtecke schneiden.

Schokoladen-Zitronen-Berge

Häufchenkekse

Ergibt: *35–45 Stück*
Zubereitungszeit: *45 Min.*

2 EL Zitronencremepulver
3 EL kaltes Wasser
30 g halbbittere Schokolade, gerieben
400 ml Kondensmilch, gesüßt
1 ½ Tassen Kokosraspeln
1 TL Vanillearoma

1 Ofen auf 175 °C vorheizen. 2 Backbleche leicht einfetten.

2 Zitronencremepulver, Wasser und Schokolade bei niedriger Temperatur in einem kleinen Topf glattrühren. Kondensmilch unterrühren. 3 Min. unter ständigem Rühren leise köcheln lassen. Vom Herd nehmen. Kokosraspeln und Vanillearoma zugeben.

3 Mit Löffeln Teighäufchen auf die Bleche setzen.

4 Etwa 10–12 Min. lichtgelb backen, bis sich die Kekse fest anfühlen. Auf Kuchengitter abkühlen lassen.

SCHOKOLADEN-ZUCKER-PLÄTZCHEN

Ausgerollte Kekse

ERGIBT: *60–70 Stück*
ZUBEREITUNGSZEIT: *30 Min.*
KÜHLZEIT: *2 Std.*

3 ¾ Tassen Mehl
1 ½ TL Backpulver
½ TL Salz
1 Tasse Pflanzenfett
1 ½ Tassen Zucker
2 große Eier
¼ Tasse Schokoladensoße
2 TL Vanillearoma
Zucker zum Bestreuen

1 Mehl, Backpulver und Salz mischen.

2 Fett und Zucker in einer großen Schüssel schaumig rühren. Eier, dann Schokoladensoße und Vanillearoma gründlich unterrühren. Nach und nach die Mehlmischung beigeben. Zugedeckt 2 Std. in den Kühlschrank stellen.

3 Ofen auf 190 °C vorheizen. 2 Backbleche leicht einfetten.

4 Teig auf bemehlter Arbeitsfläche gut 0,5 cm dick ausrollen. Kreise von 5 cm Durchmesser ausstechen und in 4 cm Abstand auf die Bleche legen. Kreise dünn mit Wasser bepinseln und mit Zucker bestreuen.

5 Etwa 8–9 Min. backen, bis sich die Kekse fest anfühlen. Auf Kuchengitter abkühlen lassen.

Backtip: Dieser Teig eignet sich auch für geschnittene Kekse. Dazu formt man ihn zur 5 cm dicken Rolle und legt diese in Wachspapier gewickelt über Nacht in den Kühlschrank. Danach schneidet man die Teigrolle in gut 0,5 cm dicke Scheiben und backt nach obiger Anleitung.

SCHOKOLADEN-FINGER

Geformte Kekse

ERGIBT: *25–35 Stück*
ZUBEREITUNGSZEIT: *30 Min*

90 g Blockschokolade, gehackt
3 Tassen Mehl
½ TL Natron
½ TL Salz
⅔ Tasse Butter, Zimmertemperatur
½ Tasse Zucker (nach Belieben weniger)
2 große Eier
6 Tropfen Mandelaroma

1 Ofen auf 200 °C vorheizen.

2 Schokolade auf kleiner Stufe im Wasserbad zerlassen. Glattrühren. Vom Herd nehmen.

3 Mehl, Natron und Salz mischen.

4 Butter und Zucker in einer großen Schüssel schaumig rühren. Schokolade unterziehen. Eier, dann Mandelaroma gut unterrühren. Nach und nach die Mehlmischung zufügen.

5 Teig in Spritzbeutel oder Gebäckspritze mit mittelgroßer Lochtülle füllen. Etwa 1,5 x 9 cm große Stangen in 3 cm Abstand auf ungefettete Backbleche spritzen.

6 Etwa 10–12 Min. backen, bis sich die Kekse fest anfühlen. Auf Kuchengitter abkühlen lassen.

Schokoladen-Pudding-Tafeln

Gebäckschnitten

Ergibt: *15–25 Stück*
Zubereitungszeit: *45 Min.*

½ Tasse Mehl
120 g Schokoladenpuddingpulver
½ TL Backpulver
¼ TL Salz
6 EL Pflanzenfett
⅔ Tasse Zucker
2 große Eier
¼ Tasse Milch
1 TL Vanillearoma
½ Tasse Walnüsse, gehackt
Puderzucker zum Besieben

1 Ofen auf 175 °C vorheizen. Eine quadratische Backform (20 x 20 cm) leicht einfetten.

2 Mehl, Puddingpulver, Backpulver und Salz mischen.

3 Fett und Zucker in einer großen Schüssel schaumig rühren. Eier, dann Milch und Vanillearoma gut unterrühren. Nach und nach die Mehlmischung zugeben. Walnüsse unterziehen. Teig gleichmäßig in der Form verteilen.

4 Etwa 25–30 Min. backen (der Teig darf beim Einstechen mit einem spitzen Hölzchen nicht mehr kleben). In der Form auf Gitter abkühlen lassen.

5 Ein Spitzendeckchen aus Papier auf das abgekühlte Gebäck legen. Mit Puderzucker besieben. Deckchen abnehmen. In Schnitten schneiden.

Schokoladenräder

Geschnittene Kekse

Ergibt: *50–60 Stück*
Zubereitungszeit: *45 Min.*
Kühlzeit: *2 Std. und über Nacht*

Teig
2 Tassen Mehl
1 TL Backpulver
½ TL Salz
¾ Tasse Pflanzenfett
1 Tasse Zucker
1 großes Ei
1 EL Vanillearoma

Füllung
1 Tasse halbbittere Schokoladen-Tröpfchen
2 EL Butter
1 Tasse Walnüsse, feingemahlen
½ TL Vanillearoma

1 Mehl, Backpulver und Salz mischen.

2 Fett und Zucker in einer großen Schüssel schaumig rühren. Ei, dann Vanillearoma gründlich unterrühren. Nach und nach die Mehlmischung zugeben. ⅔ Tasse Teig beiseite stellen. Restlichen Teig zugedeckt 2 Std. in den Kühlschrank geben.

3 Für die Füllung Schokoladen-Tröpfchen und Butter bei niedriger Temperatur im Wasserbad zerlassen. Glattrühren. Vom Herd nehmen. Walnüsse und Vanillearoma unterziehen. Die ⅔ Tasse Teig unterrühren.

4 Gekühlten Teig auf bemehlter Arbeitsfläche zum 30 x 40 cm großen Rechteck ausrollen. Schokoladenfüllung auf der Teigplatte verstreichen, dabei rundum einen gut 0,5 cm breiten Rand frei lassen. Teig von einer Längsseite aus aufrollen und das Ende festdrücken. Zu zwei 20 cm langen Rollen halbieren. Rollen in Wachspapier gewickelt über Nacht in den Kühlschrank legen.

5 Ofen auf 175 °C vorheizen.

6 Rollen in 0,5 cm dicke Scheiben schneiden. Scheiben in 4 cm Abstand auf ungefettete Backbleche legen.

7 Etwa 10–12 Min. backen. Auf Kuchengitter abkühlen lassen.

Backtip: Diese Kekse benötigen eigentlich kein Dekor. Wer sie dennoch verzieren will, kann sie nach dem Abkühlen mit zerlassener weißer oder dunkler Schokolade beträufeln.

SCHOKOTALER I

Geschnittene Kekse

ERGIBT: *60–70 Stück*
ZUBEREITUNGSZEIT: *30 Min.*
KÜHLZEIT: *4 Std.*

2 Tassen Mehl
½ TL Natron
½ TL Salz
½ Tasse Pflanzenfett
1 Tasse brauner Zucker
1 großes Ei
2 EL Schokoladensoße
2 TL Vanillearoma

1 Mehl, Natron und Salz mischen.

2 Fett und Zucker in einer großen Schüssel schaumig rühren. Ei, dann Schokoladensoße und Vanillearoma gut unterrühren. Nach und nach die Mehlmischung beigeben.

3 Teig zur 5 cm dicken Rolle formen. Rolle in Wachspapier gewickelt 4 Std. in den Kühlschrank legen.

4 Ofen auf 200 °C vorheizen.

5 Rolle in gut 0,5 cm dicke Scheiben schneiden. Scheiben in 3 cm Abstand auf ungefettete Backbleche legen.

6 Etwa 8–10 Min. backen, bis die Kekse sich leicht verfärben. Auf Kuchengitter abkühlen lassen.

Backtip: Das Rezept läßt sich verfeinern, indem man die Teigrolle vor dem Kühlen in gehackten Nüssen wälzt. Tiefgekühlt ist der Teig bis zu 3 Monate haltbar.

SCHOKOTALER II

Geschnittene Kekse

ERGIBT: *ca. 90 Stück*
ZUBEREITUNGSZEIT: *40 Min.*
KÜHLZEIT: *4 Std.*

90g halbbittere Schokolade, gehackt
3 Tassen Mehl
1 EL Backpulver
½ TL Salz
1 Tasse Pflanzenfett
1 Tasse Zucker
1 großes Ei
2 TL Crème de Cacao

1 Schokolade im Wasserbad bei geringer Hitze zerlassen. Glattrühren. Vom Herd nehmen.

2 Mehl, Backpulver und Salz mischen.

3 Fett und Zucker in einer großen Schüssel schaumig rühren. Ei, dann Schokolade und Crème de Cacao gründlich unterrühren. Nach und nach die Mehlmischung zugeben.

4 Teig halbieren. Hälften zu 5 cm dicken Rollen formen. Rollen in Wachspapier gewickelt 4 Std. in den Kühlschrank legen.

5 Ofen auf 175 °C vorheizen.

6 Rollen in knapp 0,5 cm dicke Scheiben schneiden. Scheiben in 3 cm Abstand auf ungefettete Backbleche legen.

7 Etwa 10–12 Min. backen, bis sich die Oberfläche fest und trocken anfühlt. Auf Kuchengitter abkühlen lassen.

Schottische Haferflocken-Kekse I

Häufchenkekse

Ergibt: *15–35 Stück*
Zubereitungszeit: *30 Min.*

3 EL Pflanzenfett
1 ½ Tassen Zucker
3 große Eier
9 Tropfen Mandelaroma
3 Tassen Haferflocken
1 ½ TL Salz

1 Ofen auf 160 °C vorheizen. 2 Backbleche leicht einfetten oder mit Backpapier auslegen.

2 Fett und Zucker in einer großen Schüssel schaumig rühren. Eier unterschlagen. Mandelaroma einrühren. Nach und nach Haferflocken und Salz beigeben.

3 Mit Löffeln Teighäufchen in 5 cm Abstand auf die Bleche setzen. Häufchen mit einem bemehlten Löffelrücken flachdrücken.

4 Etwa 12–15 Min. lichtgold backen. Auf Kuchengitter abkühlen lassen.

Schottische Haferflocken-Kekse II

Ausgerollte Kekse

Ergibt: *15–35 Stück*
Zubereitungszeit: *30 Min.*

1 EL Pflanzenöl
1 TL Natron
½ TL Salz
2 Tassen Haferflocken
kochendes Wasser
Haferflocken zum Ausrollen

1 Öl, Natron und Salz in einer großen Schüssel mischen. Nach und nach die Haferflocken zufügen. Nach und nach (je ½ TL) kochendes Wasser zugeben, bis ein weicher, geschmeidiger Teig entsteht.

2 Eine Arbeitsfläche mit Haferflocken bestreuen. Darauf den Teig gründlich kneten und knapp 1,5 cm dick aussrollen. Mit einem scharfen Messer gut 6–7 cm große Dreiecke ausschneiden.

3 Auf der Herdplatte eine Omelettpfanne oder andere flache Pfanne mit Antihaftbeschichtung erhitzen. Darin die Dreiecke unter einmaligem Wenden zartbraun backen. Auf einen Teller legen und mit einem Küchentuch bedecken.

Backtip: Dieses Rezept stammt aus einer Zeit, in der man moderne Backöfen noch nicht kannte. Dieses Gebäck wird warm mit Konfitüre oder Marmelade serviert.

Schottische Königinnenkuchen

Ausgerollte Kekse

Ergibt: *25–35 Stück*
Zubereitungszeit: *30 Min.*

4 Tassen Haferflocken
1 TL Zimt, gemahlen
¼ TL Muskat, gemahlen
1 Tasse Butter, Zimmertemperatur
1 Tasse Puderzucker
1 Tasse Rosinen

1 Ofen auf 175 °C vorheizen. 2 Backbleche leicht einfetten.

2 Haferflocken und Gewürze mischen.

3 Butter und Puderzucker in einer großen Schüssel schaumig rühren. Trockene Zutaten und Rosinen unterziehen. Erscheint der Teig zu trocken, vorsichtig (je ½ TL Wasser) zufügen.

4 Teig vierteln und die Teigviertel nacheinander verarbeiten. Jedes Viertel auf bemehlter Arbeitsfläche zur einem Kreis von 15 cm Durchmesser ausrollen. Teigkreise in 3 cm Abstand auf ungefettete Backbleche legen. Oberflächen dicht mit einer Gabel einstechen. Mit einem scharfen Messer „Tortenstücke" in die Kreise ritzen.

5 Etwa 15–18 Min. backen, bis die Oberfläche zart bräunt. Auf Kuchengitter abkühlen lassen. Die „Tortenstücke" ausschneiden.

Schottische Nusshappen

Häufchenkekse

Ergibt: *80–100 Stück*
Zubereitungszeit: *30 Min.*

1 ¼ Tassen Mehl
1 ½ TL Backpulver
½ TL Salz
½ Tasse Butter, Zimmertemperatur
2 Tassen brauner Zucker
2 große Eier
1 ½ Tassen Haselnüsse, gehackt

1 Ofen auf 175 °C vorheizen. 2 Backbleche leicht einfetten.

2 Mehl, Backpulver und Salz mischen.

3 Butter und Zucker in einer großen Schüssel schaumig rühren. Eier unterschlagen. Nach und nach die Mehlmischung zugeben. Haselnüsse unterziehen.

4 Mit Löffeln Teighäufchen in 7 cm Abstand auf die Bleche setzen.

5 Etwa 12–15 Min. backen, bis die Kekse Farbe annehmen. Auf Kuchengitter abkühlen lassen.

Backtip: Diese Kekse neigen dazu, am Blech zu haften. Sollte dies geschehen, schiebt man sie für 1–2 Min. erneut in den Ofen.

Schottische Sirupplätzchen

Ausgerollte Kekse

Ergibt: *35–45 Stück*
Zubereitungszeit: *30 Min.*
Kühlzeit: *4 Std.*

6 Tassen Mehl
1 EL Natron
1 ¼ EL Ingwer, gemahlen
2 Tassen Pflanzenfett
2 Tassen Zucker
2 große Eier
1 ½ Tassen Sirup
3 EL Apfelessig

1 Mehl, Natron und Ingwer mischen.

2 Fett und Zucker in einer großen Schüssel schaumig rühren. Eier unterschlagen. Sirup und Essig unterrühren. Nach und nach die Mehlmischung beigeben. Zugedeckt 4 Std. in den Kühlschrank stellen.

3 Ofen auf 175 °C vorheizen.

4 Teig auf bemehlter Arbeitsfläche gut 0,5 cm dick ausrollen. Kreise von 5 cm Durchmesser ausstechen und in 3 cm Abstand auf ungefettete Backbleche legen.

5 Etwa 10–12 Min. backen, bis die Kekse sich leicht verfärben. Auf Kuchengitter abkühlen lassen.

Schottische Teekuchen

Häufchenkekse

Ergibt: *15–25 Stück*
Zubereitungszeit: *30 Min.*

3 Tassen Stärkemehl
1 EL Backpulver
2 ¼ Tassen Pflanzenfett
½ Tasse Zucker
2 große Eier
1 EL geriebene Zitronenschale, unbehandelt

1 Ofen auf 175 °C vorheizen. Eine oder zwei Muffin-Formen mit 12 Mulden leicht einfetten.

2 Stärkemehl und Backpulver mischen.

3 Fett und Zucker in einer großen Schüssel schaumig rühren. Eier, dann Zitronenschale gut unterrühren. Nach und nach die Mehlmischung zugeben.

4 Teig in die Mulden der Muffin-Form füllen.

5 Etwa 10–12 Min. lichtgelb backen. Auf Kuchengitter abkühlen lassen.

Schottisches Mürbegebäck I

Ausgerollte Kekse

Ergibt: *25–35 Stück*
Zubereitungszeit: *30 Min.*
Kühlzeit: *2 Std.*

2 Tassen (450 g) Butter, Zimmertemperatur
1 Tasse Puderzucker
4 Tassen Mehl

1 Butter und Puderzucker in einer großen Schüssel schaumig rühren. Nach und nach das Mehl beigeben. Masse zu einem geschmeidigen Teig verarbeiten. Teig vierteln. Teigviertel in Wachspapier gewickelt 2 Std. in den Kühlschrank legen.

2 Ofen auf 175 °C vorheizen.

3 Ein Teigviertel aus dem Kühlschrank nehmen und auf bemehlter Arbeitsfläche zu einem Kreis von 15 cm Durchmesser ausrollen. Die restlichen Teigviertel ebenso ausrollen. Kreise in 3 cm Abstand auf ungefettete Bleche legen und mit einer Gabel einstechen. Mit einem scharfen Messer „Tortenstücke" einritzen.

4 Etwa 12–15 Min. backen, bis das Gebäck sehr trocken, aber noch sehr hell ist. Auf Kuchengitter abkühlen lassen und in die Tortenstücke zerteilen.

Backtip: Man kann den Teig auch knapp 1,5 cm dick ausrollen und kleine runde Plätzchen ausstechen. Oder man drückt ihn in eine rechteckige Backform (20 x 30 cm), sticht die Oberfläche mit einer Gabel ein und markiert mundgerechte Schnitten.

Schottisches Mürbegebäck II

Ausgerollte Kekse

Ergibt: *25–35 Stück*
Zubereitungszeit: *75 Min.*
Kühlzeit: *2 Std.*

4 ½ Tassen Weizenmehl
1 ½ Tassen Reismehl
3 Tassen Butter, Zimmertemperatur
1 ½ Tassen Puderzucker

1 Beide Mehlsorten mischen.

2 Butter und Puderzucker in einer großen Schüssel schaumig rühren. Nach und nach mit dem Mehl zu einem geschmeidigen Teig verarbeiten. Zugedeckt 2 Std. in den Kühlschrank stellen.

3 Ofen auf 150 °C vorheizen.

4 Teig auf bemehlter Arbeitsfläche knapp 1,5 cm dick ausrollen. Mit Hilfe einer Untertasse Kreise von 15–18 cm Durchmesser ausschneiden. Scheiben in 3 cm Abstand auf ungefettete Backbleche legen und mit einer Gabel einstechen. „Tortenstücke" einritzen.

5 Etwa 55–60 Min. backen; das Gebäck soll sehr hell sein. Auf Kuchengitter abkühlen lassen. In die markierten Tortenstücke zerteilen.

Schwarzäugige Susanne

Ausgerollte Kekse

Ergibt: *35–45 Stück*
Zubereitungszeit: *30 Min.*

2 ½ Tassen Mehl
1 TL Backpulver
1 TL Salz
¾ Tasse Pflanzenfett
1 ¼ Tasse Zucker
2 große Eier
1 TL Anis, gemahlen
Zitronenglasur (s. Grundrezepte für Glasuren und Überzüge)
kleine Lakritzbonbons zum Garnieren

1 Ofen auf 175 °C vorheizen.

2 Mehl, Backpulver und Salz mischen.

3 Fett und Zucker in einer großen Schüssel schaumig rühren. Eier und Anis unterrühren. Nach und nach die Mehlmischung zufügen.

4 Teig in 2 Portionen, eine etwas größer als die andere, teilen. Die größere Portion auf bemehlter Arbeitsfläche knapp 0,5 cm dick ausrollen. Gezackte Kreise von 5 cm Durchmesser ausstechen und in 4 cm Abstand auf ungefettete Backbleche legen. Restlichen Teig ausrollen. Eine gleiche Anzahl glatter Kreise von 4 cm Durchmesser ausstechen und auf die Bleche legen.

5 Etwa 5–7 Min. backen, bis sich die Kekse leicht verfärben. Auf Kuchengitter abkühlen lassen.

6 Die Mitte der gezackten Kreise mit Zitronenglasur bepinseln. Glatte Kreise aufsetzen, in der Mitte glasieren und mit je einem Lakritzbonbon verzieren.

Backtip: Dieses Rezept kennt zahllose Variationen. Man kann die unterschiedlichsten Ausstechformen und anstelle von Lakritzbonbons kleine Fruchtgummis in allen Farben und Geschmacksrichtungen verwenden.

Schwarznuss-Kleckse

Häufchenkekse

Ergibt: *60–70 Stück*
Zubereitungszeit: *30 Min.*

½ Tasse Mehl
½ TL Backpulver
¼ TL Salz
4 große Eier
2 Tassen brauner Zucker
1 ½ Tassen Schwarz- oder Walnüsse, gehackt

1 Ofen auf 190 °C vorheizen. 2 Backbleche einfetten.

2 Mehl, Backpulver und Salz mischen.

3 Eier und Zucker in einer großen Schüssel zur dicken, hellen Creme schlagen. Nach und nach die Mehlmischung beigeben. Nüsse unterziehen.

4 Mit Löffeln Teighäufchen in 4 cm Abstand auf die Bleche setzen.

5 Etwa 10–12 Min. lichtgelb backen. Auf Kuchengitter abkühlen lassen.

Backtip: Schwarznüsse sind die Fruchtkerne der Schwarznuß, eines Walnußgewächses. Sie haben ein kräftigere Aroma als die Früchte der Gemeinen Walnuß, die als „Walnüsse" bekannt sind. Schwarznüsse sind in Deutschland kaum erhältlich. Sie lassen sich aber durchaus durch Walnüsse ersetzen.

Schwarznuss-Plätzchen

Ausgerollte Kekse

Ergibt: *50–60 Stück*
Zubereitungszeit: *30 Min.*
Kühlzeit: *3 Std.*

3 Tassen Mehl
1 TL Backpulver
½ TL Salz
1 Tasse Pflanzenfett
1 ½ Tassen Zucker
3 große Eier
1 Tasse Milch
1 Tasse Schwarz- oder Walnüsse, gehackt

1 Mehl, Backpulver und Salz mischen.

2 Fett und Zucker in einer großen Schüssel schaumig rühren. Einzeln die Eier, dann Milch gründlich unterrühren. Nach und nach die Mehlmischung zugeben. Nüsse unterziehen. Zugedeckt mindestens 3 Std. in den Kühlschrank stellen.

3 Ofen auf 175 °C vorheizen.

4 Teig auf bemehlter Arbeitsfläche gut 0,5 cm dick ausrollen. Beliebige Motive ausstechen oder ausschneiden und in 4 cm Abstand auf ungefettete Backbleche legen.

5 Etwa 15–18 Min. lichtbraun backen. Auf Kuchengitter abkühlen lassen.

Schwarznuss-Taler

Geschnittene Kekse

Ergibt: *ca. 100 Stück*
Zubereitungszeit: *30 Min.*
Kühlzeit: *24 Std.*

2 ⅔ Tassen Mehl
2 TL Backpulver
¼ TL Salz
¾ Tasse Butter, Zimmertemperatur
1 ½ Tassen Zucker
2 große Eier
1 TL Vanillearoma
1 ½ Tassen Schwarz- oder Walnüsse, gehackt

1 Mehl, Backpulver und Salz mischen.

2 Butter und Zucker in einer großen Schüssel schaumig rühren. Eier und Vanillearoma unterschlagen. Nach und nach die Mehlmischung zufügen. Nüsse unterziehen. Zugedeckt etwa 30 Min. in den Kühlschrank stellen.

3 Teig dritteln. Jedes Drittel zur etwa 20 cm langen Rolle formen. Rollen in Wachspapier gewickelt mindestens 24 Std. in den Kühlschrank legen.

4 Ofen auf 190 °C vorheizen. 2 Backbleche einfetten.

5 Rollen in gut 0,5 cm dicke Scheiben schneiden. Scheiben in 3 cm Abstand auf die Bleche legen.

6 Etwa 8–10 Min. backen, bis die Kekse leicht Farbe annehmen. Auf Kuchengitter abkühlen lassen.

Schwedenrauten

Ausgerollte Kekse

ERGIBT: *25–35 Stück*
ZUBEREITUNGSZEIT: *60 Min.*
KÜHLZEIT: *90 Min.*

2 Tassen Mehl
1 Tasse kalte Butter
¼ Tasse Eiswasser
etwa ½ Tasse Konfitüre
1 großes Ei, verschlagen
Zucker zum Bestreuen

1 Mehl in eine große Schüssel geben. Butter hineinschneiden. So viel Eiswasser beigeben, daß ein geschmeidiger Teig entsteht. Zugedeckt 1 Std. in den Kühlschrank stellen.

2 Teig auf bemehlter Arbeitsfläche zu einem 35 x 35 cm großen Quadrat ausrollen. Ränder begradigen. Teigplatte zusammenklappen und zum etwa 18 x 54 cm großen Rechteck ausrollen. Rechteck dreifach falten. Weitere zwei Male zum Rechteck ausrollen und falten. Dann in Wachspapier gewickelt 30 Min. in den Kühlschrank legen.

3 Ofen auf 200 °C vorheizen.

4 Teig auf bemehlter Arbeitsfläche zum 35 x 35 cm großen Quadrat ausrollen. Ränder begradigen. Etwa 25 Rauten ausschneiden oder ausrädern und in 3 cm Abstand auf ungefettete Backbleche legen. In die Mitte der Rauten je einen Klacks Konfitüre geben. Mit Ei bepinseln und mit Zucker bestreuen.

5 Etwa 10–12 Min. lichtgelb backen. Auf Kuchengitter abkühlen lassen.

Backtip: Ein voller Erfolg werden diese Kekse, wenn der Teig bei jedem Arbeitschritt gut gekühlt ist.

Schwedensand

Ausgerollte Kekse

ERGIBT: *35–45 Stück*
ZUBEREITUNGSZEIT: *30 Min.*
KÜHLZEIT: *24 Std.*

2 Tassen Mehl
⅓ Tasse Mandeln, gemahlen
1 Tasse Pflanzenfett
¾ Tasse Zucker
1 großes Ei
2 Tropfen Mandelaroma

1 Mehl und Mandeln mischen.

2 Fett und Zucker in einer großen Schüssel schaumig rühren. Ei, dann Mandelaroma gut unterrühren. Nach und nach die Mehlmischung zugeben. Zugedeckt 24 Std. in den Kühlschrank stellen.

3 Ofen auf 190 °C vorheizen. 2 Backbleche leicht einfetten.

4 Teig auf bemehlter Arbeitsfläche gut 0,5 cm dick ausrollen. Kreise von 5 cm Durchmesser ausstechen und in 3 cm Abstand auf die Bleche legen.

5 Etwa 6–8 Min. backen, bis die Kekse etwas Farbe annehmen. Auf Kuchengitter abkühlen lassen.

Schwedische Butterkekse

Häufchenkekse

Ergibt: *35–45 Stück*
Zubereitungszeit: *30 Min.*

2 Tassen Mehl
1 TL Backpulver
½ TL Salz
¾ Tasse Butter, Zimmertemperatur
¾ Tasse Zucker
¼ Tasse Puderzucker
1 TL Vanillearoma
1 Tasse halbbittere Schokoladen-Tröpfchen
½ Tasse Haselnüsse, gehackt

1 Ofen auf 175 °C vorheizen. 2 Backbleche leicht einfetten.

2 Mehl, Backpulver und Salz mischen.

3 Butter und beide Zuckersorten in einer großen Schüssel schaumig rühren. Vanillearoma einrühren. Nach und nach die Mehlmischung zugeben. Schokoladen-Tröpfchen und Nüsse unterziehen.

4 Mit Löffeln Teighäufchen in 4 cm Abstand auf die Bleche setzen.

5 Etwa 12–14 Min. backen, bis sich die Kekse leicht verfärben. Auf Kuchengitter abkühlen lassen.

Schwedische Roggenkekse

Ausgerollte Kekse

Ergibt: *50–60 Stück*
Zubereitungszeit: *45 Min.*

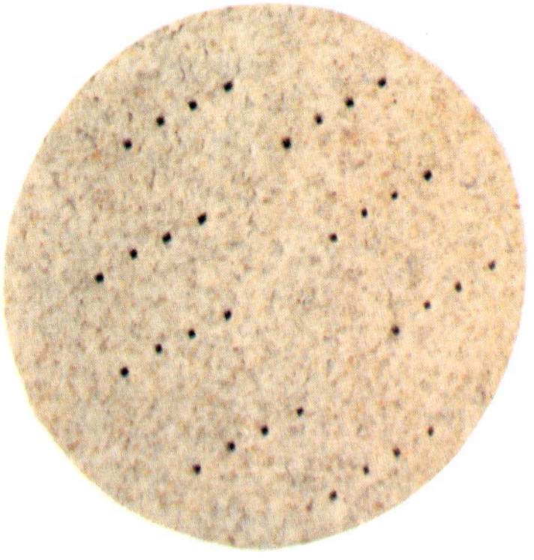

1 ¾ Tassen Weizenmehl
2 Tassen grobgemahlenes Roggen-Vollkornmehl
1 TL Salz
½ Tasse Butter, Zimmertemperatur
1 EL Zucker
1 Tasse kalte Milch

1 Ofen auf 190 °C vorheizen. 2 Backbleche leicht einfetten.

2 Beide Mehlsorten und Salz mischen.

3 Butter und Zucker in einer großen Schüssel schaumig rühren. Milch einrühren. Nach und nach die Mehlmischung zufügen.

4 Teig auf bemehlter Arbeitsfläche knapp 0,5 cm dick ausrollen. Kreise von 4 cm Durchmesser ausstechen und in 3 cm Abstand auf die Bleche legen. Oberflächen mit einer Gabel einstechen.

5 Etwa 8–10 Min. backen, bis die Kekse bräunen. Auf Kuchengitter abkühlen lassen.

Sesam-Käsekekse

Geschnittene Kekse

Ergibt: *25–35 Stück*
Zubereitungszeit: *30 Min.*
Kühlzeit: *24 Std.*

1 Tasse Weichkäse, z.B. Brie
¼ Tasse Pflanzenfett
⅔ Tasse Mehl
3 EL Sesamsamen

1 Käse und Fett in einer großen Schüssel zur glatten Creme schlagen. Nach und nach das Mehl zufügen. Ist der Teig zu trocken, teelöffelweise Wasser zugeben. Ist er zu weich, eßlöffelweise Mehl beigeben. Teig zur Rolle formen. Rolle in Sesamsamen wälzen und in Wachspapier gewickelt 24 Std. in den Kühlschrank legen.

2 Ofen auf 190 °C vorheizen. 2 Backbleche leicht einfetten.

3 Rolle in gut 0,5 cm dicke Scheiben schneiden. Scheiben in 4 cm Abstand auf die Bleche legen.

4 Etwa 10–12 Min. lichtgelb backen. Auf Kuchengitter abkühlen lassen.

SESAMCHIPS

Geformte Kekse

ERGIBT: *25–35 Stück*
ZUBEREITUNGSZEIT: *30 Min.*

3 Tassen Weizen-Vollkornmehl
1 Tasse Weizenmehl
½ TL Natron
½ TL Salz
1 Tasse Pflanzenfett
1 Tasse Zucker
1 großes Ei
1 TL Vanillearoma
2 Tassen Sesamsamen

1 Ofen auf 190 °C vorheizen. 2 Backbleche leicht einfetten.

2 Beide Mehlsorten, Natron und Salz mischen.

3 Fett und Zucker in einer großen Schüssel schaumig rühren. Ei, dann Vanillearoma gut unterrühren. Nach und nach die Mehlmischung beigeben.

4 Walnußgroße Teigstücke zu Bällchen formen. Handflächen mit Mehl bestäuben, wenn der Teig klebt. Bällchen in den Sesamsamen wälzen und in 4 cm Abstand auf die Bleche setzen. Mit dem bemehlten Boden eines Glases flachdrücken.

5 Etwa 8–10 Min. lichtgelb backen. Auf Kuchengitter abkühlen lassen.

Backtip: Für dieses Rezept sollte man möglichst grobgemahlenes Vollkornmehl verwenden.

SESAM-PLÄTZCHEN I

Häufchenkekse

ERGIBT: *35–45 Stück*
ZUBEREITUNGSZEIT: *30 Min.*

1 Tasse Weizenmehl
¼ Tasse Reismehl
¼ TL Backpulver
¼ TL Salz
¾ Tasse Butter, Zimmertemperatur
1 ½ Tassen brauner Zucker
2 große Eier
1 TL Vanillearoma
½ Tasse Sesamsamen, geröstet

1 Ofen auf 175 °C vorheizen. 2 Backbleche leicht einfetten.

2 Beide Mehlsorten, Backpulver und Salz mischen.

3 Butter und Zucker in einer großen Schüssel schaumig rühren. Eier und Vanillearoma gut unterrühren. Nach und nach die Mehlmischung zufügen. Sesamsamen unterziehen.

4 Mit Löffeln Teighäufchen in 5 cm Abstand auf die Bleche setzen.

5 Etwa 10–12 Min. hellgelb backen. Auf Kuchengitter abkühlen lassen.

SESAM-PLÄTZCHEN II

Geschnittene Kekse

ERGIBT: *35–45 Stück*
ZUBEREITUNGSZEIT: *30 Min.*
KÜHLZEIT: *8 Std.*

2 Tassen Mehl
¼ TL Natron
¼ TL Salz
½ Tasse Butter, Zimmertemperatur
1 Tasse Zucker
1 großes Ei
¼ Tasse Sauermilch
½ Tasse Sesamsamen, geröstet

1 Mehl, Natron und Salz mischen.

2 Butter und Zucker in einer großen Schüssel schaumig rühren. Ei und Milch unterschlagen. Nach und nach die Mehlmischung zugeben. Sesamsamen unterziehen.

3 Teig halbieren. Hälften zu je 2,5 cm dicken Rollen formen. Rollen in Wachspapier gewickelt 8 Std. oder über Nacht in den Kühlschrank legen.

4 Ofen auf 190 °C vorheizen. 2 Backbleche leicht einfetten.

5 Rollen in gut 0,5 cm dicke Scheiben schneiden. Scheiben in 3 cm Abstand auf die Bleche legen.

6 Etwa 10–12 Min. lichtgelb backen. Auf Kuchengitter abkühlen lassen.

Sheriff-Sterne

Ausgerollte Kekse

Ergibt: *25–45 Stück*
Zubereitungszeit: *40 Min.*
Ruhezeit: *90 Min.*

⅓ Tasse Eiweiß (3–4 große Eiweiß)
1 Tasse Puderzucker
2 Tassen Haselnüsse, gemahlen
1 TL geriebene Zitronenschale, unbehandelt
3 TL Zimt, gemahlen
Puderzucker zum Ausrollen
Erdbeerkonfitüre

1 Pergamentpapier auf 2 Bleche legen.

2 Eiweiß in einer großen Schüssel zu Schnee schlagen. Unter Einrieseln des Puderzuckers zur sehr steifen, glänzenden Masse schlagen. Dann weitere 5 Min. schlagen.

3 Etwa ⅓ Tasse der Schaummasse beiseite stellen. Haselnüsse, Zitronenschale und Zimt unter die restliche Masse heben.

4 Arbeitsfläche mit Pergamentpapier auslegen und großzügig mit Puderzucker bestreuen. Teig gut 0,5 cm dick ausrollen, ebenfalls mit Puderzucker bestreuen. 5 cm große Sterne ausstechen. Sterne mit Puderzucker besieben und auf die Bleche legen. In die Mitte jedes Sterns ⅛ TL Konfitüre, darüber einen Klecks der bereit gestellten Schaummasse geben. 90 Min. ruhen lassen.

5 Ofen auf 190 °C vorheizen.

6 Etwa 7–10 Min. backen, bis sich die Kekse fest anfühlen. Auf den Blechen abkühlen lassen, dann vom Papier nehmen.

Shrewsbury Cookies

Ausgerollte Kekse

Ergibt: *50–60 Stück*
Zubereitungszeit: *30 Min.*

3 ½ Tassen Mehl
1 TL Backpulver
½ TL Salz
1 ½ Tassen Butter, Zimmertemperatur
1 ½ Tassen Zucker
2 große Eier
¼ Tasse frischgepreßter Zitronensaft
1 EL plus 1 TL geriebene Zitronenschale, unbehandelt
2 Tassen Korinthen
Milch zum Bepinseln
Zucker zum Bestreuen

1 Ofen auf 175 °C vorheizen. 2 Backbleche leicht einfetten.

2 Mehl, Backpulver und Salz mischen.

3 Butter und Zucker in einer großen Schüssel schaumig rühren. Eier, dann Zitronensaft und -schale gut unterrühren. Nach und nach die Mehlmischung zugeben. Korinthen unterziehen.

4 Teig auf bemehlter Arbeitsfläche gut 0,5 cm dick ausrollen. Kreise von 5 cm Durchmesser mit glattem oder gewelltem Rand ausstechen und in 3 cm Abstand auf die Bleche legen. Mit Milch bepinseln und mit Zucker bestreuen.

5 Etwa 12–15 Min. hellgelb backen. Auf Kuchengitter abkühlen lassen.

Sieben-Schichten-Schnitten

Gebäckschnitten

Ergibt: *25–35 Stück*
Zubereitungszeit: *35 Min.*

1 Tasse Pflanzenfett
1 Tasse Kekskrümel von mürbem Gebäck
1 Tasse halbbittere Schokoladen-Tröpfchen
1 Tasse Kokosflocken
1 Tasse Mandeln, gehackt
1 Tasse Buttertoffee-Stückchen
400 ml Kondensmilch, gesüßt

1 Ofen auf 175 °C vorheizen.

2 Fett in einem kleinen Topf zerlassen. In eine rechteckige Backform (20 x 30 cm) gießen. Mit Kekskrümeln bestreuen. Schokoladen-Tröpfchen darauf verteilen. Kokosflocken über die Schokoladen-Tröpfchen streuen. Darüber die Mandeln verteilen. Auf die Mandeln die Buttertoffee-Stückchen streuen. Oberfläche mit Kondensmilch begießen.

3 Etwa 20–30 Min. backen, bis sich das Gebäck fest anfühlt. In der Form auf Gitter abkühlen lassen. In Schnitten schneiden.

Sie-liebt-mich-Kekse

Ausgerollte Kekse

Ergibt: *35–45 Stück*
Zubereitungszeit: *30 Min.*

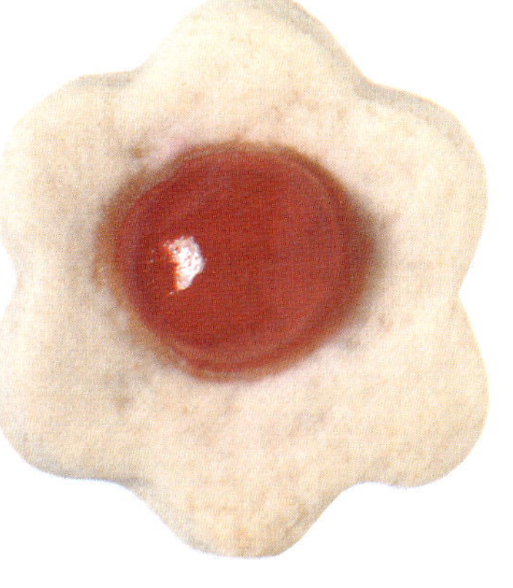

2 ⅓ Tassen Mehl
½ TL Backpulver
¼ TL Salz
1 Tasse Pflanzenfett
⅔ Tasse Zucker
1 großes Ei
1 TL Vanillearoma
1 TL geriebene Zitronenschale, unbehandelt
Schokolinsen zum Dekorieren

1 Ofen auf 175 °C vorheizen. 2 Backbleche leicht einfetten.

2 Mehl, Backpulver und Salz mischen.

3 Fett und Zucker in einer großen Schüssel schaumig rühren. Ei, dann Vanillearoma und Zitronenschale gründlich unterrühren. Nach und nach die Mehlmischung beigeben.

4 Teig auf bemehlter Arbeitsfläche gut 0,5 cm dick ausrollen. Blümchenförmige Kekse ausstechen und in 3 cm Abstand auf die Bleche legen.

5 Etwa 10–12 Min. lichtgelb backen. In die Mitte jedes Blümchens eine Schokolinse drücken. Auf Kuchengitter abkühlen lassen.

Backtip: Kandierte Kirschen, wie auf dem Foto abgebildet, machen sich auf den „Blümchen" ebenso gut wie Schokolinsen.

Silvesterbrezeln

Geformte Kekse

Ergibt: *80–100 Stück*
Zubereitungszeit: *45 Min.*
Gehzeit: *2 Std.*
Ruhezeit: *10 Min.*

Teig
2 Tassen Milch
½ Tasse Zucker
6 Tassen Mehl
2 EL Trockenbackhefe
½ Tasse Butter, Zimmertemperatur
3 große Eier

Glasur
1 Tasse Puderzucker
1 EL Wasser
1 EL Vanillearoma
¼ Tasse Nüsse, gehackt

1 Milch in einem großen Topf leicht (auf etwa 40 °C) anwärmen. Nicht zu stark erhitzen. Vom Herd nehmen. Zucker unterrühren. 1 Tasse Mehl und die Hefe zufügen. Butter, dann nacheinander die Eier gründlich unterschlagen. Restliches Mehl nach und nach (je ¼ Tasse) zugeben, bis ein weicher Teig entstanden ist.

2 Auf bemehlter Arbeitsfläche etwa 5 Min. kräftig kneten, bis der Teig geschmeidig ist. Teig in eine große Schüssel geben, mit einem Küchenhandtuch bedecken und an einem warmen Ort etwa 1 Std. gehen lassen, bis er die doppelte Größe erreicht hat.

3 Teig nochmals kurz durchkneten und 1 Std. gehen lassen.

4 Ofen auf 190 °C vorheizen. 2 Backbleche leicht einfetten.

5 Gegangenen Teig kurz und kräftig kneten. Große Teigstücke zu etwa 75 cm langen Strängen rollen. Diese in kürzere (7–10 cm lange) Stränge schneiden. Auf den Blechen in 4 cm Abstand zu Brezeln formen. Zugedeckt 10–15 Min. ruhen lassen.

6 Etwa 25–30 Min. goldbraun backen. Auf Kuchengitter abkühlen lassen.

7 Für die Glasur Puderzucker, Wasser und Vanillearoma in einer Schüssel zum glatten Guß rühren. Nüsse unterziehen.

8 Abgekühlte Brezeln mit der Glasur bestreichen.

Backtip: Die Größe dieser beliebten weichen Brezeln läßt sich ganz nach Belieben variieren.

Silvesterkekse

Ausgerollte Kekse

Ergibt: *40–60 Stück*
Zubereitungszeit: *35 Min.*

3 Tassen Mehl
1 TL Backpulver
¾ Tasse Butter, Zimmertemperatur
1 Tasse Zucker
1 Tasse warmes Wasser

1 Ofen auf 190 °C vorheizen. 2 Backbleche leicht einfetten.

2 Mehl und Backpulver mischen.

3 Butter und Zucker in einer großen Schüssel schaumig rühren. Nach und nach die Mehlmischung beigeben. So viel Wasser zufügen, daß ein geschmeidiger Teig entsteht.

4 Teig auf bemehlter Arbeitsfläche knapp 1,5 cm dick ausrollen. Beliebige Motive ausstechen und in 3 cm Abstand auf die Bleche legen.

5 Etwa 12–15 Min. lichtgelb backen. Auf Kuchengitter abkühlen lassen.

Backtip: Dieses traditionelle englische Gebäck wird vorzugsweise zu Talern ausgestochen und gern anstelle süßer Brötchen zum Frühstück gereicht.

SIRUP-GEWÜRZ-BERGE

Geformte Kekse

ERGIBT: *50–60 Stück*
ZUBEREITUNGSZEIT: *35 Min.*
KÜHLZEIT: *4 Std.*

2 Tassen Mehl
2 TL Natron
1 TL Zimt, gemahlen
1 TL Nelken, gemahlen
½ TL Muskat, gemahlen
1 TL Ingwer, gemahlen
¼ Tasse Pflanzenfett
⅔ Tasse Zucker
1 großes Ei
¼ Tasse Sirup
1 großes Eiweiß, verschlagen
Zucker zum Stippen

1 Mehl, Natron und Gewürze mischen.

2 Fett und Zucker in einer großen Schüssel schaumig rühren. Ei, dann Sirup gründlich unterrühren. Nach und nach die Mehlmischung zufügen. Zugedeckt 4 Std. in den Kühlschrank stellen.

3 Ofen auf 175 °C vorheizen. 2 Backbleche leicht einfetten.

4 Walnußgroße Teigstücke zu Bällchen formen. Jedes Bällchen zur Hälfte in das geschlagene Eiweiß, dann in Zucker stippen. Bällchen in 5 cm Abstand mit der Zuckerseite nach oben auf die Bleche setzen.

5 Etwa 10–12 Min. backen, bis sich die Kekse leicht verfärben. Auf Kuchengitter abkühlen lassen.

SIRUP-GEWÜRZ-PLÄTZCHEN I

Häufchenkekse

ERGIBT: *25–35 Stück*
ZUBEREITUNGSZEIT: *30 Min.*

2 ¼ Tassen Mehl
½ Tasse Walnüsse, feingemahlen
1 TL Natron
½ TL Ingwer, gemahlen
½ TL Zimt, gemahlen
½ TL Salz
½ Tasse Pflanzenfett
⅓ Tasse brauner Zucker
1 großes Ei
½ Tasse Sirup
¼ Tasse frischgepreßter Orangensaft
½ Tasse Korinthen

1 Ofen auf 175 °C vorheizen. 2 Backbleche leicht einfetten.

2 Mehl, Nüsse, Natron, Gewürze und Salz mischen.

3 Fett und Zucker in einer großen Schüssel schaumig rühren. Nacheinander Ei, Sirup und Orangensaft gründlich unterrühren. Nach und nach die Mehlmischung zugeben. Korinthen unterziehen.

4 Mit Löffeln Teighäufchen in 8 cm Abstand auf die Bleche setzen.

5 Etwa 8–10 Min. hellbraun backen. Auf Kuchengitter abkühlen lassen.

SIRUP-GEWÜRZ-PLÄTZCHEN II

Ausgerollte Kekse

ERGIBT: *35–45 Stück*
ZUBEREITUNGSZEIT: *35 Min.*
KÜHLZEIT: *24 Std.*

3 Tassen Mehl
2 TL Backpulver
1 TL Natron
2 TL Ingwer, gemahlen
1 TL Zimt, gemahlen
1 TL Muskat, gemahlen
1 Tasse Sirup
1 Tasse Pflanzenfett
1 großes Ei
1 Tasse Sauermilch
1 TL Vanillearoma

1 Mehl, Backpulver, Natron und Gewürze mischen.

2 Sirup und Fett in einer großen Schüssel glattrühren. Nacheinander Ei, Milch und Vanillearoma gut unterrühren. Nach und nach die Mehlmischung beigeben. Zugedeckt 24 Std. in den Kühlschrank stellen.

3 Ofen auf 190 °C vorheizen. 2 Backbleche leicht einfetten.

4 Teig auf bemehlter Arbeitsfläche knapp 0,5 cm dick ausrollen. 5 cm große Halbmonde oder andere Motive ausstechen und in 3 cm Abstand auf die Bleche legen.

5 Etwa 10–12 Min. backen. Auf Kuchengitter abkühlen lassen. In luftdichten Behältern lagern.

SIRUP-GEWÜRZ-PLÄTZCHEN III

Geformte Kekse

ERGIBT: *50–60 Stück*
ZUBEREITUNGSZEIT: *40 Min.*
KÜHLZEIT: *2 Std.*

2 Tassen Mehl
2 TL Natron
1 TL Zimt, gemahlen
½ TL Nelken, gemahlen
½ TL Ingwer, gemahlen
½ TL Salz
¾ Tasse Pflanzenfett
1 Tasse Zucker
1 großes Ei
⅓ Tasse Sirup
Zucker zum Wälzen

1 Mehl, Natron, Gewürze und Salz mischen.

2 Fett und Zucker in einer großen Schüssel schaumig rühren. Ei, dann Sirup gründlich unterrühren. Nach und nach die Mehlmischung zufügen. Zugedeckt 2 Std. in den Kühlschrank stellen.

3 Ofen auf 175 °C vorheizen. 2 Backbleche leicht einfetten.

4 Walnußgroße Teigstücke zu Bällchen formen. Bällchen in Zucker wälzen und in 3 cm Abstand auf die Bleche setzen.

5 Etwa 10–12 Min. backen, bis die Kekse etwas Farbe annehmen. Auf Kuchengitter abkühlen lassen.

SIRUP-GEWÜRZ-PLÄTZCHEN IV

Ausgerollte Kekse

ERGIBT: *ca. 100 Stück*
ZUBEREITUNGSZEIT: *45 Min.*
KÜHLZEIT: *24 Std.*

TEIG
3 ¼ Tassen Mehl
2 TL Backpulver
½ TL Natron
1 TL Ingwer, gemahlen
½ TL Nelken, gemahlen
½ TL Muskat, gemahlen
¾ Tasse Pflanzenfett
1 Tasse brauner Zucker
1 großes Ei
¼ Tasse Sirup

BELAG
bunter Hagelzucker
Walnüsse, gehackt
Kokosflocken und/oder
Fruchtgummibonbons, feingewürfelt

1 Mehl, Backpulver, Natron und Gewürze mischen.

2 Fett und Zucker in einer großen Schüssel schaumig rühren. Ei, dann Sirup gut unterrühren. Nach und nach die Mehlmischung beigeben. Zugedeckt 24 Std. in den Kühlschrank stellen.

3 Ofen auf 175 °C vorheizen. 2 Backbleche leicht einfetten.

4 Teig auf bemehlter Arbeitsfläche gut 0,5 cm dick ausrollen. Sterne oder andere Motive ausstechen und in 3 cm Abstand auf die Bleche legen. Mit dem Belag in beliebiger Mischung bestreuen.

5 Etwa 8–10 Min. backen, bis die Kekse etwas Farbe annehmen. Auf Kuchengitter abkühlen lassen.

SIRUP-INGWER-KEKSE I

Ausgerollte Kekse

ERGIBT: *75–85 Stück*
ZUBEREITUNGSZEIT: *40 Min.*

5 Tassen Weizenmehl
1 ½ Tassen Weizen-Vollkornmehl
1 Tasse Reismehl
2 TL Backpulver
2 TL Natron
2 TL Zimt, gemahlen
2 TL Ingwer, gemahlen
½ TL Salz
2 Tassen Pflanzenfett
2 Tassen Zucker
3 große Eier
2 Tassen Sirup
1 ½ Tassen heißes Wasser

1 Ofen auf 175 °C vorheizen. 2 Backbleche leicht einfetten.

2 Alle Mehlsorten, Backpulver, Natron, Gewürze und Salz mischen.

3 Fett und Zucker in einer großen Schüssel schaumig rühren. Eier, dann Sirup und Wasser gründlich unterrühren. Nach und nach die Mehlmischung zugeben.

4 Teig auf bemehlter Arbeitsfläche gut 0,5 cm dick ausrollen. Kreise von 5 cm Durchmesser ausstechen und in 3 cm Abstand auf die Bleche legen.

5 Etwa 10–15 Min. backen, bis die Kekse leicht bräunen. Auf Kuchengitter abkühlen lassen.

SIRUP-INGWER-KEKSE II

Geformte Kekse

ERGIBT: *25–35 Stück*
ZUBEREITUNGSZEIT: *35 Min.*
KÜHLZEIT: *4 Std.*

3 ½ Tassen Mehl
1 ½ TL Natron
1 TL Zimt, gemahlen
½ TL Ingwer, gemahlen
½ TL Salz
1 Tasse Sirup
⅓ Tasse kochendes Wasser
1 EL frischgepreßter Zitronensaft
½ Tasse Pflanzenfett
¾ Tasse Zucker
1 großes Ei

1 Mehl, Natron, Gewürze und Salz mischen.

2 Sirup, Wasser und Zitronensaft in einer kleinen Schüssel vermengen.

3 Fett und Zucker in einer großen Schüssel schaumig rühren. Ei, dann Sirupmasse gründlich unterrühren. Nach und nach die Mehlmischung zugeben. Zugedeckt 4 Std. in den Kühlschrank stellen.

4 Ofen auf 175 °C vorheizen. 2 Backbleche leicht einfetten.

5 Walnußgroße Teigstücke zu Bällchen formen. Bällchen in 4 cm Abstand auf die Bleche setzen und mit dem bemehlten Boden eines Glases flachdrücken.

6 Etwa 10–12 Min. backen, bis die Kekse Farbe annehmen. Auf Kuchengitter abkühlen lassen.

Sirup-Kaffee-Kekse

Häufchenkekse

Ergibt: *40–60 Stück*
Zubereitungszeit: *35 Min.*

4 ½ Tassen Mehl
2 TL Ingwer, gemahlen
2 TL Zimt, gemahlen
1 Tasse Pflanzenfett
1 Tasse Zucker
1 großes Ei
1 EL plus 1 TL Natron
¼ Tasse heißes Wasser
1 Tasse Sirup, angewärmt
¾ Tasse starker aufgebrühter Kaffee

1 Ofen auf 190 °C vorheizen. 2 Backbleche leicht einfetten.

2 Mehl, Ingwer und Zimt mischen.

3 Fett und Zucker in einer großen Schüssel schaumig rühren. Ei unterschlagen.

4 Natron im Wasser auflösen, zur Fett-Ei-Masse geben und glattrühren. Sirup und Kaffee kräftig unterrühren. Nach und nach die Mehlmischung zufügen.

5 Mit Löffeln Teighäufchen in 4 cm Abstand auf die Bleche setzen.

6 Etwa 8–10 Min. backen, bis die Kekse bräunen. Auf Kuchengitter abkühlen lassen.

Sirupbällchen

Geformte Kekse

Ergibt: *35–45 Stück*
Zubereitungszeit: *30 Min.*
Kühlzeit: *24 Std.*

2 ¾ Tassen Mehl
1 ½ TL Natron
1 TL Zimt, gemahlen
1 TL Ingwer, gemahlen
¼ TL Nelken, gemahlen
¾ Tasse Pflanzenöl
¼ Tasse Sirup
1 Tasse Zucker
Zucker zum Wälzen

1 Mehl, Natron und Gewürze mischen.

2 Öl und Sirup in einem großen Topf erhitzen. Vom Herd nehmen. Zucker gründlich unterrühren. Nach und nach die Mehlmischung zufügen. Zugedeckt 24 Std. in den Kühlschrank stellen.

3 Ofen auf 175 °C vorheizen. 2 Backbleche leicht einfetten.

4 Walnußgroße Teigstücke zu Bällchen formen. Bällchen in Zucker wälzen und in 3 cm Abstand auf die Bleche setzen.

5 Etwa 10–14 Min. backen. Auf Kuchengitter abkühlen lassen.

Backtip: Gemahlener Ingwer entwickelt erst sein volles Aroma, wenn der Teig gut gekühlt wird. Das Abmessen von Sirup ist bei den Tips fürs Plätzchenbacken (Tip 16) erklärt.

Sirupfinger

Ausgerollte Kekse

Ergibt: *25–35 Stück*
Zubereitungszeit: *35 Min.*

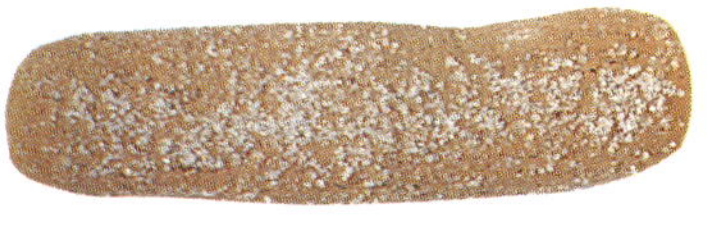

4 Tassen Mehl
2 TL Natron
1 TL Zimt, gemahlen
1 TL Ingwer, gemahlen
1 ½ Tassen Pflanzenfett
1 Tasse weißer Zucker
1 Tasse brauner Zucker
2 große Eier
½ Tasse Sirup
Zucker zum Wälzen

1 Ofen auf 175 °C vorheizen. 2 Backbleche leicht einfetten.

2 Mehl, Natron und Gewürze mischen.

3 Fett und beide Zuckersorten in einer großen Schüssel schaumig rühren. Eier, dann Sirup gründlich unterrühren. Nach und nach die Mehlmischung zufügen.

4 Teig auf bemehlter Arbeitsfläche knapp 1,5 cm dick ausrollen. Mit einem scharfen Messer in knapp 2 x 8 cm große Streifen schneiden. Streifen zu runden Stangen rollen. Stangen in Zucker wälzen und in 3 cm Abstand auf die Bleche legen.

5 Etwa 12–15 Min. hellbraun backen. Auf Kuchengitter abkühlen lassen.

Siruphäppchen

Geformte Kekse

Ergibt: *60–70 Stück*
Zubereitungszeit: *30 Min.*

2 ¼ Tassen Mehl
2 TL Natron
1 TL Zimt, gemahlen
1 TL Ingwer, gemahlen
½ TL Nelken, gemahlen
½ TL Salz
¾ Tasse Pflanzenfett
1 Tasse brauner Zucker
1 großes Ei
¼ Tasse Sirup
1 Tasse helle Rosinen
Zucker zum Wälzen

1 Ofen auf 175 °C vorheizen.

2 Mehl, Natron, Gewürze und Salz mischen.

3 Fett und Zucker in einer großen Schüssel schaumig rühren. Ei, dann Sirup gut unterrühren. Nach und nach die Mehlmischung zugeben. Rosinen unterziehen.

4 Walnußgroße Teigstücke zu Bällchen formen. Bällchen in Zucker wälzen und in 4 cm Abstand auf ungefettete Backbleche setzen. Boden eines Glases in Wasser, dann in Zucker tauchen und die Bällchen damit flachdrücken.

5 Etwa 10–12 Min. hellbraun backen. Auf Kuchengitter abkühlen lassen.

Sirupkekse

Ausgerollte Kekse

Ergibt: *ca. 90 Stück*
Zubereitungszeit: *30 Min.*

5 Tassen Mehl
½ TL Natron
1 Tasse Pflanzenfett
1 Tasse Zucker
1 Tasse Sirup
½ TL Apfelessig

1 Ofen auf 175 °C vorheizen. 2 Backbleche leicht einfetten.

2 Mehl und Natron mischen.

3 Fett und Zucker in einer großen Schüssel schaumig rühren. Sirup und Essig gut unterrühren. Nach und nach die Mehlmischung beigeben.

4 Teig auf bemehlter Arbeitsfläche gut 0,5 cm dick ausrollen. 5 x 5 cm große Quadrate oder andere Motive ausstechen oder ausschneiden und in 3 cm Abstand auf die Bleche legen.

5 Etwa 12–15 Min. hellbraun backen. Auf Kuchengitter abkühlen lassen.

Slowakische Blättchen

Ausgerollte Kekse

Ergibt: *15–25 Stück*
Zubereitungszeit: *30 Min.*
Kühlzeit: *1 Std.*

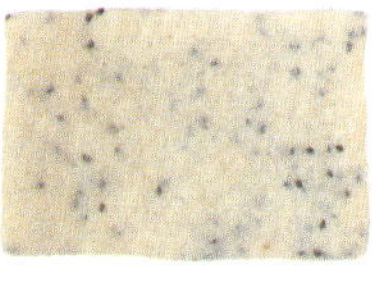

Teig
2 Tassen Mehl
1 TL Backpulver
½ Tasse Pflanzenfett
1 Tasse Zucker
1 großes Ei
1 EL Sahne
2 EL Mohnsamen

Zum Bestreuen
1 EL Zucker
½ TL Zimt, gemahlen

1 Mehl und Backpulver mischen.

2 Fett und Zucker in einer großen Schüssel schaumig rühren. Ei und Sahne unterschlagen. Nach und nach die Mehlmischung dazugeben.

3 Teig halbieren. Unter eine Teighälfte den Mohn kneten. Teig in Wachspapier gewickelt mindestens 1 Std. in den Kühlschrank legen.

4 Ofen auf 200 °C vorheizen.

5 Mohnteig auf bemehlter Arbeitsfläche so dünn wie möglich ausrollen. Mit einem scharfen Messer oder Teigrädchen knapp 3 x 6 cm große Rechtecke ausschneiden und in 4 cm Abstand auf ungefettete Backbleche legen. Zucker und Zimt mischen und über die Rechtecke streuen. Restlichen Teig ausrollen. Kreise von 5 cm Durchmesser ausstechen, auf die Bleche legen, nach Belieben mit Zimtzucker bestreuen.

6 Etwa 10–12 Min. goldgelb backen. Auf Kuchengitter abkühlen lassen.

Socker Kaka

Häufchenkekse

Ergibt: *25–35 Stück*
Zubereitungszeit: *30 Min.*

1 Tasse Mehl
1 TL Backpulver
⅛ TL Salz
¾ Tasse Zucker
3 große Eier
1 TL Vanillearoma
etwa 125 ml Sahne

1 Ofen auf 200 °C vorheizen. 2 Backbleche leicht einfetten.

2 Mehl, Backpulver und Salz mischen.

3 Zucker und Eier in einer großen Schüssel zur Creme schlagen. Vanillearoma einrühren. Nach und nach die Mehlmischung beigeben.

4 Mit Löffeln Teighäufchen in 7 cm Abstand auf die Bleche setzen.

5 Etwa 8–10 Min. goldbraun backen. Sofort um eine Kegelform zu Tütchen wickeln. Tütchen mit der Öffnung nach unten auf Kuchengitter abkühlen lassen.

6 Sahne schlagen und in die Tütchen füllen. Sofort servieren.

Backtip: Der Teig darf nicht zu lange backen, daher aufpassen! Noch hübscher sehen die Tütchen aus, wenn man die Sahne mit kleingeschnittenem Obst garniert.

Sodakräcker-Kekse

Gebäckschnitten

Ergibt: *35–45 Stück*
Zubereitungszeit: *20 Min.*

18 Sodakräcker,-Doppeldecker (s. Backtip)
1 Tasse Butter
1 Tasse brauner Zucker
1 Tasse halbbittere Schokoladen-Tröpfchen
¾ Tasse Walnüsse, gehackt

1 Ofen auf 190 °C vorheizen. Eine rechteckige Backform (25 x 40 cm) mit Alufolie auslegen und gut einfetten. Mit den Sodakräckern auslegen.

2 Butter in einem mittelgroßen Topf zerlassen. Zucker zufügen und unter Rühren auflösen. Masse aufkochen und unter ständigem Rühren etwa 3 Min. kochen lassen. Sofort über die Kräcker gießen.

3 Etwa 3–5 Min. backen, bis das Gebäck anfängt Blasen zu werfen.

4 Schokoladen-Tröpfchen auf dem heißen Gebäck verteilen und schmelzen lassen (etwa 1 Min.). Dann mit Teigschaber oder Messer gleichmäßig verstreichen. Mit Nüssen bestreuen. Abkühlen lassen. In Schnitten schneiden.

Backtip: Sodakräcker sind ein dünnes, knuspriges Gebäck, das aus Hefeteig und Natron hergestellt wird.

SPANISCHE BUTTERKEKSE

Geformte Kekse

ERGIBT: *50–60 Stück*
ZUBEREITUNGSZEIT: *30 Min.*
KÜHLZEIT: *4 Std.*

1 ¾ Tassen Mehl
½ TL Salz
½ Tasse Pflanzenfett
½ Tasse Butter, Zimmertemperatur
1 ¼ Tassen Zucker
2 große Eier
1 TL Vanillearoma
1 ½ TL Anissamen

1 Mehl und Salz mischen.

2 Pflanzenfett, Butter und Zucker in einer großen Schüssel schaumig rühren. Einzeln die Eier, dann Vanillearoma gründlich unterrühren. Nach und nach die Mehlmischung zugeben. Anissamen unterziehen. Zugedeckt 4 Std. in den Kühlschrank stellen.

3 Ofen auf 175 °C vorheizen.

4 Walnußgroße Teigstücke zu Bällchen formen. Bällchen in 3 cm Abstand auf ungefettete Backbleche setzen und mit dem bemehlten Boden eines Glases flachdrücken.

5 Etwa 15–18 Min. hellgelb backen. Auf Kuchengitter abkühlen lassen.

SPANISCHE WEIHNACHTSPLÄTZCHEN

Ausgerollte Kekse

ERGIBT: *40–60 Stück*
ZUBEREITUNGSZEIT: *30 Min.*
KÜHLZEIT: *2 Std.*

1 ½ Tassen Mehl
¼ TL Zimt, gemahlen
¼ TL Piment, gemahlen
6 EL Butter, Zimmertemperatur
¼ Tasse Zucker
1 großes Ei
2 EL Rapsöl
1 ½ TL weißer Portwein
½ TL geriebene Orangenschale, unbehandelt
¼ TL geriebene Zitronenschale, unbehandelt
Puderzucker zum Bestäuben

1 Mehl und Gewürze mischen.

2 Butter und Zucker in einer großen Schüssel schaumig rühren. Ei und Öl gründlich unterrühren. Nacheinander Portwein, Orangen- und Zitronenschale unterziehen. Nach und nach die Mehlmischung beigeben. Zugedeckt 2 Std. in den Kühlschrank stellen.

3 Ofen auf 175 °C vorheizen.

4 Teig auf bemehlter Arbeitsfläche gut 0,5 cm dick ausrollen. 5 cm große Sterne oder andere Motive ausstechen und in 3 cm Abstand auf ungefettete Backbleche legen.

5 Etwa 12–15 Min. lichtgelb backen. Auf Kuchengitter abkühlen lassen.

6 Abgekühlte Kekse mit Puderzucker bestäuben.

Spiegeleier

Geformte Kekse

Ergibt: *25–35 Stück*
Zubereitungszeit: *30 Min.*

Baisermasse
4 große Eiweiß
½ Tasse Zucker

Belag
4 große Eigelb
2 EL Pflanzenfett
1 TL Rum
½ TL Vanillearoma
¼ Tasse Mandeln, gemahlen
2 EL Mehl
Zucker zum Bestreuen

1 Ofen auf 175 °C vorheizen. 2 Bleche mit Pergamentpapier auslegen.

2 Eiweiß in einer großen Schüssel zu lockerem Schnee schlagen. Unter Einrieseln des Zucker zur sehr steifen, glänzenden Schaummasse schlagen.

3 Schaummasse in Spritzbeutel oder Gebäckspritze mit mittelgroßer Lochtülle füllen. Etwa 3 cm große Häufchen in 3 cm Abstand auf die Bleche spritzen.

4 Für den Belag Eigelb und Fett in einer großen Schüssel cremig schlagen. Rum und Vanillearoma unterrühren. Nach und nach Mandeln und Mehl zugeben.

5 Belag in Spritzbeutel oder Gebäckspritze füllen. Kleine Häufchen in die Mitte der Baiserberge spritzen. Mit Zucker bestreuen.

6 Etwa 12–15 Min. backen, bis die „Spiegeleier" etwas Farbe annehmen. Auf den Blechen leicht, dann auf Kuchengitter vollständig abkühlen lassen.

Spielteig

Nicht eßbare Kekse

Ergibt: *650–700 g Teig*

2 Tassen Speisestärke
4 Tassen Natron
2 ½ Tassen Wasser

1 Alle Zutaten in einem Topf erwärmen und zur glatten Masse rühren. Auf eine Arbeitsfläche geben und unter einem feuchten Küchenhandtuch abkühlen lassen.

2 Teig kneten, bis er geschmeidig und elastisch ist. Bis zum Gebrauch in luftdichten Behältern lagern.

Backtip: Man kann den Teig nach Belieben mit Lebensmittelfarbe bunt einfärben.

Spritzgebäck

Geformte Kekse

Ergibt: *35–45 Stück*
Zubereitungszeit: *30 Min.*

2 Tassen Mehl
⅓ Tasse Mandeln, feingemahlen
1 Tasse Pflanzenfett
½ Tasse Puderzucker
1 großes Eigelb
6 Tropfen Mandelaroma

1 Ofen auf 175 °C vorheizen. 2 Backbleche leicht einfetten.

2 Mehl und Mandeln mischen.

3 Fett und Puderzucker in einer großen Schüssel schaumig rühren. Eigelb und Mandelaroma gründlich unterrühren. Nach und nach die Mehlmischung zugeben.

4 Teig in Spritzbeutel oder Gebäckspritze mit Sterntülle füllen. In 3 cm Abstand flache runde Häufchen auf die Bleche spritzen.

5 Etwa 8–10 Min. backen, bis die Kekse leicht bräunen. Auf Kuchengitter abkühlen lassen.

Backtip: Dieses Rezept stammt aus Schweden. Dort spritzt man traditionell ringförmige Kekse, oft auch S-Formen, auf das Blech. Hat man Spritzbeutel oder Gebäckspritze nicht zur Hand, läßt sich der Teig auf einer bemehlten Arbeitsfläche auch ausrollen. Dann sticht man Taler und, falls gewünscht, mit einer kleineren Form die Mitte der Taler aus.

Spritzgebäck mit braunem Zucker

Geformte Kekse

Ergibt: *50–70 Stück*
Zubereitungszeit: *30 Min.*

2 ¼ Tassen Mehl
¼ Tasse Haselnüsse, feingemahlen
¼ TL Salz
1 Tasse Butter, Zimmertemperatur
⅓ Tasse brauner Zucker
¼ Tasse weißer Zucker
1 großes Eigelb
1 EL Nußlikör

1 Ofen auf 175 °C vorheizen.

2 Mehl, Nüsse und Salz mischen.

3 Butter und beide Zuckersorten in einer großen Schüssel schaumig rühren. Eigelb, dann Nußlikör gut unterrühren. Nach und nach die Mehlmischung zufügen.

4 Teig in Spritzbeutel oder Gebäckspritze mit Lochtülle füllen. Knapp 7 cm lange Streifen in 3 cm Abstand auf ungefettete Backbleche spritzen.

5 Etwa 8–10 Min. backen, bis die Kekse schwach bräunen. Auf Kuchengitter abkühlen lassen.

Backtip: Für dieses Rezept sollte die Butter keinesfalls durch Pflanzenfett ersetzt werden. Zur Verzierung kann man die Kekse halb in zerlassene halbbittere Schokolade tunken.

St. Nikolaas Koekjes

Geschnittene Kekse

Ergibt: *50–70 Stück*
Zubereitungszeit: *30 Min.*
Kühlzeit: *8 Std.*

4 Tassen Mehl
½ TL Natron
1 EL plus 1 TL Zimt, gemahlen
½ TL Muskat, gemahlen
½ TL Nelken, gemahlen
¼ TL Salz
2 Tassen Pflanzenfett
2 Tassen Zucker
½ Tasse saure Sahne
½ Tasse Walnüsse, feingehackt

1 Mehl, Natron, Gewürze und Salz mischen.

2 Fett und Zucker in einer großen Schüssel schaumig rühren. Saure Sahne unterrühren. Nach und nach die Mehlmischung beigeben. Walnüsse unterziehen.

3 Teig halbieren. Hälften zu 5 cm dicken Rollen formen und in Wachspapier gewickelt 8 Std. oder über Nacht in den Kühlschrank legen.

4 Ofen auf 200 °C vorheizen. 2 Backbleche leicht einfetten.

5 Rollen in gut 0,5 cm dicke Scheiben schneiden. Scheiben in 3 cm Abstand auf die Bleche legen.

6 Etwa 8–10 Min. backen, bis die Kekse leicht bräunen. Auf Kuchengitter abkühlen lassen.

Stroop Koekjes

Ausgerollte Kekse

Ergibt: *ca. 100 Stück*
Zubereitungszeit: *30 Min.*

5 Tassen Mehl
1 TL Natron
1 ½ TL Ingwer, gemahlen
½ TL Salz
1 Tasse Pflanzenfett
1 Tasse brauner Zucker
2 Tassen Sirup

1 Ofen auf 190 °C vorheizen. 2 Backbleche leicht einfetten.

2 Mehl, Natron, Ingwer und Salz mischen.

3 Fett und Zucker in einer großen Schüssel schaumig rühren. Sirup unterrühren. Nach und nach die Mehlmischung zufügen. Erscheint der Teig zu trocken, teelöffelweise Wasser zugeben.

4 Teig auf bemehlter Arbeitsfläche gut 0,5 cm dick ausrollen. Kreise von 5 cm Durchmesser ausstechen und in 3 cm Abstand auf die Bleche legen.

5 Etwa 10–12 Min. hellbraun backen. Auf Kuchengitter abkühlen lassen.

SÜDSTAATEN-BEAUTIES

Geformte Kekse

ERGIBT: *35–45 Stück*
ZUBEREITUNGSZEIT: *30 Min.*

1 Tasse Pflanzenfett
½ Tasse Puderzucker
½ TL Vanillearoma
2 Tassen Mehl
1 ¼ Tassen Pekannüsse, gemahlen

1 Ofen auf 175 °C vorheizen. 2 Backbleche leicht einfetten.

2 Fett und Puderzucker in einer großen Schüssel schaumig rühren. Vanillearoma einrühren. Nach und nach das Mehl beigeben.

3 Nüsse in einer flachen Schale oder einem Suppenteller ausbreiten.

4 Teigstücke zu bleistiftschmalen, etwa 15 cm langen Strängen rollen. Stränge zusammenfalten und dreimal zwirbeln, so daß Kordeln entstehen. Kordeln in den Nüssen wälzen und in 3 cm Abstand auf die Bleche legen.

5 Etwa 12–15 Min. lichtgelb backen. Auf Kuchengitter abkühlen lassen.

SÜSSES ERWACHEN

Geformte Kekse

ERGIBT: *35–45 Stück*
ZUBEREITUNGSZEIT: *30 Min.*

2 ½ Tassen Mehl
½ TL Natron
½ TL Weinstein
1 Tasse Butter, Zimmertemperatur
1 Tasse Puderzucker
2 TL Himbeerlikör

1 Ofen auf 160 °C vorheizen. 2 Backbleche leicht einfetten.

2 Mehl, Natron und Weinstein mischen.

3 Butter und Puderzucker in einer großen Schüssel schaumig rühren. Himbeerlikör unterrühren. Nach und nach die Mehlmischung zufügen. Es entsteht ein fester Teig. Erscheint er zu trocken, teelöffelweise Wasser zugeben.

4 Olivengroße Teigstücke zu Bällchen formen. Bällchen in 3 cm Abstand auf die Bleche setzen.

5 Etwa 8–10 Min. backen, bis sich die Kekse schwach verfärben. Auf Kuchengitter abkühlen lassen.

SÜSS-SAURE KEKSE

Häufchenkekse

ERGIBT: *40–60 Stück*
ZUBEREITUNGSZEIT: *30 Min.*

2 ½ Tassen Mehl
¾ TL Backpulver
½ TL Natron
½ Tasse Pflanzenfett
1 ½ Tassen brauner Zucker
2 große Eier
1 Tasse Sahne
1 EL Apfelessig
½ Tasse Mandeln, gehackt

1 Ofen auf 190 °C vorheizen. 2 Backbleche leicht einfetten.

2 Mehl, Backpulver und Natron mischen.

3 Fett und Zucker in einer großen Schüssel schaumig rühren. Eier, dann Sahne und Essig gründlich unterrühren. Nach und nach die Mehlmischung zufügen. Mandeln unterziehen.

4 Mit Löffeln Teighäufchen in 4 cm Abstand auf die Bleche setzen.

5 Etwa 8–10 Min. lichtgold backen. Auf Kuchengitter abkühlen lassen.

Tante Lizzies Kekse

Häufchenkekse

Ergibt: *60–70 Stück*
Zubereitungszeit: *30 Min.*

3 Tassen Mehl
1 TL Backpulver
1 Tasse Pflanzenfett
1 ½ Tassen Zucker
3 große Eier
1 TL Vanillearoma
1 TL Natron
2 EL heißes Wasser
1 Tasse Walnüsse, gehackt
1 Tasse Rosinen

1 Ofen auf 160 °C vorheizen. 2 Backbleche leicht einfetten.

2 Mehl und Backpulver mischen.

3 Fett und Zucker in einer großen Schüssel schaumig rühren.

4 Eier in einer zweiten Schüssel zur dicken, hellen Creme schlagen. Unter die Fettmischung rühren. Vanillearoma zugeben.

5 Natron im Wasser auflösen. Zur Fett-Ei-Masse geben und glattrühren. Nach und nach die Mehlmischung beigeben. Walnüsse und Rosinen unterziehen.

6 Mit Löffeln Teighäufchen in 4 cm Abstand auf die Bleche setzen.

7 Etwa 10–12 Min. backen, bis die Kekse sich leicht verfärben. Auf Kuchengitter abkühlen lasen.

Backtip: Nach Auskunft meines Vaters ist dieses Rezept schwedischen Ursprungs.

Teatime Favorites

Gebäckschnitten

Ergibt: *25–35 Stück*
Zubereitungszeit: *50 Min.*

½ Tasse Mehl
1 Tasse Mandeln, gemahlen
60 g halbbittere Schokolade, gehackt
½ Tasse Pflanzenfett
1 Tasse Zucker
2 große Eier
3 Tropfen Mandelaroma

1 Ofen auf 175 °C vorheizen. Eine quadratische Backform (20 x 20 cm) leicht einfetten.

2 Mehl und Mandeln mischen.

3 Schokolade und Fett im Wasserbad unter ständigem Rühren zerlassen. Vom Herd nehmen, Zucker unterrühren. Einzeln die Eier, dann Mandelaroma gut unterrühren. Nach und nach die Mehlmischung zugeben. Teig gleichmäßig in der Form verteilen.

4 Etwa 35–40 Min. backen (der Teig darf beim Einstechen mit einem spitzen Hölzchen nicht mehr kleben). In der Form auf Kuchengitter abkühlen lassen.

5 Abgekühltes Gebäck nach Belieben mit Vanilleglasur (s. Grundrezepte für Glasuren und Überzüge) überziehen. In Quadrate, Rechtecke oder Rauten schneiden.

Backtip: Zur Abwechslung kann man den Teig in einer rechteckigen Form (20 x 30 cm) etwa 25–30 Min. backen, dann in der Form auf Gitter abkühlen lassen, mit Förmchen beliebige Motive ausstechen und glasieren.

Teatime Cookies

Geformte Kekse

Ergibt: *35–45 Stück*
Zubereitungszeit: *30 Min.*

¾ Tasse plus 3 EL Pflanzenfett
½ Tasse Kakaopulver, ungezuckert
3 EL Puderzucker
1 ¾ Tassen Mehl
1 TL Backpulver
½ TL Salz
½ Tasse Zucker
1 großes Ei
1 TL Vanillearoma
3 Tropfen Mandelaroma

1 Ofen auf 190 °C vorheizen. 2 Backbleche leicht einfetten.

2 In einem kleinen Topf 3 EL Fett zerlassen. Vom Herd nehmen. Kakao und Puderzucker zufügen und zur glatten Masse rühren. Beiseite stellen.

3 Mehl, Backpulver und Salz mischen.

4 Restliches Fett und Zucker in einer großen Schüssel schaumig rühren. Ei, dann Vanillearoma und Mandelaroma gründlich unterrühren. Nach und nach die Mehlmischung zugeben.

5 Eine Hälfte Teig in eine zweite Schüssel geben. Kakaomasse zufügen und gut untermengen.

6 Mit Löffeln Häufchen des weißen Teigs in 8 cm Abstand auf die Bleche setzen. Häufchen mit einem bemehlten Löffelrücken zu Kreisen ausbreiten und mit je 1 Löffel Kakaoteig belegen. Kakaoteig mit einem bemehlten Löffelrücken zu den Keksrändern hin verstreichen.

7 Etwa 8–10 Min. backen, bis sich der Teig fest anfühlt. Auf Kuchengitter abkühlen lassen.

Backtip: Vor dem Backen mit einer ganzen oder halben großen Nuß verziert, sehen die Kekse noch schöner aus.

Torta Fregolotti

Gebäckschnitten

Ergibt: *15–35 Stück*
Zubereitungszeit: *75 Min.*

2 ⅔ Tassen Mehl
1 Tasse Mandeln, gemahlen
1 Prise Salz
1 Tasse Pflanzenfett
1 Tasse Zucker
1 TL geriebene Zitronenschale, unbehandelt
2 EL frischgepreßter Zitronensaft
1 EL Weinbrand

1 Ofen auf 175 °C vorheizen. Eine quadratische Backform (20 x 20 cm) leicht einfetten.

2 Mehl, Mandeln und Salz mischen.

3 Fett und Zucker in einer großen Schüssel schaumig rühren. Zitronenschale unterrühren. Nach und nach die Mehlmischung beigeben. ¼ Tasse Teig als Belag beiseite stellen. Unter den restlichen Teig Zitronensaft und Weinbrand rühren. Teig in die Backform drücken. Darüber die ¼ Tasse Teig krümeln.

4 Etwa 45–50 Min. backen, bis die Oberfläche schwach bräunt. In der Form auf Gitter abkühlen lassen. In beliebig große Rechtecke schneiden.

Tortas de la Boda del Mexicano I

Geformte Kekse

Ergibt: *35–45 Stück*
Zubereitungszeit: *40 Min.*

¾ Tasse Pflanzenfett
¼ Tasse Zucker
1 TL Vanillearoma
2 Tassen Mehl
½ Tasse Walnüsse, gehackt
Puderzucker zum Wälzen

1 Ofen auf 100 °C vorheizen. 2 Backbleche leicht einfetten.

2 Fett und Zucker in einer großen Schüssel schaumig rühren. Vanillearoma einrühren. Nach und nach das Mehl zufügen. Walnüsse unterziehen.

3 Walnußgroße Teigstücke zu Bällchen formen. Bällchen in 3 cm Abstand auf die Bleche setzen.

4 Etwa 25–35 Min. goldbraun backen. Auf Kuchengitter abkühlen lassen.

5 In Puderzucker wälzen.

Tortas de la Boda del Mexicano II

Geformte Kekse

Ergibt: *50–60 Stück*
Zubereitungszeit: *30 Min.*

1 Tasse Pflanzenfett
6 EL Puderzucker
1 TL Crème de Cacao
2 Tassen Mehl
½ Tasse Pekannüsse, gehackt
Puderzucker zum Wälzen

1 Ofen auf 175 °C vorheizen.

2 Fett und Puderzucker in einer großen Schüssel schaumig rühren. Crème de Cacao einrühren. Nach und nach das Mehl zugeben. Pekannüsse unterziehen.

3 Walnußgroße Teigstücke zu Bällchen formen. Bällchen in 3 cm Abstand auf ungefettete Backbleche setzen.

4 Etwa 12–15 Min. goldbraun backen. Kekse in Puderzucker wälzen, dann auf Kuchengitter abkühlen lassen. Nochmals in Puderzucker wälzen.

TORTELETTES

Geformte Kekse

ERGIBT: *35–45 Stück*
ZUBEREITUNGSZEIT: *30 Min.*

TEIG
¾ Tasse Pflanzenfett
1 Tasse Zucker
2 große Eigelb
1 TL geriebene Zitronenschale, unbehandelt
1 ½ Tassen Mehl

BELAG
½ Tasse Zucker
1 großes Eiweiß
1 EL Wasser
⅛ TL Salz
1 Tasse Mandeln, feingemahlen
1 EL Zimt, gemahlen
¼ TL Muskat, gemahlen

1 Ofen auf 190 °C vorheizen. 2 Backbleche leicht einfetten.

2 Fett und Zucker in einer großen Schüssel schaumig rühren. Eigelb, dann Zitronenschale gut unterrühren. Nach und nach das Mehl beigeben.

3 Für den Belag Zucker, Eiweiß, Wasser und Salz in einer mittelgroßen Schüssel gründlich verrühren. Mandeln und Gewürze zufügen.

4 Walnußgroße Teigstücke zu Bällchen formen. Bällchen in 4 cm Abstand auf die Bleche setzen und mit dem bemehlten Boden eines Glases flachdrücken. Großzügig mit dem Belag bestreichen.

5 Etwa 8–10 Min. backen, bis die Oberfläche leicht bräunt. Auf Kuchengitter abkühlen lassen.

TOSCA-KEKSE

Häufchenkekse

ERGIBT: *35–45 Stück*
ZUBEREITUNGSZEIT: *30 Min.*
KÜHLZEIT: *2 Std.*

TEIG
1 Tasse Mehl
⅓ Tasse Mandeln, gemahlen
⅓ Tasse Speisestärke
½ TL Backpulver
1 Tasse Pflanzenfett
⅔ Tasse Zucker
1 großes Ei

GLASUR
4 EL Butter, zerlassen
6 EL Zucker
1 TL Sirup
⅓ Tasse Mandeln, gestiftelt

1 Mehl, Mandeln, Stärke und Backpulver mischen.

2 Fett und Zucker in einer großen Schüssel schaumig rühren. Ei unterrühren. Nach und nach die Mehlmischung zugeben. Zugedeckt 2 Std. in den Kühlschrank stellen.

3 Ofen auf 175 °C vorheizen. 2 Backbleche leicht einfetten.

4 Für die Glasur Butter, Zucker und Sirup in einer kleinen Schüssel glattrühren.

5 Mit Löffeln Teighäufchen in 4 cm Abstand auf die Bleche setzen.

6 Etwa 10–12 Min. backen. Glasieren, mit Mandelsplittern bestreuen und weitere 5 Min. backen. Auf Kuchengitter abkühlen lassen.

TRAUBEN-SCHNITTEN

Gebäckschnitten

ERGIBT: *15–35 Stück*
ZUBEREITUNGSZEIT: *45 Min.*

TEIG
1 ½ Tassen Mehl
½ TL Natron
½ TL Salz
¾ Tasse Pflanzenfett
1 Tasse Zucker

BELAG
1 ½ Tassen getrocknete Aprikosen, feingehackt
½ Tasse Datteln, entsteint, gehackt
½ Tasse Traubengelee
¼ Tasse frischgepreßter Orangensaft
½ Tasse Walnüsse, gemahlen
1 ½ Tassen Haferflocken zum Bestreuen

1 Ofen auf 175 °C vorheizen. Eine rechteckige Backform (20 x 30 cm) leicht einfetten.

2 Für den Teig Mehl, Natron und Salz mischen.

3 Fett und Zucker in einer großen Schüssel schaumig rühren. Nach und nach die Mehlmischung beigeben. Teig gleichmäßig in der Form verteilen.

4 Etwa 20 Min. backen.

5 Für den Belag Aprikosen, Datteln, Gelee, Orangensaft und Nüsse in einem Topf kochen, bis die Früchte weich sind. Vom Herd nehmen.

6 Belag auf dem heißen Teig verteilen. Haferflocken über den Belag streuen, leicht andrücken.

7 Weitere 10 Min. backen, bis die Oberfläche Farbe annimmt. Auf Kuchengitter abkühlen lassen. In beliebig große Quadrate oder Rechtecke schneiden.

TRAUMQUADRATE

Gebäckschnitten

ERGIBT: *25–35 Stück*
ZUBEREITUNGSZEIT: *55 Min.*

TEIG
1 Tasse Mehl
1 ½ TL Backpulver
¼ TL Salz
½ Tasse Butter, Zimmertemperatur
1 ¼ Tassen brauner Zucker
2 große Eier

BELAG
2 EL Mehl
2 EL Puderzucker
2 EL Butter, Zimmertemperatur
1 Tasse Walnüsse, gehackt
1 Tasse Kokosraspeln

1 Ofen auf 175 °C vorheizen. Eine quadratische Backform (20 x 20 cm) leicht einfetten.

2 Für den Teig Mehl, Backpulver und Salz mischen.

3 Butter und Zucker in einer großen Schüssel schaumig rühren. Eier gründlich unterrühren. Nach und nach die Mehlmischung beigeben. Teig gleichmäßig in der Form verteilen.

4 Etwa 25 Min. backen.

5 Für den Belag Mehl und Puderzucker in einer kleinen Schüssel mischen. Butter, dann Walnüsse und Kokosraspeln gut untermengen.

6 Belag gleichmäßig auf dem warmen Teig verteilen. Weitere 20–30 Min. hellbraun backen. In der Form auf Kuchengitter abkühlen lassen. In beliebig große Quadrate schneiden.

Traumschnitten

Gebäckschnitten

Ergibt: *15–25 Stück*
Zubereitungszeit: *50 Min.*

Teig
1 Tasse Mehl
3 EL Puderzucker
½ Tasse Pflanzenfett

Belag
2 EL Mehl
¼ TL Backpulver
⅛ TL Salz
1 ½ Tassen brauner Zucker
2 große Eier
1 ½ TL Vanillearoma
¾ Tasse Walnüsse, gehackt
½ Tasse Kokosflocken

1 Ofen auf 175 °C vorheizen. Eine quadratische Backform (20 x 20 cm) leicht einfetten.

2 Für den Teig Mehl und Puderzucker in einer kleinen Schüssel mischen. Mit in Stücke geschnittenem Fett zum bröseligen Teig verarbeiten. Teig gleichmäßig in die Form drücken.

3 Etwa 15 Min backen.

4 Für den Belag Mehl, Backpulver und Salz mischen.

5 Zucker und Eier in einer mittelgroßen Schüssel zur dicken Creme schlagen. Vanillearoma einrühren. Nach und nach die Mehlmischung zufügen. Walnüsse und Kokosflocken unterziehen.

6 Belag gleichmäßig auf dem warmen Teig verteilen. Weitere 25–30 Min. backen, bis sich die Oberfläche fest anfühlt. In der Form auf Gitter abkühlen lassen. In beliebig große Schnitten schneiden.

Tropische Fruchtschnitten

Gebäckschnitten

Ergibt: *15–35 Stück*
Zubereitungszeit: *35 Min.*

1 ¼ Tassen Mehl
1 TL Natron
1 EL Rapsöl
2 große Eier
1 EL Ananassaft, möglichst frisch
1 TL Orangensaftkonzentrat
1 ¾ Tassen Ananas, frisch oder aus der Dose, zerdrückt
1 Tasse Kokosflocken
¾ Tasse Macadamianüsse, gehackt

1 Ofen auf 175 °C vorheizen. Eine rechteckige Backform (20 x 30 cm) leicht einfetten.

2 Mehl und Natron mischen.

3 Öl und Eier in einer großen Schüssel zur dicken, hellen Creme schlagen. Ananas- und Orangensaft unterrühren. Nach und nach die Mehlmischung zugeben. Ananas, Kokosflocken und Macadamianüsse unterziehen. Teig gleichmäßig in der Form verteilen.

4 Etwa 15–20 Min. backen, bis sich die Oberfläche leicht verfärbt. In der Form auf Gitter abkühlen lassen. In Streifen schneiden.

Tropische Rumschnitten

Gebäckschnitten

Ergibt: *25–35 Stück*
Zubereitungszeit: *35 Min.*

¾ Tasse Mehl
¾ TL Backpulver
½ TL Salz
½ Tasse Pflanzenfett
1 Tasse brauner Zucker
2 große Eier
½ TL Rum
225 g Ananas aus der Dose, abgetropft, zerdrückt
¾ Tasse Kokosflocken

1 Ofen auf 175 °C vorheizen. Eine quadratische Backform (20 x 20 cm) leicht einfetten.

2 Mehl, Backpulver und Salz mischen.

3 Fett und Zucker in einer großen Schüssel schaumig rühren. Eier und Rum gut unterrühren. Nach und nach die Mehlmischung beigeben. Ananas und Kokosflocken unterziehen. Teig gleichmäßig in der Form verteilen.

4 Etwa 25–30 Min. backen, bis die Oberfläche leicht bräunt. In der Form auf Kuchengitter abkühlen lassen. In Schnitten schneiden.

Tschechische Kekse

Ausgerollte Kekse

ERGIBT: *50–70 Stück*
ZUBEREITUNGSZEIT: *30 Min.*
KÜHLZEIT: *4 Std.*

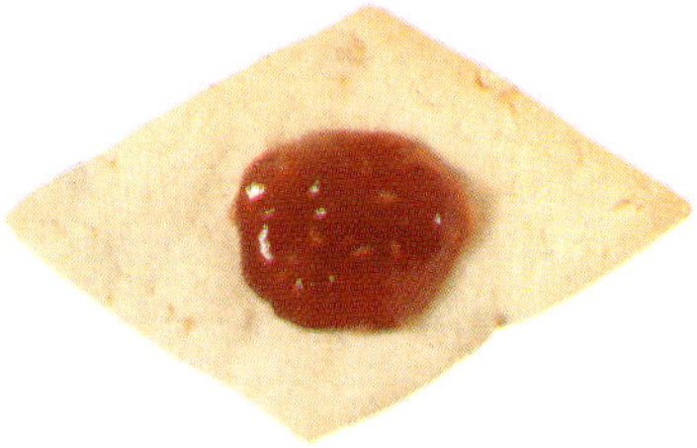

1 Tasse Pflanzenfett
1 Tasse Zucker
2 große Eier
1 TL Vanillearoma
2 ½ Tassen Mehl
1 Tasse Haselnüsse, feingehackt
etwa ¼ Tasse Erdbeermarmelade

1 Fett und Zucker in einer großen Schüssel schaumig rühren. Eier, dann Vanillearoma gut unterrühren. Nach und nach das Mehl zufügen. Haselnüsse unterziehen. Zugedeckt 4 Std. in den Kühlschrank stellen.

2 Ofen auf 160 °C vorheizen.

3 Teig auf bemehlter Arbeitsfläche gut 0,5 cm dick ausrollen. Rauten oder andere Motive ausstechen oder ausschneiden und in 3 cm Abstand auf ungefettete Backbleche legen. ¼ TL Marmelade in die Mitte jedes Kekses geben.

4 Etwa 8–12 Min. goldgelb backen. Auf Kuchengitter abkühlen lassen.

Backtip: Dieses schlichte Grundrezept läßt sich auf vielerlei Weisen variieren, etwa indem man andere Nüsse und andere Marmeladensorten verwendet.

Tschechische Weihnachtsplätzchen

Ausgerollte Kekse

ERGIBT: *120–140 Stück*
ZUBEREITUNGSZEIT: *40 Min.*
KÜHLZEIT: *1 Woche*

3 ¾ Tassen Mehl
½ TL Natron
1 TL Zimt, gemahlen
¾ TL Ingwer, gemahlen
½ TL Nelken, gemahlen
¼ TL Piment, gemahlen
¼ TL Muskat, gemahlen
¼ TL Salz
½ Tasse Butter, Zimmertemperatur
⅓ Tasse brauner Zucker
1 Tasse Sirup, angewärmt

1 Mehl, Natron, Gewürze und Salz mischen.

2 Butter und Zucker in einer großen Schüssel schaumig rühren. Sirup gründlich unterrühren. Nach und nach die Mehlmischung zugeben. Erscheint der Teig zu trocken, teelöffelweise warmes Wasser beigeben. Teig zu einem Kreis formen und in Wachspapier gewickelt 1 Woche in den Kühlschrank legen.

3 Teig 3 Std. vor dem Backen aus dem Kühlschrank nehmen.

4 Ofen auf 190 °C vorheizen. 2 Backbleche leicht einfetten.

5 Teig auf bemehlter Arbeitsfläche gut 0,5 cm dick ausrollen. Beliebige Motive ausstechen und in 3 cm Abstand auf die Bleche legen.

6 Etwa 7–10 Min. backen, bis die Kekse leicht bräunen. Auf Kuchengitter abkühlen lassen. In luftdichten Behältern lagern.

Ungarische Butterkekse

Ausgerollte Kekse

Ergibt: *25–40 Stück*
Zubereitungszeit: *30 Min.*
Kühlzeit: *2 Std.*

2 ¾ Tassen Mehl
1 EL Natron
¼ TL Salz
1 ½ Tassen Butter, Zimmertemperatur
¼ Tasse Zucker
4 große Eigelb
1 Tasse saure Sahne
1 großes Eiweiß, verschlagen
Zucker zum Bestreuen

1 Mehl, Natron und Salz mischen.

2 Butter und Zucker in einer großen Schüssel schaumig rühren. Eigelb, dann saure Sahne gründlich unterrühren. Nach und nach die Mehlmischung zufügen. Zugedeckt 2 Std. in den Kühlschrank stellen.

3 Ofen auf 175 °C vorheizen. 2 Backbleche leicht einfetten.

4 Teig auf bemehlter Arbeitsfläche gut 0,5 cm dick ausrollen. Kreise von 4 cm Durchmesser ausstechen und in 3 cm Abstand auf die Bleche legen.

5 Kekse mit Eiweiß bepinseln und mit Zucker bestreuen.

6 Etwa 12–14 Min. backen, bis die Kekse schwach bräunen. Auf Kuchengitter abkühlen lassen.

Uppåkra-Kekse

Ausgerollte Kekse

Ergibt: *50–70 Stück*
Zubereitungszeit: *35 Min.*

3 ½ Tassen Mehl
2 Tassen Kartoffelmehl
1 ¾ Tassen Butter, Zimmertemperatur
1 Tasse Zucker
2 große Eier, verschlagen
Puderzucker zum Besieben
etwa 1 Tasse ganze Mandeln, enthäutet

1 Ofen auf 220 °C vorheizen. 2 Backbleche leicht einfetten.

2 Mehl und Kartoffelmehl mischen.

3 Butter und Zucker in einer großen Schüssel schaumig rühren. Nach und nach das Mehl zugeben.

4 Teig auf bemehlter Arbeitsfläche knapp 0,5 cm dick ausrollen. Kreise von 4 cm Durchmesser ausstechen und in 3 cm Abstand auf die Bleche legen. Kekse mit den verschlagenen Eiern bepinseln und mit Puderzucker besieben. In die Mitte jedes Kekses eine ganze Mandel drücken.

5 Etwa 8–10 Min. backen, bis die Kekse leicht bräunen. Auf Kuchengitter abkühlen lassen.

VANILLE-ZUCKER-PLÄTZCHEN

Ausgerollte Kekse

ERGIBT: *35–60 Stück*
ZUBEREITUNGSZEIT: *30 Min.*
KÜHLZEIT: *1 Std.*

2 ½ Tassen Mehl
1 TL Backpulver
1 Prise Salz
1 Tasse Butter, Zimmertemperatur
1 Tasse Zucker
2 große Eigelb
1 ½ TL Vanillearoma
Zucker zum Bestreuen

1 Mehl, Backpulver und Salz mischen.

2 Butter und Zucker in einer großen Schüssel schaumig rühren. Eigelb, dann Vanillearoma gut unterrühren. Nach und nach die Mehlmischung zufügen. Zugedeckt 1 Std. in den Kühlschrank stellen.

3 Ofen auf 190 °C vorheizen. 2 Backbleche leicht einfetten.

4 Teig auf bemehlter Arbeitsfläche gut 0,5 cm dick ausrollen. Kreise von 5 cm Durchmesser ausstechen und in 3 cm Abstand auf die Bleche legen.

5 Etwa 10–12 Min. hellgelb backen. Kekse noch heiß mit Zucker bestreuen. Auf Kuchengitter abkühlen lassen.

VANILLE-BLÜMCHEN

Ausgerollte Kekse

ERGIBT: *35–45 Stück*
ZUBEREITUNGSZEIT: *30 Min.*

2 ⅓ Tassen Mehl
½ TL Backpulver
¼ TL Salz
1 Tasse Pflanzenfett
⅔ Tasse Zucker
1 großes Ei
1 TL Vanillearoma
1 TL geriebene Zitronenschale, unbehandelt
etwa ¼ Tasse kandierte Kirschen, halbiert

1 Ofen auf 175 °C vorheizen.

2 Mehl, Backpulver und Salz mischen.

3 Fett und Zucker in einer großen Schüssel schaumig rühren. Nacheinander Ei, Vanillearoma und Zitronenschale gut unterrühren. Nach und nach die Mehlmischung beigeben.

4 Teig auf bemehlter Arbeitsfläche gut 0,5 cm dick ausrollen. Blümchen ausstechen und in 3 cm Abstand auf ungefettete Backbleche legen. In die Mitte jedes Blümchens eine Kirschhälfte drücken.

5 Etwa 10–12 Min. goldgelb backen. Auf Kuchengitter abkühlen lassen.

VANILLEHERZEN

Ausgerollte Kekse

ERGIBT: *35–70 Stück*
ZUBEREITUNGSZEIT: *30 Min.*
KÜHLZEIT: *2 Std.*

4 Tassen Mehl
½ TL Salz
⅔ Tasse Pflanzenfett
1 Tasse Zucker
3 große Eier
1 TL Vanillearoma

1 Mehl und Salz mischen.

2 Fett und Zucker in einer großen Schüssel schaumig rühren. Einzeln die Eier, dann Vanillearoma gut unterrühren. Nach und nach die Mehlmischung zufügen. Zugedeckt mindestens 2 Std. in den Kühlschrank stellen.

3 Ofen auf 175 °C vorheizen. 2 Backbleche leicht einfetten.

4 Teig auf bemehlter Arbeitsfläche gut 0,5 cm dick ausrollen. Herzen ausstechen und in 3 cm Abstand auf die Bleche legen.

5 Etwa 10–12 Min. goldgelb backen. Auf Kuchengitter abkühlen lassen.

Backtip: Die Vanilleherzen werden gern mit einer weißen oder rosafarbenen Glasur verziert.

VANILLE-KRÄNZCHEN

Geformte Kekse

ERGIBT: *35–45 Stück*
ZUBEREITUNGSZEIT: *30 Min.*

1 ½ Tassen Mehl
½ TL Backpulver
⅛ TL Natron
¼ TL Salz
¼ Tasse Butter, Zimmertemperatur
½ Tasse Zucker
1 großes Ei
¼ Tasse Sauerrahm
1 TL Vanillearoma

1 Ofen auf 175 °C vorheizen.

2 Mehl, Backpulver, Natron und Salz mischen.

3 Butter und Zucker in einer großen Schüssel schaumig rühren. Nacheinander Ei, Sauerrahm und Vanillearoma gut unterrühren. Nach und nach die Mehlmischung zugeben.

4 Teig in Spritzbeutel oder Gebäckspritze mit Sterntülle füllen und kleine Kränze in 3 cm Abstand auf ungefettete Backbleche spritzen.

5 Etwa 10–12 Min. lichtgelb backen. Auf Kuchengitter abkühlen lassen.

VANILLEMÜNZEN

Ausgerollte Kekse

ERGIBT: *35–70 Stück*
ZUBEREITUNGSZEIT: *30 Min.*
KÜHLZEIT: *4 Std.*

2 Tassen Mehl
2 TL Backpulver
½ TL Salz
⅓ Tasse Pflanzenfett
1 Tasse Zucker
1 großes Ei
¼ Tasse Milch
1 EL Vanillearoma

1 Mehl, Backpulver und Salz mischen.

2 Fett und Zucker in einer großen Schüssel schaumig rühren. Ei, dann Milch und Vanillearoma gut unterrühren. Nach und nach die Mehlmischung beigeben. Zugedeckt 4 Std. in den Kühlschrank stellen.

3 Ofen auf 175 °C vorheizen. 2 Backbleche leicht einfetten.

4 Teig auf bemehlter Arbeitsfläche gut 0,5 cm dick ausrollen. Kreise von 4 cm Durchmesser ausstechen und in 3 cm Abstand auf die Bleche legen.

5 Etwa 18–20 Min. lichtgelb backen. Auf Kuchengitter abkühlen lassen.

Backtip: Fügt man dem Teig 3 EL Milch hinzu, so läßt er sich mit Löffeln auf die Bleche setzen.

Viktorianische Kekse

Ausgerollte Kekse

Ergibt: *25–35 Stück*
Zubereitungszeit: *35 Min.*

1 ½ Tassen Mehl
¼ Tasse Haferflocken
¼ Tasse Zucker
2 EL Backpulver
¼ TL Salz
3 EL Butter
2 EL Milch

1 Ofen auf 200 °C vorheizen. 2 Backbleche leicht einfetten.

2 Mehl, Haferflocken, Zucker, Backpulver und Salz in einer großen Schüssel mischen. Butter hineinschneiden und zu einer bröseligen Masse verarbeiten. So viel Milch zugeben, daß ein fester Teig entsteht.

3 Auf bemehlter Arbeitsfläche zu einem geschmeidigen Teig kneten. Knapp 0,5 cm dick ausrollen. Mit einer Gabel in dichten Abständen einstechen. Kreise von 4 cm Durchmesser ausstechen und in 2,5 cm Abstand auf die Bleche legen.

4 Etwa 12–15 Min. golden backen. Auf Kuchengitter abkühlen lassen.

Backtip: Dieses britische Rezept entstammt der Ära der Königin Viktoria. Es ist ein kulinarischer Beleg dafür, daß Maßhalten und Prüderie die Kehrseite des prunkvollen viktorianischen Zeitalters bildeten. Vor dem Untermengen der Milch kann ½ TL Vanillearoma zugeben werden.

Virginia-Rebellen

Häufchenkekse

Ergibt: *35–45 Stück*
Zubereitungszeit: *30 Min.*

1 Tasse Mehl
6 EL Kakaopulver, ungezuckert
½ TL Natron
½ TL Salz
1 ¼ Tassen Pflanzenfett
1 ½ Tassen Zucker
1 großes Ei
¼ Tasse Wasser
½ TL Whisky
3 Tassen Haferflocken

1 Ofen auf 175 °C vorheizen.

2 Mehl, Kakao, Natron und Salz mischen.

3 Fett und Zucker in einer großen Schüssel schaumig rühren. Ei, dann Wasser und Whisky gut unterrühren. Nach und nach die Mehlmischung beigeben. Haferflocken unterziehen.

4 Mit Löffeln Teighäufchen in 4 cm Abstand auf ungefettete Backbleche setzen.

5 Etwa 10–12 Min. backen, bis sich die Kekse verfärben. Auf Kuchengitter abkühlen lassen.

Vizekönige

Häufchenkekse

Ergibt: *50–70 Stück*
Zubereitungszeit: *30 Min.*

3 Tassen Mehl
1 Tasse Pekannüsse, feingemahlen
1 ½ TL Backpulver
1 ½ Tassen Pflanzenfett
1 ½ Tassen Zucker
2 große Eier
2 TL Tía Maria (Likör)
⅓ Tasse warmes Wasser

1 Ofen auf 175 °C vorheizen. 2 Backbleche leicht einfetten.

2 Mehl, Nüsse und Backpulver mischen.

3 Fett und Zucker in einer großen Schüssel schaumig rühren. Einzeln die Eier, dann Likör und Wasser gründlich unterrühren. Nach und nach die Mehlmischung zugeben.

4 Mit Löffeln Teighäufchen in 4 cm Abstand auf die Bleche setzen.

5 Etwa 12–15 Min. hellgelb backen. Auf Kuchengitter abkühlen lassen.

Vogelnester

Geformte Kekse

Ergibt: *35–45 Stück*
Zubereitungszeit: *35 Min.*

2 Tassen Mehl
¼ TL Salz
1 Tasse Pflanzenfett
½ Tasse Zucker
1 großes Ei, getrennt
1 großes Eigelb
1 ½ TL Vanillearoma
1 Tasse Walnüsse, gehackt
Schokolinsen zum Verzieren

1 Ofen auf 190 °C vorheizen.

2 Mehl und Salz mischen.

3 Fett und Zucker in einer großen Schüssel schaumig rühren. Beide Eigelbe und Vanillearoma gründlich unterrühren. Nach und nach die Mehlmischung zufügen.

4 Eiweiß in einer flachen Schüssel schaumig schlagen. Walnüsse auf Wachspapier auslegen.

5 Etwa 2,5 cm große Teigstücke zu Bällchen formen. Bällchen in das Eiweiß tauchen, in den Walnüssen wälzen und in 3 cm Abstand auf ungefettete Backbleche setzen.

6 Mit dem Finger eine kleine Mulde in die Mitte jedes Bällchens drücken. 12–15 Min. backen, bis die Kekse schwach bräunen.

7 In die Mulden der heißen Kekse je eine Schokolinse setzen. Auf Kuchengitter abkühlen lassen.

Vollkorn-Zuckerkekse

Häufchenkekse

Ergibt: *35–45 Stück*
Zubereitungszeit: *30 Min.*

3 ½ Tassen Weizen-Vollkornmehl
½ Tasse Weizenmehl
2 TL Backpulver
1 TL Natron
1 TL Muskat, gemahlen
1 TL Salz
1 Tasse Pflanzenfett
2 Tassen Zucker
2 große Eier
2 TL Sauermilch
2 EL Zucker
2 TL Zimt, gemahlen

1 Ofen auf 175 °C vorheizen.

2 Beide Mehlsorten, Backpulver, Natron, Muskat und Salz mischen.

3 Fett und Zucker in einer großen Schüssel schaumig rühren. Eier, dann Milch gründlich unterrühren. Nach und nach die Mehlmischung beigeben.

4 Zucker und Zimt in einer Untertasse mischen.

5 Mit Löffeln Teighäufchen in 4 cm Abstand auf ungefettete Backbleche setzen. Boden eines Glases in den Zimtzucker stippen und die Häufchen damit flachdrücken.

6 Etwa 10–12 Min. backen, bis die Kekse leicht bräunen. Auf Kuchengitter abkühlen lassen.

Vollkornhappen

Häufchenkekse

Ergibt: *50–70 Stück*
Zubereitungszeit: *30 Min.*
Kühlzeit: *2 Std.*

1 Tasse Weizenmehl
1 Tasse Weizen-Vollkornmehl
2 TL Backpulver
¼ TL Natron
¼ TL Salz
1 Tasse Pflanzenfett
¾ Tasse Zucker
1 großes Ei
1 Tasse Karotten, gekocht, zerdrückt
1 TL Zitronenaroma
½ TL Vanillearoma
1 Tasse Walnüsse, gehackt (falls erwünscht)
1 Tasse Rosinen (falls erwünscht)

1 Beide Mehlsorten, Backpulver, Natron und Salz mischen.

2 Fett und Zucker in einer großen Schüssel schaumig rühren. Ei gut unterrühren. Nacheinander Karotten, Zitronen- und Vanillearoma zufügen. Nach und nach die Mehlmischung zugeben. Nach Belieben Nüsse und Rosinen unterziehen. Zugedeckt 2 Std. in den Kühlschrank stellen.

3 Ofen auf 190 °C vorheizen. 2 Backbleche leicht einfetten.

4 Mit Löffeln Teighäufchen in 4 cm Abstand auf die Bleche setzen.

5 Etwa 10–12 Min. backen, bis die Kekse zart bräunen. Auf Kuchengitter abkühlen lassen.

Walisisches Teegebäck

Ausgerollte Kekse

ERGIBT: *35–45 Stück*
ZUBEREITUNGSZEIT: *30 Min.*

1 ½ Tassen Mehl
1 TL Natron
1 TL Weinstein
1 Prise Salz
6 EL Pflanzenfett
3 EL Zucker
⅔ Tasse Milch

1 Ofen auf 190 °C vorheizen. 2 Backbleche leicht einfetten.

2 Mehl, Natron, Weinstein und Salz mischen.

3 Fett und Zucker in einer großen Schüssel schaumig rühren. Milch unterrühren. Nach und nach die Mehlmischung zufügen.

4 Teig auf bemehlter Arbeitsfläche knapp 1,5 cm dick ausrollen. Runde Platten von 8–10 cm Durchmesser ausstechen. „Tortenstücke" ausschneiden und in 3 cm Abstand auf die Bleche legen.

5 Etwa 15–20 Min. goldgelb backen. Auf Drahtgitter abkühlen lassen.

Backtip: Diese Spezialität aus Wales wurde früher – ähnlich wie Pfannkuchen – über offenem Feuer in der Pfanne gebacken. Traditionell reicht man sie mit Marmelade oder Gelee zum Tee.

Walnuss-Fruchtringe

Geformte Kekse

ERGIBT: *35–45 Stück*
ZUBEREITUNGSZEIT: *40 Min.*

TEIG
1 Tasse Pflanzenfett
¾ Tasse brauner Zucker
3 große Eigelb
1 TL Aprikosenlikör
2 ½ Tassen Mehl
½ Tasse Zitronat, gehackt
½ Tasse Walnüsse, gehackt

GLASUR
1 großes Eiweiß
1 EL Honig
kandierte Kirschen, halbiert, zum Verzieren

1 Ofen auf 160 °C vorheizen. 2 Backbleche leicht einfetten.

2 Fett und Zucker in einer großen Schüssel schaumig rühren. Eigelb, dann Likör gut unterrühren. Nach und nach das Mehl beigeben. Zitronat und Nüsse unterziehen.

3 Für die Glasur Eiweiß und Honig in einer kleinen Schüssel verschlagen.

4 Teigstückchen zu bleistiftschmalen, etwa 15 cm langen Strängen rollen. Stränge zu Ringen formen. Ringe in 3 cm Abstand auf die Bleche legen, Nahtstellen zusammendrücken. Auf die Nahtstellen je eine Kirschhälfte legen. Mit der Glasur bepinseln.

5 Etwa 18–29 Min. golden backen. Auf Kuchengitter abkühlen lassen.

Backtip: Wer es gern süßer mag, kann das Zitronat durch grüne oder rote kandierte Kirschen ersetzen.

Walnuss-Gesundheitsplätzchen

Häufchenkekse

Ergibt: *35–45 Stück*
Zubereitungszeit: *40 Min.*

1 Tasse Weizen-Vollkornmehl
¼ Tasse fettarmes Milchpulver
¼ Tasse Weizenkeime
¼ TL Backpulver
¼ TL Zimt, gemahlen
1 TL Salz
¾ Tasse Pflanzenfett
1 ¼ Tassen brauner Zucker
1 großes Ei
¼ Tasse Orangensaftkonzentrat
1 ½ Tassen Haferflocken
1 Tasse Walnüsse, gehackt
½ Tasse Rosinen

1 Ofen auf 175 °C vorheizen.

2 Mehl, Milchpulver, Weizenkeime, Backpulver, Zimt und Salz mischen.

3 Fett und Zucker in einer großen Schüssel schaumig rühren. Ei, dann Orangensaftkonzentrat gut unterrühren. Nach und nach die Mehlmischung zufügen. Haferflocken, Nüsse und Rosinen unterziehen.

4 Mit Löffeln Teighäufchen in 4 cm Abstand auf ungefettete Backbleche setzen. Häufchen mit einem bemehlten Löffelrücken flachdrücken.

5 Etwa 25–30 Min. zartbraun backen. Auf Kuchengitter abkühlen lassen.

Walnuss-Gewürzstreifen

Ausgerollte Kekse

Ergibt: *35–45 Stück*
Zubereitungszeit: *30 Min.*
Kühlzeit: *2 Std.*

3 Tassen Mehl
1 TL Ingwer, gemahlen
¼ TL Muskat, gemahlen
⅛ TL Nelken, gemahlen
1 TL Salz
½ Tasse Pflanzenfett
½ Tasse brauner Zucker
1 TL Natron
¼ Tasse heißes Wasser
½ Tasse Sirup
1 ½ Tassen Walnüsse, gehackt

1 Mehl, Gewürze und Salz mischen.

2 Fett und Zucker in einer großen Schüssel schaumig rühren.

3 Natron im Wasser auflösen. Zur Fett-Zucker-Masse geben und glattrühren. Sirup unterrühren. Nach und nach die Mehlmischung zugeben. Nüsse unterziehen. Zugedeckt 2 Std. in den Kühlschrank stellen.

4 Ofen auf 175 °C vorheizen. 2 Backbleche leicht einfetten.

5 Teig auf bemehlter Arbeitsfläche gut 0,5 cm dick ausrollen. Mit einem scharfen Messer in gut 2 x 7 cm große Streifen schneiden. Streifen in 3 cm Abstand auf die Bleche legen.

6 Etwa 10–12 Min. backen, bis die Kekse leicht bräunen. Auf Kuchengitter abkühlen lassen.

Walnuss-Mürbegebäck

Geformte Kekse

Ergibt: *50–60 Stück*
Zubereitungszeit: *30 Min.*

4 ½ Tassen Mehl
1 Tasse Walnüsse, feingemahlen
2 Tassen Pflanzenfett
2 ½ Tassen brauner Zucker
2 TL Vanillearoma

1 Ofen auf 175 °C vorheizen.

2 Mehl und Nüsse mischen.

3 Fett und Zucker in einer großen Schüssel schaumig rühren. Vanillearoma unterrühren. Nach und nach die Mehlmischung beigeben.

4 Walnußgroße Teigstücke zu Bällchen formen. Bällchen in 4 cm Abstand auf ungefettete Backbleche setzen und mit einem bemehlten Löffelrücken flachdrücken. Nach Belieben mit einer bemehlten Gabel rillen.

5 Etwa 10–15 Min. backen, bis die Kekse etwas Farbe annehmen. Auf Kuchengitter abkühlen lassen.

Walnuss-Quadrate I

Gebäckschnitten

Ergibt: *25–35 Stück*
Zubereitungszeit: *40 Min.*

Teig
¾ Tasse Pflanzenfett
⅓ Tasse Zucker
2 große Eigelb
1 TL Vanillearoma
1 ½ Tassen Mehl

Belag
2 EL Mehl
¼ TL Backpulver
¼ TL Salz
1 ½ Tassen brauner Zucker
2 große Eier, getrennt
2 EL Kondensmilch
1 TL Vanillearoma
1 Tasse Kokosflocken
½ Tasse Walnüsse, gehackt

1 Ofen auf 175 °C vorheizen. Eine quadratische Backform (20 x 20 cm) leicht einfetten.

2 Für den Teig Fett und Zucker in einer mittelgroßen Schüssel schaumig rühren. Eigelb und Vanillearoma gut unterrühren. Nach und nach das Mehl zufügen. Teig gleichmäßig in die Form drücken.

3 Etwa 12 Min. backen.

4 Für den Belag Mehl, Backpulver und Salz mischen.

5 Zucker und Eier in einer großen Schüssel verschlagen. Milch und Vanillearoma gründlich unterrühren. Nach und nach die Mehlmischung zugeben. Kokosflocken und Walnüsse unterziehen. Belag auf dem heißen Teig verteilen. Weitere 20 Min. backen, bis sich die Oberfläche fest anfühlt. In der Form auf Gitter abkühlen lassen. In beliebig große Quadrate oder Rechtecke schneiden.

Walnuss-Quadrate II

Gebäckschnitten

Ergibt: *25–35 Stück*
Zubereitungszeit: *40 Min.*

Teig
1 Tasse Mehl
¼ TL Salz
¼ Tasse Pflanzenfett

Belag
2 EL Mehl
¼ TL Salz
¾ Tasse Zucker
2 große Eier
1 TL Vanillearoma
2 Tassen Kokosflocken
1 Tasse Walnüsse, gehackt
Zucker zum Bestreuen

1 Ofen auf 175 °C vorheizen. Eine quadratische Backform (20 x 20 cm) leicht einfetten.

2 Für den Teig Mehl und Salz in einer mittelgroßen Schüssel mischen. Mit in Stücke geschnittenem Fett zum bröseligen Teig verarbeiten. Teig gleichmäßig in die Form drücken.

3 Etwa 12 Min. backen.

4 Für den Belag Mehl und Salz mischen.

5 Zucker und Eier in einer großen Schüssel zur dicken, hellen Creme schlagen. Vanillearoma unterrühren. Nach und nach die Mehlmischung beigeben. Kokosflocken und Walnüsse unterziehen.

6 Belag auf dem heißen Teig verteilen. Weitere 15 Min. backen, bis der Belag fest ist. Mit Zucker bestreuen. In der Form auf Kuchengitter abkühlen lassen. In beliebig große Quadrate oder Rechtecke schneiden.

Walnuss-Schnitten

Gebäckschnitten

Ergibt: *35–45 Stück*
Zubereitungszeit: *45 Min.*

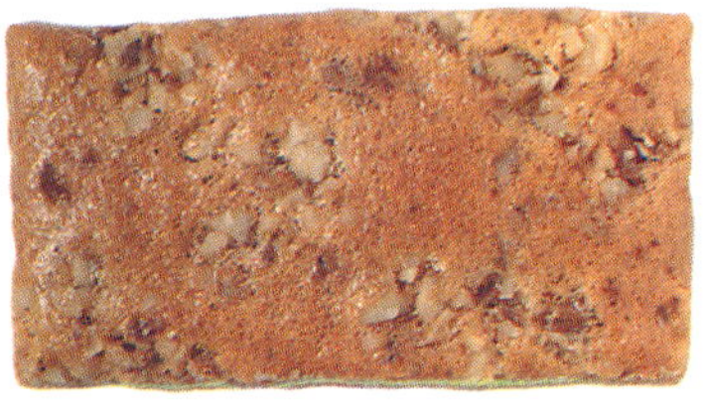

Teig
1 ⅓ Tassen Mehl
½ TL Backpulver
½ Tasse brauner Zucker
⅓ Tasse Pflanzenfett
¼ Tasse Walnüsse, gehackt

Belag
3 EL Mehl
½ TL Salz
¼ Tasse brauner Zucker
2 große Eier
¾ Tasse Sirup
1 TL Vanillearoma
¾ Tasse Walnüsse, feingemahlen

1 Ofen auf 175 °C vorheizen. Eine rechteckige Backform (20 x 30 cm) leicht einfetten.

2 Für den Teig Mehl, Backpulver und Zucker in einer großen Schüssel mischen. Mit in Stücke geschnittenem Fett zum bröseligen Teig verarbeiten. Walnüsse zugeben. Teig gleichmäßig in der Form verteilen.

3 Etwa 10 Min. backen.

4 Für den Belag Mehl und Salz mischen.

5 Zucker und Eier in einer mittelgroßen Schüssel zur dicken, hellen Creme schlagen. Sirup und Vanillearoma gründlich unterrühren. Nach und nach die Mehlmischung zufügen. Belag auf dem heißen Teig verteilen und mit Walnüssen bestreuen. Weitere 25–30 Min. backen, bis sich die Oberfläche fest anfühlt. In der Form auf Gitter abkühlen lassen. In Rechtecke schneiden.

Walnuss-Schoko-Bissen

Häufchenkekse

Ergibt: *50–60 Stück*
Zubereitungszeit: *30 Min.*

1 ¼ Tassen Mehl
½ TL Natron
¼ TL Salz
⅓ Tasse Butter, Zimmertemperatur
½ Tasse brauner Zucker
1 großes Ei
1 TL Vanillearoma
1 Tasse halbbittere Schokoladen-Tröpfchen
½ Tasse Walnüsse, feingehackt

1 Ofen auf 190 °C vorheizen. 2 Backbleche leicht einfetten.

2 Mehl, Natron und Salz mischen.

3 Butter und Zucker in einer großen Schüssel schaumig rühren. Ei und Vanillearoma unterrühren. Nach und nach die Mehlmischung zufügen. Schokoladen-Tröpfchen und Walnüsse unterziehen.

4 Mit Löffeln Teighäufchen in 5 cm Abstand auf die Bleche setzen.

5 Etwa 10–12 Min. goldbraun backen. Auf Kuchengitter abkühlen lassen.

Walnuss-Bällchen

Geformte Kekse

Ergibt: *25–35 Stück*
Zubereitungszeit: *30 Min.*

1 Tasse Mehl
1 Tasse Walnüsse, feingemahlen
¼ TL Salz
½ Tasse Pflanzenfett
2 EL Honig, angewärmt
1 TL Kaffeelikör
Puderzucker zum Wälzen

1 Ofen auf 150 °C vorheizen. 2 Backbleche leicht einfetten.

2 Mehl, Walnüsse und Salz mischen.

3 Fett, Honig und Likör in einer großen Schüssel zur glatten Masse rühren. Nach und nach die Mehlmischung zugeben.

4 Walnußgroße Teigstücke zu Bällchen formen. Bällchen in 3 cm Abstand auf die Bleche setzen.

5 Etwa 25–30 Min. goldgelb backen. Gebäck noch heiß in Puderzucker wälzen. Auf Kuchengitter abkühlen lassen.

6 Abgekühlte Kekse abermals in Puderzucker wälzen.

Walnusskekse I

Geschnittene Kekse

Ergibt: *50–60 Stück*
Zubereitungszeit: *30 Min.*
Kühlzeit: *4 Std.*

3 Tassen Mehl
½ TL Natron
½ TL Ingwer
¼ TL Salz
1 Tasse Pflanzenfett
1 Tasse weißer Zucker
1 Tasse brauner Zucker
2 große Eier
¾ Tasse Walnüsse gehackt

1 Mehl, Natron, Ingwer und Salz mischen.

2 Fett und beide Zuckersorten in einer großen Schüssel schaumig rühren. Eier unterrühren. Nach und nach die Mehlmischung zufügen. Walnüsse unterziehen.

3 Teig halbieren. Hälften zu etwa 5 cm dicken Rollen formen. In Wachspapier 4 Std. in den Kühlschrank legen.

4 Ofen auf 175 °C vorheizen.

5 Rollen in gut 0,5 cm dicke Scheiben schneiden. Scheiben in 3 cm Abstand auf ungefettete Bleche legen.

6 Etwa 10–12 Min. goldgelb backen. Auf Kuchengitter abkühlen lassen.

Walnusskekse II

Geformte Kekse

Ergibt: *50–60 Stück*
Zubereitungszeit: *30 Min.*
Kühlzeit: *4 Std.*

2 ½ Tassen Mehl
1 ¼ TL Backpulver
½ Tasse Pflanzenfett
2 Tassen brauner Zucker
2 große Eier
½ Tasse Walnüsse, gehackt

1 Mehl und Backpulver mischen.

2 Fett und Zucker in einer großen Schüssel schaumig rühren. Eier unterschlagen. Nach und nach die Mehlmischung beigeben. Walnüsse unterziehen.

3 Teig halbieren. Hälften zu etwa 5 cm dicken Rollen formen. In Wachspapier 4 Std. in den Kühlschrank legen.

4 Ofen auf 175 °C vorheizen.

5 Rollen in gut 0,5 cm dicke Scheiben schneiden. Scheiben in 3 cm Abstand auf ungefettete Bleche legen.

6 Etwa 10–12 Min. goldgelb backen. Auf Kuchengitter abkühlen lassen.

Walnusskleckse

Häufchenkekse

Ergibt: *35–60 Stück*
Zubereitungszeit: *35 Min.*

2 Tassen Mehl
2 TL Backpulver
½ TL Natron
½ Tasse Pflanzenfett
1 Tasse brauner Zucker
2 große Eier
½ Tasse Buttermilch
1 TL Vanillearoma
1 Tasse Walnüsse, gehackt

1 Ofen auf 190 °C vorheizen. 2 Backbleche leicht einfetten.

2 Mehl, Backpulver und Natron mischen.

3 Fett und Zucker in einer großen Schüssel schaumig rühren. Eier, dann Buttermilch und Vanillearoma gründlich unterrühren. Nach und nach die Mehlmischung zugeben. Nüsse unterziehen.

4 Mit Löffeln Teighäufchen in 4 cm Abstand auf die Bleche setzen.

5 Etwa 12–15 Min. backen, bis die Kekse sich sanft verfärben. Auf Kuchengitter abkühlen lassen.

Wanderfutter

Gebäckschnitten

Ergibt: *15–25 Stück*
Zubereitungszeit: *45 Min.*

Teig
¾ Tasse Mehl
½ Tasse Haferflocken
¼ Tasse Weizenkeime, geröstet
6 EL brauner Zucker
1 EL geriebene Orangenschale, unbehandelt
½ Tasse Pflanzenfett

Belag
2 große Eier
6 EL brauner Zucker
½ Tasse Kokosraspeln
⅔ Tasse Mandelblättchen

1 Ofen auf 175 °C vorheizen. Eine quadratische Backform (20 x 20 cm) leicht einfetten.

2 Für den Teig Mehl, Haferflocken, Weizenkeime, Zucker und Orangenschale in einer großen Schüssel mischen. Mit in Stücke geschnittenem Fett zum bröseligen Teig verarbeiten. Teig gleichmäßig in die Form drücken.

3 Für den Belag Eier und Zucker in einer mittelgroßen Schüssel zur dicken Creme schlagen. Kokosraspeln unterziehen. Belag über den Teig gießen und mit Mandelblättchen bestreuen.

4 Etwa 30–35 Min. backen, bis sich die Oberfläche verfärbt und fest anfühlt. In der Form auf Gitter abkühlen lassen. In Streifen schneiden.

Backtip: Um das Aroma zu intensivieren, kann man dem Belag 2 Tropfen Mandelaroma zugeben. Unter den Teig lassen sich nach Wunsch auch Rosinen mengen.

Weihnachts-Spritzgebäck

Geformte Kekse

Ergibt: *35–45 Stück*
Zubereitungszeit: *30 Min.*

1 Tasse Pflanzenfett
½ Tasse Zucker
1 großes Ei
1 TL Vanillearoma
2 ½ EL Mehl
1 ⅓ Tassen Mandeln, feingehackt
¼ Tasse Ahornsirup
rote und grüne kandierte Kirschen, halbiert oder kleiner geschnitten

1 Ofen auf 175 °C vorheizen. 2 Backbleche leicht einfetten.

2 Fett und Zucker in einer großen Schüssel schaumig rühren. Ei und Vanillearoma gut unterrühren. Nach und nach das Mehl beigeben. ⅓ des Teigs in eine mittelgroße Schüssel geben.

3 Restlichen Teig in Spritzbeutel oder Gebäckspritze mit kleiner Sterntülle füllen. Ringförmig kleine runde Häufchen in 3 cm Abstand auf die Bleche spritzen.

4 Mandeln und Sirup zum reservierten Teigdrittel geben. Gut vermengen. ¼–½ TL der Mischung in die Mitte der Kekse geben und je 1 halbe Kirsche oder mehrere kleine Scheibchen auflegen.

5 Etwa 10–12 Min. backen. Auf Kuchengitter abkühlen lassen.

Weihnachts-Glocken

Ausgerollte Kekse

Ergibt: *35–45 Stück*
Zubereitungszeit: *30 Min.*
Kühlzeit: *8 Std.*

2 Tassen Mehl
½ TL Backpulver
¼ TL Zimt, gemahlen
½ Tasse Pflanzenfett
1 ¾ Tassen Puderzucker
2 große Eier
1 TL frischgepreßter Zitronensaft
Vanilleglasur (s. Grundrezepte für Glasuren und Überzüge)

1 Mehl, Backpulver und Zimt mischen.

2 Fett und Puderzucker in einer großen Schüssel schaumig rühren. Einzeln die Eier, dann Zitronensaft gut unterrühren. Nach und nach die Mehlmischung zugeben. Zugedeckt 8 Std. in den Kühlschrank stellen.

3 Ofen auf 175 °C vorheizen. 2 Backbleche leicht einfetten.

4 Teig auf bemehlter Arbeitsfläche knapp 0,5 cm dick ausrollen. Mit Förmchen Glocken ausstechen und in 4 cm Abstand auf die Bleche legen.

5 Etwa 8–10 Min. backen, bis sich die Kekse fest anfühlen. Auf Kuchengitter abkühlen lassen.

6 Kekse mit der Glasur verzieren (s. Backtip).

Backtip: Es gibt viele Möglichkeiten, diese Plätzchen zu verzieren. Man kann sie mit Vanilleglasur überziehen und dann mit einem farbigen Guß bunte Pünktchen- oder Linienmuster aufspritzen. Oder man drückt Minibonbons, bunte Liebesperlen oder anderen Gebäckschmuck auf die weiße Glasur. Man kann auch auf die Glasur verzichten und die Kekse mit bunten Zuckerstreuseln bestreuen oder mit Puderzucker besieben. Außerdem lassen sich selbstverständlich andere weihnachtliche Motive wie Sterne, Tannenbäume oder Engel ausstechen. Will man die Kekse als Anhänger für Geschenke, Adventsdekor oder den Christbaum verwenden, steckt man vor dem Backen 2 cm lange Stücke von Papiertrinkhalme in die oberen Ränder. Nach dem Backen werden die Halme entfernt und Bändchen durch die Löcher gezogen. Zum beidseitigen Verzieren muß der Guß auf der einen Seite vollkommen erstarren, ehe die andere Seite glasiert wird.

Weihnachtsplätzchen I

Häufchenkekse

Ergibt: *15–25 Stück*
Zubereitungszeit: *30 Min.*
Kühlzeit: *8 Std.*

2 Tassen Mehl
2 TL Backpulver
½ TL Zimt, gemahlen
½ TL Nelken, gemahlen
½ TL Salz
1 Tasse Butter, Zimmertemperatur
1 Tasse Zucker
4 große Eier
¼ Tasse Amaretto
4 Tassen Pekannüsse, feingehackt
1 ½ Tassen rote und grüne kandierte Kirschen, gehackt
1 ½ Tassen rote und grüne kandierte Ananas, gehackt

1 Mehl, Backpulver, Gewürze und Salz mischen.

2 Butter und Zucker in einer großen Schüssel schaumig rühren. Eier, dann Amaretto gut unterrühren. Nach und nach die Mehlmischung beigeben. Nacheinander Nüsse, Kirschen und Ananas unterziehen. Zugedeckt 8 Std. in den Kühlschrank stellen.

3 Ofen auf 175 °C vorheizen.

4 Mit Löffeln Teighäufchen in 4 cm Abstand auf ungefette Backbleche setzen.

5 Etwa 12–15 Min. goldgelb backen. Auf Kuchengitter abkühlen lassen.

Backtip: Diese Kekse kommen ohne Dekor aus, doch falls erwünscht, paßt dazu eine Vanilleglasur (s. Grundrezepte für Glasuren und Überzüge).

Weihnachtsplätzchen II

Geformte Kekse

Ergibt: *60–70 Stück*
Zubereitungszeit: *30 Min.*
Kühlzeit: *8 Std.*

2 Tassen Mehl
1 TL Natron
¼ TL Salz
½ Tasse Pflanzenfett
⅔ Tasse brauner Zucker
1 großes Ei
¼ Tasse Apfelessig
1 ½ TL Rum
½ Tasse Kokosflocken
½ Tasse Zitronat, feingehackt
½ Tasse rote und grüne kandierte Kirschen
1 großes Eiweiß, verschlagen, zum Bestreichen
¼ Tasse Mandelsplitter zum Verzieren

1 Mehl, Natron und Salz mischen.

2 Fett und Zucker in einer großen Schüssel schaumig rühren. Ei, dann Essig und Rum gut unterrühren. Nach und nach die Mehlmischung zufügen. Kokosflocken, Zitronat und Kirschen unterziehen. Zugedeckt 8 Std. oder über Nacht in den Kühlschrank stellen.

3 Ofen auf 175 °C vorheizen. 2 Backbleche leicht einfetten.

4 Teig vierteln und die Viertel nacheinander verarbeiten. Walnußgroße Teigstücke zu Bällchen formen. Bällchen in 5 cm Abstand auf die Bleche setzen. Mit dem bemehlten Boden eines Glases flachdrücken, mit dem geschlagenen Eiweiß bepinseln und mit Mandelsplittern bestreuen.

5 Etwa 8–10 Min. backen, bis die Kekse etwas Farbe annehmen. Auf Kuchengitter abkühlen lassen.

Weihnachtsplätzchen III

Ausgerollte Kekse

Ergibt: *35–60 Stück*
Zubereitungszeit: *30 Min.*
Kühlzeit: *2 Std.*

1 ½ Tassen Mehl
¼ TL Zimt, gemahlen
½ TL geriebene Orangenschale, unbehandelt
¼ TL geriebene Zitronenschale, unbehandelt
6 EL Butter, Zimmertemperatur
¼ Tasse Zucker
1 großes Ei
2 EL Rapsöl
1 ½ TL weißer Portwein
Puderzucker zum Besieben

1 Mehl, Zimt, Orangen- und Zitronenschale mischen.

2 Butter und Zucker in einer großen Schüssel schaumig rühren. Ei, dann Öl und Wein gründlich unterrühren. Nach und nach die Mehlmischung zugeben. Zugedeckt 2 Std. in den Kühlschrank stellen.

3 Ofen auf 175 °C vorheizen. 2 Backbleche leicht einfetten.

4 Teig auf bemehlter Arbeitsfläche gut 0,5 cm dick ausrollen. Sterne oder andere Motive ausstechen und in 4 cm Abstand auf die Bleche legen.

5 Etwa 12–15 Min. goldgelb backen. Auf Kuchengitter abkühlen lassen.

6 Kekse nach dem Abkühlen mit Puderzucker besieben.

Weihnachtsplätzchen IV

Ausgerollte Kekse

Ergibt: *50–60 Stück*
Zubereitungszeit: *40 Min.*

2 ½ Tassen Mehl
2 TL Backpulver
1 TL Zimt, gemahlen
1 Tasse Butter, Zimmertemperatur
1 Tasse Zucker
2 große Eier
6 Tropfen Mandelaroma
½ Tasse Mandeln, gehackt
1 großes Eiweiß, verschlagen

1 Ofen auf 190 °C vorheizen. 2 Backbleche leicht einfetten.

2 Mehl, Backpulver und Zimt mischen.

3 Butter und Zucker in einer großen Schüssel schaumig rühren. Eier, dann Mandelaroma gut unterrühren. Nach und nach die Mehlmischung beigeben. Mandeln unterziehen.

4 Teig auf bemehlter Arbeitsfläche gut 0,5 cm dick ausrollen. Tannenbäume oder andere Motive ausstechen und in 4 cm Abstand auf die Bleche legen. Mit Eiweiß bepinseln.

5 Etwa 10–12 Min. goldgelb backen. Auf Kuchengitter abkühlen lassen.

WEIHNACHTSPLÄTZCHEN V

Ausgerollte Kekse

ERGIBT: *50–60 Stück*
ZUBEREITUNGSZEIT: *40 Min.*
KÜHLZEIT: *4 Std.*

4 ½ Tassen Mehl
1 Tasse fettarmes Milchpulver
¾ TL Ingwer, gemahlen
¾ TL Zimt, gemahlen
¼ TL Macis, gemahlen
¼ TL Piment, gemahlen
¼ TL Muskat, gemahlen
¼ TL Nelken, gemahlen
1 Tasse Sirup
½ Tasse Rapsöl
bunter Kristallzucker zum Bestreuen

1 Mehl, Milchpulver und Gewürze mischen.

2 Sirup und Öl in einem großen Topf erwärmen. Vom Herd nehmen. Nach und nach die Mehlmischung zufügen. Es entsteht ein fester Teig. Teig in Wachspapier 4 Std. in den Kühlschrank legen.

3 Ofen auf 190 °C vorheizen. 2 Backbleche leicht einfetten.

4 Teig auf bemehlter Arbeitsfläche gut 0,5 cm dick ausrollen. Halbmonde oder andere Motive ausstechen und in 4 cm Abstand auf die Bleche legen. Mit buntem Zucker bestreuen.

5 Etwa 6–8 Min. zartbraun backen. Auf Kuchengitter abkühlen lassen.

Backtip: Diese Plätzchen sollten vor dem Verzehr mindestens 2 Wochen in luftdichten Behältern lagern, um ihr volles Aroma zu entwickeln. Sie sind lange Zeit haltbar.

WEIHNACHTSPLÄTZCHEN VI

Ausgerollte Kekse

ERGIBT: *50–60 Stück*
ZUBEREITUNGSZEIT: *30 Min.*
KÜHLZEIT: *2 Std.*

2 ½ Tassen Mehl
¼ TL Salz
½ Tasse dunkler Sirup
½ Tasse heller Sirup
¼ Tasse Pflanzenfett
½ Tasse brauner Zucker
½ TL Natron
1 ½ TL Ingwer, gemahlen
1 ½ TL Zimt, gemahlen
¼ TL Nelken, gemahlen

1 Mehl und Salz mischen.

2 Beide Sirupsorten und Fett im Wasserbad erhitzen und unter Rühren gründlich vermengen. Vom Herd nehmen. Zucker, Natron und Gewürze unterrühren. Nach und nach die Mehlmischung zufügen.

3 Teig in Wachspapier mindestens 2 Std. in den Kühlschrank legen.

4 Ofen auf 190 °C vorheizen. 2 Backbleche leicht einfetten.

5 Teig auf bemehlter Arbeitsfläche gut 0,5 cm dick ausrollen. Tannenbäume oder andere Motive ausstechen und in 4 cm Abstand auf die Bleche legen.

6 Etwa 7–10 Min. backen, bis die Kekse bräunen. Auf Kuchengitter abkühlen lassen.

WEIHNACHTS-SCHMUCK

Ausgerollte Kekse

ERGIBT: *unterschiedliche Stückzahl*
ZUBEREITUNGSZEIT: *30 Min.*
KÜHLZEIT: *4 Std.*

3 ½ Tassen Mehl
1 TL Backpulver
½ TL Salz
1 Tasse Pflanzenfett
1 ½ Tasen Zucker
2 große Eier
2 TL Vanillearoma
Strohhalme, 3 cm lang (falls nötig)

1 Mehl, Backpulver und Salz mischen.

2 Fett und Zucker in einer großen Schüssel schaumig rühren. Eier, dann Vanillearoma gut unterrühren. Nach und nach die Mehlmischung zufügen. Zugedeckt 4 Std. in den Kühlschrank stellen.

3 Ofen auf 200 °C vorheizen. 2 Backbleche leicht einfetten.

4 Teig auf bemehlter Arbeitsfläche knapp 0,5 cm dick ausrollen. Verschiedene Weihnachtsmotive beliebiger Größe ausstechen und in 4 cm Abstand auf die Bleche legen. Falls als Anhänger gedacht, Strohhalmstücke in die oberen Teigränder stecken.

5 Etwa 8–10 Min. goldgelb backen. Auf Kuchengitter abkühlen lassen. Trinkhalme entfernen. Nach Belieben bunt glasieren.

Backtip: Wer lange haltbaren, nicht zum Verzehr bestimmten Weihnachtsschmuck backen will, kann im Register nach Keksarten unter der Kategorie „Nicht eßbare Kekse" nachschlagen.

WEIHNACHTS-WÜRFEL

Geformte Kekse

ERGIBT: *25–40 Stück*
ZUBEREITUNGSZEIT: *30 Min.*

2 ½ Tassen Weizen-Vollkornmehl
1 ½ EL Bierhefe
¾ Tasse fettarmes Milchpulver
1 TL Salz
1 EL Honig
¼ Tasse Wasser

1 Ofen auf 200 °C vorheizen. 2 Backbleche leicht einfetten.

2 Mehl, Hefe, Milchpulver und Salz mischen.

3 Honig und Wasser in einem Topf anwärmen. Vom Herd nehmen. Nach und nach die Mehlmischung beigeben. Teig zu einer viereckigen, 1,5 cm breiten und hohen Stange formen. Stange in 1,5 cm dicke Scheiben schneiden, so daß Würfel entstehen. Würfel in 3 cm Abstand auf die Bleche setzen.

4 Etwa 8–10 Min. goldbraun backen. Auf Kuchengitter abkühlen lassen.

WEINBRAND-SCHOKOKEKSE

Gebäckschnitten

ERGIBT: *25–35 Stück*
ZUBEREITUNGSZEIT: *35 Min.*

⅔ Tasse Mehl
1 EL Kakaopulver, ungezuckert
½ TL Backpulver
¼ TL Salz
½ Tasse Pflanzenfett
¾ Tasse Zucker
2 große Eier
2 EL Crème de Cacao
2 EL Weinbrand

1 Ofen auf 175 °C vorheizen. Eine quadratische Backform (20 x 20 cm) leicht einfetten.

2 Mehl, Kakao, Backpulver und Salz mischen.

3 Fett und Zucker in einer großen Schüssel schaumig rühren. Eier, dann Crème de Cacao und Weinbrand gut unterrühren. Nach und nach die Mehlmischung zugeben.

4 Teig gleichmäßig in der Form verteilen.

5 Etwa 20–25 Min. backen, bis die Oberfläche sich sanft verfärbt. In der Form auf Kuchengitter abkühlen lassen. In beliebig große Rechtecke schneiden.

Weinbrand-Spritzgebäck

Geformte Kekse

Ergibt: *15–35 Stück*
Zubereitungszeit: *30 Min.*

1 Tasse Pflanzenfett
½ Tasse Zucker
1 EL Weinbrand
¼ Tasse Kakaopulver, ungezuckert
3 Tassen Mehl

1 Ofen auf 175 °C vorheizen.

2 Fett und Zucker in einer großen Schüssel schaumig rühren. Weinbrand, dann Kakao gründlich beimengen. Nach und nach das Mehl zugeben.

3 Teig in Spritzbeutel oder Gebäckspritze mit Sterntülle füllen. In 4 cm Abstand auf ungefettete Bleche spritzen.

4 Etwa 8–10 Min. dunkelbraun backen. Auf Kuchengitter abkühlen lassen.

Backtip: Üblicherweise spritzt man diesen Teig nicht durch eine Sterntülle, sondern durch eine schlichte Rundtülle. Die Anweisung im Rezept soll als Beispiel dafür dienen, daß man bei diesem Spritzgebäck mit vielen Gestaltungsformen experimentieren kann. Der Teig hält sich im Kühlschrank gut und läßt sich auch einfrieren. Übrigens kann man ihn ebensogut (etwa 0,5 cm dick) ausrollen und dann beliebige Motive ausstechen oder ausschneiden. Eine weitere Abwechslung bringen kandierte Früchte als Verzierung.

Weinbrandkekse

Häufchenkekse

Ergibt: *15–35 Stück*
Zubereitungszeit: *30 Min.*

Teig
1 Tasse Pflanzenfett
1 Tasse Zucker
1 großes Ei
½ TL Natron
¾ Tasse dunkler Sirup
½ Tasse Weinbrand
1 ½ TL Rotweinessig
3 Tassen Mehl

Überzug
1 EL Puderzucker
¼ TL Weinbrand

1 Ofen auf 175 °C vorheizen.

2 Fett und Zucker in einer großen Schüssel schaumig rühren. Ei gut unterrühren. Nacheinander Natron, Sirup, Weinbrand und Essig einrühren. Nach und nach das Mehl zugeben.

3 Mit Löffeln Teighäufchen in 4 cm Abstand auf ungefettete Backbleche setzen.

4 Für den Überzug Puderzucker unter Rühren im Weinbrand auflösen. Kekse mit der Mischung bepinseln.

5 Etwa 10–12 Min. goldgelb backen. Auf Kuchengitter abkühlen lassen.

Weinbrandkränze

Geformte Kekse

Ergibt: *50–60 Stück*
Zubereitungszeit: *30 Min.*

1 Tasse Pflanzenfett
¾ Tasse Zucker
3 EL Weinbrand
3 Tassen Mehl

1 Ofen auf 175 °C vorheizen.

2 Fett und Zucker in einer großen Schüssel schaumig rühren. Weinbrand unterrühren. Nach und nach das Mehl zufügen.

3 Teigstückchen zu bleistiftschmalen, etwa 20 cm langen Strängen formen. Je 2 Stränge zur Kordel drehen und zum Ring schließen. Nahtstellen leicht mit Wasser befeuchten und festdrücken. Kränze in 3 cm Abstand auf ungefettete Backbleche legen.

4 Etwa 12–15 Min. backen, bis die Kekse schwach bräunen. Auf Kuchengitter abkühlen lassen.

Backtip: Man kann die Kränze noch warm mit Hagel- oder feinem Kristallzucker bestreuen oder sie mit einer weißen Glasur oder zerlassener Schokolade dekorativ beträufeln.

Weinbrand-Tütchen

Häufchenkekse

Ergibt: *60–70 Stück*
Zubereitungszeit: *30 Min.*

1 Tasse Mehl
½ TL Ingwer, gemahlen
½ TL Muskat, gemahlen
6 EL Pflanzenfett
½ Tasse brauner Zucker
¼ Tasse Sirup
1 EL Weinbrand

1 Ofen auf 175 °C vorheizen.

2 Mehl, Ingwer und Muskat mischen.

3 Fett und Zucker in einer großen Schüssel schaumig rühren. Sirup und Weinbrand gründlich unterrühren. Nach und nach die Mehlmischung beigeben.

4 Mit Löffeln Teighäufchen in 5 cm Abstand auf ungefettete Backbleche setzen.

5 Etwa 5–6 Min. backen, bis die Kekse Farbe annehmen. Sobald man sie anfassen kann, ohne sich die Finger zu verbrennen, nacheinander um einen Metallkegel zu Tütchen wickeln. Werden sie hart und nicht mehr formbar, weitere 30 Sek. in den Ofen schieben. Tütchen auf Kuchengitter abkühlen lassen, ehe man sie füllt.

Backtip: Metallkegel zum Formen der Tütchen sind in gutsortierten Küchengeschäften zu finden. Zum Füllen eignen sich vielerlei Desserts. Füllt man die Tütchen mit Eiscreme, muß man sie zuvor mindestens 30 Min. ins Gefrierfach legen.

Weingummi-Bällchen

Geformte Kekse

Ergibt: *25–35 Stück*
Zubereitungszeit: *30 Min.*

2 Tassen Mehl
1 TL Natron
1 TL Salz
1 Tasse Pflanzenfett
1 Tasse weißer Zucker
1 Tasse brauner Zucker
2 große Eier
1 TL Vanillearoma
2 Tassen Haferflocken
1 Tasse Kokosraspeln
1 Tasse Weingummi- bzw. Fruchtgummi-Bonbons, gewürfelt
Puderzucker zum Wälzen

1 Ofen auf 175 °C vorheizen. 2 Beckbleche leicht einfetten.

2 Mehl, Natron und Salz mischen.

3 Fett und beide Zuckersorten in einer großen Schüssel schaumig rühren. Einzeln die Eier, dann Vanillearoma unterschlagen. Nach und nach die Mehlmischung zufügen. Haferflocken, Kokosraspeln und Bonbonwürfel unterziehen.

4 Kleine Teigportionen zu Bällchen formen. Bällchen in 2,5 cm Abstand auf die Bleche setzen.

5 Etwa 10–12 Min. backen, bis sich der Teig fest anfühlt. Auf Kuchengitter abkühlen lassen.

6 Nach dem Abkühlen in Puderzucker wälzen.

Backtip: Wünscht man flache Kekse, setzt man die Teigbällchen in 4 cm Abstand auf die Bleche und ebnet sie mit dem in Mehl getauchten Boden eines Glases.

Weingummi-Kekse I

Geformte Kekse

Ergibt: *60–70 Stück*
Zubereitungszeit: *45 Min.*

1 Tasse Mehl
¼ TL Salz
½ Tasse Pflanzenfett
¼ Tasse brauner Zucker
1 großes Eigelb
1 ½ TL Vanillearoma
2 Tassen Weingummi-Bonbons, zerhackt
Weingummi-Bonbons zum Verzieren

1 Ofen auf 175 °C vorheizen.

2 Mehl und Salz mischen.

3 Fett und Zucker in einer großen Schüssel schaumig rühren. Eigelb, dann Vanillearoma unterschlagen. Nach und nach die Mehlmischung beigeben. Bonbonwürfel unterziehen.

4 Walnußgroße Teigstücke zu Bällchen formen. Bällchen in 4 cm Abstand auf ungefettete Bleche setzen.

5 Etwa 5 Min. backen. Auf jeden Keks einen Weingummi-Bonbon drücken. Weitere 8–10 Min. hellgelb backen. Auf Kuchengitter abkühlen lassen.

Weingummi-Kekse II

Geformte Kekse

Ergibt: *25–35 Stück*
Zubereitungszeit: *30 Min.*

2 Tassen Mehl
1 TL Natron
1 TL Salz
1 Tasse Pflanzenfett
1 Tasse weißer Zucker
1 Tasse brauner Zucker
2 große Eier
1 TL Vanillearoma
2 Tassen Haferflocken
1 Tasse Kokosraspeln
1 Tasse Mini-Weingummis
Puderzucker zum Wälzen

1 Ofen auf 175 °C vorheizen. 2 Backbleche leicht einfetten.

2 Mehl, Natron und Salz mischen.

3 Fett und beide Zuckersorten in einer großen Schüssel schaumig rühren. Einzeln die Eier, Vanillearoma unterrühren. Nach und nach die Mehlmischung zugeben. Haferflocken, Kokosraspeln und Weingummis unterziehen.

4 Walnußgroße Teigstückchen zu Bällchen formen. Bällchen in 4 cm Abstand auf die Bleche setzen.

5 Etwa 10–12 Min. goldgelb backen. Auf Kuchengitter abkühlen lassen.

6 In Puderzucker wälzen.

WEINGUMMI-KEKSE III

Häufchenkekse

ERGIBT: *35–45 Stück*
ZUBEREITUNGSZEIT: *35 Min.*

¾ Tasse Mehl
½ TL Backpulver
¼ TL Natron
¼ TL Salz
½ Tasse Pflanzenfett
½ Tasse brauner Zucker
½ Tasse weißer Zucker
1 großes Ei
½ TL Zitronenaroma
¾ Tasse Haferflocken
½ Tasse Kokosraspeln
1 Tasse kleine Weingummis, geviertelt

1 Ofen auf 190 °C vorheizen.

2 Mehl, Backpulver, Natron und Salz mischen.

3 Fett und beide Zuckersorten in einer großen Schüssel schaumig rühren. Ei, dann Zitronenaroma unterschlagen. Nach und nach die Mehlmischung zufügen. Haferflocken, Kokosraspeln und Weingummis unterziehen.

4 Mit Löffeln Teighäufchen in 4 cm Abstand auf ungefettete Backbleche setzen.

5 Etwa 10–12 Min. goldbraun backen. Auf Kuchengitter abkühlen lassen.

WEINGUMMI-SCHNITTEN

Gebäckschnitten

ERGIBT: *25–35 Stück*
ZUBEREITUNGSZEIT: *35 Min.*

2 Tassen Mehl
1 TL Zimt, gemahlen
¼ TL Salz
3 große Eier
2 Tassen brauner Zucker
¼ Tasse Kondensmilch
1 Tasse Walnüsse, feingehackt
1 Tasse Weingummis, zerhackt

1 Ofen auf 190 °C vorheizen. Eine quadratische Backform (20 x 20 cm) leicht einfetten.

2 Mehl, Zimt und Salz mischen.

3 Eier in einer großen Schüssel zur dicken, hellen Creme schlagen. Nacheinander Zucker und Milch unterrühren. Nach und nach die Mehlmischung beigeben. Walnüsse und Weingummis unterziehen. Teig gleichmäßig in der Form verteilen.

4 Etwa 30–35 Min. backen, bis die Oberfläche sich zart verfärbt. Auf Kuchengitter abkühlen lassen.

Backtip: Lustig sehen die Schnitten aus, wenn man sie mit dicker Vanilleglasur und bunten Fruchtgummi-Würfeln verziert.

WESPENNESTER

Häufchenkekse

ERGIBT: *35–45 Stück*
ZUBEREITUNGSZEIT: *30 Min.*

1 Tasse Mandeln, feingemahlen
¼ TL Zimt, gemahlen
¼ TL Nelken, gemahlen
3 große Eiweiß
¾ Tasse Zucker
½ TL Vanillearoma
½ Tasse halbbittere Schokoladen-Tröpfchen

1 Ofen auf 175 °C vorheizen. 2 Bleche mit Pergamentpapier auslegen.

2 Mandeln, Zimt und Nelken mischen.

3 Eiweiß in einer großen Schüssel zu steifem, aber nicht trockenem Schnee schlagen. Allmählich den Zucker, dann Vanillearoma unterschlagen. Nach und nach die Mandelmischung, dann die Schokoladen-Tröpfchen unterheben.

4 Mit Löffeln Häufchen in 4 cm Abstand auf die Bleche setzen.

5 Etwa 12–15 Min. backen, bis die Kekse zart Farbe annehmen. Auf Kuchengitter abkühlen lassen.

Backtip: Ich habe dieses Rezept Anfang der 1950er Jahre kreiert. Seinen Namen verdankt es dem Aussehen der Kekse während des Backens.

Whoopie Pies

Häufchenkekse

ERGIBT: *35–45 Stück*
ZUBEREITUNGSZEIT: *30 Min.*

TEIG
2 Tassen Mehl
6 EL Johannisbrotmehl
2 TL Backpulver
½ TL Salz
⅓ Tasse Pflanzenfett
1 Tasse Puderzucker
1 großes Ei
1 Tasse fettarme Milch
1 TL Crème de Cacao
½ Tasse weiße Schokoladen-Tröpfchen

FÜLLUNG
¾ Tasse Pflanzenfett
1 Tasse Puderzucker
1 TL Kaffeelikör
½ Tasse Marshmallows, zerlassen

1 Ofen auf 190 °C vorheizen. 2 Backbleche leicht einfetten

2 Mehl, Johannisbrotmehl, Backpulver und Salz mischen.

3 Fett und Puderzucker in einer großen Schüssel schaumig rühren. Ei, dann Milch und Crème de Cacao gründlich unterrühren. Nach und nach die Mehlmischung zufügen. Schokoladen-Tröpfchen unterziehen.

4 Teighäufchen (je 1 gehäuften EL) in 8 cm Abstand auf die Bleche setzen.

5 Etwa 7–10 Min. backen (beim Einstechen mit einem spitzen Hölzchen darf der Teig nicht mehr kleben). Auf Kuchengitter abkühlen lassen.

6 Für die Füllung Fett und Puderzucker in einer mittelgroßen Schüssel gut verrühren. Kaffeelikör und Marshmallows zugeben.

7 Kekse waagerecht durchschneiden. Füllung großzügig auf den unteren Hälften verteilen. Die oberen Hälften auflegen.

Backtip: Wer Muffin-Formen besitzt, kann den Teig darin backen und so dem Gebäck ein einheitlicheres Aussehen verleihen.

Wiener Kipferl

Geformte Kekse

ERGIBT: *50–60 Stück*
ZUBEREITUNGSZEIT: *45 Min.*

2 Tassen Mehl
1 Tasse Haselnüsse, feingemahlen
1 Tasse Pflanzenfett
½ Tasse Zucker
1 TL Kümmelschnaps
Puderzucker zum Wälzen

1 Ofen auf 160 °C vorheizen.

2 Mehl und Haselnüsse mischen.

3 Fett und Zucker in einer großen Schüssel schaumig rühren. Schnaps unterrühren. Nach und nach die Mehlmischung zugeben.

4 Kleine Teigstücke zwischen den Händen rollen und zu Hörnchen formen. Hörnchen in 4 cm Abstand auf ungefettete Backbleche legen.

5 Etwa 25–30 Min. backen, bis die Kipferl sich zart verfärben. Kipferl warm in Puderzucker wälzen. Auf Kuchengitter abkühlen lassen. Nach dem Abkühlen erneut in Puderzucker wälzen.

Wiener Mürbegebäck

Geschnittene Kekse

Ergibt: *35–45 Stück*
Zubereitungszeit: *30 Min.*
Kühlzeit: *2 Std.*

Teig
2 Tassen Mehl
2 EL Speisestärke
1 ¾ Tassen Pflanzenfett
1 Tasse Puderzucker
1 EL plus 1 TL geriebene Orangenschale, unbehandelt

Füllung
2 EL Butter, Zimmertemperatur
½ Tasse Puderzucker
1 TL frischgepreßter Orangensaft

1 Mehl und Stärke mischen.

2 Fett und Puderzucker in einer großen Schüssel schaumig rühren. Orangenschale einrühren. Nach und nach die Mehlmischung beigeben. Teig zur 4 cm dicken Rolle formen. Rolle in Wachspapier 2 Std. in den Kühlschrank legen.

3 Ofen auf 175 °C vorheizen.

4 Für die Füllung Butter, Puderzucker und Orangensaft in einer kleinen Schüssel zur glatten Creme rühren.

5 Teigrolle in gut 0,5 cm dicke Scheiben schneiden. Scheiben in 3 cm Abstand auf ungefettete Backbleche legen.

6 Etwas 10–12 Min. hellgelb backen. Auf Kuchengitter abkühlen lassen.

7 Eine Hälfte der Kekse mit der Füllung bestreichen und mit der zweiten Hälfte belegen.

Backtip: Ebenso gut schmeckt eine Füllung aus 50 g Doppelrahm-Frischkäse und 1 EL weicher Butter, verrührt zur streichfähigen Creme.

Wunderschnitten

Gebäckschnitten

Ergibt: *15–35 Stück*
Zubereitungszeit: *45 Min.*

1 ½ Tassen Graham-Kräcker, zerkrümelt
½ Tasse Butter, zerlassen
1 Tasse Kokosflocken
1 Tasse Buttertoffee-Stückchen
1 Tasse Pekannüsse, gehackt

1 Ofen auf 175 °C vorheizen. Eine rechteckige Backform (20 x 30 cm) leicht einfetten.

2 Kräcker-Krümel und Butter in einer großen Schüssel verrühren. Masse in die Backform drücken.

3 Kokosflocken, Buttertoffee-Stückchen und Nüsse in einer mittelgroßen Schüssel mischen. Auf dem Krümelteig gleichmäßig verteilen.

4 Etwa 25–30 Min. backen, bis die Kruste Farbe annimmt. In der Form auf Kuchengitter abkühlen lassen. In Rechtecke schneiden.

WÜSTENBAISERS

Häufchenkekse

ERGIBT: *15–25 Stück*
ZUBEREITUNGSZEIT: *35 Min.*

3 große Eiweiß
¼ TL Salz
¾ Tasse Zucker
1–2 Tropfen Mandelaroma
¾ Tasse Mandeln, gehackt
¾ Tasse Datteln, entsteint, gehackt

1 Ofen auf 120 °C vorheizen. 2 Bleche mit Pergamentpapier auslegen.

2 Eiweiß und Salz in einer großen Schüssel zu flockigem Schnee schlagen. Unter Einrieseln des Zuckers zur steifen, glänzenden Schaummasse schlagen. Mandelaroma unterziehen. Nacheinander Mandeln und Datteln unterheben.

3 Mit Löffeln Häufchen der Schaummasse in 4 cm Abstand auf die Bleche setzen.

4 Etwa 25–30 Min. backen, bis sich die Baisers fest anfühlen und einen Hauch Farbe annehmen. Auf Kuchengitter abkühlen lassen.

WÜSTEN-GEHEIMNISSE

Ausgerollte Kekse

ERGIBT: *25–35 Stück*
ZUBEREITUNGSZEIT: *40 Min.*

FÜLLUNG
1 EL Pflanzenfett
1 Tasse brauner Zucker
1 großes Ei
1 TL Vanillearoma
¼ Tasse Walnüsse, gehackt
1 Tasse Datteln, entsteint, gehackt

TEIG
1 Tasse Pflanzenfett
2 Tassen brauner Zucker
4 große Eier
4 Tassen Weizen-Vollkornmehl

1 Ofen auf 175 °C vorheizen. 2 Backbleche leicht einfetten.

2 Für die Füllung Fett und Zucker in einer mittelgroßen Schüssel schaumig rühren. Ei und Vanillearoma unterschlagen. Walnüsse und Datteln unterziehen.

3 Für den Teig Fett und Zucker in einer großen Schüssel schaumig rühren. Eier gründlich unterrühren. Nach und nach das Mehl beigeben.

4 Teig auf bemehlter Arbeitsfläche zum etwa 40 x 40 cm großen und gut 0,5 cm dicken Quadrat ausrollen. Mit einem scharfen Messer in 8 x 8 cm große Quadrate zerteilen. In die Mitte der Quadrate je 1 TL Füllung geben. Zügig arbeiten! Rasch die 4 Ecken der Quadrate über der Füllung zur Mitte ziehen und zu kleinen Beuteln festdrücken. Beutel in 3 cm Abstand auf die Bleche setzen.

5 Etwa 12–15 Min. backen, bis die Kekse sich etwas verfärben. Auf Kuchengitter abkühlen lassen.

Backtip: Das Gebäck sollte vor dem Verzehr vollkommen abkühlen – andernfalls risikiert man, sich an der Füllung die Zunge zu verbrennen.

ZIEGENBÖCKE

Häufchenkekse

ERGIBT: *60–70 Stück*
ZUBEREITUNGSZEIT: *30 Min.*

4 Tassen Mehl
1 EL plus 1 TL Backpulver
1 TL Piment, gemahlen
½ TL Salz
1 Tasse Pflanzenfett
2 Tassen Zucker
4 große Eier
1 TL Vanillearoma
1 TL Natron
1 EL warmes Wasser
1 Tasse saure Sahne
1 ½ Tassen Datteln, entsteint, gehackt
1 Tasse Walnüsse, gehackt

1 Ofen auf 175 °C vorheizen. 2 Backbleche einfetten.

2 Mehl, Backpulver, Piment und Salz mischen.

3 Fett und Zucker in einer großen Schüssel schaumig rühren. Einzeln die Eier, dann Vanillearoma gründlich unterrühren.

4 Natron im Wasser auflösen. Zur Fett-Ei-Creme geben und gut unterrühren. Saure Sahne einrühren. Nach und nach die Mehlmischung beigeben. Datteln und Nüsse unterziehen.

5 Mit Löffeln Teighäufchen in 4 cm Abstand auf die Bleche setzen.

6 Etwa 12–15 Min. golden backen. Auf Kuchengitter abkühlen lassen.

Backtip: Anstelle der Datteln lassen sich auch Rosinen verwenden, die vor Gebrauch in warmem Wasser quellen müssen. Gemahlener Muskat statt Piment verändert den Geschmack der Kekse.

ZIMT-INGWER-PLÄTTCHEN

Geformte Kekse

ERGIBT: *35–60 Stück*
ZUBEREITUNGSZEIT: *30 Min.*
KÜHLZEIT: *4 Std.*

2 Tassen Mehl
¼ TL Backpulver
1 ¼ TL Ingwer, gemahlen
1 ¼ TL Zimt, gemahlen
6 EL Sirup
⅓ Tasse Zucker
1 großes Eigelb

1 Mehl, Backpulver und Gewürze mischen.

2 Sirup und Zucker im Wasserbad erwärmen. Rühren, bis der Zucker aufgelöst ist. Vom Herd nehmen. Eigelb unterschlagen. Nach und nach die Mehlmischung beigeben. Teig in eine Schüssel geben und zugedeckt 4 Std. in den Kühlschrank stellen.

3 Ofen auf 200 °C vorheizen. 2 Backbleche leicht einfetten.

4 Mit bemehlten Händen etwa 1,5 cm große Teigstückchen zu Bällchen formen. Bällchen in 3 cm Abstand auf die Bleche setzen und mit einem bemehlten Löffelrücken zu sehr dünnen Talern drücken.

5 Etwa 3–4 Min. backen, bis die Keksränder sich verfärben. Zum Abkühlen vorsichtig auf Kuchengitter legen.

Backtip: Da diese Kekse sehr leicht anbrennen, muß man sie beim Backen im Auge behalten. Außerdem sind sie hauchdünn und daher nach dem Backen behutsam zu behandeln.

Zimt-Mandel-Plätzchen

Geformte Kekse

Ergibt: *35–45 Stück*
Zubereitungszeit: *30 Min.*

1 ¼ Tassen Mehl
1 TL Natron
¼ TL Salz
½ Tasse Pflanzenfett
1 Tasse Zucker
1 großes Ei
6 Tropfen Mandelaroma
½ Tasse Mandeln, feingehackt
2 TL Zimt, gemahlen

1 Ofen auf 190 °C vorheizen. 2 Backbleche leicht einfetten.

2 Mehl, Natron und Salz mischen.

3 Fett und Zucker in einer großen Schüssel schaumig rühren. Ei und Mandelaroma gründlich unterrühren. Nach und nach die Mehlmischung zufügen.

4 Mandeln und Zimt in einer flachen Schüssel mischen.

5 Walnußgroße Teigstücke zu Bällchen formen. Bällchen in der Mandelmischung wälzen und in 4 cm Abstand auf die Bleche setzen.

6 Etwa 10–12 Min. backen, bis die Kekse leicht bräunen. Auf Kuchengitter abkühlen lassen.

Zimtbällchen

Geformte Kekse

Ergibt: *35–45 Stück*
Zubereitungszeit: *30 Min.*

Teig
3 Tassen Mehl
2 TL Backpulver
¼ TL Salz
1 Tasse Pflanzenfett
1 ⅓ Tassen Zucker
2 große Eier
1 TL Vanillearoma

Zum Wälzen
2 EL Zucker
2 TL Zimt, gemahlen

1 Ofen auf 175 °C vorheizen. 2 Backbleche leicht einfetten.

2 Mehl, Backpulver und Salz mischen.

3 Fett und Zucker in einer großen Schüssel schaumig rühren. Eier, dann Vanillearoma gut unterrühren. Nach und nach die Mehlmischung zufügen.

4 Zucker und Zimt in einer flachen Schale mischen.

5 Etwa 2,5 cm große Teigstückchen zu Bällchen formen. Bällchen im Zimtzucker wälzen und in 4 cm Abstand auf die Bleche setzen.

6 Etwa 10–14 Min. goldgelb backen. Auf Kuchengitter abkühlen lassen.

Zimtcreme-Sirupkekse

Ausgerollte Kekse

Ergibt: *35–45 Stück*
Zubereitungszeit: *40 Min.*

Teig
4 ½ Tassen Mehl
1 TL Natron
2 TL Ingwer, gemahlen
1 TL Salz
¾ Tasse Pflanzenfett
¾ Tasse Zucker
1 großes Ei
1 Tasse Sirup, angewärmt

Füllung
1 EL Butter, Zimmertemperatur
1 Tasse Puderzucker
½ TL Zimt, gemahlen
1 EL kochendes Wasser

1 Ofen auf 175 °C vorheizen. 2 Backbleche leicht einfetten.

2 Mehl, Natron, Ingwer und Salz mischen.

3 Fett und Zucker in einer großen Schüssel schaumig rühren. Ei, dann Sirup gründlich unterrühren. Nach und nach die Mehlmischung zugeben.

4 Teig auf bemehlter Arbeitsfläche knapp 0,5 cm dick ausrollen. Eine gerade Anzahl Kreise von 5 cm Durchmesser ausstechen. Aus der Hälfte der Kreise in der Mitte mit einer Miniform oder einem Messer kleine Quadrate oder andere Motive ausstechen bzw. ausschneiden. Kekse in 4 cm Abstand auf die Bleche legen.

5 Etwa 10–12 Min. hellbraun backen. Auf Kuchengitter abkühlen lassen.

6 Für die Füllung Butter und Puderzucker in einer mittelgroßen Schüssel schaumig rühren. Nacheinander Zimt und Wasser unterrühren.

7 Je ½ TL Füllung auf den ganzen Kreisen verstreichen. Die ausgestochenen Kreise auflegen und leicht andrücken.

Zimtrauten

Gebäckschnitten

Ergibt: *35–45 Stück*
Zubereitungszeit: *30 Min.*

2 Tassen Mehl
1 ½ TL Zimt, gemahlen
1 Tasse Pflanzenfett
1 Tasse brauner Zucker
1 großes Ei, getrennt
1 TL Vanillearoma
¾ Tasse Walnüsse, gehackt
kandierte Kirschen, halbiert (falls erwünscht)

1 Ofen auf 175 °C vorheizen. Eine rechteckige Backform (20 x 30 cm) leicht einfetten.

2 Mehl und Zimt mischen.

3 Fett und Zucker in einer großen Schüssel schaumig rühren. Eigelb und Vanillearoma gut unterrühren. Nach und nach die Mehlmischung zugeben.

4 Teig in der Form verteilen.

5 Eiweiß schaumig schlagen und auf den Teig pinseln. Darüber die gehackten Nüssen streuen.

6 Etwa 18–20 Min. backen, bis die Oberfläche etwas Farbe annimmt. Gebäck warm längs in Streifen, dann diagonal zu Rauten schneiden. Nach Belieben je 1 kandierte Kirschhälfte in die Mitte der Rauten setzen. In der Form auf Kuchengitter abkühlen lassen.

Zimtstangen

Geformte Kekse

Ergibt: *25–35 Stück*
Zubereitungszeit: *30 Min.*

3 Tassen Mehl
½ TL Natron
½ TL Salz
⅔ Tasse Butter, Zimmertemperatur
½ Tasse Zucker
2 große Eier
2 TL Zimt

1 Ofen auf 200 °C vorheizen.

2 Mehl, Natron und Salz mischen.

3 Butter und Zucker in einer großen Schüssel schaumig rühren. Eier und Zimt gründlich unterrühren. Nach und nach die Mehlmischung beigeben.

4 Teig in Spritzbeutel oder Gebäckspritze mit mittelgroßer Lochtülle füllen. In 3 cm Abstand etwa 9 x 0,5 cm große Stangen auf ungefettete Bleche spritzen.

5 Etwa 10–12 Min backen, bis sich die Kekse leicht verfärben. 1 Min. auf den Blechen, dann auf Kuchengitter vollständig abkühlen lassen.

Zimtzucker-Plätzchen

Geformte Kekse

Ergibt: *35–45 Stück*
Zubereitungszeit: *30 Min.*

3 Tassen Mehl
2 TL Backpulver
¼ TL Salz
1 Tasse Pflanzenfett
1 ⅓ Tassen Zucker
2 große Eier
1 TL Vanillearoma
2 TL Zimt, gemahlen, zum Wälzen
3 EL Zucker zum Wälzen

1 Ofen auf 175 °C vorheizen. 2 Backbleche leicht einfetten.

2 Mehl, Backpulver und Salz mischen.

3 Fett und Zucker in einer großen Schüssel schaumig rühren. Einzeln die Eier, dann Vanillearoma einrühren. Nach und nach die Mehlmischung zugeben.

4 Zimt und Zucker in einer kleinen Schüssel mischen.

5 Etwa 2,5 cm große Teigstücke zu Bällchen formen. Bällchen im Zimtzucker wälzen und in 4 cm Abstand auf die Bleche setzen.

6 Etwa 10–12 Min. goldgelb backen. Auf Kuchengitter abkühlen lassen.

Zitronen-Kokos-Schnittchen

Gebäckschnitten

Ergibt: *15–35 Stück*
Zubereitungszeit: *45 Min.*

Teig
¾ Tasse Mehl
⅛ TL Salz
½ Tasse Pflanzenfett

Belag
2 große Eier
1 Tasse brauner Zucker
1 TL geriebene Zitronenschale, unbehandelt
½ TL Vanillearoma
¾ Tasse Kokosflocken
½ Tasse Walnüsse, feingemahlen

Glasur
¾ Tasse Puderzucker
2 EL frischer Zitronensaft

1 Ofen auf 175 °C vorheizen. Eine rechteckige Backform (20 x 30 cm) leicht einfetten.

2 Für den Teig Mehl und Salz in einer mittelgroßen Schüssel mischen. Mit in Stücke geschnittenem Fett zum bröseligen Teig verarbeiten. Teig gleichmäßig in die Form drücken.

3 Etwa 10 Min, backen.

4 Für den Belag Eier zur dicken, hellen Creme schlagen. Nacheinander Zucker, Zitronenschale und Vanillearoma unterschlagen. Kokosflocken und Walnüsse unterziehen.

5 Belag auf dem heißen Teig verteilen. Weitere 18–20 Min. backen, bis sich die Oberfläche fest anfühlt.

6 Für die Glasur Puderzucker und Zitronensaft in einer kleinen Schüssel zum glatten Guß rühren.

7 Gebäck noch warm glasieren. In der Form auf Gitter abkühlen lassen. In beliebig große Rechtecke schneiden.

Zitronen-Kümmel-Kekse

Ausgerollte Kekse

Ergibt: *25–40 Stück*
Zubereitungszeit: *35 Min.*
Kühlzeit: *4 Std.*

3 Tassen Mehl
½ TL Natron
½ TL Salz
½ Tasse Pflanzenfett
1 Tasse Zucker
1 großes Ei
2 EL frischgepreßter Zitronensaft
2 EL Kümmelsamen

1 Mehl, Natron und Salz mischen.

2 Fett und Zucker in einer großen Schüssel schaumig rühren. Ei, dann Zitronensaft gut unterrühren. Nach und nach die Mehlmischung zugeben. Kümmel unterziehen. Zugedeckt 4 Std. in den Kühlschrank stellen.

3 Ofen auf 200 °C vorheizen.

4 Teig auf bemehlter Arbeitsfläche gut 0,5 cm dick ausrollen. 4 cm große Sterne oder andere Motive ausstechen und in 3 cm Abstand auf ungefettete Backbleche legen.

5 Etwa 10–12 Min. goldgelb backen. Auf Kuchengitter abkühlen lassen.

Zitronen-Maismehl-Kekse

Häufchenkekse

Ergibt: *35–45 Stück*
Zubereitungszeit: *30 Min.*
Kühlzeit: *2 Std.*

Teig
2 ¾ Tassen Weizenmehl
½ Tasse Maismehl
1 TL Natron
⅛ TL Salz
1 TL geriebene Zitronenschale, unbehandelt
1 Tasse brauner Zucker
2 EL Rapsöl
¾ Tasse Apfelmus, ungezuckert
1 EL frischgepreßter Zitronensaft
1 großes Eiweiß

Glasur
¾ Tasse Puderzucker
2 EL frischgepreßter Zitronensaft

1 Weizenmehl, Maismehl, Natron, Salz und Zitronenschale mischen.

2 Zucker und Öl in einer großen Schüssel kräftig verrühren. Apfelmus und Zitronensaft unterrühren.

3 Eiweiß in einer kleinen Schüssel zu steifem, aber nicht trockenem Schnee schlagen.

4 Eischnee unter die Apfelmusmasse heben. Nach und nach die Mehlmischung beigeben. Teig nicht zu kräftig und zu lange bearbeiten! Zugedeckt mindestens 2 Std. in den Kühlschrank stellen.

5 Ofen auf 175 °C vorheizen. 2 Bleche mitBackpapier auslegen.

6 Mit Löffeln Teighäufchen in 4 cm Abstand auf die Bleche setzen.

7 Etwa 8–10 Min. backen, bis sich die Kekse leicht verfärben. Auf Kuchengitter abkühlen lassen.

8 In der Zwischenzeit für die Glasur Puderzucker und Zitronensaft in einer kleinen Schale zum glatten Guß rühren.

9 Abgekühlte Kekse mit der Glasur beträufeln.

ZITRONEN-ROSINEN-KEKSE

Häufchenkekse

ERGIBT: *50–60 Stück*
ZUBEREITUNGSZEIT: *30 Min.*

1 Tasse Mehl
1 TL Natron
½ TL Salz
1 Tasse Pflanzenfett
1 ½ Tassen Zucker
2 große Eier
¼ Tasse frischgepreßter Zitronensaft
2 TL Zitronenaroma
1 Tasse Haferflocken
1 Tasse Rosinen

1 Ofen auf 175 °C vorheizen. 2 Backbleche leicht einfetten.

2 Mehl, Natron und Salz mischen.

3 Fett und Zucker in einer großen Schüssel schaumig rühren. Eier, dann Zitronensaft und -aroma gut unterrühren. Nach und nach die Mehlmischung zugeben. Haferflocken und Rosinen unterziehen.

4 Mit Löffeln Teighäufchen in 4 cm Abstand auf die Bleche setzen.

5 Etwa 12–15 Min. backen, bis die Kekse sich leicht verfärben. Auf Kuchengitter abkühlen lassen.

Backtip: Dem Teig lassen sich nach Belieben gehackte Nüsse zugeben. Wer das säuerliche Aroma verstärken will, kann den frischgepreßten Zitronensaft durch Zitronensaftkonzentrat ersetzen.

ZITRONEN-ZUCKER-PLÄTZCHEN

Ausgerollte Kekse

ERGIBT: *15–25 Stück*
ZUBEREITUNGSZEIT: *30 Min.*
KÜHLZEIT: *4 Std.*

2 ¼ Tassen Mehl
2 TL Backpulver
1 TL Salz
¾ Tasse Pflanzenfett
1 Tasse Zucker
2 große Eier
1 EL Zitronenaroma
1 EL geriebene Zitronenschale, unbehandelt
Zucker zum Bestreuen

1 Mehl, Backpulver und Salz mischen.

2 Fett und Zucker in einer großen Schüssel schaumig rühren. Eier, dann Zitronenaroma und -schale gründlich unterrühren. Nach und nach die Mehlmischung zufügen.

3 Teig halbieren. Hälften zu 5 cm dicken Rollen formen und in Wachspapier gewickelt 4 Std. in den Kühlschrank legen.

4 Ofen auf 200 °C vorheizen. 2 Backbleche leicht einfetten.

5 Teig auf bemehlter Arbeitsfläche gut 0,5 cm dick ausrollen. Kreise von 7–8 cm Durchmesser ausstechen und in 3 cm Abstand auf die Bleche legen. Mit Zucker bestreuen.

6 Etwa 6–8 Min. hellgelb backen. Auf Kuchengitter abkühlen lassen.

Backtip: Zur Abwechslung lassen sich Orangenaroma und -schale statt Zitronenaroma und -schale verwenden.

ZITRONENPLÄTZCHEN I

Häufchenkekse

ERGIBT: *35–60 Stück*
ZUBEREITUNGSZEIT: *30 Min.*

2 Tassen Mehl
½ TL Backpulver
2 TL geriebene Zitronenschale, unbehandelt
½ Tasse Pflanzenfett
4 große Eier
¾ Tasse Zitronensaftkonzentrat

1 Ofen auf 190 °C vorheizen. 2 Backbleche leicht einfetten.

2 Mehl, Backpulver und Zitronenschale in einer großen Schüssel mischen. Fett hineinschneiden und untermengen.

3 Eier in einer großen Schüssel schaumig schlagen. Zitronensaftkonzentrat einrühren. Nach und nach unter die Mehlmischung rühren.

4 Mit Löffeln Teighäufchen in 4 cm Abstand auf die Bleche setzen.

5 Etwa 6–8 Min. hellgelb backen. Auf Kuchengitter abkühlen lassen.

ZITRONENPLÄTZCHEN II

Geformte Kekse

ERGIBT: *50–60 Stück*
ZUBEREITUNGSZEIT: *40 Min.*

TEIG
3 ½ Tassen Mehl
2 ¼ TL Backpulver
½ TL Salz
1 Tasse Pflanzenfett
1 ⅓ Tassen Zucker
2 große Eier
1 TL frischgepreßter Zitronensaft
2 TL geriebene Zitronenschale, unbehandelt

GLASUR
6 EL Puderzucker
¼ Tasse Wasser
2 Tropfen gelbe Lebensmittelfarbe

1 Ofen auf 200 °C vorheizen.

2 Mehl, Backpulver und Salz mischen.

3 Fett und Zucker in einer großen Schüssel schaumig rühren. Eier, dann Zitronensaft und -schale gut unterrühren. Nach und nach die Mehlmischung zufügen.

4 Walnußgroße Teigstücke zu Bällchen formen. Bällchen in 7 cm Abstand auf ungefettete Backbleche setzen und mit dem bemehlten Boden eines Glases zu 0,5 cm dünnen Kreisen pressen.

5 Für die Glasur Puderzucker, Wasser und Lebensmittelfarbe in einer kleinen Schüssel zum glatten Guß rühren. Kekse mit der Glasur bepinseln

6 Etwa 6–8 Min. hellgelb backen. Auf Kuchengitter abkühlen lassen.

Zitronen-Plätzchen III

Ausgerollte Kekse

Ergibt: 50–60 Stück
Zubereitungszeit: 35 Min.
Kühlzeit: 4 Std.

1 Tasse Pflanzenfett
1 Tasse Zucker
4 große Eigelb
2 EL frischgepreßter Zitronensaft
1 EL Zitronenaroma
3 Tassen Mehl
orangefarbener oder gelber Streuselzucker

1 Fett und Zucker in einer großen Schüssel schaumig rühren. Eigelb, dann Zitronensaft und -aroma gut unterrühren. Nach und nach Mehl beigeben. Zugedeckt 4 Std. in den Kühlschrank stellen.

2 Ofen auf 175 °C vorheizen. 2 Backbleche leicht einfetten.

3 Teig auf bemehlter Arbeitsfläche knapp 0,5 cm dick ausrollen. Kreise von 4 cm Durchmesser ausstechen und in 3 cm Abstand auf die Bleche legen. Mit dem bunten Zucker bestreuen.

4 Etwa 10–12 Min. goldgelb backen. Auf Kuchengitter abkühlen lassen.

Backtip: Selbstverständlich kann man anstelle des bunten Zuckers auch weißen Zucker verwenden.

Zitronen-Schnitten I

Gebäckschnitten

Ergibt: *25–35 Stück*
Zubereitungszeit: *40 Min.*

2 ½ Tassen Mehl
2 TL Backpulver
1 TL Natron
½ TL Piment, gemahlen
¼ Tasse Pflanzenfett
2 große Eier
1 ½ Tassen Zitronensaftkonzentrat
1 TL Zitronenaroma
1 Tasse helle Rosinen
1 Tasse Walnüsse, gehackt
¾ Tasse Kokosflocken
¾ Tasse Ananas aus der Dose, abgetropft, feingewürfelt

1 Ofen auf 175 °C vorheizen. Einen rechteckige Backform (20 x 30 cm) leicht einfetten.

2 Mehl, Backpulver, Natron und Piment mischen.

3 Fett in einer großen Schüssel schaumig rühren. Eier, dann Zitronensaft und -aroma gründlich unterrühren. Nach und nach die Mehlmischung zufügen. Rosinen und Nüsse unterziehen. Teig gleichmäßig in der Form verteilen. Mit Kokosflocken und Ananas belegen.

4 Etwa 20–25 Min. backen, bis die Oberfläche sich leicht verfärbt und fest anfühlt. In der Form auf Kuchengitter abkühlen lassen. In Streifen schneiden.

Zitronen-Schnitten II

Gebäckschnitten

Ergibt: *15–35 Stück*
Zubereitungszeit: *40 Min.*

2 Tassen Mehl
1 TL Natron
1 TL Zimt, gemahlen
½ TL Muskat, gemahlen
½ TL Salz
¾ Tasse Pflanzenfett
1 ½ Tassen brauner Zucker
2 große Eier
3 EL frischgepreßter Zitronensaft
3 EL geriebene Zitronenschale, unbehandelt
1 Tasse Rosinen

1 Ofen auf 175 °C vorheizen. Eine rechteckige Backform (20 x 30 cm) leicht einfetten.

2 Mehl, Natron, Gewürze und Salz mischen.

3 Fett und Zucker in einer großen Schüssel schaumig rühren. Einzeln die Eier, dann Zitronensaft und -schale gut unterrühren. Nach und nach die Mehlmischung zufügen. Rosinen unterziehen. Teig gleichmäßig in der Form verteilen.

4 Ewa 25–30 Min. backen, bis die Oberfläche leicht bräunt. In der Form auf Gitter abkühlen lassen. In Stücke schneiden.

ZITRONENSCHNITTEN III

Gebäckschnitten

ERGIBT: *15–35 Stück*
ZUBEREITUNGSZEIT: *55 Min.*

TEIG
2 Tassen Mehl
½ Tasse Puderzucker
1 Tasse Pflanzenfett

BELAG
4 große Eier
2 Tassen Zucker
⅓ Tasse frischgepreßter Zitronensaft
¼ Tasse Mehl
½ TL Backpulver

1 Ofen auf 175 °C vorheizen. Eine rechteckige Backform (20 x 30 cm) leicht einfetten.

2 Für den Teig Mehl und Puderzucker in einer mittelgroßen Schüssel mischen. Mit in Stücke geschnittenem Fett zum bröseligen Teig verarbeiten. Teig gleichmäßig in die Form drücken.

3 Etwa 20 Min. backen.

4 Für den Belag die Eier schaumig schlagen. Zucker, dann Zitronensaft unterschlagen. Mehl und Backpulver unterrühren.

5 Belag auf dem heißen Teig verteilen. Weitere 20–25 Min. backen, bis sich die Oberfläche fest anfühlt und leicht verfärbt. In der Form auf Gitter abkühlen lassen. In Rechtecke schneiden.

ZITRONENSCHNITTEN IV

Gebäckschnitten

ERGIBT: *15–35 Stück*
ZUBEREITUNGSZEIT: *55 Min.*

TEIG
1 Tasse Weizenmehl
1 Tasse Sojamehl
¼ Tasse Zucker
¼ Tasse Haferflocken
¼ Tasse Walnüsse, feingemahlen
½ Tasse Pflanzenfett

BELAG
4 große Eier
2 Tassen Zucker
¼ Tasse Zitronensaftkonzentrat
1 EL geriebene Zitronenschale, unbehandelt
¼ Tasse Mehl
½ TL Backpulver

1 Ofen auf 175 °C vorheizen. Eine rechteckige Backform (20 x 30 cm) leicht einfetten.

2 Für den Teig beide Mehlsorten, Zucker, Haferflocken und Nüsse in einer großen Schüssel mischen. Mit in Stücke geschnittenem Fett zum bröseligen Teig verarbeiten. Teig gleichmäßig in die Form drücken.

3 Etwa 30 Min. backen.

4 In der Zwischenzeit für den Belag Eier und Zucker zur dicken, hellen Creme schlagen. Zitronensaft und -schale unterschlagen. Mehl und Backpulver unterrühren.

5 Belag auf dem heißen Teig verteilen.

6 Weitere 15–18 Min. backen, bis sich die Oberfläche fest anfühlt und Farbe annimmt. In der Form auf Kuchengitter abkühlen lassen. In Rechtecke schneiden.

Zitrusfrucht-Stangen I

Gebäckschnitten

Ergibt: *25–35 Stück*
Zubereitungszeit: *45 Min.*

Teig
2 ½ Tassen Mehl
2 TL Backpulver
1 TL Natron
½ TL Zimt, gemahlen
¼ TL Nelken, gemahlen
¼ Tasse Pflanzenfett
2 große Eier
1 ½ Tassen Grapefruitsaft
1 TL Orangenaroma
1 Tasse Preiselbeeren, zerkleinert
1 Tasse Walnüsse, gehackt

Belag
¾ Tasse Kokosflocken
¾ Tasse Ananasstücke aus der Dose, abgetropft, feingewürfelt

1 Ofen auf 175 °C vorheizen. Eine rechteckige Backform (20 x 30 cm) leicht einfetten.

2 Mehl, Backpulver, Natron und Gewürze mischen.

3 Fett, Eier, Grapefruitsaft und Orangenaroma in einer großen Schüssel kräftig verrühren. Nach und nach die Mehlmischung zugeben. Preiselbeeren und Nüsse unterziehen.

4 Teig gleichmäßig in der Form verteilen. Mit Kokosflocken und Ananas belegen.

5 Etwa 20–25 Min. backen, bis sich die Oberfläche fest anfühlt. In der Form auf Gitter abkühlen lassen. In beliebig große Schnitten schneiden.

Zitrusfrucht-Stangen II

Gebäckschnitten

Ergibt: *15–35 Stück*
Zubereitungszeit: *60 Min.*

Teig
2 Tassen Mehl
¼ Tasse Walnüsse, feingemahlen
½ TL Backpulver
¼ Tasse Zucker
¼ Tasse Haferflocken
½ Tasse Pflanzenfett

Belag
4 große Eier
2 Tassen Zucker
¼ Tasse frischgepreßter Zitronensaft
1 TL geriebene Zitronenschale, unbehandelt
¼ Tasse Mehl

1 Ofen auf 175 °C vorheizen. Eine rechteckige Backform (20 x 30 cm) leicht einfetten.

2 Für den Teig Mehl, Walnüsse Backpulver, Zucker und Haferflocken in einer großen Schüssel mischen. Fett einschneiden und untermengen. Teig gleichmäßig in die Form drücken.

3 Etwa 30 Min. backen.

4 In der Zwischenzeit Eier in einer mittelgroßen Schüssel schaumig schlagen. Erst den Zucker, dann Zitronensaft und -schale unterschlagen. Nach und nach das Mehl beigeben.

5 Belag auf dem heißen Teig verteilen. Weitere 20 Min. backen (der Teig darf beim Einstechen mit einem spitzen Hölzchen nicht mehr kleben). In der Form aufeinem Kuchengitter abkühlen lassen. In beliebig große Schnitten schneiden.

Backtip: Zitronensaft und -schale kann man zur Abwechslung durch Saft und Schale anderer Zitrusfrüchte wie Orange und Grapefruit ersetzen.

ZUCCHINI-SCHNITTEN I

Gebäckschnitten

ERGIBT: *25–35 Stück*
ZUBEREITUNGSZEIT: *45 Min.*

2 ½ Tassen Mehl
1 TL Zimt, gemahlen
½ Tasse Zucker
½ Tasse Pflanzenöl
2 große Eier
¾ Tasse Zucchini, feingehackt
½ Tasse Karotten, gekocht, zerdrückt
1 Tasse Pekannüsse, gehackt
⅓ Tasse Rosinen

1 Ofen auf 175 °C vorheizen. Eine rechteckige Backform (20 x 30 cm) leicht einfetten und mit Mehl bestreuen.

2 Mehl und Zimt mischen.

3 Zucker und Öl in einer großen Schüssel kräftig verrühren. Einzeln die Eier, dann Zucchini und Karotten unterrühren. Nach und nach die Mehlmischung zufügen. Nüsse und Rosinen unterziehen. Teig gleichmäßig in der Form verteilen.

4 Etwa 20–25 Min. backen (der Teig darf beim Einstechen mit einem spitzen Hölzchen nicht mehr kleben). In der Form auf Kuchengitter abkühlen lassen. In beliebig große Schnitten schneiden.

ZUCCHINI-SCHNITTEN II

Gebäckschnitten

ERGIBT: *25–35 Stück*
ZUBEREITUNGSZEIT: *55 Min.*

TEIG
1 ¾ Tassen Mehl
1 ½ TL Backpulver
½ TL Salz
¾ Tasse Pflanzenfett
½ Tasse weißer Zucker
½ Tasse brauner Zucker
2 große Eier
2 TL Vanillearoma
2 Tassen Zucchini, geraspelt
¾ Tasse Rosinen
½ Tasse Datteln, entsteint, gehackt
½ Tasse Kokosflocken

BELAG
1 EL Pflanzenfett
1 Tasse Puderzucker
1 EL Milch
¼ TL Zimt, gemahlen
1 Tasse Walnüsse, gehackt

1 Ofen auf 175 °C vorheizen. Eine rechteckige Backform (20 x 30 cm) leicht einfetten.

2 Mehl, Backpulver und Salz mischen.

3 Fett und beide Zuckersorten in einer großen Schüssel schaumig rühren. Eier und Vanillearoma gründlich unterrühren. Zucchini, dann nach und nach die Mehlmischung zugeben. Rosinen, Datteln und Kokosflocken unterziehen. Teig gleichmäßig in der Form verteilen.

4 Etwa 30–35 Min. backen (der Teig darf beim Einstechen mit einem spitzen Hölzchen nicht mehr kleben). In der Form auf Gitter abkühlen lassen.

5 Für den Belag Fett und Puderzucker in einer kleinen Schüssel gut vermengen. Milch einrühren. Zimt zugeben.

6 Belag auf dem abgekühlten Gebäck verteilen und mit Nüssen bestreuen. In beliebig große Schnitten schneiden.

ZUCKER-DICKERCHEN

Häufchenkekse

ERGIBT: *75–95 Stück*
ZUBEREITUNGSZEIT: *30 Min.*

5 Tassen Mehl
2 TL Backpulver
1 TL Natron
1 Tasse Pflanzenfett
2 Tassen Zucker
2 große Eier
1 Tasse Milch
1 TL Vanillearoma

1 Ofen auf 175 °C vorheizen. 2 Backbleche leicht einfetten.

2 Mehl, Backpulver und Natron mischen.

3 Fett und Zucker in einer großen Schüssel schaumig rühren. Einzeln die Eier, dann Milch und Vanillearoma grüdlich unterrühren. Nach und nach die Mehlmischung zugeben.

4 Mit Löffeln Teighäufchen in 4 cm Abstand auf die Bleche setzen.

5 Etwa 5–8 Min. goldgelb backen. Auf einem Kuchengitter abkühlen lassen.

ZUCKER-GEWÜRZBERGE

Geformte Kekse

ERGIBT: *50–70 Stück*
ZUBEREITUNGSZEIT: *30 Min.*
KÜHLZEIT: *2 Std.*

2 ½ Tassen Mehl
2 TL Natron
1 TL Zimt, gemahlen
1 TL Ingwer, gemahlen
1 TL Nelken, gemahlen
½ TL Salz
¾ Tasse Pflanzenfett
1 Tasse brauner Zucker
1 großes Ei
¼ Tasse Sirup
Zucker

1 Mehl, Natron, Gewürze und Salz mischen.

2 Fett und Zucker in einer großen Schüssel schaumig rühren. Ei, dann Sirup gründlich unterrühren. Nach und nach die Mehlmischung zugeben. Zugedeckt 2 Std. in den Kühlschrank stellen.

3 Ofen auf 190 °C vorheizen. 2 Backbleche leicht einfetten.

4 Etwa 4 cm große Teigstückchen zu Bällchen formen. Jedes Bällchen halb in Zucker stippen. Mit der Zuckerseite nach oben in 7 cm Abstand auf die Bleche setzen und mit je 1–2 Tropfen kaltem Wasser beträufeln.

5 Etwa 12–15 Min. zartbraun backen. Auf einem Kuchengitter abkühlen lassen.

ZUCKERERBSEN

Geformte Kekse

ERGIBT: *25–35 Stück*
ZUBEREITUNGSZEIT: *30 Min.*

2 Tassen Mehl
1 TL Natron
1 TL Salz
½ Tasse Pflanzenfett
1 Tasse weißer Zucker
1 Tasse brauner Zucker
2 große Eier
1 TL Vanillearoma
2 Tassen Haferflocken
1 Tasse Kokosraspeln
1 Tasse Weingummi-Bonbons, zerkleinert
Zucker zum Wälzen

1 Ofen auf 175 °C vorheizen. 2 Backbleche leicht einfetten.

2 Mehl, Natron und Salz mischen.

3 Fett und beide Zuckersorten in einer großen Schüssel schaumig rühren. Eier und Vanillearoma gut unterrühren. Nach und nach die Mehlmischung zufügen. Haferflocken, Kokosraspeln und Weingummis unterziehen.

4 Etwa 2,5 cm große Teigstückchen zu Bällchen formen. Bällchen in 4 cm Abstand auf die Bleche setzen.

5 Etwa 10–12 Min. hellgelb backen. Auf Kuchengitter abkühlen lassen.

6 Abgekühlte Bällchen in Zucker wälzen.

Backtip: Nach Belieben kann man die rohen Bällchen auch mit dem bemehlten Boden eines Glases flachdrücken.

ZUCKERFREIE KEKSE

Häufchenkekse

ERGIBT: *50–70 Stück*
ZUBEREITUNGSZEIT: *30 Min.*
KÜHLZEIT: *24 Std.*

1 Tasse Weizenmehl
1 Tasse Weizen-Vollkornmehl
2 TL Natron
1 TL Weinstein
1 EL plus 1 TL Nelken, gemahlen
1 EL plus 1 TL Muskat, gemahlen
1 TL Zimt, gemahlen
1 TL Salz
2 Tassen Pflanzenfett
1 Tasse Fructose (s. Backtip)
2 große Eier
1 TL geriebene Zitronenschale, unbehandelt

1 Beide Mehlsorten, Natron, Weinstein, Gewürze und Salz mischen.

2 Fett und Fructose in einer großen Schüssel schaumig rühren. Eier, dann Zitronenschale gründlich unterrühren. Nach und nach die Mehlmischung beigeben. Zugedeckt 24 Std. in den Kühlschrank stellen.

3 Ofen auf 175 °C vorheizen. 2 Backbleche leicht einfetten.

4 Mit Löffeln Teighäufchen in 4 cm Abstand auf die Bleche setzen.

5 Etwa 10–12 Min. backen, bis die Kekse sanft bräunen. Auf Kuchengitter abkühlen lassen.

Backtip: Fructose (Fruchtzucker) besitzt eine starke Süßkraft. Sie ist als kristallines Pulver im Handel erhältlich und wird u.a. zum Süßen der Speisen von Zuckerkranken eingesetzt.

Zuckerfreie Schokoschnitten

Gebäckschnitten

Ergibt: *15–25 Stück*

Zubereitungszeit: *35 Min.*

60 g halbbittere Diabetikerschokolade, gehackt
¾ Tasse Mehl
1 TL Backpulver
½ Tasse Butter, Zimmertemperatur
3 ½ EL Süßstoff
2 große Eier
½ TL Vanillearoma
½ Tasse Walnüsse, gehackt

1 Ofen auf 175 °C vorheizen. Eine quadratische Backform (20 x 20 cm) leicht einfetten.

2 Schokolade im Wasserbad bei niedriger Flamme zerlassen. Glattrühren. Vom Herd nehmen.

3 Mehl und Backpulver mischen.

4 Butter und Süßstoff in einer großen Schüssel verrühren. Eier und Vanillearoma, dann zerlassene Schokolade gut unterrühren. Nach und nach die Mehlmischung zufügen. Walnüsse unterziehen. Teig gleichmäßig in der Form verteilen.

5 Etwa 25–30 Min. backen (der Teig darf beim Einstechen mit einem spitzen Hölzchen nicht mehr kleben). In der Form auf Kuchengitter abkühlen lassen. In Rechtecke schneiden.

Backtip: Das Rezept wurde für Diabetiker entwickelt. Die Kekse schmecken gewiß aber auch allen, die ihren Zuckerverzehr ein wenig reduzieren wollen – und selbst den auf Zucker eingeschworenen Süßmäulern.

Zuckerplätzchen I

Ausgerollte Kekse

Ergibt: *35–45 Stück*

Zubereitungszeit: *40 Min.*

3 Tassen Mehl
2 TL Backpulver
½ TL Natron
½ TL Salz
⅔ Tasse Butter, Zimmertemperatur
1 Tasse Zucker
2 große Eier
¼ Tasse Buttermilch
½ TL Weinbrand
Milch zum Glasieren
Zucker zum Bestreuen

1 Ofen auf 190 °C vorheizen. 2 Backbleche leicht einfetten.

2 Mehl, Backpulver, Natron und Salz mischen.

3 Butter und Zucker in einer großen Schüssel schaumig rühren. Eier, dann Buttermilch und Weinbrand gut unterrühren. Nach und nach die Mehlmischung beigeben.

4 Teig auf bemehlter Arbeitsfläche gut 0,5 cm dick ausrollen. Kreise von 5 cm Durchmesser ausstechen und in 4 cm Abstand auf die Bleche legen. Mit Milch bepinseln und großzügig mit Zucker bestreuen.

5 Etwa 10–12 Min. goldgelb backen. Auf Kuchengitter abkühlen lassen.

ZUCKERPLÄTZCHEN II

Ausgerollte Kekse

ERGIBT: *60–70 Stück*
ZUBEREITUNGSZEIT: *30 Min.*
KÜHLZEIT: *2 Std.*

4 Tassen Mehl
1 TL Natron
½ TL Salz
1 Tasse Pflanzenfett
2 ¼ Tassen Zucker
2 große Eier
1 Tasse Milch
Milch zum Glasieren
Zucker zum Bestreuen

1 Mehl, Natron und Salz mischen.

2 Fett und Zucker in einer großen Schüssel schaumig rühren. Einzeln die Eier, dann die Milch gründlich unterrühren. Nach und nach die Mehlmischung zufügen. Zugedeckt 2 Std. in den Kühlschrank stellen.

3 Ofen auf 175 °C vorheizen. 2 Backbleche leicht einfetten.

4 Teig auf bemehlter Arbeitsfläche gut 0,5 cm dick ausrollen. 4 cm große Halbmonde oder andere Motive ausstechen und in 3 cm Abstand auf die Bleche legen. Mit Milch bepinseln und mit Zucker bestreuen.

5 Etwa 10–12 Min. goldgelb backen. Auf Kuchengitter abkühlen lassen.

ZUCKERPLÄTZCHEN III

Ausgerollte Kekse

ERGIBT: *85–95 Stück*
ZUBEREITUNGSZEIT: *30 Min.*
KÜHLZEIT: *4 Std.*

3 Tassen Mehl
1 TL Natron
1 Tasse Pflanzenfett
1 ½ Tassen Zucker
4 große Eier
Milch zum Glasieren
Zucker zum Bestreuen

1 Mehl und Natron mischen.

2 Fett und Zucker in einer großen Schüssel schaumig rühren. Eier einzeln gründlich unterrühren. Nach und nach die Mehlmischung zugeben. Zugedeckt 4 Std. in den Kühlschrank stellen.

3 Ofen auf 175 °C vorheizen. 2 Backbleche leicht einfetten.

4 Teig auf bemehlter Arbeitsfläche gut 0,5 cm dick ausrollen. 4 cm große Rosetten oder andere Motive ausstechen und in 3 cm Abstand auf die Bleche legen. Mit Milch bepinseln und mit Zucker bestreuen.

5 Etwa 10–12 Min. goldgelb backen. Auf Kuchengitter abkühlen lassen.

Zucker-plätzchen IV

Geformte Kekse

Ergibt: *35–45 Stück*
Zubereitungszeit: *30 Min.*

2 Tassen Mehl
1 TL Backpulver
1 TL Salz
½ Tasse Pflanzenfett
1 Tasse Zucker
1 TL Vanillearoma
Zucker zum Wälzen

1 Ofen auf 175 °C vorheizen. 2 Backbleche leicht einfetten.

2 Mehl, Backpulver und Salz mischen.

3 Fett und Zucker in einer großen Schüssel schaumig rühren. Vanillearoma, dann nach und nach die Mehlmischung beigeben.

4 Walnußgroße Teigstücke zu Bällchen formen. Bällchen in Zucker wälzen und in 4 cm Abstand auf die Bleche setzen. Boden eines Glases in Wasser, dann in Zucker stippen und die Bällchen damit flachdrücken.

5 Etwa 10–12 Min. goldgelb backen. Auf Kuchengitter abkühlen lassen.

Register der Keksarten

AUSGEROLLTE KEKSE

GEBÄCKSCHNITTEN

GEFORMTE KEKSE

GESCHNITTENE KEKSE

HÄUFCHENKEKSE

NICHT ESSBARE KEKSE

Register der Zutaten